외환위기는 끝났는가 2

– 한국의 금융·기업 구조조정 10년 –

외환위기는 끝났는가 2

– 한국의 금융·기업 구조조정 10년 –

윤 제 철 著

비봉출판사

외환위기는 끝났는가 2

초판 인쇄 | 2007년 11월 10일
초판 발행 | 2007년 11월 15일

지은이 | 윤제철
펴낸이 | 박기봉
펴낸곳 | **비봉출판사**
출판등록 | 2-301 (1980년 5월 23일)

주　　소 | 서울 금천구 가산동 550-1. IT캐슬 2동 808호
전　　화 | (02)3142-6551~5
팩　　스 | (02)3142-6556
E-mail | beebooks@hitel.net / bbongbooks@hanmail.net

ISBN | 978-89-376-0354-9 94320
978-89-376-0352-5 94320 (전 2권)

값 30,000원

차 례 요 약

차　례

이상 2권

제1권 차 례

제1편 외환위기의 진행과 금융구조조정 (1997-1999)

(제1권 차례)

(제1권 차례)

이상 1권

제5장 구조조정의 성과와 경제여건 변화

대우사태 발생으로 금융기관의 부실이 심각한 상태에 이르자 정부는 40조원의 공적자금을 추가로 조성하여 2단계 금융구조조정을 추진하였다. 2단계 구조조정은 종금사, 증권투신사 등 제2금융권 정비에 중점을 두었고, 대우계열사를 비롯한 대기업 워크아웃이 활발하게 진행되었다.

이 기간 중 2000년에는 대우사태 이후 금융시장의 불안이 진행되는 가운데서도 9.3%의 경제성장을 하였고, 실업률은 1999년 6.3%에서 4.1%로 낮아졌다. 2001년에 들어와서는 세계경제 둔화에 따른 수출 둔화와 설비투자의 위축으로 국내경제는 3.1% 성장에 그쳤다. 이에 정부는 경기진작을 위하여 저금리와 소비자금융 확대 정책을 실시하였으며, 그 결과 2002년에 이르러서는 7.0%의 경제성장을 이룩하였다. 그러나 이 같은 저금리체제와 소비자금융 확대로 국내 부동산 가격이 급등하고 가계부채가 급격히 증가하였다.

금융시장에서는 대우사태로 인한 금융권의 손실이 아직 처리되지 않은 상태에서 2000년 현대사태가 돌출되면서 그동안 큰 폭으로 상승하였던 주가가 절반 이하로 폭락하고 환율은 반등하였다. 이에 정부는 특히 회사채 시장의 기능을 정상화시키기 위한 다각적인 방안을 강구하여 기업부문에 대한 자금공급이 위축되지 않도록 하는 데 주력하였다.

이 기간 중에는 외국인투자가 대거 유입되어 2001년 말 외환보유고가 사상 처음으로 1,000억 달러를 넘어섰다. 외환사정이 호전되자 정부는

IMF 차관 약정액 210억 달러 중 195억 달러만 차입하고, 차입금을 예정보다 3년 앞당긴 2001년 8월 23일에 모두 상환함으로써 IMF 관리체제에서 졸업하였다.

제1절 구조조정의 성과

2000년에 들어와 정부는 대우사태로 인한 금융시장의 불안을 해소하기 위하여 대우계열사 워크아웃 적용, 투신사 수익증권 환매대책 등 단기적인 수습방안을 강구하는 한편 중장기적으로는 2단계 구조개혁 방안을 마련하여 금융, 기업, 노동, 공공 등 각 부문의 개혁을 추진하였다.

이중 금융부문에 있어서는 국내 금융산업이 자체적인 경쟁력을 갖추고 실물경제의 발전을 뒷받침할 수 있는 금융시스템을 구축하는 데 목표를 두고, 이 목표를 달성하기 위하여 금융기관의 대형화, 겸업화를 유도하기로 하였다. 기업부문에 있어서는 기업이 재무적 건전성을 확보하는 데서 나아가 기술혁신과 수익성 제고 노력을 통해 궁극적으로 기업가치를 높일 수 있는 여건을 조성하기로 하였다.

이 같은 구조개혁방안에 따라 정부는 특히 금융구조조정의 실효성을 확보하기 위하여 부실기업 정리와 제2금융권 부실해소를 중점 추진함으로써 은행의 부실요인을 근원적으로 해소하도록 하였다.

기업부문의 개혁을 위하여 정부는 부실기업 또는 부실징후기업에 대한 기업개선작업(워크아웃) 제도를 마련하고 그 대상기업에 대한 선정기준과 지원방법을 정립하였다. 이 제도의 도입에 따라 채권금융기관은 83개 기업에 워크아웃을 실시하여 이들 기업의 경영정상화를 지원하였으며,

2001년에 들어와서는 부실징후기업에 대한 상시적 신용평가와 구조조정 시스템을 구축하고 이를 정착시켜 나갔다.

1. 금융구조조정 개황

공적자금 투입

공적자금 투입 현황

(1997년 11월-2002년 말) (단위: 조원)

금융권		출자	출연	예금 대지급	자산 매입 등	부실채권 매입	계
은 행		33.9	13.6	–	14.0	24.6	86.1
제2금융권	종 금	2.7	0.1	17.2	–	1.6	21.6
	증권·투신	7.7	–	0.01	–	8.5	16.2
	보 험	15.9	2.8	–	0.3	1.8	20.8
	신 협	–	–	3.7	–	–	3.7
	저축은행	–	0.1	7.3	0.6	0.2	8.2
	소 계	26.3	3.0	28.2	0.9	12.1	70.5
해외금융기관등		–	–	–	–	2.4	2.4
계		60.2	16.6	28.2	14.9	39.1	159.0

[자료] 공적자금관리위원회 공적자금통계

2단계 금융구조조정을 추진하기 위하여 정부는 예금보험기금으로 40조원의 공적자금을 추가로 조성하고, 이 자금을 주로 대우사태로 대규모 손실이 발생한 투신증권사, 종금사, 보증보험사 등을 위한 예금대지급, 증자지원 및 손실보전 등에 투입하였다.

1997년 11월부터 2002년 말까지 자산관리공사는 부실채권 매입을 위하여 총 39.1조원을 지급하였고, 예금보험공사는 부실금융기관에 대한 출자, 자산매입, 예금대지급, 부실 인수기관에 대한 손실보전 등을 위하여 100.9조원을 지원하였다. 이 외에도 정부는 국유재산특별회계(10.2조원), 공공자금관리기금(6.4조원), 예산, 한국은행 출자 등 공공자금으로

19.1조원을 투입하였으며, 공공자금은 주로 유동성 부족으로 곤란을 겪고 있는 금융기관에 대한 증자지원 또는 후순위채권 매입에 사용하였다.

이로써 2002년 말까지 총 159.0조원의 공적자금이 투입되었으며, 2단계 금융구조조정 과정에서는 증권·투신사와 보험사 등에 대한 지원이 늘어남에 따라 은행권의 비중(86.1조원, 51.2%)이 상대적으로 낮아지고, 증권투신사(16.2조원, 10.2%)와 보험사(20.8조원, 13.1%)의 비중이 크게 늘었다.

부실금융기관 정리

금융기관 구조조정 실적

(1998년~2002년) (단위 : 개, %)

	'97년 말 총기관수(A)	구 조 조 정 현 황					신설등	현재 기관수
		인가취소	합병	파산등	계(B)	비중(B/A)		
은 행	33	5	10	–	15	45.5	1	19
비은행	2,068	122	150	368	640	30.9	63	1,491
종금	30	18	6	4	28	93.3	1	3
증권	36	5	3	1	9	25.0	17	44
보험	50	8	6	2	16	32.0	12	46
투신	30	6	1	–	7	23.3	8	31
저축은행	231	74	27	26	127	55.0	12	116
신협	1,666	2	105	335	442	26.5	9	1,233
리스	25	9	2	–	11	44.0	4	18
합 계	2,101	127	160	368	655	31.2	64	1,510

[주] 파산등: 해산, 가교사이전, 영업정지 등
[자료] 공적자금관리위원회 공적자금통계

2단계 금융구조조정 과정에서는 종금사 7개, 보험사 11개, 저축은행 72개, 신협 221개 등이 추가로 퇴출되었다. 이에 따라 1997년 12월 말 현재 2,077개였던 금융기관수는 1998년부터 2002년까지 495개사가 퇴출되고, 160개사가 합병으로 소멸되었으며, 여기에 64개사가 신설되어

2002년 말에는 1,510개 기관으로 감소하였다.

은행권에서는 이 기간 중 5개 은행이 추가로 다른 은행에 합병되었다.

부실채권정리

금융기관 부실채권 규모 변화추이

(단위: 조원)

	1999말 (a)	2000말 (a)	2000말 (b)	2001말 (b)	2002말 (b)	2002말 (c)
총여신	590.2	621.4	621.4	644.4	745.1	897.0
부실채권	66.7	50.2	64.6	35.1	25.4	30.4
은행	39.7	29.5	42.1	18.8	15.1	15.1
비은행	17.7	14.2	14.7	9.2	5.6	10.6
증권 · 투신	3.4	4.0	4.0	4.6	2.6	2.6
보험	5.9	2.5	3.8	2.5	2.1	2.1
공사매입(누계)	51.0		80.2		83.3	90.8

[주1] 연도 표시(a)는 FLC에 의한 무수익 여신, 연도표시(b)는 FLC에 의한 고정이하 여신기준.

[주2] 비은행은 은행 이외의 대출금융기관인 종금사, 상호저축은행, 신협, 리스사 등을 말함. 단 2002년 말(c)는 집계범위를 확대하여 그 외에 카드사, 할부금융사, 신기술금융사, 농수산림조합을 포함하였음.

[주3] 자산관리공사의 부실채권 매입액은 매입 후 정산 증감액 또는 환매 · 계약해제분을 반영한 계수임. 자료: 부실채권정리기금백서 2004. 8을 토대로 필자 정리.

[자료] 공적자금관리백서 2002. 8, 2004. 8 참고.

앞 편에서 살펴본 바와 같이, 국내 금융기관의 부실채권은 1998년 3월 말 112조원에서 1999년 말에 66.7조원으로 감소하였다. 이어 2000년 중에는 특히 은행권의 부실채권이 크게 줄어 연말에 50.2조원으로 감소하였으나 은행과 종금·보험사의 부실채권 개념이 무수익 여신에서 고정이하의 여신으로 확대됨에 따라 부실채권 규모가 다시 64.6조원이 되었다. 그 후 금융기관 경영 여건의 호전으로 부실채권은 2001년 말에 35.1조원으로 크게 줄고, 이어 2002년 말에는 25.4조원으로 감소하였다.

한편 금융감독 당국은 2002년에 들어 비은행 금융기관의 부실채권 규모 산정시 종전의 상호저축은행, 종금사, 리스사, 신협 외에 카드사, 할부금융사, 신기술금융사와 농수산림조합까지 포함시킴에 따라 부실채권 규모는 5조원이 늘어나 총 30.4조원이 되었다.

외환위기 이후 자산관리공사(부실채권정리기금)는 총 90.8조원의 부실채권을 매입하여 금융기관의 부실채권 부담을 덜어주었다. 구체적으로 1997년 11월부터 2002년 11월까지 100.3조원의 부실채권을 매입하였으며, 매입 후 매입대상 부실채권의 내용이 변경되어 사후정산하는 과정에서 매입 채권액이 10.2조원 늘어났고, 매입 부실채권을 환매 또는 계약해제하여 19.7조원의 부실채권을 금융기관에 반환하였다.

자산관리공사는 부실채권 매입에 총 29.5조원을 투입하였다.[1)]

공적자금의 회수

1997년 11월부터 2002년 말까지 정부는 159.0조원의 공적자금을 투입하여 그 중 53.8조원을 회수함으로써 33.8%의 회수율을 보였다. 회수 주체별로는 자산관리공사가 30.1조원, 예금보험공사가 17.1조원, 정부 등이 6.6조원을 회수하여 각각 77.0%, 16.9%, 34.6%의 회수율을 보였다.

---

1) 자산관리공사가 부실채권을 매입한 후, 사후정산 및 환매·계약해제한 금액은 2003년 말까지의 실적이며, 그 내역은 다음과 같음

〈자산관리공사의 부실채권 매입 및 사후 정산 등 내역〉

(단위: 10억원)

	1997-1999		2000-2003		계	
	채권액	매입액	채권액	매입액	채권액	매입액
계약시 매입액	56,011	22,776	44,252	15,152	100,263	37,928
(+)사후정산	6,173	1,080	4,058	722	10,231	1,802
(−)환매·계약해제	11,180	6,323	8,508	3,955	19,688	10,278
합 계	51,004	17,533	39,802	11,919	90,806	29,452

공적자금 회수 실적

(1997. 11~2002년 말) (단위: 조원, %)

	회수방법별 회수실적	회수액계 (A)	투입액 (B)	회수율 (A/B)
예금보험공사	출자금 회수 5.0, 파산배당 등 8.1, 자산매각 등 4.0	17.1	100.9	16.9
자산관리공사	국제입찰 1.6, ABS 발행 4.2, 합작투자 · CRV 1.8, 개별매각 · 경매 · 직접회수 10.0, 대우채권 변제회수 2.3, 환매 해제 10.2	30.1	39.1	77.0
정부	출자금회수 1.2, 후순위채권회수 5.4	6.6	19.1	34.6
계		53.8	159.0	33.8

[주] 집계 기준의 차이로 예보 및 자산관리공사 자체 집계액과 다소 상이한 부분이 있음.

[자료] 공적자금관리위원회 공적자금통계

금융기관의 인력 및 조직구조조정

금융기관 종사자 수 추이

(연말 기준, 단위: 명, %)

구분	1999(A)	2000	2001	2002(B)	증감(B–A)
은 행	97,738	92,560	89,729	88,261	−9.7
(일반은행)	74,744	70,559	68,360	66,880	−10.5
증권사	32,005	36,708	35,761	35,414	+10.7
투신사	3,352	1,243	1,452	1,591	−52.5
보험사	61,608	53,902	51,700	47,353	−23.1
비은행	44,452	42,702	40,084	42,443	−4.5
계	239,155	227,115	218,726	215,062	−10.1

[주] 비은행은 종금사, 저축은행, 여신전문사, 신협 등

[자료] 금감원, '최근 금융산업발전의 현황 및 특징', 2002. 3. 5. 및 금융통계정보시스템

2단계 금융구조조정 과정에서도 금융기관의 인력은 지속적으로 감축되어 1999년 말 현재 23.9만 명이었던 종사자 수가 2002년 말에는 21.5만 명으로 감소하였다. 증권회사의 경우도 1999년 증권시장의 활황으로 주

식거래 고객이 폭증함에 따라 2000년 중 임직원의 수가 약 15% 정도 늘어났으나, 그 이후에는 감소되었다. 다만 비은행 금융기관은 2002년 중 신용카드업, 할부금융업에서 등 소비자금융이 확산되고, 그동안 대량 폐쇄되었던 저축은행의 영업이 회복되면서 종업원 수가 증가하였다.

주요 금융기관의 점포 수 추이

(단위: 개, %)

구분	1999(A)	2000	2001	2002(B)	증감(B-A)
은 행	6,373	6,234	6,192	6,437	+1.0
(일반은행)	4,882	4,802	4,776	5,016	+2.7
증권사	1,358	1,800	1,694	1,736	+27.8
보험사	11,991	10,099	8,632	7,536	-37.2
상호저축	161	192	210	230	+42.9

[자료] 금융감독원 금융통계정보시스템

금융기관의 점포수 역시 대체로 감소하였다. 그러나 은행의 경우는 2002년 이후 기존의 하나의 지점을 개인고객 점포와 법인고객 점포로 분리하는 사례가 늘어나고, 은행에 따라서는 PB(private banking) 기능까지 독립시킴에 따라 점포수가 증가하였다. 또 증권회사의 경우는 1999년 중 주식시장의 활황으로 주식거래 고객이 증가함에 따라 2000년에 점포수가 급증하였다.

2. 금융기관 경영지표의 변화

대우사태 이후 금융기관의 부실채권이 급속히 증가하고 이로 인하여 대규모의 손실이 발생하는 등 1999년부터 2000년까지 자산 건정성과 수익성 지표가 크게 악화되었다. 그러나 그동안 부실채권의 처분과 영업구조의 개선 등 노력의 결과로 2001년 이후에는 부실채권 비율이 현저하게 낮아지고 수익성은 적자에서 대폭적인 흑자로 전환되었다.

또 2001년 이후에는 은행과 보험사를 중심으로 총자산, 총수신 등 영업규모가 늘어나는 가운데 금융기관 인원 및 점포수의 지속적인 감축으로 생산성이 획기적으로 향상되고, 금융구조조정 과정에서의 자본확충 등에 힘입어 자본적정성도 개선되었다.

(1) 자산건전성

금융기관 부실채권비율 추이

(단위: %)

	1999	2000	2001	2002
은행	12.86	8.00	3.41	2.33
(일반은행)	13.59	8.85	3.33	2.43
생보사	–	7.66	5.05	3.81
손보사	–	5.95	5.09	3.71
증권사	34.0	51.4	42.5	36.2
종금사	23.29	71.28	32.17	7.90
카드사	6.43	3.52	1.00	5.16
(1월 이상 연체율)	5.18	3.63	2.90	9.43
저축은행	32.6	32.6	18.3	14.9

[주1] 부실채권은 기준 변동에 관계없이 고정이하 여신 기준
[주2] 각 금융권 회계연도 말 기준.(보험 · 증권 · 종금: 익년 3월, 저축은행: 익년 6월 결산)
[자료] 금감원 금융통계시스템

대우사태 이후 자산관리공사는 금융기관이 보유하는 대우 관련 대출과 회사채·CP를 대규모로 매입하고 각 금융기관들도 보유 부실채권을 적극적으로 정리하였다. 그 결과 은행의 경우 부실채권비율(총여신 대비 고정이하 여신 비율)이 1999년 말 12.9%에서 2002년 말 2.3%로 크게 개선되었다.

이러한 추이는 보험사를 비롯한 제2금융권에서도 마찬가지였다. 특히 종금사의 경우는 대우사태 발생시 대출채권이 일시에 부실화되어 2000

년 중 부실채권비율이 급상승하였으나, 그 이후 부실 종금사가 퇴출되고 존속하는 종금사는 신용위험관리를 강화하여 부실채권비율이 크게 개선되었다.

다만 카드사의 경우는 2001년까지 부실이 대부분 정리되었으나, 2002년 중 카드 판매대금과 현금서비스 등에 대한 연체율이 높아지면서 부실채권비율이 급격히 높아졌다.

(2) 수익성

금융기관의 수익성은 외환위기 이후 전반적인 적자 상태를 지속해 오다가 2001년부터 흑자 구조로 개선되었으나, 2002년에 들어서는 권역별로 차별화되었다. 은행과 보험사의 경우는 영업 규모의 지속적인 확대와 안정적인 자산운용으로 순이익이 증가세를 유지한 반면, 카드사와 증권사의 경우는 각각 연체율 증가와 증시 침체로 수익성이 악화되었다.

은행

은행 수익성 추이

(단위: 억원, %)

	1999	2000	2001	2002
시중은행	−59,537	−23,999	33,914	28,982
(총자산순이익률)	(−1.42)	(−0.53)	(0.79)	(0.56)
지방은행	−423	−4,405	1,808	4,550
특수은행	5,115	−13,554	11,120	16,599
계	−54,845	−41,958	46,842	50,131
(총자산순이익률)	(−0.83)	(−0.59)	(0.66)	(0.60)

[주] 은행계정 기준
[자료] 금감원, 금융통계시스템

국내은행은 1999년 5.5조원의 당기순손실을 보았으나 금융위기 후 외형확대 경쟁을 지양하고 경영효율성 제고에 주력한 결과, 2000년 적자폭이 4.2조원으로 감소하고, 2001년과 2002년에는 각각 4.7조원과 5.0조원의 순이익을 시현하였다.

2001년 중 순이익이 크게 늘어난 것은 은행의 자금조달 금리가 하향 안정되는 가운데 가계대출을 중심으로 대출금 규모가 확대되어 이자부문 수익이 크게 증가한 데 주로 기인하며, 부수적으로는 신용카드 수수료 등 수수료 부문 순수익이 증가하고, 신탁계정에서 은행 수지에 부담을 주었던 원본보전신탁의 수탁 중단으로 2000년까지의 신탁부분 운용손익이 적자에서 흑자로 전환되었기 때문이다.

이러한 추이는 2002년에도 계속되었다. 2002년 중 특히 지방은행의 수익성이 급속히 향상되었으며, 이는 지방은행에 공공예금 등 저금리 자금의 조달이 증가하고, 중소기업 및 가계신용대출 등 고수익대출 비중이 높아졌기 때문이다. 또 지방은행의 경우 부실 대기업에 대한 여신이 거의 없어 대손충당금 적립의 부담이 없었던 것도 수익성 향상의 원인이 되었다.

제2금융권

생보사의 경우 2000사업연도(2000. 4.~2001. 3.)까지 적자 운영이 계속되어 오다가 2001사업연도 이후 대규모 흑자로 전환되었다. 이는 종신보험 등 보장성 상품의 판매 확대로 보험 영업이익이 증가하고, 채권 및 대출채권 중심의 안정적 자산운용으로 자산운용 수익이 늘어난 데 주로 기인하였다.

손보사의 경우 역시 2001사업연도 이후 흑자로 전환되었다. 보험영업손익은 2001년까지 적자를 계속하다가 2002사업연도에 흑자로 전환되었으나, 2001년 이후 투자영업수익이 크게 늘어나면서 전체적으로는 2001사업연도부터 흑자로 전환되었다. 2002사업연도에는 다른 손보사의 당기순이익은 감소하였으나 서울보증보험의 손해율 하락으로 적자 규모가 대폭 줄어듦에 따라 손해보험사의 전체적인 순이익이 증가하였다.

증권사의 경우는 2001년 중 증시 활황에 힘입어 수탁수수료와 수익증권 취급수수료가 크게 증가하여 당기순손익이 대규모의 흑자로 전환되었다. 그러나 2002년에는 증시의 불황으로 수수료 수입이 크게 줄어든 데다 주가 하락으로 인한 자기계산 매매손실로 적자가 발생하였다.

종합금융사는 대우사태 이후 기업대출의 대손처리로 대규모 적자가 발생하였으며, 2001년 이후에도 적자가 계속되었다. 상호저축은행 역시 대우사태 이후 대규모 적자를 시현하였으나, 2001년 이후 프로젝트 파이낸싱 등 고수익여신 운용과 수수료수입의 증가로 흑자로 전환되었다.

신용카드사는 정부의 소비진작과 신용카드사용 장려로 2000년과 2001년 중 대규모의 흑자를 시현하였으나, 신용불량자의 증가에 따른 연체채권의 급증에 따라 2002년 하반기부터 적자로 전환되었다.

제2금융권 수익성 추이

(단위: 억원, %)

		1999	2000	2001	2002
생보사	당기순이익	−9,808	−6,085	17,228	28,282
	총자산순이익률	−0.92	−0.50	1.25	1.73
	운용자산이익률	7.00	4.74	6.66	6.83
손보사	당기순이익	−34,476	−8,166	2,204	3,232
	총자산순이익률	−12.93	−2.81	0.66	0.92
	운용자산이익률	8.74	3.69	7.22	3.2
증권사	당기순이익	9,440	−1,584	9,228	−6,001
	총자산순이익률	1.56	−0.30	1.57	−1.19
종금사	당기순이익	−1,139	−1,032	−128	−338
	총자산순이익률	−2.98	−0.49	−0.32	−1.09
카드사	당기순이익	−3,477	9,379	24,870	2,383
	총자산순이익률	−1.70	2.65	5.22	0.34
저축은행	당기순이익	−5,711	−5,083	1,229	1,298
	총자산순이익률	−2.20	−2.38	0.55	0.51

[주] 각 금융권 회계연도 기준(보험 · 증권 · 종금사= 익년 3월, 저축은행=익년 6월 결산) 총자산이익률은 회계연도 말 총자산에 대한 당기순이익의 비율.
[자료] 금감원 금융통계시스템을 토대로 필자 정리.

(3) 생산성

금융기관 생산성 추이

(단위: 명, 개, 순이익 백만원, 기타 억원)

		1999	2000	2001	2002
은행 (특수은행 포함)	임직원수	97,746	92,544	89,714	88,261
	1인당 총자산	80.9	89.6	102.0	118.2
	1인당 수신액	48.7	56.0	64.5	71.5
	1인당 순이익	−56.1	−45.3	52.2	56.8
	점포수	6,373	6,231	6,193	6,437
	점포당 수신액	747.4	832.4	934.3	981.0
종금사	임직원수	943	588	285	258
	1인당 총자산	404.7	361.8	138.2	119.8
생보사	임직원수	36,946	33,118	29,282	26,585
	1인당 총자산	28.7	36.4	47.2	61.4
손보사	임직원수	24,799	23,608	21,536	20,768
	1인당 총자산	10.7	12.3	15.4	17.0
증권사	임직원수	30,253	33,858	36,715	36,273
	1인당 총자산	20.1	15.4	16.0	13.9
카드사	임직원수	11,981	14,812	19,463	25,397
	1인당 총자산	17.0	23.9	24.5	27.2
저축은행	임직원수	6,610	5,781	5,464	6,607
	1인당 총자산	39.2	36.9	41.2	38.5
	1인당 수신액	32.6	32.5	36.6	34.1

[주] 각 금융권 회계연도 기준 (종금, 생보, 손보=익년 3월, 저축은행=익년 6월말 결산)

[자료] 금감원 금융통계시스템 자료를 토대로 필자 정리

은행권의 총자산은 1999년 말 791.0조원에서 2002년 말에는 1,043.1조원으로 약 32% 증가하였다. 이에 비해 은행의 직원 수는 같은 기간에 약 9만 8천명에서 8만 8천명으로 약 9.7% 감소하고, 점포 수는 1999년 6,373개에서 2001년 6,193개로 감소하였다가 2002년에 6,437개로 늘어났다. 그 결과 은행 임직원 1인당 총자산은 1997년 말 약 81억원에서

2002년 말에 118억원으로 증가하고, 점포당 수신액은 같은 기간 747억원에서 981억원으로 증가하였다. 2002년 점포수가 늘어난 것은 시중은행들이 하나의 지점을 일반고객점포와 법인고객점포, Private Banking 점포 등으로 분리, 운영한 데 기인한 것이다. 또 이 같은 구조조정 노력의 결과 은행의 수지는 1999년 1인당 5,610만원 순손실에서 2002년 5,680만원 순이익으로 증가하였다.

한편 제2금융권의 생산성은 금융권역별로 추이를 달리하였다.

종합금융회사의 경우는 대부분의 회사가 퇴출되고, 남아 있는 종금사도 수신실적이 줄어들어 인당 총자산액이 감소하였다. 또 증권회사의 경우는 2002년 중 증시 위축으로 고객 예탁금이 감소하고, 고정자산을 대폭 처분하여 인당 총자산액이 감소하였다. 반면에 생보사와 손보사는 구조조정으로 인원이 감축된 가운데 보험료수입이 증가하여 생산성이 크게 제고되었다. 카드사 역시 신용카드 보유자들의 카드사용 및 현금서비스 등 대출이 늘어 인당 총자산액이 크게 늘었다.

(4) 자본적정성

금융기관들은 구조조정 과정에서 부실채권을 정리하고 출자지원을 받아 자기자본을 확충하는 한편, 경영정상화로 영업수지가 개선된 이후 이익금의 내부 유보로 자기자본을 증대할 수 있게 되었다. 이에 따라 은행과 종금사의 경우는 BIS 비율, 신용카드사·리스사·할부금융사 등 여신전업사의 경우는 조정자기자본비율이 향상되었다.

다만, 2002년에 은행들은 FLC에 의한 대손충당금을 적립해야 할 부실채권의 범위가 확대됨에 따라 BIS 비율 자체는 상승하지 않았다. 또 증권사의 경우는 2001년 중 대출채권의 과다한 증가로, 2002년 중에는 증시침체로 인한 당기순손실 발생으로 각각 영업용순자본비율이 하락하였다.

금융기관 자본적정성 추이

(단위: %)

		1999	2000	2001	2002
은행계	BIS비율	11.75	10.58	11.67	11.33
(일반은행)	BIS비율	10.83	10.53	10.80	10.52
증권사	영업용순자본비율		160.82	151.95	153.43
(국내증권사)	영업용순자본비율		147.12	132.00	122.50
종금사	BIS비율	11.93	10.28	15.34	17.22
신용카드사	조정자기자본비율	6.35	7.66	12.90	12.44
리스사	조정자기자본비율	4.28	3.86	4.80	11.26
할부금융	조정자기자본비율	8.28	−28.81	−19.40	11.51
저축은행	BIS비율	10.25	11.08	11.22	9.95

[주] 각 금융권별 회계연도 기준(증권, 종금사=익년 3월, 저축은행=익년 6월 결산)
[자료] 금감원 금융통계시스템

3. 기업경영지표의 변화

금융기관 부실은 근본적으로 채무기업의 부실에서 비롯된 것이라는 판단에 따라 2단계 구조조정 기간 중에는 기업부문의 부실 제거와 구조조정에 중점을 두었다. 따라서 정부는 제도적으로 도산법 개정, 기촉법 제정 등 기업구조조정 지원시스템을 발전시키는 데 주력하였으며, 채권금융기관들은 정부가 마련한 시스템에 따라 채무기업에 대한 경영정상화 지원 작업을 본격화하였다. 금융기관들은 특히 대우그룹 12개 계열사와 현대그룹 일부 계열사 등 재벌기업에 기업개선작업을 적용하는 한편, 기업신용위험 상시평가제도를 마련하여 일반 대기업과 중소기업에 대한 워크아웃을 광범위하고 체계적으로 진행하였다.

그 결과 다수 기업이 잠재부실기업 신용위험평가 또는 기업신용위험 상시평가를 통하여 퇴출되고, 회생가능한 기업들은 채무상환 유예, 원리금 감면, 채무의 출자전환 등 채무조정의 지원을 받아 경영정상화를 추진하였다. 이에 따라 국내 기업의 재무구조는 부채비율이 200% 이하로 하락하는 등 선진국 수준에 도달하게 되었고, 이를 바탕으로 성장성과 수익성이 크게 개선되었다.

이하에서는 제1편에 계속하여 국내기업 경영지표의 변화 추이를 살펴봄으로써 정부와 금융기관이 추진한 기업구조조정의 성과를 고찰하기로 한다. 이 편에서 소개하는 기업경영지표 역시 한국은행의 각 연도 '기업경영분석' 보고서를 참고하였다. 이 보고서에서 채택한 조사방법은 제1편에서 언급한 바와 같다.[1)]

(1) 재무구조

국내 기업의 안정성지표 추이

(단위: %)

		1999	2000	2001	2002
부채비율	전산업	235.1	221.1	195.6	144.7
	제조업	214.7	210.6	182.2	135.4
	건설업	405.9	625.8	352.5	196.8
	도소매업	841.4	463.8	448.7	216.2
차입금 의존도	전산업	41.3	40.3	38.4	30.6
	제조업	42.8	41.2	39.8	31.7
	건설업	42.9	47.1	34.7	26.4
	도소매업	48.8	42.4	41.2	24.5

[자료] 한국은행 2004년 기업경영분석

2000년 중에는 대우그룹 및 현대 계열사에 대한 구조조정이 본격화되면서 국내기업의 부채비율 등 안정성 지표가 더욱 개선되었다.

제조업의 부채비율은 210.6%로 전년 말보다 4.1% 낮아졌다. 부채비율이 이처럼 낮아진 것은 주가 하락에 따른 투자유가증권 평가손실 발생 등

1) 한국은행 2000년~2002년 기업경영분석 참고

으로 자기자본이 감소하고 매입채무 등 부채도 증가하였으나, 금융채무의 출자전환 및 부실기업 정리 등으로 차입금이 줄어든 데 주로 기인하였다.

제조업의 차입금 의존도도 41.2%로 전년 말 대비 1.6% 하락하였다. 이 역시 차입금의 실질적인 감소보다는 기업개선작업 대상기업에 대한 출자전환 및 채무면제와 부실기업 정리 등에 상당 폭 기인하였다.

건설업의 경우는 일부 대기업의 부실 등으로 부채비율과 차입금 의존도가 전년 말보다 대폭 상승하였다. 참고로 조사대상 업체 중 현대건설과 동아건설을 제외하면 부채비율은 각각 455.6%와 43.3%로 높아지는 데 그친다.

도소매업의 경우는 (주)대우의 채무면제이익 발생 등으로 부채비율과 차입금 의존도가 전년 말보다 하락하는 등 재무구조가 개선되었다. (주)대우를 제외하면 부채비율과 차입금 의존도는 각각 208.9와 28.7%로 더욱 낮아진다.

한편 2000년 조사대상 제조업체 중 관리기업(법정관리, 화의 및 워크아웃기업, 165개)과 일반기업(2,007개)의 경영성과를 비교해 보면 일반기업의 부채비율은 147.6%로 전년 말(148.2%)보다 하락하였으나, 관리기업은 아직 자본잠식 상태가 지속되었다.

2001년에도 기업개선작업에 의한 채무의 출자전환, 채무면제, 부실기업 정리 등 구조조정에 힘입어 기업의 재무안정성이 향상되었다.

제조업의 부채비율은 182.2%로 낮아져 1967년(151.2%) 이후 처음으로 200% 이하로 하락하였으며, 미국(159.4%), 일본(162.5%) 등 주요 선진국 수준에 가까이 접근하였다. 이 같은 부채비율의 하락은 기업의 주식발행, 출자전환 및 채무면제, 매입채무 등 비금융부채 감소 등에 주로 기인하였다. 차입금 의존도 역시 39.8%로 하락하여 1989년(38.5%) 이후 최저 수준을 나타냈다.

건설업의 경우도 출자전환, 부실기업 정리, 수익성 개선 등으로 부채비율이 전년 말의 625.8%에서 352.5%로 크게 개선되었으며, 차입금 의존도는 전년 말의 47.1%에서 34.7%로 하락하였다. 참고로 현대건설 및 동아건설을 제외하면 부채비율은 455.6%에서 336.6%로, 차입금 의존도는 43.3%에서 35.0%로 개선된다.

도소매업의 경우 역시 출자전환 등으로 부채비율이 전년말의 463.8%에서 448.7%로, 차입금 의존도는 전년말의 42.4%에서 41.2%로 낮아졌다. 도소매업체인 (주)대우를 제외하면 부채비율은 전년 말 208.9%에서 206.6%로, 차입금 의존도는 전년 말 28.7%에서 28.4%로 낮아진다.

한편 2001년 조사대상 제조업체 중 관리기업(135개)과 일반기업(2,040개)의 경영성과를 비교해 보면 일반기업의 부채비율은 124.6%로 전년 말(142.9%)보다 하락하였으나, 관리기업은 자본잠식 상태가 지속되었다.

2002년 중에도 대우 계열사에 대한 채무조정 등의 결과로 부채비율과 차입금 의존도가 지속적으로 낮아졌다.

제조업의 부채비율은 135.4%로 전년 말의 182.2% 보다 46.8% 낮아졌다. 이로써 1966년(117.7%) 이후 가장 낮은 부채비율을 기록하였으며, 미국(167.3%), 일본(156.2%) 등 주요 선진국에 비해서도 안정성이 높아지는 모습을 보였다. 이 같은 재무구조의 개선은 대우 계열사에 대한 채무의 출자전환 및 채무면제 등 채무조정이 이루어지고, 수익성이 향상된 우량 대기업이 차입금을 크게 감축한 데 주로 기인하였다. 한편 2000년 10월 (舊)대우중공업으로부터 대우조선해양, 대우종합기계가 분할 신설되었는데, 존속회사인 대우중공업을 편제 대상에서 제외하면 2001년 말 제조업 부채비율은 176.1%가 된다. 이 부채비율과 대비하면 2002년 말 부채비율은 전년보다 40.7% 낮아진 것이다.

건설업의 경우는 수익성 개선에 힘입어 부채비율이 전년 말의 352.5%

에서 196.8%로 하락하고, 차입금 의존도가 43.7%에서 26.4%로 낮아졌다.

도소매업의 경우는 ㈜대우의 구조조정에 따라 부채비율이 전년 말의 447.8%에서 216.2%로 231.6% 낮아지고, 차입금 의존도는 41.2%에서 24.5%로 16.7% 하락하였다. 한편 2000년 12월에 (주)대우로부터 대우인터내셔널과 대우건설이 분할 신설되었는데, 존속회사인 ㈜대우를 편제 대상에서 제외하면 2001년 말 도소매업 부채비율은 208.9%가 된다. 이 부채비율과 대비하면 2002년 말 부채비율은 개선되지 않았다.

(2) 성장성

국내 기업의 성장성지표 추이

(단위: %)

		1999	2000	2001	2002
매출액 증가율	전산업	4.3	12.0	1.5	7.3
	제조업	8.0	15.2	1.7	8.3
	건설업	−2.3	−1.8	5.9	2.9
	도소매업	−0.3	8.9	−4.0	6.5
유형자산 증가율	전산업	6.4	5.3	−0.4	−1.0
	제조업	−0.0	2.4	−1.5	−2.2
	건설업	11.5	10.9	−10.0	−8.7
	도소매업	3.0	12.1	7.8	9.5

[자료] 한국은행 2004년 기업경영분석

2000년 중 국내 기업의 매출은 건설업을 제외하고는 대체로 1998~9년의 불황에서 벗어나 큰 폭의 신장세를 보였다.

제조업의 매출액은 전년에 비해 15.2% 증가하여 1995년(20.4%) 이후 가장 높은 증가율을 나타냈다. 부문별로 보면 정보통신업종(24.6%)의 매출이 높은 증가율을 보이면서 제조업 성장을 주도한 가운데, 대기업(16.7%)의 매출액 증가율이 중소기업(12.5%)보다 높았다.

제조업의 유형자산 증가율은 정보통신업종(13.7%)에서 높게 나타났으나 여타 업종은 전년 말 수준에 머물렀으며, 대기업은 기업구조조정 추진 등으로 전년 말 대비 1.0% 감소한 반면 중소기업은 전년보다 증가세가 확대(8.6%→15.0%)되었다.

도소매업의 경우 역시 수출호조 등으로 큰 폭의 증가세로 돌아섰다. 다만 건설업의 경우는 1998년에서 1999년에 걸친 건설투자 축소(연 -10% 수준)로 매출액 감소가 지속되었다. 제조업의 경우와 달리 건설업과 도소매업의 유형자산 증가율은 모두 두 자리 숫자의 높은 비율을 보였다.

2001년 중 국내 기업의 매출은 건설업을 제외하고는 대체적으로 증가율이 둔화되거나 감소하였다.

제조업 매출액은 1.7% 증가에 그쳐 1998년(0.7%)을 제외하고는 1961년 통계편제 이래 가장 낮은 수준을 기록하였다. 이는 수출액이 크게 감소한데다 성장을 주도하던 정보통신제조업 매출액이 전년의 24.6% 증가에서 7.9% 감소로 전환한 데 크게 기인하였다. 기업 규모별로는 대기업의 매출액 증가율 하락폭(15.9%)이 중소기업(9.1%)을 상회하였다.

제조업 유형자산은 경기전망 불투명 등에 따른 설비투자부진 등으로 전년 말 대비 감소하였다.

건설업 매출액은 건설경기의 회복세에 힘입어 과거 3년간의 경기부진에서 벗어나면서 5.9% 증가로 전환되었으나, 도소매업 매출액은 외환위기 이후 첫 수출 감소 등으로 감소하였다. 반면에 유형자산은 건설업에서 감소하고 도소매업에서 증가하였다.

2002년 중 국내 기업의 매출은 경기회복에 힘입어 전(全)산업에서 증가율이 높아졌으나 건설업의 경우는 사회간접자본 투자가 계속 부진하여 증가율이 둔화되었다.

제조업 매출액은 8.3% 증가하여 매출 증가세가 확대되었다. 이는 반도체, 통신기기 및 자동차 등에 대한 국내외 수요증가로 내수 판매액은 9.7%, 수출액(원화 환산액)은 5.8% 각각 증가한 결과이다. 부문별로 보면 전년에 감소를 보였던 수출기업과 정보통신제조업 매출이 큰 폭의 증가로 돌아섰으며 내수기업과 정보통신 이외의 제조업의 매출 증가세도 확대되었다.

제조업 유형자산은 유휴자산 매각 등 기업구조조정과 경기전망 불투명에 따른 설비투자 부진으로 전년에 이어 감소세를 지속하였으며, 반면에 현금·예금 등 당좌자산이 증가하였다. 유형자산은 대기업에서 크게 감소한 반면 중소기업은 전년에 이어 증가세를 나타냈다.

도소매업의 경우는 백화점 및 할인점의 판매 호조로 매출이 상대적으로 크게(6.5%) 증가하였으나, 건설업은 매출액 증가세가 둔화되었다.

(3) 수익성

국내 기업의 수익성지표 추이

(단위: %)

		1999	2000	2001	2002
매출액 영업이익률	전산업	3.87	5.59	5.13	5.73
	제조업	6.62	7.40	5.52	6.74
	건설업	2.38	3.03	4.28	4.46
	도소매업	−1.72	1.78	2.57	2.83
매출액 경상이익률	전산업	−0.28	0.89	0.99	4.28
	제조업	1.68	1.29	0.35	4.69
	건설업	−3.07	−3.92	−1.32	1.62
	도소매업	−4.90	0.02	0.76	2.16
이자보상비율	전산업	71.5	140.8	146.0	263.5
	제조업	96.1	157.2	132.6	260.3
	건설업	37.7	59.6	118.7	217.3
	도소매업	−67.5	90.3	142.6	362.2

[자료] 한국은행 2004년 기업경영분석

2000년

2000년 중 국내 기업의 수익성은 전반적으로 향상되었으며, 특히 영업이익률이 높아진 가운데 금융비용 부담이 줄어듦에 따라 제조업 이자보상 비율이 100% 이상으로 개선되었다. 다만 건설업의 경우는 건설경기 부진으로 경상손익이 적자가 지속되고, 이자보상 비율도 낮은 상태에 머물렀다.

제조업의 매출액 영업이익률은 7.4%로 전년보다 상승하였으나 이에 불구하고 경상이익률은 1.3%로 전년보다 하락하였다. 영업이익률이 상승한 것은 주로 매출액 증가로 고정비 부담이 전년보다 감소한 데 기인하였으며, 경상이익률이 하락한 것은 환율 상승에 따른 외화환산 손실과 주가 폭락으로 인한 유가증권 관련 손실이 대규모로 발생하였기 때문이다.

제조업의 이자보상비율은 157.2%로 전년보다 대폭 상승하였다. 이와 함께 조사대상 업체 중 이자보상비율이 100% 미만(영업이익이 금융비용에 미달)인 업체의 비중도 전년의 32.6%에서 26.3%로 줄어들었다.

건설업의 경우 매출액 영업이익률은 전년보다 다소 상승하였으나 매출액 경상이익률은 4년 연속 적자상태를 지속하면서 적자폭이 전년보다 확대되었다. 이는 금융비용 부담 감소에도 불구하고 매출 감소에 따른 업체 간 가격경쟁이 심화되고 고정비 부담이 증가한 데 기인한다. 참고로 현대건설 및 동아건설을 제외하면 매출액 영업이익률이 2.2%에서 3.5%로, 매출액 경상이익률이 −2.9%에서 −2.6%로 개선된다.

도소매업의 경우는 매출액 영업이익률(1.8%)이 전년보다 상승하면서 매출액 경상이익률(0.0%)도 1997년 이후의 3년 연속 적자에서 손익분기 상태로 개선되었다. (주)대우를 제외하면 매출액 영업이익률은 1.9%에서 2.3%로, 매출액 경상이익률은 1.4%에서 1.6%로 개선된다.

한편 2000년 조사 대상 제조업체 중 관리기업과 일반기업의 경영성과를 비교해 보면, 일반기업의 매출액 경상이익률은 3.6%로 전년(5.3%)보다 1.7% 하락하였고, 관리기업의 경상이익률은 −32.4%로 전년의 적자(−31.5%)상태가 지속되었다. 또 이자보상비율은 일반기업의 경우 206.3%로 전년(132.7%)보다 크게 향상되었고, 관리기업의 경우는 −15.3%로 전년(−23.3%)보다 적자폭이 줄어들었다.

2001년

2001년 중에는 제조업 부문에서 매출액 증가율의 급감과 함께 수익성이 저하되었으나 다른 업종에서는 수익성이 대체로 개선되었다.

제조업의 매출액 영업이익률은 5.5%로 전년 대비 1.9%나 하락하여 1961년 이후 최저 수준을 기록하였다. 이는 매출 부진으로 고정비 부담이 커진 데 주로 기인한 것이며, 특히 반도체 가격하락 및 IT산업 침체 등으로 정보통신제조업과 수출기업의 수익성이 크게 악화된 데 기인하였다.

매출액 경상이익률은 0.4%로 전년보다 하락하였으나 흑자를 유지하였다. 매출액 영업이익률이 1.9% 하락하였는데도 경상이익 흑자를 나타낸 것은 금리하락으로 금융비용 부담이 1965년(3.9%) 이래 가장 낮은 수준으로 하락하고, 주가 상승으로 유가증권 관련 이익이 발생한 데다 외환손실이 전년보다 감소하는 등 영업외수지가 개선된 데 기인한 것이다.

제조업 이자보상비율 역시 전년보다 하락하여 132.6%를 나타냈다. 이와 함께 조사 대상 업체 중 이자보상비율이 100% 미만인 업체의 비중도 전년의 26.3%에서 28.6%로 증가하였다.

건설업의 경우는 건설경기 회복 등으로 매출액 영업이익률이 전년보다 상승하고, 금융비용 경감 등으로 매출액 경상이익률 적자폭도 전년보다는 축소되었으나, 1997년 이후 5년 연속 적자를 면하지 못하였다. 도소매업의 경우는 매출액 영업이익률이 전년보다 상승하면서 매출액 경상이익률이 흑자를 나타냈다.

한편 2001년 조사 대상 제조업체 중 관리기업과 일반기업의 경영성과를 비교해 보면, 일반기업의 매출액 경상이익률은 1.8%로 2000년(3.7%)보다 1.9% 하락하였으나, 관리기업은 영업이익이 흑자로 돌아선 가운데 매출액 경상이익률 적자폭이 축소(−31.6% → −26.5%)되었다. 또 이자보상비율은 일반기업의 경우 전년(214.2%)보다 39.1% 하락한 반면, 관리기업은 21.1% 상승하였다. 관리기업의 수익성 개선은 그 동안의 구조조정 노력의 결과인 것으로 보인다.

2002년

2002년 중 국내 기업은 내수와 수출이 호조를 보이면서 환율과 금리가 하락하여 전 산업의 수익성이 향상되었다.

제조업의 매출액 영업이익률은 6.7%로 전년보다 상승하였다. 이는 기업의 매출원가 절감 노력 등에 주로 기인하였으며, 이 밖에 시설투자 부진으로 감가상각비 부담이 감소하였기 때문이다. 또 매출액 경상이익률은 4.7%로 전년의 0.4%보다 대폭 상승함으로써 1974년(4.8%) 이후 가장 높은 수익성을 나타냈다. 매출액 영업이익률이 소폭 상승하였음에도 경상이익률이 크게 상승한 것은 금리 하락으로 금융비용이 경감되고 환율 하락으로 외환관련 이익이 발생하였기 때문이다.

제조업 이자보상비율은 매출액 영업이익률이 상승하고 금융비용 부담률이 사상 최저 수준을 보임에 따라 전년의 2배 수준으로 상승하였다. 이와 함께 조사 대상 업체 중 이자보상비율이 100% 미만인 업체의 비중도 전년의 28.6%에서 23.6%로 줄어들었다.

건설업의 매출액 영업이익률은 4.5%로 전년보다 상승하였으며, 매출액 경상이익률도 전년의 1.3% 적자에서 1.6% 흑자로 반전됨으로써 장기간 지속된 경상이익 적자에서 탈피하였다. 이는 건설경기의 호조가 지속되고 판매관리비가 절감된 데다 저금리 지속으로 금융비용 부담이 경감된 데 기인하였다.

도소매업의 경우는 매출액 영업이익률(2.8%)과 매출액 경상이익률(2.2%)이 모두 전년보다 상승하였다. 이는 소매업 매출이 크게 늘어난 데다 저금리 및 구조조정 등에 힘입어 금융비용 부담률이 낮아진 데 기인하였다.

제2절 경제동향

외환위기로 인하여 1998년 마이너스 성장(-6.7%)을 기록했던 우리나라 경제는 1999년에 흑자 성장으로 전환되어 2000년까지 지속되었다. 2001년에는 세계경기의 둔화로 다시 침체하였으나 정부의 저금리 유지 등 내수 진작으로 다른 나라에 비해서는 상대적으로 양호한 상황을 보였고, 2002년에는 다시 성장세가 회복되었다. 이 기간 중 1인당 국민소득은 2000년에 10,841달러로 1만 달러 시대에 재진입하였다.

금융시장에서는 2000년 3월 이후 현대사태 등의 영향으로 종합주가지수가 2001년까지 하락하였다가 2002년에 회복하였다. 대우사태와 현대사태 등의 영향으로 시중금리는 2000년에 급상승하였다가 회사채의 원활한 발행과 유통을 지원하기 위한 정부의 다양한 시책으로 2001년과 2002년에 걸쳐 안정되었다.[1)]

1) 이하 한국은행 2000~2002년도 연차보고서 참고

1. 경제성장

경제성장율 추이

(단위: %)

	1998	1999	2000	2001	2002
국내총생산	−6.7	10.9	9.3	3.1	6.3
제조업	−7.4	21.0	15.9	2.1	6.3
건설업	−8.6	−9.1	−3.1	5.6	3.2
서비스업	−7.2	11.9	9.5	3.9	8.8
국민총소득	−8.8	9.4	3.6	1.4	4.9

[주] 1995년 불변가격 기준
[자료] 한국은행 연차보고서, 재정경제부 주요경제지표

2000년 중 우리 경제는 3/4분기까지 소비와 설비투자 등 내수와 수출의 호조에 힘입어 전년에 이어 높은 성장을 지속하였으나 4/4분기 들어서는 경기둔화세가 뚜렷해지면서 성장률이 큰 폭으로 하락하였다. 연간 경제(GDP)성장률은 3/4분기까지의 고성장에 힘입어 9.3%의 높은 수준을 기록하였다.

이 중 4/4분기의 성장률은 4.6%로 크게 둔화되었는데 이는 그동안의 고성장이 조정을 받는 가운데 구조조정을 둘러싼 불확실성 증대, 고유가 지속, 미국 경제의 성장 둔화 등 국내외 여건의 악화로 소비 및 투자심리가 위축되고 수출증가율도 크게 낮아진 데 기인하였다.

2001년 중에는 미국 등 세계경제의 성장세 둔화에 따른 수출 부진, 설비투자 위축 등으로 3·4분기까지 성장률이 계속 둔화되다가 4·4분기 들어 다소 회복세를 보였다. 연간 경제성장률은 3.1%로 전년보다 크게 낮아졌다.

4/4분기에는 소비와 건설투자 등을 중심으로 경기가 회복되어 3.7%의 성장률을 보였는데 이는 한국은행의 콜금리 목표 인하, 정부의 재정지출 확대 등 그동안 실시한 경기대책의 효과가 나타난 결과이다.

2002년 중 국내경제는 저금리 등을 배경으로 소비가 꾸준히 늘어나고 2/4분기 이후 수출 증가세가 크게 확대됨에 따라 연간 6.3%의 높은 성장률을 나타냈다. 분기별로는 소비, 건설투자 등 내수를 중심으로 1/4분기 중 6.2%, 2/4분기 중 6.6%로 높아졌다가 3/4분기에는 수해 및 태풍피해 등의 영향으로 5.8%로 낮아졌으나, 4/4분기 들어서는 다시 수출 호조, 설비투자 회복세 등에 힘입어 성장세가 6.8%로 확대되었다.

2. 고용

고용관련지표 추이

(단위: 천명, %)

	1998	1999	2000	2001	2002
취업자수	19,938	20,291	21,156	21,572	22,169
취업자수증가율	−6.0	1.8	4.3	2.0	2.8
비임금근로자	−2.2	−0.2	2.2	1.5	0.9
임금근로자	−8.3	3.0	5.5	2.2	3.8
(상용근로자)	−10.3	−6.1	4.2	5.0	2.2
(임시 · 일용직)	−5.9	13.3	6.7	−0.3	5.4
실업자수	1,490	1,374	913	845	708
실업률	7.0	6.3	4.1	3.8	3.1

[자료] 재정경제부 주요경제지표, 한국은행 연차보고서

2000년 중에는 경기상승으로 취업 기회가 확대되고 정부의 실업대책이 지속됨에 따라 고용사정이 개선되다가 11월 이후에는 계절요인으로 인한 경기둔화 등의 영향으로 다시 악화되는 모습을 보였다. 취업자수는 경기상승에 따른 노동수요 증가와 정부의 실업대책 등에 힘입어 전년(1.8%)보다 크게 높은 4.3%의 증가율을 나타냈으며, 이에 따라 실업률은 전년의 6.3%에서 4.1%로 낮아지고, 실업자 수도 전년의 137만 명에서 91만 명으로 크게 줄어들었다.

종사상 지위별로는 상용근로자 수가 4.2% 증가세로 전환되고, 임시 ·

일용 근로자가 전년에 이어 6.7% 증가하였다. 이는 기업들이 임금수준이 상대적으로 낮고 고용조정이 용이한 임시·일용직 근로자를 많이 늘린 데 기인하였다. 비임금 근로자 역시 2.2% 증가세로 돌아섰다.

2001년에는 경기둔화에도 불구하고 서비스업 부문에서의 고용창출 등으로 고용사정이 2/4분기부터 크게 호전되는 모습을 보였다. 취업자수는 농림어업, 제조업에서 감소하였으나 서비스업에서 취업자가 견조하게 늘어난 데 힘입어 전년에 비해 2.0% 증가하였다. 이에 따라 실업률은 3.8%로 전년에 비해 0.3% 하락하였다.

종사상 지위별로는 임시 및 일용직 수요가 어느 정도 충족되면서 기업들이 경력자 등 상용직 위주로 채용을 확대함에 따라 상용근로자가 5.0% 늘어난 반면 임시·일용 근로자는 0.3% 감소하였다. 한편 비임금 근로자는 개인 창업에 따른 자영업주의 증가로 1.5% 늘어났다.

2002년 중에는 경기회복과 함께 경제활동참가율이 높아짐에 따라 40대 이상 중장년층을 중심으로 경제활동인구가 2.1% 증가하였다. 취업자수는 서비스업 취업자가 견조한 증가세를 지속한 가운데 건설인력의 취업이 크게 늘어나 평균 2.8% 증가하였다. 이에 따라 실업자 수가 전년의 85만 명에서 71만 명으로 줄어들어 실업률이 전년의 3.8%에서 3.1%로 더욱 하락하였다.

종사상 지위별로는 상용근로자가 2.2% 늘어나 증가세가 둔화된 반면 임시·일용 근로자는 전년의 소폭 감소에서 5.4% 증가로 반전하였다. 한편 비임금 근로자는 개인창업 증가 등으로 자영업주가 꾸준히 늘어났으나 무급 가족종사자의 감소세가 지속됨에 따라 소폭 증가하는 데 그쳤다.

3. 물가

물가 동향

(단위: %)

	소비자물가		생산자물가		수출물가		수입물가	
	지수	상승률	지수	상승률	지수	상승률	지수	상승률
1999	97.8	0.8	98.0	−2.1	101.0	18.9	92.9	−12.1
2000	100.0	2.3	100.0	2.0	100.0	−1.0	100.0	7.7
2001	104.1	4.1	99.5	−0.5	96.2	−3.8	103.5	3.5
2002	106.9	2.7	99.2	−0.3	89.5	−7.0	97.1	−6.2

[주] 물가지수: 2000년=100
[자료] 재정경제부 주요경제지표

2000년 중 소비자물가는 6월 이후에는 오름세가 확대되어 평균 2.3%의 상승률을 보였다. 이는 우선 국제 원유가격과 기타 원자재가격이 상승하고, 국내에서는 공공요금의 인상폭이 확대된 데 따른 것이다. 생산자물가는 연평균 상승률이 전년의 −2.1%에서 +2.0%로 돌아섰다. 이는 연중 국제유가 급등과 원화환율 상승으로 일부 공산품가격과 전기 및 도시가스 요금이 인상된 데 기인하였다.

2000년 중 수출물가(원화기준, 이하 같음)는 연평균 기준으로는 전년대비 1.0% 하락하였으나 연말월 기준으로는 4.2% 상승하였다. 반기별로는 상반기 중 원화환율의 하락에 따라 내림세를 보였으나 하반기에는 국제유가 급등과 원화환율 상승으로 오름세를 보였다. 한편 수입물가는 연평균 기준으로 7.7% 상승하였다. 특히 2/4분기 이후에는 원유를 비롯한 국제 원자재가격과 과일 등 소비재 수입가격의 상승으로 오름세가 확대되었다.

2001년 중 소비자물가는 연평균 4.1% 상승하여 전년(2.3%)보다 오름세가 확대되었다. 이는 국내경기의 부진으로 수요 압력이 크지 않았음에도 불구하고 전년 하반기 이후의 물가 오름세가 이어진 데다 원화환율, 공공요금, 집세, 단위 노동비용 등이 높은 상승을 보인 데 주로 기인하였다. 생산자물가는 연평균 0.5% 하락하였다. 반기별로는 상반기까지 고유가, 원화환율의 상승, 기상 악화에 따른 일부 농산품의 수급 불균형 등으로 오름세를 보였으나, 그 후 국제유가의 하락과 국내수요의 둔화로 하락세로 돌아섰다.

수출물가는 연평균 6.2% 상승하여 오름세가 확대된 반면, 수입물가는 연평균 4.9% 상승하는 데 그쳐 전년보다 오름세가 둔화되었다. 수출물가는 4월까지 원화환율의 큰 폭 상승에 따라 대체로 오름세를 보였으나 그 후 세계경기 부진과 국제유가 하락, 미국의 9.11테러 등의 영향으로 약세를 보였다. 수입물가는 4월까지 원화환율 급등으로 대체로 오름세를 보였으나, 그 후 원화환율의 하락, 국제 원자재가격의 하락, 국내외 수요부진 등으로 하락세로 돌아섰다.

2002년 중 소비자물가는 연평균 2.7% 상승하여 오름세가 크게 둔화되었다. 이는 원화환율 하락 등으로 공업제품가격이 소폭 상승에 그치고 공공요금이 이례적으로 인하된 데 주로 기인한 것이다. 그러나 4/4분기부터는 국제유가가 오름세를 보이기 시작하면서 공업제품가격의 상승률이 높아졌다. 생산자물가는 전년에 이어 연평균 0.3% 하락하였다. 이는 공산품 가격이 안정된 데다 전력·수도 및 가스요금이 인하된 데 따른 것이다.

수출물가는 연평균 7.0% 하락하여 전년(-3.8%)보다 하락폭이 확대되고, 수입물가 역시 연평균 6.2% 하락하여 전년의 3.5% 상승에서 큰 폭의 내림세로 전환하였다. 수출물가의 하락은 수요 부진과 생산업체간 국제경쟁이 심화되고 원화가 강세를 나타낸 데 주로 기인하였고, 수입물가의 하락은 원자재와 자본재, 소비재가 수요 부진과 원화 강세로 인한 것이다.

부동산

부동산 가격의 등락 추이

(단위: %)

	1998	1999	2000	2001	2002
주택매매(전도시)	−12.4	3.4	0.4	9.9	16.4
(서 울)	−14.6	12.5	4.2	19.3	30.8
주택전세(전도시)	−18.4	16.8	11.1	16.4	10.1
(서 울)	−22.4	32.5	12.1	23.4	11.4
토지가격(전 국)	−13.6	2.9	0.7	1.3	9.0
(서 울)	−16.3	2.7	0.1	1.9	15.8

[자료] 한국은행 연차보고서 1998-2002

2000년 중 주택 매매가격은 안정세를 지속하여 연중 0.4% 오르는 데 그쳤다. 그러나 전세가격의 경우는 수도권지역 아파트를 중심으로 큰 폭의 상승세를 지속하여 연간 11%의 높은 상승률을 보였다. 토지가격은 경기 상승세의 지속에 따른 수요 증가로 3/4분기까지 오름세를 유지하였으나 4/4분기에는 향후 경기전망에 대한 우려로 하락세로 전환되어 연간 0.7%의 낮은 상승에 그쳤다.

2001년 중 주택 매매가격은 외환위기 이후의 주택건설 감소에 따른 수급불균형, 향후 가격상승이 기대되는 재건축 대상 아파트에 대한 수요증가, 전세가격 급등에 따른 매입수요의 증가, 저금리 기조 지속에 따른 임대 목적의 투자수요 증가 등이 겹치면서 연중 9.9%의 높은 상승률을 보였다. 특히 서울지역 아파트의 경우 가격상승률은 19.3%에 달했다. 전국의 토지가격은 소폭 상승세를 보였다.

2002년에는 정부의 소비 진작과 저금리 정책의 영향으로 주택가격 상승세가 더욱 심화되었다. 금리하락으로 금융자산의 수익률이 낮아지면서 금융기관들이 가계대출을 경쟁적으로 확대함에 따라 전국 도시지역의 주택 매매가격이 연평균 16.4%의 높은 상승세를 나타냈다. 특히 서울지역 아파트 매매가격은 30.8%나 폭등하였다. 다만 주택 전세가격은 상대적으로 낮은 상승세를 보이다가 연말에는 오히려 하락세로 돌아섰다.

그동안 안정세를 유지하던 토지가격은 개발제한구역 해제, 택지개발 추진, 주택가격 상승 등의 영향으로 서울 및 수도권 지역을 중심으로 연중 9.0%의 높은 상승세를 보였다.

4. 국제수지

경상수지 추이

(단위: 억 달러)

	1998	1999	2000	2001	2002
경상수지	403.7	245.2	122.5	80.3	53.9
상품수지	416.7	284.6	169.5	134.9	147.8
– 수출	1,322.5	1,453.7	1,762.1	1,514.8	1,634.1
– 수입	905.9	1,169.1	1,592.7	1,379.9	1,486.4
서비스수지	10.2	–6.5	–28.5	–38.7	–82.0
소득수지	–56.4	–51.6	–24.2	–12.0	4.3
경상이전수지	33.2	18.7	5.7	–3.9	–16.2

[자료] 재정경제부 주요경제지표

경상수지는 1998년 중 사상 최대의 흑자를 기록한 데 이어 1999년과 2000년 이후에도 흑자가 지속되었으나, 그 규모는 2002년까지 매년 감소하였다. 이는 2000년 세계경제의 호조에 힘입어 상품수출이 크게 증가하였는데도 이와 함께 국내소비 및 설비투자가 활발해져 상품수입이 동시에 늘어났고, 서비스수지 역시 내국인의 소득 증가에 따른 해외여행 증가 등으로 적자폭이 크게 증가하였기 때문이다.

2000년 중 경상수지는 상품수출이 크게 늘어났음에도 상품수입이 더 큰 폭으로 증가하고, 여기에 서비스수지 적자가 확대되어 123억 달러 흑자에 그쳤다. 이는 전년(245억 달러)의 절반 수준이다.

2000년 중 상품수출(통관 기준, FOB 가격)은 1,762억 달러로 늘어나 수출 증가율이 21.2%에 달하였다. 이는 1995년(30.3%) 이후 5년 만에 다시 두 자리 수의 증가세를 보인 것이다. 한편 상품수입(통관 기준, CIF 가격)은 1,593억 달러를 기록하여 36.2%의 높은 증가세를 나타냈다. 특히 국제유가 급등, 내수호조 등의 영향으로 원자재 수입이 37.9% 늘어났는데 이 중 원유 수입은 도입단가의 큰 폭 상승으로 70.6%나 증가하였다. 이에 따라 상품수지는 전년의 284.6억 달러 흑자에서 169.5억 달러로 감소하였다.

서비스수지는 내국인의 해외여행이 크게 증가하고, 사업서비스 지급이 늘어남에 따라 적자폭이 전년의 7억 달러에서 40억 달러로 대폭 확대되었다. 그러나 소득수지는 외채규모 축소로 대외이자 지급이 줄어들고 대외 금융자산 증가로 해외 유가증권 이자수입이 크게 증가함에 따라 적자규모가 전년의 52억 달러에서 22억 달러로 대폭 축소되었다. 한편 경상이전수지는 내국인의 해외송금 증가 등으로 흑자 규모가 전년의 19억 달러에서 6억 달러로 축소되었다.

2001년 중 경상수지는 상품수지 흑자가 전년의 170억 달러에서 135억 달러로 축소된 데다 여행수지를 중심으로 서비스수지 적자가 늘어나 흑자 규모가 80억 달러로 줄었다.

먼저 상품수출은 1,515억 달러로 전년에 비하여 14.0% 감소하였다. 자동차와 선박 등 운송장비는 두 자리 수의 증가율을 기록하였으나, 반도체와 컴퓨터는 미국 등 주요국의 정보통신(IT) 경기 부진에 따라 각각 45%, 24% 감소로 반전하였다. 상품수입 역시 1,380억 달러로 전년에 비하여 13.4% 감소하였다. 자본재수입은 국내 설비투자 감소와 수출부진으로, 원자재수입은 주요 품목의 국제시세의 하락으로 모두 감소로 반전하였다.

서비스수지는 내국인의 해외여행이 늘어나 여행수지 적자가 확대됨에 따라 적자 규모가 전년의 29억 달러에서 35억 달러로 확대되었고, 경상이전수지도 연초부터의 증여성 송금한도 폐지 등에 따른 해외송금 증가 등으로 전년의 7억 달러 흑자에서 4억 달러 적자로 돌아섰다. 그러나 소득수지는 외화자산 운용수익 증가와 대외 이자지급 감소에 힘입어 적자 규모가 전년의 24억 달러에서 9억 달러로 크게 축소되었다.

2002년 중 경상수지는 상품수지가 큰 폭의 흑자를 유지하였음에도 여행수지를 중심으로 서비스수지 적자가 대폭 확대됨에 따라 흑자 규모가 전년의 80억 달러에서 54억 달러로 줄어들었다.

먼저 상품수출은 1,634억 달러로 전년의 12.7% 감소에서 8.1% 증가로 돌아섰다. 특히 휴대용 전화기 수출이 전년 대비 34.6%의 높은 증가율을 기록하였고, 반도체, 컴퓨터, 승용차, 선박 등 주요 품목의 수출이 견조한 증가세를 보였다. 상품수입 역시 1,486억 달러로 전년의 감소세에서 7.8% 증가로 반전하였다. 이 중 소비재는 국내 소비수요가 꾸준히 늘어나면서 21.8%의 증가를 보였고, 자본재도 반도체, 기계류 등의 수입이 늘어나 전년의 감소에서 10.4% 증가로 돌아섰다.

서비스수지는 해외여행 경비와 사업 서비스료 지급이 늘어남에 따라 적자 규모가 82억 달러로 크게 확대되었고, 경상이전수지도 내국인의 해외송금 증가로 16억 달러로 적자폭이 늘어났다. 한편 소득수지는 대외 이자지급 축소에 주로 기인하여 4억 달러의 흑자로 돌아섰다.

5. 재정수지와 국가채무

통합재정수지

연도별 통합재정수지 현황

(단위: 10억원, %)

	1999	2000	2001	2002
수입	107,923	135,881	144,033	158,712
(증가율)	(11.6)	(25.9)	(6.0)	(10.2)
조세수입	75,658	92,935	95,793	103,968
(GDP대비부담률)	(14.3)	(16.1)	(15.4)	(15.2)
지출 및 순융자	120,988	129,284	136,765	136,047
(전년대비 증가율)	(4.8)	(6.9)	(5.8)	(−0.5)
(대GDP 비중)	(24.9)	(24.8)	(24.8)	(22.8)
통합재정수지	−13,065	6,527	7,268	22,665
(대GDP 비중)	(−2.7)	(1.3)	(1.3)	(3.8)

[자료] 재정경제부 재정금융통계

2000년 중 정부는 조세(국세)수입 92.9조원, 세외수입 43.0조원 등 135.9조원을 수입하고, 129.3조원을 지출함으로써 통합재정수지는 6.5조원의 흑자를 보였다. 국세의 GDP 대비 부담률은 16.1%로서 전년의 14.3%보다 1.8% 높아졌다. 그러나 이로써 외환위기 이후 계속되어온 적자에서 벗어나면서 1975년 통합재정수지 작성이 시작된 이후 최대 규모의 흑자를 나타냈다.

회계별로는 세입세출부문과 공공기금부문의 수지가 모두 큰 폭으로 개선되었다. 세입세출부문에 있어서는 기업실적의 호전, 증권거래 증가, 수입(輸入) 증가 등에 따른 세수 증가와 세원 발굴의 확대로 조세수입이 13.6조원으로 확대되어 3.4조원의 흑자를 기록하였다. 한편 기금부문에서는 소득증가로 연금기여금 수입이 증가함에 따라 국민연금기금 수지가 개선되고, 실업률 하락으로 고용보험금 지출이 감소함에 따라 고용보험기금 수지가 개선되었으며, 국채 발행규모 축소와 이자율 하락으로 국채와 금융구조조정 이자 비용이 감소하여 공공자금관리기금의 수지가 개선되었다. 이에 따라 기금부문의 수지도 3.1조원의 흑자를 기록하였다.

2001년에는 조세수입 95.8조원, 세외수입 48.2조원 등 총 144.0조원을 수입하고, 136.8조원을 지출하여 통합재정수지는 7.3조원의 흑자를 보였다.

회계별로는 세입세출부문에서의 수입이 전년 대비 3.3조원 증가한 데 비해 지출은 경기 진작을 위한 재정자금 집행 및 2차례 추경예산의 집행으로 전년 대비 8.0조원이 늘어났다. 이에 따라 이 부문의 수지는 전년보다 4.7조원 감소한 1.3조원의 적자를 기록하였다. 그러나 기금부문에서는 국민연금기금이 13.4조원의 흑자를 내고 기타 기금에서도 수지가 개선되어 모두 8.6조원의 흑자를 기록하였다.

한편, 통합재정수지를 작성함에 있어서 사회보장성기금(국민연금기금 등)의 수지는 그 성격상 재정활동의 결과로 보기 어려운 측면이 있어 이를 제외하고 산정하는 방법이 있는데, 이 경우 통합재정수지는 2000년 적자 6.0조원에서 2001년 적자 8.2조원으로 악화된 것으로 나타난다.

2002년에는 조세수입 104.0조원을 포함한 총 158.7조원을 수입하고, 136.0조원을 지출하여 통합재정수지는 22.7조원의 대규모 흑자를 기록하였다. 이러한 흑자는 GDP 대비 3.8%에 해당하는 규모이다.

회계별로는 세입세출부문에서 상반기 중 재정의 조기 집행, 수해대책을 위한 추경예산 편성 등 적극적인 재정집행으로 재정수지의 감소 요인이 있었으나, 적자보전용 국채 발행의 축소 등 재정건전성 확보를 위한 예산편성과 국세수입 증가(8.2조원), 한국통신주식 매각(3.6조원) 등에 다른 수입 증가로 6.7조원의 흑자를 나타냈다. 또 기금부문에서는 국민연금기금, 국민주택기금 등에서 16.0조원의 흑자를 냈다.

사회보장성기금을 제외하는 경우에는 기금부문의 흑자가 17.6조원 감소되어 통합수지 흑자는 5.1조원에 그치게 된다.

국가채무

국가채무 현황

(단위: 10억원, %)

	1999	2000	2001	2002
국가채무	89,714.6	100,941.6	113,115.7	126,629.7
(전년대비 증가율)	(25.6)	(12.5)	(12.1)	(11.9)
(대GDP 비율)	(18.1)	(19.5)	(20.8)	(21.2)
차입금	21,386.2	21,906.6	22,536.1	20,735.5
(국내차입금)	2,443.3	1,900.7	2,104.0	2,295.5
(해외차입금)	18,942.9	20,005.9	20,432.1	18,440.0
국채	65,806.0	76,325.2	87,757.5	103,131.4
국고채무부담행위	2,522.4	2,709.8	2,822.1	2,762.8
보증채무	81,504.5	74,565.4	106,769.6	102,471.4
(대 GDP 비율)	(16.9)	(14.4)	(19.6)	(17.1)

[자료] 재정경제부

2000년 말로 국가채무는 100조원을 넘어서면서 전년 대비 약 11.2조원이 증가하였다. 이는 1997년 말 이후 경제위기 극복 과정에서 금융기관 구조조정, 경기진작, 실업대책 등을 수행하기 위한 재정수요에 충당하기 위한 것이었다. 정부는 국가채무의 대부분을 국채 발행을 통하여 조달하였다. 국채의 증가는 재정수요를 충당하기 위한 국고채권 증가 8.3조원, 국민주택기금의 재원조달을 위한 국민주택채권 증가 1.9조원 및 환율안정을 위한 외국환평형기금 채권 증가 2.7조원 등으로 구성되었다. 정부의 보증채무는 1997년 말 발행되었던 캠코채(정부보증)의 만기 도래 상환(4.0조원) 등으로 감소하였다.

2001년과 2002년 중에도 국가채무는 전년 대비 각각 12.2조원, 13.5조원 증가하여 2002년 말에는 122.6조원이 되었다. 2002년 말 국가채무액은 GDP의 21.2%에 해당되며, 여기에 지방정부의 채무를 포함하면 국가 채무액은 총 133.6조원으로 GDP 대비 22.4%가 된다. 이 같은 국가채무의 증가는 경기진작 및 구조조정 지원 등을 위한 재정의 역할 강화로 인한 것이며, 주로 국고채권 13.0조원, 국민주택채권(제1종) 8.0조원, 외국환평형기금 채권(원화표시) 7.2조원 등 국채의 증가(2001~02년간)로 구성되었다.

한편 2001년 중 예보가 2단계 금융구조조정을 지원하기 위하여 31.1조원의 예보채를 발행하고, 정부가 이에 지급보증 하였다. 이는 2001년 중 국가보증 채무가 106.8조원으로 크게 늘어난 주 원인이 되었다.

국가채권과의 비교

조세채권, 재정융자특별회계 및 기금 등의 융자채권, 예금 및 예탁금 등 국가채권은 1999년 말 126.7조원에서 2000년 말 143.7조원, 2001년 말 155.2조원, 2002년 말 159.2조원으로 연평균 7.9% 증가하였다. 이에 비하여 국가채무는 보증채무를 합산하는 경우 1999년 171.2조원에서 2002년 말 229.1조원으로 연평균 10.2% 증가하였다.

국가채권과 채무 현황

(단위: 10억원)

		1999	2000	2001	2002
국가채권	조세채권	6,550	7,018	6,261	5,726
	융자회수금	106,640	120,918	132,191	134,683
	예금/예탁금	11,211	12,563	13,580	15,408
	기타	2,336	3,224	3,185	3,419
	계	126,737	143,723	155,217	159,236
국가채무	주채무	89,715	100,942	113,116	126,630
	보증채무	81,505	74,565	106,770	102,471
	계	171,220	175,507	219,886	229,101

[자료] 재정경제부 재정금융통계, 2006. 9

제3절 금융동향

1. 금융산업의 구조적 변화

외환위기 이후 2단계에 걸친 금융구조조정 과정에서 국내 금융기관의 수는 1997년 말 2,101개사에서 2002년 말 1,510개사로 줄어들었다. 금융기관의 감소는 주로 은행을 비롯한 종금사, 상호저축은행, 신용협동조합 등이 퇴출되거나 타 금융기관과 합병함으로써 이루어졌다.[1)]

금융부문 구조조정은 결과적으로 국내 금융산업에 큰 구조적 변화를 가져왔다. 금융기관 수의 감소로 금융산업의 집중도가 크게 높아지고, 은행이 금융산업에서 차지하는 비중이 확대되었다. 또 금융구조조정 과정에서 정부(예보)가 부실금융기관에 출자 지원하고 주식을 취득함으로써 다수 은행이 국유화되었으며, 그 후 정부가 은행 주식을 매각하여 주로 외국인이 이를 매입함으로써 은행의 소유구조가 크게 달라졌다. 또 이 기간 중 종합금융업은 쇠퇴하였으나, 금융지주회사와 같은 새로운 형태의 금융기관이 설립되고, 선물시장의 개설과 함께 선물회사의 업무가 본격화되는 등 업종의 변화도 많았다.

금융기관의 여신행태 면에서는 대출관련 리스크관리가 강화되고, 기업대출보다 가계대출을 늘림에 따라 기업들은 자금조달 방법을 금융기관으로부터의 간접금융보다 증권시장을 통한 직접금융에 더 의존하게 되었다.

또 금융시장의 개방으로 외국인의 국내 유가증권 투자가 늘어나고, 국내 금융기관의 외화자산 투자가 늘어나는 등 금융의 국제화가 진전되었다.

(1) 금융산업의 진화

1) 이하 한국은행 '외환위기 이후 금융시스템의 변화와 향후 과제', 2005. 8 참고

종합금융회사는 1997년 말 현재 30개사가 영업 중이었고, 총자산 규모가 52조원으로 국내 금융기관 총자산의 8.2%를 점할 정도로 큰 비중을 갖고 있었다. 그러나 이들 종금사는 구조조정을 통하여 대부분 퇴출되거나 업종을 전환하여 2002년 말에는 3개 회사만 남고, 종합금융업은 쇠퇴하였다.

투자신탁회사는 종전에는 신탁자산 운용업무와 신탁계약에 의한 수익증권 판매업무를 겸영하였고, 투자신탁운용회사는 신탁자산의 운용만 하였다. 그러나 금융구조조정 과정에서 다수 투자신탁회사가 회사를 분할하여 투자신탁증권회사로 전환하고, 투자신탁운용회사를 자회사로 하였다. 대우사태 이후 대규모의 공적자금이 투입된 한국투신과 대한투신도 이 시기에 증권회사로 전환하였다.

1998년 9월에는 증권투자회사법이 제정되어 회사형 증권투자신탁이 도입되었다. 이 법에서 증권투자회사는 서류상 회사로 설립되고, 실질적인 자산운용은 자산운용회사에서 담당하도록 제도화함으로써 동법에 의한 자산운용회사가 다수 설립되었다. 기존 투신운용사를 포함한 자산운용업무 취급 기관은 1998년 말 22개에서 1999년 말 31개, 2000년 말 40개, 2002년 말 42개로 늘어났다.

선물회사는 선물거래를 자기계산으로 하거나 위탁을 받아 하는 등의 업무를 하는 회사(선물업자)로서 1996년 7월 선물거래법 시행으로 법제화되었다. 법 시행 후 선물회사 설립이 추진되었으나 외환위기로 인하여 활성화되지 못하였다. 다만, 동법 경과규정에 따라 일부 금융기관이 선물업자로 간주되었다. 그 후 1999년 4월 선물거래소 개장을 계기로 선물회사의 활동이 본격화되었으며, 2002년 말 현재 14개 회사가 선물업 허가를 받았다.

정부는 2000년 10월 금융지주회사법을 제정하여 금융기관의 대형화와 겸업화를 유도함으로써 경영효율을 증진시키고, 나아가 대외경쟁력을 강화하도록 하였다. 이 법에 따라 우리·신한 등의 금융지주회사가 설립되었다.

또 이에 앞선 1997년 8월 여신전문금융업법을 제정하여 신용카드업, 시설대여업, 할부금융업 및 신기술사업금융업 등을 여신전문금융업으로 통합하고, 이를 단일 법률에서 규율하도록 하였다. 또 종전에는 다른 여신전문업종과의 겸업을 엄격히 제한하였던 것을 해제함으로써 여신전문사의 대형화와 겸업화가 가능하도록 하였다.

(2) 소유구조의 변화

외환위기 이후 금융구조조정 과정에서 부실금융기관에 대한 정부 및 예보의 대규모 출자 지원이 있었고, 이에 따라 다수 금융기관이 국유화되었다. 이는 특히 은행권에서 대규모로 진행되었고, 제2금융권에서는 서울보증보험·한국투자신탁·대한투자신탁 등 일부 기관이 대상이 되었다. 또 일부 금융기관은 정부나 예보 외에도 정부출자 은행인 산업은행을 통해서도 출자 지원이 이루어졌는데 그 대표적인 예가 대우증권이다.

이들 금융기관에 대한 출자로 주식을 취득한 정부는 공적자금의 회수를 위하여 보유 주식을 매각하였으며, 이 과정에서 상당 부분의 금융기관 지분이 외국인 소유가 되었다. 이는 특히 은행부문에서 두드러졌다.

한편 외국인은 정부 보유지분 매각의 경우 외에도 시장에서, 또는 주주와의 직접적인 거래에 의해서도 금융기관 지분을 매입하여 지배주주가 되었다.

은행권

1999년 말까지의 1단계 구조조정 과정에서 정부는 시중은행 주식(우선주 포함)의 평균 55.4%를 보유하게 되었다. 또한 외국인은 1998년 금융시장 개방 이후 국내 금융기관 지분투자를 확대하였으며, 특히 1998년 7월에는 독일 코메르츠은행이 외환은행 지분의 약 30%를 인수하였다. 그 결과 외국인의 시중은행 주식 보유비율이 1997년 말 평균 4.0%에서 1999년 말에는 18.0%까지 상승하였다.

시중은행 소유비율의 변화 추이

(단위: %)

<table>
<tr><th rowspan="2"></th><th colspan="2">1997</th><th colspan="2">1998</th><th colspan="2">1999</th><th colspan="2">2002</th></tr>
<tr><th>정부</th><th>외국인</th><th>정부</th><th>외국인</th><th>정부</th><th>외국인</th><th>정부</th><th>외국인</th></tr>
<tr><td>외환은행</td><td>47.9</td><td>–</td><td>33.6</td><td>34.9</td><td>32.2</td><td>23.0</td><td>21.6</td><td>27.9</td></tr>
<tr><td>국민은행</td><td>15.2</td><td>–</td><td>8.2</td><td>25.5</td><td>6.5</td><td>50.3</td><td rowspan="2">9.3</td><td rowspan="2">70.2</td></tr>
<tr><td>주택은행</td><td>22.4</td><td>–</td><td>16.1</td><td>45.1</td><td>14.5</td><td>66.4</td></tr>
<tr><td>제일은행</td><td>–</td><td>–</td><td>93.7</td><td>–</td><td>96.9</td><td>–</td><td>45.9</td><td>51.0</td></tr>
<tr><td>한미은행</td><td>–</td><td>28.4</td><td>–</td><td>25.7</td><td>–</td><td>30.7</td><td>–</td><td>61.0</td></tr>
<tr><td>우리은행</td><td>–</td><td>–</td><td>94.8</td><td>–</td><td>74.7</td><td>16.3</td><td>87.7</td><td>0.7</td></tr>
<tr><td>신한은행</td><td>–</td><td>39.0</td><td>–</td><td>21.8</td><td>19.2</td><td>34.2</td><td>–</td><td>49.0</td></tr>
<tr><td>조흥은행</td><td>–</td><td>–</td><td>91.1</td><td>5.8</td><td>80.1</td><td>–</td><td>80.0</td><td>3.1</td></tr>
<tr><td>하나은행</td><td>–</td><td>–</td><td>–</td><td>18.1</td><td>–</td><td>26.2</td><td rowspan="2">28.3</td><td rowspan="2">28.7</td></tr>
<tr><td>서울은행</td><td>–</td><td>–</td><td>46.9</td><td>–</td><td>97.8</td><td>–</td></tr>
<tr><td>평 균</td><td>7.9</td><td>3.9</td><td>53.1</td><td>12.5</td><td>57.3</td><td>17.5</td><td>46.1</td><td>27.6</td></tr>
</table>

[주1] 연말 잔액 기준. 소유비율 평균은 각 은행 자본금을 가중치로 적용, 계산하였음. 단, 1999년까지는 1999년 자본금, 2002년은 2002년 자본금 적용.

[주2] 우리은행과 하나은행의 경우 지주회사 편입 후에는 지주회사 주식의 소유비율을 적용하였음.

[자료] 금융감독원 전자공시시스템 자료를 토대로 필자 정리.

2단계 구조조정 기간 중에는 제일은행, 서울은행 등 정부 보유 주식의 매각으로 정부 지분이 46.1%로 감소하고, 같은 기간 중 외국인 지분은 27.6%로 늘어났다. 여기서 제일은행의 경우는 1단계 기간 중인 1999년 12월 30일에 정부(예보) 보유 주식의 51%를 외국인(뉴브리지)에게 매각하기로 계약을 체결하였으나, 주식 양도는 2000년 1월 20일에 이루어졌으므로 2단계 기간 중에 주주가 변동된 것으로 보았다. 또 서울은행의 경우는 정부지분을 국내 은행인 하나은행에 매각하였으나, 하나은행에 이미 외국인 지분이 있었으므로 그 지분만큼 외국자본화하였다.

한편 산업자본의 은행주식 보유 현황을 살펴보면, 국내에서는 산업자본과 금융자본의 분리 원칙이 시행되었고, 특히 은행에 대하여는 산업자본의 진입이 엄격하게 제한되어 있었다. 그런데 한미은행의 경우는 예외적으로 1981년 대우그룹을 비롯한 국내 기업들과 미국은행(BOA)이 합작으로 설립하여 1998년 말 현재 삼성그룹과 대우그룹 등 산업자본이 각각 18.6%의 지분을 보유하고 있었다. 그러나 대우사태 이후 대우그룹 보유 지분은 모두 처분되고, 삼성그룹 보유 지분은 한미은행이 수차에 걸쳐 제3자 배정방식의 증자를 실시함에 따라 보유 비율이 13% 대로 낮아졌다.

제2금융권

제2금융권에 있어서는 대우증권과 한투·대투, 대한생명, 서울보증보험 등이 정부 소유로 되었다.

먼저 대우증권은 대우사태의 와중에서 부실화되어 산업은행의 출자지원을 받고 사실상 정부 소유가 되었다. 투자신탁회사인 한국투신과 대한투신은 대우사태로 부실화되어 예보의 출자지원을 받고 국유화된 후, 2000년 6월 증권사로 전환하였다.

보험업의 경우 대한생명은 정부가 공적자금을 투입하여 정부 소유로 한 후 공개매각을 통하여 한화그룹에 매각하였다. 이로써 결과적으로 국내 대표적인 생보사를 산업자본이 소유하게 되었다. 또 대한보증보험과 한국보증보험 등 보증보험사는 외환위기 이후 부실화되어 서울보증보험으로 합병하면서 동시에 공적자금의 지원을 받고 정부 소유로 되었다.

제2금융권에 대한 외국인 투자에 대해서는 이 장 말미에서 언급하기로 한다.

(3) 은행권 비중의 확대

금융구조조정 과정에서 은행의 경우는 33개에서 14개 은행이 줄어 19개 은행이 남았으나, 감소된 은행 중 5개 은행만 퇴출되고, 나머지 9개 은행은 타 은행과 합병하였다. 이에 비해 종합금융회사는 30개사 중 22개사가 퇴출되고 6개사도 타금융기관과 합병하여 2개사만 남게 되었다. 아 밖에 상호저축은행은 100개사, 신용협동조합은 337개 조합이 퇴출되었다. 더욱이 예금 부분보장제가 재시행되는 2001년 이전부터 시중자금은 상대적으로 신뢰도가 높은 은행을 선호하게 되었다.

이와 같이 제2금융권의 금융기관이 줄어드는 가운데 시중자금이 은행권으로 이동함에 따라 국내 금융산업에서 은행(은행계정)이 차지하는 비중은 총자산 기준으로 1997년 말 44.6%에서 2002년 말에는 55.8%로 크게 상승하였다. 다만 은행의 신탁계정은 자산운용에 따르는 위험을 수익자가 부담한다는 인식의 확산으로 예금(신탁)이 급감하면서 자산 규모가 대폭 감소하였다. 이에 따라 은행의 총괄 자산 규모의 비중은 이 기간 동안 크게 달라지지 않았다.[1)]

한편, 비은행 금융기관 중에서는 보험회사 등이 호조를 보인 반면, 종금사는 쇠퇴하였고, 증권회사와 저축은행 및 신협(信協)은 비중이 낮아졌다. 이 중 증권회사의 경우는 대우사태 영향으로 회사채 시장이 위축된 데 기인하였고, 저축은행과 신협의 경우는 불법대출과 금융사고로 인한 대량 퇴출에 기인하였다.

참고로 국내 금융기관의 총자산 규모는 1단계 구조조정 기간 중 943.8조원(1997년 말)에서 894.7조원(1999년 말)로 감소하였다가, 2단계 구조

1) 이 분석에서 한국산업은행, 수출입은행, 기업은행 등 특수은행은 시장원리가 아닌 정부정책에 의하여 운영되므로 분석 대상에서 제외하였음)

조정 기간 중 1,141.3조원(2002년 말)으로 증가하였다. 총자산을 기준으로 한 금융권별 비중은 다음과 같이 변화하였다.

금융권역별 총자산 규모 변화 추이

(단위: 조원, %)

	1997년 말		1998년 말		1999년 말		2002년 말	
	총자산	비중	총자산	비중	총자산	비중	총자산	비중
은행	606.6	64.3	565.1	63.5	562.3	62.8	740.3	64.9
(은행계정)	420.9	44.6	420.4	47.2	452.4	50.6	636.5	55.8
(신탁계정)	188.1	19.9	152.1	17.1	114.1	12.8	104.5	9.2
종금사	77.9	8.2	58.4	6.6	38.2	4.3	3.1	0.3
보험사	111.8	11.9	114.5	12.9	132.8	14.8	198.5	17.4
증권등	23.9	2.5	34.7	3.9	61.0	6.8	52.5	4.6
금고/신협	55.4	5.9	53.1	6.0	45.7	5.1	45.1	4.0
여신전문사	68.3	7.2	64.2	7.2	54.8	6.1	101.7	8.9
계	943.8	100.0	890.1	100.0	894.7	100.0	1,141.3	100.0

[주] '증권 등'은 증권사, 투신운용사, 선물회사 등 포함
[자료] 금융감독원 금융통계시스템의 자료를 토대로 필자 정리.

(4) 대형화와 집중화

금융구조조정 과정에서 금융기관 간의 인수·합병이 활발해지면서 금융기관이 대형화되고, 금융산업의 집중도가 높아졌다. 금융기관 간의 합병은 처음에는 부실금융기관의 구조조정 차원에서 시작되었으나, 그 후 금융기관들의 자체적인 경쟁력강화 차원에서 이루어졌다.

대형화 추세는 특히 은행과 생명보험사에서 두드러졌다. 은행의 경우 2002년 말 1개 은행당 총자산액이 평균 54.9조원으로서 1997년 말 26.4조원에 비해 2.1배로 증가하였고, 생명보험사의 경우는 같은 기간에 1개사당 2.8조원에서 7.1조원으로 2.5배로 증가하였다. 다만, 증권사와 손해보험사의 경우는 외국기관의 진출이 늘면서 회사수가 증가하여 1개사

당 평균 자산총액은 오히려 감소하였다.

금융권역별 평균 자산 규모 변화추이

(단위: 조원, %)

	1997년 말			1999년 말			2002년 말		
	총자산	수	평균	총자산	수	평균	총자산	수	평균
은행	606.6	26	26.4	791.0	23	34.4	1,043.1	19	54.9
생명보험사	92.4	33	2.8	106.1	29	3.7	163.3	23	7.1

[자료] 한국은행 조사통계월보를 토대로 필자정리.

또 이 기간 중 은행과 생명보험사의 집중도도 크게 상승하였다. 은행의 총자산 기준 집중도지수(CR3: 상위 3개사의 점유율)는 1997년 말에 24.7%에 불과하였으나 2002년 말에는 46.3%로 2배 가까이 상승하였으며, 생보사의 경우는 외환위기 이전에도 이미 삼성, 대한, 교보 등 3개사의 과점상태(73.2%)였는데 구조조정 기간 중 집중도가 더욱 상승(80.5%)하였다.

은행 및 생명보험사의 CR3 (집중도)추이

(단위: %)

	1997	1998	1999	2000	2001	2002
은행	24.7	27.0	33.5	35.6	46.4	46.3
생명보험사	73.2	76.0	77.9	80.6	81.2	80.5

[주] 총자산 기준, 은행은 일반은행과 농 · 수협 및 기업은행을 대상으로 함.
[자료] 한국은행 '외환위기 이후 금융시스템의 변화와 향후 과제', 2005. 8.

이밖에 신용협동조합, 상호저축은행 등 서민금융기관들도 합병, 퇴출 등 구조조정을 거치면서 집중도가 크게 상승하였다. 다만 증권사 및 투신·자산운용사는 대형화가 진척되지 않은 가운데 신설회사의 진입으로 집중도가 상대적으로 낮게 형성되었다.

금융지주회사의 출범

우리나라의 금융시장이 개방되고 국제화가 진행되는 가운데 정부는 국내 금융기관의 대형화 및 겸업화를 통한 경쟁력강화와 경영효율성 증대를 유도하기 위하여 2000년 10월에 금융지주회사법을 제정하였다. 이 법 시행 후 예보는 2001년 3월에 보유하고 있던 한빛은행·평화은행·광주은행·경남은행 및 하나로종금의 주식을 현물출자하여 우리금융지주㈜를 설립하였다. 또 신한은행그룹은 2001년 8월에 신한은행을 비롯한 신한증권·신한캐피탈·신한투자신탁운용 등 5개 금융기관의 주주가 보유주식을 현물출자하여 ㈜신한금융지주회사를 설립하였다. 설립 후에는 예보로부터 제주은행을 인수하여 자회사로 편입하였다.

세종금융지주의 경우

(주) SDN은 유선방송 프로그램 및 인터넷 정보통신 관련 사업을 영위하는 기업으로 세종증권과 세종기술투자를 자회사로 두고 있었다. SDN은 이들 금융회사를 금융지주회사 체제로 발전시키기 위하여 2001년 1월 비금융사업 부문을 분리하고, 금융지주회사법 부칙 경과 규정에 따라 금융지주회사로 인정받았다. ㈜ SDN은 회사명을 세종금융지주회사로 변경하고 산하에 세종증권과 세종기술투자를 자회사로, 세종투신운용을 손자회사로 두게 되었다.

그러나 회사의 대주주가 뇌물공여 등 건전한 금융거래질서를 저해한 사실이 나타나 2002년 2월 금감위로부터 금융지주회사 인가 취소처분 및 자회사주식 처분 명령을 받았다. 회사는 이에 불복하여 행정소송을 제기하였으나 2004년 7월 패소하였다. 다음 달인 8월에 회사는 금융지주회사에서 일반법인으로 전환하여 회사명을 세종캐피탈로 변경하고, 사업목적을 유가증권투자업, 기업컨설팅업 등으로 변경하였다.

2. 금융시장[1)]

(1) 외환시장

외환수급 및 환율변동 추이

(단위: 억 달러, 원)

	1999년	2000년	2001년	2002년
외환보유액	740.5	962.0	1,028.2	1,214.1
경상거래수지	197.6	98.9	81.3	112.7
자본거래수지	69.2	142.3	38.0	70.0
원/달러환율 (종가기준)	1,145.4 1,138.0	1,259.7 1,264.5	1,326.1 1,313.5	1,200.4 1,186.2

[주] 외환보유액과 환율은 연말 기준, 거래수지는 기간 중 기준. 외환수급에서 경상거래 및 자본거래수지 외 오차 및 누락은 표시하지 않았음.
[자료] 통계청 통계정보시스템, 재정경제부.

외환수급

2000년 중 외환수급은 경상수지 흑자 규모가 전년에 비해 줄어들었으나 외국인 투자자금 등 자본의 순유입 규모가 대폭 확대됨에 따라 외환의 공급초(供給超) 기조가 유지되었다. 연말 현재 외환보유액은 962억 달러로서 전년 말의 741억 달러에 비하여 221억 달러 늘어났다.

2001년에는 연중 경상수지 흑자 및 외국인 투자자금 유입이 지속됨에 따라 외환의 공급초 기조는 유지되었으나 그 규모가 전년에 비해 크게 줄어들었다. 연말 현재 외환보유액은 1,028억 달러로서 전년 말의 962억 달러에 비하여 66억 달러 늘어나는 데 그쳤다.

2002년에는 외국인투자 부진 등으로 자본유입 규모가 축소되었으나, 경상수지 흑자가 지속되면서 외환의 공급우위 기조가 유지되었다. 또 외

1) 2000, 2001, 2002 각 연도 한국은행 연차보고서 정리

화자산의 운용수익이 증대되고, 미 달러화의 약세로 엔화 및 유로화 표시 자산의 미 달러화 환산액이 증가하고, 외화자산의 운용수익이 증대됨에 따라 외환보유액은 1,214억 달러로 늘어났다.

환율

2000년 중 원/달러 환율은 외국인의 주식투자자금이 대규모로 유입되면서 3월 말까지 빠르게 하락하다가 그 이후 투신사 구조조정 문제, 현대 계열사의 유동성 악화 등 국내 금융시장의 불안으로 1,110~1,140원 선으로 복귀하였다. 9월에 들어서는 국제유가의 상승과 국내 구조조정 관련 마찰 등으로 시장불안 심리가 확산되면서 오름세를 보였고, 11월 하순 이후에는 국내외 주가 하락, 구조조정 지연 가능성, 대만통화 및 엔화의 약세 등 불안요인이 겹쳐 연말에는 전년 말 대비 10% 절하된 1,265원을 기록하였다.

2001년 연초 원/달러 환율은 엔화의 안정, 외국인 증권투자자금의 유입 등으로 일시 하락세를 보였으나, 2월 하순 이후 엔화 환율 급등의 영향으로 가파르게 상승하여 4월에는 1,365원까지 상승하였다. 이후 한국은행의 외환시장 안정화 방침, 엔화 약세의 진정 등으로 급속하게 하락하다가 연말에는 1,314원을 기록하였다.

2002년 중 원/달러 환율은 외국인 주식투자자금의 순유출 등으로 완만하게 상승하여 4월에 1,332원을 기록하였으나, 그 후 국내경제가 회복세를 보인 가운데 미국의 경상수지적자 확대, 엔론 회계부정 사건 등으로 미 달러화가 급격히 약세화되어 7월에는 1,166원까지 떨어졌다. 9월에는 외국인 주식 순매도와 엔화 약세로 한때 반등하다가 10월 중순 이후 이라크 전쟁위험 고조 등으로 미 달러화가 약세를 보인 가운데 외국인 주식 순매입이 늘어나면서 2002년 말에는 전년 말 대비 10.7% 절상된 1,186

원을 기록하였다.

이와 같이 2000년 이후 원/달러 환율은 외국인의 국내 주식투자자금 유입 상황에 큰 영향을 받았음을 알 수 있다.

해외차입 여건

해외 차입금 가산금리추이

(단위: bps)

	1999년	2000년	2001년	2002년
단기차입금	140	89	32	27
중장기차입금	162	85	62	32
외평채 (2003)	113	165	30	35
(2008)	160	240	81	123

[주] 차입금금리는 6개 시중은행 말월 기준 LIBOR 가산금리, 외평채는 연말 기준 미 재무성증권 가산금리.

[자료] 한국은행 각연도 금융 · 외환시장 동향

2000년 국내 시중은행의 단기차입금(차입기간 15일 이상 1년 이내) 가산금리는 연초 이래 하락세를 지속하여 9월 중 평균 63bps 수준까지 낮아졌으나 그 후 국내 금융시장 불안으로 인하여 해외금융기관들이 자금공여를 회피함에 따라 다소 상승하였다. 12월 중 가산금리는 평균 89bps로서 전년 같은 달의 140bps에 비하여 크게 하락하였다. 중장기차입금 가산금리도 연중 대체로 하락세를 지속하여 12월 중 평균이 전년의 162bps에서 85bps로 하락하였다.

한편, 외평채 가산금리는 미국(FRB, 연방준비제도이사회)의 세 차례에 걸친 금리인상 영향 등으로 신흥시장국 채권에 대한 수요가 전반적으로 감소한데다 국내 일부 대기업의 유동성문제 부각 등으로 5월까지 상승세를 보였다. 6~8월 중에는 남북정상회담 개최, 국내은행 신용등급 상향조정 등 영향으로 다소 하락하였으나 9월 이후 아시아 지역의 금융시장불안 심화 등으로 다시 상승세로 돌아섰다. 2003년물의 경우 연말 현재 가산금리는 165bps로서 전년 말의 113bps에 비하여 상승하였다.

2001년 국내 시중은행의 단기차입금 가산금리는 FRB의 계속적인 금리인하 추세에 따라 외국 금융기관들이 자금공여를 확대함으로써 중지속적으로 하락하였다. 12월 월평균 가산금리는 32bps를 기록하여 전년 같은 달에 비하여 절반 이하로 하락하였다. 이와 함께 중장기차입금 가산금리 역시 연중 대체로 하락세를 지속하여 12월 중 평균이 전년의 85bps에서 62bps로 하락하였다.

외평채 가산금리도 미국의 11차례에 걸친 금리인하 등의 영향으로 신흥시장국 채권에 대한 수요가 늘어나면서 꾸준한 하락세를 보였다. 연말 기준 가산금리는 81bps로서 전년 말 240bps에 비하여 큰 폭으로 하락하였다.

2002년 단기차입금 가산금리는 1월 중 외환위기 이전 수준인 29bps로 낮아진 후 연이은 국가신용등급 상향조정과 국내은행의 외화유동성 호전 등으로 완만한 하락세를 지속하였다. 12월 중 가산금리는 27bps로 전년 말월 대비 소폭 하락하였다. 중장기차입금 가산금리도 대체로 하락세를 지속하여 12월 중 32bps를 나타냈다.

외평채 가산금리 역시 지속적으로 하락하여 7월 중 103bps(2008년물 기준)를 기록하였으나 그 후 이라크전쟁 위험 고조 및 브라질 경제위기 등의 영향으로 165bps까지 상승하였다가 이후 Moody's사의 국가신용등급 상향조정 등의 영향으로 연말에 123bps를 기록하였다.

(2) 채권시장

2000년 채권발행은 전년에 비해 순발행 규모가 크게 축소되었다.

회사채는 8.5조원의 순상환을 나타냈는데 이는 대우사태 이후 투자자의 위험기피 경향이 심화되는 가운데 주 소화기관인 투자신탁회사 및 은행신탁계정의 인수여력이 약화된 데다 여유자금을 확보하고 있는 우량대기업의 회사채 발행 수요가 크지 않은 데 기인한 것이다.

금융부문에서는 기업들의 늘어난 대출수요에 충당하기 위하여 은행채와 신용카드채 등 금융채가 순발행으로 전환되었다.

공적자금으로는 캠코채의 상환이 증가하고, 예보채 발행이 크게 감소하여 순발행 규모가 전년의 23.1조원에서 4.8조원으로 크게 줄어들었다. 이와 함께 국채의 순발행 규모도 크게 감소하였으나, 통화안정증권은 순발행 규모가 14.9조원으로 전년에 비해 크게 증가하였다.

채권발행 추이(순발행액 기준)

(단위: 10억원)

	1999	2000	2001	2002
국채	20,215	10,057	11,164	15,881
통화안정증권	5,816	14,888	12,744	5,157
지방채	10	70	−20	79
금융채/특수채	−5,921	592	7,265	37,838
예보채, 캠코채	23,130	4,795	29,189	−2,029
회사채	−2,987	−8,532	8,284	−8,060
합계	40,263	21,871	68,626	48,866

[주] 국채 순발행액은 예보채, 캠코채 순발행액을 차감, 별도 표시하였음. 금융채/특수채에는 은행채, 리스채, 신용카드채, 할부금융채, 한국전력공사채 등 포함. 자산유동화(ABS)채권은 본 집계에서 제외하였음

[자료] 한국은행 연차보고서를 토대로 필자 재정리.

2001년 채권시장은 국채 및 회사채의 발행이 크게 확대되었다.

회사채는 2001년 중 8.3조원 순발행으로 돌아섰다. 이는 회사채 발행금리의 하락으로 우량기업들이 회사채 발행을 선호한데다 투신사 등 제2금융권의 수신 증가, 회사채 신속인수제도, 프라이머리 CBO 발행 호조

등 수요기반이 확충된 데 기인하였다.

금융부문에서는 은행의 자금사정이 양호하여 2.9조원의 은행채가 순상환된 반면, 신용카드사와 할부금융사가 소비자금융 수요의 증가에 따라 총 8.8조원의 채권을 순발행하여 금융채 전체적으로는 7.3조원의 순발행을 보였다.

공적자금에 있어서는 추가 공적자금 조성에 대한 국회동의 후 예보채 발행이 크게 증가하여 29.2조원의 순발행이 있었다. 이 밖에 국채와 통화안정증권의 발행은 전년과 비슷한 증가세를 보였다.

2002년 채권시장은 예보채 및 회사채의 순상환 등으로 채권순발행 규모가 크게 줄어들었다.

회사채는 기업의 현금흐름의 호전으로 신규발행이 줄어들고 만기도래분 상환이 대폭 증가하여 연중 8.1조원 순상환되었다.

금융부문에서는 은행이 가계대출 급증에 따라 27.4조원을 순발행하고, 신용카드회사가 카드론 및 현금서비스의 재원 조달을 위하여 10.6조원을 순발행하였으며, 할부금융회사가 영업 확대를 위하여 2.0조원을 순발행하였다. 이를 포함하여 금융채와 특수채는 총 37.8조원의 순발행을 보였다.

공적자금의 경우는 금융기관 구조조정이 일단락됨에 따라 예보채 및 캠코채의 상환이 본격화되면서 2.0조원의 순상환으로 반전되었다. 국채의 경우는 국고채 발행이 줄었으나 외국환평형기금채 발행이 크게 늘어나 순발행 규모가 전년의 11.2조원에서 15.9조원으로 확대되었다. 통화안정증권은 해외부문을 통한 통화공급이 축소됨에 따라 순발행 규모가 전년의 12.7조원에서 5.2조원으로 대폭 감소하였다.

ABS의 발행

ABS 발행 추이

(단위: 조원)

	1999	2000	2001	2002
ABS발행총액	6.8	49.4	50.9	39.8
(증가율, %)	개시	626.5	3.0	-21.8
해외 ABS발행	-	0.18	2.60	4.32
ABS사채발행액 (A)	4.4	41.0	39.6	29.0
직접금융 총액 (B)	71.8	73.0	99.4	86.8
비율 (A/B)	6.1%	56.2%	39.8%	33.4%

[주] ABS사채 발행액(A)은 직접금융총액(B)과 비교하기 위하여 공모발행액만 표시하였음.(사모 발행액은 대부분 자산보유자가 인수하여 자금조달 효과가 없기 때문임.)

[자료] 금감원, 2002년도 ABS 발행실적 분석.

1999년 시작된 자산담보부증권(ABS) 발행은 2000년과 2001년에 본격화되어 연간 50조로 ABS가 발행되었으며, 2002년에는 40조원 규모로 축소되었다.

2000년에는 총 49.4조원의 ABS가 발행되어 회사채(금융채 포함) 및 주식발행에 의한 직접금융조달 총액의 56.2%를 차지하였다. 유동화증권의 종류별로는 사채(社債) 형태가 47.0조원으로 전체의 95.3%를 차지하였으며, 유동화 대상자산으로는 회사채와 대출채권(부실채권 포함)이 주류를 이루었다. 회사채 유동화(CBO, Collateralized Bond Obligations)의 규모는 27.7조원(56.1%)에 달하여 회사채 만기가 도래하는 기업들의 자금난을 크게 완화해 주었다. 발행 기관별로는 금융기관이 84.5%로 가장 많았으며, 특히 자산관리공사가 부실채권을 기초로 총 21건, 4.8조원을 발행하여 자산유동화를 선도하였다.

2001년 중에는 총 50.9조원의 ABS가 발행되어 전년과 비슷한 수준을 보였다. 유동화증권의 종류별로는 사채가 49.8조원으로 전체의 97.7%를 차지하였으며, 유동화 대상자산으로는 대출채권, 카드매출채권 등 채권(債權)이 41.4조원(81.3%)으로 주류를 이루고 CBO는 8.7조원으로 크게 줄었다. 2001년 중에는 특히 신용카드사의 카드매출채권, 현금서비스채권 및 카드론을 기초로 한 ABS가 20.6조원으로 40.5%를 점하였다.

2002년 중 발행 총액은 39.8조원으로 전년보다 21.8% 감소하였다. 유동화자산별로는 신용카드채권(할부금융사의 카드대출 포함)과 오토론 등 할부금융채권이 각각 22.2조원과 4.6조원으로 크게 증가하였으며, 유동화 대상자산으로는 일반기업의 매출채권 등 보유자산 유동화(6.3조원)가 활기를 띠고, 부실채권과 회사채의 유동화는 급격히 감소하였다. 2002년 중에는 특히 해외 ABS의 발행이 35.2억 달러(4.3조원)로 크게 증가하여 10.8%의 비중을 차지하였다.

3) 주식시장

주식시장 동향

	1999	2000	2001	2002
코스피지수	1,028.1	504.6	693.7	627.6
- 전년대비 등락율(%)	82.8	−50.9	37.5	−9.5
코스닥지수	2,561.4	525.8	722.1	443.6
- 전년대비 등락율(%)	240.7	−79.5	37.3	−38.6

[주] 주가지수는 연말기준, 코스닥지수는 1996.7=1000 기준
[자료] 증권거래소

2000년 거래소 종합주가(코스피)지수는 연초에 컴퓨터 2000년[1] 문제 우려의 해소, 새천년에 대한 기대감 등으로 높은 수준에서 출발하였으나 현대사태와 해외증시 약세 등으로 5월까지 하락세를 지속하였다. 6월 중에는 정부의 자금시장 안정대책 및 남북경협에 대한 기대감으로 일시반등하기도 하였으나 이후 구조조정 성과의 미진 및 기업의 채산성 악화 우려와 현대그룹 등 일부 대기업의 신용불안의 영향으로 계속 하락하여 연

1) Y2K: 1900년대 컴퓨터 프로그램들이 연도를 마지막 2자리 수만 인식하게 하여 사용한 결과 2000년 1월 1일과 1900년 1월 1일을 같은 날로 인식하는 데 따른 혼란과 시스템 마비의 문제를 말함. 사전에 대비함으로써 실제 혼란은 크지 않았음.

말에는 504.6을 기록하였다.

코스닥지수 역시 연초 첨단기술주에 대한 낙관적 기대로 큰 폭의 상승세를 보였으나 3월 이후 정보통신 및 인터넷 관련주의 거품론이 대두되고, 미국 나스닥 시장이 약세로 반전되는 가운데 기업들의 유상증자 및 기업공개로 주식공급이 과다하게 늘어나는 등 악재가 겹쳐 연말까지 큰 폭으로 하락하였다. 1999년 말 2,561이었던 코스닥지수는 2000년 3월 2,834로 최고치를 기록한 후 연말에는 전년 말에 비해 79.5% 하락한 526을 기록하였다.

외국인은 거래소시장과 코스닥시장에서 연중 13.1조원을 순매수하여 순매수 규모가 전년(2.5조원) 대비 5배 이상으로 늘어났다. 상반기 중에는 경기상승세 지속, 원화강세 예상에 따른 환차익 기대 등에 따라 10.9조원을 순매수하였으나, 하반기에는 미국 주가의 약세, 일부 대기업의 신용불안, 유가 급상승 및 반도체가격 하락에 따른 경기악화 전망 등으로 2.2조원 순매수에 그쳤다.

2001년

2001년 코스피는 9월 중순까지 외국인 주식투자 자금의 유입, 미국의 금리인하와 국내 시장금리 하락 등 상승요인과 경기둔화, 하이닉스반도체 등 일부 대기업의 구조조정 지연, 미국의 주가하락 등 하락요인이 교차하면서 등락을 반복하다가 9월 11일 미국 테러사건 발생 직후 폭락하여 연중 최저치 468.8을 기록하였다. 그러나 9월 하순 이후 외국인의 대규모 주식 매수, 국가신용등급 상향 조정, 경기의 조기회복 기대 등으로 급속한 상승세를 보여 12월 말에는 693.7을 기록하였다.

코스닥지수도 코스피와 비슷한 추세를 보여 9.11 테러 직후에 연중 최저치인 461까지 하락하였다가 이후 상승세로 돌아서 연말에는 전년말의

52.6보다 37.3% 오른 72.2를 기록하였다.

외국인은 상반기에는 국내주가의 저평가 인식과 미국 및 우리나라의 금리인하 등에 따른 국내경기 회복 기대 등으로 5.1조원을 순매수하였으나, 3/4분기 중에는 아르헨티나 외환위기 등 국제금융시장의 불안, 미국 테러 사건의 영향에 따른 국내경기회복 지연 우려 등으로 0.4조원의 순매도를 기록하였다. 그러나 4/4분기에는 국제금융시장이 안정되고 우리나라 국가신용등급이 상향조정되면서 다시 4.2조원의 순매수로 반전하였다.

2002년

2002년 중 코스피는 전년부터의 상승세가 이어져 4월 18일에는 연중 최고치인 937.6을 기록하였으나 이후 미국 등 주요국 경기에 대한 우려 및 주가급락의 영향으로 하락세를 지속하여 10월 10일에는 연중 최저 수준인 584.0으로 떨어졌다. 그 후 미국 주가의 반등, 외국인 투자자금 재유입 등으로 소폭 상승하여 연말에는 627.6을 기록하였다.

코스닥지수 역시 반도체가격 상승에 따른 기술주 선호 등에 힘입어 3월 하순에 943까지 상승하였으나 4월 이후 투자심리 위축으로 내림세를 지속하여 연말 444로 전년 말 대비 38.6% 하락하였다.

외국인은 연중 2.7조원의 주식을 순매도하였다. 외국인은 2월부터 9월까지 순매도 기조를 지속한 후 미국 주가반등 등에 따라 10~11월 중에는 큰 폭의 순매수를 나타냈다. 12월에는 지정학적 위험 증대에 따른 투자심리 위축으로 순매수 규모가 다시 축소되었다.

(4) 금융기관 여수신

2000년 중에는 투신사, 종금사 등 제2금융권의 구조조정이 지속적으로 이루어지고, 2001년 1월 1일부터 예금 부분보장제도가 실시될 예정으로 있어 시중자금이 은행권으로 대거 이동하였다. 이에 따라 은행권의 수신이 연중 97.4조원, 우체국예금이 6.9조원 증가한 반면, 은행신탁계정의 금전신탁은 42.5조원, 투신사 투자신탁은 50.2조원, 종금사 수신은 5.2조원 감소하였다.

은행권의 이 같은 수신증가로 은행계정의 대출이 70.3조원 증가하고 신탁계정에서는 12.6조원 감소하여 총 대출은 57.7조원 증가하였다. 이 증가액은 가계대출에 주로(45.7%) 운용되었으며, 나머지는 중소기업(28.1%)과 대기업(12.5%) 순으로 대출되었다.

2001년에 들어와서는 실적배당 상품이 은행의 고정금리 상품보다 유리해짐에 따라 투신사, 은행 신탁계정 등 제2금융권의 수신이 증가하고 은행의 수신은 증가세가 크게 둔화되었다. 구체적으로 예금은행의 수신은 54.0조원, 우체국 예금은 5.7조원 증가하여 전년도 증가액에 크게 못 미친 반면, 투신사는 14.1조원, 은행 금전신탁은 3.6조원 증가하였다. 다만 종금사의 경우는 다수 종금사의 퇴출로 1.7조원의 수신이 감소되었다.

은행권 수신 증가가 둔화됨에 따라 대출도 49.0조원 증가에 그쳤다. 부문별로는 가계에 44.8조원, 중소기업에 16.4조원 운용되고, 대기업과 기타부문에서는 3.4조원과 8.8조원이 각각 순회수되었다.

2002년에는 장단기 금리차가 축소된데다 국내외 경제의 불확실성이 증대되면서 은행 및 투신사의 단기상품 수신이 증가되고, 제2금융권의 수신이 감소되거나 증가세가 둔화되었다. 구체적으로 예금은행과 투신사 및 상호저축은행의 수신은 각각 67.7조원, 16.3조원 및 2.9조원 증가한 반면, 금전신탁과 증권사 고객예탁금은 각각 7.6조원과 1.4조원 감소하였다.

한편 은행대출은 총 98.6조원 증가하였는데 이 대출은 가계에 61.6조원(62.5%), 중소기업에 37.1조원(37.6%) 운용되어 가계 및 중소기업에의 대출 편중현상이 심화되었다.

금리

시장금리 변동추이

(12월 평균금리 기준) (단위: %)

		1999	2000	2001	2002
여신	은행 평균	8.58	8.41	6.91	6.58
	저축은행 할인어음	16.34	14.26	13.03	12.74
회사채유통수익률		9.85	8.12	7.11	5.88
수신	은행 평균	6.19	5.95	3.98	4.69
	저축은행 정기예금	9.83	9.16	6.09	5.95

[자료] 한국은행 2000-2002 연차보고서

2000년 중 시장금리는 시중 유동성이 풍부한 가운데 일부 기업의 유동성 문제가 대두되면서 안전자산인 예금 선호 경향이 심화됨에 따라 전반적으로 하락세를 지속하였다.

기간별로는 2월 들어 대우사태와 관련된 투신사 수익증권의 환매가 예상보다 적은 규모로 이루어짐에 따라 시장불안 심리가 크게 진정되었으나 3월 이후 현대그룹 유동성 사태 등으로 금융시장 불안심리가 확산되면서 소폭 상승하였다. 6월 이후에는 정부의 자금시장 안정대책 발표 이후 은행권 및 투자신탁회사의 채권매입 수요가 증가하면서 큰 폭으로 하락하였다. 한국은행은 콜금리 목표 수준을 1월까지는 4.75% 내외로 유지하다가 2월에 5.0%로, 10월에 5.25%로 두 차례 상향조정하였다.

2001년 중에는 경기부진에 따른 자금수요 둔화와 한국은행의 콜금리 목표 인하, 통화의 신축적 공급 등의 영향으로 대체로 하락세를 보이다가 10월 이후 회사채 만기 도래의 집중 등에 따른 수급불안, 경기의 조기회복 기대 등으로 소폭 상승하였다.

2002년 중에는 경기호전, 주가상승 등의 영향으로 3~4월 중 일시 상승하기도 하였으나 물가가 안정된 가운데 저금리 기조가 유지되고, 국고채 및 회사채 공급물량이 감소함에 따라 연말까지 대체로 하락세를 나타내었다. 특히 하반기에는 이라크 전쟁 우려 등으로 대체로 보합세를 보이다가 12월 들어 북한 핵문제의 영향과 2003년 1월 중 국채발행물량 축소계획 등으로 추가 하락하였다.

(5) 기업의 자금조달

기업부문의 자금조달 추이

(단위: 10억원, 비중 %)

	1998	1999	2000	2001	2002
자금조달	27,664	51,755	65,759	50,645	83,318
간접금융	–15,862	2,198	11,768	–313	50,102
예금은행	259	15,525	23,279	3,196	41,137
비은행금융기관	–16,550	–13,267	–11,551	–3,690	8,606
직접금융	49,496	24,792	17,204	37,735	20,009
[비중]	[178.9]	[47.9]	[26.2]	[74.5]	[24.0]
(기업어음)	–11,678	–16,116	–4,764	4,399	–3,777
(주식)	13,515	41,137	20,751	16,191	28,720
(회사채)	45,907	–2,827	–2,063	11,444	–7857
국외조달	–9,809	11,537	16,820	633	2,446
기타	3,839	13,228	19,967	12,591	10,761

[주] 기타 조달은 상거래신용, 정부차입, 미지급금, 퇴직급여충당금 등

[자료] 한국은행, 2002년 중 자금순환동향.

전술한 바와 같이 1999년 이후 금융기관 대출은 가계와 중소기업을 중심으로 운용되었고, 대기업의 경우는 개선된 재무구조를 바탕으로 자체 신용에 의한 직접금융에 크게 의존하였다. 다만 2000년에는 1999년 대우사태의 영향으로 회사채 시장이 심하게 위축됨에 따라 직접시장에서의 자금조달 비중이 일시적으로 낮아졌다. 그러나 2001년에는 회사채 만기

집중에 대비한 정부의 회사채발행 활성화 대책 등에 힘입어 직접금융의 비중이 매우 높아졌다.

2000년 중 기업부문의 외부자금 조달 규모는 65.8조원으로 전년의 51.8조원보다 27.0% 늘어났다. 이 중 간접금융은 11.8조원으로 전년의 2.2조원보다 크게 늘어났는데 세부적으로는 종금사, 은행신탁계정 등 비은행금융기관 차입이 전년에 이어 감소하고, 은행차입이 크게 증가하였다. 또 직접금융은 회사채 및 기업어음(CP) 만기도래액이 막대하였으나 Primary CBO 조성이 뒷받침되어 상환규모가 축소되는 효과를 거두었고, 증시 침체로 주식발행 규모가 크게 축소됨에 따라 전체적으로는 전년의 24.8조원에서 17.2조원으로 감소하였다. 참고로 2000년 중 Primary CBO 발행규모는 7.3조원에 달한다.[1)]

한편 국내 금융시장에서의 조달로 부족한 자금은 국외조달 및 기타(상거래신용, 정부차입 등)의 방법으로 조달하였는데, 국외조달은 수입관련 무역신용 도입 및 외국인 직접투자의 증가세가 지속되어 전년 12.8조원에서 16.8조원으로 늘어났으며, 기타부문에서도 20.0조원이 조달되었다.

2001년 중에는 설비투자 감소로 자금수요가 크지 않았던 데다 은행차입금의 증가세가 둔화됨에 따라 자금조달 규모가 50.6조원으로 줄어들었다. 이 중 간접금융은 은행차입금 규모가 크게 감소하여 0.3조원의 순상환이 있었다. 직접금융시장에서는 정부의 Primary CBO 조성 및 회사채 신속인수제 등 금융시장 안정대책의 영향으로 자금조달 여건이 개선된 데다, 투신사 및 은행신탁의 수신고 증가에 따른 기업어음 인수여력 증대 등에 힘입어 37.7조원의 순차입을 기록하였다.

한편 해외차입은 수입 관련 무역신용 도입의 감소 등으로 0.6조원을

1) 이하 한국은행, 2000~2002 자금순환동향 참조.

순조달하는 데 그쳤다.

2002년 중에는 전년 대비 65% 증가한 83.3조원을 순조달하였다. 이 중 간접금융은 중소기업을 중심으로 예금은행 차입금이 크게 증가한 데다 보험 및 종금사 대출금 등 비은행금융기관 차입금도 증가로 전환됨에 따라 전년의 순상환(0.3조원)에서 50.1조원의 순조달로 전환되었다. 또 직접금융에서는 주식발행 규모가 크게 증가하였음에도 불구하고 회사채의 만기도래 및 기업어음 상환으로 전년(37.7조원)보다 줄어든 20.0조원을 순조달하였다.

해외에서는 채권 발행이 지속적으로 증가하고 수입관련 무역신용 도입이 증가로 전환됨에 따라 2.4조원의 순조달을 기록하였다.

(6) 가계신용

가계신용 잔액 추이

(단위: 조원, %)

	1999년말 (A)	2000년말	2001년말	2002년말 (B)	증가율 (B/A)
가계신용잔액	214.0	266.9	341.7	439.1	105.2
(증가율)	16.5	24.7	28.0	28.5	
가계대출잔액	191.9	241.1	303.5	391.1	103.9
(은행)	76.3	107.2	156.7	222.0	191.0
(여신전문사)	16.2	33.6	43.7	57.1	252.5
(기타)*	99.4	100.3	103.1	112.0	12.7
판매신용잔액	22.1	25.8	38.2	47.9	116.7

[주] (기타) 금융기관에는 신협, 새마을금고, 상호금융 등 신용협동기구 포함.
[자료] 2002년 중 가계신용동향, 한국은행

언급한 바와 같이, 외환위기 이후 금융기관들은 부실위험이 높은 기업대출보다 안정성이 상대적으로 높은 가계부문에 여신운용의 중점을 두었다. 때마침 1998년 9월 이후 정부의 주택경기 활성화대책과 신용카드사용 권장 방안이 실시되자 금융기관들은 주택담보대출과 신용카드 관련

대출 및 판매여신을 대폭 확대하였다. 그러나 가계부문에 대한 과다한 여신 확대로 2002년 하반기에 이르러서는 이 부문의 부실이 심화되고, 2003년에는 신용카드 사태와 신용불량자 급증 등 금융시장에 새로운 불안이 발생하기도 하였다.

2003년의 금융불안은 정부의 적극적인 개입으로 연내에 대체로 수습되었으나 그 후에도 부동산가격 상승에 편승한 주택담보대출의 과다한 증가 등 2006년에 이르러서는 가계여신 부실화로 인한 금융불안의 우려가 다시 대두되었다. 이에 이 편과 제3편에서는 특히 가계여신의 변화 추이를 살펴보기로 한다.

국내 가계신용은 1999년 말 214.0조원에서 2002년 말 현재 439.1조원으로 약 2배로 증가하였으며, 가구당으로는 1,500만원에서 2,915만원으로 증가하였다. 가계신용은 금융기관의 대출과 신용카드 및 할부금융사의 판매신용으로 구성되는데, 금융기관의 대출은 103.9%, 판매신용잔액은 116.7% 증가하였다. 이는 같은 기간 기업부문대출이 112.8조원에서 161.9조원으로 43.5% 증가에 그친 것과 대조된다.

2002년 말 현재 가계대출은 은행 222.0조원, 여신전문회사 57.1조원, 기타 제2금융권 112.0조원 등 391.1조원에 달하고 있는데 1999년 말에 비하여 제2금융권에서는 거의 늘지 않은 반면, 은행과 여신전문회사는 각각 191.0%, 252.5%의 높은 증가율을 나타냈다. 이는 은행의 경우 저금리 기조의 지속과 수도권을 중심으로 한 아파트가격 상승 및 거래 확대 등을 배경으로 기업대출보다 주택담보대출을 크게 늘렸고, 신용카드사와 할부금융사의 경우 영업 확장을 위하여 대출을 과다하게 확대하였기 때문이다.

2002년 말 판매신용 잔액은 47.9조원으로 1999년 대비 116.7% 증가하였다. 이는 민간소비 확대에 따라 신용판매액이 자연증가한 데다가 신용카드회사들이 미성년자들에게도 신용카드 발급을 확대하는 등 과도하게 영업을 추진한 결과이다.

이러한 가계신용의 확대는 소비를 진작시켜 경기회복을 촉진하는 데 도움을 주었으나 금융기관으로서는 신용위험을 가중시키게 되었다. 이에 정부는 가계대출에 대한 총액대출한도 배정상 불이익 부여, 대손충당금 적립강화, 주택담보대출에 대한 건전성 감독 강화, 신용카드사의 현금대출업무 비중 축소 등의 조치를 취하였으며, 이에 따라 2002년 4/4분기에는 가계신용증가율이 다소 완화되었다.

3. 금융 국제화

(1) 외국인의 국내금융산업 진출

국내 금융산업에 대한 외국인 투자는 2000년에 19억 달러의 실적을 보인 후 감소하였으나 1998년 이전보다는 여전히 큰 금액을 유지하였으며, 전 산업에 대한 외국인투자액 중 점하는 비중은 매년 높아졌다.

금융 · 보험업 외국인투자 현황

(단위: 백만달러, %)

	1998	1999	2000	2001	2002
외국인 총투자액	5,321	11,001	10,266	5,072	3,807
금융 · 보험업투자액	551	2,104	1,893	1,104	860
금융 · 보험업비중	10.4	19.1	18.4	21.8	22.6

[주] 도착기준

[자료] 재정경제부 재정금융통계

은행업

은행업에 있어서는 미국 뉴브리지캐피탈의 제일은행 인수가 가장 대표적인 사례이다. 1998년 이후 정부는 제일은행의 지분 매각을 추진하여 미국의 뉴브리지 컨소시엄을 인수자로 선정하였다. 뉴브리지는 정부와 협상을 벌인 끝에 1999년 12월 30일 주식 매매계약을 체결하고, 2000년 1월 20일 매매대금의 정산과 함께 제일은행 주식의 50.99%를 인수하였다.

2000년 4월에는 독일 알리안츠사가 하나은행의 유상증자에 참여하여 이 은행의 보통주 12.5%를 인수하고 경영에 참여하였다. 또 같은 해 11월 15일에는 미국 카알라일+JP모건 컨소시엄(KAI)이 한미은행이 발행하는 해외 DR을 인수하여 이 은행의 보통주 17.90%를 보유하는 최대주주가 되었으며, 그 결과 외국인주주 비율은 48.6%로 늘어났다.

증권업

2000년 1월 20일 대만의 쿠스그룹은 조흥은행으로부터 조흥증권 지분 51%를 인수하고 상호를 KGI증권으로 변경하였다. 그 해 3월에는 홍콩의 PAMA(Trader Investment)가 한진그룹으로부터 한진투자증권 주식 25.3%를 인수하고 상호를 메리츠증권으로 변경하였다. 또 2000년 6월에는 대만의 개발공업은행이 미래에셋증권의 주식 12.03%를 인수하였다.

2000년 11월에 정리금융공사는 보유중인 일은증권 주식 보통주 48.75%를 매각하였는데, 이 중 29.15%는 미국의 위스콘신 연금투자기구(SWKOL)가, 나머지 19.63%는 리젠트증권이 인수하였다. 이에 앞서 위스콘신 측은 장내에서 일은증권의 주식 6.03%를 매집한 바 있어 총 35.18%의 최대주주가 되었다. 한편 리젠트증권은 영국의 리젠트퍼시픽 그룹이 1998년 3월 대유증권의 지분을 인수하고, 상호를 리젠트증권으로 변경한 회사이다. 2002년 1월 23일에 리젠트증권은 일은증권을 흡수 합병하여 이 증권사의 외국인 주주비율이 79.47%(자기주식 포함)가 되었다.

2000년 11월에는 런던 소재 도이치뱅크(DB)인베스트가 전액 출자하여 도이치증권을 설립하고 2001년 3월 영업을 개시하였다.

1999년 5월에 H&Q Asia Pacific과 싱가포르 투자청에서 쌍용증권을 인수하고, 상호를 굿모닝증권으로 변경한 바 있다. 이 증권사에 대한 외국인 지분은 2002년 3월 말 56.4%까지 증가하였으나, 2002년 6월 신한금융지주에서 외국인 지분을 인수하여 편입하고 상호를 굿모닝신한증권으로 변경하였다. 이로써 산업자본에 속했던 금융기관이 금융자본에 귀속되는 결과가 되었다.

투신(운용)업계에서는 2000년 7월 템플턴투신운용(구 쌍용템플턴투신)의 2대 주주인 템플턴 측이 최대 주주인 굿모닝증권(구 쌍용증권)의 지분을 전부 인수하여 100% 외국자본의 투신운용사가 되었다. 또 같은 해 12월에는 독일 알리안츠그룹이 하나은행과 합작 투자하여 하나알리안츠투신운용을 설립하였다. 2002년 7월 BNP파리바은행은 동원투신운용에 대한 합작투자 기간이 만료되자 보유지분을 동원그룹에 넘겨주고, 같은 해 10월 신한금융지주와 합작계약을 체결하여 신한투신운용의 지분 50%-1주를 인수하였다. 그 후 이 회사는 상호를 신한BNP파리바 투신운용으로 변경하였다.

보험업

생명보험업계에서는 2000년 4월 뉴욕소재 Asia Recovery Fund 등이 동양생명보험에 19.42%를 투자하였으며, 2002년 12월 프랑스의 카디프생명과 신한금융지주가 각 50%씩 출자하여 SH&C생명보험을 설립하였다.

외국자본의 국내 진출과 더불어 국내자본이 국내 외국계 생보사의 지분을 인수한 사례도 있다. 2003년 2월 하나은행은 독일 Atropos사로부터 프랑스생명의 지분 50%를 인수하여 경영에 참여하고, 회사 이름을 하나생명으로 변경하였다.

손해보험사에 대하여는 외국인이 증권시장에서의 매입 등의 방법으로 지분을 늘렸다. 1998년 3월 말부터 2003년 2월 말까지의 기간 중 외국인 지분은 현대화재의 경우 7.6%에서 29.2%로, 삼성화재의 경우 26.2%에서 51.6%로, 재보험회사인 코리안리사의 경우는 10.9%에서 19.7%로 각각 증가하였다. 그러나 LG손해보험의 경우는 같은 기간에 11.3%에서 4.9%로, 제일화재는 20.5%에서 0.5%로 감소하였다.

이외에도 이 기간 중 다수의 외국계 증권회사와 보험회사가 국내 금융산업에 진출하였다.

외자계 금융기관의 영업 비중

국내 금융산업에 대한 외국인 직접투자가 계속 증가됨에 따라 2002년 말 현재 외자계[1] 금융기관의 시장점유율은 은행 18.8%, 증권회사 15.8%, 생명보험사 13.3%, 투신사 12.3%로 1999년에 비하여 2배 안팎으로 증가되었다.

여기서 시장점유율은 은행의 경우 원화예수금(연중 평잔)을 기준으로 하였으며, 증권회사의 경우는 연중 거래대금, 생명보험사의 경우는 연말 현재 보유계약 기준, 투신사(자산운용사)의 경우는 연말 현재 설정고 기준으로 하였다.

---

1) 외자계 금융기관을 정의하는 데는 여러 가지 기준이 있을 수 있으나, 여기서는 한국은행의 '외환위기 이후 금융시스템의 변화와 향후과제, 2005. 8.' 에서 분류한 '외국계금융기관' 자료를 인용하였음. 이 자료에서는 1대 주주가 외국인인 일반은행의 원화예수금, 외국계 증권회사와 외국증권사 지점의 거래대금, 외국계 생보사와 외국사 지점의 보유계약, 외국계 투신운용사의 설정고 등의 비중을 기준으로 하였음.

외자계 금융기관의 시장점유율 추이

(단위: %)

	1999	2000	2001	2002
은행	7.5	17.9	20.1	18.8
증권회사	8.8	15.2	15.7	15.8
생명보험회사	7.9	9.6	11.3	13.3
투신운용사	5.1	6.0	6.4	12.3

[자료] 외환위기 이후 금융시스템의 변화와 향후과제, 한국은행 2005. 8.

(2) 외국인의 국내 증권투자

외국인의 증권거래추이

	1999	2000	2001	2002
주식투자유입(억달러)	436.1	627.9	471.7	730.3
유출(억달러)	377.5	505.5	406.7	746.3
순유입(억달러)	58.6	122.3	65.0	−16.0
채권투자 순유입(억달러)	−50.8	−11.1	13.8	40.6
국내주식거래총액(조원)	866.9	627.1	491.3	742.2
외국인거래대금(조원)	89.4	115.0	103.0	170.5
외국인 주식거래비중(%)	5.2	9.2	10.5	11.5
외국인 채권거래비중(%)	0.04	0.54	1.30	1.11

[주] 외국인 주식거래 대금은 매수 · 매도 합계액이므로 외국인 거래비중 계산시 그 50% 해당액을 국내 주식거래 총액과 대비하였음.
[자료] 한국은행 경제정보시스템 자료를 토대로 필자 정리

외국자본의 금융산업 진출 확대와 함께 외국인의 국내증권투자도 크게 증가하였다. 국내증시의 활황에 따라 외국인의 주식투자자금 유입액은 1999년 436.1억 달러에서 2000년에 627.9억 달러로 증가하였으며, 2001년에는 주식시장의 침체로 417.7억 달러로 감소하였다가 2002년에는 730.3억 달러로 크게 증가하였다. 주식대금의 유출액을 차감한 순유입액도 2001년까지 큰 폭의 흑자를 보였다. 다만, 2002년에는 4/4분기 신용카드 사태의 영향으로 매도세가 우세하여 16억 달러의 순유출이 발생하였다.

이 같은 투자자금 유입을 바탕으로 외국인의 주식거래액(매수·매도액 합계)은 1999년 89.4조원에서 2002년 170.5조원으로 약 2배 규모로 늘어났으며, 총거래액에서 차지하는 비중도 같은 기간 5.2%에서 11.5%로 2배 이상 증가하였다.

한편 채권시장에서 외국인은 1998년에 일시적으로 대량(거래액 8.0조원, 비중 5.17%) 거래하였으나, 그 후 거래가 부진하였다.

외국인의 증권보유추이

(단위: 조원, %)

		1999	2000	2001	2002
주식	시가총액	473.9	216.0	307.9	296.1
	외국인 보유	87.6	58.3	99.1	97.1
	비중 (%)	18.5	27.0	32.2	32.8
채권	시가총액	364.4	424.7	504.7	563.9
	외국인 보유	1.157	0.069	0.043	0.065
	비중 (%)	0.32	0.16	0.09	0.11

[자료] 금융감독원 금융통계정보시스템 자료를 토대로 필자 정리

외국인의 국내 주식투자 확대에 따라 외국인 보유 비중도 높아졌다. 외국인의 국내주식 보유액은 1999년 말 87.6조원(시가총액 기준)에서 2002년 말 97.1조원으로 늘어나고, 보유 비중도 같은 기간 18.5%에서 32.8%로 높아졌다. 한편 외국인의 채권보유 비중은 미미하였다.

(3) 내국인의 해외 금융산업 진출

외국자본의 국내진출 증가에도 불구하고 국내 금융산업의 대외진출은 크게 활성화되지 못하였다.

그동안 우리나라의 금융업 해외투자는 극히 미미하였으며, 그나마 1992년 이후에는 투자 실적이 전무하다가 1999년에 10만 달러의 투자가

있었고, 2000년에 일시적으로 911만 달러의 투자가 이루어졌으나, 2001년과 2002년에는 각각 158만 달러와 274만 달러로 감소하였다.[1)]

한편 국내 금융기관들의 해외 영업점 진출 및 사업실적을 살펴보면, 은행의 경우 외환위기 이후 해외 영업점을 대폭 축소한 가운데 한때 대규모 적자가 발생하였으나 2001년 이후 수익성이 개선되었다.

구체적으로 국내은행의 해외 영업점포수는 1997년 말 257개에 달했으나 금융구조조정의 일환으로 해외점포 정리, 인원감축 등 경영합리화를 추진함에 따라 1999년 말 110개, 2002년에는 103개로 감소하였다. 한편 해외점포의 당기순이익은 1998년 중 13.0억 달러의 적자에 이어 1999년 중에 9.6억 달러의 적자를 보이다가 2000년 이후에는 수익성이 개선되어 2001년과 2002년에는 각각 1.0억 달러, 2.1억 달러의 흑자를 시현하였다. 이는 부실자산의 정리로 대손충당금 적립 부담이 감소된 데다 2002년의 경우 대출채권, 유가증권 등 수익성 자산이 증가된 데 기인하였다.[2)]

금융업 해외진출 현황

(단위: 백만 달러, 개)

	1999	2000	2001	2002
해외직접투자총액	3,330	5,072	5,164	3,701
금융업 해외투자액	0.10	9.11	1.58	2.74
은행 해외영업점 수(개)	112	109	105	103
해외점포 당기순손익	−961	−26	99	207

[자료] 한국수출입은행 해외투자통계, 금융감독원, 단 2000년중 금융업 해외투자액은 한국은행 자료 인용

(4) 국제신인도의 향상

1) 수출입은행 해외투자통계 및 한국은행 외환위기 이후 금융시스템의 변화와 향후과제, 2005. 8 참고

2) 금융감독원 각 년도 국내은행 해외지점 영업현황 참고

2000년 이후에도 국제적인 신용평가 기관들은 우리나라의 국가신용등급을 몇 차례 상향조정하였다. 2002년 말 현재 신용등급은 S&P의 경우 A-, Moody's의 경우 A3, Fitch는 A등급을 부여하고 있다.

각 사별 등급조정 추이는 다음과 같다.

우리나라의 국가신용등급 조정 추이

	외환위기 이전	1999말	2000	2001	2002		
			3.30	11.13	3.28	6.27	7.24
S&P	AA-	BBB		BBB+			A-
Moody's	A1	Baa2			A3		
Fitch	AA-	BBB	BBB+			A	

제3편
구조조정의 계속과 공적자금 상환 (2003~2006)

1598년(무술) 11월 8일. 도독부를 방문하여 위로연을 베풀고 어두워서 돌아왔다. 조금 있다가 도독(陳璘)이 보자고 청하므로 곧 갔더니, 순천 왜교(倭橋)의 적들이 이달 초 10일 사이에 진을 철수하여 달아나려 한다는 기별이 육지에서 통문으로 왔으니, 급히 진군하여 적들이 돌아가는 길을 끊어 막자고 하였다.(난중일기)

11월 18일(노량해전) 오후 6시경(酉時)에 적선들이 남해로부터 무수히 많이 나와서 엄목포(嚴木浦)에 정박해 있고 또 노량으로 와서 정박하는 것도 부지기수로 많았다.

공(이순신)은 도독과 약속하고 이날 밤 10시쯤에 같이 출발하여 새벽 2시쯤에 노량에 이르러 적선 5백여 척을 만나 아침이 되도록 크게 싸웠다. 이날 밤 자정에 공은 배 위에서 손을 씻고 무릎을 꿇고 하늘에 빌었다.

"만일 이 원수들만 없앨 수 있다면 죽어도 여한이 없겠습니다.(此讐若除死則無憾)"

그때 문득 큰 별이 바다 속으로 떨어졌는데, 그것을 본 이들은 모두 이상하게 여기었다.(이순신 행록)

(박기봉 편역 『충무공 이순신전서』 중에서)

제3편 구조조정의 계속과 공적자금 상환 (2003~2006)

대우사태 이후 실시된 2단계 금융구조조정은 2002년에 대체적으로 마무리되면서 금융시장은 안정을 되찾았고 경제도 활성화되어 7%의 경제 성장을 이룩할 수 있었다. 따라서 2003년 이후에는 그동안 공적자금을 투입해온 은행, 증권·투신사 등의 매각 등 구조조정의 마무리 작업을 하는 한편, 새롭게 부실이 발생한 상호저축은행과 신용협동조합 등에 대한 구조조정이 계속되었다.

이 기간 중에는 구조조정자금의 추가 투입보다는 투입된 공적자금의 회수가 활발하게 이루어지고, 그 상환도 본격화되었다. 그러나 2003년 이후 예금보험기금과 부실채권정리기금이 발행한 채권의 만기가 집중적으로 도래함에 따라 이들 채권의 상환을 위한 특단의 대책이 필요하게 되었다. 특히 예금보험기금의 경우는 손실 규모가 커서 정부와 금융산업이 이를 공동으로 부담하지 않으면 안 되게 되었다.

정부는 관계 법령을 개정하여 예보에 예금보험기금채권 상환기금(이하 예보채상환기금)을 설치하고, 정부에 공적자금 상환기금을 설치하여 양 기금채권 상환에 차질이 없도록 하였다.

금융부문 구조조정과 관련하여 특기할 것은, 외환위기 이후 크게 늘어난 가계여신이 급속하게 부실화되면서 신용카드사가 경영난에 처하게 되었고, 이를 해소하기 위하여 신용카드사의 대규모 자본확충 및 합병과 함께 한 카드사에 대하여는 채권단에 의한 구조조정이 진행되었다는 것이다.

가계여신의 부실이 심화되면서 신용불량자 수가 400만 명 가까이로 증가하게 되자 정부는 이들 채무자의 채무조건을 적절히 완화시켜 신용회복을 지원하는 다양한 방안을 시행하였다. 따라서 이 시기에는 금융 또는 기업부문의 구조조정보다 개인부문에 대한 채무조정이 중점적으로 진행되었다고 할 수 있다.

한편 기업구조조정에 있어서는 특히 중소기업에 대한 공동 워크아웃이 본격적으로 실시되었고, 기촉법에 의한 금융기관 공동관리 대상기업 65개사 중 58개 업체에 대한 워크아웃이 완료되는 등 구조조정이 마무리되는 모습을 보였다.

금융구조조정의 진행추이

(2006년 말까지) (단위: 조원, 개, %)

	1997년말	1999년말	2002년말	**2006년말**
공적자금 투입액	12.5	93.7	159.0	**168.3**
공적자금 회수액	–	17.4	53.8	**84.5**
공적자금 상환액	–	0.6	12.5	**141.4**
금융기관수 (개)	2,077	1,763	1,510	**1,315**
부실채권 규모	112	66.7	30.4	**17.8**
은행 BIS비율(%)	7.04	10.83	10.52	**12.31**

[주] 공적자금은 정부와 한국은행 등 공공자금 포함, 은행 BIS비율은 일반은행의 경우임.

[자료] 공적자금관리위원회, 금융감독위원회.

제1장 가계여신의 부실화와 정부의 대응

1997년 외환위기와 1999년 대우사태, 2000년 현대사태를 겪은 이후 금융기관들은 기업금융 위주의 영업전략을 수정하여 안정성과 수익성이 높은 가계부문의 비중을 확대하였다. 가계대출 중에서는 특히 은행의 주택담보대출과 신용카드사의 현금대출 및 판매신용이 크게 증가하였는데 이중 신용카드사 여신은 2000년에 전년 대비 2배로 증가한데 이어 2001년과 2002년에는 43%와 25%의 빠른 속도로 늘어났다.

가계여신의 이 같은 팽창은 카드사들이 사용자들의 상환능력을 고려하지 않고 무분별하게 신용카드를 발급한 결과로서, 2002년 이후 급속하게 부실화되었다. 카드 관련 여신의 연체율은 2000년 말 현재 3.2%에서 2002년 말에는 6.6%까지 상승하고, 카드 관련 신용불량자 수는 같은 기간 48만 명에서 117만 명으로 늘어났다.

신용카드 관련 여신의 부실화는 곧 카드사들의 영업수지를 악화시켜 2002년 4/4분기에는 전체 카드사들의 당기손익이 적자로 전환되었으며, 카드사별로는 그 이전부터 상당 폭의 적자가 발생하고 있었다. 그런데 카드사가 부실화되어 카드 판매대금이 결제되지 않을 경우 신용체계에 대혼란이 발생하는 등 그 폐해가 막대한 것이어서 이에 대한 시급한 대책이 필요하게 되었다.

가계여신의 부실화는 은행, 할부금융회사 등 다른 금융권에서도 발생하여 전국의 신용불량자는 2000년 말 208만 명에서 2002년 말에는 289만 명으로 급격히 증가하였다. 신용불량자가 늘어나게 되면 이들의 경제활동이 제한되어 개인의 생활이 제약을 받을 뿐 아니라 국가 전체적으로도 생산성이 저하되고, 나아가 커다란 사회문제가 발생할 수 있는 일이었다.

이에 정부는 카드회사로 하여금 증자 또는 합병 등의 방법으로 자본을 확충하여 결제능력을 유지하도록 하는 한편, 늘어나는 신용불량자에 대한 적절한 대책을 강구하지 않으면 안 되게 되었다.

제1절 가계여신의 급증과 부실화

외환위기 이후 경기침체로 실업자가 늘고 국민소득이 줄어들자 가계소비가 극도로 위축되었다. 이러한 소비부진에 적절히 대처하지 않는 경우 이는 다시 생산활동을 저하시켜 경기침체를 가속화하는 악순환이 계속된다. 이에 정부는 침체된 경기를 전환시키기 위한 거시경제 운영의 일환으로 1998년 9월 25일 '소비자금융 활성화방안'을 수립하였다.

이 방안의 주요 내용은 연말까지 주택분양 중도금 등 주택구입자금, 미분양 해소자금 등 주택금융으로 4조 1,500억원, 자동차, 가전 등 내구소비재 구입자금으로 3조 1,600억원을 각각 공급하고, 은행이 할부금융사와 카드사의 판매신용을 매입하는 방법으로 신용카드사와 할부금융사에 3조 1,600억원의 자금공급 여력을 지원하는 등 총 10조원 규모의 소비자금융을 공급하는 것이었다. 또 세제 면에서는 내수 진작을 위하여 이미 주요 내구소비재에 대한 특소세율을 30% 인하한 데 이어 부동산거래 활성화를 위해 1가구 1주택 양도세 감면을 위한 주택보유 기간을 3년에서 1

년으로 단축하고, 취득세와 등록세 감면대상 주택을 전용면적 25.7평 이하 신축주택에서 모든 신축주택 및 25.7평 이하 기존주택으로 확대하며, 한시적 비과세대상 주택의 범위를 확대하고, 취득세, 등록세율의 하향 조정 등 주택 관련 세제를 완화하기로 하였다

1. 가계신용의 증가

가계신용 잔액 추이

(연말 기준) (단위: 조원, %)

	1998(A)	1999	2000	2001	2002(B)	증가율(B/A)
가계신용잔액	183.6	214.0	266.9	341.7	439.1	2.4배
(증가율)	–13.0	16.5	24.7	28.0	28.5	
가계대출잔액	165.8	191.9	241.1	303.5	391.1	2.4배
예금은행	52.9	76.3	107.2	156.7	222.0	4.2배
여신전문사	12.0	16.2	33.6	43.7	57.1	4.8배
신탁, 기타	100.9	99.4	100.3	103.1	112.0	11%
판매신용잔액	17.8	22.1	25.8	38.2	47.9	2.7배
예금은행 총여신	200.3	250.2	310.8	357.4	471.7	2.4배
(가계여신비중)	26.4	30.5	34.5	43.8	47.2	
여신전문사 총여신	53.0	50.4	59.2	64.7	80.3	1.5배
(가계여신비중)	22.6	32.1	56.8	67.5	71.1	
은행대출증가액	–14.7	42.3	57.7	49.0	98.6	
(기업부문)	–3.6	18.0	23.4	13.1	37.2	
(가계부문)	–9.5	19.3	26.4	44.8	61.6	

[자료] 한국은행 2002년 중 가계신용동향, 조사통계월보

1998년 중 우리나라의 가계신용은 실질소득 감소에 따른 가계소비의 위축과 금융·기업구조조정 과정에서의 신용경색으로 크게 감소하였으나 위와 같은 경기부양책에 힘입어 1999년 이후 급속하게 확대되었으며, 그 이후에도 기업대출이 축소되고 주택담보대출과 판매신용이 지속적으로 확대되어 2002년 말 현재 국내 가계신용 잔액은 1998년 말 대비 2.4배

로 늘어났다.

가계여신 확대에 따라 예금은행의 총여신 중 가계여신의 비중은 1998년 26.4%에서 2002년 47.2%로 증가하였고, 여신전문금융기관의 가계여신 비중은 같은 기간 22.6%에서 71.1%로 증가하였다. 특히 일반은행의 대출증가액(신탁계정 포함) 중에는 기업부문보다 가계부문에 대한 여신증가액이 크고, 그 격차가 해마다 벌어지고 있었다.

은행대출의 증가

외환위기 이후 은행권의 수신이 증가하는 가운데 1999년 은행들은 BIS 비율을 개선하기 위하여 위험가중치가 높은 기업대출을 회수하고, 그 자금을 부도위험이 상대적으로 적은 가계대출에 운용하였다.

이 시기에 정부는 1998년 9월 25일자 소비자금융 활성화방안을 구체화하여 수도권 지역의 민영주택 재당첨 제한기간 폐지, 1세대 1주택 비과세요건 완화(3년 이상 보유에서 1년 이상 보유로), 양도세율 인하(최고 50%에서 40%로), 신축주택 구입자 5년 후 매도시 양도세 면제, 주택 5채 이상 임대사업자에 대한 양도세 및 재산세 감면 등 다양한 부양책을 마련하였다. 이어 2000년에는 미분양 또는 신축주택 2채 이상을 취득, 임대하는 임대사업자에게 세제지원을 확대 실시하였으며, 이 밖에도 주택청약예금의 취급은행과 가입 대상을 확대하고, 주택구입자금 지원 대상과 지원 금액을 확대하였다. 또 2/4분기 이후 전세가격이 급등하자 전세자금 대출한도를 증액시키고 전세금 증가 차액에 대한 추가 대출을 할 수 있도록 하였다.

이 같은 주택경기활성화 대책의 영향으로 1999년과 2000년 중 가계대출 수요가 늘어남에 따라 은행의 가계대출은 주택담보대출을 중심으로 각각 23.4조원, 30.9조원 증가하였다. 또 2001년과 2002년에는 주택매매가격이 급등세[1])를 보임에 따라 이를 담보로 한 주택담보대출을 중심으로 가계대출이 큰 폭으로 증가하여 2001년에는 49.5조원, 2002년에는 65.3조원 증가하였다.

참고로 이 기간 중 기업부문에서는 중소기업의 은행차입은 꾸준히 증가하였으나 대기업은 대기업발행 회사채와 CP에 대한 신뢰가 회복되면서 직접금융에 의한 자금조달이 늘어나고 금융기관 차입은 감소하였다.

여신전문사 여신의 증가

여신전문사의 가계여신 추이

(연말 기준) (단위: 조원, %)

	1998	1999	2000	2001	2002
총가계대출잔액 (A)	165.8	191.9	241.1	303.5	391.1
여신전문사 잔액 (B)	12.0	16.2	33.6	43.7	57.1
(신용카드회사)	9.7	13.6	30.0	38.3	46.9
(할부금융회사)	2.3	2.6	3.6	5.3	10.2
여신전문사 비중 (B/A)	5.9	7.1	13.9	14.4	14.6

[자료] 한국은행 2002년 중 가계신용동향

신용카드사와 할부금융사는 각각 신용카드 판매대금의 결제 서비스와 할부구매자금의 대여 등 고유 업무를 하면서 신용카드사는 회원에 대한 카드론 및 현금서비스를 중심으로, 할부금융회사는 주택담보대출과 일반자금대여의 방법으로 각각 가계대출을 해왔다.

---

1) 도시 주택가격 동향

	1999	2000	2001	2002
주택매매가격지수	93.8	94.2	103.5	120.5
(서울아파트)	105.3	109.7	130.9	171.2

[자료] 국민은행 도시주택가격 동향조사(1995=100) (한국은행 2002년 중 가계신용동향, 2003. 3. 3 재인용)

신용카드회사의 카드론과 현금서비스 등 대출은 1998년 중에는 경기침체에 따른 소비부진으로 약 1.2조원 감소하였으나 1999년에는 신용카드의 현금서비스 한도가 폐지되고[1], 특히 4/4분기 중에는 공모주청약 등 주식투자 관련 차입과 Y2K 대비 현금수요가 크게 증가함에 따라 약 3.4조원 증가하였다. 2000년 이후에는 신용카드 이용 실적에 따라 현금서비스의 한도를 확대하고, 현금서비스 이용수단을 다양화(인터넷, ARS, 휴대폰 등)하여 자금 대출을 촉진시킨 결과 2000년에는 16.4조원, 2001년에는 8.4조원, 2002년에는 8.6조원이 각각 증가하였다.

한편 주택자금 대출을 포함한 할부금융회사의 가계대출 역시 1998년 중 소폭 감소하였다가 1999년부터 2002년까지 지속적으로 증가하였다.

판매신용의 증가

가계부문 판매신용 잔액 추이

(단위: 조원, %)

	1998	1999	2000	2001	2002
판매신용잔액 (증가율)	17.8 (−32.0)	22.1 (24.0)	25.8 (16.9)	38.2 (47.7)	47.9 (25.7)
(할부금융회사)	5.8	6.1	4.4	6.2	8.1
(판매회사)	5.6	6.2	4.2	3.1	2.6
(신용카드회사)	6.4	9.8	17.2	28.9	37.2

[자료] 한국은행 2002년 중 가계신용동향

외환위기 직후인 1998년 중 할부금융회사의 판매신용은 내구소비재 판매부진 및 고금리를 배경으로 1.5조원 감소하였으며, 백화점, 자동차회사 등 판매회사의 판매신용은 4.4조원, 신용카드사의 카드사용액은 2.6조원 감소하였다. 그러나 1999년에 들어와서는 가계소비가 본격적인 회복세를 보임에 따라 신용카드 사용액과 판매회사의 할부판매 및 판매신용이 크

---

1) 1999.5.4 여신전문금융업법 시행규칙(제7조)상의 현금서비스 사용 최고한도(70만원) 폐지

게 증가하였다. 특히 9월부터는 신용카드 사용액의 일정 부분에 대한 소득공제, 신용카드 가맹점 공동이용제 도입 등에 힘입어 판매신용이 총 4.3조원 증가하였다.

2000년에는 신용카드 사용액 증가추세가 더욱 확산되어 연중 7.4조원 증가하였다. 다만 판매회사와 할부금융회사의 판매신용은 오히려 총 3.7조원 감소하였는데 이는 이들 회사가 현금흐름을 개선하기 위하여 할부금융채권을 은행에 대규모로 매각한 결과이다

또 2001년과 2002년에는 신용카드영수증 복권제 도입, 신용카드사용액에 대한 세제지원 확대 등에 힘입어 신용카드회사의 판매신용이 각각 11.7조원과 8.3조원씩 대규모로 증가하였으며, 할부금융회사의 경우는 2001년 승용차 판매 호조, 2002년 자동차 특소세 인하 등을 배경으로 각각 1.8조원, 2.0조원 증가하였다. 다만 판매회사의 판매신용은 자동차사의 자체 할부 축소, 백화점 판매 감소 등의 영향으로 2001년에 1.1조원, 2002년에 0.5조원 감소하였다.

2. 가계여신의 부실화

1998년 이후 2002년까지 우리나라 국민총소득과 개인 가처분소득은 각각 연평균 9.5%와 6.9% 증가한 반면 국내 가계여신 잔액은 같은 기간 평균 24.4% 증가하였다. 또 개인 가처분소득에 대한 가계여신 잔액의 비율은 1998년 58.3%에서 2001년 97.0%로 증가하고 2002년에는 100%를 초과하게 되었다. 가계부문의 총 금융부채는 1998년 269.9조원에서 2002년 말 505.1조원으로 급속히 증가하였는데 이로 인하여 가계금융자산에 대한 금융부채의 비율이 1998년 말 40.2%에서 2002년 말 51.8%로 크게 높아졌다.

국민소득과 가계신용잔액 추이

(단위: 조원, %)

	1998	1999	2000	2001	2002	연평균 증가율
국민총소득(GNI)	476.2	523.4	576.2	621.0	685.1	9.5
개인 가처분소득(A)	314.9	321.7	337.8	352.2	410.5	6.9
가계신용잔액(B)	183.6	214.0	266.9	341.7	439.1	24.4
비율 (B/A)	58.3	66.5	79.0	97.0	107.0	
개인부문 금융자산	672.0	730.5	798.5	878.7	975.9	9.8
개인부문 금융부채	269.9	293.0	329.3	398.7	505.1	17.0
금융부채/자산비율	40.2	40.1	41.2	45.4	51.8	

[자료] 한국은행 통계 및 2002년 중 가계신용동향, 금감원 통계

위 지표의 추이를 볼 때 1999년 이후 가계의 채무부담능력이 점차 약화되었음을 알 수 있다.

가계여신의 건전성

신용카드업자는 여신전문금융기관으로서 신용카드업 허가를 받은 자(신용카드전업사)와 일반금융기관으로서 신용카드업 겸영허가를 받은 자(겸영은행)로 대별된다. 2002년 말 현재 국내에는 17개 겸영은행과 8개 전업사가 영업을 하고 있었는데, 겸영은행으로는 조흥·제일·신한 등 7개 시중은행, 부산·대구·경남 등 6개 지방은행, 기업·농협·수협 등 3개 특수은행 및 1개 외국은행(씨티)이 있었고, 전업사로는 BC·국민·외환·우리 등 7개 은행계 카드사와 삼성·엘지·동양·현대 등 산업계 전업사가 있었다.

이 밖에도 백화점 등 판매점으로서 신용카드를 발행·관리하고 그 이용대금에 대한 결제서비스를 제공하는 신용카드업자가 있는데 이들 사업자는 카드회원에 대한 자금의 융통 등 대출업무는 할 수 없다. 따라서 신용

카드채권 부실화의 문제는 신용카드사업 겸영은행과 전업사의 경우에 발생한다.

가계여신 연체율과 고정이하 여신 추이

(단위: %)

		1999	2000	2001	2002
연체율	은행 가계대출	3.7	2.5	1.3	1.5
	은행 신용카드채권	7.8	7.5	7.3	11.8
	신용카드사 여신	5.9	3.2	2.6	6.6
고정이하 여신비율	은행 가계대출	2.12	1.02	0.83	1.14
	은행 신용카드채권	4.15	2.10	2.78	6.36
	신용카드사 여신	7.30	3.84	1.30	3.96

[주] 은행 연체율은 원금이 약정기일에 상환되지 아니한 여신 기준, 신용카드사 연체율은 1개월 이상 연체 기준. 신용카드사의 경우 가계외 여신이 크지 않으므로 총여신에 대한 연체율 및 고정이하 여신 비율을 인용하였음.

[자료] 금융감독원 각 년도 부실채권 현황, 금융통계정보시스템

겸영은행의 신용카드 사용액과 현금서비스 등 카드관련 여신의 연체율은 2000년과 2001년 7% 대에서 2002년에 11.8%로 크게 증가하였으며, 신용카드전업사의 경우도 2~3% 대에서 2002년 6.6%로 증가하였다. 다만 주택담보대출을 중심으로 하는 은행 가계대출의 연체율은 1.3%에서 1.5%로 소폭 상승하는 데 그쳤다. 참고로 이 기간 중 은행의 기업대출 연체율은 1999년 4.3%에서 2000년과 2001년 각각 2.9%와 1.9%로 하락하고 2002년에는 1.8%로 하락하였다.

가계여신의 연체율 증가는 곧 은행과 신용카드사의 부실채권비율을 증가시켰다. 은행의 경우 신용카드사업 부문의 고정이하 여신 비율이 2001년 2.78%에서 6.36%로 급증하였고, 전업사의 경우도 1.30%에서 3.96%로 크게 증가하였다. 이와 함께 은행 가계대출 부문의 고정이하 여신 비율도 0.83%에서 1.14%로 높아졌다. 참고로 은행의 전체 부실채권비율은 2001년 말 3.41%에서 2002년 말 2.33%로 크게 개선되었다.

신용카드 사용액 추이

(단위: 조원, %)

	1996	1997	1998	1999	2000	2001	2002
이용액 계	67.0	72.1	63.5	90.7	224.9	443.4	622.9
판매신용	36.6	38.2	30.8	42.6	79.6	175.7	265.2
현금대출	30.4	33.9	32.7	48.1	145.3	267.7	357.7
현금대출비중	45.4	47.0	51.5	53.0	64.6	60.4	57.4

[자료] 한국금융연구원, 가계신용증가의 경제적 영향, 2004. 6 재인용

살펴본 바와 같이, 그동안 우리나라 가계여신은 2002년에 들어와서는 특히 신용카드채권(대출 및 판매신용)을 중심으로 부실화가 심화되었는데 그 근본적인 원인은 신용카드사들의 카드 발급과 이에 따른 신용 공여가 무절제하게 늘어난 데 있다.[1)]

국내 신용카드회사(은행겸영과 카드전업사 포함)의 카드 발급수는 1998년 말 4,021만장에서 2002년 말 10,481만장으로 증가하고, 신용카드 가맹점은 1998년 말 465만점에서 2002년 말 1,561만점으로 늘어났다. 이에 따라 1998년 63.6조원에 불과하였던 신용카드 사용액이 2001년 443.3조원, 2002년에는 622.9조원으로 늘어나고, 판매신용도 1998년 30.9조원에서 2001년 175.7조원, 2002년 265.2조원으로 늘어났다.

또한 신용카드사가 제공하는 현금서비스는 1998년 32.7조원에서 2002년에는 357.7조원으로 10배 이상 증가하였다. 신용카드사의 본래 업무는 카드사용 대금의 결제(대지급)업무임에도 부대업무에 불과한 현금대출(현금서비스+카드론)에 치중하였으며, 그 결과 신용카드 이용액 중 현금대출액의 비중은 1998년 이후 50%를 넘어서 2000년에는 64.6%까지 상승하였다. 신용카드사들로서는 조달금리보다 운용금리가 매우 높은 현금서비스가 큰 수익원이 되었기 때문이다.

---

1) 이상 한국금융연구원 가계신용증가의 경제적 영향, 2004. 6. pp.120-129 참고

참고로 2001년 6월 말 기준 신용카드사의 평균 조달금리는 8.3%에 불과하였으나 현금서비스 금리는 평균 23.3%, 카드론 금리는 16.8%였다.[1)]

3. 정부의 정책대응

신용카드의 발급과 사용의 급속한 증가로 관련 금융기관의 자산부실화는 물론 신용카드 이용자의 피해가 속출하였다. 신용카드사가 신용카드를 발급할 때 신청인의 신분 및 카드발급 의사를 제대로 확인하지 않기 때문에 타인이 명의를 도용하여 카드를 발급받고 이를 부정하게 사용하는 사례가 발생하였고, 신용카드사가 일방적으로 작성한 약정에 따라 연체이자나 수수료가 예상보다 과다 부과되는 등 피해가 발생한 것이다.

이에 정부는 2001년 이후 신용카드회원 모집의 제한, 수수료의 인하, 신용카드약관의 개선 등 규제방안을 수립하였다.

먼저 정부(금감위)는 2001년 2월 '신용카드회원 유치 과당경쟁방지 및 감독강화방안'을 수립하였다. 이 방안의 주요 내용은 카드회원 모집에 있어 경품 제공, 가두 모집 등 과당경쟁을 자제하고, 카드 발급시 신청인의 신분 및 카드발급 의사를 반드시 확인하며, 카드 모집인을 운용함에 있어 모집인 운용기준을 마련하고, 회원 자격기준을 정비하여 철저한 심사방안을 강구하도록 하는 것이었다. 이와 함께 소비자보호대책을 강화하기 위하여 소비자에게 불리한 카드약관의 개정을 추진하고, 카드부정사용액에 대한 보상·운영기준을 개선하며, 부실채권 회수과정에서의 카드사의 강압적이고 위법적인 행위를 금지하도록 하였다.

4월에는 '신용카드회원 권리보호 강화방안'을 수립하였다. 이 방안에

---

1) 이상 금감위, '신용카드수수료 인하유도 및 영업질서 유도방안', 2001. 10 참조

는 전자상거래 또는 통신판매 등 비대면(非對面) 거래시 서명 생략으로 인하여 카드회원이 피해를 입는 경우 카드사 및 가맹점이 부담하도록 하고, 회원이 원하지 않는 경우 현금서비스 이용한도를 일방적으로 증액하지 못하도록 하였다. 또 연체된 카드채권을 회수함에 있어서도 채무자의 채무에 관한 사항을 정당한 사유 없이 제3자에게 알리거나, 사전통지 없이 채무자의 근무처를 방문하여 장시간 머물면서 불안감을 조성하거나, 기타 채무자의 사생활 영역을 지나치게 침해하는 행위 등 채무자 보호에 관한 사항을 구체적으로 제시하였다.

5월에는 '신용카드업의 문제점 및 개선방안' 을 수립하였다. 이 방안에서는 신용카드업을 영위하기에 적합한 자가 카드업에 진입할 수 있도록 카드회사 허가 기준을 정비한 후 신규 진입을 허가하도록 하고, 무자격자에 대한 신용카드 발급 등 무질서한 영업행위를 엄격히 규제하며, 현금대출을 위주로 하는 신용카드사의 영업행태를 시정하고, 카드사간 경쟁을 통하여 수수료 인하를 유도하기로 하였다.

이어 10월에는 '신용카드수수료 인하 유도 및 영업질서 유도 방안' 을 마련하였다. 이 방안의 주요 내용은 신용카드사의 수수료 비교 공시, 원가분석, 신규진입 허용 등으로 현금서비스 수수료 인하를 유도하고, 가맹점 공동망이용제도 완화 등을 통한 경쟁 촉진으로 가맹점 수수료 인하를 유도하며, 신용카드를 무분별하게 발급하는 행위 등에 대한 검사와 제재를 강화하는 것이었다. 이에 따라 12월에는 1999년 9월 이후 의무적으로 실시된 신용카드 가맹점 공동이용을 자율화하였다.

신용카드 종합대책 (2002. 5.)

2002년에 들어와서는 1월에 소비자보호강화를 위한 신용카드약관 개선, 4월에 신용카드회사 감독강화방안 및 신용시장의 건전화 및 효율화 방안, 5월에 신용카드 종합대책, 10월에 신용카드사 과당경쟁 방지대책, 11월에는 신용카드회사 건전성감독 강화대책을 계속하여 발표하였다.

이 중 2002년 5월 신용카드 종합대책에서는 기존의 대책에 추가하여,

① 회원의 신용도와 회사의 수익·비용에 대한 기여도에 따라 적정한 수준의 수수료를 책정하도록 개선하고,

② 회원이 자발적으로 신청한 경우에 한하여 신용카드를 발급하고, 회원의 결제능력을 고려하여 신용카드 이용한도를 책정하도록 개선하며(가두 및 방문모집 금지, 모집시 경품제공 금지),

③ 신용카드회사가 현금대출보다 본래의 업무인 카드거래대금 결제업무에 충실하도록 개선하고,

④ 카드회사의 이용자에 대한 책임을 대폭 강화함으로써 카드회사 스스로 카드 남발이나 무분별한 이용한도 부여를 자제하도록 유도하기로 하였다.

한편 이에 앞서 정부는 은행 가계대출의 급격한 증가로 여신건전성이 저하되지 않도록 하기 위한 대책을 수립하였다. 즉, 가계대출의 대손충당금 적립 비율을 정상 여신에 대하여는 0.5%에서 0.75%, 요주의 여신에 대하여는 2%에서 8% 등으로 상향조정하고, 가계대출을 확대하는 은행에 대하여는 총액한도대출[1] 배정을 축소하였다. 또 주택담보 인정비율을 종전의 주택가격의 70~80%에서 60%로 하향조정하면서 주택담보대출도 신용대출과 같이 차주의 상환능력 등을 감안한 개인신용 평가를 의무화

1) 은행이 중소기업에 상업어음할인, 무역금융, 소재부품 생산자금 등을 대출해 주면 그 실적에 따라 일정한 한도 내에서 한국은행이 낮은 금리로 대출자금을 대주는 정책금융 성격의 재할인 자금

하고 BIS 위험가중치를 50%에서 60~70%로 인상하였다.

4. 신용불량자의 급증

신용불량자 증가추이

(단위: 천명, %)

	1998. 12	1999. 12	2000. 12	2001. 12	2002. 12
총신용불량자수 (증가율) (경제활동인구대비)	1,930 (9.0)	1,996 (3.4) (9.2)	2,084 (4.4) (9.4)	2,450 (17.6) (10.9)	2,887 (17.8) (12.6)
은행 등록 (증가율)	1,221	1,135 (−7.0)	1,061 (−6.5)	1,156 (9.0)	1,426 (23.4)
신용카드사 등록 (증가율)	450	457 (1.6)	475 (3.9)	719 (51.4)	1,174 (63.3)
기타금융기관 등록 (증가율)	714	996 (39.5)	1,057 (6.1)	1,358 (28.5)	1,667 (22.7)

[주] 여러 금융기관에 중복된 채무자가 있어서 기관별 합계와 총인원은 같지 않음.
[자료] 전국은행연합회 자료 재정리

가계신용에 대한 연체 증가는 곧 신용불량자의 양산(量産)을 초래하였다. 금융기관의 대출금 또는 신용카드나 할부금융 대금을 3개월 이상 연체한 사람을 중심으로 하는 신용불량자수는 1998년 말에 193만 명에 불과하였으나 2002년 말에는 289만 명으로 급증하여 전체 경제활동인구(약 2,290만 명)의 9.0%(11명당 1명)에서 12.6%(8명당 1명)으로 늘어나게 되었다.

이러한 증가세는 은행 및 기타 금융기관의 경우보다 신용카드회사에서 더 심하여 2001년과 2002년에 신용카드사가 등록한 신용불량자수는 전년 대비 각각 51.4%와 63.3% 늘어났다.

신용불량자 등록제도

2002년 말 당시 시행중인 〈신용정보의 이용 및 보호에 관한 법률〉(제2조)에 의하면, 신용불량자란 금융거래 등 상거래에서 발생한 대금 또는 대출금 등의 채무에 대하여 정당한 사유 없이 약정된 기일 내에 변제를 이행하지 아니한 자를 말한다.[1]

전국은행연합회는 위 법에 의한 신용정보 집중기관으로서 신용정보 관리규약을 제정하여 금융기관으로 하여금 거래처의 신용거래정보, 신용불량정보, 신용능력정보 등을 등록하도록 하고 있다. 이 중 신용불량정보는 금융기관 거래자 뿐 아니라 조세체납자 등에 관한 정보(공공기록정보)도 포함된다. 신용불량정보가 은행연합회에 등록되면 이 정보는 금융기관에 공개되며, 당해 채무자는 신용불량자로 분류되어 금융거래에 제한을 받게 된다.[2]

당시 적용되고 있던 신용불량자 등록기준 중 주요한 것은 다음과 같다.

구 분	등록사유
대출금	ㅇ 대출금, 이자 등을 3개월 이상 연체한 자 ㅇ 분할상환방식의 주택자금 대출금을 9개월 이상 연체한 자 ㅇ 5만원 이상의 카드론대금을 3개월 이상 연체한 자
신용카드 및 할부금융대금	ㅇ 5만원 이상의 신용카드대금 또는 할부금융대금을 3개월 이상 연체한 자

신용불량자에 대한 정부대책

신용불량자가 급증하는 것을 막기 위하여 정부는 신용카드사의 카드 남발을 규제하고, 신용불량자의 등록 기준을 완화하는 한편, 연체 채무자에 대한 채무조정 제도를 도입하였다.

우선 2002년 4월과 7월 신용정보관리규약을 변경하여 채무액 30만원

---

1) 2005. 1. 27일자 법 개정에 의해 신용불량자 등록제도가 폐지되면서 이 같은 정의 규정이 삭제되었음.

2) 신용불량정보에 속하는 대출금의 연체, 어음·수표의 부도, 금융질서 문란행위 등은 2005. 1. 27일자 법 개정에 의해 신용거래정보로 분류, 등록하는 것으로 변경되었음.

이하의 소액 신용불량자에 대하여는 전국은행연합회에 정보등록은 하되 다른 금융기관에 정보제공은 하지 않도록 하고, 신용불량정보를 등록할 때에는 채무자에게 등록일 1개월 전까지 채무자에게 통지하도록 규정하였다.

5월 27일에는 연체채무자 중 채무상환 의지와 능력이 있는 채무자를 대상으로 개별 금융기관이 자체 신용회복지원제도를 도입하도록 지도하였으며, 이를 뒷받침하기 위하여 6월 28일 신용정보업 감독규정을 개정하여 개인대출을 취급하는 금융기관은 자체 신용회복 지원절차를 내부규정으로 두도록 의무화하였다. 이 같은 방침에 따라 국민은행과 국민카드가 카드 결제대금을 3개월 이상 연체한 회원이 연체대금 상환계획서를 제출할 경우 결제자금을 대출(카드론)해 주고, 신용불량자 등록도 해제해 주기로 하는 등 각 금융기관별 신용회복 지원제도를 수립, 시행하였다.

한편, 여러 금융기관에 채무가 있는 다중채무자에 대하여 금융기관들은 2002년 7월 기업개선작업과 유사한 금융기관 공동의 신용회복지원제도를 수립하였다. 그리고 이 제도의 실행을 위하여 금융기관은 공동으로 개인신용회복지원위원회를 설치하고, 채무자가 일정한 요건을 갖추어 변제계획서 등 신용회복 지원신청을 제출하면 위원회는 이를 심의하여 지원계획을 확정, 실시한 후 그 이행을 사후관리하기로 하였다. 이 위원회의 활동에 관하여는 뒤에서 다시 설명하기로 한다.

이와 함께 정부는 2002년 10월 사금융(私金融) 피해를 방지하고 대금업을 양성화하기 위하여 대부업법을 제정, 시행하였다. 이 법에서는 대부업자의 등록, 이자 상한(上限) 규제, 불법 채권추심행위 금지 등을 규정하였다.

제2절 금융시장의 불안과 카드사 자본확충

2003년 들어 신용카드사들의 경영상태는 더욱 악화되었다. 신용카드 채권의 연체율은 2002년 말 6.60%에서 2003년 3월 말 9.43%로 높아지고, 고정이하 여신비율도 같은 기간 3.96%에서 5.16%로 높아졌다. 그 결과 매출액(영업수익) 대비 순이익률도 2001년 22.1%에서 2002년 1.4%로 낮아지고, 2003년 1/4분기에는 −31.0%로 악화되었다.

이 같은 상황에서 2003년 3월 초 SK글로벌사의 대규모 회계부정이 적발되어 SK 계열사를 중심으로 주가가 폭락하고 SK 계열사 회사채를 편입한 수익증권의 환매사태와 함께 전체 회사채 유통시장이 마비되었다. 금융시장의 불안은 곧 경영이 악화된 신용카드사 전체에 파급되어 상장 카드사의 주가가 폭락하고 카드채 차환발행이 사실상 불가능하게 되었다.

이에 정부는 3월 17일 '금융시장안정을 위한 신용카드사 종합대책'을 발표하고, 이어 4월 3일 '금융시장 안정대책(신용카드사 및 투신사 유동성문제 해소 관련)'을 발표하였다. 이들 대책은 대주주의 증자에 의한 신용카드사 자기자본확충, 현금대출비율 제한조치 시한연장, 신용카드사에 대한 은행의 유동성지원 등을 주 내용으로 하였다.

1. 금융시장의 불안

2003년 2월 하순 SK그룹의 종합상사인 SK글로벌의 분식회계 사실이 검찰에 적발되었다. 수사 결과 이 회사는 장기간 누적된 부실을 감추기 위하여 약 1.6조원의 자산을 과대 계상한 것으로 나타났다. 3월 11일 이 사건이 발표되자 SK와 SK글로벌, SKC, SK텔레콤 등 SK그룹 계열사의 주가가 급락하면서 금융시장에 불안이 고조되었다.

그동안 종합주가지수는 2002년 말 627.55에서 1월 말 591.86, 2월 말

575.43으로 하락해 왔는데 이 사건 수사 결과가 발표된 3월 17일에는 515.24로 급락하였다. 또 채권시장에서 회사채 수익률(AA-등급 기준)은 2월 말 5.14%에서 3월 13일 5.89%로, CD(91일) 수익률은 같은 기간 4.53%에서 5.04%로 상승하였다.

증시의 불안은 특히 은행을 비롯한 금융업종에서 더욱 심각하게 나타났다. 금융업 주가지수는 2003년 2월 말 214.85에서 3월 17일 163.38로 무려 24.0% 하락하였으며, 특히 은행업 주가지수는 139.34에서 108.06으로 22.4% 하락하여 같은 기간의 종합주가지수(575.43에서 515.24로 10.5% 하락)보다 더 가파른 하락세를 보였다. 이는 은행의 카드부문 등 가계대출의 부실화 우려가 가중되는 가운데 SK글로벌의 분식회계 사건 등이 돌출되면서 기업여신 부문도 불안해졌기 때문이었다.

국내 금융시장의 불안은 해외시장까지 파급되었다.

3월 12일 뉴욕 금융시장에서 마감된 외평채 가산금리(10년물 기준)는 2.15%로 2001년 초 이후 최고치를 나타냈다. 또 한국전력, 포스코, SK텔레콤 등 국내 대표적 기업들의 해외 주식예탁증서(DR) 가격이 떨어지고, 은행들의 해외자금 차입이 중단되었다.

SK글로벌 사태

SK글로벌은 1956년 3월 선경직물(주)로 설립된 회사로서 합성직물 제조·판매업을 주된 사업으로 하였다. 이 회사는 1976년 1월 상호를 (주)선경으로 바꾼 후 종합무역상사로 지정되었으며, 1998년 3월 27일 SK상사로, 2000년 5월 17일 SK글로벌로 사명을 변경하였다.

회사가 속해 있는 SK그룹은 2003년 2월 그룹 회장이 계열사 주식을 매각하거나 맞교환하면서 계열사에 손실을 끼친 혐의로 조사를 받았으며, 조사 과정에서 파생하여 SK글로벌이 그동안 1조 5,000억원 대의 분식회계를 한 사실이 밝혀졌다. 회사는 1970년대부터의 해외투자 실패, 1997년 외환위기 등으로 부실이 커지면서 1995년부터 그룹 차원에서 이 회사의 분식회계를 관리해 왔다는 것이었다.

이 사건으로 그룹회장 등 간부들이 구속 기소되었고, SK그룹 전체가 부실화될 우려로 인하여 금리와 환율이 급상승하고, 주가가 폭락하는 등 금융시장에 불안이 야기되었다. 특히 SK글로벌 회사채를 편입한 수익증권에 대한 투자자들의 환매 요구가 폭주하였고, 투신사들은 이 수익증권의 환매를 일시 중단하는 등 대우사태 때와 유사한 금융혼란이 빚어졌다. 이에 정부(한국은행)는 투신사에 2조원의 유동성을 긴급 지원하고, 외환시장에 달러를 투입하여 환율 급등세를 진정시켰다.

SK글로벌과 채권단은 2003년 3월 19일 이 회사를 부실징후기업으로 지정하고 기촉법(企促法)에 의한 채권금융기관 공동관리를 개시하였다. 이어 10월 27일에는 경영정상화계획 이행약정을 체결하였는데, 약정의 주요 내용은 채권단은 이 회사의 채무에 대하여 2007년 말까지 상환요구를 유예하고 이자율을 조정하며, 단기채권은 중장기채권으로 전환하고 일반채권은 출자전환하거나 할인상환(CBO)하는 것이다. 또 회사는 사업 및 인력 구조조정, 자산매각, 대주주인 SK(주)의 8,500억원 유상증자, 개인 대주주의 계열사 주식(1,085억원 상당) 현물출자 등 자구노력을 이행하는 것이었다. 약정 체결에 앞서 회사는 이미지 개선을 위하여 상호를 SK네트웍스로 변경하였다.

한편 SK글로벌에서는 2002 사업년도 이전 해외 현지법인과의 거래에 관련하여 장부에 반영하지 않았던 약 4조원 규모의 손실을 장부에 계상하였다.

투신사와 카드사의 신용불안

금융시장의 불안은 여기에 그치지 않고 투신권으로 비화되었다.

SK글로벌 사건에 대한 수사 발표 이후 투신사에는 SK 계열사 채권이 편입된 채권형 펀드와 MMF(머니마켓 펀드)에 대한 수천억원대의 환매요청이 쇄도하였다. 이에 투신사들은 투자자들에 대한 환매자금을 마련하기 위하여 보유채권을 처분하고자 하였으나 회사채 매수세는 좀처럼 살아나지 않았으며, SK글로벌 교환사채가 연 10%가 넘는 수익률에 거래되는 등 SK 계열사의 채권가격은 투기등급 수준으로 하락하였다.

2003년 3월 13일 투신사들은 마침내 공동으로 펀드환매 중단조치를 하였다. 이 조치는 SK회사채 관련 펀드를 비롯한 모든 펀드를 대상으로 하고, 환매유보 대상 고객은 은행, 보험사 등 금융기관과 연기금, 정부기관 등으로 하였다. 이에 부응하여 금융감독 당국도 이들 기관에 환매 자제를 촉구하였다.

한편, 채권시장에서는 신용카드사 회사채(카드채)에 투매현상이 일어나 거래가 중단되는 사태가 발생하였다. 신용카드사는 금융기관의 하나로서 그동안 금융감독 당국의 감독을 받아왔기 때문에 카드사 회사채는 A 또는 AA등급의 우량채권으로 간주되어 왔으나, 2002년 4/4분기 이후 경영부실이 표면화된 데다 SK글로벌 사태가 발생하자 거래가 급격히 위축된 것이다.

2002년 말 현재 7개 카드전업사가 발행한 회사채 잔액은 모두 29.9조원, CP 잔액은 20.4조원이고, 여기에 자산유동화(ABS)로 조달한 자금 33.5조원을 합하면 카드채의 규모는 총 83.8조원에 달했다. 그러나 카드사의 신용불안이 계속될 경우 2/4분기 이후 만기 도래하는 카드채의 차환발행은 사실상 불가능하게 되어 시중에는 카드채 대란설이 대두되기도 하였다. 이에 따라 카드채를 편입한 투신사 펀드의 수익률도 계속 하락하여 투자자들의 환매를 부추겼으며, 이는 곧 증권업종의 주가 하락을 초래하였다.

증권업종의 주가지수는 2003년 2월 말 1,038.66에서 3월 17일 760.25로 26.8% 하락하여 금융업종 중에서도 가장 심한 하락폭을 보였다.

금융시장안정을 위한 신용카드사 종합대책 (3월 17일)

금융시장의 불안이 계속되자 한국은행은 3월 13일 RP 매입을 통하여 시중에 2조원의 자금을 긴급 지원한 데 이어, 3월 17일 다시 2조원 규모의 국채 단순매입 및 통안증권 중도 환매를 실시하였다. 이와 함께 금감위, 재경부, 한국은행 등 3개 기관은 3월 17일 금융정책협의회를 갖고 SK글로벌 사건 이후 발생한 투신사의 환매 사태와 신용카드사의 유동성 문제를 해결하기 위한 종합대책을 수립하였다.

이 대책에서는 먼저 신용카드사 대주주의 증자 등을 통한 자본확충과 자체 수지개선 대책을 강구하도록 하였다.

카드사는 대부분 대주주가 우량한 자본력을 갖추고 있으므로 가급적 상반기 중에 대규모의 증자 또는 후순위사채를 발행하여 자기자본을 확충하도록 하며, 또 회원모집 비용의 과도한 지출, 과도한 할인서비스, 장기 무이자할부 제공 등 출혈 영업행위를 시정하여 영업수지를 개선하도록 하는 것이다.

둘째, 카드사에 대한 정부정책을 탄력적으로 운용하기로 하였다.

2002년 7월 금융감독 당국은 카드사의 현금대출업무 비중이 대금결제업무 비중을 초과하지 못하도록 규제하고 그 초과된 부분은 2003년 말까지 해소하도록 조치하였으나, 그 후 신용판매의 증가 속도가 둔화되어 이를 준수하기가 어렵게 되었으므로 해소 기간을 1년 연장하기로 하였다.

또 카드사의 연체율 산정기준을 변경하기로 하였다. 연체율 산정시 지금까지는 보유자산을 기준으로 함으로써 유동화(ABS 발행)를 위해 SPC에 이전된 자산은 제외하였으나, 향후에는 유동화자산을 포함하여 카드사가 실제로 관리하는 모든 자산을 대상으로 연체율을 산정한다는 것이다. 연체율 산정방법을 이같이 변경한 것은 카드사로 하여금 유동화를 통한 자금조달을 계속할 수 있도록 하기 위한 것이기도 하다.

또, 카드사가 카드회원의 채무 사실을 가족 등 제3자에게 알려 가며 채권을 회수하는 행위를 금지하였으나 향후에는 일정한 범위 내에서 통보할 수 있도록 하는 한편, 카드 관련 부실채권을 자산관리공사에 적극적으로 매각하는 방안을 검토하기로 하였다

셋째, 연체율 증가를 억제하기 위하여 업계가 공동으로 노력하도록 유도하기로 하였다. 일시적으로 자금사정이 어려워진 연체자나 일정한 소득이 있어 채무상환이 기대되는 연체자에 대해서는 대환(代換) 대출을 통하여 신용회복의 기회가 주어지도록 하며, 또 다중 채무자의 신용한도를 감축할 때에는 관련 카드사가 공동으로 단계적으로 감축하는 방안을 강구하기로 한 것이다.

금융시장 안정대책 (4월 3일)

신용카드사들은 그동안 현금서비스나 카드론 등 단기자금수요를 3개월 만기의 CP발행을 통하여 조달해 왔다. 2월 말 현재 카드사들이 발행한 CP 잔액은 20.4조원 규모이고, 그 중 10.4조원을 투신사들이 보유하고 있었다.

카드사 CP의 만기가 도래하자 투신사들은 그 상환을 요구하였다. 카드사들은 투신사에 CP의 차환인수(借換引受)를 요청하였으나 고객들의 환매요구로 자금난에 처한 투신사들은 이에 응할 수 없었기 때문이다. 카드사로서는 영업자금이 부족하게 되면 회원에 대한 카드론과 현금서비스를 회수하여야 하는데 이때 회원들이 이를 변제하지 못하면 신용불량자가 양산되고 카드사에는 부실채권이 증가하게 된다.

카드사의 CP 상환이 어렵게 되자 투신사와 카드사는 함께 결제불능상

태에 처하게 되었다. 이에 정부와 금융기관은 4월 3일 신용카드사 및 투신사 유동성문제 해소와 관련한 금융시장 안정대책을 수립하였다. 이 대책에는 3월 17일자 대책을 수립한 금감위·재경부·한국은행 외에 전국은행연합회장·증권업협회장·투자신탁협회장·생명보험협회장·손해보험협회장·여신전문금융업협회장 등이 모두 참여하였다.

이 대책의 주요 내용은 다음과 같다.

먼저 신용카드사의 건전 경영을 위한 기반확보 대책으로서 증자규모를 확대하고, 수지개선을 도모한다. 카드사의 증자 규모는 시장신뢰 확보를 위해 당초 계획 2조원 수준에서 4.6조원 수준으로 확대 추진하며, 3월 17일자 대책에 의한 카드 영업비용 절감, 현금대출비중 축소 시한 연장 등 카드사 수지개선 방안을 지속적으로 추진한다.

둘째, 신용카드사의 유동성 확보를 위하여 카드채 만기 연장을 지원한다. 3월 20일 기준 카드채 잔액은 은행 25.2조원, 증권사 2.1조원, 보험사 9.8조원, 투신사 25.5조원, 연기금 8조원 등 88.8조원으로서 금융기관과 연기금이 보유하는 카드채는 전액 만기연장하고, 투신사 보유채권은 50%는 카드사가 자체 자금으로 상환하며, 나머지 50%는 투신사가 만기 연장한다. 카드사는 채권의 신규 발행, 영업규모 조정, 보유자산 매각 확대 등 자구노력을 지속한다.

셋째, 투신사 환매자금을 지원하기 위하여 금융기관 공동으로 5조원의 자금을 조성한다. 투신권 보유 카드채 중 10.4조원이 2/4분기에 만기도래하는데, 이 중 5조원은 은행 · 증권 · 보험 등 금융기관이 공동으로 bridgeloan 5조원을 조성하여 즉시 매입하고, 나머지 50%는 투신사가 만기 연장하며, bridgeloan으로 조기 매입된 카드채가 만기 도래하면 신용카드사가 기존 상환일정에 따라 상환한다.

2. 신용카드사 구조개선

4월 3일자 대책 발표 이후 금융시장은 점차 회복세를 보였다. 3월 말까지 약세를 면치 못하던 종합주가지수는 4월 들어 회복세를 보였으며, 5월에는 신용카드사 문제, SK글로벌 사건 등의 충격이 완화되면서 큰 폭으로 상승하였다. 특히 5월에는 은행주와 카드사 주가도 상승세로 반전하였으며, 월말 종합주가지수는 633.42를 기록하여 2002년 말 지수 627.55를 상회하게 되었다.

투신사의 수신은 3월 중 27.7조원, 4월 중 8.3조원 순상환을 보이다가 5월 중에는 1.7조원 순수신 증가로 돌아섰다. 특히 3~4월 중 큰 폭으로 감소하였던 MMF는 5월 중 2.0조원 증가하였다. 기업의 회사채 발행은 대기업의 수요 감소로 연중 순상환이 계속되다가 4/4분기 소폭의 순발행으로 전환되었으며, CP 발행은 카드사의 대규모 CP 상환으로 연중 순상환이 계속되었으나 증권·종금사 부문에서는 3/4분기에 순발행이 있었다.

요컨대 2003년 금융시장은 SK글로벌 사건의 발생으로 투신사와 카드사가 유동성위기에 처하고 2/4분기 중 증시와 자금시장에 불안이 야기되었으나 3/4분기 이후 빠르게 회복되었다. 이는 1999년 하반기 대우사태와 2000년 현대사태에서의 경험을 거울삼아 정부와 금융기관이 공동으로 신속하게 협력한 결과로 보인다.

카드사의 자본확충

4월 3일자 대책발표 이후 신용카드사들의 자본확충과 정부의 카드사 영업에 대한 규제완화가 큰 진전을 보였다.

4월 3일자 대책의 주요 과제 중 하나는 4.6조원 규모의 카드전업사 자본확충이었다. 이 자본확충의 계획은 9개 카드전업사 중 비씨카드를 제외한 8개사에서 수립되었으며, 그 내역은 증자 2조 6,800억원, 후순위사채 발행 1조 9,000억원 등 4조 5,800억원이었다.

각 카드사별 자본확충 계획은 아래와 같았다.

신용카드사 자본확충 계획

(단위: 10억원)

구분	LG	삼성	국민	외환	우리	현대	롯데	신한	계
증자	400	200	1,000	120	400	360	200		2,680
후순위채	600	800	50	150		100		200	1,900
계	1,000	1,000	1,050	270	400	460	200	200	4,580

[자료] 신용카드사 자본확충계획, 2003. 5. 30, 금감원

위 계획에 따라 2003년 중에는 카드사의 유상증자 또는 후순위채권의 발행이 활발하게 진행되었다.

LG카드는 7월과 12월에 총 4,100억원의 유상증자를 실시하고, 7월에 후순위 전환사채 3,000억원, 신주인수권부 사채 3,000억원을 발행하였다. 그러나 2003년 중 5.6조원의 당기순손실이 발생하여 연말 자기자본은 마이너스 3조 2,132억원이 되었다.

삼성카드는 5월에 유상증자 2,000억원, 6월에 후순위 전환사채 발행 8,000억원을 실시하였으나 2003년 중 1.3조원의 대규모 손실로 자본이 잠식되어 2002년 말 1조 8,509억원이던 자기자본은 2003년 말 7,091억원에 불과하게 되었다.

외환신용카드는 6월에 1,100억원의 유상증자를 실시하였다. 그러나 2003년 중 1.4조원의 당기순손실이 발생하여 연말 자기자본은 마이너스 7,438억원이 되었다. 또, 우리신용카드는 3월에 2,000억원, 10월에 6,400억원의 유상증자를 실시하여 자본금이 총 2조 130억원에 달하였으나 12월 무상감자로 자본금은 1,130억원이 되었다. 또 2003년 중 1.3조

원의 적자 발생으로 연말 자기자본은 마이너스 1,951억원이 되었다.

현대카드 역시 3월과 6월에 1,800억원과 3,100억원의 유상증자를 각각 실시하여 자본금을 8,260억원으로 확충하였다가 9월에 자사주 소각으로 자본금이 7,077억원으로 감소하였다. 그러나 2003년 중 6,300억원의 적자를 내어 자기자본이 2002년 말 1,918억원에서 2003년 말 1,105억원으로 감소하였다. 현대카드는 유상증자 외에 7월에 3,000억원의 후순위사채를 발행하였다.

한편 롯데카드는 2002년 말 현재 자본금이 2,968억원이었으나 2003년 11월에 87% 감자하여 386억원으로 감소시킨 후 12월 1일 관계회사 롯데쇼핑의 카드사업 부문을 통합하면서 자본금이 총 3,782억원이 되었다.

이 밖에 신한카드는 유상증자나 후순위채권 발행은 실시하지 않고 주주인 신한금융지주회사로부터 8,500억원의 자금을 장기 차입하여 단기사채 상환에 충당하였다. 또 국민카드는 자본확충을 실시하지 않고 9월 30일 국민은행에 흡수합병 되었다.

감독규정의 개정

정부는 2001년 3월 여신전문금융업법을 개정하여 여신전문사도 금감위의 적기시정조치 등 규제를 받도록 한 바 있다. 이 법의 규정에 따라 금감위는 여신전문금융업 감독규정에서 여신전문사의 자본적정성, 자산건전성, 유동성 등에 관한 경영지도기준을 정하고, 이들 기준에 미달하는 회사에 적기시정조치를 하도록 하였다. 여기서 경영지도기준은 조정 자기자본비율[1] 7% 이상, 원화 유동성비율 100% 이상 등으로 정하여, 조정

1) 조정자기자본비율이란 조정총자산에 대한 조정자기자본의 비율을 말하며, 여기서 조정총자산은 총자산에서 현금, 담보약정이 없는 단기성예금, 만기 3개월 이내의 국공채 및 공제 항목을 차감한 금액으로 하고, 조정자기자본은 기본자본과 보완자본(기

자기자본비율이 7% 미만인 경우는 경영개선권고 대상으로 하고, 4% 미만과 1% 미만인 경우에는 각각 경영개선요구와 명령을 내리도록 하였다. 물론 경영실태평가 결과가 부실한 경우 및 거액의 금융사고나 부실채권이 발생한 경우에 대한 적기시정조치 기준도 마련하였다.

카드사의 방만한 경영으로 재무상태가 악화되자 금감위는 2003년 1월 감독규정을 개정하여 경영지도기준에서 조정 자기자본비율을 7% 이상에서 8% 이상으로 변경하고, 적기시정조치 기준에서 경영개선권고 대상을 조정 자기자본비율 8% 미만인 회사로, 경영개선요구와 경영개선명령 대상을 각각 조정 자기자본비율 6% 미만과 2% 미만인 회사로 강화하였으며, 또 연체비율이 10% 이상인 경우와 당기순손실이 발생한 경우에도 단계별로 조치 대상이 되도록 하였다.

이와 함께 대손충당금 설정 기준도 강화하였다. 회원에 대한 현금서비스 한도액이 과다하여 한도액의 75%보다 실제 사용액이 적은 경우 그 차액의 0.5%를 대손충당금으로 적립하도록 하였으며, 자산건정성 분류 단계별 대손충당금 적립비율도 상향 조정하였다. 또 연체채권을 다른 대출금으로 대환한 경우에 건전성 분류를 '요주의' 이하가 되도록 함으로써 대환을 통하여 건전성비율을 조정하는 사례를 방지하였다.

그러나 3월 17일자 대책 발표 이후에는 감독규정이 대체로 완화되는 추세를 보였다. 7월 16일에는 여신사감독업무 시행세칙을 개정하여 연체채권비율 산정시 장부상 자산 외에 유동화(ABS)자산을 포함한 '관리자산'을 대상으로 함으로써 유동화된 우량자산의 낮은 연체율이 반영되도록 하고, 조정자기자본비율 산정시에도 조정총자산에 유동화자산의 100분의 10을 포함시키도록 하였다.

한편 3월 17일자 대책에서는 카드사들의 현금대출업무 비중을 50% 이

본자본 범위 내에 한함)을 합한 금액에서 일정한 항목을 차감한 금액으로 한다.

내로 감축하는 일정을 2004년 말까지 연장한 바 있었으나, 9월 27일에는 그 준수 시한을 2007년까지로 다시 연장하였다. 또 10월 17일에는 감독규정을 개정하여 적기시정조치 부과 기준에서 연체채권비율과 당기순손실 발생 조항은 삭제하고, 실질 연체채권 목표비율을 경영실태평가 항목으로 편입하였다. 실질 연체채권은 1개월 이상 연체채권에 대환대출 채권을 합한 것으로서 카드사는 11월 말까지 금감원에 2006년 말(잠정)까지의 실질 연체채권 반기별 감축계획을 제출하고, 그 계획의 이행에 관한 약정을 체결하도록 하였다.

정부대책의 이행

4월 30일자 대책발표 이후 카드사와 은행, 증권, 보험, 투신사들은 이 대책을 이행하기 시작하였다.

카드사들은 자본확충계획을 확정하는 외에 영업수지 개선을 위한 자구대책을 수립하였다. 카드사별로 영업점포의 축소와 채권관리팀 강화, 임직원의 임금 동결 등을 통한 대내적 영업비용의 감축과 장기 무이자할부 폐지, 현금서비스 수수료 인상, 각종 부가서비스 축소 등 대고객 영업비용의 감축 계획을 수립하였다.

은행·증권·보험사들은 투신권이 보유한 카드채 매입을 위하여 5.6조원 규모의 카드채 전용 뮤추얼펀드를 조성하고, 4월 12일 투신사로부터 4.3조원 규모의 카드채를 매입하였다. 이 매입액은 4월 16일부터 6월 말까지 만기 도래하는 8.6조원의 절반으로 한 것이며, 매매가격(수익률)은 민간채권 평가회사 평가치의 평균가격인 연 6.3% 수준으로 하였다.

이 같은 지원에 힘입어 투신사들은 SK글로벌 분식회계 사태 이후 약 한 달간 중단되었던 MMF 등의 환매를 재개하였으며, 환매 재개시 우려했던 대량 환매사태는 발생하지 않아 사태가 일단락되었다.

그러나 시장에서의 카드채 거래는 여전히 위축되어 AA-등급 카드채의 수익률이 7.1~7.4%까지 오르고 거래는 한산하였다. 이는 기관투자가들이 카드채에 투자하는 경우 향후에도 계속적으로 만기연장해 주어야 하는 부담 때문이었다. 이에 금융감독원은 5월 2일 '지난 4월 3일 이후 신용카드사가 발행한 채권과 ABS(유동화증권)는 만기연장 대상에서 제외된다.' 는 방침을 밝혔다. 이와 함께 카드사들은 시장의 불안을 불식하기 위하여 증자 등을 통한 하반기 유동성확보 계획을 서둘러 내놓았다.

이후 카드사에 대한 시장의 불안이 점차 해소되어 5월 중 카드사는 1조 9,555억원의 ABS를 발행하여 4월의 6,500억원보다 2배 이상 증가시키고, 회사채도 7,245억원 발행하여 전월보다 10% 증가시킬 수 있었다. 또 카드사의 연체율은 5월 말 평균 11.7%까지 상승하였으나, 6월 말에는 평균 9.5%로 떨어졌다. 다만 이러한 연체율 하락에는 연체채권에 대한 대환대출 전환이 일부 요인으로 작용하기도 하였다.

3. 카드사 위기의 재연

2003년 3월과 4월 투신·카드사 불안에 대한 정부대책이 수립된 후 금융시장은 일단 안정세를 보였으나 9월 들어 불안이 다시 고조되었다. 신용카드사들은 회원들에 대한 카드론, 현금서비스 등 채권의 연체가 늘어나 유동성 부족이 심화되고, 대출채권의 부실화에 따른 대손처리가 급증하여 3/4분기까지 총 5.1조원 규모의 막대한 손실이 발생하였기 때문이다. 이는 2002년 3/4분기까지 카드업계에서 총 1.4조원의 순이익을 시현한 것과 비교할 때 큰 충격이 아닐 수 없었다.

2003년 9월 말 현재 겸영은행을 포함한 신용카드사의 카드발급 매수(개인)는 9,768만매로 전년 10,259만매에 비해 4.8% 감소되었고, 신용카드 이용 실적은 총 395.1조원으로 전년 동기 491.3조원 대비 19.6%나 감소되었다. 특히 판매대금 결제서비스는 6.3% 감소하는 데 그쳤으나 대출서비스는 27.4%나 급감하였다.

이 같은 여건 하에 8개 신용카드전업사의 총채권은 2002년 말 83.0조원에서 2003년 9월 말 63.4조원으로 23.6% 감소한 반면 연체채권(1개월 이상 연체, 관리자산 기준)은 49.5조원에서 71.2조원으로 43.8%나 급증하였으며, 이에 따라 연체채권비율은 전년 말 6.0%에서 11.2%로 급상승하였다. 여기서 2003년 9월 말 총채권 중에는 대환대출 채권이 15.3조원 포함되어 있어 전년 말 대비 3배 가까운 규모로 증가하였는데, 이 가운데는 상환능력이 개선되지 아니한 사실상의 부실채권이 상당 부분 포함되어 있을 것으로 추정되었다.

이 같은 연체율 상승으로 카드사의 자산(채권)이 부실화됨에 따라 대손상각 비용의 증가가 불가피해지고, 여기에 영업규모 축소에 따른 영업수익 감소로 8개 전업카드사에는 3/4분기까지 총 4.1조원의 순손실이 발생하였다. 업체별로는 비씨카드를 제외한 7개 카드사가 모두 순손실을 냈으며, 삼성, LG카드가 각각 1조원 규모, 우리, 현대, 외환카드가 각각 8,900억원, 6,100억원, 4,100억원의 손실을 기록하였다. 다만 자본적정성을 나타내는 조정자기자본비율은 업계 평균 12.8%로서 2002년 말 13.0%의 수준을 유지하였다. 대규모의 순손실 발생에도 불구하고 자기자본비율이 유지된 것은 LG, 삼성, 외환, 우리, 현대 등 카드사들이 자본확충을 실시한 결과이다.

카드사별 당기순이익 추이

(각년도 1월~9월 기간 중) (단위: 십억원)

구 분	비씨	LG	삼성	외환	현대	롯데	우리	신한	합 계
2002	37	547	509	−20	−64	−30	90	4	1,071
2003	9	−1,017	−1,033	−411	−610	−87	−890	−106	−4,145

[자료] 금감위, 2003년 3분기 신용카드사 영업실적, 2003. 12. 2

금융시장의 불안

카드사들의 대규모 손실이 알려지면서 상장회사인 LG카드의 주가는 8월 말 21,050원에서 9월 말 18,000원으로, 외환카드의 주가는 같은 기간 8,300원에서 8,010원으로 하락하였다. 또 카드산업의 불안은 카드채를 보유하고 있는 증권, 투신사로 확산되어 증권업 주가지수가 8월 평균 1,289.86에서 9월 평균 1,019.20으로 하락하였고, 동시에 은행주 지수는 같은 기간 163.25에서 146.04로, 보험주 지수는 4,784.23에서 4,557.68로 각각 하락하였다.

이에 따라 카드사들은 회사채 차환발행 등 자금조달이 어려워지면서 유동성 부족이 심화되었으며, 11월 21일에는 마침내 LG카드의 현금서비스 중단 사태까지 발생하였다. LG카드의 경우는 그동안 채권단과 협의하여 2조원의 자금지원을 약속받은 상태였으나 자금지원 조건에 대한 합의가 지연되어 심각한 자금난에 처하게 되었던 것이다.

LG카드는 카드발급매수 26,000여명 총채권 26.3조원을 보유한 국내 최대의 카드사로서 실제 이용회원 1,400만명 중 매월 200만명 정도가 일평균 400억원(주말) 내지 1,000억원(평일)의 현금서비스를 이용하였고, 특히 결제일인 25일 이후에는 하루 이용액이 2~3,000억원에 달하고 있었다.[1] 따라서 LG카드의 현금서비스 중단 사태가 계속될 경우, 소비자들의 불편은 물론, 현금서비스 돌려막기로 연체를 모면해 온 회원들의 무더기 연체 사태가 우려되었다. 이에 LG그룹과 채권은행단은 자금지원에 대한 협상을 서둘러 마무리하고 대출계약을 체결함으로써 LG카드는 11월 24일부터 현금서비스를 재개할 수 있었다.

이 같은 사태는 외환카드에서도 발생하였다. 외환카드도 자금부족으로

1) 현대경제신문 2003. 11. 23.

11월 18일 일부 고객에 대한 현금서비스를 일시 중단한 데 이어 12월 22일에도 실이용회원 250만명 중 최우량고객 24만명을 제외한 나머지 고객에게 현금서비스를 중단하였다. 이 중단 조치는 모은행인 외환은행의 우회적 지원을 받아 다음날인 23일 오후 늦게 재개되었다.

양 카드사의 금융불안은 곧 증시에 반영되어 LG카드의 주가는 10월 말 12,050원에서 11월 말 6,300원, 12월 말 3,045원으로 폭락하였고, 외환카드의 주가는 같은 기간 6,690원에서 3,270원, 3,220원으로 하락하였다.

LG카드 사태는 또한 투신사 영업에도 타격을 주었다. 투신사의 수신은 SK글로벌 사건이 발생했던 3월에 24.7조원의 대규모 자금이탈 이후 점차 안정을 찾았으나 LG카드 사태가 돌출된 11월에는 다시 MMF환매 등으로 12.7조원, 12월에는 4.7조원을 순상환하였다.

LG카드에 대한 처리대책

자금난이 가장 심각했던 LG카드는 당초 기존 주주의 유상증자 등을 통하여 1조원, 외부기관의 투자 1조원 등 2조원의 자금을 조달하기로 하고, 이를 전제로 채권은행으로부터 2조원의 자금지원을 약속받았다. 그러나 카드사 주가의 계속적인 하락으로 유상증자 규모가 축소되고, 외부기관 투자유치도 GE캐피탈로부터 5억 달러의 자금을 차입하는 데 그쳤다.

11월에 채권은행들은 LG그룹 회장 보유 주식의 담보제공을 조건으로 2조원의 자금을 지원하고 LG카드의 매각을 추진하였다. 그러나 자산실사 결과 손실 규모가 예상보다 과다하다는 것이 밝혀져 매각이 어렵게 되자 먼저 채권의 출자전환을 통하여 경영을 정상화시킨 후 매각하기로 하고, 매각기간 동안 채권은행이 공동으로 관리하기로 결정하였다. 이 결정에 따라 LG카드는 2004년 2월 6일 채권은행을 대표한 산업은행 관리 하에 들어갔다.

산업은행 관리 후 LG카드사 구조조정과 매각과정에 대하여는 뒤에 설명하기로 한다.

제3절 신용불량자 지원대책

2003년 중 금융기관의 가계신용 잔액은 전체적으로는 별로 늘지 않았다. 그러나 금융권별로는 신용카드사의 대출과 판매신용이 크게 줄고, 그 대신 은행과 신협, 새마을금고 등 신용협동기구의 대출이 늘어나 이를 흡수하였다. 그리고 신용카드 관련 여신에 연체가 늘어나면서 신용불량자(신불자) 수가 2002년 말 289만명에서 2003년 말에는 372만명으로 급격히 증가하였다.

이에 정부는 신불자의 신규발생을 최소화하고, 이미 신용불량자가 된 사람들의 신용을 회복시켜 주기 위하여 금융기관으로 하여금 자체적으로, 또는 금융기관 공동으로 신용불량자의 채무상환을 지원하는 프로그램을 수립하도록 유도하였다.

1. 가계여신과 신용불량자 증가 확대

2003년 중 가계여신은 439.1조원에서 447.6조원으로 평균 1.9% 증가하는데 그쳤으나 여신 형태와 금융권별로는 큰 차이가 있었다. 가계대출 잔액은 420.9조원으로서 전년 말 대비 7.6% 증가하였는데, 이 중 은행권 대출은 주택담보대출을 중심으로 14.3% 증가하였고, 신용협동조합·새마을금고·상호금융 등 신용협동기구의 여신이 28.8% 증가하였다. 반면 신용카드회사의 대출과 판매신용은 2003년 중 카드사 위기를 겪으면서 각각 34.7%와 44.5% 감소하였다.

가계신용 잔액 추이

(단위: 조원, %)

	2002년	2003년				증감율
	연말(A)	3월말	6월말	9월말	연말(B)	(B/A)
가계신용잔액	439.1	439.3	439.1	439.9	447.6	1.9
가계대출잔액	391.1	396.8	402.6	409.6	420.9	7.6
(은행)	222.0	227.0	236.7	245.6	253.8	14.3
(신용카드사)	46.9	43.7	36.0	31.2	30.5	−35.0
(신용협동기구)	45.7	48.0	51.5	56.4	58.9	28.8
판매신용	47.9	42.5	36.5	30.4	26.6	−44.5

[주] 신용협동기구: 신용협동조합, 새마을금고, 상호금융
[자료] 2003년중 가계신용동향, 한국은행

이와 같이 가계여신의 규모는 크게 늘지 않았으나 가계여신의 연체율은 높아지고, 이로 인하여 신불자 수도 증가하였다. 금융권별로 은행의 경우는 가계대출 연체율이 2002년 말 1.5%에서 2003년 중 2.3%까지 상승하였다가 연말에는 1.8%로 감소하였으나, 신용카드사의 경우는 2002년 말 6.6%에서 2003년 말 14.1%로 2배 이상으로 상승하였다.

이에 따라 신불자 수 역시 2002년 말 264만 명에서 2003년 말 372만 명으로 급증하였다. 이 중 신용카드만 관련된 채무자가 58만 명에서 76만 명으로 31.2% 늘어나고, 신용카드와 은행대출 및 기타 채무에 중복적으로 연체된 자가 92만 명에서 164만 명으로 78.7% 증가하여 신용카드 관련 신불자는 모두 150만 명에서 240만 명으로 60%가 늘어났다. 한편 신용카드와는 관련 없이 은행대출 및 기타 채무만 연체된 자는 114만 명

에서 132만 명으로 15.9% 증가에 그쳤다.

가계여신과 연체율 및 신불자 수의 변동 추이를 종합해 보면 신용카드사의 경우는 2003년 들어 신용카드 발급과 현금서비스 등 대출을 제한한 결과 여신 규모가 크게 축소되었으나 그 결과 연체율과 신불자 수가 크게 증가하였고, 관련 채무자의 대출수요를 신협·새마을금고 등 타 금융기관에서 흡수하였음을 알 수 있다.

가계여신 연체율 및 신용불량자 증가 추이

(단위: %, 천명)

	2002	2003				증감율
	연말(A)	3월말	6월말	9월말	연말(B)	(B/A)
연체율						
(은행가계대출)	1.5	2.1	2.0	2.3	1.8	0.3
(은행카드채권)	11.8	15.2	15.0	13.4	10.5	-1.3
(신용카드사)	6.6	9.4	9.6	12.0	14.1	7.5
신용불량자수	2,636	2,957	3,225	3,502	3,720	41.1
(신용카드채무자)	580	658	689	732	761	31.2
(카드 · 은행 · 기타 중복)	915	1,108	1,296	1,473	1,636	78.7
(은행대출+기타)	1,141	1,190	1,240	1,298	1,323	15.9
(카드관련자 비중, %)	(56.7)	(59.7)	(61.5)	(62.9)	(64.4)	(7.7)

[주] 카드관련자 비중은 전체신용불량자에 대한 신용카드채무자+카드 · 은행 · 기타 중복자의 비중

[자료] 한국은행 경제통계시스템, 전국은행연합회(재인용)

신용불량자의 분포1)

신불자 수를 연령별로 살펴보면 2003년 말 현재 40대 이상이 185만 명으로 전년 말 대비 33.9% 증가한 데 비해 20대와 30대는 각각 73만 명과 113만 명으로 전년 말 대비 50.0%와 49.3% 증가하였다. 또 전체

1) 한국금융연구원, 신용불량자 급증의 원인과 대책, 2004. 4 참고

신불자수에 대한 40대 이상의 비중이 전체의 52.4%로 절반을 상회하였으나 2003년 말 현재에는 30대 이하의 비중이 높아졌다. 이와 같이 20대 및 30대 신불자가 상대적으로 더 크게 증가한 것은 2003년 중 경기둔화로 청년층 취업자수가 감소한 데다 금융기관들이 위험관리를 위해 신용대출한도를 축소한 데 기인한 것으로 보인다.

신용불량자 구성 변동 추이

(단위: 천명, %)

	2002 연말		2003 연말		신불자수 증가율
	신불자수	구성비	신불자수	구성비	
전체	2,636	100.0	3,720	100.0	41.1
20세 미만	7	0.3	4	0.1	-42.9
20대	488	18.5	732	19.7	50.0
30대	759	28.8	1,133	30.5	49.3
40대 이상	1,382	52.4	1,851	49.7	33.9
단일채무자	1,127	42.8	1,372	36.9	21.7
다중채무자	1,509	57.2	2,348	63.1	55.6
1,000만원 미만	1,343	50.9	1,764	47.4	31.3
1,000만원 이상	1,293	49.1	1,956	52.6	51.3

[자료] 한국금융연구원, 신용불량자 급증의 원인과 대책, 2004. 4

한편 2003년 말 현재 신불자 중 1개 금융기관에만 연체하고 있는 단일채무자가 137만 명으로 전년 말 대비 21.7% 증가한 데 비해 2개 이상 금융기관에 연체하고 있는 다중채무자는 235만 명으로 전년 대비 55.6% 증가하였다. 이는 2002년 중 단일채무자였던 사람이 2003년 중 거래 금융기관에서 리스크관리를 강화함에 따라 다른 금융기관에서도 자금을 융통하였기 때문인 것으로 분석된다.

다중채무자 중 2개 금융기관에 중복된 신불자는 67만 명으로 전체 수의 18.1%에 불과하고 나머지는 3개 이상 금융기관에 중복적으로 연체하였으며, 11개 이상 금융기관에 걸친 경우도 9.7%를 차지하였다. 또 신용카드 관련자 중에서는 2개 신용카드사로부터 현금서비스를 받은 신불자가 28.9%, 3개 카드사의 경우는 19.5%, 4개 이상의 경우가 22.7%에 달하고 있다.

또 금액별로는 2003년 말 현재 연체채무 1,000만원 미만의 채무자가 176만 명으로 구성비가 전년 말보다 다소 낮아지기는 하였으나 1년 사이에 42만 명이나 늘었고 여전히 절반에 가까운 비중을 차지하고 있음을 알 수 있다.

신용불량자 지원의 필요성

언급한 바와 같이, 신불자의 증가는 신불자 개인의 경제활동을 제약하는 데 그치지 않고 사회적으로도 많은 문제를 일으킨다. 빚 독촉에 시달리면서 직장이나 사업장에서 근로의욕을 잃게 되고, 정신적 육체적 고통을 겪거나 자살을 하는 등 가정파탄에 이르는 사례가 적지 않다. 또 일부 신불자들은 빚을 갚기 위해 횡령, 사기, 강도 등 범죄를 저질러 사회문제가 되기도 한다.

또 금융산업의 입장에서 보면 대출금이나 신용카드대금의 상환이 장기간 연체되면 해당 금융기관들의 유동성이 저하되고, 대손처리로 인한 손실이 불가피하게 된다. 또, 다른 고객에 대한 신규대출이나 신용카드 발급을 축소하게 됨으로써 개인소비가 위축되고, 결과적으로 경제성장을 저해하는 요인이 되기도 한다. 따라서 채권금융기관들과 정부로서는 이들에 대한 특단의 대책을 수립하지 않을 수 없다.

정부는 2002년 하반기부터 신용불량자들의 채무상환 조건을 완화해주고 채무자가 이를 성실하게 상환하게 함으로써 신용을 회복할 수 있도록 지원하는 새로운 제도를 도입하고, 화의법 등 기존의 회생제도를 개선하였다.

재무상태가 악화된 기업 중 회생가능성이 있는 기업에 대하여 채무조정 등 기업개선작업을 실시함으로써 경영을 정상화할 수 있도록 지원해주고 있는 것과 마찬가지로, 개인 채무자에 대하여도 장래에 일정한 수입이 기대되고 채무상환의 의지가 있는 경우 파산절차를 적용하지 않고 상환기간 연장, 이자율 조정 등 채무조건을 완화해 줌으로써 사회인으로서 정상적인 경제활동을 할 수 있도록 지원할 필요가 있다.

2. 채권금융기관에 의한 채무조정

기업의 채무를 조정하여 경영정상화를 지원하는 방법으로서 법원의 결정에 의해 채권자의 권리를 변경시키는 절차(회사정리절차, 화의, 파산)와 채권금융기관과 채무자간의 자율적 협의에 의한 절차(기업개선작업)가 있다. 이와 마찬가지로 개인 채무자에 대하여도 법원의 결정에 의한 절차와 함께 채권·채무자 간의 협의에 의한 절차가 있을 수 있다. 여기서 법원의 결정에 의한 절차는 뒤에서 설명하기로 하고, 채권금융기관에 의한 지원절차에 대하여 먼저 살펴보기로 한다.

신용불량자가 급격히 증가하자 정부는 2002년 5월 27일 모든 금융회사에 대하여 연체고객을 대상으로 하는 자체 신용회복 지원절차를 마련하도록 하였다. 이를 제도적으로 뒷받침하기 위하여 7월 4일 신용정보업감독규정 개정시 개인대출을 취급하는 금융회사는 자체 신용회복 지원절차를 내부규정으로 두도록 의무화하였다. 이로써 우리나라에 개인에 대한 사적 채무조정제도가 공식적으로 도입되었다.

이어 7월 16일에는 '개인신용회복 지원제도'를 도입하여 금융기관들이 다중 채무자의 신용회복을 공동으로 지원함과 동시에 불건전채권 회수를 활성화하여 금융기관의 자산건전성을 제고할 수 있도록 하였다. 이 방안에 따라 9월 30일 신용회복지원위원회가 발족하였으며, 그 후 다중채무자의 부실채권을 집중시켜 일괄적으로 채무조정하여 분할상환금을 회수하는 상록수프로그램, 한마음금융, 희망모아프로그램 등의 기구가 잇달아 설치되었다.

(1) 단일채무자에 대한 지원

전술한 바와 같이 2002년 말 현재 전체 신용불량자 중 단일 금융회사에만 연체채무가 있는 채무자가 113만 명으로 전체 신불자의 42.8%를 차지하고 있어 개별 금융기관의 지원노력 여하에 따라서는 많은 채무자가 신용불량 상태를 면할 수 있는 상황이었다.

이에 정부는 2002년 7월 각 금융기관으로 하여금 개인채무자에 대한 신용회복 지원절차를 제정하도록 의무화한 바 있다. 그리고 금융기관들이 신불자의 신용회복을 적극적으로 지원하도록 유도하기 위하여 금융감독원의 경영실태 평가시 금융기관 자체의 개인신용회복 지원(개인워크아웃 등) 실태를 반영하기로 하였다.

자산관리공사의 지원제도

자산관리공사는 부실채권정리 전문기관으로서 1997년 11월 이후 약 16조원의 개인 부실채권을 인수·정리하였다. 그런데 공사가 인수한 부실채권은 대부분 연체기간이 1년이 넘는 상각채권이어서 그 회수가 매우 어려운 상태였다. 이에 공사는 상환능력도 없는 채무자에게 채무를 원래 조건대로 변제하도록 압박하기보다는 변제조건을 적절히 조정해 주고, 그 대신 조정된 채무는 성실하게 변제하도록 하는 것이 바람직하다고 판단하였다. 따라서 1998년 4월 '무담보채권 채무조정 규정'을 제정하여 개인

워크아웃 제도를 도입하였다.

위 규정을 통하여 공사는 채무자와 그 보증인에게 아무 재산이 없는 경우 인수 당시 채권액의 70%만 상환하도록 하고 나머지 채무는 면제하는 것으로 하였다. 따라서 공사가 채권을 인수한 이후의 경과이자는 자동 면제되도록 하였다. 또 감면된 채무액(채무부담액)에 대하여 채무자 본인은 연대보증인 등과 공동으로 전액 변제하여야 하나 연대보증인의 경우는 채무 부담액을 채무자와 보증인 수로 안분한 금액만 변제하도록 하였다. (어음채무는 제외)

한편 채무자나 보증인이 재산을 보유하고 있는 경우에는 그 재산의 가액을 평가하여 회수가능액을 산정하고, 회수가능액이 인수 채권액에 미달하는 부분에 대하여만 30%를 감면하였다.

(2) 신용회복위원회

다중 채무자의 경우 한 금융기관이 채무조정을 해 주더라도 다른 금융기관이 채권회수 조치를 취하게 되면 채무조정의 효과를 기대하기 어렵게 된다. 따라서 금융감독원은 2002년 7월 개인 채무자에 대한 금융기관 공동의 채무조정제도를 도입하였으며, 이에 따라 9월 30일 이 제도를 시행할 신용회복지원위원회(이하 위원회)가 출범하였고, 국내 금융기관들은 위원회의 업무를 운영할 신용회복지원 협약을 체결하였다.

이 협약에는 은행·보험회사·상호저축은행·신용카드회사·자산관리공사 등 160여개의 기관이 참여하였다. 위원회는 출범 다음 해인 2003년 11월 1일 사단법인으로 개편되면서 신용회복위원회로 명칭을 변경하였다.

위원회의 지원 대상은 협약가입 금융기관에 총 3억원 이하의 채무가 있는 다중채무자로서 최저생계비[1] 이상의 수입이 있는 자로 하였다. 다

---

1) 최저생계비란 국민이 건강하고 문화적으로 생활하기 위한 최소비용으로서 국민 기초

만 협약 가입 금융기관 외의 채권자에 대한 채무 합계액이 총채무액의 20% 이상이거나, 조세 체납액이 금융기관 총 채무액의 30% 이상인 자는 위원회의 지원만으로는 실효가 없으므로 제외하였고, 신용불량 사유 발생일 전 5개월간의 대출액이 총채무액의 30% 이상인 자는 도덕적 해이의 우려가 있어 제외하였다. 이 밖에 금융질서 문란자로 등록되어 있거나, 대출자금을 도박, 투기 등 부적절한 용도에 사용한 자 등도 지원대상에서 제외하였다.

그러나 이 같은 신청자격 조건이 지나치게 까다롭고 불편하다는 지적이 있어 2003년 6월에는 자격조건을 일부 완화하였다. 즉, 최저생계비 이상의 소득이 없더라도 소득의 부족이 일시적이거나, 소득이 있는 배우자 또는 직계존비속이 채무를 인수하기로 한 경우를 지원 대상에 포함시킨 것이다.

신용회복지원 절차

신용회복지원을 받고자 하는 채무자는 신용회복지원 신청서에 채무상환 계획과 함께 부채 목록, 월 수입지출 내역, 소득증명서류, 소유부동산의 등기부등본, 자동차등록증 사본 등을 첨부하여 위원회에 제출하도록 하였다. 신청서가 접수되면 위원회는 이를 채권금융기관에 통지하여 채무 관련 사실과 상환계획에 관한 의견을 제출하게 하며, 이 통지를 받은 금융기관들은 이후 채무자 또는 그 보증인에 대한 채권행사나 담보권행사를 할 수 없게 된다.

채권금융기관으로부터 의견이 제출되면 위원회는 지원 방법(채무변제계획안)을 수립하여 채권금융기관들의 동의 여부를 묻는다. 이때 무담보

생활 보장법에 의거 보건복지부장관이 매년 고시한다. 2003년 4인가족의 경우 1,019천원이다

채권에 대하여는 채권액 과반수의 동의, 담보채권에 대하여는 채권액 2/3 이상의 동의가 있으면 채무변제계획이 가결된다. 가결된 내용에 따라 위원회와 채무자는 채무조정합의서를 체결하고 그 이행에 들어간다. 이 채무변제 계획안이 부결되면 1회에 한하여 안을 수정하고 재심의 한다.

위원회는 2003년 6월에 약식 신용회복지원(약식 개인워크아웃) 제도를 도입하였다. 이 제도는 지원대상 채무자의 총채무액의 50% 이상을 보유한 금융기관들이 채무조정안을 마련하여 위원회에 제출하면 다른 금융기관들은 그 안을 그대로 수용하는 방식으로서 당시 회사정리법에 의한 사전준비제도와 유사하다. 약식 지원의 대상이 되는 채권은 총채무액 1억원 이하인 채무자의 무담보채권으로서 연체기간이 3개월 이상인 채무로 하였다.

채무조정 방법으로는 상환기간 연장(8년 이내), 분할상환, 이자율 조정, 변제기일 유예, 채무감면 등이 적용된다. 채무감면은 채무자의 재산상태를 감안하여 총채무액의 1/3범위 내에서 허용되며, 특히 원금의 감면은 상각채권(償却債權: 회수가능성이 없다고 보고 전액 대손상각한 채권)인 경우에 한하여 가능하다.

신용회복지원이 확정되면 신용불량정보는 해제되고, 신용회복지원내용이 별도로 관리된다. 그러나 분할상환금을 3회 이상 납부하지 않은 경우에는 신용회복지원을 취소하고 원래의 채무조건으로 환원된다.

위원회는 설립 이래 2006년 12월 말까지 629,931명으로부터 채무조정 신청을 받아 이 중 599,114명에 대해 채무조정을 완료하였다. 위원회는 신용불량자에 대한 채무조정 업무 외에 신용회복지원이 확정된 사람에 대한 신용관리교육과 취업알선을 실시하였다.[1)]

---

1) 이상 신용회복위원회, 2006년 신용회복위원회 활동실적, 2007. 1. 18.

(3) 상록수프로그램 (공동채권추심기구)

한국산업은행과 LG투자증권(주)은 2003년 10월 다중채무자들의 채권을 한 곳(SPC)에 집중시켜 공동으로 추심하고, 적격 채무자에 대하여는 신용회복지원을 주선하는 '다중채무자 공동채권추심 프로그램'을 시행하였다. 이 프로그램에는 5개 은행과 5개 신용카드회사 등 10개 금융기관이 참여하였는데, 이들 금융기관들은 보유하고 있는 개인 부실채권 중 채권액 3,000만원 이하, 연체기간 48개월 이내의 채권을 상록수 제1차유동화전문회사(SPC)에 이전시키고 신용정보회사로 하여금 이 자산을 관리(추심, 채무조정, 상환금수납)하도록 하였다.

상록수 SPC에는 채무자수 약 86만 명, 채권액 약 5.2조원의 채권이 이전되었다. 이들 채무자 중 신용회복위원회의 지원 대상이 되는 채무자는 본인 또는 자산관리자가 신청하여 채무조정 지원을 받도록 하였고, 특히 신용회복지원 협약에 가입한 금융기관 총채무액이 1억원 이하이고, 상록수 SPC에 이전된 채무액이 총채무액의 50%가 넘는 채무자들에 대하여는 약식 개인워크아웃 절차를 적용받도록 하였다.

이 프로그램에서는 신용회복위원회에 약식 지원절차를 신청하는 외에 자체적인 지원도 실시하였다. 자체 지원은 신용불량 유무나 소득 유무에 관련 없이 상록수 SPC에 이전된 모든 채무를 대상으로 하였으나, 다만 신용회복위원회로부터 채무조정을 받아 상환 중에 있는 채무는 제외하였다. 또 채무조정이 상록수 SPC에 이전된 채무에 한하여 이루어지므로 다른 금융기관에 대한 채무에는 영향이 미치지 않는 것이다.

자체지원의 방법은 연체이자는 전액 감면하고 원금은 채무자의 상환능력을 고려하여 감면 여부를 결정하며, 조정된 채무액은 최초에 3%를 선납하고 나머지 금액은 최장 8년까지 분할상환할 수 있게 하는 것이다. 이

때 잔여 채무액을 3년 이내에 상환하는 경우에는 무이자로, 3년 이상이 되는 경우에는 6%의 이자를 납부하도록 하였다.

이 프로그램에서도 채무자가 선납금을 납부하면 신용불량정보를 해제하는 것으로 하였다.

3. 배드뱅크를 통한 지원

신용회복위원회의 경우 신용불량자 중 일정 수준 이상의 소득이 있는 채무자만 지원이 가능하고, 상록수프로그램의 경우는 이 프로그램에 참여하는 10개 금융기관의 채무에 한하여 채무조정이 가능하다. 따라서 소득이 없는 채무자나 위 10개 기관 이외에 채무가 많은 채무자의 경우에는 지원을 받을 수 있는 시스템이 마련되어 있지 않았다.

이러한 상황에서 2003년 중 신용불량자 수가 큰 폭으로 증가하자 정부(재경부)는 2004년 3월 10일 새로운 '신용불량자 현황 및 대응방안'을 발표하였다. 이 방안 역시 일시에 빚을 갚기 어려운 신용불량자들이 시간을 두고 채무상환을 할 수 있도록 지원하는 것을 기본 방침으로 하여 기존의 신용회복위원회나 개인채무 공동추심 프로그램의 업무를 활성화하는 한편, 자산관리공사와 은행, 신용카드사, 상호저축은행 등 개인채권 보유 금융회사들이 신용불량자들의 빚을 한군데로 모아 처리하는 배드뱅크(bad bank)를 설립하는 것을 주요 내용으로 하였다.

(1) 신용불량자 현황 및 대응방향 (2004. 3. 10)

3월 10일자 대책 중 신불자문제 해결방안은 대체로 다음과 같다.

우선 1개 금융기관에 채무가 있는 단기 소액 신용불량자는 각 금융기관이 만기연장, 일자리 알선 등을 통하여 성실하게 채무를 상환하도록 유도하고, 여러 금융기관에 채무가 있는 신용불량자는 신용회복위원회를 통한 개인워크아웃과 공동추심 프로그램을 활성화한다. 특히 신용회복위원회는 2004년 중 20만 명의 신불자 감축을 목표로 하며, 이를 위하여 현재 188개인 참여 금융기관을 지속적으로 확대하고, 지방사무소를 추가로 설치하며, 채무자가 일정 기간 성실하게 채무를 상환하는 경우 인센티브(금리인하 및 원리금 일부 감면)를 제공하도록 한다.

정부는 금융기관의 개인 채무를 한 곳에 집중하여 채무재조정과 추심을 공동으로 진행함으로써 신용회복지원의 실효성을 높일 수 있는 배드뱅크의 설립을 지원한다. 배드뱅크는 금융기관들의 개인채권을 인수하여 이를 장기 분할상환하게 하는 업무를 전문적으로 취급하는 기관으로서 채권금융기관들이 공동으로 설립하도록 한다.

채무상환능력이 상실되어 준 파산상태에 있는 사람들 가운데 신용회복위원회나 공동추심 프로그램, 또는 배드뱅크에 의한 방법으로도 해결되기 어려운 경우에는 개인회생제도나 개인파산제도와 같은 법적 절차를 통하여 신속하게 처리하도록 유도한다.

정부는 이와 함께 신용불량자 등록제도를 개편하여 5월부터는 금융거래나 상거래와 관계없는 조세 체납자 145,000명과 휴대폰 등 통신요금 연체로 등록된 185,000명을 신용불량자 명단에서 제외하기로 하였다. 또 20~30대 청년 신용불량자들이 일을 하면서 채무를 상환할 수 있도록 각 금융기관과 신용회복위원회가 일자리를 알선하고, 소액 연체자에 대하여는 신용불량정보 제공을 일정 기간 유예하기로 하였다.

(2) 한마음금융㈜ (Bad Bank)

정부의 배드뱅크 설립 방안 발표를 계기로 자산관리공사를 비롯한 은행·신용카드사·할부금융사·저축은행 등 620여개의 금융기관들은 '배드뱅크 설립·운영에 관한 채권금융기관 협약(배드뱅크 협약)'을 체결하고, 5월 20일 한마음금융㈜라는 이름의 배드뱅크를 출범시켰다.

한마음금융의 주업무는 지원대상 채무자에게 장기·저리로 신규대출을 해주어 채권금융기관에 대한 기존의 대출금을 상환하게 하고, 이 대출금을 장기간에 걸쳐 회수하며, 대출금을 상환받은 금융기관은 대상 채무자에게 대한 신용불량정보 등록을 해제해 줌으로써 채무자의 신용회복을 지원하는 일이다. 한마음금융 업무에 있어서는 이와 같이 신용불량자에게 기존 채무의 상환자금을 대출해 주는 일이 선행되어야 하므로 이 기구는 배드뱅크로서 여신기능을 갖추어야 했다. 따라서 한마음금융은 5월 14일 대부업법에 의한 대부업자로 등록하고, 그 실제적인 업무는 자산관리공사가 수행하도록 하였다.

업무구조

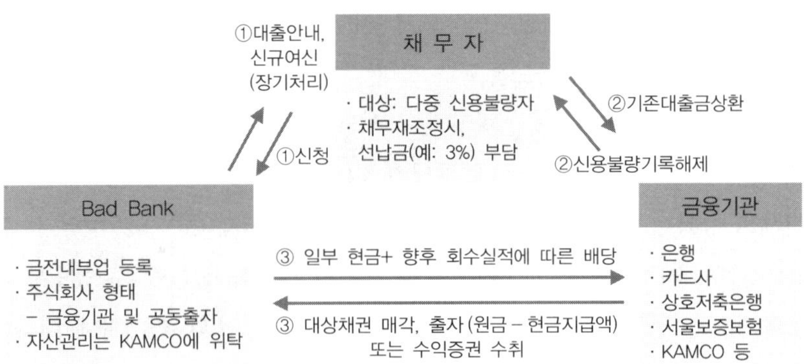

[자료] 자산관리공사

한마음금융의 설립 및 운영 구조는 다음과 같다.

먼저 협약가입 금융기관과 자산관리공사는 공동출자하여 배드뱅크

'한마음금융' 을 설립한다. '한마음금융' 은 주식회사로 설립하고 대부업법에 의한 대부업 허가를 받는다. 이는 한마음금융(이하 회사)가 앞으로 채무자에게 채무상환 자금을 대부해 주고, 그 원리금을 수납하는 업무를 수행하여야 하기 때문이다.

지원대상은 2004년 3월 10일 현재 등록된 신용불량자에 한한다. 지원을 희망하는 채무자는 회사에 채무상환자금의 대출을 신청하고, 회사는 심사를 거쳐 지원 여부를 결정한다. 지원대상으로 결정된 채무자에 대하여는 채무액의 3%를 납부받고, 이 선납금과 잔여 채무액을 채무자에게 대출하되, 대출금은 채무자에게 지급하지 않고 직접 채권금융기관에 지급하여 기존 채무를 변제한다. 회사가 채무를 대위변제함에 있어서는 기존 채무액 중 일정 금액은 현금으로 지급(현금지급액)하고 나머지 금액은 증권을 발행하여 교부한다. 현금지급액은 인수하는 채권의 회수가능액을 채무자별로 추정하여 산정하며, 향후 이 금액 이상으로 회수된 금액은 교부된 증권에 대한 배당형식으로 지급한다.

회사가 채무자의 채무를 변제함과 동시에 금융기관은 관련 채권을 회사에 양도하며, 이후 회사는 이 채권을 관리 · 추심한다.

한편, 한마음금융은 채무자에 대한 대부, 채권의 추심 등 업무를 수행하는 대가로 채권회수액의 일정 비율을 수수료로 받게 된다.

지원방법 및 성과

한마음금융 역시 다중채무자를 대상으로 하되 배드뱅크 협약에 가입한 금융기관으로서 2곳 이상의 기관에 총 5,000만원(원금기준) 미만의 채무가 있고, 그 중 2건 이상이 3개월 이상, 1건 이상이 6개월 이상 연체 상태에 있는 경우에 한하도록 하였다. 여기서 총채무액과 연체 기간은 2004년 3월 10일 현재의 상태를 기준으로 하기 때문에 그 이후에 채무가 연체된 경우에는 해당되지 않도록 하였으며, 이 요건에 해당되는 채무자는 소득이나 재산의 유무에 관계없이 지원 대상이 되도록 하였다.

한마음금융의 지원을 받고자 하는 채무자는 우선 총채무액 원금에 해당하는 금액을 대부 신청하여 대부약정을 체결하고, 대부액의 3% 또는 6%를 선납금으로 납부하도록 하였다. 한마음금융은 이 대부금으로 채권금융기관에 대한 채무를 대신 상환해 주며, 채무를 상환받은 금융기관은 그동안 연체되었던 이자를 모두 감면해 주고 채무자의 신용불량정보를 해제하게 된다.

한마음금융의 대부 이자율은 연 6%이고, 대부 기간은 8년 이내에서 자유롭게 선택할 수 있도록 하였으며, 선납금으로 대부액의 3%를 납부한 경우에는 거치기간 없이 매월 균등분할 상환하게 하고, 6%를 납부한 사람은 1년 거치 후 매월 체증식으로 분할상환하도록 하였다. 또 한마음금융으로부터 대부를 받은 채무자가 월 상환금을 정상적으로 모두 납부한 경우에는 원금 이외의 이자는 전액 면제하나, 상환을 연체하는 경우에는 연체기간에 대하여 고율의 연체료를 부과하고, 3개월 이상 연체할 경우에는 분할납부 및 이자감면 혜택을 모두 취소함과 동시에 신용불량자로 다시 등록하도록 하였다.

한마음금융에 대한 채무자의 채무조정 및 대부 신청은 당초 2004년 8월 21일까지로 한정하였다가 이를 3개월 연장하여 11월 21일 마감하였다. 이 기간 중 대부 및 채무조정이 승인된 건수는 212,400여건, 금액은 2조 3,700여억원이었으며, 이중 승인 취소분을 제외한 실제 대부건수는 약 184,000건, 채무자수는 약 174,000명, 대상 채권액은 2조 45억원 수준이었다.

실제 대부 채권액 중 2006년 12월 말 현재 회수액은 총 4,668억원(선납금 포함)이며, 이 중 분할상환금 납부액은 4,083억원으로서 상환계획

(5,995억원) 대비 약 68%의 회수율을 보였다. 채무자 중 3개월 이상 연체되어 기한의 이익을 상실한 건수는 90,000여건으로 대부 건수의 49%에 달하였다. 그러나 한마음금융은 2005년 3월부터 이들 채무자에게 기한의 이익 부활 제도를 실시하여 2006년 말 현재 20,000여건이 기한의 이익을 회복함으로써 상실률은 37.8%로 감소하였다.[1]

(3) 희망모아 프로그램

이후 정부는 개별금융기관, 배드뱅크, 신용회복위원회 등 각종 신용회복지원 프로그램의 활성화를 유도하는 한편, 사회적 낙인으로 인식되고 있는 신용불량자 등록제도를 2004년 말 폐지하고(2005.4.28 시행), 기타 취업 알선, 불법 추심행위 방지, 개인신용평가회사(CB) 설립 지원 등 신용 인프라 확충에 주력하였다.

이러한 다양한 프로그램의 실시로 2004년 중에는 97만 명의 채무자가 신용회복지원을 받았으며, 그 중 75만 명은 신용불량자 등록이 해제되고, 22만 명은 신용불량 등록 전에 등록사유가 해소된 것으로 추산되었다. 여기에 채무자의 자력에 의한 채무상환, 조세체납자에 대한 신용불량자 등록 제외, 사망자에 대한 신용불량등록 정리 등으로 64만 명이 감소되었다. 그 결과 그 동안 신용불량자가 128만 명이나 신규 등록되었는데도 2004년 말 현재 전체 신불자 수는 361만 명으로 전년 말 대비 11만 명이 감소하였다.

2005년 3월 23일 정부는 새로운 '금융채무불이행자 신용회복지원방안'을 수립 발표하였다. 이 방안에는 한마음금융의 지원대상 채무자 중 채무조정 미신청자를 대상으로 하는 공동추심기구의 설립 방안이 포함되었다.

---

1) 자료: 한국자산관리공사

설립구조 및 운영방법

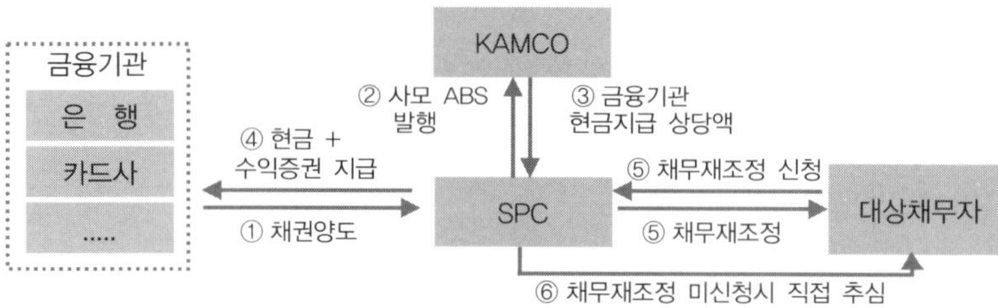

[자료] 자산관리공사

한마음금융에 대한 채무조정 신청기한이 종료된 2004년 11월 21일 이후 배드뱅크협약 가입기관 중 은행·카드사·할부금융사·보험사 등 31개 주요 채권금융기관들은 대부 미신청 채무자에 대한 공동추심기구의 설립을 추진하여 왔다. 2005년 3월 위와 같은 정부 방안이 발표되자 이들 금융기관들의 참여로 5월 13일 공동추심기구가 설립되었다. 공동추심기구의 설립 형태는 〈자산유동화에 관한 법률〉에 의한 유동화전문회사(SPC)로 하고, SPC의 이름은 희망모아로 하였다.

희망모아 SPC는 금융기관으로부터 대상 채권을 일괄 매입하고, 그 대금으로는 우선 일정비율(회수가능 추산금액)을 현금으로 지급하고, 나머지는 수익증권을 발행, 지급하여 추후 추가회수액을 정산하기로 하였다. 이때 희망모아는 금융기관에 지급할 채권대금(현금)을 충당하기 위하여 매입한 부실채권을 담보로 ABS를 발행하고, 이를 자산관리공사에 판매하였다.

희망모아의 지원대상 채무자는 한마음금융의 지원 대상자(2개 이상 금융기관에 5,000만원 이하의 채무가 있는 자) 중 2004년 11월 21일까지 채무조정 및 대부 신청을 하지 아니한 자로 하였으며, 희망모아 프로그램에 참여하는 31개 금융기관에서 파악한 결과 대상 채무자는 126만 명, 채권액은 13.6조원에 달했다.

희망모아는 부실채권 매입 대상자 중 채무조정을 원하는 채무자에 대해서는 신용회복위원회의 일반지원 방식(8년까지 장기 분할상환), 종전 Bad Bank와 유사한 선납금 납부 방식, 또는 채무자와 협의하는 기타 방식 등 채무자별 특성에 맞는 채무조정 방법을 활용하기로 하였다. 다만 희망모아 SPC에 편입된 채무자에 대하여 채무조정 신청 의사를 확인한 후 신청하지 않은 채무자에 대해서는 공동추심을 진행하기로 하였다.

한마음금융은 일정 기간 내에만 채무조정 신청을 받았으나 희망모아의 경우는 채무자가 언제든지, 추심을 당하다가도 신청할 수 있어 사실상 상시 운용되는 구조가 되었다. 희망모아 SPC 역시 자산관리(SPC를 대신한 채권의 매입, 현금지급액의 지급, 대금의 사후정산 지급, 채무의 조정, 채권추심의 총괄 등)는 자산관리공사에 위임하였으며, 자산관리공사는 채무자에 대한 채권추심업무를 신용정보회사에 위임하였다.

지원 성과

희망모아는 2006년 5월 출범 시 13조 6,854억원의 채권을 인수하여 회수, 매각, 환매 등으로 9,170억원을 정리하고 2006년 말 현재 12조 7,644억원의 채권을 보유하고 있다.

희망모아의 채권인수 및 정리실적

(2005. 2월~2006년 말) (단위: 억원)

구분	인수	정리					보유
		회수	매각	환매	감면	계	
채권액	136,854	5,055	2,872	429	814	9,170	127,684

[주] 회수는 채무조정을 통한 회수, 매각은 기초수급자 프로그램으로의 매각임.

2006년 말 현재 희망모아에는 약 31만 명의 채무자가 채무조정 신청을 하여 이 중 24만 명(채무액 1.8조원)에 대하여는 자체적으로, 5.6만 명(채무액 3,300억원)에 대하여는 신용회복위원회를 통하여 각각 채무조정 약정을 체결하였다. 이 외에도 13,700여명(채무액 2,160억원)의 채무자가 개인 회생절차에 따라 채무조정약정을 체결하였으며, 이로써 총 약정자(31만여 명)는 전체 관리채무자의 25.2%, 채권액 기준으로는 17.6%에 달하였다.

한편 희망모아는 2005년 7월부터 장애인, 고령자, 장기 입원환자 등 정상적인 경제활동을 영위하기 어려워 실질적으로 상환능력이 부족한 채무자에 대하여 최고 30%까지 채무를 감면하는 특별채무자 감면제도를 도입하였다.

(4) 생계형 금융채무불이행자 지원방안

2005년 3월 23일자 정부의 '금융채무불이행자 신용회복지원방안'에는 위 희망모아 프로그램과 함께 생계형 금융채무불이행자 신용회복지원 방안이 포함되었다. 이 방안은 기초생활수급자(기초수급자)[1] 중 신용불량자(2004년 말 현재 155,000명), 청년층 신용불량자 중 학자금 연체자, 군복무자, 신용불량 등록 당시 미성년자, 부모에 대한 보증채무를 부담하고 있는 자, 소규모 자영업을 영위하고 있는 영세 자영업자 중 신용불량자(2004년 말 현재 153,000명) 등 생계형 신용불량자에 대하여 신용회복지원을 강화한다는 것이다.

이들 신불자에 대하여는 각각의 특성에 맞는 지원방안을 마련하되 청년층 신용불량자의 경우 신용회복위원회를 창구로 하여 신청자에 대해

1) 해당 가구의 소득과 재산을 조사한 소득 인정액이 가구별 최저생계비 이하이고, 부양의무자가 없거나 있어도 부양능력이 없는 자가 최저생활을 유지할 수 있도록 정부로부터 급여를 받는 자

채무재조정을 지원하기로 하였다. 실업, 군복무 등으로 소득원이 없는 청년층 등의 경우에는 취업 등을 통하여 상환능력을 확보할 때까지 최장 2년간 원금 상환을 유예하고, 추후 취업 등으로 상환능력이 확보되면 원금을 최장 8년 동안 분할상환 하도록 하였다. 이 때 약정기간 내에 원금을 모두 상환하는 경우 이자(연체이자+향후 발생 이자)는 면제해 주는 것으로 하였다.

또 영세 자영업자인 신용불량자의 경우에도 신용회복위원회를 창구로 하여 신청자에 대하여 채무조정을 지원하기로 하였다. 다만 이들의 경우는 청년층과는 달리 소득원이 있는 계층이므로 최장 1년간 원금상환을 유예하되, 유예기간 중 최소한의 이자(연 5%)는 납부하도록 하고 유예기간 후에는 최장 8년간 원금을 분할상환하도록 하였다. 이때에도 약정기간 내에 원금을 모두 상환하는 경우 이자(연체이자+향후 발생 이자)를 면제해 주는 것으로 하였다.

기초수급자 지원구조

우선 기초수급자인 신용불량자에 대하여는 자산관리공사가 대상 채권을 매입하여 채무조정 신청자를 지원하도록 하였다.

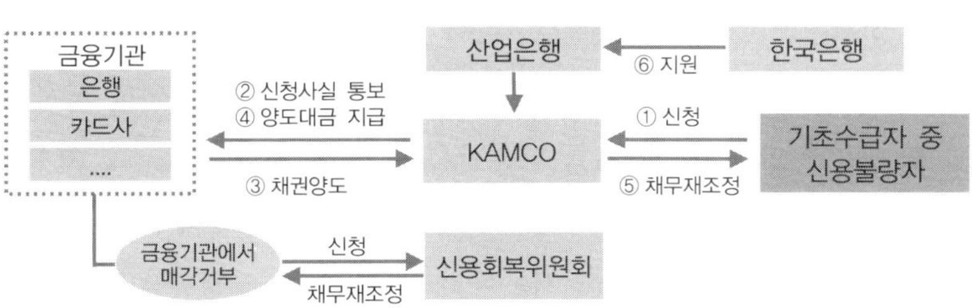

[자료] 자산관리공사

구체적으로 기초수급자인 신용불량자가 채무조정을 신청하는 경우 공사가 채권금융기관으로부터 해당 채권을 매입하여 이자는 전액 감면하고, 원금에 대하여는 기초수급자로 있는 동안은 상환을 유예하고, 기초수급자에서 벗어나면 최장 10년간 분할상환할 수 있도록 하였다.

이때 공사는 대상 채권에 대한 추정 시장가격의 50%만 지급하여 원채권금융기관이 손실의 일부를 부담하도록 하였으며, 공사가 채권을 매입하는 자금은 한국은행이 산업은행을 통하여 장기 저리로 지원함으로써 공사의 자금부담을 보전하기로 하였다.

한편 대상자가 채무조정신청을 하였으나 금융기관에서 대상채권 매각을 거부하는 경우, 신용회복위원회에서 금융기관 간 기초수급자 지원협약을 마련하여 지원하기로 하였다. 신용회복위원회를 통한 지원은 단일금융기관 채무자와 다중 채무자 모두를 대상으로 하며, 원금에 대하여는 상환유예 없이 최장 10년까지 분할상환하고, 이미 발생한 연체이자와 향후 발생할 이자는 면제해 주는 것으로 하였다.

4. 도산법에 의한 채무조정

2006년 4월 1일 통합도산법이 발효되기 전 우리나라 도산법제(倒産法制)로는 회사정리법, 화의법 및 파산법이 있었다. 이 중 회사정리법은 주식회사인 기업에만 적용되었고, 개인의 경우에는 파산법에 의한 파산절차와 화의법에 의한 화의절차를 적용받을 수 있었다.

파산제도는 채무가 과중하여 이를 모두 변제할 능력이 없는 채무자가 법원의 절차에 따라 그 재산을 처분하여 채권자에게 공평하게 배당하는 제도(청산형 절차)이고, 화의절차는 어느 정도의 재산이나 수입이 있는 채무자가 법원에 채무 변제조건을 제출하고 채권자가 이에 동의하는 경우 그 변제조건을 이행함으로써 파산을 예방하는 제도(회생형 절차)이다.

그러나 종전의 회사정리법, 화의법 및 파산법은 기업의 회생절차에 대해서는 중첩적으로 규정하고 있는 반면, 개인 채무자의 회생에 관한 규정은 매우 미흡하였다. 이에 정부에서는 2005년 3월 31일 도산3법을 통합·개선한 〈채무자 회생 및 파산에 관한 법률〉(일명 통합도산법)을 제정하여 2006년 4월 1일 시행하였으며, 이에 앞서 2004년 3월에는 우선 개인에 대한 회생절차만을 규정한 개인채무자 회생법을 제정하여 잠정 시행하였다.

이하에서는 통합도산법 시행 이전에 적용되었던 파산제도 및 화의제도와 개인채무자회생법상의 회생제도, 그리고 통합도산법상의 개인 회생제도에 대하여 간략하게 살펴보기로 한다.

개인파산

파산이란 채무자가 경제적으로 파탄 상태에 빠졌을 때 그 재산을 처분하여 채권자들에게 공평하게 배당하는 재판상의 절차이다. 파산절차는 법인뿐만 아니라 개인인 채무자에게도 적용될 수 있는 절차로서 개인파산은 그동안 별로 활용되지 못하고 있다가 2002년 이후 신청 건수가 크게 늘어났다.

파산절차는 채권자 또는 채무자의 신청에 의하여 개시된다. 파산신청이 접수되면 법원은 당사자를 불러 부채를 지게 된 경위, 보유재산과 소득 여부, 현재의 생활상황 등을 심문하고 채무자의 빚이 재산보다 많거나 빚을 갚을 능력이 없다고 판단되면 파산을 선고한다.

채무자가 파산선고를 받게 되면 법률상 여러 가지 자격제한을 받게 되고, 법원의 허가 없이는 거주지를 떠날 수 없게 되며, 파산선고가 확정되면 그 사실이 신원증명서에 기재되어 사회적으로 신분상의 불이익을 받게 된다.

우리나라에서의 개인파산은 1996년 11월에 첫 신청이 있은 후 사건의 신청이 많지 않았으나 신용불량자가 급증한 2002년 이후 사건이 급격히 증가하였다.

소비자 파산신청 현황

(단위 : 건)

1998	1999	2000	2001	2002	2003	2004	2005	2006
350	505	329	672	1,335	3,856	12,317	38,773	122,608

화의

채무자가 파산을 하게 되면 자격 상실, 퇴직, 금융거래 제한 등 중대한 불이익이 있게 되므로 채무자에게 어느 정도의 재산이나 수입이 있어서 채권자들과 협상이 가능한 경우에는 파산절차를 피하고 화의를 신청할 수 있다.

채무자가 화의를 신청할 때에는 채무변제 방법, 담보제공이 가능한 경우 담보의 내역 등 화의조건과 함께 재산 상황, 채권자 및 채무자 현황 등을 법원에 신고한다. 화의절차가 개시되면 법원은 채권자들의 개별적인 권리행사를 중지시키고 채무자가 제시한 채무변제 조건에 관하여 의견을 듣는다.

채무자의 변제조건에 대하여 화의채권자의 과반수로서 채권액 3/4이상의 찬성이 있으면 법원은 화의를 인가하고, 이후 채무자는 인가된 변제조건에 따라 채무를 변제하면 된다.

이 절차는 법인인 채무자는 물론 개인인 채무자도 적용받을 수 있으나 개인 채무자, 특히 사업자가 아니고 소비자인 개인이 활용한 사례는 많지 않다.

개인채무자 회생법

외환위기 이후 정부는 부실기업의 구조조정을 지원하기 위하여 도산 3법의 통합·개편을 추진해 왔으나 2003년 이후 신용불량자수가 급증하자 정부는 2004년 3월 22일 개인채무자 회생법을 먼저 제정하여 개인에 대한 채무조정을 보다 신속하고 효율적으로 진행할 수 있도록 하였다.

이 법에 의한 개인회생절차의 주요 내용은 다음과 같다.

채무자가 장래 상당한 수입을 얻을 가망이 있는 경우에는 개인회생절차를 신청할 수 있다. 이 절차는 저당권 등에 의해 담보된 채무의 총액이 10억원 이하, 그 외 채무의 총액이 5억원 이하인 채무자에 한하여 적용된다. 채권자는 이 절차의 신청을 할 수 없다.

채무자가 개인회생절차 개시의 신청을 한 때에는 신청일로부터 14일 이내에 변제계획안을 제출하여야 한다. 이 변제계획안에는 채무변제의 재원이 될 재산 및 소득, 변제 방법 등이 포함되며, 변제 기간은 원칙적으로 변제계획 인가일로부터 1월 이내에 개시하여 8년 이내로 하여야 한다.

개인회생절차 개시가 결정되면 개시 결정 당시 채무자의 모든 재산과 절차 진행 중에 채무자가 취득한 재산은 개인회생재단에 속하게 하여 채무 변제에 충당한다. 그러나 채무자 또는 그 피부양자의 주거용 건물의 임차보증금과 6개월간의 생계비는 대법원 규칙이 정하는 바에 따라 면제된다. 이 재단을 관리하고 처분할 권한은 채무자가 갖게 된다.

개인회생절차 개시 결정 후 법원은 채권자들에게 채권자 목록 및 변제계획안을 송달하여 이를 확인한다. 채권확정 결정 후 법원은 채권자집회를 소집하여 채무자의 변제계획안에 관한 의견을 듣고, 총 변제액이 채무자가 파산하는 경우보다 적지 않은 때에는 변제계획인가의 결정을 한다.

채무자가 제출한 변제계획안을 인가할 수 없는 때에는 법원은 직권으로 개인회생절차 폐지의 결정을 한다.

통합도산법

종전 화의법에 의한 화의절차는 통합도산법상 회생절차로 대체되었고, 파산법에 의한 파산절차와 개인채무자 회생법에 의한 개인회생절차는 통합도산법상 파산절차와 개인회생절차에 각각 이관되었다. 따라서 개인이 법원 결정에 의한 채무조정을 받고자 할 때에는 회생절차와 개인회생절차를 선택적으로 활용할 수 있게 되었다.

통합도산법상 개인회생절차에 있어서는 채무변제기간을 최장 5년 이내로 단축하고, 변제해야 할 최저금액을 규정하였다. 최저 변제액은 개인회생 채권이 5천만원 미만일 경우 채권액의 5%, 5천만원 이상일 경우에는 채권액의 3%와 100만원을 합한 금액으로서 3,000만원까지로 하였으며, 채무자가 변제기간 동안 수령할 수 있는 가용소득의 전부가 변제에 제공되도록 하였다.

개인회생절차는 2005년 중 48,541건, 2006년 중 56,112건의 신청이 있었다.

파산절차는 통합도산법에 편입되면서 특히 개인 파산자에 대한 보호규정이 강화되었다. 파산자에게 인간적인 생활이 보장될 수 있도록 압류금지 재산 외에 일정한 주거비, 생계비를 파산면제재산에 포함시켰으며, 동법 시행령에서는 주택임대차보호법상 소액 임차보증금(1,600만원 내지 1,200만원)과 6개월간의 생계비 720만원을 면제하도록 규정하였다.

제2장 금융 및 기업구조조정

전술한 바와 같이, 제2단계 구조조정(2000년~2002년)은 금융부문에서는 은행보다 제2금융권의 구조조정이 중점적으로 추진되었고, 금융기관의 부실을 사전에 방지하기 위한 기업구조조정이 체계화되어 확대 시행되었다. 이 기간 중 은행권에서는 퇴출보다는 은행간 합병과 금융지주회사의 설립을 통한 대형화 또는 통합화가 진행되었으며, 제2금융권에서는 대우사태로 대규모 손실이 발생한 한투·대투가 공적자금의 투입으로 국유화되고, 종금사 대부분이 퇴출되었다.

이에 비해 2003년 이후에는 1,2단계 구조조정 과정에서 정부(주로 예보)가 취득한 금융기관 주식의 매각 등이 회수가 본격화되었다. 다만 저축은행과 신용협동조합에는 다시 부실이 발생하여 제3자 매각, 가교금융기관으로의 이전 등 구조조정이 계속되고, 이에 따른 예금대지급, 손실보전 출연 등 구조조정 자금의 추가적인 투입이 있었다.

이 기간 중 공적자금의 투입 추세를 보면 2003년에는 퇴출 신용협동조합에 대한 예금대지급 1.1조원 등 총 2.1조원, 2004년에는 종금사 예금대지급금 1.1조원 등 총 3.9조원이 지급된 후, 2005년에는 투입 규모가 2.9조원으로 감소하고, 2006년에는 0.3조원 투입에 그쳤다.

또 부실채권정리에 있어서는 부실채권정리기금의 부실자산 인수 기한이 만료되어 공적자금에 의한 부실채권 매입은 중단되었으나, 그 대신 자산관리공사 고유회계에서 부분적인 매입이 있었다.

한편 기업부문 구조조정에 있어서는 2단계 구조조정 기간 중 체결된 경영정상화 이행약정에 따라 대상기업에 대한 채권은행 공동관리가 계속 진행되었으며, 그 결과 대부분의 기업이 공동관리를 성공적으로 종료하였다. 또한 2004년 하반기 이후에는 중소기업에 대한 공동 워크아웃이 중점 추진되었고, 중소기업의 사업전환을 통한 사업구조조정을 촉진시키기 위하여 금융 및 세제지원이 실시되었다.

자금지원체계의 변화

전술한 바와 같이 2003년 이후에는 예금보험기금과 부실채권정리기금이 발행한 기금채권의 만기가 집중적으로 도래하게 됨에 따라 정부는 공적자금 상환기금을 설치하여 양 기금채권의 상환에 차질이 없도록 하였다. 이를 위하여 공적자금상환기금은 정부 일반회계의 출연, 공공자금관리기금으로부터의 예수금, 세계(歲計)잉여금, 우체국예금·보험 출연금 등의 재원으로 조성하도록 하였다.(이와 관련한 정부의 공적자금상환대책에 대하여는 제3장에서 상술한다)

이와 함께 예보에는 예보채 상환기금을 설치하여 2002년 12월 말일자로 예금보험기금의 자산·부채를 인수하도록 하고, 여기에 예보채 상환기금 채권의 발행, 부보 금융기관의 특별기여금, 공적자금 상환기금의 출연금 등을 재원으로 2003년 이후 도래하는 예보채를 상환하도록 하였다. 여기서 예보채 상환기금은 2002년 말 이전에 보험사고가 발생하였거나 부실(우려)금융기관으로 인정된 회사에 지원하는 자금은 모두 부담하도록 하였다.

따라서 2003년 1월 1일 이후에 보험사고가 발생하였거나 부실(우려)금융기관으로 인정된 회사에 대하여는 기존의 예금보험기금이 지원하되 그 재원은 이 기금에 새롭게 적립되는 부보금융기관 출연금, 예금보험료, 예보채 발행 등으로 조성하도록 하였다. 참고로 2003년 이후의 예금보험기금은 공적자금관리특별법상 공적자금에 속하지 않는다.

이울러 자산관리공사에 설치된 부실채권정리기금도 부실자산 인수기한이 2002년 11월 종료되었기 때문에 2003년 이후 부실채권은 공사 고유회계에서 매입하기 시작하였다. 공사 고유회계 역시 공적자금에 속하지 않는다.

제1절 은행 구조조정

2003년 이후 은행권 구조조정에 있어서 정부는 2003년 7월 조흥은행에 대한 출자지분을 신한금융지주에 매각한 데 이어 2005년 4월에는 뉴브리지캐피탈과 함께 제일은행 지분을 영국계 스탠다드차터드은행(SCB)에 매각하였다. 이후 조흥은행은 신한금융지주회사에 편입되어 신한은행과 합병하였으며, 제일은행은 한국스탠다드차타드제일은행으로 은행명을 변경하고 SCB 서울지점의 영업을 양수하였다.

한편 2004년 4월에는 미국계 씨티은행이 공개매수를 통해 한미은행 주식을 매입하고, 대주주인 Carlyle+J.P. Morgan 컨소시엄으로부터 이 은행의 해외주식예탁증서를 인수하여 경영권을 확보한 후 11월 1일 한국씨티은행으로 재출범하였다.

이 밖에도 우리금융지주 주식의 부분적인 매각이 진행되었다.

한편 은행 구조조정을 위한 별도의 공적자금 투입은 없었으나, 제일은행에 대하여는 뉴브리지로의 매각 시 계약조건에 따라 2003년 중 추가 자산매입이 있었고, 매년 소송 관련 손실의 보전을 위한 추가 출연이 있었다.

1. 조흥은행 매각

제1단계 구조조정 과정에서 예보는 조흥은행에 대한 출자형태로 총 2조 7,179억원을 지원하였다.

2002년 2월 공적자금관리위원회는 '2002년도 상반기 중 예보 보유은행주식 매각방안'을 의결하였는데, 이 중 조흥은행과 관련해서는 상반기에 5억 달러(15%) 내외의 해외주식예탁증서(GDR) 발행을 추진하고, 하반기에는 조흥은행 경영에 참여할 국내외 전략적 투자가에 대한 매각을 우선 추진하되, 국내 기관투자자에 대한 장외매각 등도 병행 추진하기로 하였다.[1)]

예보는 상반기 중 GDR 발행을 추진하였으나 국내외 시장상황 악화, 조흥은행 주가에 대한 평가차이 및 잠재부실에 대한 의구심 등으로 수요가 극히 부진하여 발행을 보류하였다.

하반기에 들어 예보는 이 은행에 대한 매각을 추진하였다. 그 결과 2002년 12월 2일 본입찰에 신한금융지주회사와 Cerberus+제일은행 컨소시움 등 2개 기관으로부터 투자제안서(Binding bid)가 접수되었다.

예보는 2개 기관의 최종 투자제안서 내용을 공자위에 보고하였으며, 공자위에서는 매각소위의 심사를 거쳐 신한금융지주를 우선협상대상자로 선정하는 것이 타당하다고 판단하였다. 동시에 예보로 하여금 세부 협상과정에서 전반적인 인수가격의 상향 조정, 최저 회수금액의 보장 방안 마련, 사후보상의 최소화 등 제반 인수조건을 최대한 개선할 것과 은행간 순조로운 통합이 이루어지도록 방안을 협의할 것 등을 조건으로 신한금융지주로의 매각을 승인하였다. 공자위는 또한 매각가격의 적정성 평가

---

1) 이하 공적자금관리백서 2003. 8, pp. 106-110 참조

를 매각주관사 이외의 제3자에게 의뢰하고 그 결과를 협상시 최대한 활용하는 한편, 협상 종료시에는 그 결과를 공자위에 보고한 후 본계약을 체결하도록 하였다.

이 같은 결정에 따라 예보는 제3자 평가기관에 의한 가치평가를 실시하고, 매각 가격, 사후이익 공유 방법, 고용문제 등 인수 후 경영계획 등 매각에 관한 세부협상을 진행하여 2003년 7월 9일 다음과 같은 조건으로 매각계약을 체결하였다.

예보는 정부가 보유하고 있는 조흥은행 지분(5억 4,360만주, 80.04%)를 전부 신한금융지주에 매각하고, 그 대금은 주당 6,200원, 총액 3.37조원으로 하되, 매각대금의 51%(1.72조원)는 현금으로, 나머지 49%는 신한지주의 상환우선주와 전환가능상환우선주로 수취한다. 조흥은행 주식과 신한지주 주식간의 교환비율은 1:0.3428로 하고, 신한지주 우선주의 상환가격은 주당 18,086원(조흥은행주식 1주당 6,200원)으로 한다. 각 대금의 지급 또는 상환 방법은 다음과 같이 한다.

대금	지 급 방 법	회 수 방 식
51%	현금	9,000억원은 매각종결일 이전까지 우선적으로 수취하고 차액은 사후정산 발생시 차감 정산
25%	상환우선주	상환기간 7년, 3차년말부터 균등상환
24%	상환전환우선주	상환기간 5년, 신한측은 4차년부터 상환가능

그러나 조흥은행에 대한 최종 투자제안서 접수 후 SK글로벌 사태 등 경제여건의 악화로 은행의 경영 여건이 갑자기 변함에 따라 조흥은행의 카드부문, 기업여신 등에 대한 자산건전성 평가에 있어 매우 큰 불확실성이 발생하였다. 또 제3자 평가기관의 실사 결과와 신한금융지주 측의 실사결과 간에 잠재부실에 대한 이견이 크기 때문에 이 부분에 대하여는 부

득이 사후정산방식을 도입하게 되었다. 다만, 사후정산의 한도를 최대 6,522억원, 주당 1,200원으로 설정하여 주당 매각가격은 액면가인 5,000원 미만으로 저하되지 않도록 하였다.

또 매매계약에는 사후이익의 공유와 고용문제 등 인수 후 경영계획에 관한 사항이 포함되어 있었다. 즉, 2004년부터 2006년까지 3년간 조흥은행의 당기순이익이 1조 8,000억원을 초과하는 경우 그 초과액의 20%를 예보에 지급하도록 하였다.

2. 제일은행 M&A

정부가 제일은행 매각을 위하여 1999년 말 뉴브리지 측과 체결한 매각계약서(Acquisition Agreement)에 의하면, 은행 매각일 이전 영업행위를 이유로 제기된 소송 중 2004년 1월 20일 이전까지 예보에 통보한 건에 대하여는 소송 종료시까지 예보가 손실보전 의무를 부담하도록 되어 있었다. 또, 제일은행에 잔류하는 여신이 지급불능 등의 사유로 부실해질 경우 은행의 요구에 따라 예보가 동 부실자산을 매입해 주도록 되어 있었다.

이 같은 계약조건에 따라 예보는 제일은행 매각 종결 후에도 매년 손실보전 출연 및 자산매입 등 후속 조치를 취하였다. 우선 2000년 8월 21일에는 매각 당시 매각가격을 잠정 산정했던 기준일(1999년 9월말)로부터 매각 기준일(1999년 12월말)까지의 순자산 감소액 1,684억원을 추가 출연하였고, 이 기간 중 추가로 발생된 분리자산과 부채를 정리금융공사가 인수하고 차액 815억원을 지급하였다. 이어 같은 해 9월 14일과 10월 11일에는 제일은행의 대우계열사 워크아웃 채권을 인수하고 1조 8,178억원과 1조 1,200억원을 각각 지급하였다. 이들 자산은 정리금융공사에서 인수하였다.

제일은행에 대한 추가 출연 및 자산매입은 그 후에도 계속되었으며, 연도별 지원실적은 다음과 같다.

제일은행 출연 및 자산매입 현황

(단위: 억원)

연도별	1999	2000	2001	2002	2003	2004	2005	2006	계
출연	4,459	3,600	640	547	929	79	1,130	4	11,388
자산매입	31,196	31,104	5,961	6,654	4,561	–	–	–	79,476
계	35,655	34,704	6,601	7,201	5,490	79	1,130	4	90,864

[자료] 공적자금관리백서 2006. 8, 예보 주요통계 등 참고, 필자정리.

정부보유 잔여지분의 매각

제일은행 주식을 뉴브리지에 매각할 당시, 정부와 예보는 향후 잔여주식 처분시 뉴브리지측이 우선매수 할 수 있는 권리를 부여하였으며, 뉴브리지가 보유 지분의 30% 이상을 매각하면서 정부 및 예보의 지분도 매각할 것을 요청할 경우 같은 조건으로 같은 비율만큼 매각하여야 할 의무(drag along)를 지도록 약정하였다. 아울러 뉴브리지가 보유지분을 매각할 경우 정부 및 예보도 같은 조건, 같은 비율로 매각할 수 있는 권리(tag along)를 갖도록 하였다.

2004년 12월 뉴브리지 측은 제일은행 주식을 매각하기 위하여 경쟁입찰을 실시하였는데, 이 입찰에 홍콩상하이은행(HSBC)과 스탠다드차타드은행(SCB)이 인수 제안서를 제출하여 SCB가 최종인수자로 결정되었다. 뉴브리지 측은 2005년 1월 10일 SCB와 제일은행 지분 100% 인수에 관한 계약을 체결하고, 정부 및 예보에 대하여도 이 계약에 가입할 것을 요청하였다. 정부와 예보는 이를 수용하여 3월 16일 뉴브리지, SCB와 4자간 가입계약을 체결함으로써 주식인수계약을 완성시켰다.

주식인수 계약서상 매각대금은 뉴브리지 1조 6,511억원(48.56%), 예보 1조 6,487억원(48.49%), 정부 1,002억원(2.95%) 등 원금 기준 총 3조 4,000억원(주당 16,511원)으로 하였으며, 계약 체결일(2005년 1월 10일)로부터 매각 종결일(2005년 4월 15일)까지의 이자를 별도로 지급받기로 하였다.

이후 금감위가 SCB의 제일은행 주식 취득을 승인함에 따라 4월 15일 매각대금 수령 및 주식 양도가 이루어지고 제일은행 매각절차가 모두 종결되었다.

3. 외환은행 매각

외환은행의 경우는 적기시정조치를 받았거나 공적자금이 투입된 은행은 아니었으나 공적자금과 다름없는 국책은행의 출자지원을 받았고, 매각 과정에 대한 논란이 있었기 때문에 여기에 소개한다.

한국외환은행은 당초 한국은행 전액 출자로 설립되었으나 1991년과 1995년에 일반공모를 통한 유상증자를 실시하여 일부 민영화되었고, 1998년 7월에는 독일 코메르츠은행 앞 제3자 배정에 의한 3,500억원 유상증자로 자본금이 1조 1,750억원으로 확충되고, 코메르츠은행은 29.8%의 지분을 소유하게 되었다.

1999년에는 코메르츠은행의 추가증자 및 수출입은행의 출자가 있었고, 2000년에는 자본확충을 위한 감자 후 유상증자를 실시하여 2000년 말 현재 자본금은 1조 8,509억원이 되고, 주주 구성은 코메르츠은행 6,024억원(32.5%), 수출입은행 6,016억원(32.5%), 한국은행 1,975억원(10.7%)이 되었다.

한편 외환은행의 영업은 외환위기 이후 계속 적자를 보여 당기순손실이 1997년 684억원에서 1998년에 8,435억원으로 늘어났다가 코메르츠은행 출자 후인 1999년에 8,027억원, 2000년에 4,037억원으로 줄어들고, 추가 증자 후인 2001년에는 2,225억원의 흑자로 전환되었다. 그 다음 해인 2002년에는 자회사인 외환카드사 주식평가 손실을 비롯한 영업외 비용의 증가로 순이익이 1,130억원으로 감소하였으며, 금융감독원의 경영실태 평가 결과 외환은행의 2002년 말 BIS 비율은 9.31%로 2001년 말의 10.96%에 비해 다소 낮아졌다.

그 후 2003년에 들어와서는 상반기 중 SK글로벌 여신의 부실화, 외환카드 주식 평가손실 등으로 1,466억원의 당기순손실이 발생하였다.

이 같은 상황에서 정부와 코메르츠은행은 외환은행의 제3자 매각을 추진하였다. 그 결과 2003년 7월 미국계 펀드인 론스타펀드(이하 론스타)를 배타적(단독) 협상자로 선정하고, 8월 27일자로 증자 참여를 위한 주식매매계약을 체결하였다. 이 계약에 따라 론스타(계약자 명의: LSF-KEB Holdings, SCA)는 10월 30일 제3자 배정 보통주 2억 6,875만주를 납입하여 자본금을 3조 1,946억원으로 증가시켰다. 이때 1주당 발행가액은 4,000원으로 액면 미달 발행하였으며, 액면미달 발행에 관하여는 미리 주주총회의 승인을 받았다. 또한 론스타의 외환은행 주식 취득에 관하여는 9월 26일 금감위의 승인을 받았다.

주식매매계약에서 론스타는 외환은행 이사의 2/3를 지명하기로 하였으며, 기존 주주에 대하여 일정한 조건으로 콜옵션을 행사할 수 있도록 하였다. 또, 제일은행 매각의 경우와 달리 매각 후 추가로 발생하는 부실에 대해서는 보상하지 않기로 하되, 다만 매각 전에 발생한 사유로 매각 후 1~2년 사이에 부실이 확정되면 기존 대주주들이 보전해 주기로 합의하였다.

계약에 따라 론스타는 그해 10월 30일 기존 주주인 코메르츠은행으로부터 보통주 2,624만주, 수출입은행으로부터 우선주 3,086만주 등 총 5,710만주를 주당 5,400원에 인수하였다. 론스타의 신주 인수가격과 기존주식 매입가격을 합산하면 주당 평균 4,250원선에 매입한 셈이 된다.

이로써 2003년 말 현재 론스타는 외환은행에 대하여 51.0%의 지분을 보유하게 되었고, 코메르츠은행, 수출입은행 및 한국은행의 지분은 각각 14.8%, 14.0%, 6.2%로 줄어들었다.

그 후 2006년 5월 론스타는 위 주식매매계약에 의한 콜옵션을 행사하여 수출입은행과 코메르츠은행으로부터 각각 4,913만주와 4,177만주를 총 7,715억원에 매입하였다. 이로 인하여 론스타의 지분은 64.6%로 증가하고, 수출입은행과 코메르츠은행의 지분은 각각 6.25%와 0%로 줄어들었다.

한편 론스타는 2005년 하반기 이후 외환은행 지분에 대한 매각을 추진하였는데, 이 매각에 국내 국민은행과 하나은행이 참여하여 2006년 3월 국민은행이 우선협상대상자로 선정되었다. 양측은 5월 19일에 주식매매계약을 체결하였으며, 계약의 주 내용은 론스타 보유 지분 4억 1,675만주(64.62%)를 국민은행에 주당 15,200원에 매각하는 것이었다.

그러나 당초(2003년 8월) 외환은행 주식매각이 불법이었다는 의혹이 제기되어 이에 대한 검찰의 수사가 계속되면서 국민은행과의 계약의 유효기간이 지나자 론스타는 11월에 계약을 해제하였다. 이어 2007년 6월에는 보유주식 중 8,770만주(13.6%)를 블록세일하여 1조 1,900억원(주당 13,600원)에 처분하였다. 이 처분 후에도 론스타는 51.0%의 지분을 보유하여 경영권을 유지하였다.

외환은행 매각에 대한 적법성 논란

한편 2003년 당시 외환은행을 론스타펀드에 매각한 데 대한 적법성 논란은 다음과 같이 진행되었다.

2005년 국정감사에서는 "금융기관이 아닌 자가 금융기관의 지분 10% 이상을 취득하려면 대상 부실금융기관 정리 등 특별한 사유가 있어야 하는데 외환은행의 경우 BIS비율을 6.16%로 부당하게 낮춰 부실금융기관으로 인정함으로써 론스타가 편법으로 인수하도록 하였다."는 지적이 있었다. 국회(재정경제위원회)는 2006년 3월에 이 문제를 감사원에 감사청구하고, 검찰에 고발하였다.

검찰은 이 사건을 수사하고 그해 12월 수사결과를 통해 "2003년 외환은행을 론스타에 매각하면서 고의로 은행의 자산을 저평가하고 부실을 부풀리는 수법으로 최대 8,252억원, 최소 3,443억원 낮은 가격으로 불법 매각하였다"고 발표하였다. 이와 함께 "2003년 말 기준 외환은행의 BIS 비율이 6.16%로 전망된다고 하였으나 이 전망치는 실현가능성이 매우 낮은 부실까지 반영한 데 따른 것이고, 실제로는 8%를 훨씬 웃도는 9.41%까지도 가능했다"고 설명하였다.

또 감사원은 이 사건을 감사하고 2007년 3월에 감사결과를 통해 "2003년 당시 외환은행은 영업력 확대와 BIS비율 유지 등을 위해 어느 정도 자본확충의 필요성은 있었으나 경영권을 매각해야 할 만큼 잠재부실이 심각한 상황은 아니었다. 외환은행의 자산가치를 불합리하게 낮춤으로써 기업가치가 최소 4,106억원, 최대 1조 59억원(주당 1,260원~3,087원) 적게 산정되고, BIS비율도 낮게 평가되었다. 당시 외환은행은 금산법상의 부실금융기관이나 적기시정조치 대상이 아니어서 예외승인(부실금융기관 정리 등 특별한 사유) 대상이 아니었는데도 부당하게 산정된 BIS비율 전망치 6.16%를 근거로 금감위로부터 주식취득 승인을 받았다. 또 론스타에게 콜옵션을 불필요하게 부여함으로써 2,192억원의 이익을 얻게 하였다."고 발표하였다.

이 발표와 함께 감사원은 금감위에 대하여 "BIS비율 전망치가 왜곡되고 관련 법령도 무단 확대해석되는 등의 하자가 있는 론스타에 대한 2003년 9월 외환은행 주식의 한도 초과보유 승인 처분에 대하여 적정한 조치방안을 마련하라."고 통보하였다.[1)]

이 사건과 관련하여 감사원은 "지금까지 드러난 사실로 볼 때 론스타의 대주주 자격 직권취소 사유가 된다"고 하면서, "다만 은행법의 입법상 한계로 직접 취소조치를 내리지 못했다."고 밝혔다.[2)]

한편 이에 앞서 금융감독위원회는 2006년 12월 검찰 수사결과 발표 이후 론스타의 대주주자격 취소 여부와 관련하여 "행정행위의 취소사유 등을 일반적으로 규정하고 있는 법률은 없고, 은행법에서도 주식취득 승인처분의 취소에 관해 규정하고 있지 않다"고 하면서, "검찰 기소 내용에 대한 사법부의 확정 판결이 나온 이후 검토할 사안"이라고 설명하였다.[3)]

4. 한미은행 M&A

한미은행은 1983년 3월에 국내 자본과 미국은행(BOA)과의 합작으로 설립된 은행으로서 2000년 11월에 미국계 카알라일+JP모건 펀드가 지분에 참여하였다. 또 2004년 2월에는 미국 씨티은행 그룹에서 이들 대주주의 지분을 인수하고 추가로 공개매수를 실시하여 100%에 가까운 지분을 취득하였다.

---

1) 이상 조선일보 2003.8.27, 2006.12.7, 12.21, 감사원 '한국외환은행 매각추진실태 감사결과' 2007.3.12. 참고)
2) 2007.3.22 감사원장 국회답변
3) 2006.12.21 금감위 국회 서면답변

한미은행의 경우는 정부의 금융구조조정 대상은행은 아니었으나 국내은행의 지분 전부가 외국자본의 소유로 전환된 특이한 사례이므로 여기서 살펴보기로 한다.

2000년 들어 한미은행은 자본확충을 위하여 3월에 1,000억원의 후순위채를 발행하고, 6월에 1,000억원의 우선주를 발행하였다. 이어 11월 15일에는 해외 DR발행과 함께 6,540만주의 원주를 발행하여 3,270억원의 자본금(발행가액 주당 6,800원, 발행총액 4,472억원)을 납입 받았다. 발행된 DR은 미국계 카알라일+JP모건 컨소시엄이 인수하였으며, 이로써 이 컨소시엄은 종전 최대주주인 미국은행(BOA)에 앞서 한미은행의 최대주주(40.1%)가 되었다. 증자 후 한미은행의 자본금은 1조 1,233억원으로 늘어났으며, 그 후 2002년 중 공모방식의 해외 DR 발행으로 카알라일 측 보유지분은 36.6%로 감소하였으나 경영권의 변동은 없었다.

한편 카알라일 컨소시엄은 2000년 11월 한미은행 DR을 인수함에 있어 투자한 주식을 3년 이상 보유하되 2년이 경과한 이후에는 보유주식의 50% 범위 내에서 일부 처분이 가능하도록 투자계약이 이루어졌다. 주식 처분 제한이 종료되는 2003년 하반기에 카일라일 측은 보유지분의 매각을 추진하였으며, 이에 영국계 홍콩샹하이은행(HSBC), 스탠더드차타드은행(SCB), 미국계 씨티은행그룹, 싱가폴 국영 테마섹 등이 경합하여 2004년 2월 최종적으로 씨티은행이 인수자로 선정되었다. 이에 따라 씨티그룹은 카알라일 등의 보유지분 7,423만주를 주당 15,500원, 매입총액 1조 1,505억원에 인수하여 최대주주(36.6%)가 되었다.

씨티그룹은 한미은행의 경영권을 확보한 후 동 은행 주식에 대한 공개매수를 추진하여 동년 5월 60.9%의 지분을 추가로 매입하는 데 성공하였다. 공개매입 가격은 씨티그룹이 카알라일 등으로부터 인수한 가격과 동일한 가격으로 하였으며, 이 매입으로 씨티그룹은 총 97.6%의 절대주주가 되었다.

한미은행은 최대주주의 보유지분이 80%를 초과하여 상장 폐지의 사유가 발생하였으므로 소정의 절차를 밟아 7월 13일 한국증권거래소로부터 상장 폐지의 결정을 받았다. 한미은행은 씨티은행 한국 내 지점과 통합하고, 상호를 ㈜한국씨티은행으로 변경하여 11월 1일 재출범하였다.

□ 구조조정자금의 투입 규모

2006년 말까지 은행 구조조정을 위하여 지원된 금액은 예보채상환기금(종전 예금보험기금) 46.1조원, 국유재산특별회계 등 공공자금 10.3조원 등이며, 그 내역은 아래와 같다.

은행에 대한 자금지원 실적(예보채상환기금)

(1998년~2006년) (단위: 억원)

	출 자	출 연	자산매입	계
제일, 서울은행	97,057	13,603	79,476	190,136
우리은행	60,286	18,772		79,058
5개 인수은행	15,218	97,115	1,588	113,921
산은, 기은			19,000	19,000
기타 은행	49,478	9,559		59,037
계	222,039	139,049	100,064	461,152

[자료] 예보 2006 연차보고서 토대로 필자정리

은행에 대한 자금지원 실적(공공자금)

(1998년~2006년) (단위: 억원)

	국유재산 특별회계	정부예산	공공자금 관리기금	한국은행	계
	출자	출자	채권매입	출자	
산은, 수은, 기은	78,069	16,000		9,000	103,069
제일, 서울은행	15,000				15,000
기타 은행			63,710		63,710
계	93,069	16,000	63,710	9,000	181,779

[주] 차관자금 제외, 2001년 이후 변동없음.

제2절 종금 · 저축은행 · 협동조합 구조조정

1. 종금사

종금사에 대한 구조조정은 2001년까지 모두 마무리 되어 외환위기 당시 30개에 달했던 종금사가 우리, 한불, 금호종금 등 3개만 남게 되었고, 2003년 8월에는 우리종금이 우리은행과 합병함에 따라 2개로 줄었다. 그 후 종금사에 대하여는 더 이상의 구조조정은 없었고, 다만 우리종금에 대한 추가적인 출연이 있었다.

우리종금은 우리금융지주로 편입되기 전 하나로종금으로서 설립 직후인 2000년 11월 21일 한국, 한스, 중앙, 영남 등 4개 폐쇄종금사의 자산 · 부채를 이전 받아 영업을 개시한 종금사이다. 이 계약이전과 관련하여 예보는 하나로종금의 순자산부족분을 보전하고 BIS비율 10%를 달성하여 안정적인 자본구조를 확보할 수 있도록 총 3조 2,343억원을 지원하기로 하였다. 그러나 예보는 2000년과 2001년중 2조 4,912억원을 출자지원하고, 나머지 7,431억원에 대해서는 4개 종금사 파산재단으로부터 수령하는 파산배당금을 받아 지원하기로 한 바 있다.

이후 예보는 2002년말까지 종금사 파산재단으로부터 총 1,173억원의 배당금을 수령하여 이를 우리종금에 출연한 데 이어 2003년에는 647억원, 2004년에는 2,507억원, 2005년에는 535억원의 파산배당금을 수령하여 우리은행(우리종금 흡수합병)에 출연하고, 부족한 금액 2,570억원은 2006년 1월에 예보 자체자금으로 출연하였다.

한편 나라종금에 대하여는 1조원 규모의 예금대지급이 있었다.

대우사태 이후 그 동안 대우그룹에 대규모로 자금을 지원했던 나라종금이 영업인가 취소되자 예보는 그 예금자에게 예금대지급을 실시한 바 있다. 그러나 예금주중 대한투자증권, 서울투신, 한국종금, 삼신생명 등 4개 금융기관에 대하여는 예금대지급을 보류하였다. 그 사유는 4개 금융기관의 경우는 그 예금이 대우계열사에 대출해 주는 것을 전제로 예치된 것이기 때문에 나라종금은 이 자금을 단순중개한 것에 불과하므로 예금보험대상이 될 수 없다는 것이었다.

이들 4개 금융기관과 영남종금은 예보를 상대로 보험금청구 소송을 제기하였으며, 이 소송에서 예보가 패소함에 따라 나라종금이 지급해야 할 예금대지급금 1조 769억원을 추가로 지급하였다.

2. 상호저축은행

저축은행 구조조정자금 지원실적

(2003년~2006년) (단위: 억원)

	출 자	출 연	예금대지급	대 출	계
예보채상환기금	-	2,422	37		2,459
예금보험기금	168	6,135	7,387	1,085	14,775
(2003~2004)			2,533		2,533
(2005~2006)	168	6,135	4,854	1,085	12,242

[자료] 예금보험공사 각년도 연차보고서

2001과 2002년중 대량부실화가 발생했던 상호저축은행(이하 저축은행)들은 정부의 다각적인 조치에 따라 폐쇄 또는 매각된 후 2003년에는 안정된 모습을 보였으며, 2003년중 공적자금은 2001~2002년 당시 부실신용금고를 인수한 저축은행에 손실보전 출연금을 지급하는 정도에 그쳤다. 그러나 2004년 중에는 자산규모 1조원(업계 2위)인 (부산)한마음저축은행, 중견 저축은행인 한중, 아림, 한나라저축은행 등의 영업정지로 인하여 출연금과 예금대지급금의 지급규모가 크게 증가하였다. 또 2004년 12월과 2005년 1월에는 중견규모의 (서울)한중저축은행과 (경남)아림저축은행이 부실화되자 예가람저축은행이라는 가교은행을 신설하여 이들 자산부채를 이전하고, 가교은행의 부실을 정리한 후 이를 민영화하는 방법이 도입되었다.

2003년 이후 발생한 보험사고(금융기관의 영업정지, 인가취소 등) 또는 부실(우려)금융기관 지정 등으로 구조조정 자금이 소요되는 경우 이는 예보채상환기금(공적자금)이 아닌 예금보험기금에서 지원되었다.

2003~2004년 중 구조조정

2003년 3월 금감위는 자산·부채실사결과 부채가 자산을 초과하고 BIS비율이 1% 미만으로 나타난 (경북)김천저축은행을 부실금융기관으로 결정하고 영업정지와 경영개선계획제출 등 경영개선명령을 부과하였다. 이 저축은행은 금감원에 경영개선계획서를 제출하였으나 승인 받지 못하여, 예보의 자금지원을 조건으로 하는 제3자 앞 계약이전을 추진하였다. 그러나 이 역시 무산되어 예보가 총 769억원의 예금을 대지급하였다.

또 2003년 중에는 2000년 중 부실신용금고 인수에 따른 손실을 보전해 주기로 한 부민저축은행 등 8개 저축은행에 총 436억원을 출연하였다. 이들 저축은행에 대하여는 피인수 저축은행의 순자산부족분을 7년 동안 약정일로부터 매3개월마다 출연하기로 하였고, 또 인수 전에 발생한 원인으로 제기된 소송에서 패소하는 경우에도 그 손실을 보전해 주기로 약정한 바 있다.

이 밖에 저축은행으로서는 동양저축은행이 동양금융지주회사로 편입되었으며, 이에 관하여는 앞에서 살펴본 바와 같다.

2004년에 들어 금감위는 2월 16일 자산 · 부채실사 결과 부채가 자산을 초과하고 BIS비율이 지도기준에 미달하는 (경남)한나라저축은행을 부실금융기관으로 결정하고 영업정지와 경영개선계획 제출 등 경영개선명령을 내렸다. 이 저축은행은 금감원에 경영개선계획서를 제출하였으나 승인 받지 못하여, 예보의 자금지원을 조건으로 하는 제3자 앞 계약이전을 추진하였다. 그러나 이 역시 무산되어 예보가 총 1,229억원의 예금을 대지급하였다. 또 9월 20일과 12월 16일에는 같은 사유로 (부산)한마음저축은행과 (경남)아림저축은행을 각각 부실금융기관으로 결정하고 영업정지와 경영개선계획 제출 등 경영개선명령을 부과하였다.

2004년 중에는 이 밖에도 2000년에 부실금고를 인수한 8개 저축은행에 총 413억원을 추가로 출연하였다. 다만 출연대상 저축은행중 부실금융기관으로 결정된 (부산)한마음저축은행은 9월 20일 영업정지되어 추가 출연을 중단하였다.

2005~2006년 중 구조조정

2005년에 들어서는 (서울)한중저축은행, (부산)플러스저축은행, (부산)인베스트저축은행 등이 차례로 부실금융기관으로 결정되고, 영업정지와 경영개선계획 제출 등 경영개선명령을 받았다. 또 2006년 9월에는 (경기)좋은저축은행이 부실금융기관으로 결정되어 경영개선명령을 받았다.

한편 예보는 이들 부실저축은행에 대한 제3자 매각을 추진한 바 이중 2004년 영업정지된 (부산)한마음저축은행과 (경남)아림저축은행, 2005년 영업정지된 (서울)한중저축은행과 (부산)인베스트저축은행에 대하여는 신설저축은행으로의 계약이전결정을 하였다.

구체적으로 금감위는 2005년 7월 22일 신설 (부산)부산솔로몬저축은행에 대한 영업인가를 하여 (부산)한마음저축은행의 자산 · 부채를 계약이전 받도록 하였다. 부산솔로몬저축은행은 (서울)솔로몬저축은행(84.8%)과 솔로몬신용정보(15.2%)가 공동출자하여 설립한 저축은행이다. 이어 8월 26일에는 신설 예가람저축은행에 대한 영업인가를 하여 (경남)아림저축은행과 (서울)한중저축은행의 자산 · 부채를 계약이전 받도록 하였다. 예가람저축은행은 예보가 100% 출자하여 설립하였으며, 구 아림저축은행의 기존 고객의 편의를 위하여 경남 거창 및 울산에 지점을 설치, 운영하였다.

반면에 2005년 1월 경영개선명령을 받은 플러스저축은행은 이에 불복하고 그 해 4월 행정법원에 이 명령에 대한 처분취소청구소송을 제기하여 7월에 승소하였다. 법원의 판결로 경영개선명령의 효력은 정지되었으나 금감위는 이 저축은행의 영업재개시 예금인출사태등 혼란을 방지하기 위하여 6개월간 영업정지처분을 내리고 경영관리를 실시하였다. 그 후 자산실사 결과 자산 대비 부채가 2,000억원 이상 초과하는 것으로 나타나자 금감위는 12월 13일 이 저축은행에 대하여 파산을 신청하였다.

또 2006년 5월 26일 금감위는 파랑새저축은행에 영업인가를 하여 (부산)인베스트저축은행의 자산 · 부채를 이전 받도록 하였다. (부산)인베스트저축은행은 부산의 개인기업가가 전액 출자하여 설립한 저축은행이다.

이 기간 중 저축은행 구조조정을 위하여 투입된 자금의 내용을 살펴 보면 다음과 같다.

예보(예금보험기금)는 2005년중 아림 및 한중저축은행의 예금채무중 계약이전에서 제외된 예금자에 대하여 461억원의 예금을 대지급하고, 정리절차가 진행중인 플러스저축은행, 인베스트저축은행의 예금자에 대하여 4,608억원의 예금을 가지급하였다. 또 한마음저축은행을 인수한 부산솔로몬저축은행에 대하여 자산 및 부채를 이전하면서 발생한 순자산부족액 중 일부인 3,210억원을 출연하고 120억원을 대출하였으며, 부산솔로몬이 인수하지 아니한 자산을 정리금융공사가 매입하고, 그 대금으로 781억원을 지급하였다.

이어 예보는 아림 및 한중저축은행의 정리를 위한 가교은행으로서 예가람저축은행을 설립하면서 168억원을 출자하고 순자산부족액 1,036억원을 출연하였으며, 예가람이 인수하지 아니한 자산을 정리금융공사가 매입하고 그 대금으로 184억원을 지급하였다. 정리금융공사의 자산매입에 필요한 자금은 예보가 대출하였다.

2006년 중에는 플러스저축은행이 금감위의 인가취소로 파산절차에 들어감에 따라 기존의 가지급금 외에 162억원의 예금을 대지급하였고, 영업정지된 좋은저축은행 예금자에 대한 예금대지급 자금으로 600억원을 가지급하였다. 또 인베스트저축은행이 파랑새저축은행으로 계약이전됨에 따라 기지급한 가지급금 중 일부를 환입하여 이를 감안한 2006년 중 순보험금지급액은 326억원이 되었다.

이 밖에 예보는 2002년 이전에 부실저축은행을 인수한 부민상호저축은행 등 13개 저축은행의 추가손실을 보전하기 위하여 2005년중 1,070억원, 2006년중 498억원을 출연하였다.

예가람저축은행

2004년 12월에는 총자산 2,200억원 규모의 (서울)한중저축은행이 영업정지되고, 2005년 1월에는 총자산 1,900억원 규모의 (경남)아림저축은행이 부실금융기관으로 지정된 후 금융감독원은 이들 저축은행에 대한 공개매각을 시도하였으나 성과가 없었다. 따라서 이들 저축은행을 정리하기 위하여 가교은행을 설립하였다.

가교은행의 이름은 예가람상호저축은행(이하 예가람)으로 2005년 5월 예보가 자본금 186억원을 전액 출자하여 설립하였다. 예가람의 주된 목적은 한중 및 아림저축은행의 자산부채를 이전 받아 영업을 계속하는 것이었으나, 금감위가 정식으로 상호저축은행업 인가를 함으로써 단순한 가교은행에 그치지 않고 정상적인 여수신업무를 영위하고, 향후 다른 부실상호저축은행의 자산·부채도 계약이전 받아 정리할 수 있도록 하였다.

예가람은 2005년 8월 금감위로부터 상호저축은행업 인가를 받고, 즉시 한중 및 아림저축은행으로부터 계약이전을 받아 영업을 개시하였다. 이 저축은행은 경남 거창에 지점을 두어 구(舊) 아림저축은행의 고객들과의 영업을 유지하였다.

한편 예보는 예가람에 대하여 양 저축은행으로부터 자산·부채 인수시 순자산부족분 1,036억원을 출연하였고, 예가람으로 이전되지 아니한 예금의 예금주에 대하여 461억원의 예금을 대지급하였다. 또 정리금융공사는 양 저축은행의 부실자산을 인수하고 그 대금으로 184억원을 지급하였다.

2006년 들어 예보는 예가람에 대한 공개매각을 추진하여 그 해 5월 태광산업그룹 계열사인 고려상호저축은행+대한화섬 콘서시엄에 매각하였다. 매각대금은 423억원으로 최초 납입자본금의 2.5배에 달했다.

예아름상호저축은행

이후 예보는 (경기)좋은상호저축은행(2006년 9월 영업정지)의 경영정상화를 추진하기 위한 가교은행 설립을 추진하였으며, 그 결과 2007년 3월 예아름상호저축은행을 설립하고 영업인가를 받았다. 예아름저축은행은 예보가 전액 출자한 저축은행으로 예가람저축은행에 이어 부실상호저축은행의 경영정상화를 위해 설립된 2번째 정리금융기관이 되었다.

저축은행에 대한 감독제도 개편

금감위는 2005년 12월 23일 상호저축은행 영업기반의 확충을 유도하기 위하여 유가증권 투자한도의 완화, 적기시정조치의 절차개선 및 감독업무의 투명성 제고를 주요 내용으로 상호저축은행업감독규정을 개정하였다.

먼저 적기시정조치의 절차에 있어서는 조치 전에 당해 기관에 사전통지를 하여 의견을 제출할 기회를 부여하도록 하였다. 더욱이 경영개선명령의 경우는 조치 전에 경영개선계획 제출을 요구하고, 이에 대한 경영평가위원회의 사전심의를 거치도록 하였다. 또한 경영개선계획에 대한 평가 · 승인절차를 폐지하고 이행계획 보고로 대체함으로써 처리기간을 단축하도록 하였다.

다음, 저축은행간 자율적인 인수 · 합병(M&A) 활성화를 위해 저축은행이 다른 저축은행의 주식을 매입한 뒤 BIS비율이 7% 이상이거나 일정기간 내에 7%이상을 달성할 수 있는 경우 저축은행의 주식취득을 허용하였다. 종전에는 자기자본의 80% 이내에서 다른 저축은행 발행주식의 15% 이내에서만 취득을 허용하였다.

또 금융감독원은 저축은행중앙회와 공동으로 중앙회 전산망을 이용한 저축은행 상시모니터링시스템 구축을 완료하고 2007년 2월 1일부터 운영을 시작하였다. 이는 중앙회 통합전산망과 개별저축은행의 전산시스템을 연결하여 저축은행에서 발생하는 특이한 거래를 중앙회에서 실시간으로 모니터링하고, 위법 · 부당한 혐의가 발견되는 경우 즉시 금감원에 보고하도록 하는 시스템이다.

3. 신용협동조합

금감위는 신협중앙회의 건의를 받아 2002년 11월 4일 115개의 부실신협에 경영관리를 개시한 데 이어 동년 12월 20일에는 7개 신협에 추가로 경영관리를 개시한 바 있다. 2003년에 들어와서는 그 중 6개 신협의 경영정상화계획을 검토하여 자구노력에 의한 손실보전계획의 이행, 고액예금자의 예금지급정지, 관리인의 업무를 해하지 않는 범위 내에서의 임직원의 직무수행을 조건으로 이를 승인하고 경영관리명령중 일부를 철회하였다.

이후 신협 및 신협중앙회의 부실문제가 어느 정도 해소되자 2003년 7월 30일 신용협동조합법을 개정하여 조합의 자금차입과 운용상의 제한을 완화하였으며, 이에 따라 금감위는 12월 22일 상호금융업감독규정을 개정하여 자금운용상의 제한을 대폭 완화하였다.

감독관련 규정의 개정

2003년 7월 30일자 개정법률에서는 중앙회가 경영건전성기준을 충족시키지 못하는 경우 금감위가 자본금 증가, 보유자산의 축소 등 경영개선조치를 할 수 있도록 하고, 조합 또는 중앙회가 임 · 직원의 개선(改選), 징계면직의 조치를 요구 받은 경우 당해 임 · 직원은 그 날부터 직무가 정지되고, 그 업무를 집행할 임원이 없는 경우에는 금감위가 임시임원을 선임할 수 있도록 함으로써 중앙회에 대한 금감위의 감독권한을 강화하였다.

반면에 개정법률은 조합의 자금차입한도와 동일인 대출한도 등 자금의 조달과 운용상의 규제를 대폭 완화하였다. 이어 2003년 11월 4일자 동법 시행령 개정령에서는 자금차입한도, 동일인 대출한도, 여유자금 운용상의 제한 및 상환예치금 예치기준을 새로 규정하면서 그 구체적인 내용 또는 기준을 금감위에서 정하도록 하였다.

이에 따라 금감위는 2003년 12월 22일 상호금융업감독기준을 개정하여 중앙회에 대한 경영개선조치의 기준을 신설하고, 자금조달 및 운용상의 제한방법 등을 구체화하였다.

개정된 감독기준 중 특징적인 내용을 살펴보면 다음과 같다.

먼저 중앙회에 대한 경영개선조치의 기준은 자기자본비율 5% 미만으로서 종합평가등급이 3등급 이상이고 자산건전성 또는 자본적정성 등급이 4등급 이하인 경우 경영개선권고, 자기자본비율이 3% 미만이고 종합평가등급이 4등급 이하인 경우는 경영개선요구, 자기자본비율이 0% 미만이거나 경영개선요구를 미이행하였거나 경영정상화가 곤란한 경우는 경영개선명령을 각각 부과하는 것으로 하였다.

또 조합에 대하여는 경영실태평가시 금융감독원의 권한을 강화하였으며, 재무상태개선 조치의 방법을 재무상태개선권고와 재무상태개선요구 등 2단계로 시행하도록 하였다.

이와 함께 중앙회의 자금운용과 관련하여서는 여유자금을 상환예탁금과 신용예탁금으로 구분하여 각각에 대한 유가증권매입한도와 매입가능 유가증권의 범위를 정하고, 조합원이 아닌 일반인에 대한 대출한도를 정하였다.

또 신용협동조합의 자금운용과 관련하여 조합의 매입가능한 회사채의 범위 등 여유자금운용 제한의 구체적 기준을 규정하였다.

예금보험기능의 개편

한편 정부는 2002년 12월 16일 예금자보호법을 개정하여 2004년 1월 1일부터 신협을 예금자보호대상 금융기관에서 제외하도록 하였다. 이를 대체하기 위하여 2003년 7월 30일자 개정 신용협동조합법에서는 신협중앙회 내에 신용협동조합 예금자보호기금을 설치하도록 하였다.

이 보호기금의 주 업무는 조합이 납부하는 출연금, 중앙회로부터의 전입금, 차입금, 기금운용 수익금 등을 재원으로 조합원(신협을 이용하는 비조합원 포함)의 예탁금과 적금 등의 환급을 보장하는 것이다. 즉, 조합이 업무정지, 파산 등으로 조합원의 예탁금을 지급하지 못할 경우 보호기금이 대위변제하도록 함으로써 종전 예보의 예금보험기능을 수행하도록 하였다. 이 경우 보호기금은 조합에 대한 조합원의 권리를 취득하고, 조합부실에 책임이 있는 자에 대하여 손해배상을 청구할 수 있도록 하였으며, 조합 예금자에 대한 예금보장한도는 동법 시행령에서 5,000만원으로 정하여 예보의 경우와 동일하게 하였다.

이 밖에도 개정법률에서는 조합원은 소속조합의 업무집행상황이 법규에 위반된다고 판단하는 경우 조합원 1/100 이상의 동의가 있는 경우에는 중앙회에, 조합원 3/100 이상의 동의가 있는 경우에는 금융감독원장에게 검사를 청구할 수 있도록 하였다.

부실신협 관련 구조조정자금의 투입

2003년 중에는 14개 신협이 영업정지되었으며, 2002년 중 영업정지된 신협을 포함한 41개 조합의 예금자 208,574명에 대하여 예금보험금을 7,481억원으로 산정하고, 2002년중 미지급분을 포함한 총 1조 2,493억원을 실지급하였다.

신협에 대한 경영관리와 관련하여 예보는 2002년 11월 4일 일괄 영업정지된 115개 신협에 대하여 2003년 상반기까지 경영관리를 종료하고, 특히 (경북)포항제일 등 6개 신협을 정상화시켜 공적자금의 부담을 감소시켰다. 또 2003년부터 예보는 '경영관리전담팀'을 구성하여 보험사고 발생시 경영관리 착수와 동시에 부실책임조사와 보험금계산조사가 이루어지도록 하였다.

신협이 부보금융기관에서 제외됨에 따라 2004년 중 신규로 발생한 부실신협에 대하여는 공적자금이 투입되지 않았다. 다만 2003년 부실화된 14개 신협에 대하여 경영관리를 종료하고, 그 중 5개 신협에 대한 예금자들에게 총 644억원을 예금대지급하였다. 이어 2005년에는 그 동안 보험금 지급보류사유의 해소, 보험금청구소송, 채무 부존재소송 등의 결과에 따라 27억원의 예금이 추가로 대지급되었으며, 2006년중에는 7억원의 추가 대지급과 9억원의 환입이 있었다.

2003년부터 2006년까지의 이 기간 중 예보는 신협 구조조정을 위하여 총 1조 3,223억원의 자금을 지원하였으며, 이 중 1조 1,024억원은 예보채상환기금(공적자금)에서, 나머지 2,199억원은 예금보험기금에서 각각 투입하였다.

4. 농 · 수협

일반금융기관이 부실화되거나 부실우려가 있는 경우에는 금감위가 적기시정조치를 하고, 이 조치에 수반하여 예보가 예금대지급, 출자지원 또는 손실보전 등 자금지원을 한다. 그리고 이러한 자금의 조성과 운용을 위하여 예보에 예금보험기금을 설치하고, 예보 운영위원회로 하여금 이 기금을 관리하도록 하고 있으며, 금융기관 부실채권에 대하여는 자산관리공사가 이를 매입 또는 수임하여 관리하거나 처분하도록 하고 있다.

이와 마찬가지로 농업협동조합과 수산업협동조합 중 부실(우려)조합에 대하여 적기시정조치를 하고, 이 조치에 수반한 자금지원을 원활히 할 수 있도록 하기 위하여 정부는 관련법규를 정비, 제정하였다.

농협구조개선에 관한 법률의 제정

정부는 2001년 9월 12일 '농업협동조합의 구조개선에 관한 법률' (농협 구조개선법)을 제정하여 12월 13일부터 시행하였다. 이 법률은 농협(단위조합)의 예금자보호업무, 부실조합에 대한 지원 및 부실정리업무와 그 업무를 지원하기 위한 기금의 설치 · 관리에 관한 사항을 규정하고 있다.

이 법률은 일반금융기관에 대한 구조조정절차를 규정하는 금산법, 구조조정 관련 자금지원에 관한 사항을 규정하는 예금자보호법, 부실채권정리에 관한 사항을 규정하는 자산관리공사법의 체계를 종합한 형태를 보이고 있다.

구조개선법의 주요내용은 다음과 같다.

① 농림부장관은 부채가 자산을 초과하거나, 거액의 금융사고 또는 부실채권의 발생으로 정상적 경영이 어려운 조합은 부실조합으로, 재무구조가 취약하여 부실조합이 될 가능성이 큰 조합은 부실우려조합으로 지정한다.

② 농림부장관은 부실조합 또는 부실우려조합에 대하여 경영개선권고, 요구 또는 명령을 하거나 그 이행계획 제출을 명하는 적기시정조치를 하여야 한다. 경영개선의 내용은 조합에 대한 주의, 경고, 임직원에 대한 인사조치, 자본의 감소 · 증대, 보유자산의 처분, 인원 · 점포의 축소, 임원의 직무정지, 관리인의 선임, 사업의 정지, 양도, 계약의 이전, 합병 등으로 한다.

적기시정조치를 이행하지 아니하는 조합에 대하여는 당해 임원의 직무를 정지하고 관리인을 선임할 수 있으며, 당해 조합에 대하여 계약이전의 결정, 사업의 정지, 설립인가의 취소 등 행정조치를 할 수 있다.

예금자보호기금의 설치, 운용

③ 신용사업 또는 공제사업을 하는 조합(공제사업에 있어서는 중앙회 포함)이 파산 등의 사유로 예금 등 채권을 지급할 수 없는 상황에 대처하기 위하여 농협중앙회에 상호금융 예금자보호기금(이하 기금)을 설치, 운영한다. 기금은 조합이 납부한 보험료, 정부 출연금, 중앙회 출연금, 차입금, 기금채권 발행자금, 지원자금의 회수액 등을 재원으로 한다. 기금의 사용은 보험금(예금대지급금)의 지급, 부실조합에 대한 자금지원, 자산관리회사에 대한 대여 등에 한한다.

④ 기금의 관리기관은 중앙회로 한다. 중앙회에는 기금관리위원회를 두어 기금의 조성 · 운영 · 관리, 보험금 지급, 부실조합의 결정 · 지원, 자금차입, 기금채권발행 등에 관한 사항을 심의 · 의결하도록 한다. 위원회의 위원장은 중앙회 조합감사위원회의 위원장이 되고, 위원은 중앙회 회장, 농림부장관, 재경부장관, 기획예산처장관, 금감위 위원장이 지정하는 자와 각계 전문가로 구성한다.

⑤ 관리기관(중앙회)이 조합에 자금을 지원하는 경우에는 조합책임자에 대한 공평한 손실분담과 자구노력이 전제되어야 하며, 경영정상화이행약정을 체결하여 재무적 목표수준을 정하고 지원자금의 안정적 운용을 기하도록 하여야 한다.

⑥ 조합 및 중앙회는 조합 부실자산의 효율적정리를 위하여 농업협동조합 자산관리회사(이하 관리회사)를 설립할 수 있다. 관리회사는 조합부실자산의 매입, 보전, 추심 등의 업무를 한다. 관리회사는 중앙회 또는 다른 금융기관으로부터 차입하여 운영자금을 조달한다.

⑦ 농림부장관은 관리기관과 관리회사의 업무를 감독하고, 필요한 경우 회계 및 재산에 관한 사항을 보고하게 하거나 검사를 할 수 있으며, 금융감독원장에게 검사를 요청할 수 있다.

위 규정중 기금의 설치에 관한 사항은 농업협동조합법에서 이관, 규정되면서 그 조성재원과 용도가 대폭 확대되었다. 또한 기금관리위원회의 설치에 관한 사항은 종전 농업협동조합법에도 관련규정이 있었으나 구조개선법이 제정되면서 위원회의 구성과 기능이 전면 개편되었다.

위 구조개선법의 시행에 따라 농림부는 2002년 1월 부실(우려)조합에 대해 경영개선권고 · 요구 · 명령 등 적기시정조치의 구체적인 기준을 마련하였다. 이 기준에서는 순자본비율이 0~-7% 이거나 종합경영평가 4등급인 조합에 대하여는 경영개선권고, 이 비율이 -7~-20% 이거나 종합경영평가 5등급인 조합에 대해서는 경영개선요구, 이 비율이 -20% 미만 이거나 또는 예금지급이나 차입금상환이 정지되는 등 부실상태가 심각한 조합에 대해서는 경영개선명령의 조치를 취하도록 하였다.

또 농협중앙회 내에는 기금관리위원회가 새로 설치되었으며, 2002년 8월에는 농협 자산관리회사가 중앙회의 자회사로 설립되었다.

수협구조개선에 관한 법률의 제정

농협 구조개선법에 이어 정부는 2003년 9월 3일 '수산업협동조합 구조개선에 관한 법률(수협 구조개선법)' 을 제정하였다. 이 법률의 내용은 농협 구조개선법과 대동소이하며 특징적인 사항은 다음과 같다.

해양수산부장관은 부실(우려)수협에 대한 적기시정조치와 그 이행을 위한 지원조치, 위반시의 행정조치 및 관리기관에 대한 감독을 한다. 수협중앙회에 상호금융예금자보호기금을 설치하여 예금자에 대한 보험금지급, 부실조합에 대한 지원 등의 업무를 하도록 한다. 기금의 관리는 수협중앙회가 한다. (농협중앙회의 경우와 같은 자산관리회사의 설립에 관하여는 별도의 규정이 없다.)

수협 구조개선법에서도 기금의 설치에 관한 사항은 수산업협동조합법에서 이관, 규정되면서 조성재원과 용도가 대폭 확대되었다. 또 기금관리위원회의 설치에 관한 사항 역시 구조개선법이 제정되면서 위원회의 구성과 기능이 전면 개편되었다.

농협(중앙회) 신용사업부문의 독립성강화

1999년 9월 새로 제정된 농업협동조합법은 동 조합중앙회의 신용사업부문과 경제사업부문의 분리를 추진하도록 규정한 바 있다. 이와 관련하여 정부는 2004년 12월 31일 농협법을 개정하여 신용사업을 비롯한 각 사업전담대표이사의 지위를 강화하였다. 종전에는 회장과 각 사업전담대표이사를 모두 상임으로 하였으나, 개정법률에서는 회장을 상임이사직에서 제외하고, 각 사업전담대표이사가 소관 전담사업에 관하여 중앙회를 대표하도록 하였다.

또 신용사업을 비롯한 각 사업부문에는 각 대표이사와 이사로 구성된 소이사회를 두어 소관업무에 대한 경영목표의 설정, 소관업무의 사업계획 및 자금계획의 수립, 관련 조직 및 업무운영, 중요한 자산의 취득 및 처분, 소관업무의 위험관리 등에 관한 사항을 의결하도록 함으로써 의사결정이 신속하게 이루어지도록 하였다. 이와 함께 종전에는 전체 이사의 2/3 이상을 조합장 중에서 선임하도록 하던 것을 개정법률에서는 이를 1/2 이상으로 완화함으로써 전문가의 참여기회를 확대하였다.

개정법률은 2005년 7월 1일 발효되었고, 이로써 농협 신용사업부문의 독립성이 더욱 강화되었다.

□ 구조조정자금의 투입규모

종금사, 저축은행 및 신협의 구조조정을 위하여 예보채상환기금과 예금보험기금이 투입한 자금이 규모는 각각 다음과 같다.

종금 · 저축은행 · 신협 자금지원 실적(예보채상환기금)

(1998년~2006년) (단위: 억원)

	출 자	출 연	예금 대지급	자산 매입	대 출	계
종금사	27,052	7,431	182,718		12,917	230,118
(우리종금)	24,912	7,431				32,343
저축은행	101	3,762	72,768		8,533	85,164
신협			47,576		367	47,943
합 계	27,153	11,193	303,062		21,817	363,225

[주] 종금사, 신용금고 및 신협 지원자금 중에는 예금보험기능 통합전 신용관리기금 등에서 지원한 16,069억원이 포함되어 있으며, 이 자금은 공적자금집계시 제외됨.

[자료] 예보 2006년 연차보고서 토대로 필자정리

저축은행 · 신협 자금지원 실적(예금보험기금)

(2003년~2006년) (단위: 억원)

	출 자	출 연	예금 대지급	자산 매입	대 출	계
저축은행	168	6,135	7,387		1,085	14,775
신협			2,199			2,199
합 계	168	6,135	9,589		1,085	16,974

[주] 2002년 말 자산 · 부채가 예보채상환기금으로 이전된 이후 신설된 예금보험기금의 지원실적이며, 공적자금집계시에는 제외됨.

[자료] 예보 2006년 연차보고서

제3절 증권 · 투신 · 보험사 구조조정

2003년 이후 증권 · 투신사에 대한 구조조정이나 손실보전, 출자지원 등 공적자금 투입은 한동안 소강상태를 보였으나 2004년에는 현대투신증권의 해외매각, 2005년에는 한국투자증권과 대한투자증권의 국내매각과 관련한 추가출연 및 자산매입이 이루어졌다.

또 보험사에 대하여는 2003년과 2004년중 대신생명과 한일생명의 매각이 완료되고, 2002년 이전 생보사 매각에 따른 손실보전이 있었다.

1. 현대투신증권 매각

정부는 현대투신증권에 대한 제2차 매각작업을 추진하던 중 미국계 AIG컨소시엄으로부터 투자의향서를 받고 2001년 8월 23일 양해각서(MOU)를 체결하였으나, 그 직후 미국 9·11사태의 영향으로 투자자측의 인수의지가 약화되어 2002년 1월 18일 매각협상이 최종 결렬되었다.

그 후 정부(금감위)는 각국 투자금융기관에 인수의향을 타진하여 가장 적극적인 관심을 보인 미국 푸르덴셜(Prudential Financial)과 매각협상을 진행하였다. 이 협상과정에서 당초 매각대상에 포함하였던 현대증권은 제외하고 현대투신증권과 그 자회사인 현대투신운용 등 2개사만 매각하는 것으로 방향을 바꾸었다.

이후 푸르덴셜측의 본실사와 매각조건에 대한 협의를 거쳐 양측은 2003년 3월 27일 양해각서(MOU)를 체결하였다. 그러나 양해각서 체결 후 본계약(안)에 대한 협의가 진행중이던 2003년 3월, SK글로벌 사태와 카드채 사태가 발생하여 수익증권 대량 환매사태로 확산되면서 현투증권의 수탁고가 대폭 감소하였다. 이로 인하여 기업가치 산정시 수립한 추정사업계획의 달성이 사실상 불가능해짐에 따라 푸르덴셜측은 기업가치의 삭감을 주장하게 되었고, 이에 금감위는 푸르덴셜과의 수차례의 협상을 통해 매각대금지급방식을 일괄지급에서 조건부 분할지급으로 변경하는 방안을 마련하였다.

이 방안에 대한 공자위의 심의 결과 매각가격 산정 방법, 대금지급 방법, 사후손실 보전방안 등을 보완하도록 하였다.

매각계약의 체결과 이행

공자위가 승인한 바에 따라 예보는 2003년 11월 25일 푸르덴셜과 본계약을 체결하였다. 본계약에서 합의된 주요 매각조건은 다음과 같다.

① 매각대상 및 매각가격

예보가 보유하게 될 현투증권 지분 80% 및 현투증권의 자회사인 현투운용을 매각하되, 매각가격은 매각일 기준 현투증권의 과거 1년간 영업실적에 따라 산정한다.

② 잔여지분매각

잔여지분 20%에 대하여 매각완료 3년 경과시점부터 3년간 예보는 풋옵션을, 푸르덴셜은 콜옵션을 보유한다. 옵션행사가격은 현투증권의 영업실적에 따라 산정한다.

③ 공적자금지원 및 사후손실보전

예보는 현투증권에 대해 재무건전성 기준 등을 충족하는 수준으로 출자 및 자산매입을 하고, 향후 3년간 매매계약상의 진술, 보증 및 확약의 위반, 진행중인 소송 등으로 인한 손실, 매각 당시 출자를 통해 해소하지 않은 CBO후순위채 손실이 발생할 경우 예보가 이를 보전한다.

④ 경영권

경영권은 대주주인 푸르덴셜이 행사하되, 잔여지분 20%를 보유하는 예보는 상근감사위원을 파견하고 경영상 중요한 결정사항에 대하여 거부권을 행사할 수 있다.

계약체결 후 금감위는 2004년 1월 3일 현투증권에 대해 부실금융기관 결정과 함께 완전감자명령을 부과하고, 예보에 대해서는 자금지원을 요청하였다. 이에 따라 현투증권은 완전감자하였고, 예보는 2월 26일 현투증권이 영업용순자본비율(NCR) 200% 이상 달성, 비영업용부채 해소 등 조건들을 충족하는데 필요한 자금 2조 5,570억원을 투입하였다. 이 금액에는 출자 2조 1,604억원, 자산매입 2,966억원, 출연 1,000억원이 포함되었다.

다음날 예보는 자본금 출자로 취득한 현투증권 지분 중 80%를 푸르덴셜에 매각하고 그 대금으로 3,555억원을 수취하였다. 수취방법은 매각대금중 1,067억원은 현금으로 지급 받고, 나머지 2,488억원은 예보가 현투증권에 후순위채권 매입형태로 지원하여야 할 부분을 푸르덴셜이 직접 인수하는 것으로 갈음하였다. 위 공적자금 투입액과 회수액(매입자산 및 잔여주식 포함)과의 차이는 곧 공적자금의 손실이 되었다.

이후 예보는 현투증권 매각 당시까지 종결되지 않은 소송 등으로 인하여 발생한 손실의 보전과 현투증권의 기업가치 제고를 위하여 2006년말까지 총 985억원을 추가 출연하였다. 이 외에 현투증권에 대한 손실보전을 최소화하기 위하여 2008년까지 매년 일정규모의 CBO후순위채권을 매입하기로 한 약정에 따라 2006년 말까지 총 5,080억원을 매입하였다.

현투증권은 푸르덴셜에서 인수한 직후인 2004년 2월 27일 상호를 푸르덴셜투자증권으로 변경하였다.

2. 한국투자증권 매각

전술한 바와 같이 한국투자신탁은 2000년 중 공적자금의 투입을 계기로 투자신탁증권회사로 전환하고, 전환 직후 투자신탁운용회사를 분리, 독립시켰다. 그 후 한국투자신탁증권㈜는 2003년 6월 한국투자증권㈜으로 명칭을 변경하였다.

2000년중 한투증권에 대한 대규모 공적자금 투입에도 불구하고 영업환경 악화 및 주식시장 침체 등으로 경영정상화가 예상보다 지연되었다. 2003년 11월 7일 공자위는 한투증권에 대한 국내외 공개매각 등 처리방안을 의결하고, 그 매각실무를 예보가 진행하도록 하였다.

예보는 한투증권에 대한 매각절차를 밟아 2004년 7월 우선협상대상자로 동원금융지주, 예비협상대상자로 미국계 Carlyle을 각각 선정하고 매각협상을 진행하였다. 그 결과 우선협상대상자인 동원금융지주와 매각가격 등 계약조건에 합의하고, 2005년 2월 공자위의 의결을 거쳐 본계약을 체결하였다.

주요 계약조건은 다음과 같다.

① 매각대상 및 매각가격

예보는 기존주식의 완전감자와 추가 자금지원을 통하여 보유하게 될 한투증권 지분 100% 및 한투증권의 자회사인 한투운용을 매각하고, 동원금융지주는 매각대금으로 5,462억원을 지급한다.

② 공적자금 지원 및 사후손실보전(Indemnification)

예보는 한투증권에 대해 재무건전성 기준 등을 충족하는 수준으로 출자 및 자산매입하고, 향후 2년간 매매계약상의 진술, 보증 및 확약의 위반, 진행 중인 소송 등으로 인한 손실 등이 발생할 경우 이를 보전한다.

③ 인수 후 재매각의 제한

인수자측의 건실하고 책임 있는 경영을 유도하기 위하여 한투증권 인수 후 원칙적으로 3년간 재매각을 금지한다.

계약체결 후 금감위는 3월 18일 한투증권에 대해 완전감자명령을 부과하고, 예보에 대해 자금지원을 요청하였다. 예보는 3월 30일 한투증권의 영업용순자본비율(NCR) 150% 이상 달성 및 순자산가치(NAV) 일정 수준 충족에 필요한 1조 3,980억원을 한투증권에 지원하였다. 이 금액에는 출자 8,649억원, 자산매입 4,831억원 및 출연 500억원이 포함되었다.

다음날 예보는 자본금 출자에 따라 취득한 한투증권 지분 100%를 동원금융지주에 매각하고, 매각대금으로 5,462억원을 수취하였다.

한투증권에 대하여 정부는 2000년 중 이미 4.3조원을 출자지원한 바 있다. 여기에 위 지원액을 가산하고 회수액(매입자산 포함)을 차감한 금액은 곧 공적자금의 손실이 되었다.

한편 한투증권 매각계약서에는 매각 당시 진행중인 소송 및 매각이전의 원인행위로 인한 소송등으로 인한 손실과 출자금 부족액 및 신탁형증권저축계정 상환재원 부족액은 예보가 추후 보전하기로 되어 있었다. 예보는 매각 당시 출연금 500억원 외에 2006년말까지 254억원을 추가출연하였다.

3. 대한투자증권 매각

대한투자신탁 역시 2000년 중 공적자금의 투입을 계기로 투자신탁증권회사로 전환하고, 전환 직후 투자신탁운용회사를 분리, 독립시켰다. 그 후 대한투자신탁증권㈜는 2003년 6월 대한투자증권㈜으로 명칭을 변경하였다.

2003년 11월 7일 공자위는 한국투자증권과 함께 대한투자증권에 대하여도 국내외 공개매각등 처리방안을 의결하고, 그 매각실무를 예보가 진행하도록 하였다. 예보는 대투증권에 대한 매각절차를 밟아 2004년 7월 PCA컨소시엄을 매각우선협상대상자로, 하나은행 컨소시엄을 예비협상대상자로 각각 선정하였다. 그러나 우선협상대상자로 선정된 PCA컨소시엄이 인수의사를 철회함에 따라 예비협상대상자인 하나은행컨소시엄과 매각협상을 진행하여 최종계약조건에 합의하고, 공자위의 의결을 거쳐 2005년 5월 2일 본계약을 체결하였다.

매매계약상 주요 매각조건은 다음과 같다.

① 매각대상 및 매각가격

예보는 기존주식의 완전감자와 자금지원을 통하여 보유하게 될 대투증권 지분 100% 및 대투증권의 자회사인 대투운용을 매각하고, 하나은행은 그 대금으로 4,750억원을 현금으로 지급한다.

② 공적자금 지원 및 사후손실보전(Indemnification)

예보는 대투증권에 대해 재무건전성 기준 등을 충족하는 수준으로 출자 및 자산매입 등 자금을 투입하고, 매매계약상 진술, 보증 및 확약의 위반, 진행 중인 소송 등으로 인한 손실 등이 발생할 경우 이를 보전하며, 사후손실보전기한은 원칙적으로 2년으로 한다.

③ 인수 후 재매각의 제한

인수자측의 건실하고 책임있는 경영을 유도하기 위하여 하나은행이 대투증권을 인수한 후 원칙적으로 3년간 재매각을 금지한다.

계약체결 후 금감위는 5월 16일 대투증권에 대해 완전감자명령을 부과하고, 예보에 자금지원을 요청하였다. 예보는 본계약에서 약정한 바에 따라 대투증권의 영업용순자본비율(NCR) 150% 이상 달성 및 순자산가치(NAV) 일정수준 충족에 필요한 1조 1,043억원을 5월 30일 대투증권에 지원하였다. 이 금액에는 출자 4,003억원, 자산매입 6,540억원 및 출연 500억원이 포함되어 있었다.

다음날 예보는 자본출자로 취득한 대투증권 지분 100%를 하나은행에 매각하고, 매각대금으로 4,750억원을 수취하였다.

대투증권에 대하여 정부는 2000년 중 이미 2.5조원을 출자지원한 바 있다. 여기에 위 지원액을 가산하고 회수액(매입자산 포함)을 차감한 금액은 곧 공적자금의 손실이 되었다.

한편 대투증권 매각계약서에도 매각 당시 진행중인 소송및 매각 이전의 원인행위로 인한 소송 등으로 인한 손실과 출자금 부족액 및 신탁형증권저축계정 상환재원 부족액은 예보가 추후보전하기로 되어 있다. 따라서 예보는 매각 당시출연금 500억원 외에 2006년말까지 128억원을 추가 출연하였다.

4. 동원금융지주회사의 설립

동원산업을 주축으로 하는 동원그룹은 2002년 10월 소속계열사중 금융사업군을 하나의 금융지주회사에 편입시켜 계열에서 분리하기로 하였다. 당시 동원그룹 산하에는 동원증권, 동원투신운용, 동원창업투자, 동원캐피탈, 동원저축은행 등의금융회사가 영업을 하고 있었는데, 그룹은 이들 금융회사의 계열분리를 위하여 주주회사인 동원산업으로부터 금융부문 관련 자산을 분할하여 독립시키고, 고유사업(수산업)은 동원산업에 존속시키는 인적분할방식을 채택하기로 하였다.

동원그룹은 금감위에 금융지주회사 설립 예비인가신청을 하여 2002년 12월 27일 예비인가를 받았다. 동원산업은 2003년 1월 1일 회사를 분할하여 신설회사를 설립하고 상호를 동원파이낸스㈜로 하였다. 동원파이낸스에는 동원산업 자산의 57%에 해당하는 금융부문자산이 이전되었으며, 이 분할을 위하여 동원산업의 구주를 보통주 1주당 0.45주의 비율로 병합하고, 병합된 주식 1주당 신설회사의 보통주 0.55주를 구주주에게 균등배분하였다.

동원파이낸스는 5월 30일 금융지주회사의 본인가를 받고 상호를 동원금융지주㈜로 변경하여 국내 최초의 증권업 중심 금융지주회사로 출범하였다.

이후 동원증권, 동원상호저축은행, 동원창업투자를 자회사로 편입하고, 동원캐피탈, 동원투신운용 및 동원증권의 해외현지법인(뉴욕, 런던)을 손자회사로 편입하였다. 구체적으로 동원금융지주는 2003년 7월 7일을 주식교환 기준일로 하여 동원증권의 주식 1주당 회사의 주식 0.81주의 비율로 교환함으로써 동원증권에 대한 지분율을 100%로 하였다. 이어 2003년 11월에는 동원증권으로부터 동원창업투자 주식 71.0%를 장내매매방식으로 매수하여 자회사로 편입하였고, 2004년 1월 5일에는 동원증권로부터 동원상호저축은행 주식 99.86%를 매수하여 자회사로 편입하였다.

이후 동원금융지주와 그 산하 금융회사들이 공정거래법에 의한 독립경영인정기준을 충족하여 2004년 12월 13일자로 기업집단 '동원' 으로부터 계열분리되었다.

한국투자증권 인수

2005년 3월 31일 동원금융지주는 전술한 바와 같이 한국투자증권의 주식을 취득하여 자회사로 편입하였으며, 이에 따라 한국투자증권의 자회사인 한국투신운용과 한국투자관리아시아(KIM Asia)가 손자회사로 편입되었다. 한국투자증권 인수를 계기로 동원금융지주는 5월 20일 그 명칭을 한국투자금융지주회사로 변경하면서 동원창업투자는 한국투자파트너스로, 동원상호저축은행은 한국투자상호저축은행으로 변경하는 CI작업을 실시하였다.

한국투자금융지주의 주력 자회사가 된 한국투자증권(주)는 2005년 6월 1일을 기준일로 동원증권(주)를 흡수합병하고, 그 이후에도 다수 금융회사를 자회사 또는 손자회사로 편입하였다.

5. 보험사 매각 및 손실보전

(1) 대신생명 매각

대신생명보험은 2000년 12월말 지급여력비율이 -744.9%(지급여력부족액 787억원)로 기준(100%)에 크게 미달하게 되자 2001년 5월 14일 금융감독원은 금감위의 의결을 거쳐 경영개선명령을 부과하였다. 명령의 주요 내용은 6월 30일까지 자본금증액 등을 통하여 지급여력비율을 100% 이상 충족시키고, 인력 및 조직의 축소 등 사업비감축과 부실자산 처분방안 등을 수립, 시행할 것이며, 이러한 내용이 반영된 경영개선계획을 1개월 이내에 제출할 것이었다.

그러나 이 회사는 대주주가 증자에 참여할 의사가 없어 실질적인 자본확충방안이 포함된 경영개선계획을 제출하지 못하게 되었다. 금감위는 7월 12일 이 회사를 부실금융기관으로 결정하고, 임원 전원(감사 포함)의 업무집행정지를 명하는 한편, 그 업무를 대행할 관리인을 선임하기로 의결하였다. 이와 함께 금감위는 공적자금 절감 및 고용안정을 위해 이 회사를 신속히 매각한다는 방침을 수립하고, 예보에 매각 주선을 요청하였다.

예보는 대신생명에 대한 공개매각을 추진하여 2003년 3월 (주)녹십자를 인수자로 결정하고, 인수자에 의한 신설보험사 설립후 계약이전하는 방식으로 매각하기로 하였다. 녹십자는 대신생명보험(주)의 보험계약 등을 이전 받을 녹십자생명보험(주)를 설립하여 6월 27일 금감위로부터 사업허가를 받았다.

사업허가 후인 6월 30일 금감위는 대신생명의 보험계약 및 자산 등을 녹십자생명에 이전하는 계약이전결정을 내렸다. 인수사인 녹십자생명과 피인수사인 대신생명이 회계법인을 선정하여 대신생명의 자산·부채를 실사한 결과 자산부족액이 1,715억원으로 나타났다. 예보는 이 자산부족액에서 녹십자생명의 자본금(인수대금) 350억원을 제외한 1,365억원과 경과이자 27억원을 합하여 총 1,392억원을 녹십자생명에 출연하였다.

(2) 한일생명 매각

2001년중 금감위는 삼신, 현대, 한일 등 3개 생보사를 모두 부실금융기관으로 결정하고 공개입찰 매각을 추진하였다. 그러나 입찰 실시결과 이들 보험사에 대한 인수희망자가 없어 매각이 무산되자 삼신생명과 현대생명에 대하여는 대한생명으로 계약이전결정을 하고, 한일생명은 요건을 갖추어 부실금융기관 결정을 취소 받은 바 있다.

이후 한일생명은 대주주인 쌍용양회로부터의 증자 등 자본확충이 이루어지지 않아 9월말 지급여력비율이 −456.4% (지급여력부족액: 128억원)로서 감독기준인 100%에 미달하고, 6월말 순자산 부족액이 691억원에 달하게 되었다. 금감위는 한일생명에 대하여 2001년 12월말 기준 지급여력비율을 100% 이상 충족시킬 수 있는 경영개선계획을 제출하도록 하는 경영개선명령을 부과하였다.

한일생명은 대주주 등으로부터의 후순위차입 50억원을 포함한 자본확충 160억원 및 제3자 매각 등을 추진한다는 내용의 경영개선계획을 제출하였으나 이 계획은 기한 내에 이행되지 않았다. 금감위는 2002년 10월 25일 한일생명을 부실금융기관으로 결정하고, 임원 전원(감사 포함)의 업무집행정지와 그 업무를 대행할 관리인의 선임을 의결하였다.

이와 함께 금감위는 예보에 한일생명에 대한 공개매각을 요청하였으며, 예보는 매각절차를 진행하여 2004년 4월 8일 국민은행과 매각에 관한 본계약을 체결하였다. 매각계약에서 국민은행은 보험회사를 신설하여 한일생명의 보험계약을 이전 받는 방식으로 인수하기로 하였다.

국민은행은 4월 29일 KB생명보험㈜을 신설하였고, 금감위는 5월 31일 한일생명의 보험계약 및 자산 등을 KB생명에 이전토록 하는 계약이전 결정을 내렸다. 인수사인 KB생명과 피인수사인 한일생명은 회계법인을 선정하여 한일생명의 자산 · 부채를 실사하고, 이전대상 자산 · 부채와 그 순자산부족액(283억원)을 확정하였다. KB생명은 순자산부족액에 대한 손실보전출연을 예보에 요청하였으며, 예보는 12월 2일 순자산부족액 283억원에서 인수대금 25억원을 차감하고, 계약이전 기준일로부터 출연일까지의 경과이자 4억원을 가산한 262억원을 KB생명에 출연하였다.

(3) 보험사 추가 손실보전

2000년 3월 동양생명이 태평양생명을 인수함에 있어 인수 후 일정기간 내에 발생한 손실에 대하여는 예보가 추가로 보전하기로 약정되어 있었다. 이 약정에 따라 동양생명은 2003년 5월 15일 예보에 고용조정비용 분담에 따른 추가손실 보전을 요청하였고, 예보는 7월 2일 37억원을 출연하였다.

SK생명은 2000년 3월과 5월 국민생명과 한덕생명을 인수한 후 양사에 진행중인 소송결과에 따라 발생하는 손실을 보전한다는 내용의 약정을 체결한 바 있다. 이에 근거하여 SK생명은 확정된 소송결과에 따른 손실보전을 요청하였으며, 예보는 2004년 5월과 12월에 총 62억원을 추가 출연하였다.

리젠트화재는 2002년 6월 금감위의 계약이전결정에 따라 동양, 삼성, 현대, LG, 동부 등 5개 손해보험사로 자산부채를 이전한 바 있다. 그러나 이 때 리젠트화재와 코리안리재보험과의 재보험계약 등은 실재성 확인이 되지 않아 이전 대상에서 제외하였다. 이후 예보는 이 재보험계약의 실재성을 확인하고, 그 미지급금 지급에 따른 5개 인수사의 손실을 보전하기 위하여 2005년 9월 순자산부족액 37.1억원과 경과이자 1.2억원 등 총 38.3억원을 출연하였다.

□ 구조조정 소요자금

2006년말까지 증권 · 투신사와 보험회사의 구조조정을 위하여 지원된 금액은 예보채상환기금(종전 예금보험기금) 29.7조원, 국유재산특별회계에서 0.9조원 등이며, 그 내역은 아래와 같다. 증권 · 투신사 및 보험사에 대한 예금보험기금의 지원은 없었다.

증권 · 투신 · 보험사 자금지원 실적 (예보채상환기금)

(1998년~2006년) (단위: 억원)

	출 자	출 연	예금 대지급	자산 매입	대 출	계
증권 · 투신사	80,769	3,367	144	19,044		103,324
(대투,한투증권)	61,652	1,382		11,369		74,403
보험사	159,198	31,171		3,495		193,864
(서울보증보험)	102,500					102,500
(대한생명)	35,800	12,201		48		48,049
합 계	239,967	34,538	144	22,539		297,188

[자료] 예보 2006년 연차보고서 토대로 필자정리

투신사 자금지원 실적 (공공자금)

(1998년~2006년) (단위: 억원)

	국유재산 특별회계	정부예산	공공자금 관리기금	한국은행	계
	출자	출자	채권매입	출자	
대한, 한국투신	9,000				9,000

[주] 2000년 이후 변동사항 없음

[자료] 공적자금백서 2006.8 토대로 필자정리

제4절 신용카드사 구조조정

신용카드사의 자금난으로 금융시장에 불안이 고조되자 정부는 2003년 3월 17일 '금융시장안정을 위한 신용카드사 종합대책'과 4월 3일 금융시장안정대책을 발표하였다. 이들 대책의 주요내용은 특히 신용카드전업사에 대하여 대주주의 자기자본확충 등을 통한 경영정상화를 촉구하는 한편, 정부는 카드사의 현금서비스 제한 등 규제를 신축성 있게 운영함으로써 카드사의 경영개선을 지원하는 것이었다.

정부 방침에 따라 카드전업사들은 유상증자 및 후순위사채의 발행을 통한 자본확충 또는 계열사와의 합병을 추진하였고, 은행계 전업사의 경우는 모은행으로의 흡수합병을 추진하였다. 다만 LG카드의 경우에는 LG그룹 자체 해결에 이르지 못하고 채권금융기관이 인수, 처리하였다.

1. 은행계 카드사

은행계 신용카드사 중 국민신용카드는 2003년 9월 30일 모은행인 국민은행에 흡수합병 되었으며, 이어 외환신용카드와 우리신용카드가 2004년 2월 28일과 3월 31일 각각 모은행에 합병되었다. 이에 따라 신용카드전업사의 수는 2004년 4월 이후 7개로 감소하였다.

국민신용카드

국민신용카드㈜는 1987년 9월 25일에 설립되어 국민은행의 신용사업부문을 인계 받았으며, 신용카드업법에 의한 신용카드, 팩토링, 수요자금융 등의 영업과 기타 부대업무를 영위하여 왔다. 이 회사는 1998년 8월 22일 국민할부금융, 12월 30일 장은신용카드를 각각 흡수합병하여 할부금융업과 렌탈업을 겸영하였다.

그 후 꾸준한 영업신장으로 2001년에 영업수익 2조 3,340억원, 당기순이익 4,582억원을 기록한 데 이어 2002년 상반기에 영업수익 1조 5,615억원, 당기순이익 2,505억원을 기록하였다. 그러나 같은 해 하반기에는 영업수익 1조 5,847억원에 5,114억원의 적자가 발생하여 경영이 악화되었다.

대주주인 국민은행은 2003년 5월 국민신용카드를 합병하기로 결정하고, 2003년 9월 30일을 합병기준일로 흡수합병하였다. 합병과정에서 국민은행은 국민은행을 제외한 외부주주들에 대해 국민신용카드㈜ 보통주 1주당 은행의 보통주 0.443주를 교부하였다.

외환신용카드

외환신용카드는 1988년 5월 19일 외환은행의 출자로 설립된 카드사로서 설립 당시 회사명은 환은신용카드였으나 1992년 1월 1일자로 외환신용카드로 회사명을 변경하였다. 이 후 1999년 1월 1일 외환할부금융를 흡수합병하고 할부금융업을 겸영하여 왔다.

2002년 이후 카드업계 전반에 걸친 연체율 증가와 대규모 대손발생으로 하반기에 619억원의 적자를 낸 데 이어 2003년 상반기에는 2,773억원, 하반기에는 1조 1,531억원으로 적자폭이 커지는 등 심한 경영난에 처하게 되었다.

이에 따라 2003년 11월말에는 자금결제수요를 앞두고 약 7,000억원의 자금부족상태에 이르게 되었다.

외환은행의 최대주주인 론스타와 외환카드의 2대주주인 올림푸스캐피탈은 외환카드에 유상증자를 통한 유동성을 지원방안을 협의하였으나 최종적으로는 외환은행에 흡수합병하기로 하였다.

외환은행은 2004년 2월 28일을 기준일로 외환신용카드를 흡수합병하였다. 합병과정에서 외환은행은 외환신용카드의 주주 중 외환은행과 외환카드 자기주식을 제외한 외부 주주들에 대하여 외환신용카드 주식 1주당 외환은행 주식 0.534주를 교부하였다.

우리신용카드

우리신용카드는 (구)평화은행이 2001년 12월 17일자로 상호변경하여 재출범한 회사이다. 우리신용카드 출범 후 12월 31일자로 은행업부문(신탁부문포함)을 우리은행으로 이전시키고, 2002년 1월 31일과 2003년 2월 28일에 우리은행과 광주은행의 신용카드사업부문을 인수하였다.

이 회사 역시 신용카드업계의 전반적인 연체율 증가와 대규모 대손발생으로 2002년 하반기 2,328억원의 적자를 낸 데 이어 2003년 상반기 4,098억원, 하반기 9,107억원으로 적자폭이 늘어났다. 이에 우리금융지주회사는 우리신용카드를 우리은행에 합병하되 종전 광주은행 카드사업부문은 분할하여 광주은행에 합병하기로 결정하였다.

우리은행은 2004년 3월 31일 우리신용카드를 흡수합병하였으며, 합병비율은 우리신용카드 주식 1주당 우리은행 주식 0.358주로 하여 우리은행의 자본금이 약 3,269억원 증가하였다.

이에 앞서 3월 29일 광주은행은 우리신용카드의 종전 광주은행 카드사업부문을 분할합병하였다. 회사분할시 광주은행은 우리신용카드의 구주주에 대하여 신주를 교부하지 않았다.

2. 신용카드 전업사

삼성카드는 2003년 5월과 6월에 2,000억원의 유상증자와 8,000억원의 후순위전환사채 발행을 통해 자본확충을 실시한 바 있으나, 2003년 3/4분기까지 1조원 이상의 순손실이 발생하자 추가적인 자본확충을 추진하였다. 그러나 최종적으로는 2004년 1월 그룹 내 할부금융사인 삼성캐피탈과 합병하고 내년 3월 말까지 최대 1조원 규모의 증자를 실시하기로 결정하였다.

이 결정에 따라 삼성카드는 2004년 2월 1일 삼성캐피탈을 흡수합병하고 그 대가로 삼성카드의 신주를 발행, 교부함으로써 987억원의 자본금을 증가시켰고, 4월 16일 9,375억원의 유상증자를 실시하여 자본금을 총 1조 3,149억원으로 확충하였다. 증자시 주당 납입액은 8,000원(액면 5,000원)으로서 실제 자기자본은 1.5조원 증가하였다.

롯데카드는 2002년말 현재 자본금이 2,968억원이었으나 2003년 11월에 87% 감자하여 386억원으로 감소시킨 후, 12월 1일 관계회사 롯데쇼핑의 카드사업부문을 통합하면서 자본금이 총 3,782억원으로 증가하였다.

롯데쇼핑의 카드사업부는 1979년 겸영여신업 허가를 득한 후 유통계 신용카드를 발급하여 영업을 계속해 오다가 2003년 12월 1일 물적분할하여 롯데카드에 흡수합병되었다. 이 분할합병과 관련하여 롯데쇼핑은 롯데카드의 보통주 1주당 0.955주의 비율로 신주를 배정받았으며, 이로 인하여 롯데카드의 자본금은 3,782억원으로 확충되고, 롯데쇼핑은 롯데카드의 최대주주(92.54%)가 되었다. 또 이로써 롯데카드는 2002년 12월 3일 동양그룹으로부터 인수된 지 1년 만에 유통계 카드사업을 통합한 중견 신용카드사업자가 되었다.

3. LG카드

2003년 9월말 현재 LG카드(이하 회사)는 단기차입금 5.6조원, 회사채 6.6조원, 채권유동화 10.8조원 등의 방법으로 자금을 조달하고 있었다. 그러나 2003년 4/4분기 이후에는 신용도의 하락으로 회사채와 CP의 차환발행이 어려워짐에 따라 만기가 도래되는 대로 상환하지 않을 수 없게 되었다.

LG그룹은 회사의 유동성문제 해결을 위하여 기존주주 등에 의한 유상증자와 외국투자기관으로부터의 투자유치로 2조원의 자금을 조달하기로 하고 우선 은행권에서 2조원을 지원해 줄 것을 요청하였다. 그 조건으로 그룹 회장이 소유의 ㈜LG 주식(5.46%), 회사 주식(3.16%), LG투자증권 주식(0.12%) 등을 담보로 제공하겠다고 하였으나 채권단은 그룹 회장의 특수관계인 지분까지 담보제공할 것을 요구하여 협상이 지연되고 있었다. 회사의 자금난은 더욱 심화되어 11월 21일에는 카드회원에 대한 현금서비스를 중단하는 사태까지 발생하였다.

채권단의 금융지원

LG그룹에서는 다시 채권단에 신규자금 지원을 요청하면서 그 조건으로 2004년 3월말까지 회사에 1조원 규모의 자본을 확충하고, 그룹회장과 그 특수관계인의 지분을 포함한 (주)LG 주식 5.46%, LG투자증권 주식 4.4%, 회사 주식 16.0%를 담보로 제공하기로 하였다. 이와 함께 유동성위기가 재발할 때는 담보로 제공한 회사 주식을 전량 무상소각하며, 회사 자본확충이 이루어지지 못할 경우 채권단이 담보를 처분해도 이의를 제기하지 않겠다는 확약서를 제출하였다.

채권단은 회사에 협조융자 형태로 신규자금 2조원을 지원하고, 기존 채권의 만기를 모두 1년간 연장해 주었으며, 이로써 회사는 유동성 위기에서 벗어나 현금서비스를 재개하였다. 이 때 채권단은 회사에 관리단을 파견하여 자금흐름과 정상화 추진상황을 점검하도록 하였다. 은행권의 신규자금지원에 이어 보험, 투신사 등 제2금융권에서도 채권의 만기를 연장해 주기로 하였다.

금융기관으로부터의 자금지원이 결정된 후 회사는 연내 유상증자와 외부자금의 유치를 동시에 추진하였다. 우선 12월 중에 내부적으로는 구주주를 대상으로 1,850억 규모의 유상증자를 실시하였는데, 증자 과정에서 기존 주주의 청약이 저조하였기 때문에 LG투자증권의 추가 청약을 받고 일반주주를 대상으로 공모를 실시하여 납입을 완료하였다.

자금지원이 이루어진 후 12월 16일 LG그룹과 채권단은 LG그룹이 보유하는 회사 및 LG투자증권 지분을 모두 인수하여 패키지 매각하기로 합의하였다. 구체적으로 ① LG그룹은 LG카드와 LG투자증권 주식(대주주 및 특수관계인 지분 포함)을 포기하고, 채권은행들이 이를 인수하며, ② 2004년 1/4분기까지 완료키로 했던 7,000억원 유상증자 대신 LG카드가 발행하는 기업어음(CP) 8,000억원어치를 매입하고, ③ 채권단에 담보로 제공된 그룹회장의 ㈜LG 지분 5.46%를 반환하기로 결정한 것이다. 여기서 채권단이 넘겨 받을 LG투자증권의 지분은 총 21.19%로서 이중 개인 대주주와 특수관계인의 지분 4.40%(537만주)는 회사 자본확충을 위해 주당 1원에 넘겨받고, 나머지 LG계열사의 지분 16.79% (2,051만주)는 시가로 인수하기로 하였다.

이 결정에 따라 채권단은 회사와 LG투자증권에 대한 패키지 매각을 추진하였으나, 그 해 12월 30일 최종입찰시 인수희망자가 없어 매각이 무산되었다. 이후 채권단은 회사와 LG증권을 동시에 매각하는 것보다

LG증권을 먼저 매각하고, 회사는 채권단에서 출자전환을 통하여 경영을 정상화시킨 후 매각하기로 결정하였다.

출자전환

2004년 들어서도 회사의 자금난이 계속되어 채권은행단에서 우선 2조원의 자금을 추가로 지원해야 하는 문제가 대두되었다. 그러나 은행들은 추가지원의 부담을 최소화할 것을 주장하여 합의가 지연되었고, 그러한 상황에서 1월 8일 회사에 다시 현금서비스 중단사태가 발생하였다.

채권은행들은 회사에 대한 지원대책을 협의한 끝에 산업은행이 자금지원규모를 늘리고, 회사를 단독관리하는 방안에 합의하였다. 이 방안의 내용은 신규자금 지원규모를 당초 2조원에서 LG투자증권 매각시 매각이익 추정액 3,500억원을 차감한 1조 6,500억으로 줄이고, 지원자금중 산업은행의 부담을 5,674억원으로 늘리는 것이었다. 또 향후 추가 자금수요가 생길 경우에도 다른 은행의 추가부담 없이 산업은행이 1,250억원을 지원하고, LG그룹도 회사채 인수방식으로 최대 3,750억원을 지원하는 것이었다.

채권단은 또한 신규지원자금 1조 6,500억원과 2003년 11월 지원자금 2조원을 합한 총 3조 6,500억원의 대출금을 출자로 전환하되, 우선 1조원을 먼저 출자전환하여 지분을 확보한 뒤 44 대 1의 균등 감자를 실시하고, 나머지 2조 6,500억원은 단계적으로 출자전환한다는 방안을 수립하였다. 또 LG투자증권 매각 이익(3,500억원 예상)도 회사에 투입하기로 했으며, 매각이익이 부족하면 10개 채권은행이 분담하기로 하였다.

이 같은 방침에 따라 산업은행과 15개 채권금융기관은 1월 12일 'LG카드 위탁경영에 대한 양해각서(MOU)'를 작성하여 회사에 대한 관리를 산업은행에 일임하였으며, 채권단은 경영관리단을 구성하여 2월 6일 회사에 파견하였다. 그러나 그 후 일부 채권은행이 이 협약에 불참함에 따라 기존채권의 출자전환이 2조원에서 1조 9,078억원으로 줄고, 신규 유동성 지원은 1조 6,500억원에서 1조 5,916억원으로 감소하였다.

약정에 따라 2월 13일에는 1차로 채권 9,539억원이 출자전환 되고, 5월 8일에는 회사 주식이 모두 97.7% 무상감자되었으며, 7월 28일에는 나머지 채권 2조 5,455억원이 추가로 출자전환되었다. 이에 따라 회사 자본금은 2조 5,856억원으로 대폭 증가하고, 산업은행(26.0%)를 비롯한 채권금융기관이 절대주주(총 99.3%)가 되었다.

회사는 구주주의 경영권 포기에 따라 1월 15일자로 기업집단 'LG'로부터 계열제외되었다.

산업은행 관리

산업은행이 회사를 관리함에 있어 지금까지 채권단이 금융회사를 공동관리한 전례가 없었기 때문에 양측은 경영자율성의 범위와 자금통제 방식 등에 대해 협의하였다. 그 결과 양측은 회사가 경영정상화계획을 수립하여 산업은행에 제출하고 산업은행이 그 이행을 점검하는 방식을 취하기로 합의하였다.

합의에 따라 주채권은행인 한국산업은행과 회사는 5월 13일 경영정상화계획의 이행을 위한 약정을 체결하였다. 약정의 주요내용에는 채권단의 출자전환 및 경영진 선임에 관한 사항과 함께, ① 회사는 약정체결 후 빠른 시일내에 연도별 경영목표와 자구계획을 포함한 경영정상화계획을 수립하여 한국산업은행에 제출하고 이를 이행하며, ② 추후 사업매각과 신규차입 등 주요 경영사항을 채권단과 협의하며, ③ 연간업무계획을 수립하여 분기별로 경영평가를 받고, ④ 산업은행은 경영지원단을 파견하여 자금관리 및 경영정상화 지원업무를 수행하기로 하였다.

한편 회사는 2004년 2월말 기준 조정자기자본비율이 0.9%로 금융감독위원회의 적기시정조치(경영개선명령) 대상에 해당되었으나, 회사가 적기시정조치(경영개선명령)에 준하는 경영정상화계획을 수립하여 이행중에 있으므로 2005년 4월말까지 금감위의 적기시정조치 부과가 유예되었다.

LG증권 주식의 인수 및 매각

LG그룹이 LG투자증권에 대한 보유지분(21.19%)을 넘겨주기로 함에 따라 회사 관리은행인 산업은행은 LG증권에 대한 매각을 먼저 추진하였다. 이 매각에 대비하여 회사는 4월 30일 먼저 LG계열사로부터 LG투자증권 지분 2,051만주(16.79%)를 주당 10,525원에 매입하였다.

LG투자증권에 대한 매각을 실시한 결과 우리금융지주가 최종 인수자로 결정되어 7월 7일 회사와 우리금융지주 간에 LG증권 매각을 위한 양해각서(MOU)가 체결되었다. 양해각서 체결 직후 회사는 LG그룹의 개인대주주 및 특수관계인으로부터 LG투자증권(주) 주식 537만주(4.40%)를 주당 1원에 매입하였다. (실제로는 7월 21일에 대상주식을 주당 7,350원에 매입하고, 7월 27일에 동 매입대금과 당초 결의된 매입대금(주당 1원)과의 차이 395억원을 무상으로 증여 받았다.) 또 이들 개인대주주 및 특수관계인은 보유하고 있던 회사 주식 잔여분을 장내매각하고, 매각대금 중 51억원을 위 차액과 함께 LG카드에 증여하였다.

이후 회사는 2004년 9월 우리금융지주와 LG증권 주식매각에 관한 본계약을 체결하고, 12월 24일 매각주식을 양도하였다. 매각 대상주식은 LG계열사와 개인대주주 등으로부터 매입한 주식 합계 총 2,588만주, 매각대금은 주당 11,500원인 2,976억원, 매각차익은 817억원이었다. 당초 예상한 매각차액은 3,500억원이었다.

우리금융지주는 LG투자증권을 인수함에 따라 그 자회사인 LG투신운용과 LG선물도 함께 인수하게 되었다.

LG카드 매각

회사는 2004년 3/4분기까지 4,000억원의 적자를 내고 있었으나 4/4분기에 흑자로 전환되었다. 2005년에 들어와 회사는 1월 28일 일반공모방법으로 8,620억원의 유상증자를 실시하고, 3월 8일에는 2,821억원을 무상감자하였다. 이에 따라 회사 자본금은 6,268억원으로 감소하고, 최대주주인 산업은행의 지분은 26.0%에서 22.9%로 낮아졌다.

그 후 산업은행은 회사 매각작업을 다시 추진하여 2006년 3월 27일 채권단 보유지분 72.1%에 대한 매각공고를 낸 결과 다수 기관이 인수의향서를 제출하였다.

그런데 6월 중순, 회사에 대한 공개입찰 매각은 증권거래법상 공개매수 조항을 위배했다는 지적이 제기되어 매각절차가 일시 중단되었다. 증권거래법에는 주주 10인 이상으로부터 6개월 이내에 주식을 5% 이상 매수할 때는 공개매수 절차를 밟도록 되어 있는데, LG카드의 경우는 8개 은행과 6개 보험사 등 14개 채권단의 보유주식 72.1%를 매각하는 것이어서 원칙적으로 공개매수 대상에 해당한다는 것이다.

채권단은 7월 10일 회사를 기존의 공개입찰방식에 공개매수를 혼용한 방식으로 매각절차를 계속하기로 결정하였다. 즉, 이 입찰에서 우선협상대상자로 선정된 자는 공동관리 대상 지분 72.1%(약 9,040만주)중 최소한 51%(약 6,400만주) 이상을 매입하도록 하고, 동시에 공개매수를 진행하여 공개매수에 응한 소액주주의 지분도 같은 비율로 매입하도록 하는 것이었다.

매각작업이 속개되자 농협, 신한금융그룹, 하나금융그룹 등 3개 기관이 입찰에 참가하여 신한금융그룹이 최종 인수자로 결정되었다. 한국산업은행 등 채권금융기관은 12월 20일 신한금융지주와 회사에 대한 보유지분을 공개매수방식으로 매각하는 계약을 체결하였다. 계약조건에서 채권단 보유주식은 총 발행주식의 61%(약 7,650만주)를 주당 67,770원, 매매대금 5조 1,827억원에 매각하는 것으로 하였다.

계약에 따라 신한금융지주는 위 채권단 보유주식을 포함한 공개매수를 진행하여 2007년 3월 23일 6조 6,765억원을 투입하여 총 9,852만주(78.6%)의 주식을 인수 완료하였다. 또 신한금융지주는 신한은행이 보유하고 있던 회사주식 896만주(7.1%)를 추가로 인수하여 총 1억 748만주(85.73%)의 지분을 갖게 되었다.

4. 카드사의 경영실적 추이

신용카드 이용실적 추이

(단위: 만매, 조원, %)

	2002	2003	2004	2005	2006
카드발급수	10,480	9,522	8,341	8,352	9,115
결제서비스 (비중)	268.0 (39.4)	240.7 (46.5)	229.9 (62.5)	258.2 (69.5)	276.3 (72.8)
대출서비스	412.8	276.6	138.1	113.2	103.4
합 계	680.8	517.3	368.0	371.5	379.7
증감율	39.4	–24.0	–28.9	1.0	2.2

[주] 겸영은행 포함, 괄호안은 구성비

[자료] 금감원 각년도 '신용카드사 영업실적', 통계정보시스템

신용카드사들은 2003년 2/4분기 이후 카드의 발급을 제한하여 카드발급매수는 2002년말 1억 480만매에서 2006년말 9,115만매로 줄어들었

다. 이에 따라 카드이용실적도 감소하여 2003~4년 중 대출서비스가 276.6조원과 138.1조원으로 전년대비 각각 33.0%, 50.1% 급감하고, 결제서비스는 240.7조원과 229.9조원으로 전년대비 10.2%, 4.5% 감소하였다. 그러나 전체 여신에 대한 결제서비스 금액의 비중은 2002년말 39.4%에서 46.5%와 62.5%로 매년 증가하였다.

2005년 이후에는 결제서비스 금액이 급격히 늘어남에 따라 신용카드 이용실적 총액이 다소 늘어나면서도 대출서비스는 지속적으로 감소하였다. 따라서 전체여신에 대한 결제서비스 금액의 비중도 2006년에 72.8%로 크게 증가하였다.

여신건전성과 자본적정성

카드사의 연체율은 2003년 중 계속 상승하여 연말에는 14.1%를 기록하였으나 2004년 1/4분기 이후 점차 하락하여 2006년말에는 4.0%로 낮아졌다. 이와 함께 부실채권(고정이하여신)비율도 2003년말 11.0%로 상승하였다가 점차 하락하여 2006년 말 5.6%로 낮아졌다. 한편 조정자기자본비율도 2003년 말 자기자본의 잠식으로 부(負)의 비율을 나타냈으나 2004년 이후 상승하여 2006년 말 현재 24.4%로 개선되었다.

카드사 여신건전성 및 자본적정성 추이

(단위: %)

	2002. 12	2003. 6	2003. 12	2004. 12	2005. 12	2006. 12
연체율	5.96	9.56	14.05	9.02	5.88	4.04
부실채권비율	3.96	6.00	10.99	6.19	9.69	5.63
조정자기자본비율	12.44	11.36	-5.49	9.83	18.99	24.41

[주] 관리자산 기준 총채권에 대한 1개월 이상 연체율로서 2003년까지는 국민카드 제외 8개 전업사, 2004년 이후는 6개 전업사의 실적임

[자료] 금감위 각년도 신용카드사 경영실적, 금감원 경영통계정보시스템

영업실적

6개 카드전업사의 영업실적 추이

(단위: 10억원)

구 분	2002	2003			2004	2005	2006
	연간	상반기	하반기	연간	연간	연간	연간
영업수익	11,559	5,492	4,059	9,551	8,363	7,307	8,639
당기순이익	7,002	−2,072	−5,651	−7,723	−1,341	339	2,164
대손상각비	4,025	4,416	5,502	9,918	6,191	2,647	752

[자료] 금감원 금융통계정보시스템

모은행으로 흡수합병된 국민, 외환, 우리신용카드를 제외한 6개 카드전업사를 중심으로 영업실적 추이를 살펴보면 다음과 같다.

6개 카드사의 영업수익은 2002년중 총 11.6조원에서 2005년 7.3조원으로 매년 감소하다가 2006년에 8.6조원으로 대폭 늘어났다. 2006년중 증가는 BC카드의 회원은행 가맹점계약을 비씨카드가 체결하는 방식으로 변경됨에 따른 것이다.

당기순이익은 2002년 7.0조원 흑자에서 2003년 7.7조원의 적자로 크게 악화되었다가 2004년에는 적자폭이 1.3조원으로 줄고, 2005년 이후 흑자로 전환되었다. 또 영업손실에 가장 큰 영향을 미치는 대손상각비도 2002년 4.0조원에서 2003년 9.9조원으로 대폭 증가하였다가 그 후 감소되어 2006년에는 7,500억원으로 축소되었다. 이는 카드사의 리스크관리가 강화되면서 회원의 모집과 신용한도 책정이 점차 합리적으로 운영된 결과이다.

LG카드의 경우는 2003년 5.6조원의 적자를 내어 존폐의 위기를 맞이하였으나 채권단의 구조조정과 증자지원을 받아 2004년 4/4분기에 흑자로 전환하였으며, 2005년에는 1.4조원, 2006년에는 1.2조원의 흑자를 냈다. 삼성카드는 2003년중 1.3조원, 2004년중 1.1조원, 2005년 1/4분기중 1.5조원의 적자를 내었으나, 그 동안 부실채권에 대한 상각처리를 마무리하여 2005년에는 2/4분기부터 흑자로 전환되었고, 2006년에는 연간 2,718억원의 흑자를 나타냈다. 또 현대카드는 2003년 6,200억원, 2004년 2,200억원 적자를 낸 후 2005년에는 600억원, 2006년에는 2,700억원의 흑자를 기록하였다.

제 5절 자산관리공사(고유회계)의 부실채권정리

자산관리공사는 외환위기 이후 공적자금(부실채권정리기금)을 사용하여 부실채권을 인수·정리하여 왔으나, 이 기금의 부실채권인수기간이 2002년 11월 23일에 종료됨에 따라 2003년 이후에는 공사 고유회계에서 부실채권을 매입하였다.

2003년 이후의 부실채권인수규모는 1, 2단계 구조조정기에 비해 그 규모가 매우 적었다. 그 동안 국내 금융기관이 보유하는 부실채권의 규모가 크게 감소하여 정리의 필요성이 줄어들었기 때문이다.

공사(고유회계)가 인수한 부실채권은 크게 신용카드 및 할부금융사의 개인무담보채권과 은행의 일반담보부채권이 주종을 이룬다. 이 중 신용카드사 및 할부금융사 채권은 주로 2003년 카드사태시 대량 부실화된 개인채무로서 대부분 무담보채권이다. 일반담보부채권은 주로 은행에서 보유하는 부동산 담보부채권으로서 대부분 사후정산조건부로 매입하였다. 사후정산이란 공사가 채권을 일정한 가격으로 매입한 후 담보부동산이 처분되면 그 처분가액에 일정한 금리를 감안한 가격으로 매입대금을 정산하는 것을 말한다. 일반담보부채권의 매입은 2006년중 제2금융권에서 크게 증가하였다.

2003년 이후 공사의 부실채권인수실적은 다음과 같다.

자산관리공사(고유회계)의 부실채권 인수현황

(2003년부터 2006년까지) (단위: 억원)

구분		담보채권			무담보 채권	특별 채권	워크아웃 채권	합계
		은행	비은행	소계				
2003	채권액	6,783	6	6,789	66,580	331	1,164	74,864
	매입액	4,679	5	4,684	8,111	23	678	13,496
2004	채권액	9,365	–	9,365	–	–	–	9,365
	매입액	6,384	–	6,384	–	–	–	6,384
2005	채권액	4,325	128	4,453	–	–	–	4,453
	매입액	3,106	123	3,229	–	–	–	3,229
2006	채권액	2,378	3,026	5,404	2,739	–	–	8,143
	매입액	1,872	2,236	4,108	2	–	–	4,110
계	채권액	22,851	3,160	26,011	69,319	331	1,164	96,825
	매입액	16,041	2,364	18,405	8,113	23	678	27,219

[주] 부실채권 매입규모는 인수 후 환매 · 해지되거나 확인과정에서 증감될 수 있는 바, 위 현황은 계약액 기준임.

공사 고유회계의 부실채권 처리방법은 부실채권정리기금의 정리방법에 비해 매우 단순했다. 우선 인수 부실채권의 종류와 규모가 크지 않은 데다가 신용카드사와 할부금융사로부터 매입한 개인무담보채권의 경우는 개인채무자에 대한 신용회복지원이 우선 고려되어야 했고, 은행으로부터 사후정산조건부로 매입한 채권은 그대로 보유하다가 사후정산을 해야 했기 때문이다.

먼저 신용카드사 및 할부금융사로부터 인수한 채권은 채무자로부터 직접회수하거나 신용정보회사에 추심을 의뢰하여 회수했다. 이 때 채무자가 일정한 요건에 해당하는 경우 공사 자체적으로 채무조정을 실시하고 장기 분할상환하도록 유도했다. 또 채무자가 한마음금융이나 희망모아 프로그램 대상에 해당하는 경우 공사는 그 채권을 해당 프로그램에 이관하여 회수했다. 이는 한 사람의 채무자가 여러 금융기관에 채무를 지고 있는(다중채무자) 경우, 그 여러 금융기관이 공동으로 채무조정을 하여 채권을 회수해야 하기 때문이다.

한편 일반담보부채권의 경우에는 채권을 그대로 보유하면서 채무자로부터고 직접 회수하거나 담보부동산 처분 후 처분결과에 따라 매입대금을 사후정산하는 방법으로 회수했다.

2003년 이후 공사의 부실채권정리실적은 다음과 같다.

자산관리공사(고유회계)의 부실채권정리현황

(2003년부터 2006년까지) (단위: 억원)

인수		정리			보유	
채권액	매입액	채권액	매입액	회수액	채권액	매입액
88,521	22,504	48,319	15,753	20,868	40,202	6,751

[주] 인수실적에는 인수 후 환매 · 해지분 제외, 증감분 반영

제6절 기업구조조정

대우사태 이후 금융시장이 경색되고, 기업부실이 늘어남에 따라 정부는 잠재부실기업의 신용위험을 평가하여 회생가능한 기업은 적극적으로 회생을 지원하고, 회생가망이 없는 기업은 신속히 정리하도록 하였다.

구체적으로 금융감독원은 2000년 10월 채권은행으로 하여금 잠재부실기업으로서 총 여신규모 500억원 이상인 기업에 대하여 신용위험평가를 실시하도록 하고, 평가결과에 따라 경영정상화를 지원하거나 조기에 퇴출시키도록 하였다. 2001년에는 기업신용위험 상시평가제도를 도입하여 신용위험평가를 상시화하고, 평가대상을 중소기업에까지 확대하였으며, 특히 여신규모 500억원 이상의 대기업에 대하여는 기촉법을 적용하여 채권금융기관 공동관리(기업개선작업)가 신속하고 효율적으로 진행되도록

한 바 있다.

2004년에 들어와 중소기업의 경영난이 심화되고, 채무상환 연체율이 높아지자 정부는 중소기업에 대한 금융지원 등 지원대책을 마련하는 한편, 중소기업에 대한 공동워크아웃 활성화방안을 마련하였다. 이와 함께 사업전환 추진 중소기업에 대한 다각적인 지원방안을 마련하고, 2006년에는 '중소기업 사업전환 촉진에 관한 특별법'을 제정, 시행하였다.

1. 대기업 공동관리

2001년 8월 제정된 기촉법은 채무기업에 대한 신용위험 평가결과 부실징후기업으로 평가된 기업에 대하여는 주채권은행 관리, 채권은행 공동관리 또는 채권금융기관 공동관리 등의 방법으로 기업구조조정을 실시하도록 하였다. 또 이 법의 경과조치로 법 시행 이전에 기업개선작업이 진행 중인 기업에 대하여는 기촉법에 의한 관리대상기업으로 보도록 하였다.

2001년 8월말 현재 여신규모 500억원 이상의 부실징후기업으로서 채권은행으로부터 워크아웃이 실시되고 있던 기업은 전술한 바와 같이 모두 35개였다. 이중 8개사는 곧 워크아웃이 중단되어 기촉법 적용대상에서 제외되었고, 워크아웃 자율추진중인 13개 기업이 기촉법 적용대상으로 추가됨에 따라 총 40개 기업이 기촉법 소급적용을 받는 공동관리 대상이 되었다.

기촉법 시행 후에는 25개사가 신규적용을 받았고, 기촉법 시효 종료후에도 2006년말까지 6개사가 채권은행간 협약에 의해 채권은행 공동관리를 적용 받았다. 이로써 신용공여액 500억원 이상인 기업(대기업)으로서 채권금융기관 공동관리(워크아웃)가 실시된 기업은 모두 71개사가 되었다.

대상기업의 선정 및 구조조정 성과

기업구조조정 추진 실적

(2001년 9월~ 2006년말) (단위: 개사)

구 분	부실징후 기업 선정	관리 종료				구조조정 진행중
		경영정상화	매각	중단	소계	
기촉법 소급적용	40	10	21	4	35	5
기촉법적용 선정	25	8	8	3	19	6
기촉법 종료후 선정	6			4	4	2
합 계	71	18	29	11	58	13

[자료] 금융감독원, '2006년말 현재 대기업 구조조정실적 및 매각추진현황', 2007. 2. 27

워크아웃 대상 대기업 71개사 중 2006년 12월말까지 경영정상화, 제3자 매각 등 구조조정을 성공적으로 완료한 기업은 47개사로 66.2%의 성공률을 보였으며, 이 밖에 11개사는 채권단 관리가 중단되어 법원에서의 회생절차로 전환되었고, 13개사는 채권단에 의한 구조조정이 진행중에 있다.[1)]

기촉법 시행 이후 신규지정된 31개 기업에 대하여 채권금융기관은 2006년 말까지 채무조정 32.8조원, 신규자금 지원 4.8조원 등 총 37.6조원을 지원하였는데 이 중 채무조정은 출자전환 13.6조원(41.6%)과 만기연장 15.2조원(46.5%), 채무면제 1.6조원, 예대상계(預貸相計) 등 2.4조원의 방법으로 이루어졌다.

지원금액 중 21.2조원은 출자전환주식 매각, 여신회수 등으로 이미 회수하였고, 23.3조원은 2007년 이후 추가회수가 가능할 것으로 보여 총 회수액은 44.4조원, 회수율은 118.3%로 예상된다.

1) 이하 금융감독원, '2006년말 현재 대기업 구조조정실적 및 매각추진현황', 2007. 2. 27 참고

한편 그동안 대상기업에 대한 출자전환을 통하여 채권금융기관이 최대주주가 된 기업은 모두 46개사로, 이 중 33개사는 2006년 말 현재 채권단 지분의 매각이 완료되었고, 나머지 13개사는 매각절차가 진행 중이거나 매각을 추진할 예정으로 있다.

구조조정 대상기업에 대한 지원 및 회수 실적

(2001년 9월~2006년 말) (단위 : 조원, %)

	채무조정				신규여신	합계
	출자전환	상환유예	채무면제	기타		
지원액	13.6	15.2	1.6	2.4	4.8	37.6
회수예상액 (기회수액)	23.4 (6.4)	21.0 (14.7)				44.4 (21.1)
회수율	172.2	87.7				118.3

[주] 기타는 예대상계, CBO 및 반대매수, 환율변동 등

[자료] 금융감독원, '2006년 말 현재 대기업구조조정실적 및 매각추진현황', 2007. 2. 27

자구계획 이행실적

부실징후기업 자구계획 이행실적

(2001년 9월~ 2006년 6월말) (단위: 조원, %)

구분	자산매각				계열사, 사업부문정리			유상증자	기타	합계
		부동산	유가증권	기타자산		사업부문	계열사주식			
금액 (구성비)	3.9 (51.6)	1.7 (22.9)	1.2 (16.4)	0.9 (12.3)	2.0 (26.7)	1.4 (19.0)	0.6 (7.7)	1.3 (17.0)	0.4 (4.6)	7.6 (100.0)

[주] 워크아웃졸업(중단) 기업은 졸업(중단)시점까지의 실적을 기준으로 함. 기타 실적은 인원감축 및 경영개선 등을 통한 비용 절감액 등임.

[자료] 금융감독원, '2006년 말 현재 대기업구조조정실적 및 매각추진현황', 2007. 2. 27

기촉법 시행 이후 신규 선정된 부실징후기업의 자구이행 실적은 총 7.6조원에 달한다. 이 실적은 신규 선정 25개사 중 채권단 지원 없이 구조조정을 중단한 머큐리, 삼보컴퓨터 등 2개사를 제외한 23개사의 실적

이다. 자구실적의 유형별로는 부동산, 유가증권 등 자산매각이 3.9조원(51.6%)으로 가장 컸으며, 그 다음으로는 계열사 및 사업부문 정리 2.0조원(26.7%), 유상증자 1.3조원(17.0%) 등의 방법으로 이행되었다.

또, 기업별로는 현대건설이 2.5조원으로 가장 많았으며, SK네트웍스가 2.0조원, 하이닉스가 1.7조원 순으로 이들 3개사가 전체 자구이행 실적의 85.3%를 차지한다.

기업구조조정 체계의 변화

2005년 말 기촉법 시한이 종료됨에 따라 대규모 기업에 부실이 발생하는 경우 이들 기업에 대한 구조조정과 경영정상화를 추진할 수 있는 효율적인 체계가 부재하게 되었다. 이에 채권금융기관들은 2007년 2월 새로운 기업구조조정협약을 마련하고, 3월 30일 이를 시행하였다.

협약의 주요내용을 보면 협약가입대상 금융기관은 은행, 보증기관, 종금사, 여신전문사, 증권사, 보험사, 상호저축은행, 자산관리공사, 정리금융공사, 자산운용사 등 300여 개사로 하고, 적용 대상기업은 종전 기촉법과 동일하게 금융기관 신용공여액 500억원 이상의 기업으로 하며, 구조조정 절차는 종전 기촉법의 규정을 대부분 원용하되, 기촉법 운용과정에서 나타난 문제점을 개선하기 위해 일부 내용을 보완하였다.

주요 보완내용은 공동관리에 관한 사항을 협의하기 위하여 주채권은행이 제1차 협의회를 소집 통보하면 채권단의 채권행사가 자동유예(Automatic Stay)되도록 하고, 출자전환주식 중 경영권 행사가능 지분(총발행주식의 50/100+1주)을 초과하는 주식은 채권단 결의를 거쳐 매각이 가능하도록 하며, 협약의 구속력 보강을 위해 자율조정기구에 제재권한을 부여하는 것으로 하였다.

이 협약에 의거, 채권금융기관들은 팬택, 팬택앤큐리텔, 현대LCD, 브이케이 등 부실징후기업에 대한 공동관리를 추진하였는데, 이 중 팬택, 팬택앤큐리텔 등 일부기업에 대하여는 채권금융기관 공동관리가 실시되었으나 나머지 기업의 경우는 금융기관간 합의가 이루어지지 않아 법정관리를 신청하였다.

이에 정부는 2007년 8월 3일 기업구조조정 촉진법을 다시 제정하여 11월 4일부터 2010년 말까지 시행하도록 하였다. 이 법의 주요 내용은 종전의 촉진법과 동일하나 다만 거래기업의 신용위험을 주기적으로 평가하도록 한 규정을 삭제하고, 채권은행이 사후관리의 일환으로 자율적으로 신용위험을 평가하도록 하였다.

또한 종전 구조조정협약 내용 중 채권행사 자동유예(Automatic Stay) 조항을 완화하여 금융감독원장이 채권행사유예를 요청할 수 있는 것으로 하였고, 출자전환주식 중 경영권 행사가능 지분을 초과하는 주식은 채권단 결의를 거쳐 매각이 가능하도록 한 조항은 그대로 반영하였다.

이 법의 시행에 따라 채권금융기관 간 협약은 효력이 정지되고, 동 협약에 따라 결정된 사안은 이 법의 적용을 받게 되었다.

한편 2006년 4월 1일에는 '채무자 회생 및 파산에 관한 법률' 이 제정되어 종전 회사정리법과 화의법에 의거 시행되던 기업구조조정 절차가 이 법의 적용을 받게 되었다.

이 법은 종전 주식회사의 회생절차만을 규정하던 회사정리법, 개인과 기업의 채무조정절차와 파산절차만을 각각 규정하던 화의법 및 파산법을 모두 하나의 법에 통합하였다(통합도산법). 따라서 주식회사는 물론 주식회사가 아닌 중소기업과 개인을 하나의 절차에 의하여 회생시키거나 퇴출시킴으로써 절차적 효율성을 제고하도록 하였다.

기업회생절차와 관련하여 특징적인 것은 기존 경영자를 관리인으로 선임하는 것(DIP, Debtor in possession)을 기본으로 함으로써 경영 노하우를 활용할 수 있도록 하고, 채권자협의회 구성을 의무화하여 채권자의 기능과 권한을 강화하였으며, 계획인가 전 중요사업의 양도 허용 등 기업 인수합병(M&A)을 활성화하도록 한 것이다.

2. 상시평가에 의한 워크아웃

제2장에서 살펴본 바와 같이 금융감독원은 2001년 2월 기업신용위험 상시평가제도를 도입하고, 채권은행으로 하여금 잠재부실기업의 신용위험을 정기적으로 평가하여 경영정상화 지원 또는 퇴출 등 처리방안을 강구하도록 하였다. 이에 따라 각 채권은행은 은행별 신용위험평가시스템을 구축하고, 2001년 상반기부터 2002년 하반기까지 4차례에 걸쳐 총 4,210건의 신용위험평가를 실시하였다.

위 평가 결과에 따라 2002년 12월 말 현재 78개(기촉법 적용대상 35개사 포함) 부실징후기업에 대하여는 채권금융기관 공동관리를 실시하고 있었고, 부실징후기업이 될 가능성이 큰 197개 기업에 대하여는 경영개선 권고 등 조치를 하고 있었다. 이 밖에 217개 기업은 경영정상화 가능성이 없는 기업으로 평가하여 법정관리절차 폐지 신청, 청·파산, 매각 등 정리를 추진하였다.

2003년 상반기에는 모두 1,246개(기촉법 대상 227개 포함) 기업에 대하여 신용위험평가를 실시하였다. 이 중 66개 기업(모두 중소기업)은 경영정상화 가능성이 없는 기업으로 평가되어 법정관리절차 폐지 신청, 매각, 담보물 경매 등의 방법으로 정리를 추진하였고, 83개 기업(기촉법 대상 30개)에 대하여는 부실징후기업으로 신규 지정(28개사), 또는 재지정(55개사)하여 채권금융기관 공동관리를 실시하였으며, 이 중 2개사가 워크아웃을 졸업하였다.

이 밖에 274개사에 대하여는 부실징후기업이 될 가능성이 큰 기업으로 평가하고 경영개선권고 등 후속조치를 하였다.

이후의 신용위험평가와 평가 결과에 의한 처리결과는 다음과 같다.

기업신용위험 상시평가 결과

(단위 : 개)

구 분	2002하	2003상	2003하	2004상	2004하	2005상	2005하
평가기업수	992 (231)	1,246 (227)	1,092 (226)	1,066 (199)	1,138 (195)	1,101 (152)	1,077 (139)
정리대상	22(2)	66(0)	42(3)	50(5)	57(0)	62(1)	49(0)
구조조정대상	87(35)	83(30)	84(27)	80(23)	83(19)	85(19)	88(17)
(신규지정)	13(3)	28(3)	19(0)	29(0)	24(0)	34(3)	24(0)
경영개선권고	197(26)	274(28)	267(31)	n.a(34)	n.a(31)	n.a(12)	319(16)

[주] ( )안은 기촉법 적용 대상기업(대기업)수
[자료] 금융감독원 각 반기별 '상시위험 평가결과' 보도자료

상시평가에 따른 처리결과

신용위험 상시평가제도가 도입된 2001년 이후 2005년까지 상시평가시스템의 운영실적을 살펴보면 우선 10차례에 걸쳐 10,930건의 상시평가를 실시하였으며, 이 중에는 기촉법에 의한 신용위험평가가 1,877건 포함되어 있다. 특징적인 것은 평가대상 기업 중 대기업의 수는 매년 감소하여 왔으나 중소기업의 경우는 2003년 이후 매년 증가해 온 것이다.

상시평가 결과 부실징후기업으로 평가된 기업은 총 289개사로서, 이 중 104개사는 경영정상화에 성공하여 채권은행의 관리절차를 졸업하였고, 97개사는 경영실적 부진 등으로 관리절차가 중단되었다.

또 이 기간 중 정리대상으로 평가된 기업은 총 543개사로서 이 중 444

개사(81.8%)에 대하여는 2005년 말까지 정리를 완료하고, 99개사에 대해서는 정리절차가 진행 중이다.

부실징후기업 변동현황

(2001년~2005년) (단위 : 개)

구 분	신규선정 (A)	경영정상화 (B)	중단 (C)	소계 (D=B+C)	2005말 현재(A-D)
기촉법 대상(대기업)	65	41	7	48	17
상시평가제도(중소기업)	224	63	90	153	71
합 계	289	104	97	201	88

[주] 신규선정 대기업 65개사 중에는 기촉법 소급적용 40개사 포함
[자료] 금감원, 국내은행의 '05.하반기 기업신용위험 상시평가 결과, 2006. 2. 7

정리대상기업 정리 추진현황

(2005년 12월말 현재) (단위 : 개, %)

선정연도	기업수	정리완료	정리완료율	정리진행중
2001	156	155	99.4	1
2002	61	60	98.4	1
2003	108	99	91.7	9
2004	107	89	83.2	18
2005	111	41	36.9	70
합 계	543	444	81.8	99

[자료] 금감원, 국내은행의 '05.하반기 기업신용위험 상시평가 결과, 2006. 2. 7

3. 중소기업 워크아웃의 활성화

2004년 들어 우리나라는 수출이 크게 늘면서 생산활동이 활발해지는 등 경기가 전반적으로 호조를 보였으나, 중소기업의 경우는 국제유가의 급등, 원자재 가격상승과 내수경기 침체 등으로 경영여건이 크게 악화되어 그 신용위험이 크게 증가하였다. 실제로 중소기업의 대출 연체율은

2003년 12월 말 2.1%에서 2004년 4월 말 3.0%, 5월 말 3.2%로 상승하고 있었다.(개인사업자의 경우는 2003년 말 2.1%에서 2004년 5월 말 3.3%로)

2004년 5월 3일자 한국은행 금융안정보고서에서는 "어음부도율, 기업대출연체율 등 도산확률 관련 지표들이 안정적인 모습을 보여 전체 기업부문 도산확률은 하락하고 있는 것으로 추정되나, 중소기업의 채무부담능력이 약화되고 있는데다 내수부진이 중소기업에 더 큰 영향을 미치고 있어 중소기업의 도산확률은 오히려 상승하고 있는 것으로 보인다"고 밝혔다.

이 같은 상황에서 일시적 자금압박으로 문을 닫는 중소기업들이 속출하자 은행들이 워크아웃(기업개선작업) 프로그램을 긴급 가동하는 등 중소기업 지원에 나섰다.

개별은행의 중소기업 워크아웃

국민은행은 4월 15일 여신규모 10억원 이상인 중소기업을 대상으로 한 내부 워크아웃 프로그램을 적극 추진한다는 방침 아래 특히 의류, 섬유, 정보기술 업종을 중심으로 40개 이상 거래업체에 대하여 채무재조정, 이자 감면 등 자금지원을 하기로 하였다.

우리은행은 일시적 유동성위기를 겪고 있는 중소기업을 대상으로 '프리 워크아웃(Pre-Workout)' 제도를 도입하여 여신규모 5억원 이상인 중소기업 중 사업성과 장래성이 인정되는 기업에 대하여는 이자 감면, 만기연장시 원리금 일부 면제, 신규자금제공 등 지원을 하며, 필요할 경우 해당업체의 재무 및 회계를 직접 관리하여 경영정상화를 앞당기는 방안도 추진하기로 하였다.

조흥은행도 4월 13일 '기업회생지원팀'을 구성, 여신규모 50억원 이상인 중소기업 중 정상화 가능성이 있는 기업을 직접 방문하여 채무재조정, 출자전환, 신규자금제공 등 지원을 시작하였다. 이밖에 신한은행, 하나은행, 기업은행 등도 이와 유사한 워크아웃 제도를 도입하거나 강화하기로 하였다.[1)]

5월에 들어서 은행들의 중소기업 지원이 더욱 확대되었다.

산업은행은 '경영안정 긴급지원제도'를 신설, 일시적 유동성위험에 처한 중소기업에 대하여 기존 대출금의 만기를 연장해 주고, 필요시 긴급운영자금을 지원하기로 하였다. 또한 'KDB 워크아웃(Work-out) 제도'를 시행하여 외부 전문평가기관의 기업진단 결과 사업성이 있다고 판단되는 중소기업들에 대해서는 기업의 자구노력 등 구조조정과 동시에 기존 대출금의 출자전환 등 지원을 하기로 하였다.

또 기업은행은 원금상환 없이 1년간 만기연장을 허용하고, 신용도에 문제가 있는 중소기업이라도 원금의 5~10%를 상환하면 6개월 내지 1년간 만기를 연장해 주기로 하였다. 우리은행은 대출원금 상환 여부에 관계없이 만기를 6개월 연장해 주기로 하였고, 국민은행은 신용등급상 특이사항이 없는 중소기업들에 만기가 돌아올 경우 원금상환 없이 최장 1년간 만기를 재연장해 주기로 하였다. 이 밖에 신한은행과 조흥은행도 원금상환 없이 금리감면과 6개월간 만기연장 등을 실시하기로 하였다.

중소기업 공동워크아웃제도의 도입

이러한 지원에도 불구하고 중소기업의 경영상태가 개선되지 않자 채권은행들은 부실징후 중소기업에 대한 공동워크아웃제도를 도입하였다.

채권은행들은 2001년 6월 이후 거래기업의 신용위험평가 및 기업구조조정방안 등을 협의하기 위하여 채권은행협의회를 설치, 운영해 왔는데 이 협의회에서 2004년 6월 4일 채권운영협의회 운영협약을 개정하고 중

---

1) 조선일보, 2004년 4월 15일자

소기업 공동워크아웃제도를 도입한 것이다.

개정된 협약은 공동관리 대상기업이 주채권은행의 여신비중이 75% 이상일 경우 주채권은행이 공동관리가 필요하다고 판단하거나, 해당 기업이 주채권은행을 통하여 공동관리를 신청하면 의무적으로 공동관리절차를 추진하도록 하였다. 또 주채권은행의 여신비중이 75% 미만일 경우에도 공동관리 대상 기업이 주채권은행에 공동관리를 신청하는 경우, 주채권은행의 신용위험평가 결과 부실징후기업으로 분류된 경우, 채권액의 1/4 이상을 보유한 채권은행이 단독 또는 공동으로 주채권은행에 요청하는 경우 및 기타 주채권은행이 필요하다고 인정하는 경우에 채권은행 75% 이상의 동의로 공동관리절차가 진행되도록 하였다.

협의회는 또 과거 중소기업의 대주주들이 경영권 박탈에 대한 우려로 구조조정을 꺼려왔던 점을 감안하여 공동관리에 따른 출자전환시 기존 대주주들에게 우선매수청구권을 부여하여 적극적인 동참을 유도하는 한편, 공동관리 대상기업에 대한 채권행사 유예 의무 등 협약을 위반하는 은행에 대해서는 손해배상 책임을 물을 수 있도록 하였다. 아울러 워크아웃 추진의 효율성을 높이기 위하여 중소기업 여신비중이 높은 신용보증기금과 기술신용보증기금, 수출보험공사를 추가로 협약에 가입시켰으며, 향후 필요한 경우에는 보험, 저축은행, 카드 등 제2금융권도 포함시키기로 하였다.

공동워크아웃에 들어간 기업은 자구계획 등이 포함된 특별약정 체결과 함께 회계법인을 통하여 회계감사를 의무적으로 받도록 하였으며, 이행실적 평가결과가 나쁘거나 정상화 가능성이 낮다고 판단되면 채권단이 워크아웃을 중단할 수 있도록 하였다. 또 공동워크아웃 대상기업에 대하여는 채권금융기관 자율협의회 소집 통보가 발송된 때부터 최장 3개월간 채무상환이 유예되도록 하였다.

워크아웃 추진실적

중소기업 워크아웃제도 도입 이후 2006년 말까지 채권은행이 워크아웃을 추진한 중소기업은 총 4,305개사이며, 이 중 47개(1.1%) 기업에는 공동워크아웃이 적용되었다.

중소기업 워크아웃 추진현황

(2004년 7월부터 2006년 말까지) (단위: 억원, %)

구분	2004. 7-12	2005	2006	합 계	구성비
신규선정	769	2,120	1,416	4,305	100.0
(공동 워크아웃)	(24)	(13)	(10)	(47)	(1.1)
졸업	144	322	1,161	1,627	37.8
중단	216	259	330	805	18.7
기말 진행중	409	1,948	1,873	1,873	43.5

[주] 기타는 출자전환, 채무면제, 채무인수 등임
[자료] 금감원, '06년 중 국내은행의 중소기업 워크아웃 추진실적, 2007. 1. 23.

이들 대상기업 중 37.8%에 해당하는 1,627개사는 경영정상화에 성공하여 워크아웃을 졸업하였고, 805개 기업은 부도발생 등으로 워크아웃이 중단되었으며, 나머지 1,803개 기업은 2006년 말 현재 워크아웃을 계속하였다.

이 기간 중 워크아웃 대상기업 선정 추이를 보면 중견기업을 대상으로 하는 공동워크아웃보다는 소기업을 주된 대상으로 하는 자체 워크아웃 실적이 크게 증가하였으며, 은행에 따라서는 소기업뿐만 아니라 영세 개인사업자(SOHO)까지 자체 워크아웃을 확대하였다.

워크아웃졸업 기업수는 2004년(하반기) 중 144개, 2005년 322개, 2006년 1,161개로 해마다 늘어 왔으며, 특히 2006년에 들어서는 워크아웃에 성공한 기업이 크게 늘고 중단한 기업은 크게 늘지 않음으로써 중소기업 구조조정에 양호한 성과를 보였다

워크아웃 중소기업 금융지원 현황

(단위: 억원, %)

구 분	2004.7-12	2005	2006	합 계	구성비
만기연장	10,926	32,858	36,433	80,217	87.8
이자감면	18	137	167	323	0.4
신규여신	600	2,278	6,173	9,050	9.9
기타	680	417	676	1,773	1.9
계	12,224	35,690	43,449	91,363	100.0

[주] 기타는 출자전환, 채무면제, 채무인수 등임
[자료] 금감원, '06년 중 국내은행의 중소기업 워크아웃 추진실적, 2007. 1. 23.

한편 이 기간 중 워크아웃 대상기업에 대한 금융지원 규모는 총 9.1조원으로, 이 중 만기연장이 8조 217억원, 이자감면 323억원, 신규여신 9,050억원, 출자전환·채무면제 등 기타 1,773억원 등이다. 추세적으로는 만기연장 비중이 점차 감소하고 신규여신 비중이 증가하고 있는 모습을 보였다.

이 기간 중 특기할 사항은 종전에는 채권은행 총채권액이 50억원 이상인 기업을 상시평가 및 워크아웃 대상기업으로 하였으나 채권은행협의회가 2005년 11월 25일자로 운영협약을 개정하여 최저금액을 폐지하였다.

4. 중소기업 구조조정 지원제도

중소기업의 구조개선을 촉진하고 경영안정을 도모하기 위하여 정부는 1995년 12월 29일 〈중소기업의 구조개선 및 경영안정지원을 위한 특별조치법〉을 제정, 시행하였으며, 2002년 1월 26일에는 이 법을 폐지하고, 종전 법률에 시장의 활성화와 재래시장의 재개발촉진에 관한 사항을 포함한 〈중소기업의 구조개선과 재래시장활성화를 위한 특별법〉을 제정한 바 있다.

양 법률에서는 중소기업이 경영상의 어려움을 해소하고 경쟁력을 높이기 위하여 개인사업의 법인전환, 기업의 합병, 공동사업, 사업전환, 사업장의 이전, 경영합리화 등 구조개선을 추진하는 경우 정부는 이를 지원하기 위하여 필요한 시책을 강구하도록 하였다. 이를 위하여 지방자치단체는 사업별 예산지원에 관한 사항, 경영 및 기술에 관한 상담·진단·지도 및 정보제공 등에 관한 사항과 그 밖에 구조개선 지원에 필요한 사항을 포함한 구조개선지원계획을 수립, 시행하도록 정하였다.

특히 중소기업이 사업전환을 통하여 구조개선을 추진하고자 하는 경우, 지방중소기업 육성자금의 지원, 농공단지에의 입주, 정부 및 지방자치단체가 공급하는 공장용지 및 아파트형 공장, 창업보육센터 등에의 입주를 지원하도록 하였다. 여기서 사업전환이란 중소기업자가 기존 업종의 사업을 폐지하고 새로운 업종의 사업을 영위하거나, 기존 업종의 사업을 축소하고 새로운 업종의 사업을 일정 비중 이상 추가하는 경우를 말한다.

2004년 10월 22일에는 동법을 폐지하고 〈재래시장 육성을 위한 특별법〉을 제정하여 종전 법률 중 시장활성화 및 재래시장 재개발촉진 등에 관한 사항을 이관하는 한편, 중소기업의 구조개선 및 사업전환 지원에 관한 사항은 2004년 12월 31일 〈중소기업진흥 및 제품 구매촉진에 관한 법률〉(이하 중기진흥법)을 개정하여 이관하였다. 위 소관 법률의 이관은 경과규정에 따라 2005년 3월 1일부터 시행되었다.

한편 중기진흥법에서는 중소기업의 자동화를 중심으로 기업구조고도화를 촉진하기 위한 지원규정을 두고 있었으나, 2004년 12월 31일자 개정 시 중소기업의 경쟁력을 높이기 위한 개인사업의 법인전환, 기업의 합병, 공동사업, 사업전환, 사업장의 이전, 경영합리화 등을 구조고도화로 정의하고, 이에 따른 지원규정을 적용하도록 하였다.

중소기업 사업전환 촉진에 관한 특별법

이후 정부는 특히 중소기업의 사업전환을 지원하기 위하여 2006년 3월 3일 〈중소기업 사업전환 촉진에 관한 특별법〉을 제정하여 중기진흥법 중 사업전환에 관한 사항을 이관하고, 9월 4일부터 시행하였다.

이 법에서는 중소기업청장으로부터 사업전환계획의 승인을 얻은 중소기업자에 대하여는 사업전환 절차를 원활하게 하기 위하여 상법상의 몇 가지 특례규정을 두었다. 구체적으로는 사업전환을 위하여 자기 주식을 다른 회사(거래소 및 코스닥 상장법인 제외)의 주식과 교환하는 경우의 주식교환, 합병절차의 간소화, 분할 및 분할합병절차의 간소화, 다른 주식회사의 영업양수의 특례가 있다. 또 중소기업의 사업전환 촉진을 위하여 정부는 사업전환에 따른 공장의 신설, 이전, 증설 등을 위한 입지의 공급 및 절차의 간소화와 사업전환 승인기업에 대한 세제지원을 부여하도록 하였다.

이 법률들의 규정에 따라 중소기업청은 중소기업 구조개선자금과 사업전환자금을 지원하고 있다. 이 중 중소기업 구조개선자금은 구조개선사업, 지식기반서비스업 육성사업, 특별경영안정사업 등으로 구분하여 지원하되, 구조개선사업과 지식기반서비스 육성사업에 속하는 자금은 시설자금과 운전자금이 모두 지원되고, 특별경영안정사업을 위한 자금은 경영정상화에 소요되는 운전자금이 지원된다.

조세특례제한법에서는 이미 중소기업간의 통합으로 인하여 소멸되는 법인이 합병법인에 양도하는 사업용 고정자산에 대하여 일정한 요건에 따라 양도소득세를 이월과세 받을 수 있도록 하였고, 제조업, 광업, 건설업 등을 영위하는 개인사업자가 법인으로 전환하기 위하여 현물출자하는 사업용 고정자산에 대하여도 일정한 요건에 따라 이월과세를 적용 받을 수 있도록 하였다.

한편 중소기업의 사업전환을 지원하기 위하여 정부는 2005년 12월 31일 조세특례제한법을 개정하여 중소기업이 사업전환을 위하여 사업용 고정자산을 처분하는 경우에 양도소득세와 법인세와 관련한 세제지원을 하였다. 구체적으로는 2008년 12월까지 5년 이상 사업을 영위한 중소기업이 업종을 전환하기 위하여 사업용 고정자산을 처분하는 경우 양도소득세 또는 법인세의 과세를 이연할 수 있도록 하였다. 특히 전환 전 사업용 부동산을 양도한 가액으로 전환사업의 기계장치를 취득한 경우에는 양도소득세의 50%를 감면하였다.

제3장 공적자금의 회수 및 상환

살펴본 바와 같이 공적자금의 회수는 공적자금이 투입된 방식에 따라 몇 가지 유형으로 구분할 수 있다.

먼저 자산관리공사가 부실채권 매입을 위하여 지급한 공적자금은 이를 채무자로부터 직접 회수하거나 채권을 매각하여 회수하였으며, 그 매각 방법은 매우 다양하였다. 외환위기 초기에는 유동성 회수가 시급하여 국제입찰 등 단순매각에 치중하였으나, 2단계 구조조정기 이후에는 보다 구조화된 정리방식을 도입하였고, 특히 2003년 이후에는 주로 채권 개별 매각 또는 출자전환주식 매각의 방법으로 투입자금을 회수하였다.

예보 또는 정부가 부실(우려)금융기관에 출자 방식으로 지원한 자금은 그 출자주식의 매각을 통하여 회수하였다. 출자주식의 매각은 해당 금융기관이 정상화된 이후에 가능하므로 해당 금융기관이 이익을 내기 시작한 2002년 하반기부터 본격적으로 추진되었다.

예보가 지급한 예금대지급금과 출연금 등은 당해 부실금융기관의 파산절차에 참여하여 파산배당을 받아 회수하였다. 이 자금은 이미 발생한 부실에 따른 손실을 보전하기 위한 자금이므로 상당부분은 회수가 곤란한 측면이 있으나, 2003년과 2004년에 집중적인 회수가 이루어졌다. 2003년 이후 예금보험기금이 저축은행 및 신협에 지원한 자금은 2004년 이후 점차적으로 회수되었다.

한편, 유동성이 부족한 금융기관으로부터 자산을 매입하기 위하여 투입한 자금은 매입자산을 매각함으로써 회수하였고 금융기관에 대출해 주거나 공공자금관리기금이 후순위채를 인수하는 방법으로 지원한 자금은 해당 대출금이나 후순위채를 상환받음으로써 회수하였다. 자산매입, 대출 및 후순위채 인수 등 지원자금의 회수는 2002년 이전에 대부분 이루어졌다.

제1절 부실채권 정리

자산관리공사(이하 공사)가 매입한 부실채권은 외환위기 직후에는 주로 국제입찰 매각과 자산유동화의 방법으로 정리해 왔으나 이 중 국제입찰에 의한 부실채권 정리는 2000년 7월 특별채권 입찰을 끝으로 마감되고, 자산유동화는 2003년까지 계속되었다.

2단계 구조조정 시기(2000~2002년)와 그 이후에는 자산유동화 방식 외에 기업채권 개별매각과 합작투자회사 설립에 의한 정리방법이 주로 적용되었다. 2단계 구조조정에서는 금융구조조정과 더불어 기업개선작업과 회사정리절차에 의한 기업구조조정이 본격적으로 진행되었는데, 이에 따라 2003년 이후에는 부실채권 정리방법도 기업 제3자 매각(M&A) 등 기업채권 개별매각이 중점적으로 추진되고, 보유채권이 출자로 전환된 후에는 출자전환주식 매각의 형태로 추진되었다. 이 방식의 정리에는 특히 대우계열사 관련 매각이 큰 비중을 차지하였다.

한편 종래의 자산유동화와 합작투자 설립에 의한 정리방식은 2003년 중 모두 종료되었으며, 이 방식에 의한 부실채권 정리 실적은 모두 전편에서 살펴본 바와 같다.

본장에서는 채권 개별매각과 출자전환주식 매각에 의한 정리사례를 중점적으로 살펴보기로 한다. 다만, 여기에 소개되는 내용은 매입가격 대비 회수율이 비교적 높은 성공사례를 중심으로 한 것이며, 회수율이 낮은 경우도 적지 않았을 것임을 적어 둔다.

1. 채권 개별매각

㈜뉴코아 채권

공사는 1997년 이후 부실채권 매입 과정에서 ㈜뉴코아(뉴타운개발, 시대종합건설 포함: 이하 회사)의 채권 3,196억원을 매입하고, 921억원을 지급하였다.

회사는 1997년 11월에 부도처리된 후 화의신청을 하였으나 기각되었고, 이후 회사정리절차를 신청하여 1999년 12월에 회사정리계획이 인가되었다. 회사는 정리계획에 따라 채권단의 채무조정과 자구노력을 실시하였으나 외환위기로 인한 유통업의 경기불황으로 경영정상화가 지연되고 있었다. 이에 회사는 2002년에 들어와 제3자 매각(M&A)을 추진하게 되었다.

2002년 4월에 시작된 제1차 매각에서는 낙찰자가 인수보증금을 납부하지 못함에 따라 매각이 무산되었다. 자산관리공사를 비롯한 채권단은 인수자의 자금부담을 줄여주는 방법으로 CR-REITs를 통한 매각방식을 마련하고, 이를 법원에 건의하였다.

CR-REITs를 통한 매각방식이란 뉴코아의 일부 부동산을 대상으로 CR-REITs, 즉 구조조정기업 부동산투자회사를 설립하여 이를 유동화함으로써 인수자의 인수대금 부담을 줄여주는 방식을 말한다. 법원이 이 방안을 허가함에 따라 회사는 2003년 2월 이후 이 방안에 의한 제2차 매각을 진행하였다.

그 결과 이천일아울렛 컨소시엄이 최종인수자로 결정되었는데 이 컨소시엄은 CR-REITs가 아닌 일괄매각 방식으로, 최종 인수금액을 6,247억원으로 제시하여 그해 12월 5일에 본계약을 체결하였다. 이 계약내용을 토대로 한 회사정리계획 변경계획안은 12월 30일 관계인집회에서 가결되고, 법원에서 인가되었다.

그동안 자산관리공사는 뉴코아채권 중 일부를 회수하고 잔여채권으로 2,001억원을 보유하고 있었으며, 그 잔여원가는 218억원이었다. 공사는 뉴코아 매각으로 유입된 자금 중에서 1,522억원의 채권을 현금으로 회수함으로써 매입원가(218억원) 대비 698%의 회수실적을 올리고, 나머지 채권액 479억원은 출자전환하였다.[1)]

㈜진도 채권

㈜진도(이하 회사)는 2001년 6월에 회사정리절차 개시 결정을 받고, 10월에 회사정리계획을 인가받았다. 정리계획에 따라 회사는 지속적인 구조조정과 자산매각 등 자구노력을 실시하면서 변제계획에 의한 채무상환을 이행하였다. 이 변제계획은 금융기관 정리담보권(담보채권)에 대하여는 2004년까지 거치 후 2005년부터 2009년까지 5년간 균등분할 변제하고, 금융기관 정리채권(무담보채권)에 대하여는 원금의 90%를 10:1의 비율로 출자전환하며, 나머지 10%는 2006년부터 6년간 균등분할 변제하는 것이었다.

그러나 회사는 채권단의 채무조정과 적극적인 수주활동에도 불구하고 채권 원금이 상환되는 2005년 이후에는 채무변제가 용이하지 않게 될 뿐

1) 공적자금관리백서 2004. 8 p.105 참고

만 아니라 2004년까지 회사정리절차를 종결하지 못하면 상장이 폐지될 상황에 처하게 되었다. 이에 회사는 2003년에 기업 제3자 인수(M&A)를 통한 경영정상화를 추진하여 2004년 6월 21일 세양선박컨소시엄과 매각계약을 체결하였다. 매각계약에서 최종 인수대금은 1,744억원으로 결정되었으며, 회사는 이 계약내용을 반영한 회사정리계획 변경계획안을 제출하여 관계인집회의 승인과 법원의 인가를 받았다.

공사는 2001년 이후 247억원을 투입하여 회사 채권 1,649억원을 매입한 후 당초 회사정리계획에 따라 2004년 6월까지 채권액 1,411억원에 대하여 338억원을 회수한 바 있다. 그 후 위 회사정리계획 변경계획에 따라 공사는 잔여 채권 238억원에 대해 194억원을 현금으로 변제받았으며, 이로써 총 채권회수금액은 576억원이 되고, 매입원가 247억원 대비 329억원을 초과 회수한 결과가 되었다.[1)]

㈜우방 채권

㈜우방(이하 회사)은 1998년 7월에 기업개선작업 대상기업으로 선정되어 채무재조정을 실시하였으나, 계속되는 자금부족 등으로 2000년 8월 28일에 부도가 발생하였다. 회사는 회사정리절차 개시신청을 하여 2001년 12월 28에 회사정리계획 인가를 받았다. 이 정리계획은 금융기관 정리담보권에 대하여 채무 원금의 20%를 출자전환하고 나머지 채권은 담보물을 처분하여 우선변제하며, 정리채권에 대하여 50%는 출자전환하고 7%는 2007년부터 2011년까지 분할상환하는 것으로 하였다.

그 후 회사는 신인도 하락으로 공사 수주에 어려움을 겪었고, 증권거래법상 상장기준 강화로 2005년 3월까지 회사정리절차를 종결하지 못하면 상장 폐지될 위험에 처하게 되었다. 이에 회사는 2004년 2월 이후 기업

---

1) 공적자금관리백서 2005. 8 p.102 참고.

제 3자인수(M&A)를 추진하였으며, 그 결과 최종인수금액 3,359억원을 제시한 쎄븐마운틴 컨소시엄이 인수자로 선정되어 2004년 11월 2일에 매각계약을 체결하였다. 이 계약 내용을 반영한 회사정리계획 변경계획안은 관계인집회의 가결을 거쳐 12월 15일에 법원 인가를 받았다.

공사는 그동안 이 회사 채권 3,681억원을 712억원에 매입한 이후 회사의 자구계획대상 담보물 매각 등을 통하여 2004년 5월까지 2,826억원을 회수한 바 있다. 그 후 위 회사정리계획 변경계획에 따라 잔여채권 855억원에 대해 640억원을 추가로 변제받았으며, 이로써 공사는 총 3,508억원을 회수함으로써 매입원가 대비 5배에 가까운 회수율을 보였다.[1)]

한보철강공업 채권

한보철강(이하 회사)은 1997년 1월 23일 부도발생과 동시에 법정관리를 신청하여 8월 27일 회사정리절차 개시결정을 받고, 1999년 7월 27일 회사정리계획 인가를 받았다. 공사는 1999년 이후 총 1조 6,031억원을 투입하여 회사 채권 3조 6,870억원을 매입, 보유하면서 2004년 10월까지 회사정리계획에 따라 채권액 2조 4,323억원에 대하여 1조 5,016억원을 회수하였다.

회사정리절차 개시 이후 제일은행(간사기관)을 비롯한 채권금융기관들은 공동관리단을 구성하고 1997년부터 1999년까지 4차례에 걸쳐 제 3자매각(M&A)을 추진하였으나 성사되지 못하였다.

2000년 5월 1일 자산관리공사가 제일은행 보유 채권을 매입함에 따라 간사금융기관이 제일은행에서 공사로 변경되었다. 공사는 그 후 제 2차 입찰을 실시하여 2003년 2월 AK Capital과 매각계약을 체결하였으나 이 회사가 매매대금을 완납하지 못하여 그해 11월 매매계약이 자동 해제

---

1) 공적자금관리백서 2005. 8 p.103 참고

되었다.

그 이후에는 법원 주도하에 제 3차 입찰을 추진하였으며, 그 결과 INI-하이스코 컨소시엄을 인수자로 선정하고 2004년 7월 31일 자산매매계약을 체결하였다. 회사는 이 계약의 내용을 반영한 회사정리계획 변경계획안을 법원에 제출하여 9월 24일 인가받았다. 이 계약은 9월 30일 종결(closing)되었으며, 이로써 한보철강은 부도 후 7년 만에 경영정상화의 계기를 마련하였다.

이 매각을 통하여 공사는 잔여채권 1조 2,547억원에 대하여 1,516억원을 회수함으로써 잔여채권의 원가 1,015억원 대비 149% 회수율을 나타냈다.[1)]

인천정유 채권

인천정유㈜(이하 회사)는 1999년 현대오일뱅크와의 통합 이후 영업수지 및 유동성 악화로 회사정리절차를 개시하게 되었으며, 2003년 3월 25일 회사정리계획을 인가받았다.

공사는 2001년과 2002년에 95억원을 지급하고 회사 채권 1,119억원을 매입하였는데, 채권의 70%(783억원)는 회사정리계획에 따라 2003년 9월 1일 출자로 전환되었다. 출자전환으로 공사는 회사 주식 261만주(전환비율: 액면 5,000원 1주당 30,000원)를 취득하고, 보유 채권액은 336억원으로 감소하였다.

회사정리계획 인가 이후 회사는 경영정상화 및 정리채권 조기 변제를 위해 기업매각을 추진하였다. 그 결과 2004년 4월 중국 국영 석유회사인 Sino-chem Corp.를 우선협상대상자로 선정하고, 인수 예정금액을 6,351억원으로 하는 회사정리계획 변경계획안을 관할법원에 제출하였으

---

1) 공적자금관리백서 2005. 8 p.104 참고

나 2005년 1월 31일 관계인집회에서 부결되었다.

회사는 관리인을 교체한 후 제2차 매각절차를 진행하였으며, 그 결과 SK㈜를 인수자로 선정하고, 2005년 12월 16일 매매계약을 체결한 후 법원으로부터 회사정리계획 변경계획안을 승인받았다. 이 계약에서 인수대금은 유상증자 1조 6,000억원, 회사채 인수 1조 4,400억원 등 총 3조 400억원으로 하였는데, 회사는 2006년 1월 24일 납입된 신주인수대금 1조 6,000억원으로 정리채권 원리금 전액을 조기상환하고 M&A절차를 종결하였다.

이 과정에서 공사는 보유채권의 원금과 이자 365억원을 전액 회수하여 매입대금(95억원) 대비 270억원을 초과 회수하였다.

동아건설산업 채권 (파산절차에서 회생절차로 변경)

동아건설산업(이하 회사)은 1998년 8월 31일 기업개선작업 대상기업으로 선정되어 워크아웃을 진행하던 중 2000년 11월 1일 최종부도를 냈다.

부도 후 회사는 법원에 회사정리절차를 신청하였으나, 2001년 3월 9일 회사정리절차 폐지 결정을 받고, 5월 11일 파산선고를 받았다. 파산선고 후 2002년 12월 30일에 소수 주주들이 중심이 되어 회사정리절차를 다시 신청하였으나, 관할법원에서 기각결정되었고, 2003년 9월 26일에는 구 경영진들이 강제화의를 신청하였으나 채권자들이 동의하지 않음에 따라 파산절차가 속행되었다.

파산절차 진행 중인 2004년 12월 28일 회사가 이행하여야 할 리비아 대수로 공사를 대한통운이 양수함에 따라 회사의 우발채무가 해소되었다. 이에 주 채권자인 공사와 골드만삭스는 회사에 대한 제3자 매각을 추진하기로 하고, 2005년 12월 '동아건설 경영정상화를 위한 합의서'를 체결하였다. 합의서의 주요 내용은 회사 제3자 매각(M&A)을 통한 회생

방안을 마련하고, 이를 토대로 법원에 회생절차(종전의 회사정리절차)의 개시를 신청하여 파산절차를 중지하고 회생절차를 진행한다는 것이었다. 양 채권기관이 동아건설을 청산하지 않고 제 3자 매각을 추진하기로 한 것은 월성 원자력발전소 5·6호기 등 2,000억원 정도의 잔여공사가 있는 데다 원자력발전소 건설기술을 보유하고 있어 매각가치가 청산가치보다 높다는 판단에서였다.

골드만삭스와의 합의에 따라 공사는 2006년 6월 매각공고를 내고 입찰절차를 진행하였으며, 그 결과 프라임그룹을 최종 인수자로 선정하여 11월에 매각계약을 체결하였다. 계약조건은 프라임그룹이 동아건설에 3,780억원의 유상증자 및 3,000억원의 회사채 인수로 총 6,780억원을 투자하고, 이 자금은 모두 채무변제에 사용하는 것이었다.

이 계약 내용을 토대로 채권단은 12월에 회사 회생절차 개시 신청을 법원에 제출하여 2007년 1월에 인가받았다. 이로써 회사에 대한 파산절차가 중지되고 이후 회생계획안 제출 등 회생절차가 진행되었다.

한편 공사는 2000년 이후 2,510억원을 투입하여 동아건설 채권 7,839억원을 매입한 이후 담보권행사, 채무관계인들의 자진변제 및 파산배당을 통하여 총 2,810억원을 회수한 바 있다. 여기에 추가하여 공사는 위 프라임그룹에의 매각대금 6,780억원 중 상당액을 추가로 회수하게 될 전망이다.

2. 출자전환주식 매각

벽산건설 주식

벽산건설은 1998년 12월 24일자로 채권단과 기업개선작업 약정을 체결하고, 채권의 출자전환(전환사채 지급 포함)을 실시하였다. 그 후 채권단은 전환사채의 출자전환 등을 전제로 2002년 10월에 기업개선작업 약정을 조기 종결하였다.

공사는 2002년 6월에 정리금융공사로부터 벽산건설(주) 채권 675억원을 472억원에 매입한 후 10월에 보유채권 중 364.5억원을 액면가(5,000원)로 출자전환하여 729만주를 취득하였다. 이 주식의 일부는 채권단 협의에 의해 2003년 10월 말까지 처분이 제한되었다.

처분제한 기간이 종료된 후 공사와 우리은행 등 출자금융기관들은 협의회를 구성하여 보유주식 중 발행주식 총수의 51%를 공동매각하기로 결의하고, M&A 방식에 의한 공개매각을 추진하였다. 이 매각에서 벽산그룹 계열주 김희철이 기업개선작업 약정에 정해진 우선매수권을 행사하여 인수자로 결정되었다. 채권금융기관은 2004년 4월 1일 보유주식 중 1,933만주(50.7%)를 주당 5,657원에 매각하는 주식양수도 계약을 체결하였다.

이 계약에 따라 공사는 보유주식 686만주 중 543만주를 매각하여 303억원을 회수하고, 나머지 143만주는 시장에서 매각하였다.[1)]

㈜케이피케미칼 주식

㈜케이피케미칼은 ㈜고합의 유화 및 화학사업 부문을 인적분할하여 설립된 회사이다. 공사는 2002년 중 121억원을 투입하여 ㈜고합 채권액 중 ㈜케이피케미칼로 분할된 출자전환주식 396억원(791만주)과 일반채권 129억원 등 총 525억원을 인수하였다.

공사는 2003년 5월 12일 공자위로부터 이 출자전환주식을 전량 시장 매각하도록 승인받은 후 일부 주식을 시장 매각하였다. 그 후 채권단에서

---

1) 공적자금관리백서 2004. 8 p.104 참고

M&A방식의 매각을 추진하여 2004년 7월 ㈜호남석유화학과 주식양수도 계약을 체결하였다. 계약의 주 내용은 호남석유화학이 채권단 보유 주식 5,100만주를 1,785억원(주당 3,500원)에 인수하고, 채권 3,433억원을 상환하는 것이었다. 출자전환주식의 매각 방법이 이와 같이 시장매각에서 M&A방법으로 변경되자 공사는 2004년 8월 30일에 이에 관한 공자위의 사후승인을 받았다.

공사는 이 매각을 통하여 케이피케미칼 주식 435만주의 매각대금과 보유채권 상환액 등 총 238억원을 지급받게 되었고, 그 외에 잔여 주식을 시장 매각하는 등 137억원을 추가로 회수함으로써 총 375억원의 회수실적을 보였다. 이는 당초 채권 매입원가 121억원의 3배가 넘는 금액이다.

신호제지 주식 및 채권

신호제지㈜(이하 회사)는 무리한 사업확장과 계열사 자금지원 등으로 재무상태가 악화되어 1998년 7월 기업개선작업 대상기업으로 선정되었다. 회사와 채권단은 1998년 12월 11일 기업개선작업 약정을 체결하고, 2000년 4월 29일에 제2차 기업개선약정, 2002년 4월 25일에 기업개선약정 추가약정을 체결하였다. 이들 약정의 주 내용은 자산매각 등 자구계획과 채무상환기간 연장 및 이자율 조정, 채무의 출자전환 등이었다.

그러나 상장기업인 회사의 주식은 당시 자본잠식 등으로 인하여 관리종목에서 벗어나지 못하고 있으므로 채권단이 보유주식의 처분을 용이하게 하기 위해서는 관리종목 탈피와 상장 유지가 필요한 상황이었다. 이에 채권단(출자금융기관)은 2003년 5월 7일 신호제지의 자본금을 6:1로 감자한 후 M&A방식에 의한 공동매각을 추진하였으며, 그 결과 2004년 12월 15일 아람파이낸셜써비스㈜가 인수자로 선정되었다. 주식양수도계약에서 인수자는 채권단 보유주식 136만주를 718억원(주당 5,300원)에 인수하고, 금융채무 3,827억원을 상환하기로 하였다.

공사는 2002년에 금융기관으로부터 신호제지 채권 833억원을 인수하고 매입대금으로 264억원을 지급하였으며, 2002년 4월 25일자 기업개선 추가약정에 따라 보유채권 중 762억원을 출자전환하여 회사 주식 1,794만주(13.8%)를 취득한 바 있다. 위 매각에서 공사는 출자전환주식 매각대금과 보유채권 현금상환액 등 총 245억원을 회수하였다.[1)]

고려산업 주식 및 채권

고려산업㈜(이하 회사)은 가축 배합사료 업체로서 외환위기 이후 원료 수입가격의 상승과 육류 소비부진으로 경영이 부실화되자 1999년 8월 10일 채권금융기관과 기업개선약정을 체결하게 되었다.

약정체결 후 회사는 사업수지가 다소 호전되어 기업개선작업 자율추진 기업으로 선정되기도 하였으나, 그 후 구제역 발생 등 영업여건의 악화로 경영정상화에 차질이 예상되었다. 2002년 12월 채권금융기관들은 채무 상환기간을 2005년 말까지 연장하고, 적정차입금을 초과하는 180억원의 채무를 출자전환하기로 결의하였다.

채권단은 2003년 12월 기업개선작업 기간을 2004년 말까지 연장하고, 회사에 대한 제 3자 매각(M&A)을 추진하였다. 2004년 중에는 2차에 걸쳐 매각을 추진하였으나 모두 무산되었고, 2005년 4월에 제 3차 매각을 추진한 결과 KTB네트워크가 인수자로 선정되어 9월에 매매계약을 체결하였다. KTB네트워크는 금강공업 등과 함께 기업구조조정조합을 결성하여 회사를 인수한 후 구조조정조합을 해체하였다.

공사는 2002년 중 회사 채권 151억원을 매입하고(매입대금 41억원), 2003년 4월에 이 중 70억원을 출자전환하여 주식 141만주(28.39%)를 취

---

1) 공적자금관리백서 2005. 8 p.108 참고

득함으로써 최대주주가 된 바 있다. 공사는 2005년 9월 30일 위 매각으로 주식매각대금 73억원(주당 5,201원)을 포함한 총 173억원을 회수함으로써 당초 매입원가 대비 132억원을 더 회수하였다.[1)]

3. 대우계열사 매각

대우캐피탈 CRV

공사는 2000년 2월 투신사들로부터 대우캐피탈(이하 회사) 채권 1조 7,300억원을 6,920억원에 인수하고, 이후 회사에 대한 경영정상화 방안을 검토한 결과 CRV 설립을 통한 구조조정 방식이 유용할 것으로 판단하였다. 공사는 채권금융기관과 함께 보유 부실채권을 현물 출자하여 대우캐피탈 CRV를 설립하고, CRV로 하여금 회사 구조조정을 실시하도록 하였다.

CRV 설립 후 공사는 회사에 대한 제3자 매각을 추진하여 2005년 6월 아주산업+신한은행 컨소시엄에 지분을 매각하였다.(제2편 제4장 참고)

이 매각에서 대우캐피탈 CRV는 보유하고 있는 대우캐피탈 주식과 채권 각 51%씩을 매각하였으며, 매각대금은 5,289억원(주식대금 1,275억원, 채권대금 4,014억원)으로 하였다. 그리고 이 매각대금 중 2,759억원은 현금 대신 대우캐피탈의 비영업 자산으로서 향후 가치상승이 예상되는 대우건설 주식 등을 현물로 인수하기로 하였다. 또 CRV가 보유하고 있는 잔여채권 3,857억원은 re-financing하여 향후 5년간 단계적으로 상환하기로 하는 한편, 채권단 보유 잔여주식에 대하여도 향후 5년간 단계적으로 아주+신한 측에 매각하는 call/put 옵션을 갖기로 하였다.

---

1) 공적자금관리백서 2006. 8 p.97 참고

이 매각에 따라 공사는 대우캐피탈 CRV로부터 2,211억원을 회수하였으며, 매각 전 채권회수액 등을 포함하여 총 6,981억원을 회수함으로써 당초 매입대금 6,920억원을 상회하게 되었다. 이 외에도 공사는 향후 CRV가 보유하고 있는 대우건설 주식 등 나머지 자산을 처분하는 데 따른 추가이익을 얻게 되었다.[1)]

대우종합기계

대우계열 12개 워크아웃 기업 중 대우중공업㈜의 경우는 2000년 10월 조선사업 부문과 기계사업 부문을 분할하여 각각 대우조선㈜과 대우종합기계㈜를 신설하였다. 2000년 1월 이후 공사가 인수한 대우계열사 채권 중 대우중공업으로부터 분할된 대우종합기계 채권은 1조 8억원이고, 이에 해당하는 원가는 7,182억원이었다.

공사는 대우종합기계(이하 회사) 워크아웃 기간 중 채권의 출자전환을 통하여 주식 5,921만주(35.3%)를 취득하고 최대주주가 된 바 있다. 2003년 들어 공사는 이 주식에 대한 경쟁입찰 등 장외매각을 추진하였으며, 이 때 회사의 경영권 프리미엄을 형성시키기 위하여 산업은행 보유주식을 합한 총 51% 지분, 8,566만주를 공동으로 매각하기로 하였다. 이 매각에서 회사의 방위산업 부문은 외국인의 참여를 배제한 제한경쟁입찰, 나머지 민수 부문은 내·외국인을 모두 대상으로 하는 경쟁입찰 방식을 각각 적용하기로 하였다.

2004년 9월 최종입찰 결과 두산중공업 컨소시엄이 1순위 우선협상자로 선정되었는데, 이 입찰에서 1순위자와 2순위자의 인수제안 가격 차이가 현저하여 1순위자가 인수를 포기할 우려가 있었다. 채권단은 먼저 1순위자와 구속력 있는 주식양수도계약을 체결한 후 인수자 본실사를 실시

---

1) 공적자금관리백서 2003. 8 p.86 참고

하도록 하였다.

이후 양측은 인수자의 추가 실사와 가격조정 협상을 거쳐 2005년 1월에 본 계약을 체결하였다. 최종 매각대금은 당초 제시된 매매대금 1조 8,973억원(주당 22,150원)에서 손실보전금액 2,093억원을 차감한 1조 6,880억원(주당 19,707원)으로 확정되었다. 이 매각에서 공사는 회사 주식 5,149만주(30.7%)를 매각하고 그 대금으로 1조 147억원을 지급받았다.

한편 공사는 이 매각에 앞서 2003년 8월 회사에 대한 채권 중 출자전환되지 않은 채권 3,207억원을 유동화하여 1,400억원의 선순위채권과 무권면액(無券面額)의 제2종 수익증권을 취득한 바 있다. 이 중 선순위채권은 발행과 함께 매각하여 현금화하고, 제2종 수익증권은 보유하고 있다가 주식 매각 후인 2006년 4월 두산인프라코어로부터 1,600억원을 상환받았다. 이로써 공사는 대우종합기계 채권에 대하여 2006년 6월 말 현재 총 1조 5,252억원을 회수하여 당초 투입액 대비 212.4%의 회수율을 보였다. 공사는 이후에도 잔여주식의 매각과 해외채권의 회수 등 추가적인 회수를 하게 된다.

참고로 2000년 12월 대우중공업 회사분할시 공사 보유 채권 중 2조 4,015억원(매입원가 1조 5,209억원)은 대우조선 또는 대우종합기계로 이전되지 않고 대우중공업에 그대로 잔류하였다. 2005년 말 현재 공사가 존속법인인 대우중공업으로부터 회수한 금액은 1,927억원, 잔여채권의 평가액은 25억원에 불과하여 1조 3,257억원의 손실이 예상된다. 따라서 분할 전 대우중공업 관련 부실채권 인수에 따른 총손익을 산정할 때에는 이 점이 감안되어야 할 것이다.[1)]

1) 공적자금관리백서 2005. 8 p.106 참고

대우건설

㈜대우의 경우에는 건설사업 부문과 무역사업 부문을 분할하여 각각 대우건설㈜와 ㈜대우인터내셔널을 신설하였다.

회사분할을 전제로 채권단은 2000년 3월 15일 ㈜대우와 기업개선약정을 체결하고, 채무 9,660억원의 출자전환과 나머지 채권의 금융조건 완화 등 채무조정을 지원하기로 하였다. 2000년 12월 회사분할시 대우건설 채무에 대한 출자전환 예정액은 6,769억원이 이전되었으며, 이어 2002년 11월에는 회사의 수주능력 강화를 위하여 8,420억원 규모의 채권을 전환사채로 전환하고, 2003년 11월에 이를 주식으로 전환하였다.

대우건설(이하 회사)은 채권단의 채무조정 지원과 회사 자구노력의 결과로 영업이 신장되고 재무상태가 크게 개선되어 2003년 12월 30일에 기업개선작업을 졸업하였다.

2000년 이후 공사가 인수한 ㈜대우 채권 중 회사로 분할된 채권은 1조 7,254억원이고, 이에 해당하는 매입원가는 9,179억원이었다. 공사는 채권단의 결의에 따라 총 7,558억원의 채권을 출자전환하여 2003년 말 현재 회사 주식 1억 5,723만주(47.0%)를 보유하게 되었다.

2004년 들어 공사는 공적자금의 회수를 위하여 금융기관과 출자전환 주식 공동매각협의회를 구성하고 이 주식을 경쟁입찰 등 장외매각을 하기로 하였다. 협의회에 참여한 금융기관은 9개로서 보유지분은 총 2억 4,466만주로 전체 주식의 72.1%를 차지하였다. 협의회는 2004년 11월에 매각 주관사를 선정한 후 매각절차를 진행하였으며, 그 결과 금호아시아나 컨소시엄을 인수자로 선정하고, 2005년 11월 15일 주식매매계약을 체결하였다. 매매가격은 입찰가격 6조 6,720에서 실사 조정액 2,465억원을 차감한 6조 4,255억원으로 결정되었다.

이 매각을 통하여 공사는 회사 주식 1억 5,052만주(44.4%)를 매각하여

3조 9,532억원을 회수하였다. 공사는 이 매각대금 외에도 회사 채권 인수 후 2006년 6월 말까지 채권원리금 상환으로 총 1조 3,513억원을 지급받은 바 있어 대우건설 관련 총 회수액은 5조 3,045억원에 달하는데, 이는 매입원가 9,660억원의 5.8배에 해당하는 금액이다.

참고로 2000년 12월 ㈜대우의 회사분할시 공사 보유채권 중 10조 7,492억원(매입원가 1조 5,974억원)은 대우건설 또는 대우인터내셔널로 이전되지 않고 ㈜대우에 잔류하였다. 그런데 2005년 말 현재 공사가 존속법인인 ㈜대우로부터 회수한 금액은 1,136억원, 잔여채권의 평가액은 11억원에 불과하여 총 1조 4,827억원의 손실이 예상된다. 따라서 분할전 ㈜대우 관련 부실채권 인수에 따른 총손익을 평가할 때에는 이 점이 감안되어야 할 것이다.

대우계열사 부실채권 정리 결과

2000년 1월 29일 이후 공사는 총 35.8조원의 대우계열사 부실채권을 인수한 후 2006년 말 현재 그 중 9.1조원의 채권을 정리하여 10.2조원을 회수하고, 26.7조원(매입원가 7.9조원)의 채권을 보유하고 있다. 대우 부실채권의 정리방법으로는 경영정상화계획 이행에 따른 직접회수와 출자전환주식의 매각이 7.0조원으로 주류(77%)를 이루었으며, 공사는 이 방법으로 9.4조원을 회수함으로써 매입원가 4.1조원 대비 5.3조원의 차익을 실현하였다.[1]

정리방법별 부실채권 정리실적

1) 자산관리공사 주최 '부실채권정리기금 10년의 성과와 향후과제' 국제포럼 자료

외환위기 이후 2006년 말까지의 부실채권 정리실적을 종합하면, 공사는 금융기관으로부터 인수한 부실채권 중 76.6조원을 국내외 매각, ABS 발행 등의 방법으로 정리하여 총 41.5조원을 현금으로 회수하였다. 이 회수액은 정리된 부실채권의 원가(30.9조원) 대비 10.6조원의 매각차익이 포함된 금액이다.

위 현금회수액 외에 채권 출자전환 등 유가증권으로 회수한 실적을 포함하면 공사는 84.6조원의 부실채권을 정리하여 42.6조원을 회수한 결과가 된다.

공사의 부실채권정리실적

(1998년부터 2006년까지) (단위: 억원, %)

구 분	채권액	매입액 (A)	회수액 (B)	매각차액 (B–A)	회수율 (B/A)
국제입찰 매각	60,828	13,001	16,026	3,025	123.3
ABS발행	87,303	46,398	51,709	5,311	111.4
AMC · CRC · CRV매각	63,733	15,079	22,518	7,439	149.3
채권개별매각	34,470	8,009	13,109	5,100	163.7
법원경매, 공매	34,228	26,181	34,317	8,136	131.1
직접회수 등	209,213	50,923	74,131	23,208	145.6
변제계획회수	78,919	46,760	100,268	53,508	214.3
환매 · 해제	197,379	103,012	103,012	–	100.0
합 계 (A)	766,073	309,363	415,090	105,727	134.2
출자전환 등 (B)	79,532	29,106	10,871		
총 계 (A+B)	845,605	338,469	425,961		

[자료] 한국자산관리공사

제 2절 피지원 금융기관 관리

제 2편에서 살펴본 바와 같이 공적자금이 투입된 금융기관에 대하여는 예금보험공사가 경영정상화계획 이행약정(MOU)을 체결하고 그 이행상황

을 정기적으로 점검하며, 영업정지 또는 폐쇄 등으로 예금이 대지급되었거나 계약이전결정으로 인수은행에 손실보전을 하게 한 금융기관은 그 파산재단을 관리하며, 이 밖에 금융기관에 부실을 초래하여 공적자금 투입을 불가피하게 한 금융기관 임직원, 부실채무자 및 그 임직원 등 부실책임자에 대한 책임추궁을 하게 된다.[1)]

1. MOU 체결과 점검

예금보험공사(이하 공사)는 공적자금 수혜 금융기관과 MOU를 체결한 이후 해당 금융기관의 경영정상화 진척 상황 및 경제여건 변화 등을 반영하여 MOU를 수정하였다. 2003년 중 공사는 우리금융지주 등 총 6개 금융기관의 MOU 목표를 추가하거나 수정하였으며, 2004년 중 4개 기관, 2005년 중 6개 기관, 2006년 중 1개 기관에 대한 MOU의 추가 또는 수정을 하였다. 또 2003년 이후 5개 기관과의 MOU를 해지하였다.

한편 공사는 MOU 체결 금융기관의 수검 부담을 완화하고 MOU 점검의 실효성을 제고하기 위하여 2002년 4/4분기 점검시부터 점검기간을 대폭 축소하고, 토론을 통한 점검을 도입하는 등 MOU 점검방법을 개선하였다. 또 MOU 점검 결과 미이행 사항에 대한 조치는 금융·법률·회계 분야의 외부전문가가 포함된 '이행점검결과 심의위원회' 의 심의를 거쳐 시행함으로써 조치의 투명성과 객관성을 제고하였다.

2003년 중에 공사는 경영악화에 대한 책임을 물어 일부 금융기관의 임원에 대한 해임을 요구하는 등 MOU 이행 부진사항에 대하여 총 95건의 조치를 취하였다. 이러한 강력한 경영지도와 금융기관 경영여건의 호전으로 2004년 이후에는 조치 건수가 현격하게 감소하였다.

---

1) 이하 공적자금관리백서 2003－2006년판 및 재정경제부 공적자금운용현황 참조

(1) MOU의 추가, 수정 및 해지

경영정상화이행약정(MOU) 체결 현황

(2006년말 기준)

금융기관	MOU 체결, (재체결)	MOU추가, (수정), [해지]
우리금융지주*	2001. 7. 2	2003. 1. 22, (2004. 9. 22), 2005. 3. 23
우리은행*	2000. 1. 22, (2000. 12. 30)	2003. 1. 22, (2004. 9. 22), 2005. 3. 23
광주은행*	2000. 12. 30	2003. 1. 22, (2004. 9. 22), 2005. 3. 23
경남은행*	2000. 12. 30	2003. 1. 22, (2004. 9. 22), 2005. 3. 23
제주은행	2000. 12. 30	[2002. 4. 29]
서울은행	2000. 12. 30	(2001. 6. 29), [2002.12.1]
조흥은행	1999. 11. 12, (2002. 1. 31)	[2003. 8. 19]
수협(신용사업)*	2001. 4.25	(2003. 2. 12), 2005. 3.23
대투증권	2000. 9. 25, (2002. 2. 20)	[2005. 5. 31]
한투증권	2000. 9. 25, (2002. 2. 20)	[2005. 3. 31]
서울보증보험*	2000. 4. 12, (2001. 6. 9)	(2002. 7. 10), 2005. 6. 22, (2006. 6. 21)
대한생명보험	2000. 4. 12, (2001. 9. 5)	[2002. 12. 12]
우리신용금고	2000. 6. 7, (2000. 12. 30)	(2002. 3. 25), 2003. 6. 4, [2004. 3. 31]
우리종금	2000. 12. 9	(2001. 6. 29), [2003. 8. 1]

[주] *표시 금융기관은 2006년 말 현재 MOU 체결상태에 있는 기관임.
[자료] 공적자금백서 2006.8

2003년 중에는 2002년 말로 경영정상화계획 기간이 만료된 우리금융지주 및 3개 자회사(우리·광주·경남은행)와 우리신용카드사에 대하여 2년간의 정상화계획을 추가하였다.

2004년 중에는 우리금융지주 및 3개 자회사와의 2004 하반기 MOU 목표를 합리적이고 실현가능한 수준으로 수정하였다. 여기에는 우리은행과 우리카드의 합병 등 경영전략 변경과 경기침체로 인한 부실여신 급증 등 환경변화가 고려되었다.

2005년 중에는 2004년 말로 경영정상화계획 기간이 만료된 우리금융지주회사와 3개 자회사, 수협 신용사업부문 및 서울보증보험에 대해 2년간의 정상화계획을 각각 추가하였다.

한편 MOU체결 금융기관 중 2002년에 제주은행·대한생명·서울은행 등 3개 금융기관이 매각되어 MOU를 해제함으로써 MOU 체결기관이 14개에서 11개로 감소한 바 있다. 이어 2003년 이후에는 조흥은행·한국투자증권·대한투자증권 등 3개 기관이 매각되어 MOU를 각각 해지하였고, 우리금융지주 산하의 우리종합금융과 우리신용카드가 우리은행에 합병됨으로써 MOU가 종결되었다. 이에 따라 MOU 체결 금융기관의 수는 당초 14개에서 8개가 감소되어 2006년 말 현재 6개가 남아 있다.

(2) MOU 이행실적 점검결과

은행

2003년 상반기 중 MOU체결 은행들은 ㈜SK글로벌 분식회계에 따른 여신건전성 악화와 가계대출금 및 신용카드채권에 대한 대손충당금 적립기준 강화에도 불구하고 이자 부문에서 이익이 증가하는 등 수익성이 호전되었다. 각 은행은 당기순이익의 시현 등 재무상태가 전반적으로 개선되고, 각 은행의 재무비율 목표도 대부분 달성되었다. 다만, 조흥은행은 여신건전성 악화에 따른 대손충당금 추가 적립과 투자유가증권 감액손실 등에 따른 당기순손실 발생으로 일부 재무비율 목표가 달성되지 못하였다.

2003년 하반기에 우리금융지주·광주은행·경남은행이 신용카드관련 손실 확대 등으로 ROA 목표를 달성하지 못하다가, 광주은행과 경남은행은 2004년 1/4분기, 우리금융지주는 2004년 하반기부터 재무비율 목표를 달성하였다.

2005년과 2006년에는 은행권이 전반적으로 수익성이 개선되고 자산건전성이 향상되어 MOU 체결은행 모두가 재무비율 목표를 달성하였다. 특히 2005년 중 우리금융지주는 1조 6,882억원의 사상 최대의 당기순이익을 시현하였으며, 소속 자회사인 우리·광주·경남은행도 자산증가 및 자산건전성 제고에 따른 대손비용 감소 등의 영향으로 양호한 당기순이익을 시현하였다. 수협 신용사업부문도 대출자산 증가에 따른 이자이익 증가 및 자산건전성 제고에 따른 대손비용 감소 등으로 1,247억원의 당기순이익을 시현하였다.

은행의 비재무부문에 있어서는 경영진 보상제도 및 리스크관리시스템 등 이미 도입한 제도의 효율적 운영 및 경영인프라의 정착이 이루어졌다. 다만, 일부 은행에서 내부통제시스템의 기능 미흡 및 성과급제도의 불합리한 운용 사례가 발견되었으나 적절한 조치를 통하여 개선하였다. 또 일부은행에서는 경영진 성과평가제도 및 특별상여금제도의 불합리한 운영, SPC 관련 당기순이익 과소계상 등 일부 불합리한 점이 발견되어 시정조치하였고, 은행 자회사에 대해서는 판매관리비용율 및 1인당 생산성 등을 우량회사 수준으로 향상시키기 위하여 인력운용개선 등 경영효율성 제고 대책을 수립, 추진하도록 하였다.

2005년과 2006년에는 대출채권 증가율이 총자산 증가율을 상회하고 있어, 자산건전성이 악화되지 않도록 리스크관리를 강화하도록 하는 한편, 인건비·접대비 지출 등 경영관리의 합리화를 기하도록 하였다.

비은행

MOU를 체결한 비은행금융기관 중 서울보증보험을 제외한 대한생명·한국투신·대한투신·우리신용카드·우리종합금융 등은 2000년 중 증시 침체, 영업기반 위축 및 자산건전성 악화 등으로 일부 재무비율 목표를 달성하지 못하였으며, 이러한 현상은 2003년까지 지속되었다. 비재무부문에 있어서는 자산운용 및 영업확대 추진 과정에서 발생하는 제반 리스크를 통제·관리하기 위한 리스크관리시스템의 구축이 미흡하고, 계약연봉제 등 성과주의 문화 정착을 위한 제도 도입이 미흡한 사례가 발견되어 적절한 조치를 통하여 시정토록 하였다.

2004년에 들어서도 서울보증보험은 미수채권 회수실적 증대 등에 힘입어 모두 목표를 달성한 반면, 한국투신·대한투신증권은 주식시장 침체 여파로 인한 주식운용손실 등으로 재무비율 목표를 대부분 달성하지 못하였다. 비재무부문에 있어서는 계약인수 결정을 위한 신용등급평가 및 심사업무, 리스크관리시스템 구축 등이 미흡한 것으로 지적되어 개선하도록 조치했다.

2005년 중 서울보증보험은 증시 호황에 따른 투자수지 개선 등으로 사상 최대인 6,571억원의 당기순이익을 시현하여 MOU 재무비율 목표를 모두 달성하였으며, 이들 목표는 2006년에도 모두 달성하였다. 비재무부문에 있어서는 지급보증 관련 신용리스크 강화, 자산운용리스크 강화, 내부통제 및 경비지출 합리화와 함께 정부의 보증기관 확대 방침에 대한 대비책을 강구하도록 하였다.

(3) MOU 점검에 따른 후속조치

MOU 이행실적에 대한 점검 후 공사는 목표 이행이 부진한 사항에 대하여 시정 등을 요구하였으며, 사안이 중대하다고 판단하는 경우 책임 정도에 따라 임원경고, 직원징계요구, 기관주의·개선·시정·통보·현지조치 등 조치를 하였다. 공사의 조치는 2003년에 가장 많았고, 그 후 감소하였다가 2006년에 다소 증가하였다.

구체적으로 공사는 2003년 중 금융기관 경영악화에 책임이 있는 임원의 해임을 요구하는 등 총 95건의 조치를 취한 데 이어 2004년에는 29개 사안에 대하여 84건, 2005년에는 12개 사안에 대하여 21건, 2006년에는 18개 사안에 대하여 25건의 조치를 각각 취했다.[1)]

2. 파산재단에 대한 관리

공적자금의 회수를 극대화하기 위해서는 금융기관 파산재단에 대한 관리를 강화할 필요가 있다고 판단하여 정부는 2001년 3월 이후 공사 임직원이 파산재단 관재인으로 선임될 수 있도록 제도화하였다.

2006년 말까지 공적자금이 투입된 부실금융기관 중 법원으로부터 파산선고를 받은 파산재단은 총 462개로, 이 중 461개 파산재단에 공사 직원이 관재인(청산인)으로 단독 또는 공동으로 선임되어 파산절차에 적극적으로 참여하였다.

금융권별 파산선고 현황

(2006. 12월말 기준) (단위 : 개)

구 분	은 행	보 험	증 권	신 협	종 금	금 고	계
파산선고	5	10	4	339	22	82	462

462개 파산재단 중 자산환가의 완료 및 기타 소송이 종결된 103개 재단은 법원으로부터 파산종결 또는 폐지가 선고되었고, 나머지 359개 파산재단은 청산·파산 절차가 계속 진행되고 있는데 이 중 358개 파산재단에 예보 직원이 관재인으로 활동하였다.

파산재단 성립 후 일정 기간이 경과하면 재단 보유자산의 환가가 정체되어 그 유지비용이 회수액을 초과하는 경우가 발생한다. 따라서 공사는

1) 예금보험공사 각년도 연차보고서

자산환가가 정체되는 재단을 조기종결 대상으로 선정하고, 관할 법원의 허가(협의)를 받아 보유자산의 평가, 매각, 최후배당실시를 진행하여 종결선고를 받도록 함으로써 공적자금의 지출을 최소화하였다.

다만, 파산채권소송이나 채무이행청구, 손해배상청구소송 등이 진행 중인 재단은 법률상 종결이 어려우므로 이들 소송 및 관련자산을 제외한 나머지 자산의 처분을 통하여 중간배당을 실시함으로써 사실상의 종결을 추진하였다. 그 후 종결재단의 문서보관 및 소송 등 잔여업무는 파산재단을 통합하여 관리하도록 함으로써 재단 유지비용을 최소화하고, 소송결과 배당 재원이 발생하는 때에 최후배당을 실시하고 파산절차를 완전히 종결하도록 하였다.

2006년 말 현재 파산절차가 진행 중인 359개 파산재단 중 323개 파산재단은 사실상 절차가 종결된 상태이며, 이 같은 방법으로 공사는 1조 7,840억원의 중간배당을 조기에 수령하였다.

파산재단의 법인대출은 대부분 법정관리, 워크아웃, 화의 등이 진행 중인 기업의 대출로서 이들 대출은 관련 절차에 따라 채무조정이 실시되고 있다. 그러나 파산재단의 개인대출은 그동안 통일된 채무조정기준이 없이 생계형 채무불이행자 등 일부 채무자에 대하여 제한적으로 채무조정이 실시되어 왔다.

공사는 파산재단 개인채무자에 대하여 '개인대출 채무조정기준'을 마련하고 이를 2006년 2월 1일자로 시행하였다. 이 기준의 주요 내용은 고금리 대출의 이자율 완화, 보증채무자에 대한 채무부담 경감, 대출금 장기 분할상환 및 채무상환 유예, 채무조정을 약정한 채무자에 대한 금융불량거래정보 해제로 요약할 수 있다.

이 기준에 따라 공사는 2006년 말까지 총 58개 파산재단, 5,425명의 채무자에 대한 채무조정을 실시하여 265억원의 채무 중 161억원을 감면

조치하였다.

3. 금융기관 부실책임의 추궁

부실금융기관에 대한 책임추궁현황

(2006년 말 현재) (단위 : 개, 명, 건, 억원)

구분	부실책임조사		소송제기			채권보전조치	
	조사 회사수	부실 책임자수	피고수	청구액	가압류 건수	금액	가처분 건수
은행	15	191	195	997	94	227	24
증권	6	63	73	254	31	86	1
보험	18	236	253	2,052	160	997	23
종합금융	22	159	159	2,758	167	927	27
저축은행	92	868	1,151	5,096	877	4,044	140
신협	339	4,324	7,394	5,886	3,296	3,792	299
계	492	5,841	9,225	17,043	4,625	10,073	514

[주] 피고수는 부실관련자에 신원보증인 등 포함
[자료] 예금보험공사 2006 연차보고서

전술한 바와 같이 정부는 그동안 부실책임자의 책임을 효율적으로 추궁하기 위하여 예금자보호법 등 관련 법령을 정비하였다. 2000년 12월 말 예금자보호법 개정을 통해서는 공사의 책임추궁 범위를 기존의 청산·파산 중인 금융기관은 물론, 공적자금이 투입되었거나 투입이 결정된 부실금융기관에까지 폭넓게 확대하였다. 더욱이 2001년 3월부터는 공사의 부실책임 조사대상을 금융기관에 한정하지 않고, 해당 금융기관에 부실을 초래한 기업주와 임직원도 포함시켜 책임을 추궁하였다.

2006년 3월 개정된 예금자보호법은 공사의 일괄 금융거래정보 조회요구, 자료제출 요구 및 출석요구 등 조사수단을 보완하였다. 즉, 금융기관 부실에 책임이 있는 자에 대한 손해배상청구의 요구, 손해배상청구권의 대위행사 또는 소송 참가를 위하여 필요한 때에 공사는 당해 부실금융기관, 부실관련자 및 그 이해관계인 등에 대하여 업무 및 재산상황에 관한 자료제출 요구, 출석 요구 등 조사를 할 수 있도록 하였다. 또 이 조사와 관련하여 부실관련자 또는 그 이해관계인에 관한 금융거래정보 등이 반드시 필요한 경우에는 〈금융실명거래 및 비밀보장에 관한 법률〉의 규정에도 불구하고 당해 금융기관의 장에게 동 정보의 제공을 요구할 수 있도록 하였다.

부실금융기관에 대한 책임조사

공사는 예금자보호법 규정에 따라 부실금융기관에 대한 부실책임을 조사하고, 위법·위규 행위를 하여 금융기관에 손실을 초래한 임직원 등에 대하여 손해배상을 청구하였다. 부실책임추궁 대상자는 부실금융기관의 임직원과 대주주이며, 대주주의 경우에는 상법에서 규정하는 부당한 업무집행 지시 등으로 손실을 초래한 경우 손해배상 책임을 물었다.

공사는 2006년 말까지 공적자금이 투입된 15개 은행 등 총 492개의 금융기관에 대하여 부실책임 조사를 실시하여 해당 금융기관 임직원 및 대주주 5,841명이 초래한 손실액 약 17조원을 밝혀내고, 파산관재인 등 해당 금융기관장에게 손해배상청구소송을 제기하도록 요구하였다.

부실책임조사 결과 나타난 각 금융권별 위법·위규 행위의 내용을 살펴보면, 은행의 경우 불법·부당여신 취급, 증권사는 대주주 앞 부당자금 지원 및 유가증권 불법매매, 보험사는 보험유치 기업에 대한 부당자금지원 및 사업비 부당지출 등이 대표적이었다. 또 종금사는 동일인 여신한도 초과 취급 및 무담보 매출어음 부당취급, 상호저축은행과 신용협동조합의 경우 부당여신 취급, 불법적인 주식투자, 분식회계를 통한 출자금 배당, 고객예탁금 횡령 등으로 인한 손실이 큰 비중을 차지하였다.

금융권 전체적으로는 불법·부당여신 취급이 전체 손실초래액의 49.0%로서 금융기관 부실의 가장 큰 원인으로 나타났다. 특히 소형 금융기관인 상호저축은행 및 신용협동조합의 경우 횡령사고가 차지하는 비율은 각각 6.6%, 26.0%에 달해 내부통제기능이 상대적으로 취약한 것으로 나타났다.[1)]

손해배상청구소송

종결사건 승소율 현황

(2006년 6월말 현재) (단위: 건, 억원, %)

구분		은행	증권	보험	종합금융	금고	신협	계
건수	청구건수	80	22	60	29	216	615	1,022
	승소건수	67	16	35	6	171	466	761
	승 소 율	84	73	58	21	79	76	74
금액	청구금액	555	182	650	1,058	3,924	3,917	10,286
	승소금액	315	153	133	132	3,021	2,114	5,868
	승 소 율	57	84	20	12	77	54	57

[자료] 2006 국정감사 정책현안, 국회재정경제위원회 수석전문위원실

한편 공사는 금융기관들이 손해배상 청구소송 업무를 효율적으로 수행할 수 있도록 지원하기 위하여 2003년 하반기부터 변호사 등 법률 전문가로 구성된 소송지원 점검반을 운영하였고, 2005년도에 들어서는 지역별 손배소송 전담변호사제를 도입, 운영하였다.

금융기관들은 2006년 말 현재 9,225명을 대상으로 총 1조 7,043억원의 손해배상 청구소송을 제기하였다. 청구소송가액이 부실책임자의 손실초래액보다 작은 것은 부실책임자의 재산상태와 변호사 수임료, 인지대 등을 감안하여 책임액의 일부만 청구한 데 기인하였다. 그러나 추후 부실책임자의 재산조사 결과 추가적인 재산이 발견되면 청구금액을 증가시켰다.

1) 공적자금관리백서 2006. 8, p.169

소송제기 결과 2006년 6월 말 현재 1,316건의 손해배상 청구소송이 진행 중이며, 종결된 소송건수는 1,022건으로 승소율은 금액 기준으로 57% 수준이다. 소송이 종결된 부실관련자에 대해서는 책임재산에 대한 강제집행을 통하여 1,588억원을 회수하였다.[1)]

부실채무기업에 대한 조사

전술한 바와 같이 공사는 2000년 12월 예금자보호법 개정에 따라 공적자금 투입 금융기관뿐만 아니라 이들 금융기관의 부실채무자 및 부실채무기업에 대하여도 부실책임을 조사할 수 있게 되었으며, 2001년 3월부터 ㈜대우, ㈜고합 등을 시작으로 부실채무기업에 대한 조사를 실시하였다.

부실채무기업에 대한 조사는 부실채무기업의 사주 및 임직원 등이 위법행위를 하여 해당 기업이나 금융기관에 손해를 초래한 사실을 적발하고, 조사 결과에 따라 손해배상청구 등 민사상 책임을 추궁하는 일이다. 그러나 이러한 조사는 공사의 기능만으로는 관련 자료를 확보하거나 기업의 업무 담당자를 직접 조사하는 데 어려움이 있다. 이에 정부는 2001년 12월 24일 검찰·경찰·국세청·관세청·금융감독원 등 유관기관 직원 및 공사 전문조사인력으로 구성된 부실채무기업 특별조사단을 설치, 운영한 바 있다.

특별조사단은 2006년 말까지 총 717개 부실채무기업에 대한 현장조사를 실시하였다. 조사 결과 조사대상 기업들은 분식회계에 의한 금융기관 차입, 회사채 발행 및 부당 이익배당, 부실계열사에 대한 부당자금지원, 대주주에 대한 부당지원, 임직원의 회사자금 및 부동산 횡령 등의 수법으로 공적자금에 손실을 끼친 것으로 드러났다.

---

1) 2006 국정감사 정책 현안, 국회재정경제위원회 수석전문위원실

분식회계와 관련해서는 분식재무제표를 이용한 대출금 부당 편취와 회사채 발행, 분식결산에 의한 부당 이익배당 및 법인세 납부 등의 사례가 적발되었으며, 계열사 부당지원과 관련해서는 계열사에 대한 부당 어음대여(채무부담), 대여금 지급, 무상증여 및 지급보증과 계열사 보유자산의 고가 매입, 외자유치를 가장한 계열사 부당지원, 해외현지법인 앞 부당대여 등의 사례가 조사되었다.

대주주 부당지원과 관련해서는 대주주의 주식취득을 위한 회사자금 유용, 사주(社主) 또는 그 특수관계인 소유재산의 고가 매입, 관계회사 소유재산의 고가 매입, 사주 소유 기업에 대한 부당 채무면제, 회사자금의 유용이 조사되었다. 이 밖에 임직원의 회사자금 및 부동산 횡령 사례, 외자유치를 가장한 위장증자로 인한 손해 유발, 대주주 또는 임원 관련 기업에 대한 부당지원, 금융기관을 기망한 할인어음대금 편취, 무역금융사기 등의 사례가 있었다.

손해배상청구 및 기소

조사 결과 나타난 불법행위에 대해서는 우선 관련자들에게 충분한 소명기회를 준 다음, 외부전문가(법조계, 학계, 금융계 등) 위주로 구성된 부실채무기업 책임심의위원회 심의를 거쳐 해당 금융기관으로 하여금 부실관련자에 대하여 손해배상을 청구하도록 하였다. 해당 금융기관은 예보의 조사자료를 토대로 손해배상청구소송 및 재산에 대한 채권보전조치 등 필요한 법적 절차를 진행하였다.

공사는 2006년 말까지 150개 기업, 부실관련자 762명에 대해 14조 2,097억원 상당의 부실책임을 확정하고, 해당 금융기관에 손해배상 청구소송을 제기하도록 요구하였으며, 해당 금융기관은 이 중 130개 기업, 639명에 대하여 9,102억원 상당의 소송을 제기하였다.

한편, 부실 관련자에 대한 손해배상 청구소송에서 실질적인 회수효과를 극대화하기 위하여 부실 관련자가 소유하고 있거나 은닉한 재산을 조사하고, 발견된 재산에 대한 가압류 또는 가처분 등 채권보전조치를 취하였다. 공사는 2006년 말까지 해당 금융기관 등을 통해 1,535건, 6,744억원의 가압류 및 295건의 가처분 등 필요한 채권보전조치를 취하였다.[1)]

이와 별도로 공사는 부실 관련자에 대한 형사책임 추궁을 위하여 부실채무기업 대주주 및 전현직 임직원 총 237명을 사기, 횡령, 배임 등 혐의로 검찰에 수사 의뢰하여 2006년 6월 말까지 29명을 구속, 82명을 불구속(약식기소 등 포함) 기소하게 하였다.

금융감독원의 부실책임 추궁

금융감독원의 부실책임자 조사현황

(1998년부터 2006년까지) (단위: 개, 명)

	은행	증권 · 투신	보험	종금	저축은행	신협	계
대상기관수	18	7	19	22	106	313	485
신분상조치	1,050	83	240	218	575	1,500	3,666
형사조치	177	38	92	122	336	728	1,493

[자료] 재정경제부 공적자금 운용현황보고, 2007. 2

예금보험공사와 별도로 금융감독원도 금융기관 부실화에 책임이 있는 임직원의 책임소재를 조사하여 문책 조치하거나 검찰에 고발하였다. 2006년 말까지 금융감독원은 공적자금이 지원된 기관을 포함한 485개 금융기관에 대하여 검사를 실시하여 임직원 3,666명을 문책 조치하고, 이 중 불법행위를 저지른 1,493명은 검찰에 고발하는 등 형사조치하였다.

1) 예금보험공사 2006 연차보고서 참고

제 3절 출자, 출연금 등의 회수

이하에서는 예보채상환기금의 금융기관 출자주식 매각, 파산배당 수령, 자산매각, 대출금 회수실적과 예금보험기금 및 정부 등의 회수실적에 대하여 살펴보기로 한다.

예보채상환기금의 공적자금 회수실적

2006년 말 현재 (단위 : 억원)

구 분	출자금 회수	출연금 정산등	파산 배당금	대출금 직접회수	자산매각	합 계
은 행	104,781	420	16,853	–	43,669	165,722
보 험	13,962	783	3,685	–	1,877	20,307
증 권	11,279	2,833	65	–	6,973	21,149
종 금	330	49	68,289	10,445	–	79,113
저축은행	–	314	44,143	2,150	–	46,608
신 협	–	4	32,395	355	–	32,754
합 계	130,350	4,404	165,430	12,950	52,518	365,653

[주] 파산배당금과 자산매각은 정리금융기관 회수액 포함
[자료] 예금보험공사 2006 연차보고서

1. 출자주식 매각(상환기금)

정부는 2000년 7월에 '정부보유 은행주식 매각방침'을 발표하고, 2002년 1월에 '2002 정부보유은행 주식매각 추진방향'을 발표한 데 이어 2003년 5월에는 '2003 공적자금투입은행 주식매각 추진방향'을 발표하였다. 이들 추진방향에서는 우리금융지주의 해외 DR발행, 조흥은행 매각, 제주·제일은행 주식매각 방안 등이 수립되었다. 또 2004년 이후에

는 공사가 보유자산 처리방안을 연차적으로 수립하여 공자위에 보고하였다.

이들 방안에 따라 예보는 금융기관 출자주식을 매각하였으며, 금융권별 주식매각 내용은 다음과 같다.

(1) 은행 주식

우리금융지주 주식

정부는 2001년 3월 27일 한빛·평화·광주·경남은행과 하나로종합금융 등 5개 금융기관을 우리금융지주에 편입하면서 공사가 소유하고 있는 이들 금융기관 주식을 우리금융지주에 이전하고, 우리금융지주 발행주식 7억 2,746만주(납입자본금 3조 6,373억원의 100%)를 취득하였다. 그런데 금융지주회사법(부칙 제6조)은 정부가 금융지주회사의 지배주주가 되는 경우 그 보유주식을 3년 이내에 단계적으로 처분하도록 최선을 다하고, 3년 이내에 처분하지 못할 경우에는 그 다음 1년 이내에 잔여 주식을 모두 처분해야 한다고 규정하고 있다.(이 규정은 2005. 5. 17일자 개정으로 5+1년 이내에 매각하도록 변경되고, 공자위의 승인을 받는 경우 1년 연장이 가능하게 되었다.)

공사는 2002년 6월 우리금융지주의 주식을 상장하면서 구주 5,400만주와 신주 3,600만주를 주당 6,800원에 공모하였으며, 이 매각을 통하여 3,616억원의 공적자금을 회수한 바 있다. 이어 2004년 9월 주식 4,500만주(5.74%)를 블록세일 방식으로 주당 7,200원에 매각하여 3,240억원을 회수하였다.[1)]

---

1) 이하 공적자금관리백서 2005. 8 및 2006. 8 참고

조흥은행 주식

공사는 조흥은행에 대한 출자지원을 통하여 주식 5억 4,357만주(80.04%)를 보유하고 있던 중 2002년 8월 주식매각을 추진하였다. 그 결과 신한금융지주를 인수자로 선정하고 2003년 7월 매매계약을 체결하였다.

매각조건은 정부지분의 총 매각대금을 3조 3,701억원으로 하여, 이 중 1조 7,188억원(51%)은 현금으로 지급받고, 나머지 1조 6,513억원은 신한금융지주의 주식으로 지급받는 것으로 하였다. 현금지급분은 그 중 9,000억원을 먼저 지급받고, 나머지 8,188억원은 면책사항 발생시 차감정산하여 2년 후에 지급받으며, 주식 지급분은 주식교환비율을 1:0.3428로 하여 상환우선주 4,500만주, 상환전환우선주 4,600만주 등 총 9,100만주를 지급받는 것으로 하였다. 이와 함께 조흥은행의 당기순이익이 향후 3년간(2004~2006년) 1조 8천억원을 초과할 경우 초과분의 20%를 예보에 지급하도록 하는 사후 이익공유(Earn-out) 조건을 부과하였다.

이 약정에 따라 공사는 2003년 8월 현금지급분 중 9,000억원과 신한금융지주 우선주를 취득하였다. 그 후 2006년 말까지 유보액 8,188억원에 대하여는 면책금액을 4,506억원으로 확정, 차감하여 차액 3,682억원을 지급받았으며, 상환전환우선주는 보통주로 전환한 후 2,236만주를 매각하여 1조 389억원을 회수하고, 상환우선주는 900만주를 상환받아 1,685억원을 회수하였다.[1)]

이로써 공사는 조흥은행 매각을 통하여 2006년 말 현재 총 2조 4,756억원의 공적자금을 회수하였으며, 여기에 향후 잔여주식 처분대금 및 상환대금이 추가로 회수되면 조흥은행에 투입된 공적자금(2조 7,179억원) 대비 초과회수가 가능할 것으로 예상된다.

---

1) 예금보험공사 2006 연차보고서 참고

제일은행 주식

1999년 제일은행 지분(51%)을 뉴브리지컨소시엄에 매각하면서 향후 뉴브리지가 보유지분을 제3자에게 매각할 경우에는 정부 및 공사도 동일 조건으로 동일 비율만큼 매각하도록(Drag Along) 약정한 바 있다.

뉴브리지 측은 2005년 1월 10일 스탠다드차타드은행(SCB)과 제일은행 지분 100% 인수에 관한 계약을 체결하고, 정부 및 공사 앞으로 Drag Along을 통지하였다. 공사는 3월 16일 뉴브리지의 제일은행 지분 매각 계약에 참가하는 가입계약(Accession Agreement)을 체결하고, 4월 15일 보유주식을 SCB에 모두 매각하였다.

매각대금은 이자를 포함하여 공사가 원화 9,450억원과 미화 7억 달러, 정부가 원화 1,009억원을 각각 수령하였다.

농협중앙회 우선주

2000년 7월 농협중앙회가 축협중앙회를 통합하면서 그동안 누적되었던 축협중앙회의 경영손실을 부담하게 되자 공사는 2001년 9월 농협중앙회에 870억원의 손실보전 출연과 함께 962억원을 출자지원한 바 있다. 이 출자는 매입 소각이 가능한 우선출자 형태로 하였으며, 출자기간은 5년으로 하여 3년 거치 후 2년간 균등매입하기로 약정되어 있었다.

약정에 따라 공사는 농협중앙회 우선주식 962억원에 대하여 2005년 9월과 2006년 9월에 각각 481억원씩 2차례에 걸쳐 모두 상환받았다.

(구)서울은행 주식

공사는 서울은행 주식을 하나은행에 매각하기 위하여 먼저 2002년 12

월 1일에 서울은행을 하나은행과 합병하고, 합병 대가로 합병은행(하나은행) 주식 6,108만주를 취득하였으며, 그해 12월 23일과 2003년 3월에 걸쳐 취득 주식의 30%(1,832만주)를 하나은행 측(자사주)에 매각하여 3,450억원을 회수하였다.

그 후 2004년 4월 20일에 잔여주식 70%(총 주식의 21.6%, 4,275만주)를 블록세일 방식으로 매각하여 주당 25,050원에 총 1조 710억원을 회수하였다.

한미은행 주식

공사는 1998년 동화·동남·대동·충청·경기 등 5개 은행 퇴출시 이들 은행의 자산·부채를 이전받은 국민·주택·신한·하나·한미은행의 BIS비율 하락 등을 보전하기 위하여 총 1조 5,218억원을 우선주 인수방식으로 지원하였다.

이 우선주는 2000년부터 2004년에 걸쳐 매년 단계적으로 상환받기로 약정되어 있어 이 중 국민·주택·신한·하나은행에 대한 우선주 출자액 1조 2,618억원은 2002년 말까지 모두 회수한 바 있다. 나머지 한미은행 우선주 2,600억원은 2003년 1월과 2004년 1월에 각각 390억씩 총 780억원을 상환받음으로써 출자금 회수를 모두 완료하였다.

(2) 3개 투신사 및 대한생명 매각관련

한국투자증권 (구 한국투자신탁)

한국투신·대한투신과 현대투신은 구조조정 과정에서 각각 증권회사로 변경되어 매각되었다.

공사는 한국투자증권 주식매각을 위하여 2005년 2월 22일 동원금융지주와 매매계약을 체결하였다. 이 계약에 따라 3월 30일 8,649억원을 한국투자증권에 출자하여 동사 주식의 100%를 취득하고, 다음 날인 3월 31일 이 주식을 동원금융지주에 매각하여 매각대금 5,462억원을 현금으로 수령하였다.

대한투자증권 (구 대한투자신탁)

공사는 2005년 5월 2일 하나은행과 대한투자증권 주식매매에 관한 계약을 체결하였다. 이 계약에 따라 동년 5월 30일 대한투자증권에 4,003억원을 출자하여 주식의 100%를 취득하고, 다음 날인 5월 31일 이 주식을 하나은행에 매각하여 매각대금 4,750억원을 현금으로 지급받았다.

현투증권 (구 현대투신증권)

공사는 2004년 2월 26일 현투증권(주)에 1조 9,116억원을 출자지원하여 주식 100%를 취득하고, 후순위채 2,488억원을 인수하였다. 다음 날인 2월 27일 공사는 현투증권(주) 지분 중 80%와 후순위채를 미국 푸르덴셜금융(Prudential Financial, Inc)에 매각하여 주식대금 1,067억원과 후순위채 대금 2,488억원 등 총 3,555억원을 지급받았다.

대한생명 주식

대한생명에 대하여 정부는 공적자금 지원을 통한 경영정상화와 매각작업을 병행 추진하여 2002년 10월 한화컨소시엄과 매각계약을 체결하였다. 이 계약에 따라 공사는 대한생명 보유주식 중 51%를 8,236억원에 매각하여 2002년 12월 12일 1차로 4,118억원(50%)을 지급받고, 2004년 12월 13일에 나머지 4,118억원을 지급 받았다.

(3) 유상감자 및 주식배당금 등

서울보증보험

공사는 회사채 지급보증 등으로 부실화된 서울보증보험의 경영정상화를 위하여 1998년 2월부터 2001년 11월까지 9차례에 걸쳐 총 10조 2,500억원을 출자 방식으로 지원한 바 있다.

2003년 이후 회사는 경영이 정상화되어 대규모의 당기순이익을 시현함으로써 2006년 3월 말 순자산 1조 8,644억원, 지급여력비율 1,425%를 달성하는 등 재무건전성이 크게 개선되었다. 그러나 회사는 자본금 10조 3,319억원에 누적결손금이 8조 6,570억원에 달하여 이를 해소하지 않고는 이익배당 등이 불가능한데다가 매출액 대비 자본규모가 과다한 실정이었다.

회사는 유상감자(감자비율은 9.18대 1)를 실시하여 자본금을 1조 1,249억원으로 감소시키면서 감자 차액 9조 2,070억원 중 5,500억원은 주주에게 상환하고 나머지는 결손금 보전에 충당하였다.

이 감자를 통하여 공사(지분 93.9%)는 2006년 3월 30일 5,456억원을 수령하였다.

2. 파산배당금 수령(상환기금)

공사는 파산절차를 밟고 있는 퇴출금융기관(파산재단)이 자산을 처분하여 지급하는 파산배당금을 수령함으로써 지원자금을 회수하였다. 파산배당금으로 수령한 금액은 1997년 11월부터 2002년 말까지 8조 1,380억원이었으며, 이어 2006년 말까지 8조 4,050억원을 추가로 수령하여 총 16조 5,430억원을 회수하였다.

파산배당금은 총 462개 파산재단으로부터 지급되었다.

금융권별 파산배당 회수액

(1997년 11월부터 2006년 말까지) (단위: 억원)

	은 행	종 금	보 험	증권	저축은행	신 협	계
지원액	139,048	190,149	31,171	3,512	76,530	47,576	487,986
2002년까지	14,141	48,665	1,839	68	5,887	10,780	81,380
2003 이후	2,712	19,624	1,846	−3	38,256	21,615	84,050
합 계	16,853	68,289	3,685	65	44,143	32,395	165,430

[주] 지원액은 예보의 손실보전 출연금과 예금대지급금을 합계한 금액임

[자료] 예금보험공사 2006 연차보고서 참고

은행 및 종금사

은행권의 경우 공사는 1998년 9월 경기은행 등 5개 퇴출은행의 자산·부채를 인수한 한미은행 등 5개 은행에 대하여 그동안 총 9조 7,113억원의 손실보전금을 출연하였다. 공사는 이 출연금을 퇴출은행에 대한 파산채권으로 신고하여 2002년 말까지 1조 4,141억원의 배당금을 수령한 바 있으며, 2003년 이후 2,712억원을 추가로 수령하여 총 1조 6,853억원을 회수하였다.

종금사의 경우 공사는 1997년 12월 한아름종금을 설립하여 경남종금 등 18개 폐쇄종금사의 자산·부채를 인수, 정리하도록 하였고, 2000년 11월에는 우리(하나로)종금을 설립하여 영남종금 등 4개 파산종금사의 자산·부채를 이전, 통합하였다.

공사는 그 동안 한아름종금에 예금대지급 재원으로 18조 2,717억원을

대출해 주었고, 한아름종금은 이 차입금과 파산재단으로부터의 회수자금으로 보험금(예금대지급금)을 지급한 후 2002년 말까지 4조 6,388억원을 예보에 상환한 바 있다. 이 기간 중인 2001년 12월 31일 한아름종금은 존속기간이 만료되어 공사의 자회사인 정리금융공사에 흡수합병되었다.

2003년 이후 정리금융공사는 파산재단으로부터 배당금을 추가로 지급받아 2006년 말까지 1조 5,400억원을 더 상환함으로써 예보는 18개 종금사 파산재단으로부터 총 6조 1,788억원을 회수하였다.

한편 우리종금은 4개 파산종금사로부터 계약이전시 미수금 채권과 미지급금 채무를 예보가 인수하여 파산재단에 대한 직접 채권·채무자가 되었다. 예보는 2006년 말까지 파산재단으로부터 총 5,260억원을 파산배당금으로 수령, 회수하였다.

보험, 증권사

보험회사의 경우 공사는 2001년 국제생명 등 7개 부실생명보험사의 보험계약을 인수한 5개 생명보험사에 대하여 손실보전 출연금으로 총 2조 3,606억원을 지급하였으며, 이 출연금 중 2002년 말까지 1,839억원을 파산배당금으로 받은 바 있다.

그 후 2006년 말까지 리젠트화재보험·대신생명·한일생명 등 부실보험사의 보험계약을 인수한 보험사들의 손실보전 등을 위해 4,277억원을 추가로 출연하였으며, 이 기간 중 파산재단으로부터는 1,846억원의 배당금을 추가로 수령하여 보험사 파산재단으로부터의 회수액은 총 3,685억원이 되었다.

증권회사의 경우는 한국산업증권 등 4개 부실증권사와 관련하여 총 144억원의 예금을 대지급하고, 2002년 말까지 그 중 68억원을 파산배당금으로 회수한 바 있다. 그 후 공사는 10억원의 파산배당금을 추가로 수령하였으나 장은증권 파산배당이 과다지급된 것이 밝혀져 13억원을 반환하여, 2006년 말까지 회수실적은 총 65억원이 되었다.

저축은행, 신협

저축은행의 경우, 75개 파산저축은행 중 67개사에 대하여는 종금사의 경우와 같이 가교금고인 한아름금고로 자산·부채를 이전하여 한아름금고가 예금자의 예금을 대지급하도록 하였다. 이 예금대지급을 위하여 공사는 6조 557억원의 자금을 한아름금고에 대출하고, 한아름금고는 이 차입금과 파산배당금을 재원으로 보험금을 지급(예금대지급)한 후 2002년 말까지 3,346억원을 상환한 바 있다.

한아름금고를 인수한 정리금융공사는 그 후 파산재단으로부터 배당금을 추가로 지급받아 공사에 3조 1,913억원을 상환함으로써 공사는 총 3조 5,259억원의 회수실적을 올렸다.

한편 한아름금고에 계약이전 하지 않은 나머지 저축은행에 대하여는 공사가 직접 1조 2,112억원의 예금대지급을 하고, 이 지급금을 파산채권으로 신고하여 총 8,853억원을 파산배당금으로 회수하였다. 저축은행 파산배당금 수령은 2003년에 집중적으로 이루어졌는데(2조 5,205억원) 이는 2001년에 저축은행에 대규모 부실이 발생하여 3조 3,290억원의 예금을 대지급하였기 때문이다.

부실신용협동조합 325개에 대하여 공사는 파산 후 총 4조 7,575억원의 예금을 대지급하고, 파산재단으로부터 총 3조 2,388억원을 회수하였다. 신협 파산배당금은 2003년에 집중적으로 회수되었는데(1조 2,823억원) 이도 역시 2001년 중 신협에 대규모 부실이 발생하여 2조 4,746억원의 예금보험금이 지급된 데 따른 것이다.

3. 자산매각(상환기금)

정리금융공사의 자산매각 현황

(2002년 말 현재) (단위: 억원)

대상자산		매각방법	매각액	매수자
주식	일은증권	M&A	1,195	리젠트 그룹
	기아자동차	장외매각	1,158	Fiduciary
	KT&G	자사주 매입	1,681	담배인삼공사
	대우건설	M&A	1,668	금호아시아나
	기타		1,066	
	한전	교환사채발행	63	해외투자자
대출채권/유가증권		JV-SPC	2,044	Lone Star
		국제입찰	2,794	Lone Srar 외
		KAMCO매각	7,014	자산관리공사
		ABS발행	572	
		원리금회수, 매각	26,678	
(해외소재채권)		SAMDA	429	해외투자자
부동산		공매위탁	3,632	국내 일반투자자
계			49,994	

[자료] 예금보험공사 2006 연차보고서

부실금융기관의 구조조정 과정에서 공사는 부실금융기관으로부터 직접 자산을 매입하거나 또는 정리금융공사에 자금을 대출하여 자산을 매입하도록 한 후 매입자산을 다양한 방법으로 정리 또는 매각하였다. 특히 부실채권의 경우는 자산관리공사와 같이 M&A방식에 의한 지분매각, 합작특수목적회사(JV-SPC) 설립을 통한 매각, ABS발행을 통한 매각, 직접매각 등 다양한 방법을 활용하였다.

공사는 2002년 말까지 자체 자산인 제일은행의 베트남 및 뉴욕 현지법인 지분을 매각하여 158억원을 회수하고, 정리금융공사로부터 자산매각 대금 4조 4,111억원을 상환받음으로써 총 4조 4,269억원을 회수한 바 있다.

이 후 2003년 5월에 공사가 보유한 제일은행 신주인수권부 사채(BW) 911억원 중 662억원을 출자전환하고, 나머지 249억원을 회수하였으며, 2005년에는 보유중인 현대오토넷 주식의 매각으로 1,918억원을 회수하였다. 공사는 이와 같이 공사가 직접 매입한 자산을 매각하여 2006년 말까지 총 2,367억원을 추가로 회수하였으며, 이로써 자체 자산 매각액은 총 2,525억원에 달했다.

한편 정리금융공사가 매입한 자산은 2003년 이후 매각을 통해 5,882억원을 추가로 회수함으로써 2006년 말까지 회수총액이 4조 9,994억원이 되었으며, 이로써 공사의 자산매각 회수액은 총 5조 2,518억원에 달하게 되었다.

특기할 것은 2000년 10월 정리금융공사 보유 한전주식을 대상으로 발행한 해외 교환사채 1조 1,199억원이 대부분 주식으로 교환되지 않음에 따라 1조 1,936억원은 매각실적에서 차감되고, 주식교환액 63억원만 회수실적으로 남게 되었다.

4. 대출금 회수 등 (상환기금)

공사는 2002년 말까지 종금사, 신용금고, 신협 등 금융기관에 대하여 2조 1,817억원(신용관리기금 및 안전기금 대출금 포함)을 대출하고, 이 중 1조 1,173억원을 회수한 바 있다.

2003년 이후 공사는 3,345억원을 추가로 회수하여 총 회수액이 1조 4,518억원에 달하였다. 추가 회수액은 종금사에서 1,289억원, 저축은행에서 2,044억원, 신협에서 12억원이 각각 지급되었다.

이 밖에도 공사는 계약이전결정에 따라 부실인수 금융기관에 지급한 출연금을 정산하여 그 차액을 환수하거나, 금융기관 가지급금을 환입하는 등의 방법으로 공적자금을 회수하였다.

한편, 금감위는 2000년 1월 금융기관의 부실경영에 책임이 있는 대주주에게 경제적 책임을 부담시키는 기준(부실금융기관 대주주의 경제적책임부담기준)을 제정하였는데, 부실금융기관인 현투증권(주)의 대주주 현대증권(주)이 그 적용을 받아 2004년 중 총 2,054억원을 공사에 무상출연하였다. 또 같은 해에 대신생명과 현대생명의 부실책임과 관련하여 대주주인 대신증권과 현대해상화재가 각각 203억원과 94억원을 공사에 무상출연하였다.

예보(예보채상환기금)의 공직자금 투입액 대비 회수실적을 금융기관별, 지원방법별로 종합하면 다음과 같다.

예보채상환기금의 공적자금투입액 대비 회수실적

(2006년 말 현재) (단위: 억원, %)

		출 자	예금대지급 및 출연	자산매입	대 출	합 계
은 행	투입액	222,039	139,048	100,064	–	461,152
	회수액	104,781	17,273	43,669	–	165,722
	회수율	47.2	12.4	43.6	–	35.9
증권 · 보험	투입액	239,967	34,683	22,540	–	297,189
	회수액	25,241	7,366	8,850	–	41,456
	회수율	10.5	21.2	39.3	–	13.9
종 금	투입액	27,052	190,149	–	12,917	230,118
	회수액	330	68,338	–	10,445	79,113
	회수율	1.2	35.9	–	80.9	34.4
저축은행 및 신협	투입액	101	124,106	–	8,899	133,065
	회수액	0	76,856	–	2,505	79,362
	회수율	0.0	61.9	–	28.1	59.6
합 계	투입액	489,158	487,986	122,604	21,817	1,121,565
	회수액	130,350	169,834	52,518	12,950	365,653
	회수율	26.6	34.8	42.8	59.4	32.6

[주] 지원 및 회수실적에는 예보기능 통합전 지원된 16,069억원이 포함되어 있음.
[자료] 예금보험공사 '예금보험관련 통계자료, 2006. 12'를 토대로 필자분석

5. 예금보험기금의 회수실적

(신)예금보험기금 회수실적

(2003년~2006년) (단위: 억원)

	출자금 회수	출연금 정산 등	파산 배당금	대출금 직접회수	합계
저축은행	423	8	975	144	1,550
신 협			1,031		1,031
계	423	8	2,006	144	2,581

[자료] 예금보험공사 2006 연차보고서

언급한 바와 같이 종전의 예금보험기금은 정부의 공적자금 상환대책(2002년 12월)에 따라 2003년 1월 1일 예보채상환기금으로 전환, 분리되고, 기존의 예금보험기금은 2003년 이후에 보험사고가 발생하였거나 부실(우려)금융기관으로 지정된 회사에 대한 지원업무를 계속 수행하였다.

2003년부터 2006년까지 예금보험기금은 보험사고가 발생한 김천상호저축은행 등 8개 저축은행에 대하여 1조 4,775억원, 월평신협 등 14개 신협에 대하여 2,199억원 등 총 1조 6,974억원을 지원하였다. 지원사유별로는 출자 168억원, 출연 6,135억원, 보험금 지급(예금대지급) 9,586억원, 대출 1,085억원 등이다.

이 중 출자금 168억원은 2005년 5월 예보가 부실저축은행의 경영정상화를 위하여 가교은행으로 설립한 예가람상호저축은행의 설립 자본금(100%)이다. 또 출연금은 부실저축은행의 계약이전 시 계약인수 금융기관에 손실보전을 위하여 지급된 자금이며, 보험금 지급은 파산 금융기관 예금자에 대한 예금대지급금이다. 이 밖에 대출금은 정리금융공사가 부실저축은행을 인수하기 위하여 필요한 자금을 대출한 것이다.

공사는 위 예가람저축은행 주식(취득가 168억원)을 2006년 4월에 423억원에 매각하여 252%의 회수율을 보였다. 이 밖에 공사는 파산배당금,

대출금 직접회수 등으로 2,158억원을 회수함으로써 총 2,581억원의 회수 실적을 보였다.

6. 정부 등의 회수

외환위기 초기에 정부는 부실채권정리기금(자산관리공사)과 예금보험기금(예금보험공사) 외에 국유재산관리특별회계, 공공자금관리기금 등 7.8조원을 사용하여 산업은행의 자본확충과 일반은행의 유동성 제고를 지원하였다. 또 1998년 하반기 이후에는 특수은행의 자본확충을 위하여 국유재산관리특별회계, 공공자금관리회계와 정부예산에서, 또는 한국은행을 통하여 9.7조원을 지원하였고, 대우사태 이후에는 대한투신, 한국투신 등의 구조조정을 위하여 국유재산관리기금에서 1.5조원을 지원함으로써 총 19.0조원을 투입하였다. 이를 재원별로 살펴보면 국유재산 현물출자 10.2조원, 공공자금관리기금의 후순위채권 매입 6.3조원, 정부예산 1.6조원 및 한국은행의 수출입은행 출자 0.9조원이 지원된 것이다.

이들 자금 중 정부는 2002년 말까지 후순위채권 5.4조원과 출자금 1.3조원 등 총 6.7조원을 회수한 바 있다. 그 후 2003년과 2004년에 걸쳐 후순위채권 잔여분을 모두 상환받음으로써 후순위채권 6.6조원(가산이자 포함)이 모두 회수되었다. 한편 출자지분에 대하여는 2003년부터 2006년 말까지 0.4조원(배당금 0.3조원 포함)을 추가로 회수하여 출자지분 회수액은 총 1.7조원에 이른다.

제 4절 공적자금의 상환

1997년 11월 29일에 자산관리공사(당시 성업공사)는 서울·제일은행으로부터 부실채권을 매입하면서 그 대금의 일부로 2조 2,981억원의 부실채권정리기금채권(캠코채)을 발행하여 지급하였다. 이 채권의 만기는 3년으로서 2000년 11월 29일 모두 상환되었다. 또 1998년 12월 23일에 자산관리공사는 은행들의 외화표시 부실채권을 매입하면서 6,287억원의 외화표시 캠코채를 발행, 지급하였다. 이 채권의 만기는 1년으로서 1999년 12월 23일 모두 상환되었다. 이는 외환위기 이후 금융구조조정을 위하여 조성된 공적자금의 첫 상환이 되었다.

이어 자산관리공사는 부실채권의 계속적인 인수를 위하여 1997년 12월과 1998년 2월에 1조 7,320억원과 4,067억원의 3년 만기 채권을 발행하여 각각 2000년 12월과 2001년 2월에 모두 상환하였다.

그러나 1998년 7월 이후에 발행한 채권은 기금의 장기적인 유동성 확보를 위하여 만기를 5년으로 하였다. 그 결과 2001년 3월부터 2003년 6월까지는 채권상환 부담이 없었으나 그 이후에는 2003년 하반기에만도 12조원에 가까운 상환자금이 필요하게 되었다.

예보가 발행한 예금보험기금채권(예보채)의 경우도 2003년에 만기가 대규모로 도래하였다. 예보는 1998년 1월 3일에 만기 5.5년(2003년 7월), 6년, 6.5년 및 7년의 채권을 각각 7,500억원씩 3조원을 발행하고, 이를 시작으로 총 83.5조원의 채권을 발행하였으며, 이 중 2003년에만 9.7조원의 만기가 도래하고 있었다.

이와 같이 2003년 중 부실채권정리기금과 예금보험기금 등 양 기금의 채권상환 예정액이 20조원을 넘게 되자 정부는 공적자금 상환에 대한 특단의 대책을 수립하지 않을 수 없게 되었다.

1. 상환대책의 수립

정부는 금융구조조정을 위하여 104조원의 공적자금을 조성하고, 이 중 20.5조원은 부실채권정리기금으로, 나머지 83.5조원은 예금보험기금으로 하였다.[1] 그동안 예보는 금융구조조정 과정에서 금융기관에 총 99.1조원의 자금을 지원하면서 2001년 12월 말로 예금보험기금 83.5조원을 모두 사용하였으며, 부족한 자금은 정부와 금융기관 및 자산관리공사에서 차입하여 충당해 왔다. 이러한 상태에서 2002년에는 연말까지 약 4.7조원 규모의 예보채 만기가 도래하고 있어 예보는 이 기금채권의 차환발행이 불가피하다고 판단하였으며, 정부는 예보의 차환발행채권에 대한 정부지급보증 동의안을 정기국회에 상정하였다.

국회는 차환발행 동의안을 심의하면서 2002년 상반기까지 향후 공적자금 회수와 상환대책을 마련하도록 정부에 요구하였다. 정부로서도 그동안 발행되었던 예보채와 캠코채의 만기가 2003년부터 대규모로 도래하는 것을 인식하고, 공적자금 상환을 위한 대책 마련에 착수하였다.

이 상환대책을 수립하기 위하여 정부는 먼저 공적자금의 향후 회수가능한 규모를 추정하고, 추정 결과 회수가 어려울 것으로 예상되는 부분에 대하여 누가 어떻게 부담할 것인가를 결정한 후 이를 토대로 공적자금 상환구조와 계획을 수립하였다.

(1) 회수 규모의 추정

공적자금 회수 규모의 추정작업은 2002년 3월에 시작되었다. 회수규모의 추정은 정확성과 객관성을 담보하기 위하여 민간전문가를 중심으로 하는 작업반(Task-Force)에서 수행하였다.

작업반은 평가단과 출자주식반, 파산채권반, 부실채권반 등 3개 실무작업반으로 구성되었다. 평가단은 한국금융연구원에서 담당하였으며, 각

---

1) 이하 공적자금관리백서 2002. 8 제5장 참고

실무작업반은 예보와 자산관리공사의 실무부서와 각 작업반의 주관 회계법인 등으로 구성되었다.

실무작업반 중 출자주식반과 파산채권반은 예보 자산을 평가하고, 부실채권반은 자산관리공사 자산을 평가하였다. 특히, 회수 규모에 가장 큰 영향을 미치는 출자주식 평가에는 국내 유수의 회계법인과 증권사가 함께 참여하도록 하여 전문성을 확보하도록 하였다. 또 예보와 자산관리공사를 통하여 지원되지 않은 부분은 작업반에서 사용한 기준 등을 적용하여 재정경제부에서 별도로 추정하였다.

출자주식의 평가

평가기준일(2002년 3월말) 현재 예보가 부실금융기관에 출자한 금액은 총 47조 5,507억원이었으며, 이 중 3조 3,888억원은 이미 매각하여 회수하였고, 12조 4,396억원은 감자, 매각손, 청산·파산 등으로 손실처리하였다. 따라서 예보의 출자주식 보유 잔액은 31조 7,222억원이었다. 이 주식에 대하여 회계법인은 수익가치 평가법, 증권사는 상대가치 평가법을 이용하여 주가를 추정하여 회계법인 추정값과 증권사 추정값의 평균치를 최종 예상주가로 산정하였다.

출자주식 평가시 평가대상 주식은 각 종목별로 2002년, 2003년, 2004년 6월 30일에 각 30%씩과 2004년 말에 나머지 10%를 처분하는 것으로 가정하였다. 또 주식가치 평가는 향후 5년 이내에 매각이 가능한 주식만을 대상으로 함으로써 실제 여건에 부합하도록 하였다. 이에 따라 한미은행·농협중앙회·수협중앙회 신용사업부문의 우선주와 우리금융지주·서울은행·제일은행·조흥은행·제주은행·대한생명의 보통주가 평가대상이 되고, 한국·대한투자신탁증권 및 서울보증보험의 주식은 평가대상에서 제외되었다.

파산채권 등의 평가

파산채권반에서는 예보에서 투입한 공적자금 중 출자 이외의 형태로 지원된 부분 전체를 대상으로 회수 규모를 추정하였다. 출자지분 이외의 자산에는 ①손실보전 출연 및 예금자에 대한 예금대지급과 관련하여 파산재단에 대하여 갖는 구상권(파산채권) ②부실금융기관 매각시 그 자산 중 매각대상에서 제외되어 정리금융공사가 매입한 자산 ③금융기관의 경영정상화를 위하여 예보가 지원한 대출금 및 취득한 자산 등이 대부분이었다.

평가기준일 현재 예보가 출자 이외의 형태로 지원한 금액은 50조 9,795억원으로서, 이 중 10조 9,727억원을 이미 회수하였다. 파산채권반은 평가대상 자산의 회수 예상액 추정을 위해 금감원의 자산건전성 분류기준과 자산관리공사의 부실채권 매입기준 등을 참고하고, 여기에 파산재단 자산의 특성을 감안하여 파산재단 자산평가기준을 마련하였다.

먼저 파산채권에 대하여는 파산재단 보유자산을 평가한 후 파산채권에서 공적자금이 차지하는 비율을 감안하여 회수액을 추정하였다. 또 정리금융공사로부터의 회수 가능액은 기준일 현재 정리금융공사가 보유하는 자산의 가치를 평가한 가액에서 부채를 차감하여 추정하고, 예보의 대출금 및 취득자산에 대하여는 파산재단에 적용한 기준과 출자주식반의 평가방법 등을 토대로 예상 회수액을 추정하였다. 즉, 신용관리기금 대출금은 전액 회수될 것으로 추정하였으며, 경영관리 중인 저축은행에 대한 예금대지급금 등은 낙관적인 경우 전액 회수될 것으로 추정하고, 비관적인 경우 당해 금고가 파산한다고 보아 금고 파산재단의 예상회수율을 적용하였다. 또 제일은행 신주인수권부 사채에 대해서는 출자주식반의 평가방법을 따랐다.

부실채권의 평가

2002년 3월까지 자산관리공사가 부실채권 매입을 위하여 투입한 공적자금은 38조 7,195억원이며, 그 중 26조 8,898억원은 이미 회수되었다.

부실채권의 평가는 자산관리공사의 기존 매입기준을 중심으로 이루어졌다. 즉, 자산관리공사의 보유 부실채권을 일반채권, 특별채권 및 워크아웃채권으로 구분하여, 일반채권의 경우는 시장가치에 기초한 각 채무자별 담보가치와 잔존 채권액 중 작은 금액으로 평가하되, 무담보채권은 과거의 경험회수율을 기초로 예상 회수액을 추정하는 것을 원칙으로 하였다. 특별채권은 환매조건부 매입채권과 조건 없이 매입한 채권으로 구분하여 후자에 대하여는 회사정리절차 또는 화의절차의 인가율 및 성공률에 따라 낙관적인 시나리오와 비관적인 시나리오를 적용하여 예상 회수규모를 산출하였다. 한편, 대우계열사 등 워크아웃채권은 각 채무기업의 특성 및 구조조정계획을 반영하고 낙관·비관적 시나리오를 적용하여 산출하였다.

정부 지원금의 평가

한편 2002년 3월 말 현재 정부가 예보나 자산관리공사를 통하지 않고 직접 지원한 자금은 19조원이다. 이 중 10.3조원은 국책은행 출자에 사용되고, 6.3조원은 은행의 후순위채권 매입에 사용되었으며, 나머지는 서울·제일은행, 한국·대한투신에 출자지원되었다.

이 중 후순위채권 매입 지원분 6.3조원은 전액 회수되고, 채권 이자를 포함할 경우 총회수액은 좀더 늘어날 것으로 보았다. 국책은행에 대한 출자는 회수할 목적으로 지원된 것은 아니지만 대부분 국유재산의 형태로 정부가 보유 중이므로 10.3조원 전액을 장부가치로 평가하였다. 제일·서울은행의 잔여 지분 및 한국·대한투신 지분은 평가단의 평가기준을 그대로 적용하여 회수 예상액을 산정하였다. 그 결과 정부지원금의 총회수액은 16.7조원이 될 것으로 예상되었다.

이상 공적자금의 회수 추정액을 종합하여 이를 평가기준일(2002년 3월말)의 현재가치로 평가한 결과 비관적으로는 40.7조원, 낙관적으로는 48.7조원으로, 평균 44.7조원이 되었다.

공적자금 회수규모 추정 총괄표

(2002년 3월말 기준) (단위: 조원)

기 관	지 원 방 법	향후 회수규모	
		비관적	낙관적
예금보험공사	출자	13.1	18.3
	출연, 예금대지급, 대출, 자산매입 등	3.1	3.4
자산관리공사	부실채권 매입	7.8	10.3
정부등	후순위채 매입 등	16.7	16.7
합 계		40.7	48.7

한편 2002년 3월 말까지 지원된 공적자금은 156.2조원이며, 그 중 41.9조원이 회수되고, 114.3조원이 미회수되고 있는 상태에서 위 회수추정액을 감안하면 향후 약 69조원의 회수가 어려울 것으로 평가되었다.

(2) 상환방법의 수립

이 결과를 토대로 정부는 한국금융연구원 및 한국조세연구원에 연구용역을 의뢰하여 회수 불가능한 부분을 어떤 원칙에 따라 누가 부담할 것인지(상환주체), 상환부담을 현세대와 미래세대 간 어떻게 분담할 것인지(상환기간), 각 상환 주체별로 얼마나 분담할 것이며, 이를 어떻게 상환해 나갈 것인지(상환방안), 그리고 공적자금의 상환부담 중 일부를 재정에서 분담할 경우 이에 따른 재원은 어떤 방식으로 보전할 것인지(일반회계 재원보전) 등에 대한 시안을 마련하였다.

상환 주체

외환위기 이후 공적자금의 투입으로 금융기관 및 기업의 구조조정과 체질개선이 가능하였고, 그 과정에서 수많은 예금자의 예금이 보호되고 실물경제도 조기에 회복될 수 있었다. 이러한 측면에서 볼 때 공적자금의 상환은 1차적으로 공적자금 투입의 원인을 제공한 부실기업, 부실금융기관 및 그 대주주와 경영진이 책임져야 하며, 2차적으로는 공적자금 투입의 수혜자인 금융기관과 기업 및 예금자 등이 부담하여야 한다고 보았다.

그런데 공적자금 투입의 원인제공자인 부실기업과 부실금융기관은 파산 등으로 퇴출되고, 다만 예보가 그 파산재단에 대하여 구상권을 행사함으로써 공적자금을 회수해 나가고 있다. 또, 부실기업과 부실금융기관의 대주주와 임직원은 소유지분의 감자와 해고조치를 통하여 일정 부분 책임을 분담하도록 하였고, 나아가 문책과 손해배상 청구를 하고 있다. 또한 이들 원인제공자들은 현실적으로 경제능력이 부족하여 회수에 한계가 있다.

따라서 공적자금 상환은 투입의 수혜자들이 분담할 수밖에 없게 되었다. 분담 주체로는 금융권과 정부, 기업, 국민의 부담이 불가피하며, 이들 중에서는 금융권이 능력범위 내에서 최대한 부담하고, 나머지는 재정에서 부담하는 방향으로 방안을 모색하게 되었다.

상환기간

공적자금의 투입에 따른 성과는 현세대뿐만 아니라 우리 미래 세대까지 지속된다는 측면에서 미래 세대도 공적자금 상환을 일부 분담해야 한다는 주장이 있을 수 있고, 또 공적자금 투입의 근본적 원인이 과거 고도성장과정에서 누적된 기업·금융부문의 부실에 있었으므로 현세대가 모두 부담하는 것은 불합리하다는 주장도 있을 수 있다.

그러나 중장기적인 우리 경제의 성장기반 등을 종합적으로 감안할 때, 현세대가 경제위기를 맞아 공적자금을 투입하였기 때문에 현세대에서 공적자금 상환을 완결하는 것이 바람직하다고 보았다. 따라서 1세대를 30년으로 보고, 공적자금 투입에 이미 5년이 경과하였으므로 향후 25년 이내에 공적자금을 상환하는 방안을 강구하게 되었다.

또 외환위기 당시 우리 재정의 건전성 유지가 위기 극복의 토대가 되었다는 점을 감안할 때 공적자금의 부채는 재정의 건전성에 걸림돌이 되므로 가급적 조기에 상환하는 것이 바람직하다고 보았다. 일부에서는 멕시코처럼 매년 이자만 지급하는 방안을 채택할 경우 현세대의 부담이 상대적으로 작고 채권시장을 심화·발전시키는 효과도 얻을 수 있다는 측면이 있으나, 이는 공적자금 부채를 근본적으로 해결하지 못하는 결과가 되므로 가급적 조기에 원금을 상환하는 것이 바람직하다고 보았다.

상환대책 시안

위와 같은 논거를 바탕으로 정부는 2002년 6월 28일 공적자금 상환대책의 시안을 발표하였다. 정부 시안의 주요 내용은 다음과 같다.

2002년 3월 말 현재 예보와 자산관리공사는 각각 83.5조원과 20.5조원 등 모두 104조원의 기금채권을 발행하고, 그 중 예보는 1.5원, 자산관리공사는 5.5조원을 상환하였다. 이로써 예보채 82조원, 캠코채 15조원의 발행 잔액이 남아 있고, 여기에 양 기관의 IBRD 등 차관자금 잔액 2조원을 합하면 향후 상환하여야 할 부채는 총 99조원이 된다.

이 중 30조원은 양 기관의 보유자금과 향후 회수자금 등으로 상환하고, 나머지 69조원은 금융권과 재정에서 분담한다. 양 기금채권에 대한 이자지급을 위하여 재정융자특별회계에서 지원한 융자금(18조원)은 그 상환을 면제한다.

위 방안을 시행하기 위한 공적자금의 상환구조는 다음과 같이 하였다.

예보와 자산관리공사는 보유현금(5조원)과 보유자산 매각대금(현재가치 25조원)으로 총 30조원을 상환한다. 현재의 예금보험기금과 부실채권정리기금을 각각 청산기금으로 전환하고, 향후 양 기관의 매각 및 상환업무는 각 청산기금에서 담당한다. 현시점에서 상환대책이 필요한 69조원은 수익자부담 원칙에 따라 금융권이 능력 범위 내에서 최대한 부담하고 나머지 부분은 재정이 부담한다.

금융권에서는 향후 25년간 금융기관 예금잔액의 0.1%를 특별보험료로 부과하여 현재가치 기준으로 20조원을 부담한다. 이를 위하여 현재의 일반보험료와는 별도로 특별보험료를 부과하여 그 재원으로 예보채를 상환하는 방안을 강구한다. 본래의 예금보험기능을 수행하기 위해서는 새로운 예금보험기금을 신설하여 일반보험료 수입으로 보험금 지급업무 등을 수행한다.

재정이 부담할 49조원은 별도의 신설기금(가칭 공적자금상환기금)이 부담하는 중장기 국채를 발행하여 상환해 나간다. 또 상환기금이 부담하는 국채의 원리금을 25년 이내에 상환하기 위하여 일반회계로부터 매년 2조원(현재가치 기준) 수준을 전입하며, 이에 따른 일반회계의 부족재원 중 50%는 세수 증대를 통하여 이자소득자, 기업 등이 부담하고, 나머지 50%는 세출 절감을 통하여 정부 등이 부담해 나간다.

공적자금상환기금의 국채 발행으로 국가채무의 증가가 불가피하여 GDP 대비 국가부채 비율이 30% 수준까지 상승할 것이나, 그 이후부터는 점진적으로 하락할 것으로 예상된다. 이는 2000년 기준 다른 OECD 국가의 국가부채와 비교할 때 매우 낮은 수준이라 할 수 있다.

국가별 국가채무/GDP 비율

국가별	한국	미국	일본	독일	프랑스	영국	OECD평균
비율(%)	22.4	59.4	123.2	60.8	64.1	53.8	72.7

[주] 한국은 2001년, 외국은 2000년 기준
[자료] 공적자금백서 2003. 8

한편 이상의 상환대책안은 공적자금의 회수 규모, 경제성장률, 금융자산 증가율 등에서 여러 가지 추정에 근거하여 마련된 것이므로 경제여건이 급변할 경우 상환대책이 원활하게 이루어지지 않을 가능성이 있다. 따라서 향후 경제여건이나 회수규모 및 보험료 등에 큰 변화가 있을 경우 등에 대비하여 일정 기간이 경과할 때마다 상환부담을 조정할 수 있도록 재계산(再計算)제도를 마련한다.

(3) 정부대책의 확정

이 시안에 대하여 2002년 7월 18일에 한국조세연구원, 한국금융연구원 주관으로 공청회를 개최하였다. 공청회에서는 상환대책(안)이 대체적으로 타당하다는 의견이었으나, 구체적인 내용과 관련해서는 상환기간을 더 늘려야 한다는 의견과 다른 재원보다 세계(歲計)잉여금 등을 우선적으로 투입해야 한다는 의견, 공정한 경쟁을 위하여 우체국예금에 대해서도 특별보험료를 부과해야 한다는 의견 등 다양한 견해가 제시되었다.

정부는 공청회 등을 통하여 제기된 의견을 수렴하여 2002년 9월 5일 정부안을 확정, 발표하였다. 당초 시안과 비교하여 변경된 내용은 다음과 같다.

첫째, 기준시점을 2002년 3월 말에서 2002년 12월 말로 조정하여 공적자금 수급을 계산하였다. 그 결과 이 기간 중 2조원의 기금채권이 상환되어 상환해야 할 부채가 99조원에서 97조원으로 감소하였고, 보유자산(보유현금+향후 회수자금)도 30조원에서 28조원으로 감소하였다.

둘째, 우체국 예금 및 보험에 대해서도 일반 금융기관과 동등하게 연간 예금평잔의 0.1%를 특별보험료로 부과하도록 하였다.

셋째, 공적자금이 조기에 상환될 수 있도록 세계(歲計)잉여금 발생시 세출예산에 구애되지 않고 공적자금 상환에 우선적으로 사용할 수 있도록 하였다.

넷째, 종전에 공적자금을 조성, 투입하던 예금보험기금은 금융구조조정 정리기금으로 전환하고, 예금보험기금을 별도로 신설한다. 신설된 예금보험기금은 금융기관의 일반예금보험료로 자금을 조성하여 2003년 이후 부실화되는 금융기관의 예금을 대지급하는 등 일반적인 예금보험기능을 수행하도록 하였다.

다섯째, 재정 부담분을 조기에 국채로 전환하기 위하여 2003년에 13조원을 국채로 전환하는 등 2006년까지 총 49조원의 공적자금을 국채로 전환하기로 하였다.

이상과 같은 대책을 시행하기 위하여 정부는 〈공적자금상환기금법〉 제정과 예금자보호법 및 자산관리공사법 개정을 추진하였으며, 이들 법안은 2002년 10월 8일 국무회의 의결을 거쳐 10월 12일 국회에 제출되었다. 또 새해 예산안에는 2003년 중 공적자금 상환을 위한 일반회계 출연 및 국채발행한도 등을 반영하였다.

국회의 심의 및 확정

국회에서는 정부가 제출한 법안을 심의하고 일부 내용을 수정하여 11

월 7일 의결하였다. 이들 법률은 2003년 1월 1일 시행되었으며, 주요 제·개정 내용은 다음과 같다.

예금자보호법 (2002. 12. 26 개정)

① 2002년 12월 31일까지 금융기관 구조조정을 지원하는 과정에서 발생한 예금보험기금의 채무를 정리하기 위하여 예금보험기금채권 상환기금(예보채상환기금)을 설치한다. 예보채상환기금의 재원은 공적자금상환기금으로부터의 출연금, 예보상환기금채권 발행 자금, 부보금융기관이 납부하는 특별기여금, 예금보험기금 투입자금의 회수자금 등으로 한다. 예보채상환기금은 2027년 12월 31일에 청산한다.(시안에서는 기금의 명칭을 금융구조조정정리기금으로 하였으나 예보채상환기금으로 변경)

② 부보금융기관은 매년 예금 등 잔액의 일정 부분을 특별기여금으로 예보에 납부한다. 다만, 신용협동조합에 부과되는 특별기여금은 조합의 부담능력을 감안하여 2006년부터 2017년까지 부과한다. 특별기여금의 납부는 2027년 12월 31일까지로 한다.(시안에서는 금융기관 부담액의 명칭을 특별보험료로 하였으나 특별기여금으로 변경)

③ 2003년 1월 1일 당시 예금보험기금에 속하는 자산과 부채 그 밖의 권리·의무는 예보채상환기금이 이를 포괄승계한다. 2002년 12월 31일 이전에 보험사고가 발생하였거나 부실금융기관으로 결정된 경우는 예보채상환기금에서 자금을 지원하고, 그 이후에 발생한 사유에 대하여는 예금보험기금에서 지원한다. 예금보험공사 고유회계와 예금보험기금, 예보상환기금의 회계를 구분 계리한다.

공적자금상환기금법 (2002.12.26 제정)

① 정부는 예보채상환기금 및 부실채권정리기금 채무의 원활한 상환을 위하여 공적자금상환기금을 설치한다. 기금의 재원은 공공자금관리기금으로부터의 예수금, 정부의 일반회계와 세계잉여금으로부터의 출연금, 우체국예금과 우체국보험으로부터의 출연금 등으로 한다. 이 기금은 예보채상환기금 및 부실채권정리기금에 출연할 수 있다.

② 공적자금의 조기 상환을 위하여 정부는 세계잉여금의 30%를 공적자금상환기금에 의무적으로 출연한다. 다만, 천재지변 또는 국민경제 운영상 불가피하여 추가경정예산을 편성하는 경우에는 예외로 한다.

③ 정부(재경부장관)는 기금설치 후 매 5년마다, 필요한 경우에는 수시로, 예보채상환기금 및 부실채권정리기금의 자산과 부채를 실사하여 필요한 경우에는 채무의 변경 등 조치를 하여야 하며, 공적자금 상환내역과 상환계획을 매년 국회에 보고하고, 재계산을 한 때에는 그 결과를 국회에 보고한다.

④ 양 기금이 재정융자특별회계로부터 지원받은 융자금의 상환의무를 면제한다.

⑤ 이 법은 20027년 12월 31일까지 효력을 갖는다.

자산관리공사법 (2002. 12. 5 개정)

부실채권정리기금의 재원에 공적자금 상환기금으로부터의 출연금을 추가한다. 기 발행한 기금채권의 상환을 위한 경우에는 재원조성 기한을 2007년 11월 22일까지 연장한다.(종전: 2002년 11월 22일까지)

(4) 공적자금의 상환구조

공적자금 상환대책은 2003년 1월 1일부터 시행되었으며, 이 대책에 따

른 공적자금의 상환구조를 요약하면 다음과 같다

공적자금 상환구조

(2002년 말 기준) (단위: 조원)

공적자금 지원액 (159조원)		공적자금 부채잔액 (97조원)		공적자금 상환계획 (97조원)	
기금채권발행	102	기금채권 잔액	95	회수자금	28
				특별기여금	20
차관자금	2	차관자금	2	재정	49
회수자금 사용	33	상환대상 아님		상환대상 아님	
공공자금	22				

기금별 상환구조

공적자금상환 구조도

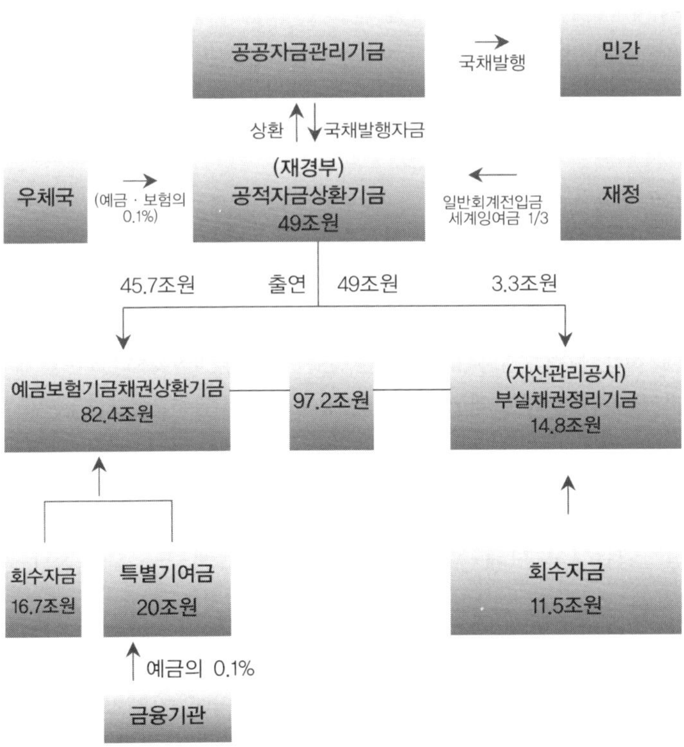

[자료] 공적자금관리백서 2003.8

예보채상환기금이 상환해야 할 부채는 총 82.4조원이며, 이 중에서 16.7조원은 자체 회수자금으로 상환하고, 20조원은 금융기관 특별기여금으로, 나머지 45.7조원은 재정으로부터 출연받아 상환한다.

부실채권정리기금의 부채는 총 14.8조원이며, 이 중 11.5조원은 회수자금으로 상환하고, 나머지 3.3조원은 재정으로부터 출연받아 상환한다.

재정에서는 예보채상환기금과 부실채권정리기금에 출연하기 위하여 별도로 공적자금 상환기금을 설치한다. 이 기금은 공공자금관리기금으로부터 국채발행자금을 예탁 받아 이를 예보채상환기금과 부실채권정리기금에 출연하여 2008년까지 만기도래하는 공적자금 중 49조원을 상환하도록 한다. 또 매년 일반회계로부터의 출연금과 우체국예금(통신사업특별회계)과 우체국보험(우체국보험특별회계)의 특별기여금(예금평잔 등의 0.1%) 등을 납입받아 공공자금관리기금으로부터 예탁받은 국채 원리금을 25년 이내에 상환한다.

연도별 상환계획

양 기관의 기금채권 만기가 2003년에서 2008년까지 집중되어 있다. 공적자금상환기금은 공공자금관리기금으로부터 예탁받은 국채발행자금을 예보채상환기금과 부실채권정리기금에 출연하되, 2003년 13조원, 2004년부터 2006년까지 매년 12조원씩 총 49조원을 출연하여 우선 상환하고, 그 이후에 만기도래하는 기금채권은 양 기금의 회수자금 또는 금융기관 특별기여금으로 상환한다. 그 후에도 부족한 부분은 만기도래 채권을 차환발행한 후 향후 회수자금 등으로 상환한다.

부실채권정리기금의 경우는 재정이 부담해야 할 3.3조원을 2003년 중 전액 출연하여 2004년 이후부터는 재정지원 없이 자체적으로 기금채권을 상환한다.

예보기금채권과 부실정리기금채권의 상환계획

(단위 : 조원)

	예보채권 및 차관 만기도래	국채 전환 (A)	자체 상환) (B)	부실정리 기금채권 및 차관 만기도래	국채 전환 (C)	자체 상환 (D)	국채 전환 계 (A+C)	자체 상환 계 (B+D)
2003	9.7	9.7	–	8.6	3.3	5.3	13.0	5.3
2004	16.8	12.0	4.8	2.2	–	2.2	12.0	7.0
2005	18.3	12.0	6.3	–	–	–	12.0	6.3
2006	19.2	12.0	7.2	1.7	–	1.7	12.0	8.9
2007	5.8	–	5.8	–	–	–	–	5.8
2008	12.0	–	12.0	2.3	–	2.3	–	14.3
2009 이후	0.6	–	0.6	–	–	–	–	0.6
합계	82.4	45.7	36.7	14.8	3.3	11.5	49.0	48.2

[주] 예보의 자체상환은 금융기관 특별기여금 포함.

2. 연도별 상환 실적

(1) 2003년

상환계획

2003년 중에는 예보채 원금 9.7조원과 이자 6.0조원, 캠코채 원금 12.2조원, 이자 1.1조원 등 총 29.0조원의 채권 만기가 도래하게 되었다. 이에 정부(공적자금상환기금)는 예보채 원금 9.7조원 전액과 캠코채 원금 중 3.3조원은 공적자금상환기금이 국채 발행자금으로 상환하고(국채전환), 예보채 이자 중 3.3조원과 캠코채 이자 중 0.3조원은 정부가 재정에서 부담하기로 하였다.

그 동안 양 기금채권에 대한 이자를 부담하던 재정융자특별회계의 융자금 상환을 면제하면서 2003년부터는 재정에서의 이자부담을 중단하기로 한 바 있으나, 상환자금 중 재정이 부담하기로 한 원금 49조원이 일시에 지원되지 않고 2006년까지 단계적으로 지원(국채로 전환)되므로, 그 기간 동안 지원되지 못한 부분에 대한 이자를 재정이 부담하기로 하였다. 2003년 중 양 기금채권에 대한 이자 총 3.5조원을 정부가 부담하게 된 것은 이 때문이다.

한편 예보는 2003년 중 예보채의 나머지 이자 2.7조원과 자산관리공사로부터의 차입금 0.7조원을 상환하고, 금융구조조정을 위하여 4.6조원을 지원하기로 하여 이에 필요한 자금은 자체 회수자금 4.9조원, 기초 보유자금 3.9조원 등으로 조달하는 계획을 수립하였다. 또 자산관리공사는 캠코채의 나머지 원금 8.9조원과 이자 0.9조원은 공사 자체 회수자금 2.5조원과 기초 보유자금 4.2조원 및 캠코채 차환발행자금 4조원 등으로 상환하는 계획을 수립하였다.

양 기금의 상환계획을 뒷받침하기 위하여 공적자금상환기금은 2003년 중 일반회계 출연금 2조원과 공공자금관리기금으로부터 예탁받은 국채발행자금 14.7조원을 조달하여 양 기금채권의 원금 13조원과 이자 3.6조원 및 2003년 중 국채 발행자금의 이자 0.1조원을 지급하는 계획을 수립하였다.

상환실적

2003년 중 예보채 상환기금에는 예보채 원금 9.8조원의 만기가 도래하였다. 이 기금은 정부 출연금 12.7조원과 금융기관 특별기여금 0.6조원 및 자체 회수자금 6.5조원을 조달하여, 이를 재원으로 예보채 원금 9.8조원과 이자 5.4조원, 자산관리공사로부터의 차입금 중 1조원과 이자 1,200억원을 상환하였다. 이 기금은 이외에도 금융구조조정을 위하여

2.2조원의 자금을 지원하고, 여유자금 4.6조원을 이월하였다. 예보채 이자는 당초 6.0조원을 예상하였으나 2003년 중 채권(변동금리)의 기준금리 하락으로 실제로는 5.4조원이 지급되었고, 이에 따라 정부 출연도 당초 계획 3.3조원에서 3.0조원으로 감소하였다.

부실채권정리기금에는 2003년 중 캠코채 원금 12.2조원의 만기가 도래하였다. 이 기금은 정부 출연금 3.5조원, 캠코채 차환발행 4.0조원, 예보 대여금 회수액 1.0조원 및 부실채권 정리회수자금 2.6조원을 조달하였으며, 이를 재원으로 캠코채 원금 12.2조원과 이자 1.0조원, 차관자금 4,700억원(이자 포함)을 상환하고, 여유자금 2.2조원을 이월하였다. 캠코채의 경우에도 이자지급액이 예상보다 감소하여 정부출연이 당초 계획 3,000억원에서 2,400억원으로 감소하였다.

캠코채 차환발행은 그동안 전례가 없었으나 2002년 10월 정부가 '2003년도에 도래하는 부실채권 정리기금채권의 차환을 위하여 발행하는 부실채권 정리기금채권에 대한 국가보증 동의안' 을 국회에 제출하고, 11월 18일 국회에서 이 안건이 통과됨에 따라 가능하게 되었다.

공적자금상환기금은 양 기금채권의 원리금 상환을 지원하기 위하여 국채 발행자금(공공자금관리기금 예탁금) 14.4조원과 일반회계 전입금 2.1조원 등의 자금을 조달하였다. 특히 정부는 공적자금 상환기금에의 출연을 위해 당초 일반회계 예산에 2.0조원만 계상하였으나, 추경예산 편성시 추가로 1천억원을 반영함으로써 2003년 중 총 2.1조원의 자금을 출연하였다.

(2) 2004년

2004년 이후분에 대하여는 상환계획은 생략하고 상환실적만 살펴보기로 한다.

2004년 중 예보채상환기금에는 예보채(원금) 16.6조원과 차관자금(원금) 1,200억원의 만기가 도래하였다. 이 기금은 정부로부터의 출연금 14.1조원, 특별기여금 0.7조원, 예보채 상환기금채권(이하 예보상환채) 발행자금 6.5조원 및 자체 회수자금 5.5조원을 조달하였으며, 이를 재원으로 예보채 원금 16.6조원과 이자 4.5조원, 차관 1,900억원(이자포함), 자산관리공사 차입금 원금 1.0조원과 이자 600억원을 상환하였다. 당초 한투·대투증권 구조조정 지원자금으로 계획되었던 8.2조원은 2005년으로 이월되고, 현투증권 구조조정자금 2.5조원을 포함한 3.9조원을 금융구조조정을 위하여 지원하였으며, 여유자금 5.3조원을 이월하였다. 예보채 이자부담은 당초 4.7조원을 계획하였으나 실제로는 4.5조원을 지급하는데 그쳤다.

한편, 부실채권정리기금은 2004년 중 자체 회수자금 1.8조원과 예보로부터의 대여금 회수액 1.0조원을 재원으로 캠코채 원금 2.2조원과 이자 0.6조원 등 2.8조원을 모두 상환하고, 여유자금 2.5조원을 이월하였다.

공적자금 상환기금은 2004년 중 공공자금 관리기금의 국채 발행자금 15.0조원과 정부출연금(일반회계 전입금) 2,500억원을 조달하여 14.1조원은 예보채 원리금 상환을 위하여 지원하고, 8,600억원은 공공자금관리기금으로부터의 예수금 원리금 지급에 사용하였으며, 나머지 자금은 이월하였다.

(3) 2005년

2005년 중 예보채상환기금에는 예보채(원금) 18.1조원과 차관자금(원금) 3,100억원의 만기가 도래하였다. 이 기금은 정부로부터의 출연금 13.2조원과 특별기여금 0.7조원, 예보상환채 발행자금 7.4조원 및 자체 회수자금 5.2조원을 조달하였으며, 이를 재원으로 예보채 원금 18.1조원과 이자 3.4조원, 차관 4,200억원(이자포함)을 상환하였으며, 이외에 금융구조조정 자금으로 2.9조원을 지원하고, 2000년 중 해외에서 발행한 교환사채 원리금 1.9조원을 상환하였다.

금융구조조정 지원자금은 당초 0.7조원을 계획하였으나 한투·대투 매각을 위한 출자 및 자산매입자금으로 2.5조원이 지급되어 전체 규모가 늘어났다. 또 해외 교환사채는 당초 2.1조원을 상환할 계획이었으나 교환사채의 일부가 주식으로 교환됨에 따라 계획보다 다소 감소하였다.

2005년 중 부실채권정리기금의 공적자금 상환부담은 기금채권 이자 0.2조원에 불과하였다. 이 기금은 부실채권을 정리하여 회수한 자금 2.1조원 중에서 캠코채 이자를 상환하고, 나머지 자금과 전년 이월금을 합한 총 4.6조원을 이월하였다.

공적자금상환기금은 2005년 중 국채 발행자금 13.0조원과 정부출연금 1.3조원을 조달하여 이 중 13.2조원은 예보채 원리금 상환용으로 지원하고, 나머지 자금은 예수금 원리금 상환에 사용하였다.

당초 재정(일반회계)에서는 2003년부터 매년 2조원씩(현재가치 기준) 출연하기로 계획하여 2003년 중 2.1조원을 출연하였으나, 2004년과 2005년에는 재정 여건이 여의치 않아 각각 0.25조원과 1.3조원만 출연하였다. 그 결과 정부출연금은 2.8조원이 부족하게 되었으며, 출연 부족분은 2006년 이후 출연분에 가산하여 출연하는 계획을 수립하였다.

일반회계의 공적자금상환기금 출연계획 및 실적

(2006년 기준) (단위 : 조원)

	2003	2004	2005	2006	2007	2008	2009	2010
당초상환대책(2002)	2.0	2.1	2.3	2.4	2.6	2.7	2.9	3.1
출연실적	2.1	0.25	1.3	1.5	–	–	–	–
중기재정계획(안)	–	–	–	3.0	3.2	3.3	3.3	3.3

(4) 2006년

예보채 상환기금은 예보채 원리금 21.7조원을 상환하고, 금융구조조정 지원자금으로 0.6조원을 지급하였다. 이를 위하여 예보는 정부출연금 12.4조원 외에 예보상환채 2.9조원을 발행하고 나머지는 기초 보유자금과 회수자금을 사용하였다. 당초 예보는 3.8조원의 예보상환채를 발행할 계획이었으나 기초 보유자금이 계획보다 1.2조원 늘고, 금융구조조정 자금이 0.65조원 줄어듦에 따라 발행 규모를 축소하였다.

부실채권정리기금은 캠코채 원금 1.7조원과 이자 0.17조원을 지급하였다. 이 기금은 기초에 4.6조원의 여유자금이 있는 데다가 2006년 중 부실채권 정리를 통해 5.0조원을 회수하고, 1.1조원의 운용수익까지 발생하여 8.8조원을 이월하였다. 여유자금이 급증한 자산관리공사는 그 활용방안을 강구할 필요가 있게 되었다.

공적자금 상환기금은 정부 예산에서 3.4조원을 출연받고, 공공자금관리기금으로부터 16.3조원을 예탁받아 예보의 예보채 상환자금으로 12.4조원을 지원하고, 예수금 원리금 7.7조원을 상환하였다. 정부예산에서는 당초 3.0조원을 지원받을 계획이었으나 0.4조원 증액되고, 공공자금관리기금으로부터의 예탁금을 줄였다.

3. 기금별 운용실적

이상 공적자금 상환기금과 예보채상환기금 및 부실채권 정리기금의 운용실적을 종합하면 다음과 같다.

공적자금상환기금 (정부)

정부는 공적자금 상환대책에 따라 2003년부터 2006년 말까지 국채 발행자금(공공관리기금 예탁금), 일반회계 출연금, 우체국 예금·보험 출연금, 국채 발행자금 등으로 총 66.0조원의 자금을 조달하여 예보채 상환기금에 52.3조원, 부실채권정리기금에 3.5조원을 출연하고, 10조원 규모의 정부 예탁금을 상환하였다.

공적자금상환기금 운용실적

(2003년~2006년) (단위 : 억원)

구 분	내 역	2003	2004	2005	2006	합계
수 입 (재원)	일반회계 전입금	21,000	2,500	13,000	33,818	70,318
	우체국전입금	–	418	435	442	1,295
	공공관리기금예수금	144,005	150,228	129,735	162,860	586,828
	이자수입	555	154	424	370	1,503
	기초 여유자금	–	2,561	6,659	3,417	–
계		165,560	155,861	150,253	200,907	659,944
지 출 (상환)	출연금	161,947	140,603	131,669	123,902	558,121
	– 기금채원금상환	130,000	120,000	120,000	120,000	490,000
	(예금보험공사)	97,371	120,000	120,000	120,000	457,371
	(자산관리공사)	32,629	–	–	–	32,629
	– 기금채 이자상환	31,947	20,603	11,669	3,902	68,121
	(예금보험공사)	29,519	20,603	11,669	3,717	65,508
	(자산관리공사)	2,428	–	–	–	2,428
	예수금 원리금상환	1,053	8,599	15,167	76,723	101,542
	기금관리비	0.12	0.08	0.03	0.11	0
	여유자금 이월	2,561	6,659	3,417	281	281

[자료] 각년도 공적자금관리백서, 재경부 공적자금 운용현황보고

예보채상환기금 (예보)

2002년 말 공적자금 상환대책 수립시 예보는 예보채(원금) 81.0조원을

비롯하여 자산관리공사 차입금, 교환사채, 차관자금 등 총 86.4조원의 부채를 부담하고 있었다. 예보는 2006년 말까지 예보채 원금 63.9조원과 이자 15.6조원을 포함하여 총 85.5조원의 부채를 상환하였다. 이 자금은 정부출연금 52.3조원 및 예보의 자체 회수금 20.4조원 등으로 조달하였다.

예보채상환기금 운용실적

(2003년~2006년) (단위: 억원)

구 분	내 역	2003	2004	2005	2006	계
수 입 (재원)	기초보유자금	33,684	46,101	52,564	53,384	33,684
	회수자금	64,699	55,156	52,498	32,414	204,767
	정부출연금	126,890	140,603	131,669	123,902	523,064
	(원금)	(97,371)	(120,000)	(120,000)	(120,000)	(457,371)
	(이자)	(29,519)	(20,603)	(11,669)	(3,902)	(65,693)
	특별기여금	6,247	6,570	6,628	7,133	26,578
	상환기금채권 발행	–	65,000	74,400	28,705	168,105
	이자수입 등	2,538	2,436	3,646	1,546	10,166
	계	234,058	315,866	321,405	247,083	966,363
지 출 (상환)	구조조정 지원	22,306	39,204	29,239	5,901	96,650
	기금채 상환	151,965	210,895	215,324	216,758	794,942
	(원금)	(98,283)	(166,228)	(180,904)	(193,791)	(639,206)
	(이자)	(53,682)	(44,667)	(34,420)	(22,967)	(155,736)
	차입금 상환	11,409	10,562	–	–	21,971
	(원금)	(10,000)	(10,000)	–	–	(20,000)
	(이자)	(1,409)	(562)	–	–	(1,971)
	차관 상환	384	1,850	4,231	1,692	8,157
	교환사채 상환	706	391	18,796	–	19,893
	기타경비	1,187	400	432	277	2,296
	여유자금 이월	46,101	52,564	53,383	22,455	22,455

[자료] 각년도 공적자금관리백서, 재경부 공적자금 운용현황보고

부실채권정리기금 (자산관리공사)

2002년 정부의 공적자금 상환대책 수립시 부실채권정리기금의 잔여 부채는 캠코채 14.4조원, IBRD 차관자금 0.4조원 등 총 14.8조원이었다. 2003년 중에는 캠코채 원금 12.2조원과 이자 1.0조원을 상환하여야 하므로 부족자금 중 3.5조원은 공적자금 상환기금으로부터 출연받고, 4.0조원은 캠코채를 차환발행하여 충당하였다.

이 후 부실채권정리기금은 만기도래한 캠코채 원리금 및 차관자금을 자체 회수자금 등으로 상환 완료하고, 2006년 말 현재 캠코채 차환발행액 4조원 중 아직 만기가 도래하지 않은 2.3조원의 부채가 남아 있다.

부실채권정리기금 운용 실적

(2003년~2006년) (단위: 억원)

구분	내 역	2003	2004	2005	2006	계
수입 (재원)	기초보유자금	43,364	21,955	25,013	45,789	43,364
	회수자금	26,155	17,865	21,419	50,164	115,603
	대여금회수	10,000	10,000	–	–	20,000
	정부출연금	35,057	–	–	–	35,057
	(원금)	(32,629)	–	–	–	(32,629)
	(이자)	(2,428)	–	–	–	(2,428)
	운용수익 등	5,893	3,265	2,113	11,439	22,710
	기금채 차환발행	40,000	–	–	–	40,000
계		160,469	53,085	48,545	107,392	276,734
지 출 (상환)	기금채 상환	132,061	27,548	1,868	18,697	180,174
	(원금)	(121,926)	(21,587)	–	(17,000)	(160,783)
	(이자)	(10,135)	(5,691)	(1,868)	(1,697)	(19,391)
	차입금 상환	4,714	–	–	–	4,714
	운영경비 등	1,739	524	888	298	3,449
	여유자금 이월	21,955	25,013	45,789	88,397	88,397

[자료] 각년도 공적자금관리백서, 재경부 공적자금 운용현황보고

4. 출연금의 재계산

〈공적자금상환기금법〉은 재경부 장관으로 하여금 기금설치 후 매 5년

마다 예보채상환기금과 부실채권정리기금의 자산과 부채를 실사하고, 실사 결과 필요한 경우 각 기금채무의 변경(재계산) 등 조치를 하도록 하였다. 또 필요한 경우에는 수시로 양 기금에 대한 실사를 할 수 있도록 하였다.

부실채권정리기금의 경우 대우건설 매각 등에서 당초 추정치보다 높은 회수실적을 보이자 재경부는 2006년 6월 말을 기준으로 이 기금에 대한 자산·부채 실사를 실시하였다. 실사 결과 기금의 자산이 총 13.0조원, 부채가 3.9조원으로, 순자산가액이 9.1조원으로 평가되었다.

이는 2002년 공적자금 상환대책 수립시 추정한 부실채권정리기금 회수자금보다 9.1조원의 잉여가 발생한 것이다. 이에 정부는 우선 이 잉여금 중 3조원은 2007년 2월에 반환하게하고, 나머지 금액의 처리방법에 대하여는 2008년 정기 재계산시 종합적으로 검토하기로 하였다.

또한 부실채권정리기금 보유자산의 회수가치를 최대화하기 위하여 이 기금의 운용기간을 종전 2007년 11월 22일에서 5년 연장한 2012년 11월 22일까지로 변경하였다.

자산관리공사는 2007년 2월 27일 3조원을 공적자금상환기금에 반환하였다.

자산관리공사법의 개정

부실채권정리기금의 잉여자금을 공적자금 상환기금에 반환하는 지출의 근거를 명시하고, 그 운영기간을 5년 연장하기 위하여 정부는 2006년 12월 〈자산관리공사법〉을 개정하였다.

동 법률의 주요 개정 취지는 다음과 같다.

첫째, 공적자금상환기금이 부실채권정리기금에 출연하고, 향후 이 기금의 자산·부채를 실사한 결과에 따라 출연금을 재계산하기로 약정한 경우 이 기금과 부실채권정리에 따른 수입금은 출연금 재계산(반환)에 사용할 수 있다.

둘째, 부실채권정리기금의 운용기간은 2012년 11월 22일까지로 한다. 기금은 운용기간이 종료되는 날까지 채권 및 차입금의 상환과 인수자산의 정리 등을 완료하고, 운용기간 종료 후 3개월 이내에 잔여재산을 출연기관에 반환하여야 한다.

이 법률의 개정에 따라 기금에 잉여자금이 있는 경우 정부 출연금을 의무적으로 반환하도록 명시되었다. 또한 종전 법률에서는 기금의 운용기간(2007년 11월 22일)이 종료된 후 잔여자산을 기금 출연기관에 반환하도록 규정되어 있었으나 그 기간이 2012년 11월 22일 이후로 연기되었다.

제4장 구조조정의 성과와 경제여건 변화

2003년 이후 정부는 무분별한 여신으로 부실이 심화된 신용카드사에 대하여 대주주 또는 모은행(母銀行)에 의한 자본확충 또는 합병을 강력히 유도하는 한편, 부실 규모가 가장 컸던 LG카드사에 구조조정을 실시하였다. 또 개인채무자에 대한 채무조정 등 신용회복 프로그램을 마련하여 신용불량자 급증에 따른 사회문제의 확산을 최소화하는 데 주력하였다.

2003년부터 2006년 기간 중에는 이와 같이 신용카드사와 개인채무자에 대한 채무조정 등 경영정상화와 신용회복을 지원하였으며, 그동안 구조조정 과정에서 국유화된 금융기관의 민영화를 거의 마무리하였다.

2002년에 7.0%의 성장을 보였던 우리 경제는 2003년에 3.1% 성장에 그쳤고, 그 이후에도 2006년까지 5% 이하의 낮은 성장에 머물렀으며, 그 영향으로 실업률도 2002년 3.3%에서 2003년 이후에는 3.7%~3.5%로 높아졌다. 특히 2006년 하반기 이후에는 부동산 투기억제 정책에 따른 건설투자 및 민간소비의 위축으로 경제성장이 4.0%로 둔화되었다.

그러나 이 같은 경기둔화에도 불구하고 그동안의 경상수지 및 투자수지 흑자의 증가로 시중에 유동성이 풍부해지면서 주가가 급등하고, 원화가치가 상승(환율 하락)하였으며, 외환보유고는 2006년 말 2,400억 달러에 육박하게 되었다.

자금시장에서는 대기업의 대출수요 감소로 시중금리가 하락하면서

2005년 이후 중소기업대출과 가계대출이 크게 증가하고, 이와 함께 부동산가격이 큰 폭으로 상승하였다. 다만 2006년에 들어와 정부가 주택담보대출 금리 인상을 포함한 부동산 투기억제 정책을 실시함에 따라 중소기업 및 가계부문 채무자의 부채상환능력이 점차 약화되었다.

제1절 구조조정의 성과

외환위기 이후 2006년 말까지 정부는 금융구조조정을 위하여 168.3조원의 공적자금을 투입하였다. 이 자금 중 129.5조원은 폐쇄 금융기관 예금자에 대한 예금대지급, 부실금융기관에 대한 증자지원, 부실인수 금융기관에 대한 손실보전 등 금융기관 구조조정을 위하여 투입되었고, 나머지 38.8조원은 부실채권 매입자금으로 사용되었다. 금융기관 구조조정자금은 구조조정 초기에 정부와 한국은행에서 19.0조원을 투입하고 나머지는 모두 예금보험기금(현 예보채상환기금)에서 지원하였으며, 부실채권 매입대금은 부실채권정리기금에서 지급하였다.

연도별로는 1단계 구조조정 기간(1998~1999) 중에 91.1조원이 집중적으로 투입되고, 2단계 구조조정 기간(2000~2002) 중에도 67.9조원이 투입되었으며, 2003년 이후에는 공적자금의 본격적인 회수와 상환이 이루어지는 가운데 9.3조원이 추가로 투입되었다.

이 밖에도 예금보험기금은 2003년 이후(예보채상환기금 분리 후) 저축은행과 신협의 구조조정을 위하여 1.7조원의 자금을 투입하였으며, 자산관리공사에서는 그 고유회계에서 금융기관 부실채권 9.7조원을 매입하고 2.7조원을 지급하였다.

이 같은 구조조정의 결과 금융기관수는 1997년 말 2,103개에서 1,315

개로 감소하였는데, 이는 그동안 899개사가 퇴출 또는 합병되고 111개사가 신설된 결과이다.

1. 금융구조조정 개황

공적자금 투입

금융권별 공적자금 지원실적

(1997년 11월~2006년 말) (단위: 조원)

금융권		출자	출연	예금 대지급	자산매입등	부실채권 매입	계
은 행		34.0	13.9	–	14.4	24.6	86.9
제2금융권	종 금	2.7	0.7	18.3	–	1.3	23.0
	증권 · 투신	10.9	0.3	0.01	1.9	8.5	21.6
	보 험	15.9	3.1	–	0.3	1.8	21.2
	신 협	–	–	4.8	–	–	4.8
	저축은행	–	0.4	7.3	0.6	0.2	8.4
	소 계	29.5	4.6	30.3	2.9	11.8	79.1
해외금융기관등		–	–	–	–	2.4	2.4
계		63.5	18.5	30.3	17.3	38.8	168.3

[자료] 공적자금관리위원회 공적자금통계

지원기관별 공적자금 지원실적

(1997년 11월~2006년 말) (단위 : 조원)

기 관	출자	출연	예금대지급	자산매입등	부실채권매입	계
예금보험공사	50.8	18.5	30.3	11.0	–	110.5
자산관리공사	–	–	–	–	38.7	38.7
정 부	11.8	–	–	6.3	–	18.1
한국은행	0.9	–	–	–	–	0.9
계	63.5	18.5	30.3	17.3	38.8	168.3

[자료] 공적자금관리위원회 공적자금통계

단계별 공적자금 지원실적

(1997년 11월~2006년 말) (단위 : 조원)

연 도	출자	출연	예금대지급	자산매입등	부실채권매입	계
1997-1999	34.3	11.0	16.9	9.8	22.8	94.8
2000-2002	25.9	5.6	11.3	5.1	16.3	64.2
2003-2006	3.3	1.9	2.1	2.4	-0.3	9.3
계	63.5	18.5	30.3	17.3	38.8	168.3

[자료] 공적자금관리위원회 공적자금통계

2006년 말까지 정부와 예금보험공사, 자산관리공사 등이 투입한 공적자금의 규모는 총 168.3조원으로서, 이 중 63.5조원(37.7%)은 금융기관 출자에, 48.8조원(29.0%)은 예금대지급 및 손실보전 출연에, 17.3조원(10.3%)은 매각대상 금융기관의 자산매입 등에 사용되었고, 나머지 38.8조원(23.0%)은 부실채권 매입에 사용되었다. 연도별로 1999년까지는 은행권 증자 지원, 종금사 예금대지급 및 부실채권 매입에 중점적으로 사용되었고, 그 후에는 증권·보험사 증자지원 및 대우관련 채권 부실채권매입이 큰 비중을 차지하였다.

부실금융기관 정리

부실금융기관 정리는 은행을 비롯하여 종금사, 증권투신사, 보험사, 상호저축은행(신용금고) 등 금융권 전반에 걸쳐 실시되었다. 1998년부터 2006년까지 금융부문에서는 16개 은행과 883개의 비은행 금융기관 등 899개 금융기관이 정리되었는데, 이 중 169개 기관이 인가취소 후 해산하였고, 191개 기관은 합병으로, 나머지 539개 기관은 파산 등으로 해산하였다. 이로써 1997년 말 현재 영업 중이던 2,103개의 금융기관 중 42.7%가 정리된 것이며, 금융권역별로는 종합금융회사가 96.7%로 거의 모두 정리되었고, 상호금융기관인 신용협동조합은 존속률이 가장 높았다.

또 이 기간 중에 111개 금융기관이 신설되었는데 신설 금융기관 중에는 가교 종금사, 가교 저축은행, 가교 리스사 등 가교금융기관도 포함되어 있다.

금융기관 구조조정실적

(1998년~2006년) (단위 : 개, %)

금융권별	1997말 기관수 (A)	구 조 조 정 현 황					신설등	현재 기관수
		인가 취소	합병	파산등	계 (B)	비율 (B/A)		
은 행	33	5	11	–	16	48.5	1	18
비은행	2,070	164	180	539	883	42.7	110	1,297
종금사	30	22	7	–	29	96.7	1	2
증권사	36	5	7	3	15	41.7	19	40
보험사	50	10	6	4	20	40.0	21	51
투신사	32	7	6	–	13	40.6	30	49
저축은행	231	107	28	1	136	58.9	15	110
신 협	1,666	2	124	530	656	39.4	15	1,025
리스사	25	11	2	1	14	56.0	9	20
합 계	2,103	169	191	539	899	42.7	111	1,315

[자료] 공적자금관리위원회 공적자금통계

단계별 금융기관 구조조정실적

(1997년 11월~2006년 말) (단위: 개, %)

금융권별	1997말 기관수	1998~1999		2000~2002		2003~2006		계
		정리 기관수	정리 비율	정리 기관수	정리 비율	정리 기관수	정리 비율	
은 행	33	10	30.3	5	15.2	1	3.0	16
비은행	2,070	334	16.1	307	14.9	242	11.7	883
종금사	30	20	66.7	8	26.7	1	3.3	29
증권사	36	6	16.7	3	8.3	6	16.7	15
보험사	50	5	10.0	11	22.0	4	8.0	20
투신사	32	8	25.0	–	–	5	15.6	13
저축은행	231	55	23.8	72	31.2	9	3.9	136
신 협	1,666	231	13.9	211	12.7	214	12.8	656
리스사	25	9	36.0	2	8.0	3	12.0	14
합 계	2,103	344	16.4	312	14.8	243	11.6	899

[주] 정리비율은 각 시기별 정리기관수/1997년 말 기관수의 비율임

[자료] 공적자금(관리)백서 등을 토대로 필자정리

금융기관 구조조정 실적을 시기별로 살펴보면 1단계 구조조정 기간 중(1998~1999)에는 은행, 종금사, 증권·투신사가 계약이전, 인가취소, 합병 등으로 중점 정리되었고, 그 이후에는 다수의 저축은행과 신용협동조합이 경영정상화계획 평가를 거쳐 정리되었다.

공적자금의 회수

2006년 말까지 정부는 168.3조원의 공적자금을 투입하여 그 중 84.5조원을 회수함으로써 50.2%의 회수율을 보였다. 회수 주체별로는 자산관리공사가 40.8조원, 예금보험공사가 35.4조원, 정부 등이 8.3조원을 회수하여 각각 105.4%, 32.0%, 43.7%의 회수율을 보였으며, 이 중 자산관리공사의 공적자금 회수율이 100%를 넘어선 것은 다른 나라에서 찾아볼 수 없는 매우 성공적인 사례로 평가되고 있다.

공적자금 회수실적

(1997년 11월~2006년 말) (단위: 조원, %)

	회수방법별 회수실적	회수액 계(A)	투입액 (B)	회수율 (A/B)
예금보험공사	출자금 회수 13.0, 파산배당등16.8, 자산매각등 5.5	35.4	110.5	32.0
자산관리공사	국제입찰 1.6, ABS발행 5.0, 합작투자 · CRV 2.2, 개별매각 · 경매 · 직접회수 12.4, 대우채권변제회수 9.2, 환매해제 10.3	40.8	38.7	105.4
정부 등	출자금회수 1.7, 후순위채권회수 6.6	8.3	19.0	43.7
계		84.5	168.3	50.2

[주] 집계기준의 차이로 예보 및 자산관리공사 자체 집계액과 다소 상이한 부분이 있음.

[자료] 공적자금관리위원회 공적자금통계

2. 금융기관 경영지표의 변화

2000년 이후 정부가 계획하고 추진한 2단계 금융구조조정은 신용카드사와 신협을 제외하고는 2002년에 대체적으로 마무리되고, 2003년 이후에는 정부출자 금융기관 주식 매각 등 공적자금의 회수와 상환에 주력하게 되었다. 부실채권정리기금(자산관리공사)의 부실채권 매입업무 역시 2002년 11월에 종료되고, 그 이후에는 보유 부실채권 또는 출자전환 주식의 관리와 매각을 통한 공적자금 회수에 전념하게 되었다.

따라서 2003년 이후 금융기관들은 자체적인 계획에 따라 부실채권을 정리하고, 수익성과 자산건전성 등 경영지표의 개선을 도모하였다.

(1) 부실채권 규모

금융기관 부실채권규모 변화추이

(단위: 조원, %)

	1999	2002	2003	2004	2005	2006
총여신	590.2	897.0	949.1	977.3	1,067.3	1,120.0
고정이하여신	66.7	30.4	33.9	27.2	24.2	17.8
(부실채권비율)	(11.3)	(3.4)	(3.6)	(2.8)	(2.3)	(1.6)
은행	39.7	15.1	18.6	13.9	9.7	7.8
비은행	17.7	10.6	11.0	9.8	11.2	7.3
(신용카드사)	1.3	2.1	3.2	1.3	2.2	1.4
증권 · 투신	3.4	2.6	2.1	1.5	1.3	1.0
보험	5.9	2.1	2.2	2.0	2.0	1.7

[주] 연말 잔액기준, 비은행은 종금사, 상호저축은행, 신협, 여신전문사.
[자료] 공적자금관리백서 2003.8 - 2006.8, 2006년은 금감원 금융통계시스템

금융산업의 발전과 더불어 금융기관의 총자산 규모는 2002년 말 897조원에서 2006년 말 1,120조원으로 증가하였으나 부실채권의 규모는 같은 기간에 30.4조원(고정이하 여신)에서 17.8조원으로 줄어들고, 총여신에 대한 고정이하 여신의 비율은 3.4%에서 1.6%로 더욱 낮아졌다.

금융권별로는 은행 부실채권이 15.1조원에서 7.8조원으로 감소하고,

증권·투신사가 2.6조원에서 1.0조원으로, 저축은행, 여신전문사, 신협 등 비은행 대출기관이 10.6조원에서 7.3조원으로, 보험사가 2.1조원에서 1.7조원으로 각각 줄어들었다. 특기할 사항은 2003년 중 은행과 신용카드사의 신용카드 관련 채권에 연체사태가 발생하여 고정이하 여신이 급증하였으며, 이에 따라 금융권 전체의 부실채권 규모와 비율이 일시 증가하였다. 또 증권·투신사는 그동안 보유 중인 부도어음, 부실기업 회사채 및 회사채보증 등으로 부실채권 비율이 높았으나 2003년 이후 크게 개선되었다.

(2) 수익성

금융기관의 수익성은 2002년 상반기까지 증권사와 종금사를 제외한 대부분의 권역에서 흑자폭을 늘려왔으나 2002년 하반기부터 신용카드사들의 부실이 본격화되면서 2003년에 신용카드사는 1조원 이상의 적자를 보이고, 그 영향으로 은행을 비롯한 대부분의 금융권에서 흑자폭이 크게 감소하였다. 다만, 그동안 적자를 보이던 증권사와 종금사는 흑자로 전환되었다.

2004년에는 은행을 비롯한 보험사의 수익성이 다시 회복되고, 신용카드사의 적자폭도 대폭 감소하였으나, 상호저축은행이 대량 부실화되어 상당한 적자를 시현하였다. 2005년 이후에는 저축은행, 신용카드사, 할부금융사, 신기술금융사 등 전 금융권의 수지가 흑자로 전환되었다.

은행

2003년 중 국내은행의 당기순이익은 1.7조원으로 전년 대비 66.5% 감소하였는데 이는 주로 SK글로벌 및 LG카드 여신 부실화로 인한 충당금 추가적립, 가계대출관련 충당금 추가적립, 신용카드 자회사 등의 지분법 평가손 등에 기인한 것이다. 은행권별로는 시중은행의 흑자가 1/10 이하로 감소하고, 특수은행도 흑자가 39% 줄어들었으나, 지방은행은 대손충당금 적립부담이 상대적으로 적었던 관계로 흑자가 크게 감소하지 않았다.

2004년 이후에는 신용카드사업과 기업대출의 부실이 감소하여 대손충당금이 오히려 환입되면서 이자부문 이익이 크게 증가하고, 이 밖에도 수수료 수익, 증권매매이익 등이 증가하여 사상 최대의 흑자를 기록하였다. 다만 2006년 시중은행의 경우에는 은행간 경쟁 심화로 이자 마진이 축소되면서 수익성이 하락하였다.

국내은행 수익성 추이

(단위: 억원, %)

	2002	2003	2004	2005	2006
시중은행 (총자산이익률)	28,982 (0.56)	2,480 (0.04)	58,940 (0.89)	85,712 (1.25)	80,863 (1.06)
지방은행	4,551	4,233	4,797	6,495	7,149
특수은행	16,599	10,106	24,014	44,136	45,336
계	50,131	16,819	87,751	136,343	133,348
(총자산이익률)	(0.60)	(0.17)	(0.85)	(1.27)	(1.11)

[주] 은행계정 당기순이익 기준
[자료] 금감원, 금융통계시스템

제2금융권

생명보험사의 수익성은 대체로 양호하였으나 2003회계연도 중 보험사업 부문에서 종신보험 등의 신계약비 상각 및 사망보험금 등의 비용 증가로 순이익이 감소하였으며, 2006년에는 미보고 발생손해액(IBNR) 적립기준 강화로 인한 책임준비금 전입 증가로 순이익이 감소하였다

손해보험사의 수익성도 해마다 개선되었으나 2006년에는 미보고 발생손해액(IBNR) 등 책임준비금 전입액이 증가하고 자동차보험 손해율이 상승하여 순이익이 감소하였다

증권사의 경우는 2003회계연도 중 주가상승으로 영업수익이 증가하고, 영업비용이 감소하여 약 1.1조원의 흑자로 전환하였다. 그러나 2004년에는 수익성이 크게 저하되었는데 이는 위탁수수료가 낮아지고, 일부 증권사가 보유한 후순위채권에서 대손이 발생하였기 때문이다. 2005년도에는 위탁수수료 수입과 자기매매 수익이 모두 증가하여 수익성이 매우 높아졌다.

저축은행의 경우는 2004사업연도(2004년 7월부터 2005년 6월까지) 중 거액의 대손이 발생하여 대규모 적자를 기록하였다. 이 기간 중 부실 저축은행의 매각, 자산부채 이전 등 구조조정의 결과 2005년도에는 큰 폭의 흑자로 전환되었다.

제2금융권 수익성 추이

(단위: 억원, %)

		2002	2003	2004	2005	2006
생보사	당기순이익	28,282	15,874	21,051	20,972	19,475
	총자산이익율	1.73	0.87	1.00	0.88	0.71
	운용자산이익율	6.83	6.87	6.93	5.95	5.83
손보사	당기순이익	3,232	5,644	11,474	11,993	10,678
	총자산이익율	0.92	1.49	2.68	2.43	1.87
	운용자산이익율	3.2	4.96	5.85	5.61	5.30
증권사	당기순이익	−6,001	11,193	3,049	37,158	43,397
	총자산이익율	−1.19	2.58	0.58	5.44	4.53
저축은행	당기순이익	1,298	194	−3,379	5,758	6,694
	총자산이익율	0.51	0.06	−0.94	1.32	1.38

[주] 금융권별 사업연도 기준(보험, 증권사=익년 3월, 저축은행=익년 6월 결산), 총자산이익율은 회계연도말 총자산에 대한 당기순이익의 비율.

[자료] 금감원 금융통계시스템 자료를 토대로 필자정리

여신전문금융회사

여신전문사 수익성 추이

(단위: 억원, %)

		2002	2003	2004	2005	2006
신용카드사	당기순이익	2,383	−103,832	−13,408	3,424	21,637
	총자산이익율	0.37	−20.26	−3.90	1.20	6.91
리스사	당기순이익	3,303	2,955	3,915	3,496	3,666
	총자산이익율	3.84	3.88	5.47	4.07	3.29
할부금융	당기순이익	22,710	−5,760	−4,121	6,509	5,170
	총자산이익율	10.77	−1.76	−2.89	4.09	2.56
신기술금융	당기순이익	−915	−355	−851	330	1,196
	총자산이익율	−3.48	−2.24	−4.95	1.60	3.66

[주1] 리스사는 익년 결산일(익년 3월말) 기준, 나머지는 12월말 기준.
[주2] 총자산이익율 산정시 총자산은 평잔 기준.
[자료] 금감원 금융통계시스템 자료를 토대로 필자정리

여신전문사 중 신용카드사는 2002년 하반기 이후 카드사용자들의 연체 장기화와 대손 증가로 대규모 적자를 시현하였다. 그 후 신용불량자 대책의 수립과 신용회복지원, 카드사의 자본확충과 은행계 카드사들의 모은행과의 합병 등 구조조정 후 2005년에 흑자로 전환되었으며, 2006년에는 신용카드사 모두가 흑자를 내면서 사상 최대의 순이익(2.2조원)을 기록하였다.

신용카드회사를 제외한 나머지 여신전문 금융기관의 영업실적 추이에 대하여는 앞에서 거의 언급하지 않았으므로 여기에서 계속하여 살펴보기로 한다.

리스사는 외환위기시 기업에 대한 리스자산(시설대여채권)이 대량 부실화되어 1998년에 약 1.36조원의 큰 폭의 적자를 기록하였다. 업계에서는 1998년부터 1999년까지 가교리스의 설립 또는 워크아웃 등의 방법으로 구조조정을 진행하였으며, 그 결과 1999년 중에는 다소 흑자를 시현할 수 있었다.

대우사태 이후 리스사들은 기업여신(리스자산)이 다시 부실화되어 2000년과 2001년에 각각 0.49조원과 0.61조원의 적자를 나타내다가 2002년에 이르러 부실채권이 감소하면서 흑자로 전환되었다.

2003년에는 국내경기 퇴조에 따른 시설투자 부진으로 금융리스의 수요가 감소하면서 흑자 폭이 줄어들었으며, 2004년 이후에도 시설대여 수입은 계속 감소하였으나 대출이자 수입이 증가하여 수익성을 유지하였다. 2006년에는 시설대여 수익이 대폭 증가하면서 수익성이 크게 개선되었다.

할부금융업은 외환위기 이후 할부금융여신이 대규모로 부실화된 데다 할부수요도 감소하여 1998년 중 0.16조원과 1999년 중 2.06조원의 큰 적자를 보았다. 그 후 부실채권의 감소로 대손처리의 부담이 줄어든 데다 할부금융수입이 크게 늘면서 2000년에는 적자 폭이 0.67조원으로 줄어들고, 2001년에는 소폭의 흑자로 전환한 후 2002년에는 2.27조원의 흑자를 기록하였다.

그러나 2003년에는 경기악화로 할부금융채권이 다시 대규모로 부실화되고, 설비 수요의 부진으로 할부금융여신이 준 데다, 은행 주택담보대출의 증가에 따라 현금대출까지 감소하여 0.58조원의 적자를 보았다. 이러한 업황은 2004년까지 계속되었으나 그 후 할부금융사들이 자동차 리스에 주력하고, 현금대출을 늘리는 등 영업을 강화하여 2005년에는 0.65조원, 2006년에는 0.52조원의 흑자로 전환하였다.

신기술사업금융회사는 신기술을 개발하거나 응용하여 사업화하는 중소기업자(신기술사업자)에게 투자 또는 융자해 주는 금융회사로서 외환위기 이후 투자기업의 결손으로 수익성이 악화되었다. 이에 따라 1998년 0.12조원의 적자를 보았으나 그 후 주식투자 수익과 대출이자 수익이 늘어나면서 1999년에 0.23조원, 2000년에 0.20조원의 흑자를 보이다가 2003년 경기부진으로 신기술투자수요가 감퇴한 이후 사업규모도 축소되고 수익성도 악화되었다.

다만 2005년에 코스닥시장 활황과 정부의 벤처활성화 대책 발표로 신기술사업에 대한 투자가 일부 회복되어 소폭의 흑자가 시현되었으며, 2006년에는 투자수익이 늘어나 큰 폭의 흑자를 시현하였다.

(3) 생산성

은행 생산성 추이

(단위: 명, 개, 억원)

		2002	2003	2004	2005	2006
은행 (특수은행 포함)	임직원수	88,261	89,511	89,351	89,011	89,971
	1인당 총자산	110.6	123.5	128.0	135.1	146.5
	1인당 수신액	68.5	73.2	74.4	77.2	80.5
	1인당 순이익	0.568	0.188	0.982	1.532	1.482
	점포수	6,437	6,515	6,525	6,704	7,054
	점포당 수신액	1,035	1,065	1,098	1,106	1,116

[주] 총자산과 수신액은 평잔 기준.
[자료] 금감원 금융통계시스템

은행의 총자산(신탁계정 포함)은 2002년 말 1,043조원에서 2004년 말 1,141조원으로 완만한 증가율을 보이다가 2005년에 7.8%, 2006년에 13.1% 증가한 1,392조원으로 늘어났다. 이 기간 중 은행 임직원수는 1,710명(1.9%) 밖에 늘지 않아 1인당 총자산액은 111억원에서 147억원으로 증가하였다.

1인당 순이익은 2003년 중 신용카드 부문의 손실로 크게 감소하였다가 2004년 이후 향상되었으며, 1인당 수신액은 기간 중 대체로 증가하였다. 은행 점포수도 2002년 말 6,437개에서 2006년 말 7,054개로 약 9.6% 증가에 불과하여 점포당 수신액이 대체로 증가하였다.

제2금융권 생산성 추이

(단위: 명, 개, 억원)

		2002	2003	2004	2005	2006
생보사	임직원수	26,726	26,172	25,412	26,033	26,899
	1인당 총자산	61.4	71.5	83.3	91.9	101.5
손보사	임직원수	20,925	21,222	22,051	25,842	25,865
	1인당 총자산	16.9	18.3	19.7	19.1	22.1
증권사	임직원수	35,835	33,333	30,128	30,562	32,512
	1인당 총자산	14.1	14.5	17.3	22.3	29.5
카드사	임직원수	25,397	21,768	16,917	16,310	14,367
	1인당 총자산	27.2	16.1	17.3	18.1	22.2
저축은행	임직원수	6,371	6,322	6,333	6,524	7,233
	1인당 총자산	42.3	51.9	60.5	71.2	73.6

[주] 금융권별 결산일 기준(보험, 증권사=익년 3월, 저축은행=익년 6월)
[자료] 금감원 금융통계시스템

제2금융권에서 보험사는 보험계약과 운용자산이 늘어나면서 임직원수가 함께 증가하였으나 특히 유가증권, 대출채권 등 운용자산의 규모가 크게 확대되어 1인당 총자산액이 증가하였다. 증권사는 증시 호조에 따라 고객 예탁금과 유가증권 보유가 늘면서 총자산이 크게 증가한 반면, 인원은 업무전산화의 진전에 따라 오히려 감소하여 생산성이 크게 증가하였다.

신용카드사는 카드사태 이후 부실 카드사에 대한 구조조정 결과 임직원수가 감소한 반면 자산총액은 크게 줄지 않아 1인당 생산성이 향상되었다. 저축은행의 경우는 2004년 중 부실채권이 급증한 후 부실 저축은행에 대한 구조조정으로 인원이 감소하였으나, 자산규모는 오히려 늘어나 1인당 총자산액이 증가하였다. 특히 2005년과 2006년 중에는 프로젝트파이낸싱 등 영업의 확대로 자산규모가 크게 늘고, 이에 비해 임직원은 적게 늘어나 생산성이 향상되었다.

(4) 자본적정성

금융기관 자본적정성 지표의 추이

(단위: %)

	자본적정성 지표	2002	2003	2004	2005	2006
은행계	BIS비율	11.33	11.16	12.06	13.00	12.75
(일반은행)	BIS비율	10.52	10.40	11.26	12.43	12.31
증권사	영업용순자본비율	153.43	369.17	494.72	688.18	606.18
종금사	BIS비율	17.22	15.33	19.52	20.48	16.71
상호저축은행	BIS 비율	9.95	8.18	7.18	9.18	9.31
신용카드사	조정자기자본비율	12.44	−5.49	9.83	18.99	24.41
리스사	조정자기자본비율	9.03	21.27	22.86	22.47	18.72
할부금융	조정자기자본비율	11.51	12.55	15.80	15.28	13.93
신기술금융	조정자기자본비율	38.57	46.48	38.61	37.38	36.46

[주] 금융권별 결산일 기준(보험, 증권, 리스사=익년 3월, 저축은행=익년 6월).
[자료] 금감원 금융통계시스템 자료를 토대로 필자정리

2003년 이후에도 각 금융권의 자본적정성이 크게 개선되었다.

다만 신용카드사의 경우는 2002년 하반기 시작된 카드사태로 대출금의 연체 및 부실화가 심화되면서 2003년 조정자기자본비율이 마이너스로 하락하였다가 2004년 이후 회복되었다. 상호저축은행은 2001년과 2002년 중 대량 부실화되어 2003년까지 BIS비율이 저하되었다가 이후 M&A를 통한 자본확충으로 개선되었다.

3. 기업경영지표의 변화

2003년 이후에도 기촉법과 기업신용위험 상시평가제도에 의한 대기업 경영정상화 작업과 중소기업 워크아웃이 계속되었다. 기촉법에 의한 대기업 신용평가와 채권단 공동관리는 그 적용이 2005년 말에 종료되었고, 그 이후에는 금융기관의 자율협약에 의해 추진되었다. 한편 중소기업에 대한 경영정상화 지원은 2004년 7월 채권은행에 의한 공동워크아웃제도가 도입되면서 더욱 폭넓게 진행되었다.

이 기간 중 기업의 재무구조는 선진국 수준 이상으로 개선되었으며, 성장성과 수익성 지표는 국내경기의 변동에 따라 기복이 있었으나 외환위기 전후의 극심한 불안으로부터 벗어나 매우 안정적인 모습을 보였다.

이하에서는 2003년 이후 기업의 경영지표 변화 추이를 통하여 기업구조조정의 성과를 살펴보기로 한다. 이 장에서도 관련 자료는 한국은행의 각 연도 '기업경영분석' 보고서를 참고한 것이며, 한국은행이 적용한 분석방법에 대하여는 제1편 제5장의 '기업경영지표의 변화'에서 기술한 바와 같다.

(1) 개요

2003년 중에는 신용카드사태와 SK글로벌 사건 등으로 인한 금융시장의 불안이 야기되고, 내수 및 시설투자 부진에 따라 경제성장이 둔화되었음에도 불구하고 국내기업의 안정성, 성장성 및 수익성지표는 모두 향상되었고, 이 추세는 2004년까지 지속되었다. 전 산업의 부채비율은 2002년 144.7%에서 2004년 114.0%로 낮아지고, 매출액증가율도 2002년 7.3%에서 2003년 4.3%로 일시 하락하였으나 2004년에 13.3%로 높아졌다.

이 기간 중 재무구조는 기업 규모가 클수록, 그리고 매출액 중 수출비중이 높을수록 더 안정되고 개선 정도도 컸다. 매출액증가율로 본 성장성은 대체로 기업 규모가 클수록, 그리고 수출비중이 높을수록 더 높은 것으로 나타났으며, 수익성도 대기업과 수출기업 중심으로 크게 제고된 가운데 30대 계열 이하의 대기업이나 중소기업, 그리고 수출비중이 낮은 기업의 경우에는 수익성 개선이 부진한 양극화 현상을 보였다.

2005년 중에는 부채비율이 110.9%로, 2006년에는 105.3%로 더욱 하락하여 재무구조 개선추세가 지속되었다. 성장성 면에서는 2005년 중 원화절상 및 고유가 등 경영여건의 악화로 매출액증가율이 4.3%로 떨어졌으나 2006년 중에는 수출증가에 힘입어 6.0%로 회복되었다. 그러나 수익성 면에서는 2005년 중 매출액 경상이익률이 6.2%로 하락한 데 이어 2006년에는 내수회복 지연, 원화절상 및 고유가 등 경영여건의 악화로 5.6%로 더욱 하락하였다.[1)]

(2) 재무구조

국내기업의 안정성지표 추이

(단위: %)

		2002	2003	2004	2005	2006
부채비율	전산업	144.7	131.3	114.0	110.9	105.3
	제조업	135.4	123.4	104.2	100.9	98.9
	건설업	196.8	165.0	165.8	143.7	121.8
	도소매업	216.2	180.5	153.0	145.7	133.5
차입금 의존도	전산업	30.6	29.1	25.6	24.1	23.1
	제조업	31.7	28.3	24.0	22.9	22.4
	건설업	26.4	22.8	24.1	23.8	22.0
	도소매업	24.5	27.9	26.3	24.9	23.8

[자료] 한국은행 2004년 및 2006년 기업경영분석

제조업 부채비율은 2003년 중 기업구조조정 및 우량 대기업의 차입금 상환 등으로 전년 말에 비해 12.0% 하락하였다. 이로써 미국(154.8%), 일본(156.2%) 등 주요 선진국에 비하여 안정성이 더욱 높아진 모습을 나타냈다. 차입금의존도 역시 31.7%에서 28.3%로 낮아졌으나, 투자부진

1) 한국은행 2003년~2006년 기업경영분석 참고

등으로 인한 장기차입금 수요 감소 및 금리하락세 지속에 따른 단기차입금 선호 등으로 총차입금 중 단기차입금 비중은 증가하였다.(48.4%→54.8%)

2004년 말 이후에도 기업의 안정성은 더욱 개선되었다. 2006년에는 부채비율이 98.9%로 낮아져 처음으로 100%를 하회하면서 차입금의존도 역시 22.4%로 하락하였다.

이 기간 중 안정성지표의 추이를 기업 규모별로 살펴보면 대기업은 2002년 말 128.9%에서 2006년 말 85.5%로 43.4% 하락한 데 비해 중소기업은 같은 기간 152.1%에서 132.6%로 19.5% 낮아지는 데 그쳤다. 차입금의존도 역시 대기업의 경우는 같은 기간 31.2%에서 18.1%로 13.1% 낮아진 데 비해 중소기업은 32.9%에서 30.9%로 2.0% 하락하는 데 그쳤다.

건설업의 경우는 2003년 중 수익성 호조에 따른 차입금 상환으로 부채비율이 196.8%에서 165.0%로, 차입금의존도가 26.4%에서 22.8%로 모두 큰 폭 하락하였으나, 2004년 말에는 분양 및 공사미수금 증가(23.2%) 등으로 차입금이 늘어남에 따라 부채비율이 165.8%로, 차입금의존도가 24.1%로 각각 상승하였다. 그 후 2005년과 2006년에는 이들 지표가 모두 개선되었다.

도소매업은 2003년 중 SK네트웍스 차입금의 출자전환(2조원) 등으로 특별이익이 발생함에 따라 연말 부채비율이 216.2%에서 180.5%로 하락하였으나 차입금의존도는 경기부진에 따른 차입금수요 증가로 24.5%에서 27.9%로 상승하였다. 2004년에 도소매업은 내수부진에도 불구하고 수출호조에 따른 종합상사의 재무구조개선 등에 힘입어 부채비율이 153.0%로, 차입금의존도가 26.3%로 하락하였다. 이어 2005년과 2006년에도 이들 지표가 모두 개선되었다.

(3) 성장성

국내기업의 성장성지표 추이

(단위: %)

		2002	2003	2004	2005	2006
매출액 증가율	전산업	7.3	4.0	13.3	4.3	6.0
	제조업	8.3	6.1	17.1	5.9	6.3
	건설업	2.9	16.4	8.9	1.6	3.3
	도소매업	6.5	-7.0	8.1	0.2	5.5
유형자산 증가율	전산업	-1.0	1.3	3.8	5.6	5.2
	제조업	-2.2	1.7	4.8	6.2	6.0
	건설업	-8.7	-1.9	13.6	11.3	8.5
	도소매업	9.5	5.4	4.8	4.7	5.8

[자료] 한국은행 2004년 및 2006년 기업경영분석

제조업의 매출액 증가율은 2003년 중 전년의 8.3%에서 6.1%로 둔화되었다. 이는 수출(원화기준)이 반도체, 통신기기, 자동차를 중심으로 14.7%의 높은 증가를 나타낸 데 비해 내수는 0.8% 증가에 그친 데 기인하였다. 이어 2004년 중에는 17.1% 증가하여 1995년(20.4%) 이래 가장 높은 증가율을 보였다. 2004년 중 매출증가는 수출이 주도함에 따라 수출비중이 높은 기업과 대기업의 매출증가율이 기타 기업의 증가율을 압도하였다.

2005년 중에는 수출부진으로 매출액증가율이 5.9%로 하락하였으며, 특히 수출기업과 대기업의 하락폭이 내수기업과 중소기업보다 더 크게 나타났다. 그러나 2006년 중에는 반도체와 조선 등 주요 품목의 수출증가율이 높아지면서 매출증가율이 6.3%로 상승하였고, 수출기업의 매출액증가율은 4.0%에서 8.0%로 급상승한 반면, 내수기업의 경우는 7.3%에서 4.8%로 급락하였다.

제조업의 유형자산증가율은 2001년과 2002년에 연속하여 감소하다가 2003년에 1.7%의 소폭 증가를 보인 데 이어 2004년에 4.8%, 2005년에 6.2%까지 증가하다가 2006년에는 6.0% 증가에 그쳤다. 2006년에는 유형자산 기계설비 증가율은 6.8%에서 7.1%로 상승하였으나 토지·건물 증가율은 5.3%에서 4.3%로 하락하였다. 이 기간 중 유형자산 증가가 소극적이었던 데 비해 현금보유는 2002년 총자산 중 8.1%에서 2006년 9.7%로 늘어났다.

건설업의 매출액증가율은 2003년 중 상업용 및 주거용 건물수요 증가로 모처럼 16.4%의 상승을 보이다가 2004년에는 건설경기 부진 등으로 8.9%의 증가율로 둔화되었으며, 그 후 2005년과 2006년에는 각각 1.6%, 3.3%의 저조한 상승률을 나타냈다.

도소매업의 매출액증가율은 2003년에 기업회계기준 중 수익인식 기준이 변경됨에 따라 −7.0%의 증가율(감소)을 나타내었으나 실제로는 감소하지 않았다. 2004년에는 수출경기의 호조로 8.1%의 증가율을 보였으며, 그 후 2005년에는 0.2%의 저성장을 기록하다가 2006년에는 매출액증가율이 5.5%로 높아졌다. 참고로 기업회계기준 상 수익인식 기준은 2003년부터 종합상사는 판매수수료만을, 백화점은 임대료만을, 전자쇼핑몰 운영회사는 관련 수수료만을 매출로 인식하도록 변경되었다.

(4) 수익성

제조업의 수익성은 2003년 중 수출호조 등에 힘입어 매출액 영업이익률이 소폭 상승하였으나, 영업외수지에서 금리 하락에 따른 금융비용 감소에도 불구하고 순외환차익 감소 등으로 다소 악화됨에 따라 매출액 경상이익률이 2002년과 동일한 수준을 나타냈다. 기업의 규모별로 보면 대기업의 경우 전년의 5.4%에서 6.0%로 상승한 반면 중소기업은 3.4%에서 2.5%로 하락하였다.

2004년 중에는 수출호조 등으로 매출액 영업이익률이 7.6%로 개선된 데다 금리 하락 및 차입금 감소로 인한 금융비용 감소, 원화환율 하락에 따른 순외환차익 증가 및 지분법 평가순익 증가 등으로 영업외수지가 큰 폭으로 상승하여 매출액 경상이익률이 7.8%로 상승하였다.

2005년 중에는 환율하락(−10.5%, 연평균)에 따른 수출채산성 악화와 고유가 등에 따른 원가상승으로 매출액 영업이익률이 6.1%로 낮아졌으며, 여기에 재무구조개선 등으로 금융비용부담률이 하락하여 영업외수지가 전년보다 다소 개선되었으나 매출액 경상이익률은 6.5%로 전년에 비해 하락하였다.

2006년 중에는 내수회복 지연, 환율하락(−6.7%, 연평균) 및 고유가에 따른 원가상승 등으로 인하여 매출액 영업이익률이 5.3%로 하락하였으며, 여기에 영업외수지율이 변동이 없어 매출액 경상이익률도 5.7%로 하락하였다. 2006년 중 대기업의 수익성이 중소기업보다 높은 수준을 보였으나 하락폭은 대기업이 중소기업보다 더 크게 나타났으며, 수출기업보다 내수기업이 더 큰 하락률을 보였다.

한편 제조업의 이자보상비율은 2002년의 260.3%에서 2004년에 575.8%까지 상승하였으나 2005년 이후 매출액 영업이익률의 감소로 2006년에는 439.3%로 낮아졌다.

건설업의 수익성은 2003년 중 건설경기 호조와 금리하락에 따른 금융비용 부담 경감으로 매출액 영업이익률이 5.3%로 상승하고, 매출액 경상이익률도 4.4%로 상승하였다. 이 같은 수익성 개선은 2006년에까지 지속되어 2006년 매출액 영업이익률은 6.46%, 경상이익률은 5.95%로 각각 상승하였다.

도소매업의 수익성은 2003년 중 전년과 비슷하였으나 수익인식 기준의 변경으로 매출액이 감소한 것으로 나타남에 따라 매출액 영업이익률과 경상이익률이 모두 전년보다 상승하였다. 2004년에는 매출액 경상이익률의 상승이 이어졌으며, 2005년과 2006년에는 영업이익률과 경상이익률이 점차 하락하였다.

국내기업의 수익성지표 추이

(단위: %)

		2002	2003	2004	2005	2006
매출액 영업이익률	전산업	5.73	6.39	6.75	5.86	5.24
	제조업	6.74	6.87	7.56	6.12	5.34
	건설업	4.46	5.31	5.14	6.46	6.19
	도소매업	2.83	4.12	3.83	3.32	3.27
매출액 경상이익률	전산업	4.28	4.75	7.03	6.21	5.55
	제조업	4.69	4.68	7.79	6.50	5.69
	건설업	1.62	4.44	4.79	5.95	6.08
	도소매업	2.16	3.35	4.25	4.09	3.37
이자보상비율	전산업	263.5	351.2	483.4	460.3	413.9
	제조업	260.3	367.1	575.8	525.4	439.3
	건설업	217.3	341.9	408.6	517.0	506.1
	도소매업	362.2	398.1	446.3	347.4	364.6

[자료] 한국은행 2004년 기업경영분석

제2절 경제동향

외환위기로 인한 경기침체로 우리나라 경제는 1998년 심각한 불황(-6.9% 성장)을 겪었으나 그 후 1999년에는 9.5%, 2000년에는 8.5%의 높은 성장을 기록하였고, 2001년의 일시적인 저성장(3.8%)을 거쳐 2002년에는 다시 7.0%의 비교적 높은 성장을 보였다. 그러나 2003년에는 홍콩에서 발원된 사스(SARS)[1]의 확산과 국내 신용카드사태 및 SK글로벌

1) 2002년 11월부터 중국 광둥지역을 중심으로 발생한 신종 호흡기 전염병. 동남아시아

사태 등의 영향으로 소비와 설비투자가 급감하면서 경제성장률이 3.1%로 하락하였다.

2003년 하반기 이후에는 미국과 유럽을 중심으로 한 세계경제의 호전으로 우리나라의 수출이 증가되고, 이에 힘입어 2004년에는 4.7%의 성장을 보였다. 그러나 국제유가의 가파른 상승과 카드사태 이후 신용불량자의 증가로 인한 소비 부진이 계속되고, 건설투자의 급감이 설비투자의 증가를 상쇄하면서 2005년 성장을 4.2%에 머물게 하였다. 2006년에는 수출호조와 소비증가로 1/4분기에 6.1%의 성장을 보였으나 2005년 하반기 이후의 부동산 투기억제 정책에 따른 건설투자 및 민간소비의 위축으로 성장이 둔화되어 2006년 경제성장률은 5.0%에 그쳤다.

세계경제는 2002년까지 2%대의 낮은 성장을 보였으나, 2003년에 들어와 이라크 전쟁이라는 지정학적 위험이 축소되면서 하반기 이후 4% 이상의 상승세를 보이고, 2004년에는 5.1%의 경제성장률을 기록하였다.

2005년에는 미국에서의 주택경기 후퇴 및 경상수지 적자폭의 확대, 유로지역에서의 민간소비 축소와 수출증가세 둔화 등으로 선진국을 중심으로 경제성장이 둔화되어 세계 경제성장률이 4.3%로 하락하였다. 이어 2006년에 들어와서는 미국, 유로, 일본, 중국 등 주요 경제국의 경기호조로 다시 5.1% 수준의 경제성장을 보였으나 미국의 경우 주택투자의 급격한 감소로 2/4분기 이후 성장률은 2%대로 둔화되었다.[1)]

1. 경제성장

와 유럽, 북아메리카로 확산되면서 이 지역에의 여행제한 등으로 관광, 운송업 등 경기가 침체되었다.

1) 이하 한국은행 연차보고서 2003부터 2006 참조

2003년 중 국내 경제는 수출이 호조를 보이고 건설투자의 신장세가 높아졌으나 민간소비와 설비투자가 크게 위축되어 GDP 성장률이 전년의 7.0%에서 3.1%로 낮아졌다. 특히 중반에는 이라크전쟁과 북핵문제, SARS의 영향, 대내적으로는 신용카드사의 부실화 문제가 가세하여 민간소비와 설비투자가 감소로 전환된 데다 수출신장세도 둔화되어 증가율이 2.2%대로 낮아졌다.

2004년 상반기에는 2003년 하반기 이후 미국, 일본 등 선진국의 경제회복에 따른 수출신장에 힘입어 경기가 회복세로 돌아서서 5.4%의 성장세를 보였다. 그러나 하반기에는 수출증가율이 낮아지고 건설투자가 큰 폭으로 둔화되는 가운데 과다한 가계부채 및 신용불량자 증가 등으로 민간소비도 계속 감소하여 경제성장률이 낮아졌다.

경제성장률 추이

(단위: %)

	2001	2002	2003	2004	2005	2006
국내총생산(GDP)	3.8	7.0	3.1	4.7	4.0	5.0
제조업	2.2	7.6	5.5	11.1	7.0	8.4
건설업	5.5	2.8	8.6	1.8	0.1	−0.1
서비스업	4.8	7.8	1.6	1.9	3.0	4.2
국민총소득(GNI)	2.8	7.0	1.9	3.9	0.5	2.3

[주] 2000년 불변가격 기준
[자료] 한국은행 연차보고서, 재정경제부 주요경제지표

2005년 중 경제성장률은 전년의 4.7%에서 4.0%로 낮아졌으나 분기별 성장률이 지속적으로 높아지면서 하반기 이후에는 경기가 빠르게 회복되는 모습을 보였다. 수출이 견실한 신장세를 지속한 가운데 내수가 건설투자의 부진에도 불구하고 민간소비와 설비투자를 중심으로 회복세를 나타냈다.

2006년 중에는 수출이 높은 신장세를 지속한 가운데 내수가 민간소비와 설비투자를 중심으로 회복세를 나타내어 GDP 성장률이 전년의 4.2%에서 5.0%로 높아졌다. 다만 4/4분기 들어서는 건설투자의 회복세에도 불구하고 설비투자와 수출이 전 분기에 비해 크게 둔화됨에 따라 성장률이 0.9%(전년 동기 대비 4.0%)로 다시 낮아졌다.

2. 고용

고용관련지표 추이

(단위: 천명, %)

	2001	2002	2003	2004	2005	2006
취업자수	21,572	22,169	22,139	22,557	22,856	23,151
취업자수증가율	2.0	2.8	−0.1	1.9	1.3	1.3
비임금근로자	1.5	0.9	−3.1	−0.9	0.1	−0.9
임금근로자	2.2	3.8	1.6	3.4	2.0	2.4
(상용근로자)	5.0	2.2	5.9	4.9	3.8	3.6
(임시 · 일용직)	−0.3	5.4	−2.5	1.9	0.0	1.1
실업자수	899	752	818	860	887	827
실업률	4.0	3.3	3.6	3.7	3.7	3.5

[주] 증가율은 전년대비, 2005년부터 공식 실업통계기준이 '구직기간 1주' 에서 '구직기간 4주' 로 변경

2003년 중 고용사정은 경기둔화로 일자리수가 줄어들고 실업률이 상승하였다. 특히 15~29세의 실업률이 전년의 6.6%에서 7.7%로 높아지는 등 청년층의 고용사정이 더욱 악화되었다. 종사상 지위별로 보면 임금근로자는 1.6% 증가한 반면, 비임금근로자는 전년의 소폭 증가에서 3.1% 감소로 돌아섰다. 경기부진에 따른 고용조정이 임시·일용 근로자를 중심으로 이루어지면서 임금근로자중 상용근로자는 증가하고, 임시·일용근로자는 감소로 전환하였다.

2004년 중에도 고용사정은 내수부진, 기업의 고용조정 노력 지속 등의

영향으로 뚜렷한 개선을 보이지 못하여 실업자수가 전년의 82만 명에서 86만 명으로 증가하였다. 종사상 지위별로는 임금근로자가 3.4% 증가한 반면 비임금근로자는 0.9% 감소하였다. 임금근로자 중 상용근로자는 높은 증가세를 지속하였고 임시·일용근로자도 1.9% 증가로 전환하였다.

2005년 중 고용사정은 경제성장세 둔화, 기업의 인건비 절감노력 등으로 크게 개선되지 않았다. 취업자수의 증가가 30만 명으로 축소된 데 비하여 경제활동인구는 33만 명이 늘어났기 때문이다. 종사상 지위별로는 임금근로자가 2.0% 증가하였으며 이 중 상용근로자는 3.8%의 높은 증가율을 보였다.

2006년 중 고용은 기업 채산성 악화, 자영업 구조조정 등에 따른 노동수요 부진으로 취업자수가 30만 명 늘어나는 데 그쳤다. 고용부진에도 불구하고 실업자수가 소폭 감소하였는데 이는 실업률이 상대적으로 높은 청년층의 인구 비중이 점차 낮아지고 대학진학률 상승, 취업준비기간 확대 등으로 비경제활동인구가 크게 늘어났기 때문이다. 종사상 지위별로는 비임금근로자가 줄고 임금근로자가 2.4% 증가하였으며, 이 중 상용근로자는 3.6%의 높은 증가세를 보였다.

3. 물가

2003년 중 소비자물가는 연평균 3.6% 상승하여 전년의 2.7%보다 오름세가 확대되었다. 이는 국내경기 부진에도 불구하고 임금상승률이 높았고, 이라크전쟁 등의 영향으로 국제유가가 상승하여 관련 제품의 가격이 상승하였기 때문이다. 생산자물가는 연평균 2.2% 상승하여 2001년 이후 2년 연속 하락에서 상승세로 돌아섰다. 이는 경기부진에도 불구하고 원유 등 원자재 가격상승으로 공산품 가격이 오름세로 전환한 데다 태풍 등의 영향으로 농산품가격이 급등하고, 화물운임·철도요금 인상 등으로 서비스가격도 상승한 데 원인이 있다.

한편, 수출물가(원화 기준, 이하 같음)는 연평균 2.2% 하락하여 5년 연속 내림세를 기록하였으며, 수입물가는 연평균 1.8% 상승하여 전년의 6.2% 하락에서 오름세로 전환하였다.

2004년 중 소비자물가는 연평균 3.6% 상승하여 전년과 같은 오름세를 나타냈다. 내수부진 및 원화 환율 하락에도 불구하고 중동지역 정세불안으로 국제유가가 급격히 오르고, 과실류와 축산물을 중심으로 농축수산물 가격이 급등한 데 기인한 것이다. 생산자물가는 연평균 6.1% 상승하여 외환위기 이후 가장 높은 오름세를 나타냈다. 과실류 및 축산물을 중심으로 농림수산품가격이 큰 폭으로 상승한 데다 국제유가 및 기타 원자재가격 상승 영향으로 공산품 가격도 크게 올랐기 때문이다.

한편, 수출물가는 연평균 6.2% 올라 외환위기 이후 처음으로 상승하였고, 수입물가는 연평균 10.2% 상승하여 외환위기 이후 가장 높은 오름세를 나타냈다.

2005년 중 소비자물가는 연평균 2.7% 상승하여 오름세가 큰 폭으로 둔화되었다. 이 기간 중 국제유가가 50% 수준 급등하였으나 환율이 큰 폭으로 하락하여 물가상승 압력을 상쇄하였으며, 농산물의 작황 호조로 농축수산물의 가격이 안정되고, 서비스 가격에서는 집세 하락이 공공요금의 상승을 완화하였기 때문이다. 생산자물가는 연평균 2.1% 상승하여 전년의 6.1%보다 상승률이 크게 낮아졌다. 이는 곡물 작황 호조와 함께 수산식품 출하량 증가로 농림수산품 가격이 하락한 데다 고유가로 인한 공산품가격 상승이 전년보다 둔화되었고, 서비스부문에서는 화물운송 요금이 큰 폭으로 하락한 데 기인하였다.

한편, 수출물가는 연평균 6.7% 하락하였고, 수입물가는 연평균 2.9% 상승하여 전년에 비해 상승세가 크게 둔화되었다.

2006년 중 소비자물가는 2.2% 상승에 그쳐 전년에 비해 상승세가 둔화되었다. 이는 국제유가 및 기타 원자재가격이 높은 오름세를 보였으나 원화환율이 하락세를 지속하고 농축수산물 가격 및 임금이 안정되는 등 물가 여건이 전반적으로 양호하였기 때문이다. 생산자물가는 연평균 2.3% 상승하여 전년에 비해 상승률이 소폭 높아졌다. 품목별로는 농림수산품가격의 하락폭이 확대되었으나 원유 등 국제 원자재가격 상승의 영향으로 전력·수도·가스요금의 오름세가 확대되고, 공산품가격도 높은 상승세를 지속하였다.

한편, 수출물가는 전년대비 1.9% 하락한 반면 수입물가는 전년대비 5.3% 상승하였다.

물가동향

(단위: %)

	소비자물가		생산자물가		수입물가		수출물가	
	지수	상승률	지수	상승률	지수	상승률	지수	상승률
2002	106.9	2.7	99.2	−0.3	97.1	−6.2	89.5	−7.0
2003	110.7	3.6	101.4	2.2	98.9	1.8	87.5	−2.2
2004	114.7	3.6	107.6	6.1	108.9	10.2	92.9	6.2
2005	117.8	2.7	109.9	2.2	112.0	2.9	86.7	−6.7
2006	120.4	2.2	112.4	2.3	118.0	5.3	85.1	−1.9

[주] 물가지수: 2000년=100
[자료] 재정경제부 주요경제지표

부동산 가격

부동산가격의 추이는 최근(2006년)까지 주택담보 대출을 중심으로 가계여신이 증가하면서, 그 건전성이 저하되고 있는 상황이므로 여기서 살펴보기로 한다.

부동산 가격의 등락추이

(단위: %)

	2000	2001	2002	2003	2004	2005	2006
주택매매(전도시)	0.4	9.9	16.4	5.7	−2.1	4.0	11.6
(서울 아파트)	4.2	19.3	30.8	10.2	−1.0	9.1	24.1
주택전세(전도시)	11.1	16.4	10.1	−1.4	−5.0	3.0	6.5
(서울)	12.1	23.4	11.4	−3.2	−4.4	6.2	11.5
토지가격 (전국)	0.7	1.3	9.0	3.4	3.9	5.0	5.6
(서울)	0.1	1.9	15.8	5.2	4.1	6.6	9.2

[자료] 한국은행 연차보고서 2002, 2005 및 2006년 중 물가동향, 건설교통부

1999년 이후 급상승하던 부동산 가격이 2002년 4/4분기에 일제히 하락세를 보였으며, 2003년에는 오름세가 완화되거나 하락세가 지속되었다.

2003년 중 주택 매매가격은 시중자금의 부동산시장 유입이 지속되는 가운데 거주 여건 격차와 행정수도 이전 및 신도시건설에 대한 개발기대 등으로 서울 강남권 및 대전지역 아파트를 중심으로 상승하였다. 그러나 그 동안의 단기 급등에 대한 경계심리와 정부대책의 영향 등으로 연간 상승폭은 5.7%에 그쳤다. 이 같은 주택매입 선호 경향에 따라 전세가격은 1/4분기를 제외하고는 하락세가 지속되었다.

한편 토지가격은 2003년에도 3.4%의 상승률을 나타냈다. 특히 3/4분기 이후에는 행정수도 이전 및 신도시 개발 등에 대한 기대 등으로 대전·충청권과 수도권 일부 지역을 중심으로 상승세가 확대되었다.

2004년 중에는 주택매매가격이 1998년 이후 처음으로 하락하고, 전세가격도 내림세가 확대되었다. 주택매매가격은 주택거래신고제, 재건축 개발이익 환수제 등 정부의 부동산시장 안정 대책과 신행정수도 특별법 위헌 판결, 아파트 입주물량 증가 등의 영향으로 연중 2.1% 떨어지고, 전세가격은 아파트 입주가 대규모로 진행되면서 연중 5.0% 하락하였다.

한편 토지가격은 행정수도이전, 신도시 개발 등에 대한 기대로 대전·

충청권과 수도권 일부 지역을 중심으로 상승하였으나, 하반기에는 신행정수도 특별법 위헌판결 영향 등으로 상승폭이 점차 축소되었다.

2005년에는 정부의 부동산시장 안정대책에도 불구하고, 주택 매매가격과 전세가격이 모두 상승하였다. 매매가격은 재건축 규제완화 기대, 판교 신도시 분양계획 등의 영향으로 상승하였으며, 전세가격은 재건축을 위한 이주 수요와 함께 정부의 부동산제도 개혁에 따라 매매수요가 전세수요로 전환되면서 상승세가 확대되었다.

한편 토지가격은 개발 호재를 지닌 수도권 신도시 주변지역 및 충청권 행정중심 복합도시 예정지역 등을 중심으로 5.0%의 상승세를 나타냈다.

2006년 중 주택 매매 및 전세가격은 정부의 잇따른 부동산시장 안정대책에도 불구하고 높은 상승세를 나타냈다. 먼저 주택매매가격은 2006년 중 전기 말 월 대비 11.6% 상승하여 오름세가 큰 폭 확대되었다. 특히 아파트 및 연립주택이 단독주택에 비하여 빠르게 상승하였으며 지역별로는 수도권이 높은 상승세를 보인 반면 기타 지역은 대부분 안정된 모습을 보였다.

주택의 전세가격은 전세물량 부족 등으로 수도권을 중심으로 6.5%의 높은 오름세를 보였다. 또 토지가격은 서울(9.2%)을 비롯한 인천, 충남, 경기지역의 지가가 상승하고, 나머지 지역은 안정세를 보였다

4. 국제수지

2003년 이후에도 우리나라의 대외 교역량은 매년 큰 폭으로 증가하여 2002년 3,120억 달러 규모에서 2006년에는 6,345억 달러 규모로 늘어났다. 특히 중국과의 무역이 급신장하여 2002년에 411억 달러였던 양국

의 교역규모가 2006년에는 1,450억 달러를 기록하여, 2003년에는 일본을 앞서 2위 교역국이 되고, 2004년에는 미국을 앞서 1위 교역국이 되었다.

경상수지 추이

(단위: 억 달러)

	2002	2003	2004	2005	2006p
경상수지	53.9	119.5	281.7	149.8	60.9
상품수지	147.8	219.5	375.7	326.8	292.1
- 수출	1,634.1	1,972.9	2,577.1	2,890.0	3,318.4
- 수입	1,486.4	1,753.4	2,201.4	2,562.9	3,026.3
서비스수지	−82.0	−74.2	−80.5	−136.6	−187.6
소득수지	4.3	3.3	10.8	−12.6	−5.4
경상이전수지	−16.2	−29.0	−24.3	−24.8	−38.2

[자료] 2006 재정경제부 주요경제지표.

2003년 중 중국경제의 고성장 지속과 선진국의 경기회복에 힘입어 상품수지가 전년보다 크게 늘어나고, 경상수지는 120억 달러의 흑자를 기록하였다.

상품수출(통관 기준, FOB가격, 이하 같음)은 1,973억 달러로 19.3%의 높은 신장률을 보였다. 품목별로 보면 무선통신기기 반도체 등 IT관련 제품이 호조를 지속하고, 승용차·철강·화공품 등 IT 이외 제품의 증가세도 크게 확대되었다.

상품수입(통관 기준, CIF가격, 이하 같음)은 1,753억 달러로 전년의 7.8%보다 높은 17.6%의 증가율을 나타냈다. 품목별로 보면 소비재가 16.5%, 자본재가 18.7% 각각 증가하고, 원자재도 국제유가 및 기타원자재 가격 상승 등으로 증가율이 전년의 2.7%에서 16.9%로 대폭 확대되었다.

2004년 중 경상수지는 282억 달러 흑자로 크게 확대되었다. 이는 외환위기 직후인 1998년 400억 달러의 흑자를 기록한 후 가장 큰 폭이다.

수출은 2,577억 달러로 전년 대비 30.6%의 증가율을 보였다. 특히 반도체, 무선통신기기 등 ICT 관련 제품이 세계적인 경기호조를 배경으로 수출증가가 지속되고, 승용차·철강·금속·화공품 등도 수출 증가세가 확대되었다. 수입은 2,201억 달러로 전년 대비 25.5%의 증가율을 나타냈다. 특히 원유 및 기타 원자재의 국제가격 상승으로 원자재 수입이 31.7% 증가하였고, 자본재 역시 22.2% 증가하였으나 소비재는 증가세가 둔화되었다.

2005년에는 상품수지 흑자가 축소되고, 서비스수지 적자가 확대 되어 경상수지 흑자규모가 150억 달러로 줄어들었다.

상품수출은 2,890억 달러로 증가율이 12.0%로 낮아졌으나, 3년 연속 두 자릿수의 증가율을 기록하였다. 상품수입은 2,563억 달러로 수출보다 높은 16.4%의 증가를 보였다. 품목별로는 원유 및 기타원자재의 국제가격 상승으로 원자재가 24.2% 늘어났으며, 자본재와 금을 제외한 소비재도 민간소비의 회복에 따라 전년보다 높은 증가율을 나타내었다.

한편, 2005년 이후 서비스수지 적자가 크게 늘었다. 2005년에는 여행수지와 기타서비스수지 적자가 크게 늘어난 데다 운수수지 흑자도 축소되어 적자규모가 137억 달러로 확대되었다. 특히 운수수지는 선박 및 항공기운항 관련 경비지급이 늘어나면서 흑자폭이 축소되었다.

2006년 중 경상수지는 상품수지 흑자가 줄어들고 서비스수지 적자는 늘어나 흑자규모가 61억 달러로 크게 줄었다.

상품수출은 3,318억 달러로 전년 대비 14.8%의 양호한 증가세를 보였으나, 상품수입이 3,026억 달러로 전년대비 18.4%의 높은 증가율을 보임으로써 상품수지 흑자를 감소시켰다. 또 서비스수지는 전년에 이어 여행수지 적자가 더욱 늘어나고, 운수수지 흑자가 줄어들면서 적자규모가 187.6억 달러로 크게 늘었다.

여행수지 추이

(단위: 억달러)

	2002	2003	2004	2005	2006p
여행수입	59.3	53.6	60.7	58.1	53.2
여행지출	104.6	101.0	123.5	154.1	182.4
여행수지	−45.3	−47.4	−62.8	−96.0	−129.2
(유학 · 연수수지)	−14.1	−18.4	−24.8	−32.7	−44.3

[자료] 한국은행 각년도 국제수지 동향

서비스수지 중 특히 여행수지는 해마다 적자가 늘고 2005년과 2006년에는 적자폭이 크게 증가하였다.

여행수입은 2002년 중 59.3억 달러에서 2006년 중 53.2억 달러로 감소한 반면에 여행지출은 같은 기간 104.6억 달러에서 2006년 182.4억 달러로 4년 사이에 74.4% 증가하였다. 이에 따라 여행수지 적자는 같은 기간 45.3억 달러에서 129.2억 달러로 증가하였으며, 2006년 여행수지 적자 가운데는 유학·연수 수지 적자가 44.3억 달러 포함되어 있다.

국가별 교역규모의 변화

주요국가별 교역규모의 변화추이

(단위: 억 달러, %)

	총	미국		일본		중국		EU	
	교역규모	교역액	비중	교역액	비중	교역액	비중	교역액	비중
2000	3,327.5	668.5	20.1	523.0	15.7	312.5	9.4	392.1	11.8
2001	2,915.4	535.9	18.4	431.3	14.7	314.9	10.8	345.5	11.9
2002	3,146.0	557.9	17.7	450.0	14.3	411.5	13.1	388.0	12.3
2003	3,726.4	590.3	15.8	535.9	14.3	570.2	15.3	442.7	11.9
2004	4,783.1	716.3	15.0	678.4	14.1	793.5	16.6	619.3	13.0
2005	5,456.6	719.3	13.2	724.3	13.2	1,005.6	18.4	709.6	13.0
2006	6,348.5	768.3	12.1	784.6	12.3	1,450.2	22.8	785.1	12.3

[주] 수출은 FOB, 수입은 CIF 기준

[자료] 재정경제부, 주요경제지표

우리나라의 대외무역은 미국, 일본, 중국 및 EU지역과의 비중이 크며, 전체 수출입 총액의 60% 가까이 차지한다.

외환위기 이후에도 이들 국가와의 수출과 수입이 꾸준히 증가되어 왔으나, 특징적인 것은 미국, 일본과의 무역의 비중이 점차 줄어들고 중국의 비중이 높아진 것이다. 즉, 2000년 중 전체 교역량의 20.1%와 14.9%를 차지하던 미국과 일본이 2006년에는 각각 12.1%와 12.3%로 그 비중이 낮아지고, 중국과의 무역의존도가 같은 기간 9.4%에서 22.8%로 크게 높아졌다.

수출입 차(差)를 보면 일본과의 무역에서는 적자폭이 지속적으로 늘어나고, 중국 및 EU와의 거래에서는 흑자가 매년 크게 늘어났으며, 미국과의 흑자폭은 크게 늘지 않고 있다.

5. 재정수지와 국가채무

통합재정수지

연도별 통합재정수지 현황

(단위: 10억원, %)

	2002	2003	2004	2005	2006p
수입	158,712	171,945	178,760	191,488	209,573
(증가율)	(10.2)	(8.3)	(4.0)	(7.1)	(9.4)
조세수입	103,968	114,664	117,796	127,466	138,044
(GDP대비부담률)	(15.2)	(15.8)	(15.1)	(15.8)	(16.3)
지출 및 순융자	136,046	164,303	173,538	186,398	205,928
(증가율)	(−0.5)	(20.8)	(5.6)	(7.4)	(10.5)
(대GDP 비중)	(22.8)	(22.7)	(22.3)	(23.1)	(24.3)
통합재정수지	22,666	7,642	5,222	5,090	3,646
(대GDP 비중)	(3.8)	(1.0)	(0.7)	(0.6)	(0.4)

[자료] 재정경제부

2003년 정부는 조세수입 114.7조원, 세외수입 등 총 171.9조원을 수입하여 164.3조원을 지출(세출+순융자)함으로써 7.6조원의 통합재정수지 흑자를 나타냈다. 이 통합재정 규모는 전년 대비 20.8% 증가한 것으로서 외환위기가 발생했던 1997년의 증가율 18.8%를 상회하였다. 이 같은 통합재정의 증가는 두 차례에 걸친 추경편성(7.5조원) 등 재정의 경기진작 노력과 공적자금 상환기금에 대한 출연(13조원)에 따른 것으로 분석된다.

부문별로는 정부예산이 15.4조원의 흑자로 나타났고, 기금수지는 2.8조원 적자, 비금융공기업으로 분류되는 기업특별회계는 5.0조원의 적자를 보였다. 2003년 기금수지에는 공공자금관리기금에서 공적자금 상환기금으로의 출연금 14.4조원이 포함되어 있다.

한편, 이 기금수지에서 공적자금 상환기금에 대한 출연금 중 공적자금 원금 해당액은 공적자금 투입시 지출된 것이므로 출연 연도의 통합재정수지에서는 제외하고 작성하는 것이 합리적일 수 있다. 2003년 통합재정수지에서 사회보장성기금수지(19.6조원 흑자)와 공적자금 상환기금에 대한 출연금(원금 13조원)을 제외하면 흑자 규모는 1.5조원(GDP 대비 0.2%)으로서 2002년의 5.1조원보다 3.6조원 감소한 것이 된다.

2004년에는 조세수입 117.8조원을 포함한 178.8조원을 수입하고, 173.5조원을 지출하여 5.2조원(GDP 대비 0.7%)의 흑자를 나타냈다. 부문별로는 정부예산에서 10.1조원의 흑자를 나타냈고, 기금수지는 2.3조원, 비금융공기업으로 분류되는 기업특별회계는 2.6조원의 적자를 각각 보였다. 이 기금수지에는 공적자금 상환기금에 대한 출연금 15.0조원과 회수금 0.8조원이 반영되어 있다.

2004년 통합재정수지에서 사회보장성기금수지(21.2조원 흑자)와 공적자금상환기금에 대한 출연금(원금 12조원)을 제외하면 4.0조원(GDP 대비 0.5%)의 적자로 나타난다.

2005년에 정부는 조세수입 127.5조원을 포함하여 총 191.5조원을 수입하고, 186.4조원을 지출하여 통합재정수지는 5.1조원(GDP 대비 0.6%)의 흑자를 나타냈다. 부문별로는 정부예산에서 7.4조원의 흑자를 나타냈고, 기금수지는 1.0조원, 비금융공기업 특별회계는 1.3조원의 적자를 각각 보였다.

이 기금수지에는 공적자금 상환기금에 대한 출연금 13.0조원과 회수금 1.5조원이 반영되어 있다. 2005년 통합재정수지에서 사회보장성기금수지(23.6조원 흑자)와 공적자금 상환기금에 대한 출연금(원금 12조원)을 제외하면 6.5조원(GDP 대비 0.8%)의 적자로 나타난다.

2006년에 정부는 조세수입 138.0조원을 포함하여 총 209.6조원을 수입하고, 205.9조원을 지출하여 통합재정수지는 3.6조원(GDP 대비 0.4%)의 흑자를 나타냈다. 재정지출 증가율이 2003년 이후 처음으로 10% 이상 늘어나면서 GDP 대비 비중도 2005년 23.1%에서 24.3%로 높아지고, 조세(국세)의 GDP 대비 부담률이 16%대로 진입하였다.

부문별로는 정부예산에서 7.0조원의 흑자를 나타냈고, 기금수지는 2.4조원, 비금융공기업 특별회계는 1.0조원의 적자를 각각 보였다.

기금수지에는 공적자금 상환기금에의 출연금 16.3조원과 회수액 7.7조원이 반영되어 있다. 2006년 통합재정수지에서 사회보장성기금수지(26.4조원 흑자)와 공적자금 상환기금에 대한 출연금(원금 12조원)을 제외하면 10.8조원의 적자로 나타난다.

국가채무

2000년 이후 2002년까지 국가채무는 연간 10%를 다소 상회하는 수준에서 증가되어 왔다. 그러나 2003년에는 예보채와 캠코채 등 정부보증채권의 국채 전환 및 외환시장안정을 위한 국채 발행증가 등으로 25.4%의 큰 폭으로 늘어났다. 2003년 말 국가채무는 158.8조원으로서 32.2조원 증가하였는데 이는 공적자금 원리금의 상환을 위한 14.4조원 및 외환시장의 안정을 위한 33.4조원의 국채발행에 주로 기인한다. 한편 국가의 보증채무는 2003년 중 정부보증 기금채권의 국채 전환 등으로 14.5조원 감소하였다.

2004년에는 공적자금의 원리금 상환을 위한 15.0조원 및 외환시장 안정을 위한 17.8조원 등의 국채발행으로 국채발행 잔액이 42.3조원 증가하였다. 이로써 2004년 말 국가채무는 전년 말 대비 23.5% 증가한 196.1조원으로 늘어났으며, 보증채무는 80.6조원에서 66.1조원으로 줄어들었다.

2005년에는 공적자금의 원리금상환을 위한 13.0조원과 외환시장안정을 위한 15.8조원 외에 일반회계 적자보전을 위한 9.0조원과 국민주택기금에의 출연을 위한 3.0조원 등의 국채발행으로 국채발행 잔액이 46.1조원 증가하였다. 이로써 2005년 말 국가채무는 전년 말 대비 21.8% 증가한 238.8조원으로 늘어났으며, GDP 대비 비중도 29.6%로서 30%에 육박하게 되었다. 이와 함께 국가보증채무는 66.1조에서 55.0조원으로 줄어들었다.

2006년 말 중앙정부의 채무는 273.2조원으로 전년 말 대비 14.4% 증가하였고, GDP 대비 비중도 32.2%로 높아졌다. 이는 주로 외환시장 안정용 국채발행(11.5조원), 공적자금 국채전환 및 이자(10.8조원), 일반회계 적자보전(8.0조원), 국민주택기금(3.6조원) 등에 기인하였다.

한편 공적자금의 상환 등으로 국가보증채무는 55.0조원에서 36.5조원으로 감소하고, GDP 대비 비중도 6.8%에서 4.3%로 낮아졌다. 따라서 보증채무를 포함한 국가 총채무는 전년 대비 4.0% 증가에 그쳤다.

국가채무현황

(단위: 10억원, %)

	2002	2003	2004	2005	2006
국가채무 (증가율) (GDP 대비)	126,630 (11.9) (21.2)	158,825 (25.4) (21.9)	196,087 (23.5) (25.2)	238,766 (21.8) (29.6)	273,214 (14.4) (32.2)
차입금 (국내차입금) (해외차입금)	20,736 2,296 18,440	15,750 3,170 12,580	10,655 2,040 8,615	7,625 2,055 5,570	6,436 2,157 4,279
국채 국고채무부담행위	103,131 2,763	140,633 2,441	182,932 2,500	229,002 2,139	264,317 2,460
보증채무 (GDP 대비)	102,471 (17.1)	80,590 (11.1)	66,050 (8.5)	54,978 (6.8)	36,510 (4.3)

[자료] 재정경제부 재정금융통계, 2006. 9 외

국가채권과의 비교

국가채권과 채무현황

(단위: 10억원)

		2002	2003	2004	2005	2006
국가채권	조세채권	5,726	5,968	7,213	7,384	7,536
	융자금	134,683	107,282	103,942	106,866	110,297
	예금/예탁금	15,408	13,761	11,735	10,511	12,356
	기타	3,419	3,664	5,546	5,734	7,327
	계	159,236	130,675	128,436	130,945	137,516
국가채무	주채무	126,630	158,825	196,087	238,766	273,214
	보증채무	102,471	80,590	66,050	54,978	36,510
	계	229,101	239,415	262,137	293,744	309,724

[자료] 재정경제부 재정금융통계, 2006. 9.

국가채권은 2003년에 28.6조원 감소하였으며 이 중 27.4조원은 융자채권이 감소하였다. 정부는 2002년에 공적자금 상환대책을 수립하면서 그 동안 예보채와 캠코채 등 기금채권에 대한 이자지급을 위하여 정부가 지원한 융자금 22.2조원의 상환을 면제한 바 있다.

2004년 이후에도 국가채권은 크게 늘지 않았다. 반면에 보증채무를 포함한 국가채무는 2003년에 4.5% 소폭 증가한 후 2004년에는 9.5%, 2005년에는 12.1% 각각 증가하였다. 특히 주 채무는 정부보증채권의 국채 전환으로 계속 증가하면서 2003년에 국가채권을 상회하게 되었으며, 2006년 말에는 국가채권의 약 2배가 되었다.

제3절 금융동향

1. 금융산업의 구조적 변화

2단계 금융구조조정을 거치면서 국내 금융산업에서 은행의 비중이 높아지고 대형화와 집중화가 진행되었다. 또 부실금융기관에 대한 정부의 대규모 출자지원 결과 금융산업의 상당 부분이 국유화되었고, 그 후 이들 출자주식이 주로 외국인에게 매각됨으로써 금융기관 소유구조에 큰 변화가 있었다. 또, 자금시장에서는 금융기관이 기업대출보다 가계대출을 선호함에 따라 기업들은 회사채 발행, 유상증자 등의 방법으로 자금을 조달함으로써 직접금융 비중이 증가하였다.[1)]

2003년 이후에 정부는 신용카드 사태로 인한 금융기관의 부실화를 처리하기 위하여 일부 추가적인 금융구조조정을 실시하는 한편, 정부보유 금융기관 주식을 집중적으로 매각하여 공적자금을 회수·상환하는 데 주력하였다. 그 결과 외국인의 금융기관 주식 매입이 늘어나면서 소유구조의 변화가 더 한층 진행되었다.

---

1) 이하 한국은행 '외환위기 이후 금융시스템의 변화와 향후 과제', 2005. 8 참고로 update.

(1) 소유구조의 변화

1999년 말까지의 1단계 구조조정 과정에서 정부는 시중은행 주식(우선주 포함)의 평균 57.3%를 보유하게 되었으며, 2단계 구조조정에서는 부실금융기관에 대한 추가적인 출자지원의 실시와 함께 기 취득한 은행 주식을 일부 매각하여 정부지분은 46.1%로 감소하였다.

이 시기에 외국인은 정부의 은행 공개매각에 참여하거나 시장에서 매입하여 은행지분이 1999년 말 평균 17.5%에서 2002년 말에는 27.4%로 늘어났다.

2003년 이후에는 정부보유 금융기관 주식의 매각이 가속화되어 2006년 말 시중은행에 대한 정부 보유지분이 평균 17.4%로 낮아졌다. 반면에 외국인은 정부 매각지분을 적극적으로 취득하고, 이 외에 장내, 장외에서 매입을 늘려 소유비율이 평균 63.8%로 높아졌다.

은행권

정부보유 은행주식의 매각 과정은 제1장에서 언급한 바 있으나 이를 요약하면 다음과 같다.

외환은행의 경우는 2003년 10월, 미국의 론스타펀드가 제3자 배정방식의 유상증자에 참여하고, 기존주주인 수출입은행, 한국은행, 코메르츠은행의 지분을 인수하여 51%의 지분을 취득하였다. 이때 정부는 외환은행에 대한 수출입은행의 지분 중 18.5%, 한국은행의 지분 중 4.5% 등 총 23%의 주식을 매각하였다. 이후 2006년 5월에 론스타펀드는 2003년 당시 주식매매계약에 의한 콜옵션 행사로 수출입은행과 코메르츠은행으로부터 13.6%를 추가로 매입함에 따라 총 64.6%를 보유하게 되었다.

시중은행 소유비율의 변화추이

(단위: %)

<table>
<tr><th rowspan="2"></th><th colspan="2">1999년말</th><th colspan="2">2002년말</th><th colspan="2">2005년말</th><th colspan="2">2006년말</th></tr>
<tr><th>정부</th><th>외국인</th><th>정부</th><th>외국인</th><th>정부</th><th>외국인</th><th>정부</th><th>외국인</th></tr>
<tr><td>외환은행</td><td>32.2</td><td>23.0</td><td>21.6</td><td>27.8</td><td>20.0</td><td>65.1</td><td>12.4</td><td>79.0</td></tr>
<tr><td>국민은행</td><td>6.5</td><td>50.3</td><td rowspan="2">9.3</td><td rowspan="2">70.2</td><td rowspan="2">–</td><td rowspan="2">85.8</td><td rowspan="2">–</td><td rowspan="2">84.4</td></tr>
<tr><td>주택은행</td><td>14.5</td><td>66.4</td></tr>
<tr><td>제일은행</td><td>96.9</td><td>–</td><td>45.9</td><td>51.0</td><td>–</td><td>100.0</td><td>–</td><td>100.0</td></tr>
<tr><td>한미은행</td><td>–</td><td>30.7</td><td>–</td><td>61.0</td><td>–</td><td>99.9</td><td>–</td><td>99.9</td></tr>
<tr><td>우리은행</td><td>74.6</td><td>16.3</td><td>87.7</td><td>–</td><td>78.0</td><td>11.5</td><td>78.0</td><td>10.1</td></tr>
<tr><td>신한은행</td><td>19.2</td><td>34.2</td><td>–</td><td>49.0</td><td rowspan="2">6.2</td><td rowspan="2">60.0</td><td rowspan="2">5.9</td><td rowspan="2">61.0</td></tr>
<tr><td>조흥은행</td><td>80.1</td><td>–</td><td>80.0</td><td>3.1</td></tr>
<tr><td>하나은행</td><td>–</td><td>26.2</td><td rowspan="2">28.3</td><td rowspan="2">28.7</td><td rowspan="2">–</td><td rowspan="2">72.5</td><td rowspan="2">–</td><td rowspan="2">81.0</td></tr>
<tr><td>서울은행</td><td>97.8</td><td>–</td></tr>
<tr><td>평 균</td><td>57.3</td><td>17.5</td><td>46.1</td><td>27.4</td><td>22.2</td><td>61.0</td><td>17.4</td><td>63.8</td></tr>
</table>

[주1] 소유비율 평균은 각 은행의 연도별 자본금을 가중치로 계산하였음.
[주2] 우리, 신한, 하나은행의 경우 지주회사 편입 후에는 지주회사의 주식 소유비율을 적용하였음.
[자료] 금융감독원 전자공시시스템 자료를 토대로 필자정리. 2006년분은 한국투자증권 Financial Sector Outlook, March 2007 참고.

국민은행의 경우는 2003년 12월 국민은행 자신이 정부보유 주식 9.33%를 자사주로 매입함으로써 완전 민영화되었으며, 그 후 자사주를 원주로 하는 해외 DR 발행 등 자사주 매각과 외국인의 장내외 주식매입으로 외국인 지분이 86%에 이르게 되었다.

제일은행의 경우는 2005년 4월 영국 스탠다드차타드은행이 제일은행의 주주인 뉴브리지 홀딩스와 예보 및 정부 보유주식 각 48.56%, 48.49%, 2.95%를 매입하여 제일은행의 100% 주주가 되었다.

조흥은행의 경우는 2003년 8월 신한금융지주회사가 예보 보유지분 80.04%를 인수하고, 2004년 4월부터 6월까지 공개매수하여 완전 자회사로 하였다. 그 후 2006년 4월 1일에 신한은행과 조흥은행이 합병하였

다. 신한금융지주의 외국인 지분은 61.0%이다

서울은행은 2002년 12월 하나은행과 합병하였는데, 합병 조건에 따라 서울은행의 100% 주주였던 예보가 (합병)하나은행의 주식 27.84%를 취득하였다. 예보가 동 주식을 순차적으로 매각함에 따라 하나은행은 완전 민영화되었으며, 이후 2005년 12월에 하나금융지주회사에 편입되었다. 하나금융지주의 외국인 지분은 81.0%이다.

제2금융권

제2금융권에서도 증권사를 중심으로 소유구조에 많은 변화가 있었다.

영국 리젠트 퍼시픽 그룹에서 인수한 리젠트증권은 2005년 9월 골든브릿지에서 외국인 지분을 매입하여 단독으로 65.5%의 대주주가 되었다. 일본 소프트뱅크에서 50%의 지분을 인수한 이트레이드증권은 그 후 일본 측 주주가 지분을 87%까지 늘리고, 미국의 Converging Arrows사가 13%를 인수하여 100% 외국계 증권회사가 되었다.

미국의 GE캐피탈은 2004년 8월 현대자동차 그룹과 전략적 제휴를 체결하고, 동년 10월 현대캐피탈 지분 38%를 매입하여 2대주주가 되고, 그 후 이 회사의 자기주식 소각과 유상증자를 통하여 지분을 43%로 늘렸다. GE캐피탈은 이어 2005년 8월에 현대카드에 대하여도 지분 43%를 인수하여 2대주주가 되었다.

LG카드 부실화 이후 산업은행이 관리해 온 LG투자증권은 2004년 12월 우리금융그룹에서 인수 후 우리증권과 합병하였다. 이에 따라 이 증권사는 결과적으로 산업자본의 소유에서 사실상 정부소유의 상태가 되었다. 또 한국투자증권(구 한국투신)과 대한투자증권(구 대한투신)을 국유화하였던 정부는 보유지분을 국내 금융기관에 매각하여 민영화하였다.

LG카드는 카드사태 이후 부실화되어 산업은행의 출자지원을 받고 사실상 정부 소유가 되었다. 산업은행은 이 카드사에 대한 매각을 추진하여 2006년 신한금융지주에 매각함으로써 결과적으로 산업자본의 소유에서 금융자본의 소유로 전환되었다.

(2) 금융권역별 비중의 변화

금융권역별 총자산규모 변화추이

(단위: 조원, %)

	1997년말		2002년말		2006년말	
	총자산	비중	총자산	비중	총자산	비중
은행	606.6	64.3	740.3	64.9	974.8	63.3
(은행계정)	420.9	44.6	636.5	55.8	873.8	56.8
(신탁계정)	188.1	19.9	104.5	9.2	101.0	6.3
종금사	77.9	8.2	3.1	0.3	1.2	0.1
보험사	111.8	11.9	198.5	17.4	321.6	20.9
증권등	23.9	2.5	52.5	4.6	96.6	6.3
저축은행/신협	55.4	5.9	45.1	4.0	77.1	5.0
여신전문사	68.3	7.2	101.7	8.9	67.8	4.4
(신용카드사)	12.1	1.3	69.1	6.1	31.9	2.1
계	943.8	100.0	1,141.3	100.0	1,539.1	100.0

[주] 은행은 일반은행을 말하며, '증권등'은 증권사, 투신운용사, 선물회사 등을 포함함

[자료] 금융감독원 금융통계시스템의 자료를 토대로 필자정리.

외환위기가 발생한 1997년부터 2002년까지 금융산업에서 은행(은행계정)이 점하는 비중은 44.6%에서 55.8%로 크게 상승하고, 보험사의 비중은 11.9%에서 17.4%로, 증권사 등의 비중은 2.5%에서 4.6%로 각각 높아졌다. 반면에 종금사는 쇠퇴하고, 은행 신탁계정과 저축은행 및 신협의 비중은 낮아졌다.

2003년 이후에도 은행(은행계정)과 보험사, 증권사의 비중은 더욱 높아지고, 저축은행 및 신협의 비중이 상승세로 돌아섰으며, 반면에 신용카

드회사를 비롯한 여신전문회사의 비중이 급격히 하락하였다.

은행의 경우 대기업 대출이 줄고, 중소기업 대출이 늘면서 은행계정의 비중이 56.8%로 높아졌으나 신탁계정의 비중은 9.2%에서 6.3%로 낮아졌다.

보험사의 경우는 방카슈랑스 도입 후 은행에서의 보험상품 판매가 증가하고, 특히 생보사의 경우는 간접투자자산 운용업법 시행 이후 변액보험의 판매가 활성화되면서 총자산 규모의 비중이 17.4%에서 20.9%로 높아졌다. 또 증권회사의 경우도 증권시장의 호황에 따른 신용공여금 증가 등 자산 규모가 확대되었다.

다만, 여신전문회사의 경우는 신용카드사태 이후 신용카드사의 여신이 급격히 감소한 데다 은행계 카드회사가 모은행에 합병되어 신용카드사의 총자산은 절반 이하로 감소하였고, 이에 따라 금융산업에서의 여신전문사 비중이 8.9%에서 4.4%로 낮아졌다.

(3) 금융기관의 사업 확장

금융권역별 평균자산 규모 변화추이

(단위: 조원, 개)

	1999년 말			2002년 말			2006년 말		
	총자산	개사	평균	총자산	개사	평균	총자산	개사	평균
은행	791.0	23	34.4	1,043.1	19	54.9	1,392.2	18	77.3
생명보험사	106.1	29	3.7	163.3	23	7.1	265.8	22	12.1

[자료] 한국은행 조사통계월보를 토대로 필자정리.

2003년 이후 은행과 생명보험사에는 사업 확장이 진행되었다. 이 기간 중 양 금융권역의 금융기관 수는 1개씩 감소한 상태에서 은행권에서는 가계대출의 확대로, 생명보험사의 경우는 간접투자상품인 변액보험의 판매 확대로 각각 사업규모를 확장하였다.

은행의 경우 1개 은행의 평균 자산총액은 2002년 말 54.9조원에서 2006년 말에 77.3조원으로 확대되었고, 생명보험사의 평균 자산총액도 같은 기간에 7.1조원에서 12.1조원으로 증가하였다.

은행 및 생명보험사의 CR3(집중도) 추이

(단위: %)

	1997	2002	2003	2004	2005	2006
은행	24.7	46.3	45.6	43.8	43.3	44.0
생명보험사	73.2	80.5	79.2	77.2	74.7	72.3

[주] 결산일 총자산 기준, 은행은 일반은행과 농·수협 및 기업은행을 대상으로 함.
[자료] 금감원 금융통계시스템 자료를 토대로 필자정리.

반면에 2003년 이후 은행과 생명보험사의 집중도는 하락하였다.

은행의 경우 국민은행·우리은행·농협중앙회 등 상위 3개 은행의 총자산이 전체 은행(일반은행과 농수협·기업은행) 총자산에서 차지하는 비율(CR3)이 2002년 말 46.3%에서 2006년 말 44.0%로 낮아졌다.

생보사의 경우는 삼성·대한·교보 등 상위 3개사의 총자산은 매년 증가하였으나 중소보험사와 외국보험사가 방카슈랑스에 의한 보험상품 판매를 더 크게 늘림에 따라 시장점유율이 80.5%에서 72.9%로 낮아졌다.

금융지주회사의 증가

금융지주회사법 제정 후 2001년 4월에 우리금융지주회사, 동년 9월에 신한금융지주가 설립되고, 2003년 5월에 동원금융지주(현 한국투자금융지주), 2005년 12월에는 하나금융지주가 설립되어 국내 금융산업의 집단화가 진전되었다. 이 중 우리·신한·하나금융지주는 은행을 중심으로, 한국투자금융지주는 증권회사를 중심으로 하는 금융그룹이 되었다.

하나금융지주는 2005년 12월에 하나은행을 중심으로 대한투자증권, 하나아이앤에스 및 하나금융경영연구소의 주주가 주식을 이전하여 설립되었다. 지주회사 설립에 앞서 하나은행은 서울은행을 인수하여 합병하고 대형화하였다. 대한투자증권은 2005년에 하나은행이 예보로부터 인수하여 자회사로 편입한 회사이다. 2006년 12월 말 현재 하나금융지주는 하나은행 등 4개 자회사와 하나증권·하나생명보험·대한투신운용 등 6개 손자회사를 산하에 두고 있다.

한국투자금융지주는 2003년 1월, 동원산업이 지배하고 있던 동원증권·동원창업투자·동원캐피탈·동원투신운용·동원상호저축은행 등 금융회사를 분리하여 설립되었다. 분할 신설된 회사의 명칭은 동양파이낸스였으나 그해 5월 금융지주회사의 인가를 받은 후 동원금융지주로 상호를 변경하였다.

이 지주회사는 2005년 3월에 예보로부터 한국투자증권을 인수하여 자회사로 편입하였으며, 이를 계기로 회사명을 한국투자금융지주로 변경하였다. 2006년 12월 말 현재 이 지주회사는 한국투자증권·한국투자상호저축은행 등 4개사를 자회사로, 한국투신운용·한국밸류자산운용 등 5개사를 손자회사로 하고 있다.

(4) 직접금융 비중의 증가

1997년 외환위기 직후에는 금융기관 구조조정의 여파로 기업의 자금조달이 금융기관으로부터의 간접금융보다 회사채 및 주식 발행에 의한 직접금융에 크게 의존하였으나, 대우사태 이후 회사채 발행이 위축되어 2002년까지 간접금융 의존도가 높아졌다. 그러나 2003년 이후에는 정부의 회사채발행 활성화를 위한 다각적인 시책에 힘입어 직접금융의 비중이 2002년 24.0%에서 2005년 44.2%까지 지속적으로 증가하였다. 그 후 2006년에는 중소기업을 중심으로 은행차입이 크게 증가하면서 직접금융의 비중이 낮아졌다.

기업부문의 자금조달 추이

(단위: 10억원, 구성비: %)

	2002	2003	2004	2005	2005a	2006
자금조달	83,318	76,625	65,794	98,167	110,226	184,769
간접금융	50,102	29,701	10,919	29,986	23,575	69,573
(예금은행)	41,137	32,597	6,960	17,005	20,155	60,874
(비은행)	8,606	−2,886	4,069	12,981	3,420	8,522
직접금융	**20,009**	**26,908**	**25,713**	**43,438**	**53,779**	**74,523**
(구성비,%)	**(24.0)**	**(35.1)**	**(39.1)**	**(44.2)**	**(48.8)**	**(40.3)**
(기업어음)	−3,777	−4,397	−4,161	3,130	3,548	14,634
(주식)	28,720	27,536	22,218	19,449	37,031	35,062
(회사채)	−7857	−1,925	134	7,616	12,539	24,021
국외조달	2,446	11,640	16,077	11,306	6,161	6,466
기타	10,761	8,376	13,086	13,437	26,711	34,207

[주] 직접금융중 (주식)에는 출자지분 포함. 기타 조달은 상거래신용, 정부차입, 미지급금, 퇴직급여충당금 등

[주2] 2003년부터 2005년까지는 1968 SNA 기준, 2005a와 2006은 1993 SNA 기준

[자료] 한국은행, 2005, 2006년 중 자금순환동향.

기업 자금조달 방법의 추이를 연도별로 살펴보면 다음과 같다.

2003년 중 기업은 76.6조원을 순조달하였는데 간접금융은 특히 비은행 금융기관의 영업위축으로 차입금이 순상환으로 전환된 데다 은행차입도 둔화되어 전년보다 크게 줄어든 29.7조원을 기록하였다. 그러나 직접금융은 주식발행이 견조한 증가세를 유지하고, 회사채의 순상환 규모가 축소되어 26.9조원으로 늘어났다.

2004년 중 기업은 65.8조원을 순조달하여 조달 규모가 전년에 비해 줄어들었다. 이 중 간접금융은 은행 차입이 대출심사 강화 등의 영향으로 크게 줄어 전체적으로 10.9조원을 기록하였으며, 직접금융은 회사채가 순발행으로 전환되고, 주식발행 증가세가 둔화되어 전체적으로 전년보다 소폭 줄어든 25.7조원에 그쳤으나 직접금융의 비중은 39.1%로 높아졌다.

2005년 중 기업의 자금 순조달은 110.2조원으로 증가하였는데 이 중 간접금융은 은행차입금과 함께 보험 및 여신전문기관 등으로부터의 차입금이 늘어나면서 순조달 규모가 30.0조원으로 증가하였다. 직접금융에 있어서도 주식과 회사채 발행이 크게 늘어나고 기업어음이 순발행으로 전환됨에 따라 조달 규모가 43.4조원으로 증가하면서 비중이 44.2%로 높아졌다.

2006년 중 기업의 자금 순조달은 184.8조원으로 증가하였는데 이 중 간접금융으로는 특히 중소기업의 설비투자 수요증가에 따른 은행차입을 중심으로 69.6조원을 조달하였고, 직접금융으로는 회사채 및 주식발행이 호조를 보이고, 건설 관련 공기업을 중심으로 택지 매입자금 조달 등을 위한 기업어음 발행이 크게 늘어 74.5조원을 조달하였다. 다만 금융기관 대출이 더 큰 비율로 증가하여 직접금융 비중은 40.3%로 낮아졌다.

(5) 금융산업의 진화(겸영화)

2003년 이후에는 금융권간의 업종 겸영이 활발하게 추진되었다. 은행이 보험상품을 판매하는 방카슈랑스가 2003년 이후 활성화되었으며, 2004년 1월 간접투자자산 운용업법의 시행에 따라 각 금융업권이 펀드산업 관련 업무를 겸영하게 되었다. 또한 그 동안 은행에서만 겸영할 수 있었던 신탁업을 2005년 11월 신탁업법 시행령 제정 시 증권회사와 보험회사에서도 겸영할 수 있도록 하였다.

먼저 방카슈랑스는 은행 등 금융기관이 보험회사의 대리점 자격으로 보험상품을 판매하는 제도로서 정부는 2003년 5월 보험업법 전문개정시 이 제도를 도입하여 9월부터 시행하였다. 이 법에 따라 은행을 비롯한 증권회사, 상호저축은행, 신용카드회사 등은 보험상품을 판매할 수 있는 '금융기관 보험대리점'으로 허가받을 수 있게 되었다.

이들 금융기관 대리점에 대하여는 기존의 보험모집인의 실업사태와 중소 보험회사의 부실화를 우려하여 보험상품 판매를 일시에 허용하지 않고 3단계에 걸쳐 단계적으로 개방하였다. 그 결과 다수 은행과 증권사 및 상호저축은행이 방카슈랑스에 참여하였다.

둘째는 간접투자자산 운용업법의 시행에 따라 간접투자산업에 대한 규제가 일원화되고, 간접투자 대상이 확대되면서 타 금융권역과의 겸영화가 가능하게 되었다. 그동안 증권투자신탁업법에 의한 증권투자신탁과 증권투자회사법에 의한 회사형 투자신탁, 신탁업법에 의한 불특정금전신탁 등 각기 다른 법률에 의해 규제되던 간접투자산업이 간접투자자산 운용업법의 시행에 따라 한 법률의 소관으로 일원화되었다. 보험회사의 변액보험 역시 이 법의 규제 대상이 되었다.

이 같은 소관 법률의 통합으로 종전 금융업권간 규제의 비형평성 문제를 해결하고, 펀드산업의 중추기관인 자산운용사에 대한 감시기능이 강화되었다. 기존의 증권사와 은행 외에 보험사도 펀드(수익증권)를 판매할 수 있게 되었고, 자산운용사도 일정한 시기 이후에는 일정한 범위 내에서 자기가 발행한 수익증권을 직접 판매할 수 있도록 하였다. 이로써 수익증권의 판매와 운용을 겸영하던 과거의 형태가 일부 부활되었다.

또, 펀드의 투자대상을 종전의 주식·채권 등 유가증권에서 금·은·부동산 등 실물자산과 장외 파생상품 등으로 확대함으로써 자산운용사에게는 더욱 다양한 투자대상을 발굴할 수 있도록 하고, 실물투자를 선호하는 투자자에게 다양한 투자기회를 갖도록 하였다.

한편 종전 증권투자신탁업법에 의한 투신운용사(최저자본금 300억원)와 증권투자회사법에 의한 자산운용회사(최저자본금 70억원)가 이 법의 시행에 따라 모두 자산운용회사(최저자본금 100억원)로 일원화되었다.

셋째는 종래 은행에만 겸영을 허용하였던 신탁업을 증권회사와 보험회사에서도 겸영할 수 있도록 하였다. 정부는 2005년 11월 신탁업법 시행령을 개정하여 증권회사와 보험회사가 신탁업 인가를 받고자 하는 경우 요건을 완화하는 방법으로 신탁업 진입을 허용하였다. 이에 따라 2006년 12월 말까지 9개 증권회사가 신탁업 겸영허가를 받고 수탁활동을 하였다.

이 같은 금융업 겸업화의 진전으로 금융소비자의 이익 보호가 진전되고, 금융감독 측면에서는 업종간 규제 차이 해소에 도움이 되었다.

한편 2007년 7월 '자본시장과 금융투자업에 관한 법률안' (약칭 자본시장통합법)이 국회를 통과함에 따라 2009년부터 금융투자회사의 설립과 업무가 개시될 예정이다. 금융투자회사는 미국의 투자은행(Investment Bank)과 같이 각종 자산에 대한 투자 매매업, 투자 중개업, 집합투자업, 신탁업, 투자 일임업 및 투자 자문업 등 자본시장 관련 금융업을 모두 영위할 수 있는 새로운 형태의 금융회사로서 종전에 증권사, 선물회사, 자산운용사, 신탁회사 등으로 분화되어 있던 업무를 포괄할 수 있게 되었다.

2. 금융시장[1]

(1) 채권시장

2003년 채권시장(ABS 제외)에서는 35.8조원의 순발행이 있었다.

먼저 회사채는 기업의 자금수요 부진, 금융시장의 안전자산 선호 증대 등의 영향으로 발행이 부진한 데다, 2월 중 Primary CBO 편입 회사채

1) 2003-2006 각 연도 한국은행 연차보고서 외

의 대규모 만기 도래로 연중 4조원이 순상환되었다. 금융부문에서는 신용카드채가 카드사 연체율 상승에 따른 경영악화 등으로 투매사태가 발생하는 등 발행시장이 위축되었다.

공공부문에서 예보채와 KAMCO채는 공적자금의 상환이 본격화되면서 17.9조원이 순상환되었으며, 국채는 공적자금의 상환(이자 상환용 포함 14.4조원) 및 추경예산 조성을 위한 국고채 발행이 증가하고 외평채 발행도 전년 수준을 상회함에 따라 순발행 규모가 37.5조원으로 크게 증가하였다.

2004년 중에는 70.6조원의 순발행이 있었다.

먼저 회사채는 기업의 자금수요 부진으로 순상환 기조를 지속하였으나, 기업들이 저금리 기조 하에서 부채구조의 장기 안정화를 위한 발행확대로 순상환 규모가 2.4조원으로 감소하였다. 금융부문에서 은행채는 수신 이탈에 대처하여 발행이 크게 늘고 할부금융채는 순발행으로 전환되었으나 신용카드채가 카드사 신용불안으로 순상환이 계속됨에 따라 금융채 전체적으로는 6.0조원 규모의 순발행을 보였다.

공공부문에서 예보채와 KAMCO채는 공적자금의 대규모 상환이 이어져 12.3조원 순상환되었으며, 국채는 공적자금 상환용 15.0조원과 외환시장안정용 국고채를 중심으로 순발행이 크게 늘고, 통화안정증권 역시 경상수지흑자 확대 등으로 해외부문 통화공급이 늘어남에 따라 순발행이 크게 증가하였다.

2005년 중에는 56.4조원의 순발행이 있었다.

회사채는 경기회복으로 기업자금 수요가 늘어난 데다 금리상승 기대로 기업이 발행 시기를 앞당김에 따라 전년의 2.4조원 순상환에서 0.6조원 순발행으로 전환되었다. 금융채 중 카드채와 할부금융채 등 여신금융채의 순상환 규모가 전년의 12.5조원에서 3.4조원으로 줄어 금융채 전체적으로는 8.5조원의 순발행을 보였다.

공적자금은 예보채의 상환(원금 18.1조원)과 차환발행으로 10.7조원의 순상환이 있었고, 국채는 공적자금 상환용 13.2조원을 포함하여 순발행 규모가 45.2조원으로 확대되었다. 반면 통화안정증권은 경상수지 흑자규모 축소 등으로 해외부문 통화공급이 줄어들어 순발행 규모가 12.5조원으로 크게 감소하였다.

채권발행 추이(순발행액 기준)

(단위: 10억원)

	2002	2003	2004	2005	2006
국채	15,881	37,512	41,866	45,211	34,891
통화안정증권	5,157	21,217	37,276	12,462	3,155
지방채	79	−191	115	258	64
금융채/특수채	37,838	−779	6,042	8,543	47,778
예보/KAMCO채	−2,029	−17,930	−12,282	−10,745	−18,270
회사채	−8,060	−4,039	−2,381	625	−3,025
합 계	48,865.5	35,790	70,636	56,354	64,593

[주1] 금융채/특수채에는 은행채, 신용카드채, 할부금융채, 한국전력공사채 등 포함
[주2] 국채 순발행액은 예보채, KAMCO채 순발행액을 차감, 별도 표시하였음
[주3] 자산유동화(ABS)채권은 본집계에서 제외하였음
[자료] 한국은행 연차보고서 2003~2006

2006년 중에는 64.7조원의 순발행이 있었다.

회사채는 대기업의 장기 외부자금 수요가 크지 않은 데다 사모사채 발행 및 통화스왑 연계 외화대출 등 대체 조달수단 활용이 확대됨에 따라 3.0조원의 순상환으로 전환되었다. 금융부문에서 은행채는 은행간 대출경쟁 심화에 따른 자금수요 증대로 순발행 규모가 42.7조원으로 크게 늘고, 할부금융채 및 리스채 등 여신금융채도 1.5조원의 순발행으로 전환하였다.

공적자금인 예보채와 KAMCO채가 21.1조원 순상환되었고, 국채는 공적자금 상환용 국고채가 12.3조원 발행되었으나 나머지 발행액 중 상당 부분이 상환재원으로 활용됨에 따라 순발행 규모가 34.9조원에 그쳤다.

ABS 발행

ABS 발행추이

(단위: 조원, %)

	2002	2003	2004	2005	2006
ABS발행총액	39.8	39.9	27.0	28.6	23.2
(증가율, %)	−21.8	−0.1	−32.3	5.9	−18.9
해외 ABS발행	4.3	2.2	2.9	3.6	3.3
ABS사채발행액* (A)	29.0	27.7	16.2	16.8	14.0
직접금융 총액 (B)	86.8	72.9	58.7	54.8	48.2
비율 (A/B, %)	33.4	38.0	27.6	30.7	29.0

[주]*ABS사채발행액 중 사모발행분은 대부분 자산보유자가 인수하므로 자금조달 효과가 없어 공모발행분만 분석대상으로 하였음.

2003년 ABS 발행규모는 2002년과 비슷하였으나 유동화대상 자산별로는 신용카드 관련 채권이 크게 줄고, 유가증권과 리스채권이 크게 늘었다. 신용카드 관련 채권의 경우는 신용카드사 유동성위기 이후 미수채권의 신용도가 하락하여 ABS 발행이 12.3조원 감소하였으며, 유가증권의 경우는 회사채 시장의 경색으로 회사채 직접발행이 위축된 대신 발행회사채 등을 기초로 한 ABS(Primary CBO) 발행이 5.0조원 증가하였다.

2004년에는 발행총액이 27.0조원으로 전년 대비 크게 감소하였다. 대상 자산별로는 주택담보대출을 기초로 하는 주택저당증권(MBS)이 3.0조원 신규 발행된 반면, 카드사, 할부금융사 등 여신전문업사 발행 ABS가 10.7조원이나 감소하였다.

2005년 중 발행 총액은 28.6조원으로 전년보다 소폭 증가하였다. 특징적인 것은 부동산 Project Financing(PF) 채권(아파트, 상가 등 부동산

개발을 위한 대출채권. 차주는 시행사, 보증인은 시공사임)의 유동화가 전년의 1.6조원에서 4.9조원으로 늘어나고, 정부가 지원하는 학자금 대출채권 ABS가 처음으로 0.5조원 발행된 것이다.

2006년 중에는 23.2조원이 발행되어 전년 대비 18.9% 감소하였다. 이 발행액 중에는 특히 일반기업 자산을 기초로 발행한 ABS가 8.8조원(총 발행액의 37.8%) 포함되어 있어 2004년의 5.0조원(18.5%), 2005년의 7.6조원(26.6%)에 비해 큰 신장을 보였다. 일반기업의 유동화자산은 주로 매출채권 2.5조원(11.5%), 부동산 PF 5.9조원(25.4%) 등이었다.

(2) 주식시장

주식시장동향

	2002	2003	2004	2005	2006
종합주가지수	627.6	810.7	895.9	1,379.4	1,434.5
– 전년대비 등락율(%)	–9.5	29.2	10.5	54.0	4.0
거래량(일평균, 만주)	85,725	54,201	37,289	46,763	27,910
거래대금(일평균, 억원)	30,416	22,166	22,321	31,577	34,352

[자료] 증권거래소

2003년 이후 증시는 2003년 상반기와 2004년 중반에 급락한 것을 제외하고는 대체로 큰 폭의 상승세가 지속되었다.

2003년 코스피지수는 내수 위축에 따른 국내경기 부진, 지정학적 위험 증대 등으로 전년의 하락세가 지속되면서 3월 중에는 515.2까지 하락하였으나 이후 경기회복 기대가 높아짐에 따라 미국 등 주요국 증시와 함께 상승세로 반전하였다. 하반기 들어서도 미국 주가의 상승세가 지속되고 외국인이 대규모로 주식을 순매수하여 연말에는 전년 말 대비 29.2% 상승한 810.7을 기록하였다.

2004년에 들어와서도 상승세가 지속되다가 4~5월 중 중국경제 둔화,

고유가 등으로 경기부진에 대한 우려가 높아지면서 급락하였다. 그러나 8월 중순 이후 콜금리 목표 인하와 미국증시 호조 등으로 상승세를 지속하여 연말 코스피지수는 전년 말보다 10.5% 상승한 895.9를 기록하였다.

2005년 중 주가는 적립식펀드 등을 통한 주식시장으로의 자금유입 확대, 경기회복 및 이에 따른 기업실적 개선 기대 등으로 큰 폭 상승하였다. 특히 5월 중순에 ICT 업황 개선 기대 등으로 반등한 후 큰 폭의 상승세가 지속되어 연말 코스피지수는 1,379.4로 전년 말 대비 54% 상승하였다.

2006년에는 외국인 순매수 확대, 기업실적 개선 기대 등에 힘입어 5월 11일 사상 최고치인 1,464.7을 기록하였으나 그 후 세계경기 둔화 우려로 외국인 투자자의 대규모 순매도로 하락하였다. 하반기에는 미국 등 주요국 증시의 호조와 국제유가의 안정에 따라 상승세로 반전되어 연말에는 전년 말 대비 4.0% 상승한 1,434.5를 기록하였다.

(3) 금융기관 여수신

2003년 중 자금시장에서는 카드사태로 인하여 투신사 MMF 등 제2금융권 단기수신이 은행 MMDA 등으로 유입되면서 은행예금이 39.9조원 증가하였으며, 은행신탁은 경기 부진에 따른 기업 신용리스크 증대, 신용카드사 부실 우려 등으로 15.7조원 감소하였다. 상호저축은행 수신은 투신사 등에서 이탈된 자금이 유입되면서 4.5조원 늘어나고, 증권사 고객예탁금은 주가상승에 힘입어 1.4조원 증가하였다.

대출 면에서는 대기업 대출이 대출수요의 감소로 연중 4.2조원 감소한 반면, 중소기업 대출은 정책당국의 적극적인 지원 시책과 은행들의 대출 확대 노력에 힘입어 34.8조원 증가하였다.

2004년에는 투신사 수신이 상대적으로 높은 수신금리와 금리하락세 지속에 따른 자본이득 기대 등으로 MMF와 채권형수신이 크게 늘어나 45.2조원 증가한 반면 은행수신은 0.6조원 감소로 전환하였다. 은행 금전신탁수신도 전년에 이어 감소세를 지속하였다.

대출 면에서는 대기업 대출이 설비투자 부진, 자체 자금조달 여건 호조 등으로 3.1조원 감소하였고, 중소기업 대출도 내수부진, 연체율상승에 따른 은행의 여신심사 강화 등으로 6.9조원 증가에 그쳤다.

2005년 중 은행수신은 정기예금이 감소한 반면, 주택담보대출 및 자산운용사 수요자금의 재원조성을 위한 CD발행이 확대되어 36조원의 대폭 증가로 돌아섰다. 반면 자산운용사(투신사) 수신은 증가폭이 전년의 45.2조원에서 13조원으로 크게 축소되고, 은행의 금전신탁 수신은 1조원 증가에 그쳤다. 상호저축은행은 감독기관의 건전성감독 강화 등으로 증가 규모가 전년의 5.7조원에서 4.6조원으로 줄어들었으며, 주식형 뮤추얼펀드가 5조원 증가로 전환하였다.

대출 면에서는 우량 중소기업에 대한 대출확대 전략, 기업자금수요 증대 등에 힘입어 중소기업 대출 증가폭이 11조원으로 크게 확대되었으며, 대기업 대출도 부채구조 개선을 위한 상환규모 축소 등으로 증가로 돌아섰다.

2006년 중 은행수신은 고금리 특별유치 등 경쟁으로 정기예금이 크게 늘어나면서 증가폭이 확대되었고, 금전신탁 수신도 금리경쟁력과 수시입출의 편의성 등을 바탕으로 호조를 보였다. 자산운용사 수신은 적립식펀드를 중심으로 한 주식형 수익증권이 호조를 보여 증가세가 확대되었다.

대출 면에서는 중소기업 대출이 설비투자 수요 증가와 함께 은행간 대출확대 경쟁이 가세하여 증가폭이 확대되었으나 대기업 대출은 우량 대기업의 양호한 현금흐름, 사모사채를 통한 자금조달 확대 등으로 감소로 전환하였다.

금리

시장금리 변동추이

(12월 평균금리 기준) (단위: %)

		2002	2003	2004	2005	2006
여	은행 평균	6.58	6.20	5.52	5.74	6.19
신	저축은행 할인어음	12.74	12.73	11.20	10.79	10.62
	회사채유통수익률	5.88	5.61	3.73	5.49	5.18
수	은행 평균	4.69	4.12	3.41	4.14	4.60
신	저축은행 정기예금	5.95	5.69	5.17	5.32	5.50

[자료] 한국은행 2003-2006 연차보고서

2003년 시장금리는 연초에 이라크전쟁, 노사관계 불안 등 국내외 경제 여건의 불확실성이 높아지면서 기업 자금수요가 크게 위축되어 하락세를 보였다. 3월 중 SK글로벌 분식회계 사건과 신용카드사 부실에 따른 MMF 환매사태로 일시 급등하기도 하였으나 정부의 시장조치에 따라 곧 안정을 회복하였다. 하반기 들어서는 선진국 금리의 상승세 반전, 수출호조 지속에 따른 경기상승 기대 확산 등으로 상승세로 돌아섰다.

2004년 중에는 경기부진에 따른 자금수요 둔화, 두 차례의 콜금리 목표 인하 등으로 시장금리가 크게 하락하였다. 연초에는 경기회복 기대, 국채발행 증가 등으로 금리가 상승하였으나, 2월 이후 금융기관의 채권 매수세가 확대되면서 하락세로 돌아선 후 중국정부의 투자과열 억제조치, 국제유가 급등 등으로 경기둔화 우려가 높아지면서 연말까지 하락세를 지속하였다.

2005년에 들어 연초에는 정부의 국채 발행 확대, 콜금리 목표 추가인하 기대 약화 등으로 크게 상승하였다가 이후 채권시장의 투자심리가 안정되면서 하락세로 돌아섰다. 그러나 6월에는 경기회복 기대 확산으로,

10월에는 콜금리 목표 상향조정 등으로 상승세가 계속되었다.

2006년 중 시장금리는 상반기 중 유가상승, 원화절상에 따른 경기둔화 우려와 자산운용사의 채권 매입수요 확대 등으로 내림세를 보였으며, 미국 FRB의 금리인상 중단 예상, 연기금·보험사 등의 장기채권 매입수요 증대로 재차 하락하였다. 그러나 10월 이후에는 외국인의 국채선물 대량 매도, 지급준비율 인상 결정이 이어지면서 오름세로 전환되었다.

(4) 기업의 자금조달

기업의 자금조달에 관하여는 앞서 금융산업의 구조적 변화 – 직접금융 비중의 증가에서 살펴본 바와 같다.

(5) 가계신용

가계신용잔액 추이

(단위: 조원, %)

	2002말 (A)	2003말	2004말	2005말	2006말 (B)	증가율 (B/A)
가계신용잔액	439.1	447.6	474.7	521.5	582.0	32.5
(증가율)	28.5	1.9	6.1	9.9	11.6	
가계대출잔액	391.1	420.9	449.4	493.5	550.4	40.7
(은행)	222.0	253.8	276.3	305.5	346.2	55.9
(여신전문사)	57.1	37.3	26.5	23.8	25.2	−55.9
(기타)	112.0	129.8	146.6	164.2	179.0	59.8
판매신용잔액	47.9	26.6	25.3	28.0	30.5	−36.3

[주] (기타)기관에는 신용협동기구(신협, 새마을금고, 상호금융 등) 포함.
[자료] 2006년 중 가계신용동향, 한국은행

2003년 중 예금은행 대출은 가계대출 억제조치 등을 배경으로 31.7조원 증가에 그쳐 증가폭이 전년의 절반에도 못 미쳤다. 가계대출 억제는 투기(과열)지역 내 주택담보 인정비율(LTV: loan to value)을 70~80%에서 40%로 단계적으로 축소하는 등 조치를 통하여 이루어졌다. 또 여신전문사 대출은 소비 위축과 신용카드사의 현금서비스 이용한도 축소, 현금서비스 수수료 인상 및 금융감독 당국의 자산건전성 감독 강화 등을 배경으로 19.8조원이 감소되었으며, 판매신용 역시 큰 폭으로 감소하였다. 반면에 신용협동기구와 보험회사 등은 가계대출을 확대하여 전년 대비 증가폭이 확대된 13.2조원 증가하였다.

2004년 가계신용은 연중 27.1조원 증가하여 2003년보다 증가세가 확대되었다. 이 중 가계대출은 예금은행에서 22.6조원, 신용협동기구, 국민주택기금 및 보험회사 등에서 16.8조원 증가하였으나 신용카드사 등 여신전문사의 대출은 10.9조원 감소하고, 판매신용도 소폭 감소하였다.

2005년 가계신용은 연중 46.8조원 증가하여 전년 대비 9.9%의 증가율을 보였다. 이는 예금은행과 국민주택기금 등의 주택담보대출이 크게 늘고, 신용협동기구의 여신도 확대된 데 기인하였다. 이 기간 중 여신전문사의 대출은 감소세가 지속되었으며, 판매신용은 전년의 감소에서 증가로 전환하였다.

2006년 가계신용은 은행, 신용협동기구, 보험회사 등은 물론 할부금융사에서도 증가하였으나 신용카드사에서는 연속 감소하였다. 이는 신용카드사의 본래 기능이 대출보다 판매대금 결제에 있으므로 대출 규모를 지속적으로 축소해 온 결과이다.

신용불량자 추이

가계대출이 확대됨에 따라 2003년과 2004년 중 채무상환 연체율도 높아졌다. 그러나 2003년과 2004년 가계대출 규제와 여신건전성 감독강화의 성과가 나타나면서 2005년과 2006년에는 연체율이 크게 개선되었다. 이에 따라 신용불량자수도 2005년 이후 감소하였다.

가계대출 연체율 및 신용불량자수 추이

(단위: %, 만명)

		2002	2003	2004	2005	2006
연체율	은행가계대출	1.5	1.8	1.8	1.2	0.7
	은행 신용카드	8.6	8.3	4.1	2.2	0.1
	신용카드사	6.6	14.1	9.0	5.9	4.0
신용불량자수		264	372	362	297	280

[주] 은행 및 신용카드사 연체율은 1개월 이상 연체 기준
[자료] 금감원 금융통계월보

정부는 2005년 4월 신용불량자등록 제도를 폐지하고, 개인에 대한 신용정보를 각 금융기관들이 개별적으로 관리하도록 하였다. 이에 따라 금융기관들은 일정 기준에 해당하는 금융채무 불이행자 정보를 관리하면서 이 정보를 은행연합회를 통하여 다른 금융기관과 공유하게 되었다. 금융채무 불이행자 기준은 50만원 이상의 채무를 3개월 이상 연체하였거나 50만원 미만의 채무 2건 이상을 3개월 이상 연체한 자로 하여 종전 신용불량자 요건을 다소 완화하였다.

이 같은 기준에 의한 채무불이행자(신용불량자) 수는 정부와 금융기관의 다각적인 지원제도에 힘입어 2003년 말 372만 명에서 2006년 말 280만 명으로 매년 감소하였다.

그런데 위 기준에 의한 채무불이행자에는 해당하지 않더라도 개인 신용이 불량하여 사실상 제도권 금융을 이용할 수 없는 사람들이 많아지게 되었다.

신용정보회사에서 판정한 신용등급이 10등급 중 8등급 이하인 사람이 이에 해당하는데, 그 숫자는 2004년 말 528만 명에서 2005년 말 512만 명으로 다소 줄어들었다가 2006년 말에는 다시 564만 명으로 증가하였다. 이는 전체 성인(18~90세) 인구의 16.3%에 해당하는 것으로 이들 제도금융 소외자에 대한 특단의 대책이 필요하다는 주장이 제기되었다.[1)]

이에 앞서 정부는 신용회복위원회를 통하여 신용불량자를 대상으로 한 소액금융지원(마이크로 크레딧) 제도를 운영하였다. 이는 신용회복위원회로부터 채무조정을 받아 성실하게 채무를 상환하고 있는 자가 긴급자금 또는 사업자금이 필요한 경우 무담보로 소액을 대출해 주는 것을 말한다.

(6) 외환시장

외환수급 및 환율변동 추이

(단위: 억 달러, 원)

	2002	2003	2004	2005	2006
외환보유액	1,214.1	1,553.5	1,990.7	2,103.9	2,389.6
경상거래수지	112.7	144.8	328.5	226.3	60.9
자본거래수지	70.0	148.5	81.6	−1.2	186.2
원/달러환율 (종가기준)	1,200.4 1,186.2	1,197.8 1,192.6	1,043.8 1,035.1	1,013.0 1,011.6	929.6 929.8

[주] 외환보유액과 환율은 연말 기준. 거래수지는 2005년까지 외환수지, 2006년은 국제수지 집계기준에 의함.

[자료] 통계청 통계정보시스템, 재정경제부 주요경제지표

2003년 중 외환수급 사정은 수출 호조로 경상수지 흑자가 대폭 늘어난 데다 외국인 투자자금 등 자본의 순유입 규모도 확대되면서 공급우위 기조가 유지되었다. 여기에 외화자산 운용수익이 꾸준히 유입되고, 엔화 및 유로화 표시 자산의 통화 강세로 원/달러 환산액이 증가함으로써 외환보유액이 크게 증가하였다.

2004년에는 내국인의 해외증권투자가 증가하였으나, 2003년과 같은 경상수지 흑자, 외화자산 운용수익의 증가, 엔화 및 유로화 강세의 추세가 지속되어 연말의 외환보유액이 더욱 큰 폭으로 증가하였다.

2005년 중에도 공급우위 기조가 유지되었으나 경상수지 흑자 및 외국

1) 2006년 2월 27일 국회 심상정 의원

인투자자금 유입 축소에 따라 그 규모는 전년에 비해 줄어들었다. 이 기간 중 유로화 및 엔화 표시 자산의 원/달러 환산액이 감소한 것도 외환보유액 증가폭 감소의 한 요인이 되었다.

2006년에도 외환의 공급우위 기조가 지속되었다. 경상수지흑자 규모가 줄고 직·간접 투자자금이 크게 유출되었음에도 불구하고 국내은행의 외화대출 등을 위한 해외차입 등 기타 투자수지가 크게 늘어난 데 기인하였다. 여기에 보유외환의 운용수익이 늘어나고, 미 달러화 약세로 유로화 등 기타 통화 표시 자산의 원/달러 평가액이 증대됨에 따라 외환보유액은 2,390억 달러를 기록하였다.

환율

2003년 중 원/달러 환율은 연초 이래 이라크전쟁 위험, 북핵 문제, 경상수지 악화 등으로 큰 폭으로 상승하였다가 4월초부터 하락세를 보인 후 10월 중순부터 다시 오름세를 나타냈으며, 연평균 기준으로는 전년에 비해 4.9% 절상되었다. 반면에 원/엔화 환율은 8월 이후 엔화가 미 달러화에 대해 빠르게 절상됨에 따라 상승세를 지속하여 연말에는 전년 말 대비 9.5% 절하된 100엔당 1,119.6원을 기록하였다.

2004년에는 연초에 외국인 증권투자자금 유입이 증가하여 큰 폭으로 하락하다가 대통령 탄핵소추 등 정치적 불안으로 한때 환율이 반등하기도 하였다. 그 후 수출호조와 엔화 강세 등의 영향으로 대체로 내림세를 지속하였다.

원/엔화 환율은 엔화의 움직임에 따라 소폭의 하락세를 보이다가 10월 중순부터 원화의 절상폭이 엔화에 비해 상대적으로 커지면서 큰 폭으로 하락하여 연말에는 전년 말 대비 10.6% 절상된 100엔당 1,012.1원을 기록하였다.

2005년 중에는 연초에 기업들의 선물환 매도, 수출 네고자금 출회 등으로 하락하였으나, 그 후 미 달러화 강세 및 외국인 주식투자자금 순유출, 위안화 절상, 미국의 금리인상 조기 종료 가능성 등으로 등락을 거듭하여 연말 환율은 1달러 당 1,011.6원으로 전년 말 대비 2.3% 절상되었다.

원화의 대 엔화 환율은 엔화가 미·일간 금리격차 확대 등으로 미 달러화에 대해 큰 폭으로 절하됨에 따라 연말 환율은 전년 말 대비 17.7% 절상된 100엔당 859.9원을 기록하였다.

2006년 중에는 연초에 엔화의 원/달러화 환율 급락과 함께 비거주자의 역외 선물환 매도, 외국인 증권투자자금의 집중 유입 등으로 하락세가 이어졌다. 그 후 한때 일본 엔화의 약세 반전, 경상수지 흑자의 축소 예상 등으로 반등하였으나 수출호조와 더불어 미 달러화 약세 지속 등으로 다시 하락하여 연말 환율은 1달러 당 929.8원으로 전년 말 대비 8.8% 절상되었다.

한편 원화의 원/엔화 환율은 엔화의 엔/달러화 환율이 소폭 상승한 데 기인하여 지속적으로 하락하였으며, 연말 환율은 100엔당 783.0원으로 전년 말 대비 9.3% 절상되었다.

해외차입 여건

해외차입금 가산금리 추이

(단위: bps)

	2002	2003	2004	2005	2006
단기차입금	27	18	16	9	7
중장기차입금	32	54	34	30	20
외평채 (2008)	123	45	3	–	–
(2013)	35	45	65	65	60

[주] 차입금금리는 6개 시중은행, 말월 기준 LIBOR 가산금리, 외평채는 연말 기준 미 재무성증권 가산금리.

[자료] 한국은행 각연도 금융 · 외환시장 동향, 금융안정보고서

2003년 중 국내 금융기관의 해외차입 여건은 더욱 향상되었다.

국내은행의 단기차입금(차입기간 1년 이내) 가산금리는 2월 이후 북핵 문제에 따른 Moody's사의 국가신용등급 하향조정 전망, SK글로벌 분식회계 사건 등의 영향으로 5월까지 상승하였으나, 이후에는 외화표시 외평채 발행, 거주자 외화예금의 증가 등으로 외화유동성이 호전되어 12월에는 18bps로 낮아졌다. 중장기 차입금 가산금리 역시 6월까지 상승하였다가 12월에는 54bps로 낮아졌다.

외평채 가산금리는 북핵 문제, SK글로벌 사건, 이라크전쟁 위험 등의 여파로 크게 상승하여 3월 12일에는 연중 최고치인 215bps를 기록하였으나, 그 후 북핵문제의 평화적 해결 가능성, 이라크전쟁 조기 종결 기대 등으로 하락하여 연말에는 사상 최저치인 45bps를 기록하였다.

2004년 중에도 금융기관의 해외차입 여건은 지속적으로 향상되었다.

단기차입금 가산금리는 수출호조에 따른 거주자 외화예금 증가 등으로 외화를 선별적으로 차입함에 따라 낮은 수준을 유지하였으며, 중장기차입금 가산금리 역시 연중 대체로 낮은 수준을 유지하였다. 외평채 가산금리는 상반기 중 SARS 확산, 국회의 대통령 탄핵소추안 가결, 미국의 조기 금리인상 가능성 등으로 한 때 95bps까지 상승하였으나, 6월 이후 우리나라 국가신용등급 상향조정 전망, 선진국의 장기금리 하락에 따라 하락세를 나타냈다.

2005년 중 단기차입금 가산금리는 수출호조에 힘입어 외환위기 이후 최저 수준으로 하락하였으며, 중장기차입금 가산금리는 국내 금융기관들의 장기 후순위채 발행 영향으로 연중 대체로 상승하였다가 12월에는 30bps 수준으로 낮아졌다. 외평채 가산금리는 3월 이후 미국의 금리인상 지속, 국제유가 급등에 따른 리스크 증대 등으로 일시 상승하였다가 이후 국제 신용평가기관들의 국가신용등급 상향조정 등으로 하락하여 연말에는 65bps를 기록하였다.

2006년 중 단기차입금 가산금리는 평균 차입기간의 단기화로 6bps의 낮은 수준을 유지하였으며, 중장기차입금의 경우 역시 대체로 하락세를 지속하여 26bps 수준으로 낮아졌다. 외평채 가산금리는 Moody's사의 우리나라 국가신용등급 상향조정 전망(4월 25일, stable → positive) 등으로 일시 하락하였다가 선진국 금리인상 기조, 세계경제 둔화 우려에 따라 일시 상승한 후 미국의 금리인상 중단 등으로 하락세를 지속하여 연말에는 60bps를 기록하였다.

3. 금융국제화

(1) 외국인의 국내 금융산업 진출

국내 금융산업에 대한 외국인 투자는 2003년 이후 크게 증가하고, 전 산업 중 금융업 투자 비중이 높아졌다. 이는 공적자금 회수를 위한 정부의 금융기관 지분매각이 본격화된 데 주로 기인한 것으로 보인다.

금융권역별 외국자본의 진출 현황은 앞서 금융산업의 구조적 변화에서 언급한 바와 같으며, 국내 금융산업에 대한 외국인투자 현황은 다음과 같다.

금융 · 보험업 외국인투자현황

(단위: 백만 달러, %)

	2002	2003	2004	2005	2006
외국인 총투자액	3,807	5,112	9,261	9,593	6,001
금융 · 보험업투자액	860	1,692	3,218	3,661	2,750
금융 · 보험업비중	22.6	33.1	34.7	38.2	45.8

[주] 도착기준
[자료] 재정경제부 재정금융통계

(2) 외국인의 국내 증권투자

외국인의 증권거래추이

(단위: 거래액: 조원, 유출입: 억 달러, 비중 %)

	2002	2003	2004	2005	2006
주식투자 유입	730	834	1,226	1,662	2,373
유출	746	708	1,132	1,676	2,506
순유입	−16	126	94	−14	−133
채권투자 순유입	40.6	70.8	65.5	56.6	84.5
국내주식거래총액	742.2	547.5	555.8	786.3	848.5
외국인거래대금	170.5	169.5	251.1	325.1	440.4
외국인 주식거래비중	11.5	15.5	22.6	20.7	25.9
외국인 채권거래비중	1.11	0.91	0.96	0.65	0.53

[주] 외국인 거래대금은 매수·매도 합계액이므로 외국인 거래비중 계산시 그 50% 해당액을 국내주식거래총액과 대비하였음.

[자료] 한국은행 경제통계시스템, 금감원 금융통계시스템 자료를 토대로 필자정리

외국인의 국내 주식투자는 2002년 말과 2003년 초에 다소 부진하였으나 2003년 하반기부터 투자가 활성화되어 2004년에 1,226억 달러, 2005년에 1,662억 달러, 2006년에 2,373억 달러가 각각 유입되었다. 유출액을 차감한 순유입액은 2002년에 16억 달러가 순유출된 후 2003년과 2004년에 대폭적인 순유입이 있었으나 주가 급등으로 인한 매도 확대로 2005년과 2006년에는 순유출이 발생하였다.

이 같은 자금유입을 바탕으로 외국인의 주식거래액(매수·매도액 합계)은 2002년 170.5조원에서 2006년 440.4조원으로 2.6배의 규모로 늘어났으며, 총거래액에서 차지하는 비중도 같은 기간 11.5%에서 25.9%로 상승하였다.

한편 외국인의 채권거래는 국내에서 그다지 활발하지 않았다.

외국인의 증권보유 추이

(단위: 조원, %)

		2002	2003	2004	2005	2006
주식	시가총액	296.1	392.7	443.7	726.0	776.7
	외국인보유	97.1	147.9	178.0	269.8	273.1
	외국인비중(%)	32.8	37.7	40.1	37.2	35.2
채권	시가총액	563.9	607.3	661.4	721.8	778.8
	외국인보유	0.65	1.77	3.18	3.35	4.62
	외국인비중(%)	0.12	0.29	0.48	0.46	0.59

[자료] 한국은행 경제통계시스템, 금감원 금융통계시스템 자료를 토대로 필자정리

외국인의 국내 주식거래액이 확대됨에 따라 보유비율도 상승하였다. 외국인의 국내 주식보유액은 2002년 말 97.1조원(시가총액 기준)에서 2006년 말에는 273.1조원으로 늘어나고, 소유비중도 같은 기간에 32.8%에서 35.2%로 높아졌다. 다만 2005년과 2006년에는 외국인의 매도 우위로 보유비율이 하락하였다.

외국인의 채권 보유비율은 미미하였다.

(3) 내국인의 해외금융산업 진출

금융업 해외진출 현황

(단위: 백만 달러, 개)

	2002	2003	2004	2005	2006
해외직접투자총액	37.0	40.7	59.9	65.6	107.6
금융업 해외투자액	2.74	1.75	0.36	2.78	0.00
은행 해외영업점포수(개)	103	108	108	109	113
해외점포 당기순이익	207	21	366	400	440
해외점포 자산총액	25,398	26,623	27,530	27,579	34,353

[주] 해외투자실적은 투자금액 기준

[자료] 한국수출입은행 해외투자통계, 금융감독원

내국인의 금융업 해외투자는 2003년 이후에도 크게 신장되지 못하였

다. 우리나라의 외환보유액 증가에 따른 정부의 해외투자 장려 정책에 따라 전산업 해외직접투자 총액은 2002년 37억 달러에서 2006년 108억 달러로 3배 가까운 규모로 늘어났으나 금융보험업 부문에서는 1~200만 달러 규모에 그쳤고, 2006년에는 1건도 이루어지지 않았다.[1)]

한편 국내은행의 해외진출 상황을 살펴보면 영업점포수는 2003년 이후 다소 늘어 2006년 말 현재 113개로 증가하였으며, 수익성도 크게 개선되어 2006년에는 4.4억 달러의 흑자를 시현하였다.

구체적으로 2003년 중에는 부실여신의 증가에 따른 대손상각의 증가로 당기순이익이 크게 감소하였으나, 2003년 이후에는 수출호조로 무역신용이 크게 늘어난 데다 해외운용 자산이 확대되고 부실여신의 발생이 크게 줄어든 데 힘입어 순이익이 크게 증가하였다.[2)]

(4) 내국인(거주자)의 해외증권투자

내국인(거주자)의 해외증권투자 현황

(단위: 억 달러, %)

	2001	2002	2003	2004	2005	2006
대외투자총액	1,850.4	2,068.2	2,559.9	3,250.2	3,599.7	4,415.8
증권투자액	83.4	124.7	173.4	283.7	436.6	764.3
(증권투자 비중)	4.5	6.0	6.8	8.7	12.1	17.3
주식투자액	11.6	17.9	34.2	90.1	139.1	368.2
채권투자액	71.9	106.7	139.3	193.6	297.5	396.1
(주식투자비중)	13.9	14.4	19.7	31.8	31.9	48.2

[주] 2002년까지 채권투자액에는 파생상품투자액 포함

[자료] 한국은행 경제통계시스템, '2006년 말 현재 거주자의 해외주식 및 채권투자현황' 2007. 5. 23

1) 수출입은행 해외투자통계 참고

2) 금융감독원 각 년도 국내은행 해외점포 영업현황 참고

내국인(거주자 기준)의 해외증권투자액은 2001년 말 현재 83.4억 달러에서 2006년 말에는 764.3억 달러로 연평균 55.7% 증가하였다. 이는 같은 기간 대외투자총액 증가율(연평균 19.0%)에 비하여 매우 높은 비율인 것이다. 해외증권투자의 이 같은 증가는 외환위기 극복 후 우리나라의 국제수지가 개선되면서 외환보유고가 2001년에 1,000억 달러, 2005년에 2,000억 달러를 넘어서는 등 국내 외화유동성이 크게 늘어난 데 힘입은 것이다.

해외증권투자를 투자 형태별로 보면 지난 5년간 주식형태 투자와 채권형태 투자는 거의 비슷한 규모(357억과 324억 달러)로 증가하였으나, 당초 채권투자 규모가 컸던 관계로 채권투자 비중은 낮아지고 주식투자 비중이 크게 높아지는 모습을 보였다. 이 중 주식형태 투자에서는 거주자의 해외펀드투자 및 자산운용사 해외펀드의 주식투자가 크게 증가하였고, 채권형태 투자에서는 국민연금과 보험사 등 기관투자가를 중심으로 중장기채권에 대한 투자가 확대되었다.

투자 주체별로는 2006년 말 현재 은행부문(은행, 종금사, 자산운용사 및 기타 저축기관)이 369억 달러로 전체의 48.3%를 차지하고, 기업 및 개인부문(기업 및 개인과 보험·증권사 등 비은행금융기관 포함)이 257억 달러로 전체의 33.6%를 차지하였다. 이 중 자산운용사의 투자비중은 2005년 말 12.4%에서 2006년 말 22.9%로 가장 높은 증가율을 보였다.

한편 투자대상 국가별로는 미국 증권에 대한 투자 잔액이 280억 달러(36.6%)로 가장 많았고, 표시통화별로는 미 달러화 표시 증권이 558억 달러로 전체의 73.0%를 차지하였다. 그러나 미국증권에 대한 투자와 미 달러화로의 투자의 비중은 매년 감소하는 추세를 보였다.[1)]

1) 이상 한국은행 '2006년 말 현재 거주자의 해외주식 및 채권투자현황' 2007. 5. 23 참조

제5장 외환위기는 끝났는가

앞장에서 살펴본 바와 같이 우리나라는 최근 수년간 5%에 가까운 경제성장을 계속해 왔고, 큰 폭의 경상수지 흑자와 함께 외환보유액도 2,000억 달러를 넘어섰다. 금융부문에서 은행의 BIS 비율은 외환위기 당시 7% 선에서 오늘날 12% 선으로 높아졌고, 금융권 부실채권은 112조원에서 18조원 규모로 감소하였다.

그렇다면 우리의 외환위기는 끝이 났는가?

1997년에 발생했던 외환위기는 그동안 위와 같은 경제지표들의 호전과 함께 거의 해소되었다고 할 수 있다. 그러나 이 위기가 수습되는 동안 대우사태와 현대사태, 신용카드 등 가계여신의 부실화와 SK글로벌 회계부정과 같은 사건들이 연속적으로 발생하였다. 그리고 그때마다 우리 금융시장은 위기에 버금가는 충격을 받아왔다.

우리 경제는 결코 안전지대에 있다고 단언할 수 없다.

멕시코나 아르헨티나와 같은 중남미 국가들의 경우 4~5년, 또는 10여년을 주기로 외환위기가 반복된 사례가 있다. 우리나라의 경제위기 역시 1997년에 처음 일어난 것이 아니라, 1970년대 초의 기업부실위기(8.3조치의 배경), 1980년대 초의 외채위기(산업합리화 조치의 배경)와 1990년대 초의 경제적 난국 등 다양한 형태로 발생해 왔던 것이다.

우리는 지금까지 각 편의 마지막 장에서 구조조정 단계별로 경제 여건이 변화되는 모습과 함께 특히 가계채무의 증가 추이, 기업의 자금조달 추이와 국가채무의 증가 추이를 살펴본 바 있다.

1997년 금융위기는 경상수지 악화와 경기침체로 기업이 부실화하는 가운데 단기외채의 과다로 외화유동성이 급격히 소진되면서 발생하였다고 할 수 있다. 그런데 오늘날에는 일부 가계와 중소기업의 부채가 과다해지면서 이에 따른 여신 부실화 가능성이 새로운 금융불안의 요소로 대두되고 있다.

외환위기 이후 금융기관은 위험도가 높은 대기업 대출을 제한하고, 조달자금을 가계와 중소기업에 중점 운용하였다. 그 결과 일부 가계와 중소기업에 있어서는 그 여신 규모가 보유자산이나 소득 등 부채상환 능력을 크게 초과하고 있는 것으로 나타난다. 따라서 이들 가계 또는 중소기업에 대한 여신이 급격히 부실화할 가능성이 높아지게 되었다.

또 외환위기 이후 대규모로 투입된 공적자금을 상환하기 위하여 정부는 국가채무를 지속적으로 증가시키고(국채발행) 있어 재정의 지속가능성에 대한 우려도 제기되고 있는 실정이다. 이와 함께 2006년과 2007년 상반기에는 금융기관의 단기 외화차입이 급격하게 증가하여 향후 대외지급능력에 대한 불안이 증가되고 있다.

해외에서는 미국의 모기지(주택담보대출)의 부실화로 관련 금융기관의 도산과 증시불안이 빈번해지고 있고, 그동안 고속성장을 거듭해온 중국이 증시과열과 통화팽창으로 인플레가 극심해지자 정부가 계속 통화긴축 정책을 펴고 있어 국제금융시장의 불안요인이 되고 있다. 또 그동안 저금리정책을 유지한 일본이 경기회복을 바탕으로 기준금리를 인상할 경우 대규모로 확대되어 온 엔캐리 트레이드의 청산(엔화 해외투자의 급격한 철수)이 집중되면서 국제금융시장의 불안이 야기될 것으로 예상된다.

이 책을 마무리하면서 이 장에서는 가계, 중소기업 및 재정부문의 채무

증가와 관련하여 금융감독원과 한국조세연구원이 제기한 문제들을 토대로 최근 자료를 반영하여 검토하고, 최근 국제금융시장의 불안요인으로 지목되고 있는 몇 가지 사안에 대해서도 함께 살펴보기로 한다.

이들 문제에 대한 이해의 바탕을 마련하기 위해 먼저 최근(2007년 상반기)의 경제동향을 정리해 보기로 한다.

제1절 최근의 경제동향 (2007년 상반기)

1. 해외 주요국 경제

미국경제는 2006년 2.9%의 성장에 그쳐 2004년 3.6%, 2005년 3.1%에 비해 성장이 둔화되어 왔다. 2007년에 들어서는 1/4분기 중 0.6% 성장에 그쳤다가 2/4분기 중 3.4% 성장으로 회복되었다. 1/4분기 중 경기위축은 그동안 지속되어온 금리상승으로 모기지 상환부담이 커지면서 주택경기가 침체한 데 주로 기인하였다.

그러나 이에 불구하고 미국 주가(다우존스지수)는 1월까지 상승세(2006년 말 12,463에서 2007년 1월 말 12,622)를 보였으며, 2월에 중국 증시의 급락, 3월 초에 모기지회사 부실화 등의 영향으로 일시 하락(3월 5일 12,050)하였다. 그러나 그 후 기업부문의 경영실적이 예상외의 호조를 보임에 따라 대체적으로 상승하여 8월 말 13,358을 기록하였다.

중국경제는 2004년 10.1%, 2005년 10.4%에 이어 2006년에 11.1%의 고성장을 이룩하였다. 2007년에 들어서도 수출 증가세가 지속되면서 투자 및 생산이 호조를 보여 1/4분기 11.1%, 2/4분기 11.9%의 높은 성장률을 기록하였다. 이 같은 경기호조를 바탕으로 증시도 활황을 보여 상해 종합주가지수는 2006년 초 1,164에서 연말에 2,675로 급등하고, 2007년 2월 하순 3,000, 5월 초순 4,000, 8월 하순 5,000을 돌파하였다.

중국정부는 과열된 경기를 진정시키기 위하여 2월에 2007년 경제성장 목표를 8%대로 정하고 은행간 지급준비율을 인상하는 등 조치를 취하여 주가지수가 8.8% 폭락한 바 있고(차이나 쇼크), 그 후에도 몇 차례에 걸친 금리인상, 증권거래세 인상 등을 단행하여 증시가 몇 차례 폭락하기도 하였다.

일본경제는 2004년 중 2.7%, 2005년 중 1.9%, 2006년 중 2.2%의 성장을 보여 장기간에 걸친 불황에서 벗어나는 모습을 보였다. 특히 2006년 10~12월 분기 중에는 5.4%의 이례적으로 높은 성장률을 기록하였고, 2007년 1~3월 분기에도 3.2%의 성장을 나타냈으나 4~6월 분기에는 0.5%로 성장이 둔화되었다. 정부는 그 동안의 초(超)저금리 체계를 정상화하기 위하여 중앙은행 기준금리를 인상(0.0%에서 0.5%로)하였으며, 그 영향으로 한때 엔화가 강세를 보였으나 그 후 다시 약세화되었다.

일본 증시 역시 활황을 보여 2005년 말 16,111이었던 니케이지수가 2006년 말 17,226으로 상승하였고, 2007년 2월에 18,000대에 진입하였다가 2월 말 차이나 쇼크의 영향으로 16,000선대로 폭락하였다. 3월 이후 다시 회복세를 보이면서 6월 말 18,138로 상승하였으나, 하반기에는 미국주가의 하락과 엔화강세로 인한 수출 감소의 우려로 8월 말 16,569로 마감하였다.

2. 국내경제

우리나라 경제는 2006년 1/4분기를 정점으로 둔화세가 지속되다가 2007년 1/4분기를 저점으로 상승세로 전환하였으며, 2/4분기 들어 실물지표가 개선되는 가운데 주가가 큰 폭으로 상승하는 등 경기순환지표가 경기상승세로 전환하였다.[1)]

GDP 성장률은 2007년 1/4분기 중 IT 부문의 재고조정, 자동차업계 파업 등의 영향으로 4.0%에 그쳤으나, 2/4분기 중에는 민간소비와 설비투자의 회복세가 이어지면서 4.9%를 기록하며 회복세가 강해지는 모습을 보였다.

민간소비 증가율은 2006년 1/4분기 중 5.2%를 정점으로 연속 하락하다가 2007년 1/4분기부터 증가세로 전환되어 상반기 중 4.1%의 완만한 증가율을 기록하였다. 건설투자는 아파트분양가 상한제, 지방의 미분양 주택 증가 등이 민간부문 건설을 위축시키는 요인으로 작용하였으나, 공공부문의 대규모 토목건설투자 증가에 힘입어 2007년 상반기 중 3.5%의 큰 폭 증가세로 전환하였다. 설비투자는 기계류 위주의 견실한 증가세에 힘입어 상반기 중 11.5%의 높은 증가율을 보이면서 경기회복을 주도하였다.

소비자물가는 2007년 1/4분기 중 전년 동기 대비 2.1%의 안정된 상승률을 보였으나, 유가 등 원자재 가격이 빠르게 상승하면서 2/4분기 중에는 2.4%의 높은 상승률을 기록했다. 생산자물가 역시 1/4분기 중에는 국제유가 및 원자재 가격이 안정되어 전년 동기 대비 1.8%의 안정적인 상승률을 보였으나, 2/4분기에는 국제유가가 60달러 이상을 유지하면서 2.5%의 상승률을 나타냈다.

고용사정은 2007년 1/4분기 중 평균 취업자가 26만 4천 명 증가하는데 그쳐 전년 동기 33만 1천만 명 증가에 비해 저조하였으나, 2/4분기에는 경기가 호전되면서 28만 9천 명 증가하여 전년 동기 28만 3천 명 수

---

1) 이하 한국금융연구원 2007년 하반기 경제전망, 2007. 8 참고

준을 회복하였다. 실업률은 1/4분기 중 3.6%까지 상승하였다가 2/4분기에 3.2%로 하락하였다.

경상수지 추이

(단위: 백만 달러, %)

	2005	2006	2006 상(A)	2007 상(B)	증감(B-A)
경상수지	14,981	6,093	-426	-1,432	-1,006
상품수지	32,683	29,214	12,637	13,204	567
서비스수지	-13,658	-18,763	-8,875	-10,575	-1,700
소득수지	-1,563	-539	-2,130	-2,233	-103
경상이전수지	-2,481	-3,819	-2,058	-1,827	231

경상수지는 2007년 상반기 중 상품수지가 132.0억 달러 흑자를 기록했음에도 불구하고 서비스수지와 소득수지 적자폭이 확대됨에 따라 14.3억 달러 적자를 기록하였다. 서비스수지는 특허권 사용료 지급이 증가하고, 여행 및 기타 서비스수지 적자가 늘어남에 따라 105.8억 달러 적자를 나타냈으며, 소득수지는 결산법인의 대외배당금 지급 등 계절적 요인으로 인해 22.3억 달러 적자를 보였다. 한편 상품수지는 국제원자재 가격 상승과 반도체설비 및 수송장비 수입 증가 등으로 수입이 크게 늘어났음에도 불구하고 수출이 호조를 보임에 따라 132.0억 달러의 흑자를 시현하였다.

2007년 하반기 내수경기는 전반적으로 완만한 회복세가 유지되는 가운데 하반기 중 민간소비는 완만한 증가세가 이어질 것으로 예상되나, 설비투자 및 건설투자는 소폭 둔화될 전망이다. 또 수출은 미국경제가 완만한 성장세를 보이고 중국과 EU지역의 경제가 지속적인 성장세를 나타낼 것으로 예상됨에 따라 두 자릿수 증가율을 기록할 것으로 전망된다.

우리 경제는 상반기 중 4.5% 성장에 이어 하반기에는 4.9% 성장하면서 회복세가 가속화되는 경기흐름을 보일 것으로 예상된다.

3. 금융시장

국내 증권시장에서 주가는 2007년 1월 중 중국의 통화긴축 우려로 큰 폭으로 하락하였다가 이 후 글로벌 증시의 호조, 미국주가의 반등, IT경기의 회복 기대 등으로 계속 상승하였다. 코스피지수는 2006년 말 1,434에서 2007년 1월 말 1,360으로 하락하였으나, 2월 이후 계속 상승하여 6월 말에 1,744를 기록하였고, 하반기 들어 한때 2,000을 돌파하였다가 8월 말에는 1,873으로 마감하였다.

금융기관 수신은 꾸준히 증가하여 2007년 6월에는 전년 말 대비 62조원 증가한 1,091조원을 기록하였다. 이는 은행계정, 자산운용사 및 종금사 수신이 크게 증가하였기 때문이다.

예금은행의 대출은 전반적인 증가세를 지속하면서 2007년 6월 말 잔액이 708.3조원을 기록하였다. 이 중 기업대출은 357.9조원으로 전년 말 대비 40.3조원 증가하였으나, 가계대출은 350.4조원으로 전년 말 대비 4.8조원 증가하는 데 그쳤다. 이는 2006년 말까지 기업대출에 비해 가계대출이 큰 폭으로 증가해온 것과 대조적이다.

기업대출 중에서는 대기업 대출이 2.7조원 증가하여 종전의 감소세를 벗어났고, 가계대출 중에서는 주택담보대출이 0.8조원 증가에 그침에 따라 신용대출이 상당 폭 증가하였음을 알 수 있다.

2007년에 들어 시중금리는 2, 3월 중 국내 경제지표의 부진, 미국 서브프라임 모기지 시장 불안 등의 요인에 따라 일시 하락하였으나, 4월 이후 국내경기의 회복 기대감, 외국은행 국내지점에 대한 외화 단기차입규제 등의 영향으로 상승하였다. 국고채(3년물) 유통수익률은 2006년 12월

4.82%에서 2007년 6월 5.24%, 8월 5.28%로 올랐고, 회사채(3년물, AA-) 유통수익률은 같은 기간 5.18%에서 5.64%, 5.70%로 각각 상승하였다.

예금은행의 가계대출 금리는 2006년 말 5.97%에서 2007년 7월 말 6.38%로 올랐고, 주택담보대출 금리는 같은 기간 5.88%에서 6.24%로 상승하였다.

주택담보대출 금리는 CD금리에 일정률을 가산하여 결정되며, CD금리는 실세 콜금리의 영향을 받는다. 2006년 8월 한국은행이 콜금리를 4.50%로 인상한 이후 CD 유통수익률은 연말까지 4.6%~4.7%선을 유지해 왔으나 2007년 들어 5.0% 내외로 상승하였다. 한국은행은 2007년 7월과 8월 두 차례에 걸쳐 콜금리를 5.0%로 인상하였다.

외환시장에서 원화의 대 미화 환율은 2006년 말 929.6원(매매기준율)에서 2007년 3월 말 940.3원으로 상승하였다. 이는 엔캐리트레이드의 청산 우려 및 비거주자의 대규모 역외 선물환 매입에 주로 기인한 것이다. 그 후 이러한 요인이 사라지면서 환율이 점차 하락하여 6월 말 926.8원을 기록하였으나, 8월 중 미국의 서브프라임 모기지 부실 문제가 부각되면서 8월 말에는 939.9원으로 다시 상승하였다.

한편 원화의 대 엔화 통화가치는 2007년 2월 일본 중앙은행이 기준금리를 인상함에 따라 그 이후 약세를 보였다. 2006년 말 100엔당 781.8원이었던 환율은 2007년 2월 말 793.9원, 3월 말 797.0원으로 상승하였으며, 그 후 점차 하락하여 6월 말 752.4원을 기록하였다가 8월 말에는 809.9원으로 급상승하였다.

우리나라의 외환보유고는 2006년 말 2,389.6억 달러에서 지속적으로 증가하여 2007년 8월 말에 2,553.0억 달러를 보유하게 되었다.

금융산업

2007년 상반기 국내은행(특수은행 포함)은 9.9조원의 당기순이익을 내어 전년 상반기의 8.0조원 대비 순이익이 크게 증가하였다. 그러나 이 기간 중 순이익 증가는 그동안 보유하고 있던 LG카드, SK네트워크 등 출자전환주식 매각이익(3.1조원)에 기인한 것이며, 출자전환주식 매각이익을 제외한 당기순이익은 6.8조원으로 전년 상반기에 비해 오히려 감소한 것으로 나타났다.

이 기간 중 국내은행의 수익성은 총자산수익률(ROA)이 1.52%로 전년 상반기의 1.41% 대비 상승하였으나, 출자전환주식 매각이익을 제외한 ROA는 1.05%로 전년 상반기보다 낮아진 것이다. 이 같은 수익성 저하는 은행간 영업경쟁 및 저(低)원가성 예금의 감소에 따른 순이자 마진(NIM) 축소에 주로 기인한 것으로 분석되었다.[1)]

2007년 6월 말 국내은행의 부실채권 보유액은 총 7.8조원으로 2006년 말과 동일한 수준을 나타냈으나 여신총액 대비 부실채권 비율은 0.84%에서 0.78%로 낮아졌다. 이는 신규발생 부실 규모가 전년 하반기에 비해 감소(6.4조원→5.7조원)한 데다, 총여신규모가 증가(930.2조원→999.5조원)한 데 주로 기인하였다.

제 2절 국내 금융시장의 불안요인

2007년 2월 금융감독원은 '2007년 금융리스크 분석' 을 통하여 "금년에는 국내경기의 하방 리스크 등이 우려되는 가운데 대외 충격(글로벌 과

1) 금융감독원 '07년 1/4분기 중 국내은행 영업실적(잠정), 2007. 5. 8.

잉유동성 축소 등)의 영향으로 국내 금융시장이 다양한 위험에 노출될 가능성이 있다"[1]고 발표하였다.

이 보고서는 2006년 말 현재 국내외 경제 및 금융시장의 동향을 분석하고, 기업, 가계 및 금융산업 부문의 건전성과 주요 리스크 요인을 도출하였다. 우리 금융산업의 대외적 리스크 요인으로서는 글로벌 유동성의 축소, 미국경제의 경착륙 가능성과 통화가치 하락, 국제유가의 불안정, 중국경제의 과열에 따른 긴축 가능성, 자연재해와 조류독감의 확산 등을 제시하고, 그 영향으로 국내적으로는 해외투자 손실과 수출의 위축, 단기 외화자금의 이탈, 외화(주로 엔화) 차입금의 부실화 등이 발생할 가능성이 있다고 지적하였다. 또 대내적 리스크 요인으로서는 부동산가격의 급락, 가계의 채무상환 능력 약화, 중소기업의 부실화, 저(低)신용 계층의 제도권금융 소외, 북한의 추가 핵실험, 증권집단소송제 확대 시행, IT관련 금융사기의 증가, 인구의 급속한 고령화 등을 제시하면서, 부동산가격 급락과 가계 채무상환 능력의 악화는 가계대출의 부실화를 초래할 것이고, 중소기업의 부실화는 중소기업 대출의 부실화로 나타날 것이며, 인구의 고령화는 건강보험 등 복지예산 지출을 확대시켜 종국적으로는 재정수지 악화를 불가피하게 할 것으로 예상하였다.

한편 재정수지 악화는 곧 국가채무의 증가를 초래하게 되는데, 이와 관련하여 한국조세연구원은 2006년 12월 '우리나라 국가부채의 지속가능성'을 발표하면서 최근 우리나라의 국가채무가 급증하고 있는 바 "한국의 국가부채는 단기, 중기적으로는 지속가능하지만 장기적으로는 지속가능하지 않을 수 있다"[2]고 지적하였다.

1. 가계의 채무상환 능력 약화

1) 금융감독원, '2007 금융리스크분석' 2007. 2. 20. 보도자료
2) 한국조세연구원 '우리나라 국가부채의 지속가능성' 2006. 12.

그동안 가계대출은 부동산담보대출을 중심으로 급격히 증가하였으나 이에 비해 가계의 금융자산은 별로 늘어나지 않았으며, 가계대출의 증가세가 가계 가처분소득의 증가세를 상회함에 따라 가계의 채무상환능력이 악화되었다. 그런데 은행 주택담보대출의 구성을 보면 변동금리부 대출이 대부분이고, 만기 일시상환 또는 단기 거치 후 분할상환 조건의 대출이 많아 향후 금리가 상승하는 경우와 상환기간이 집중적으로 도래하는 경우 대출이 부실화할 가능성이 있다.

또 향후에 담보부동산의 가격이 하락하는 경우 단기 투기적 목적으로 부동산을 취득한 채무자나 소득 능력이 약한 고령층 채무자를 중심으로 대출이 부실화될 가능성이 높다.

(1) 가계신용의 증가

외환위기 이후 대출시장은 생산자금융에서 소비자금융으로 급속히 전환되면서 금융기관 총여신 중 가계여신의 비중은 2000년 말 40.4%에서 2006년 말 52.0%로 높아졌다. 기업의 재무구조가 도산 위험을 최소화하는 방향으로 재구축되면서 기업대출의 수요가 줄어들고 금융기관들은 그 빈자리를 가계대출, 특히 주택담보대출로 채워왔기 때문이다.

국내 가계신용은 1998년 13.0% 감소한 이후 매년 20% 이상 빠르게 증가하다가 2003년 신용카드 사태를 계기로 판매신용이 크게 줄면서 증가세가 둔화되었다. 그러나 2006년에는 다시 두 자리 숫자(11.6%)의 증가세를 보였다.

앞에서 살펴본 바와 같이 그 동안 주택가격은 2001년부터 2006년까지 서울지역 아파트(130% 상승)를 중심으로 대폭 상승하였으며, 이에 따른 담보능력 상승을 바탕으로 은행의 주택담보대출이 2001년 말 85.4조원에서 2006년 말 217.1조원으로 급증하였다. 한편 주택담보대출 금리(신규취급액 기준)는 2005년 6월을 저점으로 상승하다가 은행의 대출시장 점유율 확대 경쟁으로 2006년 3~5월 중 일시 하락하기도 하였으나, 6월 이후에는 정책금리의 추가 인상 및 감독당국의 주택담보대출 리스크관리 강화지도 등의 영향으로 상승세로 전환되었다.

또 가계여신에서 중요한 비중을 차지하고 있는 신용카드사 등 여신전문사의 가계신용도 신용카드사태 이후 감소세를 보이다가 2006년 들어 다시 증가하였다. 이는 2005년 하반기 이후 연체율 하락, 수익성 개선을 배경으로 신용카드전업사들을 중심으로 영업을 적극적으로 확대한 결과이다.

2006년까지의 가계신용 추이(잔액 기준)

(단위: 조원, %)

	2001	2002	2003	2004	2005	2006
가계신용	341.7	439.1	447.6	474.7	521.5	582.0
(증가율)	28.0	28.5	1.9	6.1	9.9	11.6
가계대출	303.5	391.1	420.9	449.4	493.5	550.4
(증가율)	25.9	28.9	7.6	6.8	9.8	11.5
은행가계대출	156.7	220.0	253.8	276.3	305.5	346.2
(증가율)	46.1	41.7	14.3	8.9	10.6	13.3
(주택담보대출)	85.4	131.9	152.5	169.2	190.2	217.1
(증가율)	55.8	54.4	15.6	11.0	12.4	14.1
판매신용	38.1	47.9	26.6	25.2	28.0	31.5
(증가율)	47.7	25.7	−44.5	−5.1	10.9	12.5

[자료] 한국은행 각년도 '가계신용동향' 외

2007년 중 가계신용 추이(잔액 기준)

(단위: 조원, %)

	2005	2006. 6	2006말	증가율	2007. 6	증가율
가계신용	521.5	595.5	582.0	11.6	596.4	9.34
가계대출	493.5	516.7	550.4	11.5	564.7	9.30
은행가계대출	305.5	323.0	346.2	13.3	350.8	8.62
(주택담보대출)	190.2	200.8	217.1	14.1	217.8	8.47
판매신용	28.0	28.8	31.5	12.5	31.7	10.00

[자료] 한국은행, 2007년 2/4분기 중 가계신용동향

2007년에 들어서는 가계신용 증가폭이 현저하게 줄어들어 6월 말 가계신용잔액이 596.4조원으로 전년 6월 말 대비 9.34% 증가하는 데 그쳤다. 이 중 가계대출은 9.30% 증가하고, 판매신용은 10.00% 증가하였다. 특히 은행의 가계대출은 8.62% 증가하는 데 그쳤는데 이는 정책당국의 주택관련 대출 규제강화 조치 등으로 주택관련대출이 8.47%밖에 증가하지 않은 데 원인이 있다.

한편 신용카드 등에 의한 판매신용은 민간소비의 완만한 회복세가 이어진 가운데 신용카드회사의 마케팅 강화 등으로 증가세를 유지하였다.

(2) 가계의 부채상환능력 검토

가계 자산과 부채의 추이

여기서 가계의 부채상환능력을 뒷받침하는 가계 자산과 부채의 추이를 살펴보기 위하여 한국노동연구원의 패널자료[1])를 살펴보면 다음과 같다.

가계 자산 및 부채 현황

(단위: 만원, %)

	총자산				총부채		순자산 (A-B)	순금융 자산 (C-D)
	계 (A)	금융 자산(C)	주거용 부동산	기타 부동산	계 (B)	금융 부채(D)		
2001년(a)	9,148	1,513	6,330	1,304	1,798	1,040	7,350	473
2004년(b)	15,989	1,642	10,285	4,062	2,663	1,774	13,326	−132
증감율(b/a)	74.8	8.6	62.5	211.5	48.1	70.6	81.3	−127.9

[주] 주거용부동산의 금액은 전세 가구는 전세보증금, 월세 가구는 보증금+월세/0.08 (할인율 8% 적용)의 금액 포함, 총부채에는 금융회사 부채 외에 임대보증금, 사금융 차입금, 계 등 포함

[자료] 노동연구원 재인용

1) 한국노동연구원은 1998년 이후 약 5천 가구를 대상으로 소득 계층별, 연령별 가계의 부채 및 자산을 조사하고 있다.

먼저 가계의 자산은 부동산가격의 상승에 힘입어 순자산(총자산－총부채)이 2001년 말 가계당 7,350만원에서 2004년 1억 3,326만원으로 81.3%나 증가하였다. 그러나 순금융자산(금융자산－금융부채)은 그동안의 금융부채 급증으로 2001년 473만원의 자산초과에서 2004년에는 132만원의 부채초과로 전환되었다.

소득구간별 자산 및 부채 현황

(2004년 말 현재) (단위: 만원, %)

소득구간	구성비	금융자산	금융부채 (A)	평균소득 (C)	순금융자산 (A–B)	B/C (%)
2천 미만	39.0	927	1,139	1,167	–212	97.6
2천~4천	39.5	1,409	1,716	2,906	–307	59.1
4천~7천	15.9	2,859	2,744	5,156	115	53.2
7천~1억원	4.0	4,919	4,460	8,117	459	54.9
1억 초과	1.7	13,312	8,951	17,243	4,361	51.9

[자료] 노동연구원 재인용

이 같은 금융부채와 금융자산의 규모를 소득계층별로 비교해 보면 2004년 말 현재 연소득 4,000만원 이상인 가계는 금융자산이 금융부채를 초과하고 있으나, 그 미만인 가계는 금융부채가 금융자산을 상회하고 있다. 특히 연소득 2,000만원 미만인 가구의 금융자산은 927만원인 반면, 금융부채는 1,139만원에 달하여 평균 212만원의 순금융부채를 지고 있으며, 소득에 대한 금융부채의 비율도 평균 97.6%로 매우 높은 수준이다.

또 2004년 말 현재 조사대상 가구의 40.4%가 금융부채를 보유하고 있으며, 금융부채 보유가구의 가계당 총부채는 2001년 3,622만원에서 2004년 5,500만원으로 51.8% 증가한 것으로 나타났다. 이 중 특히 금융부채는 2,736만원에서 4,343만원으로 58.7%나 증가하였다.

한편 채무자의 연령별 분포를 보면 금융부채는 50~55세까지 증가하다가 55세 이후에 소폭 감소하지만, 55세 이후에는 금융자산이 더 감소하므로 순금융부채는 오히려 소폭 증가하는 것으로 나타났다.

가계부채와 가처분소득 등의 추이

가계 재무비율 추이

(단위: %)

	2002	2003	2004	2005	2006
가계부채/개인가처분소득	138.0	138.9	137.0	144.9	152.2
가계부채/GDP	78.2	77.4	75.1	79.8	84.7
가계부채/금융자산	49.3	48.0	47.1	46.0	47.1

[자료] 한국은행(재인용)

가계대출의 이 같은 증가추세와 채무자의 재산 및 소득수준을 감안할 때 가계의 건전성은 그동안 대체적으로 약화된 것으로 분석된다.

삼성경제연구소가 2007년 4월 발표한 '가계부채의 위험도 진단'에 의하면 최근 3년간(2004~2006) 개인 가처분소득은 연평균 5.3% 증가한 반면, 가계부채는 연평균 8.6% 증가하였고, 이에 따라 개인 가처분소득 대비 가계부채비율이 2004년 137.0%에서 2006년 152.2%로 상승하였고, 2002년 이후 하락세를 보이던 금융자산 대비 금융부채비율도 2006년에 상승세로 반전하였다.

최근 3년 이내 주택구입가구의 소득대비 부채비중

(단위: %)

	150만원 미만	150~249만원	250~349만원	350~499만원	500만원 이상	전체
2002	308.8	152.0	134.0	110.1	130.0	150.0
2004	484.5	187.2	128.3	116.1	123.5	155.8
2006	330.2	210.3	170.4	171.1	142.1	181.1

[자료] 국민은행 '주택금융수요 실태조사' (재인용)

이를 소득계층별로 볼 때도 최근 3년 이내에 주택을 구입한 세대 중 월 소득 150만원 미만 저소득 가계의 부채비율이 300%를 상회하고, 150만원~249만원 소득계층의 부채비율도 2006년에 처음으로 200%를 상회하였다.

이밖에도 월 소득 350~499만원 소득계층의 부채비율도 2002년 110.0%에서 2006년 171.1%로 4년 만에 61.1%나 급증하였고, 전체적으로는 같은 기간 150.0%에서 181.1%로 상승하였다.

주요국의 가계 채무상환능력 비교

(2005년 말 기준) (단위: %)

	한국	미국	영국	독일	일본
금융부채/가처분소득	146.3	135.2	152.7	106.0	131.8
금융부채/금융자산	43.2	31.5	32.3	36.8	25.6
금융부채/명목GDP	80.2	98.1	102.0	70.0	76.8

[주] 일본은 2004년말 기준
[자료] 금융감독원, '2007년 금융리스크'

우리 가계의 부채비율을 선진국과 비교할 때 2006년 말 가계 가처분소득에 대한 금융부채의 비율(152.2%)은 미국(135.2%), 일본, 독일에 비해 높은 수준이며, GDP(명목)에 대한 개인금융부채의 비율(84.7%)도 주택담보대출(mortgage)을 이용한 주택 취득이 일반화되어 있는 주요 선진국과 비슷한 수준임을 알 수 있다.

한편 우리 가계는 부동산 등 실물자산 선호 경향이 있어 금융자산으로의 보유비율이 낮다. 따라서 개인 금융자산에 대한 금융부채의 비율도 50% 가까이 되며, 2006년 말에는 47.1%로서 미국(31.5%), 영국(32.3%), 일본(25.6%), 독일(36.8%) 등 선진국보다 월등히 높다.

(3) 잠재적 리스크

2006년 중 가계대출은 11.6% 증가한 반면에 같은 기간 가계의 가처분 소득은 5.6% 증가에 그쳤다. 이에 따라 가계 금융자산에 대한 가계부채의 비율은 2005년 말 43.2%에서 2006년 말 44.4%로 높아지고, 가계 가처분소득에 대한 금융부채의 비율은 같은 기간 146.3%에서 154.6%로 높아져 채무상환능력이 약화된 것으로 나타났다.[1)]

가계의 은행대출 성향을 살펴보면, 먼저 금리 조건에 있어서는 최근 수년간 고정금리에 비해 이자부담이 작은 변동금리부 대출을 선호하였으며, 그 결과 은행권의 변동금리부 대출의 비중이 주택담보대출 총액의 94.8%(2006년 말 잔액 기준)를 차지하고 있다. 또 대출 상환방식을 보면 원금을 만기에 일시 상환하는 방식이 47.6%이고, 상환기간별로는 3년 이내 상환조건이 30.0%를 차지한다.

한편, 가계대출의 채무자는 50대 연령층이 큰 비중을 차지하고 있는데 이들은 자산축적은 많으나 향후 소득능력이 줄어드는 계층이다. 이는 미국, 일본 등 선진국의 채무자가 소득능력이 높은 40대 연령층에 집중되어 있는 것과 비교가 된다.

금리상승시 채무상환부담 증가 가능성

가계대출의 대부분(94.8%)이 변동금리부 대출이기 때문에 향후 금리 상승시에는 변동금리부 차입금의 상환부담 증대로 인해 저소득층 가계를 중심으로 대출 부실이 확대될 가능성이 높다. 그런데 2006년 12월 중 가계 대출금리는 5.97%로 전년 말월보다 0.34% 상승하였고, 2007년에 들어서는 3월에 6.32%, 7월에는 6.38%로 상승하였다. 주택담보대출의 경우도 2006년 12월 5.88%에서 2007년 7월에 6.24%로 상승하였다.(신규

1) 한국은행 금융안정보고서 제9호, 2007. 5. 4 참고

취급분 기준)

은행 가계대출금리 추이

(단위: %)

	2005	2006				2007	
	12월	3월	6월	9월	12월	3월	7월
가계대출	5.63	5.68	5.72	5.90	5.97	6.32	6.38
주택담보대출	5.60	5.48	5.48	5.77	5.88	6.20	6.24

[자료] 한국은행

일시상환 방식 대출의 경우 만기일이 도래하면 원금을 모두 상환해야 하는 부담이 있고, 원금분할상환 방식의 대출은 거치기간이 종료되면 이자 이외에 원금의 상환부담이 가중된다. 그런데 상환기간 3년 이내의 대출은 2006년 말 현재 65.1조원이고, 총대출에 대한 비중은 30.0%로 2004년 60.1%에 비해 비중은 낮아졌지만 금융자산 보유가 부족한 가계에는 상환부담이 과중해질 것으로 예상된다.

부동산경기 위축시 가계부실 확대 가능성

우리나라 가계자산의 구성을 보면 유동성이 낮은 부동산의 비중이 지나치게 높은 반면 금융부채 규모는 커서 부동산가격 하락시 가계부실이 확대될 우려가 있다. 가계의 총자산 중 부동산 비중이 89.7%나 되는 상황[1])에서 보유부동산[2])에 대한 순금융부채의 비율이 60%를 상회하는 가구의 비중이 5.8%가 된다. 그리고 이 비율은 부동산 가격이 하락하면 높아지는데 10% 하락시에는 6.7%로 높아지고, 20%, 30% 하락하면 8.4%, 9.9%로 각각 상승할 것으로 추정된다.[3])

특히 소득창출 능력이 낮은 고연령층을 중심으로 향후 부채상환에 어

1) 노동연구원, 2004년 말 기준
2) 부동산 법원 경매시 낙찰율을 65.7% 감안함
3) 노동연구원의 자료를 토대로 추정한 결과임.

려움이 발생할 가능성이 있다. 예컨대 45세부터 50세의 연령층의 경우에는 평균 4,976만원의 대출채무가 있고, 평균 3,265만원의 소득이 있는데, 이들은 향후 10년간 연간 소득의 19.4%를 원리금 상환에 사용해야 하는 것이다.(금리 연 6% 가정)

삼성경제연구소에서는 2007년 주택시장은 그동안 높이 증가한 가격수준의 조정 가능성, 부동산 투기억제정책 등으로 가격하락 요인이 우세한 것으로 분석하고, 다만 그 하락폭은 제한적일 것이며, 따라서 가계부문의 전반적인 부실화 가능성은 낮으나 채무상환 능력이 취약한 일부 계층이 존재한다고 밝혔다.[1)]

국내 주택가격지수는 2005년 12월 101.7에서 2006년 12월 113.5로 상승하였으나 2007년에 들어서는 8월까지 115.9로 상승하는 데 그쳤다. 아파트의 경우는 2005년 12월 106.2에서 2006년 12월 120.8로 상승한 데 비해 2007년에는 8월까지 122.8로 상승하는 데 그쳤다.

부동산대책에 따른 부실화 가능성

2006년 말 정부는 부동산대책의 일환으로 대환용 신규차입을 제한하였고, 투기지역 내에 2건 이상의 대출이 있는 경우 1년 이내에 상환하도록 조치하였다. 이 조치로 일부 기존 대출의 상환이 불가피해짐에 따라 주택담보대출의 부실화가 급증할 우려가 있다. 특히 부동산거래가 침체되는 경우에는 단기차익을 겨냥했던 투기적 거래자와 소득능력이 상대적으로 낮은 고연령층 등을 중심으로 대출 부실화가 심화될 가능성이 있다.

저소득가계의 채무부담 가중

1) 삼성경제연구소 '2007년 하반기 경제전망', 2007. 5. 31.

2006년 중 우리나라는 5%의 경제성장을 하였으나 2007년에는 성장이 다소 둔화될 것으로 예상된다. 이 같은 경기회복 지연으로 소득 하위계층 가계는 차입금의 원리금 상환에 어려움을 겪을 것으로 전망된다.

1999년부터 2004년 기간 중 전년 대비 30% 이상의 소득 감소를 경험한 가계는 전체의 23.7%나 되고(노동연구원), 최하위 소득계층의 가계수지가 49.5%의 적자, 차상위 소득계층도 4.0%의 흑자에 그쳐 소득을 통한 채무상환 능력은 상당히 낮은 수준이다.

주가하락에 따른 채무부담 가중

우리나라 가계는 금융자산 중 주식투자 비중이 높아 주가변동에 따른 리스크에 노출되어 있다. 개인의 금융자산 중 직접주식투자의 비율은 2006년 말 현재 현재 17.5%로 주요 선진국보다 높은 수준이다.[1)]

특히 가계자금이 주식형 펀드에도 대거 유입되고 있는 가운데 특정 해외지역에 대한 투자의 편중성이 심화되고 있어 주가 하락시 가계의 투자 손실이 확대될 가능성이 있다. 주식형펀드는 2004년 말 17조원에서 2005년 말 35조원, 2006년 말 50조원으로 매년 크게 증가하였으며, 이 중 개인투자자 비중이 2005년 3월 말 60.6%에서 연말 73.0%, 2006년 말에는 80.8%로 증가하였다. 주식형펀드 중 해외펀드(해외주식형펀드+역외펀드) 투자액에는 특히 중국, 인도, 베트남의 3개 신흥시장의 투자비중이 2005년 말 약 17%에서 2006년 말 41%로 계속 확대되고 있어 이들 지역의 경기변동에 따라서는 우리나라 가계의 투자손실을 발생시키고, 이는 가계대출의 부실화를 초래할 가능성이 있다.

---

1) 2006년 9월 말 현재 미국 13.2%, 영국 11.3%, 일본 7.1%, 독일 6.6%(2005말)

2. 중소기업의 부실화

(1) 기업부문의 금융부채 증가

기업부문 금융부채규모 추이

(단위: 조원, 증가율 %)

	2002	2003	2004	2005	2006
금융부채 (증가율)	1,109.0 (4.5)	1,076.6 (5.6)	1,099.6 (2.1)	1,164.2 (5.9)	1,294.2 (11.2)
대출금	389.2	422.8	419.7	441.3	507.8
회사채 등	226.3	219.8	219.9	227.4	267.9
기타 부채	403.5	434.0	460.0	495.5	518.5

[주] 기말잔액 기준, 자금순환표의 금융부채 중 주식 및 출자지분 제외(순수한 금융부채), 회사채등은 회사채, CP 등 채권발행액, 기타는 상거래신용, 정부융자, 해외차입, 직접투자 등 포함

[자료] 한국은행 '2006년 자금순환동향(잠정)

외환위기 이후 기업부문의 금융부채는 그 증가세가 크게 둔화되었다가 2006년에 다시 급증하였다. 2002년부터 2005년까지 부채 증가율은 4.5%(잔액기준)에 불과하였으나 2006년에는 11.2%나 증가하였고, 공기업을 제외한 민간기업의 경우는 9월 말까지 18.7%의 증가율을 보였다.

2006년 말 현재 금융부채 총액은 1,294조원으로 항목별로는 대출이 508조원(39.2%)이 가장 큰 비중을 차지하고 있고, 회사채 및 CP 등 268조원, 상거래신용 등 기타부채 519조원 등의 분포를 보이고 있다. 이 중 상거래신용 등 기타 부채는 전년 말에 비해 별로 늘지 않았으나, 대출금은 15.1%, 회사채는 17.8% 증가하였다.

한편 기업대출 중 대기업 대출은 크게 늘지 않았으나 중소기업에 대한 대출은 지속적으로 증가하였다. 금융기관의 중소기업 대출은 2004년 12.6조원, 2005년 중 20.2조원 늘어난 데 이어 2006년 중에는 58.8조원(은행 45.3조원, 저축은행 8.2조원)이나 증가하였다.

특히 금융기관들은 소호(SOHO, 소규모 자영업자)시장의 성장 가능성에 착안하여 이에 특화된 대출상품을 경쟁적으로 출시하였으며, 2006년 중 일본의 저금리와 원/엔 환율 하락에 편승하여 이들 개인사업자에게 엔화 대출을 적극적으로 확대하였다.(2005년 말 99.4억 달러에서 2006년 9월 말 152.2억 달러로 증가)

은행의 중소기업대출 추이(잔액기준)

(단위: 조원, %)

	2004	2005	2006	2007. 6p	증감(률)			
					2007상		2006상	
중소기업대출(A)	245.2	258.0	303.3	341.5	38.2	(12.6)	22.8	(8.8)
총 원화대출금(B)	560.6	607.5	689.9	737.9	57.0	(8.3)	38.5	(6.3)
비중(A/B)	43.7	42.5	44.0	46.3	67.0	-	59.2	

[주] 총원화대출액은 공공 및 기타대출 제외
[자료] 최근은행권 중소기업 및 주택담보대출 동향, 2007. 7

은행의 경우 2006년 중 대기업 대출이 3.9조원 감소한 반면 중소기업 대출은 45.3조원 증가함으로써 2005년도 증가액 12.8조원에 비해 2.5배가 늘어났으며, 잔액 기준으로는 17.6%가 증가하였다. 이어 2007년 상반기에는 38.2조원이 증가하여 6월 말 잔액이 341.5조원이 되었으며, 은행권의 전체 원화 기업대출에서 차지하는 비중도 2005년 말 42.5%에서 2007년 6월 말에는 46.3%로 상승하였다.

중소기업대출이 급속히 증가되자 한국은행은 6월 21일 중소기업 지원용 총액 대출한도를 종전 8조원에서 6.5조원으로 축소하였으며, 그 영향으로 국고채 등 금리가 상승하였다.

(2) 기업의 재무건전성

금융부채의 증가에도 불구하고 기업의 부채비율과 부채상환능력은 지속적으로 개선되고 있다. 기업의 부채비율은 2002년 말 144.7에서 2006년 말 105.3%으로 크게 낮아지고, 이자보상배율은 같은 기간 2.64배에서 5.72배로 급상승하였다.

그러나 이러한 재무지표의 향상은 주로 대기업을 중심으로 이루어진 것이며, 중소기업의 경우에는 이들 지표가 크게 개선되지 못한 것으로 나타난다. 같은 기간 중소기업의 부채비율은 152.1%에서 132.65로 낮아지는 데 그치고, 이자보상배율은 2.74배에서 2.83배로 거의 개선되지 못하고 있는 것이다.

이는 중소기업의 경우 대기업보다 영업수익성이 상대적으로 낮고, 자금조달이 주로 금융기관으로부터의 간접금융에 의존하고 있는 가운데 대출이자율이 종전과 달리 높게 형성되고 있는 데 기인한 것으로 보인다.

참고로 차입금 평균이자율이 2002년에는 중소기업(7.32)이 대기업(7.77) 보다 낮았으나 2006년에는 중소기업(6.45%)이 대기업(6.13%) 보다 높아졌다.[1)]

기업의 재무상태 변동상황 추이

(단위: %)

	2002	2003	2004	2005	2006
부채비율	144.7	131.3	114.0	110.9	105.3
(중소기업)	152.1	147.6	138.7	140.9	132.6
(대기업)	128.9	113.5	91.7	86.1	85.5
이자보상배율(배)	2.64	3.51	4.83	4.60	4.14
(중소기업)	2.74	2.56	2.66	3.13	2.83
(대기업)	2.55	4.29	7.93	6.95	5.72
차입금평균이자율	7.35	6.50	5.87	6.02	6.22
(중소기업)	7.32	6.57	6.11	6.18	6.45
(대기업)	7.77	6.97	5.82	5.82	6.13

[자료] 한국은행 '2004년 및 2006년 기업경영분석' (필자 인용)

1) 이상 한국은행 '2006년 기업경영분석' 참고

요컨대 기업부문의 재무구조가 개선된 것은 대기업의 재무상태 및 영업성과가 압도적으로 작용한 데에 기인한 것이며, 기업을 자산규모별로 세분하여 분석하는 경우 상위 기업군과 하위 기업군 사이에는 재무건전성에 더욱 큰 격차가 있음을 알 수 있다.

자산규모별 기업의 건전성분석을 위하여 국내 외부감사 대상법인(2005년 말 현재 13,506개)을 자산규모에 따라 5개 분위로 나누고, 이를 다시 상위(제5분위), 중위(제2~4분위) 및 하위(제1분위)의 3개 기업군으로 재분류하여 분석한 결과 재무상태는 다음과 같이 나타났다.

우선 부채비율은 상위 기업군의 경우 2001년 189.0%에서 2005년 117.1%로 대폭 개선되었으나, 하위 기업군에서는 오히려 같은 기간 267.3%에서 296.3%로 악화되었다. 이와 함께 총부채 중 단기차입금의 비중은 상위 기업군에서 11%대의 낮은 수준을 유지한 반면, 하위 기업군에서는 28.9%에서 35.0%, 37.0%로 계속 악화되었다. 또 이자보상배율은 상위 기업군의 경우 1.39배에서 4.34배로 크게 향상되었으나 하위 기업군의 경우에는 0.44배에서 0.03배로 더욱 악화되었으며, 영업외비용 중 이자비용이 점하는 비중도 상위 기업군이 45.5%에서 37.7%로 낮아진 반면 하위 기업군은 36.3%에서 42.2%로 높아졌다.

2001년부터 2005년까지 하위 기업군의 재무상태 추이는 다음과 같다.

하위 기업군의 재무상황 추이

(단위: %)

	2001	2002	2003	2004	2005
부채비율(총부채/총자본)	267.3	284.2	311.4	340.6	296.3
단기차입금/총부채	28.9	31.9	33.4	35.0	37.0
이자보상배율(배)	0.44	0.63	0.21	0.13	0.03
이자비용/영업외비용	36.3	36.8	34.0	39.0	42.2
투자활동/영업활동	△70.3	△394.7	25.8	5.3	16.0
재무활동/영업활동	△51.8	278.1	101.3	△149.8	△132.3

[주] 현금흐름상 △는 투자(순)지출을 의미
현금흐름상 △는 채무(순)상환을 의미

(3) 잠재적 리스크

위와 같은 재무적 여건을 감안할 때 기업의 분위별 잠재 리스크는 다음과 같이 분석된다.

먼저 상위 기업군은 지속적인 채무 감축으로 금리 리스크가 축소되었다. 반면에 상위 기업군은 다른 기업군에 비해 수출비중이 높기 때문에(2005년 중 약 45%) 환리스크에 상대적으로 많이 노출되고 있다. 즉, 원화가 과도하게 절상되는 경우 기업의 채산성 악화가 불가피하다. 다만 외환위기 이후 원화절상이 계속되는 중에서도 기업의 영업이익률이 오히려 상승한 점에 비추어 볼 때 어느 정도의 환율하락은 감당할 수 있을 것으로 보인다.

중위 기업군의 경우는 투자가 비교적 활발하여 성장 기여도는 높은 편이지만 그 재원을 주로 외부차입에 의존함에 따라 금리 상승시 재무구조가 악화될 가능성이 상존한다. 그러나 매출액 중 수출비중이 낮고(약 30%) 외화거래의 기회도 작아 환리스크에 대한 노출은 상위 기업군에 비하여 작은 편이다.

하위 기업군의 도산 위험

이에 반해 하위 기업군의 경우는 재무상태의 취약성에 비추어 경영여건의 추가 악화시 일차적으로 도산에 직면할 우려가 있다. 더욱이 2007년 중에는 국내경기가 다소 둔화될 전망인 가운데 경기변동에 민감한 하위 기업군의 채무 연체 또는 부도 확대의 가능성이 있다.

하위 기업군은 부채비율이 높은데다 이미 수년간 순손실을 지속하고 있기 때문에 금융기관의 리스크 관리가 강화되고 있다. 이에 따라 이들 기업은 금융기관으로부터 저금리 장기차입이 점차 어려워지면서 차입금리가 상승하고 단기차입금 비중도 계속 높아졌다. 향후 금리가 더욱 상승하고 만기상환의 요구가 집중될 경우에는 유동성 리스크에 봉착할 가능성이 있다.

중소기업 부실이 아직 연체율이나 부도율 상승의 형태로 나타나고 있지는 않으나 향후 일정한 시차를 두고 가시화될 가능성이 있다. 참고로 GDP성장률 급락이 요주의 이하 여신비율 상승으로 이어지는 데에는 약 5분기 정도가 소요된다고 한다.(한국은행)

소호 대출과 부동산개발 관련 대출의 부실 가능성

2006년 중 중소기업대출 증가를 기업 형태별로 보면 일반 중소기업이 32.1조원(19.4%) 증가하였으며, 개인사업자가 13.8조원(14.9%) 증가하였다. 특히 일반 중소기업에 대한 대출은 2/4분기 이후 소폭 둔화되었으나 개인사업자에 대한 대출은 확대되었다.[1] 그런데 이들 개인사업자에 대하여는 신용분석 자료가 충분히 축적되지 않은 상태에서 대거 취급되었고, 상대적으로 경기에 민감한 특성이 있어 향후 부실화 가능성이 더 클 것으로 보인다. 실제로 2002년 중에도 각 은행이 소호 대출을 경쟁적으로 확대하였다가 2003년 초 가계신용 거품 붕괴에 따라 음식숙박업, 도소매업 등 경기에 민감한 업종에서 부실대출이 급증한 사례가 있다. 특히 소호 사업자들에게는 저리의 엔화대출을 많이 취급하였는데 그동안 하락세를 지속해 온 엔화 환율이 향후 상승세로 반전될 경우 엔화대출에 크게 의존해 온 개인사업자의 상환능력 악화가 우려된다.

또 부동산경기 침체 시에는 부동산개발의 사업성을 담보로 취급된 은행 및 저축은행의 프로젝트 파이낸싱 대출(PF, 차주는 주로 중소형 건설업

---

1) 금감원 '2006년 중 은행권의 중소기업대출 동향

체)이 부실화될 가능성이 있다. 저축은행의 PF대출은 2005년 말 5조 6,300억원에서 2006년 말 11조 2,700억원으로 급증하고, 2007년 3월 말에는 12조 5,000억원으로 증가한 이후 업계의 추가대출 자제로 횡보하고 있다. 그러나 저축은행의 PF대출이 막히자 일부 대형 캐피탈사에 대출수요가 확산되고 있다.

엔화 대출의 부실화 가능성

한국은행과 시중은행에 따르면 2006년 말 현재 주요 시중은행과 외국은행 국내지점의 기업 엔화대출 잔액은 약 151억 달러 규모로서 2005년 말 99억 달러에 비해 약 52억 달러(53%)나 늘어났다. 이는 엔화의 저금리 기조에 환율이 지속적으로 하락하는 가운데 시중은행들이 주로 개인사업자와 중소기업을 상대로 엔화 대출을 늘린 결과이다.

그동안 엔화환율은 2006년 1월 초 100엔당 860.04원(매매기준율 기준)에서 대체적으로 하락하여 연말에는 781.8원으로, 2007년 2월 중에는 766.2원까지 떨어졌다. 그러나 2월 21일 일본의 기준금리 인상에 따라 해외에 투자된 일본자금이 철수하는 현상(엔 캐리 트레이드 청산)을 보이면서 3월 들어 엔화 환율이 812.6원(19일)까지 상승하였으며, 그 후 점차 하락하여 6월 말 752.4원을 기록하였다가 8월 말에는 809.9원으로 급상승하였다.

개인사업자나 중소기업의 경우는 환위험 헷지를 거의 하지 않기 때문에 엔화 환율이 급격히 상승하게 되면 큰 환차손을 보게 된다. 또 이들에게 대출된 엔화자금은 상당 부분 부동산에 투자된 것으로 추정되는바, 엔화 강세에 불안을 느낀 채무자들이 담보부동산을 일시에 처분하고자 하는 경우 부동산 가격의 하락으로 인한 손실이 겹치게 된다.

3. 국가부채의 지속가능성

최근 우리나라의 국가부채 규모가 급증하여 GDP 대비 30%를 넘어서자 국가부채의 적정 수준에 대한 논쟁이 일고 있다. 정부에서는 선진국의 경우 국가부채 규모가 GDP 대비 80% 가까이 되는 데 비하면 우리나라는 우려할 수준이 아니라는 입장이다. 그러나 향후 인구의 고령화, 저출산화가 심화되고, 잠재성장률이 저하됨에 따라 세수 증가율이 하락할 전망인데다, 사회복지비 증가, 국민들의 삶의 질 향상 요구 증대, 통일 관련 비용 등의 증가에 따라 정부지출의 증가율은 더 높아질 것이므로 국가부채가 현재 속도로 증가하는 것은 분명 바람직한 현상이 아닐 것이다.

이에 한국조세연구원에서는 기존의 재정지출 규모와 현재 및 미래의 세수증가 및 재정정책을 검토하여 우리나라 국가부채의 지속가능성을 분석하였다. 여기서 국가부채의 지속가능성이란 한 국가가 그 정도의 부채를 유지하면서도 경제성장에 지장이 없는지를 의미한다.

(1) 국가부채의 증가추이

국가부채는 어떤 일정 시점을 기준으로 하여 그때까지 발생한 재정적자의 총합을 의미한다. IMF 기준에 의하면 국가부채는 일반정부(중앙정부+지방정부)가 직접적인 원리금 상환의무를 지고 있는 확정채무를 의미하며, 보증채무나 정부가 운영하는 기금의 준비금 부족액, 중앙은행채무, 공기업의 채무 등 우발채무는 포함되지 않는다. 이에 비하여 OECD 기준에서는 국민계정을 정부, 금융, 기업부문으로 나누면서 외국환평형기금이나 국민주택기금 등은 금융부문으로 분류하고, 기업특별회계는 기업부문으로 분류하여 국가부채에서 제외하고 있다.

우리나라에서는 IMF 기준을 따르고 있으나 이 기준은 정부의 보증채무나 공기업채무, 연금채무 등 우발채무를 포함하지 않아 향후 재정건전성을 유지하기 위한 대책을 수립하는 데 적합하지 않다. 따라서 이 분석에서는 그러한 우발채무를 동시에 고려하였다.

국가부채가 증가하는 경우의 문제점은 이러하다.

적자재정을 통한 정부지출 증가는 총수요를 증가시켜 국민소득을 증가시킬 수 있는 측면도 있으나 국가부채가 지나치게 커지면 이자지급을 위하여 일반재정지출을 감소시키고, 이에 따라 사회간접자본 투자 등 생산적 지출이 삭감되면 경제성장에 부정적인 영향을 미친다. 또 재정지출을 유지하기 위하여 세율을 인상하면 투자 및 근로의욕을 상실시켜 경제성장에 장애가 되며 마침내 국민경제가 국가부채 상환능력을 상실하게 되고 국가 재정은 파탄을 맞게 될 것이다.

이러한 관점에서 한 국가의 경제성장이 지속되어 국가부채를 일정 수준으로 유지할 수 있을 때 국가부채가 지속가능하다고 하고, 그렇지 못할 때는 국가부채가 지속불가능하다고 한다.

국가채무현황

(단위: 10억원, %)

	2001	2002	2003	2004	2005	2006
국가채무	113,116	126,630	158,825	196,087	238,766	273,214
(증가율)	(12.1)	(11.9)	(25.4)	(23.5)	(21.8)	(14.4)
(GDP 대비)	(20.8)	(21.2)	(21.9)	(25.2)	(29.6)	(32.2)
차입금	22,536	20,736	15,750	10,655	7,625	6,436
(국내차입금)	2,104	2,296	3,170	2,040	(2,055)	2,157
(해외차입금)	20,432	18,440	12,580	8,615	(5,570)	4,279
국채	87,757	103,131	140,633	182,932	229,002	264,317
국고채무부담행위	2,822	2,763	2,441	2,500	2,139	2,460
보증채무	106,770	102,471	80,590	66,050	54,978	36,510
(GDP 대비)	(19.6)	(17.1)	(11.1)	(8.5)	(6.8)	(4.3)

[자료] 재정경제부 재정금융통계, 2006. 9 외

GDP에 대한 국가채무의 비중은 1970년 12.4%에서 1975년 22.5%까지 증가하였다가 그 후 하락세를 보였다. 그러나 1979년 정치적 사태(박대통령 시해) 이후 다시 상승하여 1982년(경제위기)에 21.6%를 기록한 후에는 1997년 금융위기 발생 전 8.2%까지 지속적으로 하락하였다. 또 금융위기 이후에는 큰 폭으로 상승하여 2002년에 18.5%에 달했고, 그 후 공적자금의 상환이 시작되면서 2004년에는 25.2%까지 상승하였다.

2001년 이후의 국가채무 현황은 살펴본 바와 같이 앞의 표와 같다.

(2) 분석결과

국가부채의 지속가능성을 검토하기 위하여 이 연구에서는 이른 바 Bohn's test, Tax Gap test, IGDC(국제 국가부채 비교) 지수 등 세 가지 검증방법을 이용하였다.

첫째, Bohn's test는 GDP 대비 국가부채가 증가할 경우 정부가 이전보다 기초재정수지를 개선하면 재정의 유지 가능성이 확보되는지를 보여주는 검증방법이다. 이 연구에서는 한 국가의 정치적 변화가 재정운영 구조의 변화를 가져올 수 있다는 전제 하에 우리나라의 재정운영 추이를 1980년대 이전, 1980년대 초부터 1997년 외환위기 전까지, 그리고 1998년 이후로 구분하여 이 방법을 적용하였다. 왜냐하면 1980년대 초 우리나라는 고도성장의 부작용으로 경제의 불안정성이 심각해지자 새로 들어선 전두환 정부가 경제 및 재정안정화 정책을 추구하였고, 그 결과 재정안정성이 마련되었기 때문에 이 시기를 따로 구분한 것이다.

이 방법을 적용하여 검증한 결과 정치적 변화에 따른 재정수지 변화를 고려하면 우리나라의 국가부채는 지속가능한 것으로 나타났다.

둘째, Tax Gap test는 향후 재정지출 전망치에 기초하여 현재 및 미래의 재정정책 기조가 국가채무의 누적을 야기하는지를 점검한다. 여기서는 GDP 대비 국가채무의 비율을 일정하게 유지하기 위하여 필요한 세입 수준, 즉 지속가능한 세율(t*)과 현재의 세입 수준을 나타내는 현재의 세율(t)과의 차이인 Tax Gap을 계산함으로써 국가채무의 지속가능성을 검증한다. 여기서 Tax Gap이 음수인 경우, 즉 현재의 세율이 지속 가능한 세율보다 큰 경우에는 국가부채가 지속 가능하게 되고, 그렇지 않은 경우에는 지속 불가능하게 된다.

이 방법을 적용한 결과 우리나라 국가부채는 단기(1년)와 중기(5년)적으로는 지속 가능하나 장기(40년 및 66년)적으로는 지속가능하지 않은 것으로 나타났다.

셋째, IGDC지수는 국가부채의 실적치와 그 나라의 사회·경제·인구 구조·재정·정치 변수를 고려한 예상치를 비교하여 그 나라의 국가부채가 과도한지 아닌지 여부를 판단한다. 이 방법에 의하면 우리나라 국가부채는 1980년대 중반까지는 과도하게 컸으나 그 이후 예상치보다 줄어들었다가 1997년 외환위기 이후 아직 예상치보다는 낮지만 다시 점진적으로 커지고 있다.

이상의 결과를 종합하면 우리나라 국가부채는 단기나 중기적으로는 지속가능하나 장기적으로는 지속가능하지 않을 수 있다. 특히 향후 예상되는 국민연금의 잠재부채, 잠재성장률의 급속한 저하, 고령화·저출산 현상 등을 고려할 때 정부는 국가부채의 증가 속도에 주의할 필요가 있을 것이다.

공적연금 등의 위험요인

한편 인구 고령화에 따른 공적연금 및 건강보험의 지출 증가와 이로 인한 재정상의 부담에 관한 KDI의 연구결과가 있다.[1)]

이 연구결과에 따르면 먼저 국민연금수지는 당분간은 GDP 대비 약 3% 정도의 흑자를 보일 것이나 2036년 이후 적자로 반전하여 2050년에는 GDP 대비 약 4.5% 정도의 적자를 보일 것으로 예상된다. 여기에 공무원연금과 사학연금의 수지를 통합하면 2032년부터는 적자로 반전하여, 2050년에는 적자 규모가 GDP 대비 6%를 상회할 것으로 예상된다. 한편 건강보험 지출은 현재 GDP의 2%를 조금 상회하는 수준이나 2040년에는 4% 내지 7% 수준이 될 것으로 예상된다, 이는 인구의 고령화가 진전되고 있는 가운데 고령(65세 이상)층에 대한 건강보험 지출이 다른 연령층에 비해 월등히 높기 때문이다.

공적연금과 건강보험의 이 같은 수지 추세에 따라 정부의 재정소요를 추계하고 이를 토대로 재정수지를 계산하면(고령화로 인한 재정지출 소요 이외의 다른 지출항목과 재정수입은 모두 GDP 대비 비중이 현재와 같다는 가정 하에), 2006년에 4.0% 정도의 흑자를 보였던 기초 통합재정수지는 향후 점차 감소하여 2034년에 적자로 전환되고 2050년에는 6.0% 정도의 적자를 시현할 것으로 예측된다.

(3) 국회 예산정책처의 견해

국회 예산정책처는 2006년 11월 12일자 '2006~2010 국가재정운영계획 분석' 을 통하여 정부의 재정운영 계획을 평가하면서 그 일환으로 국가채무의 현황과 증가속도, 향후 변동요인을 분석하였다.

이 보고서에서 국가채무에 관련한 주요 내용은 다음과 같다.

우리나라의 GDP 대비 국가채무의 비율은 외환위기가 시작된 1997년부터 2002년(19.5%)까지 10%대를 유지해오다가 참여정부가 들어선

1) KDI, 송준혁 · 이삼호, '위험요인을 고려한 재정의 지속가능성: 이론과 실증분석' 2006. 12. 31.

2003년 23.0%로 올라선 이후 2004년 26.1%, 2005년 30.7%, 2006년 33.4%로 증가하였고, 2007년에는 34.1%에 이를 것으로 전망된다.

이 같은 비율은 OECD 소속 선진국들의 평균 수준(2005년 작년 77.7%)에 비하여 크게 낮은 것은 사실이나 국가채무비율이 상대적으로 낮다고 해서 우리의 재정이 OECD 국가들보다 건전하다고 말할 수는 없다. 선진국의 경우는 1·2차 세계대전을 치르면서 전비 조달을 위하여 국채를 발행하였고, 1970년대 이후에는 석유파동 극복을 위하여 확장적 재정정책을 취하였으며 적극적으로 사회복지 정책을 전개해 왔기 때문에 현재 국가채무비율이 60~70%대에 이르고 있다.

또 국가채무의 적정성과 관련해서는 국가채무비율의 수준도 중요하지만, 국가채무비율이 증가하는 추세인가 아닌가 하는 점도 역시 중요하다. 1인당 국민소득이 경상가격으로 1만 달러에 도달한 시점에서 국가채무비율을 비교하면 우리나라(1995년)는 선진국보다 매우 낮은 수준이다. 그러나 16,000달러에 도달한 시점에서 국가채무비율을 비교하면 그 격차는 줄어들고 있다. 두 시점 간에 선진국들의 경우는 국가채무비율이 크게 증가하지 않거나 축소된 경우도 있지만(영국), 우리나라는 두 비교 시점 간에 약 1.5배 가량 증가하였다(1995년 12.6%에서 2005년 30.7%).

물론 그 기간 중에 외환위기가 있었고, 공적자금의 국채전환으로 국가채무가 급증하였다는 특수성이 있었다. 그러나 2003~2006년에 이루어진 공적자금의 국채 전환분을 차감하고 계산하더라도 국가채무비율은 2003년 20.9%, 2004년 22.3%, 2005년 25.5%이고, 2006년에는 27.0%, 2007년에는 28.2%, 2008년 28.7%, 2009년 29.0%, 2010년 28.9%로 전망됨으로써 공적자금의 국채전환이라는 일시적인 충격요인을 제외하더라도 국가채무는 구조적으로 증가하고 있음을 알 수 있다.

그런데 향후 성장잠재력 확충을 위한 재정지출 확대, 사회복지 및 고령화와 관련된 지출의 증가, 통일관련 비용, 외환시장 안정용 채무의 증가,

국민연금 등 4대 공적연금에서의 우발채무 발생 등은 재정 총지출에 영향을 줄 요인이 되고 있다.

따라서 향후 국가채무는 ① 국가채무에 대한 정확한 인식을 바탕으로, ② 불요불급한 지출을 억제하고 분야별 우선순위를 조정한 후, ③ 경제성장 및 조세감면 축소를 통하여 세입 기반을 확대하는 방향으로 관리하여야 한다. 국가채무의 적절한 관리를 위해서는 국가채무관리위원회를 설치하는 방안도 고려할 수 있으며, 국회에서도 국가채무에 대하여 더욱 체계적으로 심의하여야 할 것이지만, 무엇보다 사전에, 즉 예산심의 시에 국가채무를 변동시키는 항목들에 대하여 엄격히 심의하여야 한다.

(4) 대외채무의 증가

우리나라의 대외채권 · 채무 추이

(단위: 억 달러, %)

	2004말		2005말		2006말		2006중 증감	
	금액	구성비	금액	구성비	금액	구성비	금액	증감률
대외채무	1,723	100.0	1,879	100.0	2,634	100.0	755	40.2
단기	564	32.7	659	35.1	1,136	43.1	477	72.4
장기	1,159	67.3	1,220	64.9	1,498	56.9	278	22.8
은행부문	745	43.2	834	44.4	1,369	52.0	534	64.0
(단기)	230	30.9	249	29.9	674	49.2	425	170.7
대외채권	2,842	100.0	3,086	100.0	3,627	100.0	541	17.5
단기	2,496	87.8	2,620	84.9	2,980	82.2	360	13.7
장기	346	12.2	466	15.1	647	17.8	181	38.8
은행부문	515	18.1	530	17.2	629	17.3	99	18.7
순대외채권	1,119		1,207		994		−213	−17.6
은행부문	−230		−304		−740		−436	−143.4

[자료] 한국은행 '2006년 말 국제투자 현황(잠정), (2007. 5 재정리)

2007년 상반기 중 우리나라 경상수지 적자가 늘어나고, 단기외채도 급증하였다. 1997년 외환위기의 원인이 경상수지 적자의 확대와 단기외채의 급증에 있었기 때문에 일부에서는 최근의 이 같은 상황이 새로운 금융불안으로 연결될지도 모른다는 우려를 나타내고 있다.

이에 대하여 전문가들은 대체로 현재 우리나라의 외채 구조 및 상환능력을 나타내는 지표들이 안정권에 머물고 있고, 순대외채권과 외환보유액 규모로 볼 때 우려할 만한 상황은 아닌 것으로 보고 있다. 다만, 현재와 같이 국가부채의 규모가 해마다 늘어나고 있는 상황에서 과중한 외채부담으로 금융불안이 야기되는 경우 지난번 외환위기와 같이 과감한 공적자금의 투입이 어렵다는 견해가 있을 수 있다고 한다.

정부를 포함한 우리나라의 대외채무는 2006년 말 현재 총 2,634억 달러로 2005년 말 대비 775억 달러(40.2%) 늘어났다. 대외채무는 일반정부와 통화당국에서 각각 104억 달러(3.9%)와 96억 달러(3.7%)를 지고 있고, 은행부문에서 1,369억 달러(52.0%), 기업 및 비은행 금융기관 등 기타 부문에서 1,065억 달러(40.5%)를 부담하고 있다. 이 중 은행부문의 외채는 2006년 중 무려 534억 달러(64.1%) 증가하였는데 이는 은행들이 본지점 차입과 단기차입금 등으로 외자를 조달하여 대내 외화대출 및 원화채권 투자 등으로 운용한 데 기인하였다.

한편 우리나라의 대외채권은 2006년 말 현재 총 3,627억 달러로 2005년 말 대비 541억 달러(17.5%) 늘어나는 데 그쳤다. 이에 따라 총 대외채권에서 총 대외채무를 차감한 순 대외채권은 2005년 말 1,207억 달러에서 994억 달러로 감소하였으며, 이로써 외환위기 이후 증가하던 순채권이 2006년에 최초로 감소하는 결과가 되었다.

또 은행부문의 대외채권은 2005년 말 530억 달러에서 2006년 말 629억 달러로 18.6% 증가하는 데 그쳤으나 외채는 834억 달러에서 1,369억 달러로 64.0% 증가함으로써 순대외채무가 304억 달러에서 740억 달러로 급격히 증가하였다.

단기외채의 문제

2006년 말 현재 우리나라 외채 중 단기채무는 1,136억 달러로 2005년 말 659억 달러에 비해 477억 달러(72.4%)나 늘어났으며, 총외채에 대한 비중도 같은 기간 35.1%에서 43.1%로 상승하였다. 이에 비해 총 대외채권 중 단기채권은 2005년 말 2,620억 달러에서 2006년 말 2,980억 달러로 360억 달러(13.7%) 증가하는 데 그쳤고, 이로써 단기채권의 비중이 같은 기간 84.9%에서 81.0%로 하락하였다. 또한 단기채권에 대한 단기채무의 비율도 2005년 말 25.1%에서 38.1%로 급격히 증가하였다.

단기외채 증가액 중 448억 달러는 은행부문에서 발생하여 2005년 말 513억 달러 수준에 있던 은행 단기차입금이 2006년 말에는 961억 달러로 급증하였다. 은행의 단기차입금이 급증한 것은 근년의 원화 강세에 따라 기업들이 원화대출보다 스왑 연계 외화대출에 의한 원화 조달을 선호하였고, 이에 은행들은 2005년 하반기 이후 중소기업(개인사업자 포함)의 단기 운전자금용 엔화대출 등 대내 외화대출을 크게 확대하였기 때문이다. 즉 비거주자와 국내 수출기업들이 선물환을 대규모로 매도함으로써 이를 매입한 은행들이 선물환 매입초과 포지션을 커버하기 위해 해외로부터 외화자금을 조달하여 현물환으로 매도하는 거래가 급증하였던 것이다. 특히 외국은행 국내지점은 본지점 순차입과 외화 콜머니 등의 단기차입으로 외화자금을 조달하여 국내에서 현물환으로 매도하고, 그 원화자금으로 원화 콜머니를 상환하거나 국채·통안증권·금융채 등 원화채권에 투자하였다.

이 같은 단기외채 급증에 대하여 한국은행은 양호한 외화차입여건 및 대외지급능력 등을 감안할 때 크게 우려할 만한 수준은 아닌 것으로 평가하였다. 외평채 가산금리가 2006년 하반기 이후 하락세를 보이고 있고, 외화차입금 가산금리도 낮은 수준에서 움직이고 있으며, 외환보유액 대비 단기외채비율과 유동외채비율은 2006년 말 현재 각각 47.6% 및 58.2%로 IMF가 권고하는 안정수준 이내에 있기 때문이다. 다만 단기차입이 급증하면 대외신인도가 저하될 수 있는 데다 경제환경 변화 등으로 대외여건이 악화될 경우 유동성 리스크 증가, 외환시장 변동성 확대 등의 부정적 영향이 나타날 수 있다고 지적하였다.[1)]

특히 은행부문은 단기채권에 비하여 단기외채가 지나치게 많기 때문에 일시적인 외화유동성 문제가 발생할 가능성이 있다고 지적하였다. 국내 원화 투자를 목적으로 유입된 외화자금이 국내외 금융환경 변화에 따라 급격하게 유출되면서 외환 및 금융시장에 충격을 줄 가능성이 있다는 것이다.[2)]

그런데 2007년에 들어 7월 말까지 은행은 288.2억 달러(누적)의 외화를 차입하였고, 그 중에는 단기차입금이 254.0억 달러(88.1%)를 차지하였다. 이와 같이 단기 외화차입이 큰 폭으로 확대된 것은 원화절상 기대가 지속되면서 전년과 마찬가지로 수출기업의 대규모 선물환 매도와 외화대출 수요가 크게 늘어나고, 은행의 포지션 조정 및 대출재원 마련을 위한 해외 단기자금 조달이 늘어났기 때문이다.

은행 단기차입금의 이 같은 증가는 우리나라의 외화유동성을 악화시키는 결과가 되므로 금융감독 당국에서는 여러 차례에 걸쳐 은행의 단기외화차입 자제를 당부하였으나 실효를 거두지 못하였다. 이에 한국은행은 8월 10일부터 외국환은행의 거주자에 대한 외화대출을 해외사용 실수요 목적 자금과 제조업체에 대한 국내 시설자금으로 제한하도록 관련 규정을 개정하였다.

1) 한국은행 금융안정보고서 제9호 2007. 4. p.40
2) 한국은행 송은영 '외환위기 이후 우리나라 대외채무 및 대외채권 구조변화와 최근동향' 2006.12.)

제3절 국제금융시장의 불안요인

2007년 2월 27일 중국 증시가 10년 만에 최대 폭으로 하락하였다. 이날 상해종합지수는 2,772로 전일 대비 8.8% 떨어졌으며, 이 하락 폭은 1996년 중국 증시가 하루 최대 하락폭을 10%로 정한 이후 가장 큰 것이었다.(차이나 쇼크) 이날 주가 하락은 중국경제의 거품 논란과 이에 대처한 중국정부의 유동성 억제정책 예상에 따른 것으로 해석되었다.

이후 국제 금융시장에서는 엔화 투자자들이 중국을 비롯한 고금리·고성장 국가에서 투자를 회수할 것이라는 우려가 고조되었으며, 이에 따라 일본, 한국, 대만 등 아시아 증시가 일제히 하락하였다. 특히 다음 주 월요일인 3월 5일(월요일)에는 주가가 동반 폭락하여 일본 닛케이지수는 3.34% 급락한 16,642로 마감하고, 대만증시는 3.74% 하락한 7,345로 마감하여 각각 2006년 12월 이래 최저치를 나타냈으며, 이 외에도 홍콩증시는 4%, 싱가포르증시는 3.72% 하락하였다. 이날 우리나라의 종합주가지수와 코스닥지수 역시 2.71%(38.32)와 2.14%(12.96) 하락한 1,396.15와 594.03으로 마감하였다.

이어 3월 13일에는 미국 뉴욕증시가 급락하였다. 이는 미국의 모기지(mortgage, 주택담보대출)의 대량 부실이 주 원인이 되었다. 미국은 최근 수년간 미연방기금의 대출금리를 인상하여 주택경기가 침체하고 이에 따라 모기지의 부실화 현상이 나타나고 있기 때문이다. 이날 미국 뉴욕증시는 다우평균이 1.97% 급락하였으며, 다음날인 14일 서울 증시에서 코스피지수가 2.0% 급락한 1,407.37로 장을 마쳤고, 일본 닛케이 평균은 다시 3%에 가까운 폭락세를 보였으며, 대만·싱가포르·홍콩·중국 증시도 일제히 1% 넘게 급락하였다.

최근 세계적인 증시불안의 원인을 종합하면 대체로 미국의 모기지 부실화와 경기 둔화, 중국정부의 유동성 긴축 전망 및 일본 엔화의 강세화 전망으로 정리할 수 있다.

1. 미국의 모기지 부실화

전술한 바와 같이 미국 경제는 2006년 2/4분기 이후 저성장을 지속하다가 2007년 2/4분기에 3.4%의 성장률을 나타냈다. 미국 경제의 성장둔화는 금리상승에 따른 주택경기 침체에 주로 기인한 것으로 분석되고 있다. 미국에서는 최근 3년간 연준(FRB)의 연방기금금리가 지속적으로 인상되어[1] 모기지 금리가 상승하고, 이에 따라 주택가격이 하락해 왔던 것이다.

미국의 주택착공 호수는 2002년 이후 매년 5~8% 이상 증가하였으나, 2006년 중에는 12.9% 감소하였고, 2007년에도 1월에 14.3% 감소하였다가 2, 3월에 7.6%, 0.8% 증가하는 데 그쳤다. 또 2007년 1월 기존주택 판매량은 전년 동기대비 4.3%, 신축주택 판매량은 20.1% 감소하였고, 주택가격은 2006년 8월 이후 하락하여 12월에 일시 반등하였다가 2007년 1월 다시 급락하였다.

한편 미국의 모기지 대출총액은 2006년 말 기준 약 10.2조 달러에 달하고 있는데 이 중 서브프라임(비우량) 모기지의 비율은 2001년 8.50%에서 12.75%로 상승하였다. 그러나 2006년과 2007년 초의 주택경기 침체와 금리상승으로 연체가 늘어나면서 모기지 시장도 심한 불황을 겪게 되었다. 지난 2004~5년 10%대에 머물고 있던 연체율이 2006년 4/4분기

1) 2003년 말 1.00%에서 수차례 인상되어 2004년 말 2.25%, 2005년 말 4.25%, 2006년 6월 이후 5.25%로 책정되어 있음.

에는 13.33%를 기록하면서 4년 만에 최고치를 보였기 때문이다.

이 영향으로 2007년 3월 5일 뉴욕 증권시장에서는 미국 제2의 서브프라임 모기지회사인 뉴센추리 파이낸셜의 주가가 68.9% 폭락하였고, 또 다른 서브프라임 모기지회사인 프레몬트 제네럴(4위 회사)과 노바스타 파이낸셜의 주가가 각각 32.3%, 40.9% 떨어졌으며, 미국 최대(우량) 모기지회사인 컨트리와이드 파이낸셜의 주가도 4.9% 하락하였다.

특히 모기지 부실이 가장 심각했던 뉴센트리는 3월 12일 현금유동성이 부족하여 골드만삭스, 씨티그룹, 모건스탠리 등 투자은행들의 채권환매 요청에 응하지 못하고 영업을 중단하였으며, 13일에는 상장이 폐지되었다.

모기지 회사들의 부실은 곧 이들 회사에 대출했거나 투자한 상업은행과 투자은행(IB) 등 2차 금융기관의 피해로 확산되면서 신용경색의 우려가 증대되었다. 6월에는 미국 유수의 투자은행 베어스턴스가 운용하던 헤지펀드가 막대한 손실로 청산위기에 처하게 되었는데, 이 펀드는 서브프라임 모기지 담보부증권(일종의 ABS)을 중심으로 200억 달러 이상의 자금을 운용하여 오던 중 최근 주택경기 침체 여파로 20% 이상의 손실을 냈던 것이다.

그 영향으로 6월 22일 미국 증시에서는 베어스턴스를 비롯한 투자은행들의 주가가 2% 내외 하락하고, 다우지수가 185.6(1.37%) 하락하였으며, 채권시장에서는 국채 금리가 5% 이상으로 상승하는 등 또 한 차례 금융불안이 발생하였다. 미국 국채금리의 상승은 곧 글로벌 금융시장에 충격을 주어 6월 하순에는 세계 굴지의 기업들이 채권발행을 중단하는 상황이 발생하였으며, 국내 기아자동차의 경우도 같은 상황을 맞았다.

하반기에 들어 미국의 주택경기는 더욱 침체되었다. 7월 중 신축주택 착공 호수가 전월 대비 6.1% 감소하여 10년 만에 최저수준을 나타내고,

기존주택 판매가 계속 감소하여 주택 매물 재고가 2.2% 증가하면서 16년 만에 최고수준을 나타냈으며, 가격도 12개월 연속 하락하였다.

이와 함께 서브프라임 모기지 담보증권의 거래가 중단되다시피 하고, 신규발행 물량도 대폭 감소하였다. 또 일부 서브프라임 모기지회사가 파산하였고, 미국 최대의 모기지회사인 컨트리와이드 파이낸셜도 투자등급이 하락하면서 한때 파산위기에 몰렸다.

미국증시는 그동안 7월 중 다우존스지수가 14,000을 돌파하는 활기를 보였으나 이 같은 상황의 발생으로 주가가 하락을 거듭하여 8월 16일에는 12,800선으로 내려앉았다. 이날 미국증시의 폭락은 우리나라를 비롯한 유럽과 일본 증시에 충격을 주어 글로벌 증시가 동반 하락하는 사태가 발생하였다.

이 사태는 미 연방준비이사회(FRB)가 재할인율을 0.5% 인하(6.25%에서 5.75%로) 조치한 후 진정되었다.

2. 중국의 통화긴축 가능성

중국은 2003년 이후 10%가 넘는 경제성장세를 보여 왔다. 특히 2006년에는 경상수지가 약 1,775억 달러의 흑자를 보이면서 10월 이후 외환보유고가 1조 달러를 넘어섰으며, 경제성장률은 연 10.7%를 기록하였다. 경기호조를 반영하여 주가(상해종합주가지수)도 2006년 초 1,164에서 연말 2,625로 155% 상승하였다. 이러한 경제 활황은 2007년에 들어와서도 지속되어 2월 말까지 무역흑자는 397억 달러로(전년 동기 120억 달러) 늘어나고, 주가지수는 2월 26일 3,000을 돌파(3,041)하였다. 또 통화(M2)는 2005년과 2006년에 각각 17.6%와 16.9% 증가한 데 이어 2007년 1, 2월 중에도 전년 동월 대비 각각 15.9%, 17.8% 증가하였다. 주택가격 역시 2007년 1월 중 전년 동월 대비 5.6%(70대 도시기준) 상승하여 2006년 12월 상승률보다 0.2% 증가하였다.

이 같은 통화팽창과 경기과열에 대처하여 중국정부는 2006년 6월 이후 2007년 1월까지 4차례에 걸쳐 은행간 지급준비율을 6%에서 9.5%까지 지속적으로 인상하였으며, 2월 25일에는 이를 다시 10%로 인상 조정하였다. 이에 중국정부의 통화긴축을 예견한 투자자들은 2월 27일 보유주식을 투매하여 주가가 8.8% 폭락하였다(차이나 쇼크).

이어 3월 5일에는 전국인민대표회의(전인대)에서 2007년 경제성장 목표를 8%로 천명하여 통화긴축의 의지를 보였다. 구체적으로 중국정부는 총통화 증가율을 2006년과 같은 수준인 16%로 유동성을 관리하되, 경기의 과열을 막기 위하여 고정자산 투자와 신용대출 규모에 대한 통제를 강화할 것이라고 밝혔다. 또 외국인 투자에 대하여는 법인세제를 개편하여 종전에 중국기업 33%, 외국기업 15%의 차등화된 법인세율을 25%로 단일화하고, 그동안 느슨했던 세금포탈과 세금감면을 엄격하게 통제하기로 함으로써 외자기업에 대한 우대정책을 폐지하고 세무조사를 강화할 것임을 예고하였다.

이 발표가 있자 중국을 비롯한 아시아 증시는 전술한 바와 같이 일제히 하락하였다. 이는 중국정부의 유동성 긴축으로 과열된 증시와 부동산시장에서 거품이 빠지는 경우 심각한 금융불안이 야기될 수 있다는 우려에서 기인한 것으로 보인다.

그러나 3월 17일 중국인민은행이 금리를 27bp 인상하는 데 그치자 중국 증시는 다시 상승하여 3,000선을 회복하고, 5월 초에는 4,000선을 돌파하였다. 이 같은 증시활황은 2007년 1/4분기 경제성장률이 11.1%를 기록하고, 무역수지도 흑자행진을 지속하고 있는 것으로 나타난 데 영향을 받은 것으로 풀이된다.

이 후 중국 통화당국은 5월 중순 상업은행 지급준비율을 11.0%에서

11.5%로 인상하고, 대출금리와 예금금리를 인상하였으며, 환율변동 폭도 종전 ±0.3%에서 ±0.5%로 확대하여 위안화 조기절상을 용인하기로 하였다. 또 5월 말에는 증권거래세를 0.1%에서 0.3%로 전격 인상하였다. 그 영향으로 주가지수는 6월 들어 3,000대로 하락하였다.

한편 실물부문에서 중국은 2007년 상반기 중 5,470억 달러의 수출실적과 함께 1,128억 달러의 무역수지 흑자를 보임으로써 전년 동기 대비 수출은 27.7%, 무역수지는 84.9%의 증가율을 보였다. 또 중국경제는 1/4분기에 11.1% 성장에 이어 2/4분기에는 11.9%의 성장률을 나타내 12년 만에 최고치를 기록하였다.

이 같은 경기과열로 소비자물가는 2006년 평균 1.5%에서 2007년 1/4분기에 2.7%(전년동기 대비), 2/4분기에 3.6%, 7월에는 5.6%나 폭등하였고, 증시에서도 상해종합주가지수가 다시 4,000선을 회복하고, 8월에는 5,000선을 돌파하는 과열양상을 보였다.

이에 중국 정부는 7~8월 중 상업은행 지급준비율을 0.5% 인상하고, 상업은행 예금 및 대출금리를 2차례 인상하였으며, 이자소득세도 20%에서 5%로 크게 낮추었다. 정부의 이러한 조치로 상해지수는 4,000 대로 일시 하락하였으나 다시 회복되어 8월 말에는 5,219로 마감했다.

중국정부는 향후에도 통화긴축을 위한 다양한 조치를 취할 것이 예상되며, 이에 따른 증시침체 및 경기둔화의 가능성이 상존하고 있는 것으로 보인다.

3. 엔화의 강세화 가능성

일본 중앙은행은 2006년 7월에 정책금리를 0%에서 0.25%로 인상한 데 이어 2007년 2월 21일에 다시 0.5%로 인상하였다. 이는 최근 경기회복에 자신을 얻은 통화당국이 금리정상화를 위해 취한 조치로 풀이된다.

일본은 지난 2004 회계년도(2004.4-2005.3)에 2.7%, 2005 회계년도에 1.9%의 성장을 보이고, 2006 회계년도 1/4분기(4-6월) 1.3%(연율), 2/4분기 0.5% 성장에 그쳤으나 3/4분기(10~12월)에는 5.5%의 고성장을 보여 최근 3년 이래 최고치를 기록하였다. 경기상승의 한 단면을 보여주는 민간건설 수주액 증가율은 같은 기간 3.1%에서 4.3%로 상승하였으며, 특히 2006년 4/4분기에는 전년 동기 대비 12.1%, 2007년 1/4분기에는 전년 동기 대비 13.4% 증가하였다.

이 같은 호황을 반영하여 일본의 주가지수는 2005년 말 16,111에서 2006년 말 17,226으로 급상승하고 2007년 2월 말에는 17,604로 상승하였다. 이와 함께 물가는 생산자물가 상승률이 2005년 중 1.7%에서 2006년 중 3.1%로 높아지고, 소비자물가 상승률이 -0.3%에서 +0.3%로 전환되었다.

그동안 국제금융시장에서는 저금리의 엔화 자금을 차입하여 고금리·고성장 국가에 투자함으로써 금리차이와 성장이익을 취하는 이른바 엔캐리트레이드(Yen carry trade)가 성행하였다. 그러나 엔화 금리가 상승하고 성장률이 높아지는 경우 엔화를 다른 국가에 투자하는 이익이 줄어들게 되므로 그 투자는 청산(회수)하게 된다.

세계적으로 엔캐리트레이드 자금은 약 2~3,000억 달러에서 많게는 1조 달러 규모로 추산된다. 2월 21일자 일본의 금리인상은 곧 엔캐리트레이드 자금이 유입된 국가들의 통화가치를 하락시켰다. 2007년 2월 26일부터 3월 9일까지의 기간 중 미 달러화에 대한 엔화의 가치는 2.3% 상승하였으나, 엔트레이드 자금이 가장 많이 투입된 뉴질랜드의 통화는 3.0% 하락하였고, 호주, 터키, 영국의 통화는 1.6~1.7%, 인도네시아 통화는 1.2%, 우리나라 원화는 0.8%, 유로화는 0.4% 하락하였다.

이와 같이 엔화의 대 미화환율은 2007년 1월 말 121.29엔에서 2월 말 118.57엔, 3월 말 118.04엔으로 강세를 나타냈다. 다만 그 후 엔화의 통화가치는 다시 약세로 돌아서 5월 말에는 121.62엔, 6월 말에는 123.44엔으로 환율이 상승하였다.

그러나 하반기에 들어서는 미국의 서브프라임 모기지 부실문제가 다시 불거지면서 엔화의 가치가 상승하여 엔/달러 환율은 7월 말 118.96엔으로, 8월 말에는 116.05원으로 하락하였다. 그리고 이 같은 엔화의 강세로 국제금융시장에서는 엔캐리트레이드 청산에 대한 우려가 다시 대두되었다.

향후 일본의 경제성장이 지속되고 엔화의 정책금리가 다시 인상되는 경우 엔화 트레이드의 청산은 본격화되고, 이에 따른 국제금융시장의 불안은 불가피할 것으로 보인다.

요　　약

서편(序篇) 외환위기의 발생 (1997)

1997년에 외환위기가 발생하였다.

우리 경제는 1990년대 초반까지 높은 성장을 이룩하였으나 1996년에는 대폭적인 경상수지적자와 기업수지의 악화로 경제불안이 가중되었고, 1997년에는 연초부터 대기업의 도산이 잇달아 발생하였다. 이로 인하여 금융시장에서는 자금사정 악화로 금리가 상승하고 주가가 폭락하였으며, 그 영향으로 국내 외국자본이 대규모로 이탈하면서 보유외환이 고갈되었고, 이는 외환위기의 직접적인 원인이 되었다.

그 동안 외국자본이 대규모로 유입될 수 있었던 것은 1990년대에 들어 정부가 금융자율화와 국제화를 추진하였기 때문이다. 특히 1995년 1월 WTO 체제의 출범과 그 후 OECD 가입 추진으로 금융국제화가 급속하게 진행되었다. 이를 배경으로 금융기관들은 해외에서 단기외화자금을 과다하게 도입하였고, 이 자금을 국내외 기업에 무분별하게 대여해 준 것이 외환부족사태의 주 원인이 되었다.

1997년 1월 한보그룹에 부도가 발생한 이후 주요 재벌기업이 잇달아 파산하였다. 금융기관들은 이들 기업에 부도유예 조치를 취해 주었으나 대기업들의 자금난은 계속 심화되었다. 9월에는 마침내 재계 7위의 기아그룹이 부도를 내고 법정관리에 들어갔고, 그 영향으로 기아그룹의 주채권은행인 제일은행에 예금인출 사태가 벌어지는 등 금융불안이 확산되었다. 여기에 10월 23일 홍콩에 주가폭락사태가 발생하자 국내에 들어왔던 외국자본들이 서둘러 철수하면서 외환위기가 절정에 달했다.

정부는 11월 21일 IMF에 긴급자금 지원을 신청하여 12월 3일에 차관협정을 체결하였다. 차관도입 이후 정부는 거시경제운영, 금융 및 기업부문의 구조조정, 노동시장의 유연화와 무역의 개방 등 경제 전반에 대하여 IMF의 통제를 받게 되었다.

이에 앞서 정부는 1997년 초 금융개혁위원회를 설치하여 국내 금융시스템에 대한 개혁방안을 강구하였다. 위원회의 보고서를 토대로 금융구조조정체계의 수립, 통합 금융감독기구의 설립, 예금보험기구의 통합, 자산관리공사의 설립, 한국은행 기능의 개편 등을 위한 법률 제정을 추진하였다.

이들 법안 중 일부는 11월 정기국회에서 처리되었으나 일부는 관련 기관들의 이해 충돌로 국회 통과가 지연되다가 IMF와의 협정이 체결된 후 처리되었다. 이때 제정된 법률들은 1998년 이후 정부가 금융구조조정을 강력히 추진할 수 있는 토대가 되었다.

외환위기의 원인

1997년 외환위기의 원인에 대한 각계의 연구를 종합하면 다음과 같다.

기초적인 원인은 수년간에 걸친 경상수지 적자로서, 특히 1996년에는 230억 달러라는 사상 최대의 적자를 기록하였다. 이는 국내외 기업들이 주요 수출산업에 시설투자를 과다하게 집중한 결과 관련 상품의 공급과잉으로 수출단가가 하락한 데 원인이 있다.

경상수지 적자는 곧 외채를 증가시켜 1993년 말 439억 달러에 불과했던 대외채무가 1996년 말 1,047억 달러로 138% 늘어났으며, 이 중 단기외채는 218% 증가하였다. 금융부문에서는 특히 일반은행과 종합금융회사의 단기외채 증가가 두드러졌다.

1996년 중 수출부진과 기업수익성 악화는 대기업의 부실을 초래하여

1997년 초부터 한보그룹 등 재벌기업의 부도가 속출하였다. 이들 기업에 대한 금융기관 대출이 부실화되자 금융기관에 자금부족 사태가 일어났고, 이로 인하여 대외신인도가 하락하면서 외환수급 사정이 급격히 악화되었다. 여기에 동남아 국가들의 외환위기까지 우리나라에 전염되어 외환사정을 더욱 악화시켰다.

이상의 요인들이 총체적으로 작용하여 1997년 외환위기를 초래한 것으로 분석된다. 그러나 이러한 요소들은 그 자체가 금융위기의 원인이라기보다 금융위기의 증상에 속한다고 할 수 있다. 더욱 근원적인 원인은 그동안의 정부의 경제·금융정책에서 찾아야 할 것이다.

정부정책에 대한 평가

1990년대 이후 정부는 시장개방정책을 지향해 왔으며, 특히 1995년 3월 이후 OECD 가입을 추진하면서 외국인 주식투자 한도 확대, 상업차관 확대 허용 등 개방 일정을 불필요하게 서둘러야 했다.

과거 우리나라의 금융감독은 경영의 건전성과 효율성을 확보하기보다는 고속성장에 필요한 내자동원과 자원배분을 독려하는 데 중점을 두어왔다. 이에 따라 금융기관에 대한 합리적인 감독체계가 수립되지 못하고 금융감독 기술은 낙후되었다. 이러한 환경에서 금융부문에 대규모 부실채권이 발생하고 다수 금융기관이 부실화될 수 있었다.

외환 및 외채 관리방법도 서툴렀다. 1997년 하반기 이후 대외신인도 하락으로 외국 금융기관으로부터의 credit line이 축소됨에 따라 원화의 평가절하 압력이 커지게 되었는데, 이에 불구하고 통화 당국은 환율안정만을 위하여 무리하게 외환시장에 개입함으로써 보유외환을 소진하였다. 이는 곧 외환위기의 직접적인 원인이 되었다.

제1편 외환위기의 진행과 금융구조조정 (1997~1999)

제1장 구조조정 추진체계의 정비

1997년 금융위기가 진행되는 동안 각 금융권별로 건전성 감독체계와 통제방법이 달라 위기발생 시에 효율적으로 대처하지 못했던 점이 문제로 대두되었다. 특히 종합금융회사에 대한 감독은 다른 금융권에 비해 더욱 허술했다는 지적이 있었다.

이에 정부는 1997년 말 〈금융감독기구의 설치 등에 관한 법률〉을 제정하여 금융권별 감독기구를 통합한 금융감독위원회(금감위)를 설치하고, 그 산하에 금융감독원(금감원)을 두도록 하였다. 금감위는 1998년 4월 1일 출범하였다.

또 〈금융산업 구조개선에 관한 법률〉을 개정하여 금감위로 하여금 재무상태가 악화된 금융기관에 경영개선을 위한 조치(적기시정조치)를 할 수 있도록 하였다.

정부는 예금보험기구를 통합하고 부실채권 정리 전담기구를 탄생시켰다.

종전에 예금보험공사(예보)는 은행 예금자에 대한 보험기능만 수행하였으나 예금자보호법의 개정을 통하여 예금보험기능을 전 금융기관으로 확대함과 동시에 부실금융기관 정리를 위한 지원업무를 대폭 확대하였다.

종전에 성업공사는 금융기관으로부터 위임을 받아 연체채권 추심업무를 수행하여 왔으나 성업공사법 제정을 통하여 이를 재설립하면서 부실채권의 인수(매입)·정리 등 부실채권 정리업무를 대폭 확대하였다.

이와 함께 예보와 성업공사가 금융구조조정에 사용할 공적자금을 조성하였다. 예보에는 예금보험기금을 설치하여 폐쇄 금융기관의 예금자에 대한 예금대지급, 부실금융기관 정비를 위한 출자, 출연, 자산매입 등에 사용하도록 하고, 성업공사에는 부실채권정리기금을 설치하여 금융기관 부실자산의 인수자금으로 사용하도록 하였다

제2장 금융구조조정

금융기관 구조조정의 절차와 기준

금융산업의 구조조정도 기업구조조정과 같이 대상 금융기관에 대한 재무구조조정과 사업구조조정이 수반되며, 본격적인 구조조정에 앞서 예비적 조치를 실시한다.

금감위는 금융기관의 재무상태가 악화된 경우 그 부실 정도에 따라 경영개선 권고, 요구 또는 명령을 내리면서 그 조치 사항이 반영된 경영정상화 계획을 제출하도록 한다. 이 계획을 평가하여 타당성이 인정되지 않을 경우 금감위는 계획을 불승인하고, 당해 금융기관의 실정에 따라 적기시정조치를 한다. 적기시정조치에 의한 명령을 이행하지 않거나 이행하지 못하는 금융기관에 대하여 금감위는 다른 금융기관과의 합병, 금융지주회사로의 편입, 영업의 전부 또는 일부의 양도, 제3자에 의한 인수, 계약이전 등의 조치를 하며, 이 같은 본 조치에 앞서 일반적으로 영업정지 또는 경영관리 등 예비적 조치를 한다.

경영개선요구를 받은 금융기관은 예금 금리의 제한, 임원진 교체 등과 함께 영업소의 폐쇄, 통합, 또는 신설 제한, 조직의 축소, 위험자산보유의 제한 및 자산처분, 자회사 정리, 영업의 일부정지 등 사업구조조정을 실시하여야 한다. 또 경영개선명령을 받은 금융기관은 위 사항과 함께 합병 또는 금융지주회사로의 편입, 영업의 전부 또는 일부 양도, 제3자에 의한 인수, 계약의 전부 또는 일부 이전 등 사업구조조정을 실시하여야 한다. 계약이전이란 예금, 대출 등 금융거래에 관련된 계약을 다른 금융기관에 이전하는 것을 말한다.

재무상태가 부실한 금융기관에 대해 출자, 후순위채 매입 등으로 자기자본을 확충시켜 주거나 부실채권을 매입해 주는 것은 곧 재무상태를 향상시켜주는 결과가 된다. 부실금융기관이 예금인출사태 등으로 인한 재무구조의 악화로 영업을 지속하기 어렵다고 인정되는 경우 또는 부실우려 금융기관에 재무구조 개선이 필요하다고 인정되는 경우 정부와 예보는 출자, 출연 또는 유가증권 매입의 방법으로 재무적 지원을 할 수 있다. 또 성업공사는 이들 금융기관으로부터 부실채권을 매입하여 유동성을 지원할 수 있다.

은행구조조정

대기업 연쇄부도로 부실이 가장 심했던 제일은행과 서울은행에 대하여 정부는 각각 5.7조원과 4.8조원을 증자지원한 후 매각을 추진하였다.

이 중 제일은행은 1999년 말 미국계 펀드인 뉴브리지에 매각하였다. 정부(예보)는 제일은행 지분 51%를 뉴브리지에 5,000억원에 매각하면서 자본금을 감소하여 1.4조원을 회수하였다. 또한 뉴브리지가 인수 거부하는 자산 3.5조원을 매입하였으며, 은행에 잔류하는 여신이 일정기간 내에 부실해지는 경우 부실자산을 추가로 인수하거나 대손충당금을 지급하기로 하였다.

서울은행은 매각이 무산되고 그 대신 도이치은행으로부터 경영자문을 받기로 하고 자문계약을 체결하였다.

한편 정부(금감위)는 1998년 6월, BIS 비율이 낮고 경영정상화 계획에 타당성이 없는 동화·동남·대동·충청·경기 등 5개 은행의 자산·부채를 국민·주택·신한·하나·한미 등 5개 은행으로 각각 이전하는 내용의 계약이전결정을 하였다. 부실은행을 인수한 5개 은행의 손실을 보전해 주기 위하여 예보는 3.5조원을 출연하고, 0.6조원의 후순위채권을 인수하였으며, BIS비율을 유지시키기 위하여 1.2조원의 우선주를 인수하였다.

상업은행과 한일은행은 1998년 8월 24일 이사회에서 합병을 결의하였다. 이들 은행의 합병을 지원하기 위하여 예보는 양 은행에 총 3.3조원을 출자 지원하였다. 증자에 앞서 양 은행은 구 주주의 주식을 10:1로 병합(소각)

함으로써 합병은행(한빛은행)은 사실상 정부소유가 되었다.

조흥은행·강원은행·충북은행 등 3개 은행은 순차적으로 합병하였다. 예보는 3개 은행의 합병을 지원하기 위하여 1999년 2월 조흥은행에 2.1조원을 출자 지원하고, 그 후 5월에 충북은행 합병과 관련하여 0.2조원, 9월에 강원은행 합병과 관련하여 0.4조원을 추가로 출자하였다. 정부 출자에 앞서 조흥은행은 4.5:1로 감자함으로써 조흥은행도 사실상 정부 소유가 되었다. 3개 은행 합병에 앞서 강원은행은 먼저 현대종합금융과 합병함으로써 이 합병은 결국 4개 금융기관의 합병이 되었다.

제2금융권 구조조정

정부는 종합금융회사들의 경영정상화 계획을 일제히 평가하여 1998년 중 14개 종금사를 인가 취소하고, 이들 종금사의 자산부채를 한아름종금에 이전하는 계약이전결정을 하였다. 한아름종금은 인가 취소되는 종금사의 예금과 대출금을 정리하기 위하여 한시적으로 설립된 가교 금융기관이다. 14개 종금사의 예금을 대지급하여야 할 한아름종금에 대하여 예보는 총 12.7조원의 자금을 대출하였다.

증권회사 중에서는 1998년과 1999년 중 고려·동서·장은·동방페레그린·산업·한남투자증권이 연쇄적으로 부실화되어 영업정지 후 인가 취소를 받았다. 예보는 이들 증권사의 예금 145억원을 대지급하였다.

생명보험사 중에서는 국제·태양·BYC·고려 등 4개 생보사가 부실화되어 금감위가 이들 회사의 자산·부채를 각각 삼성·흥국·교보·제일생명에 이전하도록 하는 계약이전결정을 하였다. 예보는 이들 인수 보험사의 손실보전을 위해 총 1.2조원을 출연하였다. 이어서 두원·동아·국민·조선·한덕·태평양 등 6개 생보사가 부실화하여 타 생보사로 계약이전하였으며, 예보는 이들 인수기관의 손실보전을 위하여 총 2.4조원을 출연하였다.

대한생명의 경우는 거액(2.0조원)의 부실채권이 발생하여 금감위가 부실금융기관으로 지정하고 자본금 감소와 함께 예보에서 2조원을 출자하였다.

이로써 대한생명도 정부 소유가 되었다.

한국보증보험과 대한보증보험은 외환위기시 피보증기업들이 부실화함에 따라 3조원에 가까운 적자가 누적되었다. 정부는 양사의 합병을 지원하고 그 외에 발생한 추가적인 손실을 보전하기 위하여 10조원을 출자 지원하였다.

부실채권 매입

성업공사는 재출범 직후인 1997년 11월 26일 제일·서울은행의 부실채권을 긴급 매입하였고, 이어 11월 28일에는 30개 종금사, 12월 15일에는 30개 은행의 부실채권을 인수하였으며, 1998년 2월 19일에는 대한·한국 등 2개 보증보험회사의 부실채권(대지급 구상권)을 인수하였다.

공적자금 사용에 관한 정부와 IMF와의 협의가 끝난 후 같은 해 7월에는 서울·제일은행 부실채권을 추가로 매입하였고, 9월 29일에는 6월 29일자 계약이전 결정에 따른 5개 정리은행과 5개 인수은행 등의 부실채권 매입, 연말에는 산업은행을 비롯한 5개 특수은행에 대한 부실채권 매입 등 대규모의 매입을 진행하였다.

1999년에는 1단계 금융구조조정이 마무리되면서 부실채권 매입액은 1998년의 1/3수준인 11.9조원, 매입대금은 2.9조원에 그쳤다.

제3장 공적자금의 사후관리와 회수

성업공사

성업공사는 투입된 공적자금의 회수가치를 극대화하기 위하여 인수 부실채권에 대한 시효관리, 담보부동산 관리, 채무기업에 대한 회생지원 등 관리업무를 수행하면서 부실채권 특성별로 적절한 회수방법을 강구하였다.

성업공사가 적용했던 부실채권 정리방법은 크게 국제입찰에 의한 대량매각 방식과 자산유동화(ABS) 방식, 개별정리 방식 등으로 구분할 수 있다.

국제입찰은 매각 가능한 부실채권을 선별하여 일정한 규모로 집합하고, 이를 국제입찰을 통하여 매각하는 방법이다. 또 자산유동화는 〈자산유동화에 관한 법률〉에 따라 정리 대상 부실채권을 유동화전문회사(SPC)에 이전하고, SPC는 이 자산을 기초로 증권(ABS)을 발행하여 판매하는 것이다. 이때 공사는 후순위증권을 발행하여 보유하고 있다가 향후 자산가치가 증가할 때 그 이익을 취득할 수 있도록 하였다.

개별정리 방식으로는 담보물의 경매(일반담보부채권의 경우), 추심(무담보채권의 경우) 및 법원 인가된 변제계획에 따른 회수(특별채권의 경우) 등이 있다.

1999년 말까지 성업공사는 국제입찰을 통하여 2.7조원, ABS 발행을 통하여 1.8조원, 담보물 경매를 통하여 2.6조원, 직접회수 등 1.9조원, 환매를 통하여 12.4조원 등 총 21.4조원을 정리하고 12.1조원을 회수하였다. 정리된 채권의 매입원가는 10.8조원으로 공사는 이 기간 중 1.3조원의 매각차액을 시현하였다.

예금보험공사

예보는 투입된 공적자금의 회수가치를 극대화하기 위하여 피지원 금융기관의 경영정상화계획 이행약정을 체결하고 그 이행 상황을 점검하며, 금융기관 파산재단을 관리하는 한편, 금융기관 부실 책임자에 대해 그 책임을 추궁하였다.

금융기관 파산재단으로부터의 배당을 극대화하기 위하여 예보는 예보직원이 파산재단의 감사위원에 선임되도록 추진하였다. 그 결과 거의 모든 파산재단에 대한 관리에 참여할 수 있었으며, 이들이 파산재단에서 조기배당을 유도하여 1999년 말까지 총 0.9조원을 회수하였다.

예보 산하의 한아름종금과 한아름금고는 인수자산을 회수하여 총 5.8조원을 회수함으로써 자산 매입액 9.7조원 대비 60%의 회수율을 나타냈다.

예보는 금융기관의 부실 관련 책임추궁을 위한 기초 증거자료를 확보하기 위하여 1999년 말까지 86개 금융기관을 조사하고, 조사대상 금융기관의 전직 임직원 764명에 대한 부실관련 사실을 규명하였다. 이를 근거로 당해 금융기관은 1,560건, 2,747억원의 재산을 가압류하고, 2,631억원의 손해배상소송을 제기하였다.

제4장 기업구조조정

은행감독원(금융감독원의 전신)은 금융기관의 총 여신이 2,500억원 이상인 계열그룹과 주거래은행 간에 '재무구조개선에 관한 약정' 을 체결하도록 독려하여 1998년 3월과 4월에 모두 약정을 체결하였다. 이 약정에는 연차적인 부채비율 감축 계획, 자구노력과 차입금 상환 계획, 계열사 통폐합 및 정리 등이 포함되었다. 특히 부채비율은 1999년 말까지 200% 이내로 낮추기로 하였다.

각 은행은 1998년 5월 11개 협조융자 계열 및 64대 계열 소속 부실징후기업 등을 대상으로 부실 여부를 판정하여 회생이 불가능한 기업은 조기퇴출을 유도하고, 회생가능한 기업에 대하여는 기업개선작업을 실시하기로 하였다. 판정 결과 6월 18일에는 대상계열 소속 313개 기업 중 55개 기업을 퇴출 대상으로 선정하였다.

기업개선작업 대상으로 8개 대형은행은 64대 계열기업 중에서는 각각 2개 계열씩, 그 밖의 대기업 및 중견기업 중에서는 각각 10개씩 선정하여 구조조정을 적극 추진하기로 하였다. 이를 위하여 국내 전 금융기관은 6월 25일에 '기업구조조정 촉진을 위한 금융기관협약' (약칭 기업구조조정협약)을 체결하였다. 이 협약에는 은행, 종금사, 보험사, 증권사, 투신사 및 여신전문사 등 208개 금융기관이 가입하였다.

이 협약은 기업개선작업 추진을 위한 기구(기업구조조정위원회 등), 기업개선작업 대상기업에 대한 채권행사 유예, 대상업체의 선정절차와 기준, 기업개선작업 실시 후 사후관리 및 채권금융기관 간 이견조정 방법 등을 명시하였다. 기업개선작업의 추진원칙으로서는 적격기업을 대상으로 선정함으로써 금융기관 손실을 최소화하고(손실최소화의 원칙), 채권단간 및 채무기업(주주, 경영진 종업원 등)이 손실을 합리적으로 분담하며(손실분담의 원칙), 기업개선작업 중 채권단은 보유 채권액을 기준으로 공평한 권리를 행사하고 관련 정보를 공유하며(공평성의 원칙), 절차를 신속하고 유연하게 진행하여 손실을 최소화하도록(신속성의 원칙) 하였다.

이 방침에 따라 5대 계열에 대하여는 주채권은행 주도하에 기 체결된 재무구조개선 약정을 중심으로 구조조정을 실시하고, 6~64대 계열과 중견대기업에 대하여는 기업개선작업을 추진하도록 하였다.

1999년 말 현재 주채권은행은 102개 기업을 기업개선작업 대상으로 선정하였는데, 그 중 1개 업체는 작업을 성공적으로 졸업하였고, 8개 업체는 중도 탈락하였으며, 15개 업체는 다른 금융기관과 합병하고 나머지 78개 업체가 이 절차를 계속 진행하였다. 이 중 77개 기업의 기업개선계획이 확정되었고, 이 계획에 따라 69개 기업이 기업개선약정을 체결하였다.

기업개선계획이 확정된 77개 기업 중 대우계열 12개사를 제외한 65개 기업의 채무 총 27.9조원에 대하여 채권금융기관은 23.2조원은 상환유예, 2.2조원은 출자전환, 2.5조원은 기타의 방법으로 채무조정하고, 신규 자금도 1.7조원 지원하기로 하였다.

5대 계열의 구조조정 및 빅딜

55개 퇴출대상 기업을 발표하면서 정부는 특히 5대 재벌로서 국가 차원에서 경쟁력에 문제가 있는 기업이 빅딜(재벌간 사업교환) 등 적극적인 구조조정을 하지 않을 경우 금융기관 여신을 중단하도록 할 것임을 밝혔다.

이 방침에 따라 주채권은행들은 5대 계열과의 재무구조개선 약정을 수정하여 2000년 3월까지 상호지급보증을 완전히 해소하고, 1999년 말까지 부채비율을 200% 이내로 낮추기 위한 중간목표를 설정하도록 하였다. 한편 사업구조조정에 있어서는 핵심기업의 경쟁력을 약화시키고 한계기업 퇴출에 장애를 초래하는 부당 내부 자금지원 관행을 시정하고, 경쟁력이 낮은 사업분야에 대하여는 빅딜(사업교환)을 포함한 과감한 구조조정 방안을 자율적으로 추진하도록 하는 한편, 정부는 그 추진을 적극 뒷받침하기로 하였다.

5대 그룹 중 현대, 삼성, LG, SK 등 4개 그룹은 주채권은행과의 재무구조개선 약정에 따라 예정대로 재무 및 사업구조조정을 추진하였으나, 대우그룹은 1999년 그룹 전체의 부실이 심화됨에 따라 채권금융기관 주도하에 기업개선작업을 실시하였다.

대우그룹을 제외한 4대 그룹은 1999년 말까지 부채비율을 200% 이내로 감축하여 당초 목표를 기한 내에 달성하였다. 또 5대 그룹은 그룹 간 사업구조조정 계획을 수립하고 1999년에 그 이행에 들어갔다. 그 후 약 2년간 7개 산업에 사업교환(빅딜)을 추진하여 이 중 정유, 반도체, 발전설비 부문은 계열그룹간 사업이관을 완료하였고, 철도차량, 항공, 선박용 엔진 부문은 통합법인의 설립을 완료하였다. 다만 석유화학부문은 사업통합을 전제로 외국인투자 유치를 추진하였으나 투자 협상이 무산됨에 따라 각 사별 자체 구조조정을 실시하기로 하였다.

제5장 구조조정의 성과와 경제여건 변화

구조조정의 성과

외환위기 발생 후 1999년 말까지 정부는 은행권 구조조정을 위하여 67.0조원을 지원하는 등 총 94.8조원의 공적자금(공공자금 포함)을 투입하였다.

이 중 부실금융기관 정리를 위해서는 예보와 정부에서 72.0조원, 부실채권 인수를 위해서는 성업공사에서 22.8조원을 사용하였다.

금융구조조정 과정에서 300여개의 금융기관이 퇴출되거나 타 금융기관과 합병되어 1997년 말 2,102개였던 금융기관의 수가 1999년 말에는 1,781개로 감소하였다. 이 중 은행은 33개에서 5개가 퇴출되고 5개가 합병하여 23개로 감소하였다. 또 성업공사의 부실채권 인수로 국내 금융기관의 부실채권은 1998년 3월 말 110조원에서 1999년 말 66.7조원으로 감소하였다.

금융구조조정의 결과 금융기관의 수익성과 재무구조가 크게 개선되었다.

일반은행의 경우 1999년 중 수익성은 적자를 면하지 못했지만 당기순손실이 1998년 12.5조원에서 1999년 6.0조원으로 감소하고 총자산순이익률은 −3.25%에서 −1.31%로 개선되었다. 또 BIS비율은 1997년 말 7.04%에서 1999년 말 10.83%로 크게 향상되었다.

한편 기업구조조정의 결과로 국내 제조업체의 부채비율은 1997년 말 396.3%에서 1999년 말 214.7%로 향상되고, 이를 바탕으로 수익성도 개선되어 제조업체의 매출액경상이익률이 같은 기간 −0.34%에서 1.68%로 높아졌다.

경제동향

그 동안 8% 이상의 높은 성장률을 보이던 우리 경제는 외환위기로 인하여 1997년 5.0%, 1998년에는 −6.7%의 저성장를 기록하고, 1인당 국민소득은 1997년 10,315달러에서 1998년 6,744달러로 급격히 감소하였다. 그러나 1999년에 들어와서는 저금리에 따른 내수 확대와 환율상승(원화약세)에 힘입은 수출증가로 10.9%의 높은 경제성장률을 보이고, 1인당 국민소득은 8,595달러로 증가하였다.

1998년 중 경기침체로 연평균 149만 명으로 증가했던 실업자가 가속적인 경기회복에 힘입어 1999년 말에는 100만 명 정도로 줄어들었다.

1996년 중 사상 최대의 적자를 기록했던 경상수지는 1997년 적자폭이 예년의 수준(1995년 85억 달러)으로 감소하였고, 1998년에는 404억 달러라는 사상 최대의 흑자를 기록하였다.

한편 통합재정수지는 금융구조조정을 위하여 IBRD, ADB 등으로부터 전대차관(轉貸借款)을 도입하고, 실업 및 빈곤대책에 따른 지원으로 지출이 늘어남에 따라 1998년에는 18.8조원, 1999년에는 13.1조원의 적자가 발생하였다.

금융동향

금융 및 기업구조조정이 강력하게 추진되는 가운데 1999년 2/4분기 이후 국내 경기가 회복세로 돌아서면서 우리나라의 국제신인도가 향상되었다. 이에 힘입은 외화유입과 대규모의 경상수지 흑자로 1997년 말 204억 달러에 불과했던 외환보유고가 1999년 말 740억 달러로 증가하는 등 외환사정이 호전되고, 원/달러 환율은 1997년 말 1,415.2원에서 1998년 말 1,207.8원, 1999년 말 1,145.4원으로 안정되었다.

채권시장에서는 재정적자 보전을 위한 국채발행과 공적자금 조성을 위한 예보채, KAMCO채 발행이 큰 폭으로 증가하였고, 1998년까지 기업자금 조달의 주요 수단이었던 회사채 발행은 1999년 대우사태의 영향으로 크게 감소하였다. 종합주가지수(KOSPI)는 1998년 평균 406.1에서 1999년 806.8로 회복되었고, 금융기관 여수신 규모의 확대와 함께 시중금리도 안정을 되찾았다.

한편 외환위기 이후 은행을 비롯한 증권, 보험, 투신 등 금융산업에 외국자본의 진출이 활발해지면서 외자계 금융기관의 시장점유율이 증가하였다. 이는 1998년 우리나라 금융산업이 외국인에게 개방된 후 정부가 부실금융기관 정리를 위하여 외자유치를 적극적으로 추진한 결과이다.

제2편 대우사태와 2단계 구조조정 (2000~2002)

제1장 대우사태와 정부 대응

대우사태

대우그룹은 그동안 세계경영을 표방하면서 1998년 중에도 외형 확장을 계속하였으나 이러한 투자 확대에 소요되는 자금을 외부차입에 의존함에 따라 부채가 급증하였다. 1998년 말 대우그룹의 금융기관 차입금은 44조원으로 1997년 말 대비 53%나 증가하였으며, 이에 따른 금융비용 증가로 1998년에는 연간 당기순손실 0.5조원의 적자로 반전하였다. 이 같은 부실을 반영하여 주력기업인 ㈜대우의 신용등급이 1999년 4월 B에서 B-로(S&P) 하향조정되었다. 그 영향으로 ㈜대우는 수출자금 회수가 지연되고 신규자금 조달이 제한되면서 그룹 전체에 유동성이 고갈되었다.

이에 대우그룹은 '그룹 구조조정 혁신계획'을 발표하여 금융시장에서 일시적인 호응을 받았으나 6~7월경에는 더욱 심각한 자금난에 처하게 되었다. 대우그룹은 7월에 다시 그룹 구조조정방안을 수립하여 김우중 회장의 퇴진과 함께 회장 보유 계열사 및 교보생명 주식 등 10조원 규모의 자산을 담보로 4조원의 신규자금 지원 등을 요청하였으며, 채권단은 이를 수용하였다.

그러나 이에 불구하고 대우채권을 대량 보유하는 투신사에 수익증권 환매요청이 쇄도하는 등 금융시장의 불안은 더욱 심화되었다. 이에 채권금융기관들은 대우그룹에 기업개선작업을 실시하기로 하고, 8월 26일 대우그룹 12개 계열사를 기업개선작업 대상기업으로 선정하였다.

수익증권 환매대책

1999년 7월 이후 대우사태에 불안을 느낀 투신사 고객들은 앞을 다투어 수익증권 환매 요청을 하였고, 그 영향으로 금융시장은 금리상승, 주가폭락 등 불안이 심화되었다. 이에 정부는 8월 12일 대우 회사채 관련 수익증권 환매대책을 수립하였다. 이 대책의 내용은 일반법인과 개인투자자에 대하여 전액 환매에 응하되 대우 무보증채권 편입 부분에 대하여는 일정 비율로 우선지급하고, 그 차액은 2000년 7월 1일에 정산한다는 것이었다. 우선 지급액은 대책 발표일로부터 90일 이내에 환매하는 경우 기준가액의 50%, 180일 미만인 경우 80%, 180일 이상인 경우 95%를 지급하는 것으로 하였다.

이 같은 환매대책에 따라 투신사에는 일시에 대규모 자금소요가 발생하였다. 이에 자산관리공사(성업공사가 명칭변경)는 2000년 1월 29일 한국투신, 대한투신을 비롯한 23개 투신사의 대우 관련 부실채권 18.5조원을 매입하고 6.4조원을 지급하였다. 이 같은 사전대책 마련으로 투신사의 수익증권 환매는 2월 10일에 큰 혼란 없이 마무리되었다.

2단계 구조개혁 방안

대우사태 이후 정부는 2000년 2월에 2단계 4대부문 개혁추진 방향을 발표하고, 이어 9월에는 제2단계 금융구조 조정방안을 수립하였다.

이 방안에서 정부는 금융구조조정의 실효성을 확보하기 위해서는 부실기업 정리와 제2금융권 부실해소를 우선 추진하기로 하였으며, 아울러 미래지향적인 개혁을 통하여 금융산업의 경쟁력을 강화시키기로 하였다.

구체적으로 기업구조조정에 있어서는 부실기업 및 부실징후기업에 대한 구조조정이 시장기능에 따라 상시적으로 이루어질 수 있도록 시스템을 구축하고, 기업경영의 투명성 제고, 기업지배구조의 개선을 통하여 기업의 부실화를 사전에 방지할 수 있는 장치를 마련하기로 하였다. 또 금융구조조정에 있어서는 제2금융권 부실의 조기 정리를 위하여 우선 대주주 책임 하에 증자를 하는 등 자체 경영정상화를 유도하고, 대주주의 증자가 어려운 금융기관은 금융권별 특성을 감안하여 금융지주회사에의 편입, 제3자 매각, 계약이전 또는 청산의 방법으로 구조조정하기로 하였다. 한편 금융감독정책에 있어서는 적기시정조치 관련 제도를 지속적으로 정비하고, 리스크 평가

제도 및 조기경보체제 강화 등 예방적 감독기능을 제고하며, 제2금융권에 대하여도 신(新) 자산건전성 분류제도(FLC)를 조기 도입하기로 하였다.

공적자금의 추가조성과 관리제도 개편

대우계열사의 부실로 금융기관에 대규모 손실이 발생하자 정부는 이들 금융기관의 자본확충 등을 위하여 예금보험기금으로 40조원의 공적자금을 추가로 조성하였다.(2000년 12월 국회동의) 부실채권정리기금에서는 부실채권 매입 소요가 줄어들어 그동안 투입된 자금의 회수재원으로 대응할 수 있으므로 공적자금의 추가 조성이 없었다.

공적자금의 추가 조성을 계기로 2000년 12월 〈공적자금관리특별법〉이 제정되고, 이 특별법에 따라 공적자금관리위원회가 설립되어 2002년 2월 발족하였다. 특별법에서는 공적자금의 정의(범위)와 최소비용 원칙과 공평한 손실분담의 원칙 등을 명문화하고, 예보와 피지원 금융기관과의 경영정상화계획 이행약정(MOU) 체결, 이행실태 점검 및 조치 등 공적자금에 대한 사후관리 업무를 강화하였다.

구조조정 촉진을 위한 제도정비

정부는 제2단계 금융·기업 구조조정을 원활하게 추진하기 위하여 관련 법령과 금융제도를 다시 정비하였다. 먼저 금융기관의 경영투명성 강화, 지배구조 개선, 경영건전성 규제 강화 등을 목적으로 은행법 등 금융기관 관련법을 개정하고, 이어 금융기관이 대형화와 겸업화를 유도하는 금융지주회사법을 제정하였다.

한편 금융감독 면에서는 대우계열사의 부실로 인한 투신(운용)사의 경영악화를 계기로 투신사에 적기시정조치 제도를 도입하고 이를 2001년 4월 1일부터 시행하였다. 기업구조조정의 원활한 추진을 지원하기 위해서는 회사정리법을 개정하고 〈기업구조조정촉진법〉을 제정하는 한편, 〈조세특례

제한법〉을 개정하여 그동안 지연되었던 기업 및 금융구조조정이 가속화되도록 하였다. 상법과 회사정리법 개정으로 특히 워크아웃 또는 회사정리절차 중인 (주)대우, (주)대우중공업 및 대우자동차를 회사 분할의 방법으로 구조조정할 수 있게 되었다.

자금시장 안정 관련

대우사태의 여파로 금융시장의 불안이 계속되는 가운데 2000년 3월에는 현대사태[1)]까지 발생하여 주가의 폭락이 빈번해지고, 회사채 시장을 중심으로 시중에는 자금경색이 반복되었다. 이에 따라 정부에서는 여러 차례 금융시장 안정대책을 수립하였으며 특히 회사채 발행 촉진책을 잇달아 발표하였다.

2000년 5월에는 금융기관의 동일계열 회사채 보유 한도제를 폐지하였고, 6월에는 Primary CBO 발행 지원방안을 수립하였다. 이 방안은 신용등급이 낮은(B~BBB등급) 다수 기업의 신규발행 회사채 및 CP를 증권회사가 먼저 일괄 인수하고 이를 유동화하여 CBO를 발행함으로써 그 신용도를 제고하여 자금조달을 용이하게 하는 방안이다.

또 기업의 회사채 발행을 촉진하기 위하여 신용보증기금과 서울보증보험이 회사채를 부분보증(보험)하는 제도를 도입하였다. 부분보증이란 기업이 발행하는 회사채에 대하여 보증기관이 일정 부분만 보증함으로써 투자자의 회사채 투자를 촉진하고 보증기관은 보증효과를 최대화하는 제도이다.

12월에는 '자금시장안정을 위한 회사채발행 원활화방안'을 마련하여 2001년 중 대규모로 만기 도래하는 회사채의 차환발행이 원활하게 이루어지도록 하였다. 외환위기 이후 국내 기업들은 금융기관 차입보다 회사채를 대규모로 발행하여 자금을 조달하였는데, 이때 발행한 회사채 중 65조원의 만기가 2001년 중에 도래하고 있는 상황이었다. 이 방안의 골자는 만기도

---

1) 2000년 3월 현대그룹 일가에 경영권 분쟁이 있은 후 일부 계열사에 극심한 자금부족사태가 발생한 것을 말함.

래 회사채 중 20%는 해당기업이 자체 상환하고, 나머지는 산업은행이 전액 우선 인수한 후 이 중 70%는 신용보증기금이 보증하는 Primary CBO 및 CLO에 편입하고, 20%는 채권은행이 인수하며, 나머지 10%는 산업은행이 계속 보유하는 것이다.

제2장 금융구조조정

부실채권 매입

전술한 바와 같이 자산관리공사는 대우사태로 인한 투신사의 자금난을 덜어주기 위하여 2000년 1월 대우계열사 관련 무보증회사채와 CP 18.5조원을 매입하고, 6.4조원을 지급하였다. 이 후 공사는 같은 해 10월~12월에 대우계열사 담보부 CP 3.9조원을 매입하고 3.1조원을 지급하였으며, 2000년 12월과 2001년 2월에는 대우자동차 채권 1.9조원을 인수하고 0.8조원을 지급하였다. 또 2000년 10월과 11월, 2001년 6월에는 해외금융기관이 보유하는 대우계열사(해외현지법인 포함) 채권 4.3조원을 인수하고 1.9조원을 지급하였다.

이상 대우계열사 채권을 포함하여 자산관리공사는 2000년 중 총 30.9조원의 부실채권을 인수하고 18.4조원을 지급하였으며, 2001년과 2002년에는 각각 4.7조원과 8.6조원의 부실채권을 인수하고, 1.8조원과 1.3조원의 대금을 지급하였다. 부실채권정리기금을 통한 자산관리공사의 부실채권 매입은 공사법 규정상 5년의 기한이 만료됨에 따라 2002년 11월 22일 종료되었다.

은행 구조조정

금감위는 2000년 12월 BIS비율이 기준에 크게 미달하는 한빛·평화·광주

·제주·경남은행과 서울은행을 부실금융기관으로 결정하고 기존 주식 전부를 무상으로 소각하는 자본금 감소명령을 부과하는 한편, 예보에 공적자금 지원을 요청하였다. 예보는 이들 6개 은행의 자산·부채를 실사하여 공적자금 지원 규모를 7.1조원으로 결정하고, 이 중 각종 손실을 보전하는 자금 3.0조원은 출연 방식으로, BIS비율 충족을 위한 자금 4.1조원은 출자 방식으로 지원하였다.

위 은행 중 제주은행은 12월 15일 신한은행지주에 편입하기로 약정하여 2002년 4월에 51%의 지분을 매각하였다. 또 한빛·평화·광주·경남은행은 하나로종금과 함께 정부보유 주식을 현물출자하여 우리금융지주를 설립하였다. 서울은행은 하나은행과 합병하여 합병은행의 주식을 취득한 후, 그 합병은행의 주식을 매각하는 방법으로 처분하였다.

제2금융권 구조조정

한국투신과 대한투신의 경우는 과거부터 손실이 누적되어 온 데다 1999년에 거액의 대우 회사채 등이 부실화되어 총부실이 8.5조원으로 나타났다. 그러나 양 투신사에는 대주주가 부재하여 자체적인 구조조정이 어려운 상태이므로 정부가 증자지원하기로 결정하였다.

정부(산은·기은 포함)는 1999년 12월 한국투신에 2.0조원, 대한투신에 1.0조원을 출자하였다. 2000년에 들어와 정부는 양 투신사를 6월까지 증권사로 전환하고 운용회사를 분리한 후 추가지원을 하기로 하였다. 양 투신사는 그해 6월 투신증권사로 전환하였으며, 금감위는 이들을 부실금융기관으로 지정하고, 예보에서는 양사의 부실액을 감안하여 4.9조원을 추가로 출자하였다.

대우증권은 대우사태 이후 대우계열사에 대한 처리방안을 협의한 끝에 주요 채권은행이 공동으로 인수하여 제3자 매각을 추진하기로 합의하였다. 이 합의에 따라 채권단은 1998년 9월과 2000년 5월 유상증자에 참여하여 지배주주가 되었다. 이 유상증자에는 채권단 중 일부 은행이 불참하여 산업은행이 추가로 주식을 인수하였으며, 산업은행은 같은 해 6월의 후순위전환사채 매입과 2001년 9월의 주식전환을 통하여 대우증권의 최대주주(39.1%)가 되었다.

한편 채권단은 1999년 9월 이후 대우증권에 대한 제3자 매각을 추진하였으나 성사되지 않았고, 산업은행이 최대주주가 된 후에도 매각에 대한 검토가 있었으나 본격적으로 진행되지는 않았다.

나라종합금융은 대량 보유하였던 대우계열사 채권이 부실화되어 재무상태가 더욱 악화되고, 이로 인하여 예금인출사태가 발생했다. 금감위는 2000년 1월 이 종금사를 영업정지 조치하고, 그 자산·부채를 가교종금사인 한아름종금에 계약이전시켰다. 예보는 한아름종금에 예금대지급 자금으로 0.9조원을 대출해 주었다.

금감원이 정상영업 중인 8개 종금사를 실사한 결과 2000년 6월 말 기준 한스종금·한국종금·중앙종금의 BIS비율이 기준에 미달한 것으로 나타났다. 금감위는 이들 3개사를 영업정지 조치하고, 공동관리인을 선임하였다. 이에 앞서 영남종금은 대우계열사 채권이 대량 부실화되어 예금인출사태가 발생하였다. 금감위는 위 4개사의 자산·부채를 실사하였으며, 그 결과 부채가 자산을 초과하는 것으로 나타나자 이들 종금사를 부실금융기관으로 지정하면서 기존 주식의 무상소각과 BIS비율 8%를 충족시키는 수준으로 증자할 것을 명령하였다. 또 금감위의 요청에 따라 영남종금에 0.17조원을 출자하고, 11월에는 하나로종금을 신설하여 영남·한스·한국·중앙종금의 자산·부채를 이전하였다. 예보는 한스 등 3개 종금사의 자산 부족분을 보전하기 위하여 하나로종금에 총 2.5조원을 출자하였다. 하나로종금은 한아름종금과 달리 정상적인 종합금융업을 영위하는 금융기관으로 설립되었다.

예보는 대한생명을 매각하기로 하고 2001년 5월에 매각 주간사를 선정하여 자산·부채 실사 및 기업가치 평가를 실시하도록 하였다. 실사 결과를 토대로 9월에 1.5조원을 추가 출자한 후 매각입찰을 실시하였다. 이 입찰에서 예보는 대한생명의 기업가치를 1조 6,150억원으로 제시한 한화컨소시엄을 낙찰자로 선정하고 2002년 10월 대한생명 지분의 51%를 8,236억원에 매각하였다.

제3장 공적자금의 사후관리와 회수

부실채권 정리

부실채권의 정리방법으로 자산관리공사(이하 공사)는 기존의 자산유동화와 국제입찰 방식 외에 기업채권 개별매각 방식, 합작투자회사 설립을 통한 정리 방식 및 기업구조조정투자회사(CRV) 설립 방식을 도입하였다.

자산유동화의 방법으로는 2000년 이후 12차례에 걸쳐 4.5조원의 부실채권을 정리하였다. 공사는 이 자산을 기초로 3.4조원의 선순위채권과 0.7조원의 후순위채권을 발행하고, 이 중 선순위채권을 모두 판매하여 현금화하였다. 특기할 일은 외화표시 부실채권에 대한 해외 ABS 발행을 추진하여 2000년 7월 영국 런던에서 달러화 표시 ABS를 발행한 것이다.

기업채권 개별매각방식은 각 채무기업의 채권을 계속기업가치에 근거한 가격으로 개별적으로 매각하는 방법이다. 기업 제3자 인수(M&A)도 이 방법의 하나인데, 이는 특히 기업 부실채권 중 공사가 최대 채권자로서 경영권확보가 가능한 채권을 매각하는 것이다. 공사는 2000년부터 2003년까지 총 62개 기업채권의 개별매각을 통하여 3.2조원의 채권을 정리하고, 1.2조원을 회수하였다.

합작투자회사 설립 방식은 공사가 외국투자자와 공동으로 합작투자회사를 설립하여 그 합작회사에 부실채권을 매각하고, 외국투자가로 하여금 이를 관리, 회수하도록 하는 방식이다. 공사가 설립한 합작투자회사로는 합작자산관리회사(JV-AMC)와 합작 기업구조조정전문회사(JV-CRC)가 있다.

JV-AMC의 설립구조는 매각대상 부실채권을 SPC에 이전하여 이 중

50% 지분만 매각하고 대상자산의 관리를 합작파트너에게 일임함으로써 회수를 극대화하는 것이다. 공사는 이 방법으로 4개의 JV-AMC를 설립하고 이들 회사에 총 2.1조원의 부실채권을 매각하여 매각대금(JV-AMC 지분증권 포함)으로 1.0조원을 회수하였다.

JV-CRC의 설립구조는 JV-AMC 설립방법과 동일하다. 다만 매각 대상자산을 구조조정 대상기업의 채권을 위주로 선정하였고, 투자 주체는 산업발전법상 기업구조조정 전문회사(CRC)로서 외국투자자와 합작설립한 회사로 하였다. 공사는 이 방법으로 4개의 JV-CRC를 설립하고 이들 회사에 총 1.9조원의 부실채권을 매각하여 매각대금(50%의 지분증권 포함)으로 0.9조원을 회수하였다.

CRV의 설립구조는 특정 기업의 채권을 다른 채권금융기관이 함께 현물투자하여 기업구조조정 투자회사(CRV)를 설립하고, CRV로 하여금 대상기업을 구조조정한 후 이를 매각하여 채권을 회수하는 것이다. 기업구조조정 투자회사법에 따라 CRV를 설립하면 세제 특례를 적용받을 수 있고, 채권단간 의사결정을 원활히 할 수 있다. 공사는 이 방법으로 대우계열사인 다이너스카드와 대우캐피탈 채권 총 1.8조원을 정리하고 0.9조원을 회수하였다.

2002년 말까지 자산관리공사는 국제입찰을 통하여 6.1조원, ABS 발행을 통하여 8.0조원, 합작 AMC, CRC 및 CRV 설립을 통하여 4.9조원, 채권 개별매각을 통하여 2.6조원, 담보물 경매 및 고유회계에의 매각을 통하여 8.3조원, 직접회수 등 9.1조원, 워크아웃 계획 또는 회사정리계획에 따른 변제액 6.3조원, 환매를 통하여 19.3조원 등 총 64.6조원을 정리하고 30.3조원을 회수하였다. 정리된 채권의 매입원가는 26.5조원으로 공사는 이 기간 중 3.8조원의 매각 차액을 시현하였다.

피지원 금융기관 관리

예금보험공사(이하 공사)의 공적자금 사후관리업무 역시 2000년 이후 큰 발전을 보았다.

먼저 피지원 금융기관과의 경영정상화계획 이행약정(MOU) 체결 및 점검은 공적자금관리특별법(특별법)의 시행으로 강화되었다. 공사는 그동안 금감위와 공동으로 8개 피지원 금융기관과 MOU를 체결한 바 있으나, 특별법 시행 이후에 종전 MOU를 재체결하고, 6개 금융기관과는 신규로 체결하였으며, MOU 체결기관 중 3개 기관이 매각되어 MOU를 해지하였다. 예보는 MOU 체결 금융기관들의 경영정상화계획 이행실적을 점검하여 실적이 부진한 금융기관에 대하여는 시정조치하거나 임직원에 대한 문책 등을 요구하였다.

특별법 시행으로 예보는 그 임직원을 파산재단의 파산관재인으로 추천할 수 있게 됨에 따라 거의 모든 파산재단에 관재인을 파견하여 관리를 강화하고 조기 배당을 유도하였다.

금융기관 부실에 대한 책임추궁을 위하여 예보는 343개 기관의 3,701명을 대상으로 조사하고, 해당 금융기관으로 하여금 부실 관련자의 재산 4,453건에 대하여 1.2조원의 가압류를 하고, 1.3조원의 손해배상청구소송을 제기하도록 하였다.

2002년 말까지 예보는 금융기관 주식의 매각을 통하여 5.0조원, 파산재단으로부터 파산배당금을 수령하여 8.1조원, 대출금 직접회수를 통하여 1.1조원, 인수자산의 매각을 통하여 4.4조원을 회수하였다. 이 중 금융기관 주식매각에는 전술한 제일은행·제주은행·서울은행 및 대한생명 주식 매각 외에 5개 은행 우선주 상환, 우리금융지주 주식 일부 매각 등이 포함된다. 자산매각은 주로 정리금융공사에서 이루어졌는데, 정리금융공사는 보유주식을 기초로 한 교환사채발행(1.1조원 회수), JV-SPC 설립(0.1조원 회수), SAMDA 방식(395억원 회수)[1] 등 선진기법을 활용하였다.

---

1) SAMDA에 대한 설명은 본문 참고

제4장 기업구조조정

정부는 기업구조조정의 원활한 촉진을 위하여 관련 제도를 추가로 정비하였다.

1999년 말 회사정리법과 화의법을 개정하여 절차가 신속하게 진행되도록 하고, 상법과 회사정리법을 개정하여 회사분할이 가능하게 하였다. 2001년 8월 기업구조조정촉진법(기촉법)을 제정하여 일정 규모 이상의 채무가 있는 기업에 대한 신용위험평가를 제도화하고, 그동안 채권금융기관간 구조조정협약에 근거하여 추진하던 워크아웃에 법적 강제력을 부여하였다. 이에 앞서 같은 해 2월에는 일반기업에 대한 신용위험평가를 제도화하여 부실징후기업에 대한 워크아웃을 확대 실시하였다.

기업구조조정 대상기업에 대한 제3자의 투자를 촉진하기 위하여 산업발전법에 CRC제도를 도입하고, 기업구조조정 투자회사법을 제정하여 CRV 제도를 도입하였다. 이 외에도 정부는 관련 세법을 개정하여 기업구조조정을 추진하는 데 대한 세제지원을 강화하였다.

기업개선작업 추진 실적

기촉법 시행 전인 2001년 8월까지 기업개선작업 추진 실적을 보면, 적용대상 기업은 1999년 말 77개사에서 2000년 중 6개사가 늘어 모두 83개 업체로 늘어났으며, 그 중 36개사(43.4%)가 워크아웃을 졸업하고, 12개사는 워크아웃을 중단하였다. 나머지 35개사는 워크아웃을 계속하였다.

워크아웃 초기에 채권금융기관들은 워크아웃 대상기업의 경영정상화를 지원하기 위하여 총 2.3조원의 신규자금을 지원하였는데 그 후 대상기업들은 2001년 8월 말까지 자구계획 이행 및 영업수익 등으로 6.3조원(차입원금 3.5조원, 이자 2.8조원)을 금융기관에 상환하였다. 이로써 채권금융기관들은 초기 신규자금 지원액 대비 2.8배의 자금회수율을 보였다.

기촉법 시행 후에는 워크아웃 실시기업 83개사 중 7개 기업이 추가로 경영정상화를 달성하여 워크아웃 졸업기업이 55개로 늘어났고, 4개 기업이 추가로 탈락하여 워크아웃 중단기업이 16개로 늘어났다. 나머지 12개사는 워크아웃을 계속하였다.

워크아웃 졸업 기업수의 추이를 살펴보면 1999년에는 중견기업 1개사가 먼저 워크아웃을 졸업하고, 2000년에는 중견 대기업을 중심으로 34개사가 졸업하였으며, 2001년 8월 이후에는 대우계열사 등 대기업을 중심으로 20개사가 정상화되었다. 특기할 일은 대우그룹 12개 계열사들이 거의 모두 경영정상화를 달성하였고, 채권금융기관들은 이들 기업의 출자전환 주식을 고가에 매각하여 구조조정 당시 계상했던 손실을 상당부분 만회한 것이다.

대우계열사 구조조정

대우계열사 채권단은 2000년 1월 전후로 12개 계열사와의 기업개선 약정을 모두 체결하고 워크아웃을 실시하였다. 주요 계열사별 구조조정 경과를 살펴보면 다음과 같다.

㈜대우에 대하여는 계획대로 회사분할을 실시하여 무역부문은 대우인터내셔널로, 건설부문은 대우건설로 독립시키고, 각 신설회사에 대한 채무의 출자전환, 변제조건 완화 등 재무구조조정을 지원하였다. 그 결과 양 신설회사는 2003년 12월 워크아웃을 성공적으로 종료하였으며, 이 중 대우건설은 2006년 11월에 금호아시아나그룹에 매각하였다.

대우중공업 역시 회사분할을 실시하여 조선부문은 대우조선해양으로, 기계부문은 대우종합기계로 독립시킨 후 재무구조조정을 지원하였다. 양 신설회사는 2001년 8월에 워크아웃을 성공적으로 종료하였으며, 이 중 대우종합기계는 2005년 4월 두산그룹에 매각되었다.

대우자동차는 2002년 10월 국내외 사업장(공장)을 분할하여 4개 신설회사에 양도하였다. 이 중 주력사업장과 일부 해외공장을 GM과 산업은행과의 합작법인에 양도하고 채무조정을 통하여 경영을 정상화하였으며, 1개 신설회사는 국내 영안모자에 매각하고, 1개 신설회사는 2004년 2월 인도 타타그룹에 매각하였다.

대우전자에 대하여는 주력 사업부문을 분할하여 대우일렉트로닉스로 변경하고 나머지 사업부문은 분할매각하였다. 또 대우통신은 여러 개의 사업부문을 순차적으로 분할하여 매각하였으며, 쌍용자동차, 경남기업, 대우전자부품 등은 기업단위로 매각하였다.

다이너스카드와 대우캐피탈은 주채권기관인 자산관리공사 주도로 CRV 설립을 통하여 구조조정을 실시하였다. 두 회사는 모두 경영정상화에 성공하여 2001년 9월과 2005년 6월에 각각 제3자 매각을 완료하였다.

오리온전기는 2002년 2월에 채권단에서 CRV를 설립하고 경영정상화를 도모하였으나, 2003년 5월 부도를 낸 후 법정관리를 신청하여 회사정리절차를 진행하였다. 이 회사는 2005년 4월 미국계 구조조정 펀드인 매틀린패터슨에 매각되었다.

제5장 구조조정의 성과와 경제여건 변화

구조조정의 성과

외환위기 발생 후 2002년 말까지 정부는 은행권 구조조정을 위하여 86.1조원을 지원하는 등 총 159.0조원의 공적자금(공공자금 포함)을 투입하였다. 이 중 부실금융기관 정리를 위해서는 예보와 정부에서 119.9조원, 부실채권 인수를 위해서는 자산관리공사에서 39.1조원을 사용하였다.

금융구조조정 과정에서 655개의 금융기관이 퇴출되거나 타 금융기관과 합병되고 64개사가 신설되어 1997년 말 2,102개였던 금융기관의 수가 1999년 말 1,510개로 감소하였다. 이 중 은행은 33개에서 5개가 퇴출되고 10개가 합병하였다. 또한 자산관리공사의 부실채권 인수로 국내 금융기관의 부실채권은 1999년 말 66.7조원에서 2002년 말 30.4조원으로 감소하였다.

금융구조조정의 결과 금융기관의 수익성과 재무구조가 크게 개선되었다. 은행(특수은행 포함)의 경우 1999년 중 5.5조원의 당기순손실을 보았으나 2002년에는 5.0조원의 순이익을 나타냈으며, 이에 따라 총자산순이익률은 같은 기간 −0.83%에서 +0.60%로 개선되었다. 다만 BIS비율은 1999년 말 11.75%에서 2002년 말 11.33%로 횡보하였다.

기업구조조정의 결과로 국내 제조업체의 부채비율은 1999년 말 214.7%에서 2002년 말 135.4%로 향상되고, 이를 바탕으로 수익성도 개선되어 제조업체의 매출액경상이익률은 같은 기간 1.68%에서 4.69%로, 이자보상비율은 96.1%에서 260.3%로 크게 향상되었다.

경제동향

국내경제는 1999년 10.9%에 이어 2000년에도 9.3%의 고성장을 보였다. 2001년에는 세계경기의 둔화로 3.1% 성장에 그쳤으나 정부의 저금리 유지 등 내수 진작으로 다른 나라에 비해서는 상대적으로 양호한 상황을 보였고, 2002년에는 성장률이 6.3%로 회복되었다. 이 기간 중 1인당 국민소득은 2000년에 10,841달러로 1만 달러 시대에 재진입하였다. 실업자는 1999년 평균 137만 명에서 2002년 평균 71만 명으로 크게 감소하였다.

경상수지는 1999년 245억 달러 흑자에서 흑자 폭이 매년 감소하여 2002년에는 54억 달러로 줄어들었다. 이는 주로 여행수지적자 확대 등 서비스수지 악화에 기인하였다.

통합재정수지는 조세수입 증가에 힘입어 2000년 이후 흑자로 전환되었다. 2002년 통합재정규모는 136.0조원으로 1999년 대비 12.4% 증가하고, 수입은 158.7조원으로 같은 기간 47.1% 증가하면서 22.7원의 흑자를 나타냈다. GDP 대비 조세(국세)수입의 비중은 같은 기간 14.3%에서 15.2%로 증가하였다.

금융동향

경상수지 흑자가 계속되면서 외환보유고는 1999년 말 740억 달러에서 2002년 말 1,214억 달러로 크게 늘어났다. 2001년 중 외환사정이 호전되자 정부는 IMF 차관을 조기 상환하고 IMF 관리체제에서 벗어났다. 원화의 원/달러 환율은 2000년 중 금융시장 불안 등으로 2001년 말 1,326원으로 상승하였다가 2002년 말 1,200원으로 안정되었다.

채권시장에서는 2000년 중 투신사들의 인수여력 약화로 회사채 순상환이 확대됨에 따라 발행시장이 위축되었고, 2001년에는 예보채 발행 증가, 2002년에는 은행채 발행 증가로 활발한 모습을 보였다. 회사채 유통수익률은 2000년 중 급등하였으나 2001년과 2002년에 걸쳐 안정되었다. 주식시장에서는 1999년 말 1,028이었던 코스피지수가 2000년 3월 이후 현대사태 등의 영향으로 2001년 9월 평균 504까지 하락하였다가 2002년 4월 894까지 반등하였다. 2002년 말 지수는 628로 마감하였다.

이 기간 중 정부는 보유중인 금융기관주식을 매각하고 외국인은 국내 금융산업 진출을 확대하였다. 그 결과 정부의 시중은행주식 보유비율이 55.4%에서 46.1%로 낮아지고, 외국인 지분은 18.0%에서 27.6%로 높아졌다.

이 기간 중 종합금융회사는 쇠퇴하고, 자산운용회사(투신운용사 포함)이 크게 신장하였다. 1999년 4월 선물거래소 개장을 계기로 선물회사의 활동이 본격화되었으며, 2000년 10월 금융지주회사법 제정으로 우리, 신한 등 금융지주회사가 설립되었다.

제3편 구조조정의 계속과 공적자금 상환 (2003~2006)

제1장 가계여신 부실화와 구조조정

가계여신의 급증과 부실화

1999년 이후 가계신용이 크게 늘어 2002년 말에는 1998년 말 대비 2.4배로 확대되었고, 이 중 주택담보대출을 중심으로 한 예금은행 여신과 판매신용을 중심으로 한 신용카드사 여신은 각각 4.2배와 4.8배로 급증하였다. 가계여신의 이 같은 증가는 가계의 채무 부담능력을 벗어나는 규모였으며, 이에 따라 2002년 이후 특히 신용카드 관련 여신의 연체율이 급상승하였다. 은행의 신용카드 연체율은 2001년 말 7.3%에서 2002년 말 11.8%, 2003년 3월 말 15.2%로 높아지고, 신용카드전업사의 경우는 같은 기간 2.6%에서 6.6%, 9.4%로 상승하였다.

카드사용자의 연체가 늘자 신용카드사의 수익성이 크게 악화되어 매출액(영업수익) 대비 순이익률이 2001년 22.1%에서 2002년 1.4%로 낮아지고, 2003년 1/4분기에는 −31.0%로 악화되었다.

이 같은 상황에서 2003년 3월 초 SK글로벌사의 대규모 회계부정이 적발되는 사건이 발생하여 SK 계열사를 중심으로 주가가 폭락하고, SK 계열사 회사채를 편입한 수익증권의 환매사태가 발생하였으며, 이는 곧 전체 회사채 유통시장이 마비되는 상황으로 이어졌다. 금융시장의 불안은 곧 경영이 악화된 신용카드사 전체에 파급되어 카드사의 주가가 폭락하고 카드채 차환발행이 사실상 불가능하게 되었다.

신용카드사 구조조정

정부는 신용카드사의 카드발급 및 사용한도 부여를 제한하는 한편 막대한 손실로 자기자본이 잠식된 카드사에 자본확충을 촉구하였다. 이에 따라 은행계 신용카드사들은 모(母)은행과의 합병을 추진하였고, 나머지 카드사들은 대주주의 증자, 후순위사채 모집 등으로 자본을 확충하였다.

그러나 하반기에 들어 LG카드와 외환카드의 자금부족이 심화되면서 11월에는 카드회원에 대한 현금서비스를 중단하는 사태가 발생하였다. 이로 인하여 카드사에는 위기가 재연되고 금융시장은 다시 악화되었다.

LG카드는 채권단에 2조원 규모의 자금지원을 요청하고, 그 담보로 그룹 회장과 계열사가 보유하는 LG카드와 LG투자증권 주식을 제공하였다. 채권단은 LG카드에 자금을 지원하여 영업을 정상화시키고, LG그룹과 협의하여 LG카드와 LG투자증권을 매각하기로 합의하였다. 2004년에 들어 LG카드의 자금사정이 다시 어려워지자 채권단은 1.65조원의 자금을 추가로 지원하고, 위 2조원의 대출금과 함께 전액 출자전환하였다. 이 출자전환에 앞서 구주주의 주식 97.7%를 소각함으로써 산업은행(26.0%)을 비롯한 채권금융기관이 지배주주(총 99.3%)가 되었다.

최대 주주가 된 산업은행은 채권금융기관들로부터 LG카드에 대한 관리를 위임받아 이 회사를 관리하면서 한편으로는 LG투자증권과 LG카드에 대한 매각을 추진하였다. 그 결과 LG증권은 2004년 12월 우리금융지주에 매각하고, LG카드는 2007년 3월에 신한금융지주에 매각하였다.

신용불량자 신용회복 지원

신용카드 사용자들의 연체가 늘어나면서 신용불량자(신불자)가 급증하여 2001년 말 245만 명 수준이었던 신불자수가 2002년 말에는 264만 명, 2003년 3월 말에는 296만 명으로 늘어났다.

신불자는 당사자의 경제활동이 제약을 받을 뿐 아니라, 신불자가 증가하면 국가전체의 생산활동이 위축되고, 금융부문의 신용질서를 혼란시키며 사회적으로도 큰 문제가 일어날 수 있다. 정부는 신불자의 신규 발생을 최소화하고, 이미 신불자가 된 사람들의 신용을 회복시켜 주기 위하여 금융기관으로 하여금 자체적으로, 또는 다른 금융기관과 공동으로 신불자의 채무상환을 지원하는 프로그램을 수립하도록 하였다.

신용회복위원회는 은행, 보험, 저축은행, 신용카드사 등 160여개 금융기관이 협약을 체결하여 신용불량자의 채무상환을 공동으로 지원하는 기구이다. 이 위원회는 2002년 9월 설립되었으며, 지원 대상은 2개 이상의 금융기관에 총 3억원 이하의 채무가 있는 자로서 최저생계비 이상의 수입이 있는 자로 하였다. 이 위원회는 2006년 12월 말까지 63만 명으로부터 채무조정 신청을 받아 이 중 60만 명에 대해 채무조정을 완료하였다.

한마음금융(주) 역시 여러 금융기관에 관련된 채무자의 채무상환을 지원하기 위하여 2004년 5월 출범한 회사로 실제 업무는 자산관리공사가 수행한다. 이 회사는 채무자로부터 기존 대출금의 3%를 선납받고 나머지 금액은 장기, 저리로 신규 대출하여 기존 대출금을 상환하게 하고, 이를 장기간에 걸쳐 회수함으로써 채무자의 신용회복을 지원한다. 이때 한마음금융은 신규 대출금 중 채무자의 신용도를 감안한 회수 가능액을 추정하여 그 부분은 현금으로, 나머지 부분은 증권을 발행하여 대출하되, 이를 채무자에게 지급하지 않고 직접 채권금융기관에 지급하여 기존 채무를 변제한다.

한마음금융에 대부 및 채무조정이 승인된 건수는 21만 건, 금액은 2.4조원이며, 이 중 승인 취소분을 제외한 실(實) 대부 건수는 18만 건, 채무자수는 17만 명, 대상 채권액은 2.0조원 수준이었다.

제2장 금융 및 기업구조조정

금융구조조정

예보는 2002년 하반기 이후 조흥은행 지분 매각을 추진하여 2003년 8월 신한금융지주에 매각하였다. 또 뉴브리지가 그동안 경영하던 제일은행 주식을 영국 스탠다드차타드은행에 매각함에 따라 정부(예보)도 그 매각계약에 참여하여 보유지분을 함께 매각하였다.

외환은행 주식은 그동안 독일 코메르츠은행(32.5%)과 수출입은행(32.5%), 한국은행(10.7%)이 함께 보유하고 있던 중 2003년 10월에 미국계 론스타펀드에 매각되었다.

한국투신증권에 공적자금을 투입한 예보는 이 회사에 대한 매각을 추진하여 2005년 3월 동원금융지주에 매각하였다. 매각에 앞서 이 회사는 완전감자를 하였고, 예보는 이 회사의 영업용순자본비율 150% 이상 달성과 순자산가치(NAV) 일정 수준 충족에 필요한 자금으로서 1.4조원(출자 0.9조원, 자산매입 0.5조원)을 지원하고 매각대금으로 0.5조원을 수취하였다.

예보는 대한투신증권에 대한 매각도 추진하여 2005년 5월 하나은행에 매각하였다. 이 회사에 대하여도 예보는 같은 방법으로 1.1조원(출자 0.4조원, 자산매입 0.7조원)을 투입하고 매각대금으로 0.5조원을 수취하였다.

현대투신증권은 대우사태 때 투자손실로 1.2조원의 자기자본 부족이 발생하였다. 이 증권사는 대주주(현대그룹)가 있는 회사이므로 정부는 공적자금을 투입하지 않고 경영개선협약을 체결하여 관리하다가 2004년 2월 미국계 푸르덴셜에 매각하였다. 예보는 이 회사에 대하여 같은 방법으로 2.6조원(출자 2.2조원, 자산매입 0.3조원)을 지원하고, 그 지분 80%를 매각하여 0.4조원을 회수하였다.

상호저축은행은 2001과 2002년 중 대량 부실화되어 정부의 조치에 따라 폐쇄 또는 제3자 매각된 후 2003년에는 안정되는 모습을 보였다. 그러나 2004년과 2005년 중에는 자산규모 1조원(업계 2위)인 (부산)한마음저축은행, 중견 저축은행인 아림·한나라·한중·인베스트 저축은행 등이 부실화되어 인가 취소되었다. 이들 부실 저축은행 중 한마음·인베스트 저축은행은 인수 희망자가 신설한 저축은행으로 계약이전 하였고, 아림·한중 저축은행은 예보가 신설한 예가람저축은행으로 계약이전 하였다. 인가 취소된 저축은행에 대하여 예보는 2003년부터 2006년까지 0.5조원의 예금을 대지급하고, 인수기관의 손실보전을 위하여 0.6조원을 출연하였다.

신용협동조합은 2002년 중 대량 부실화되어 115개 신협이 영업정지 조치를 받았고, 2003년 중에는 14개 신협이 영업정지 처분을 받았다. 영업 정지된 신협은 대부분 합병되거나 파산하였으며, 2003~2006년 기간 중 예보는 이들 신협에 대하여 예금 대지급금 등 총 1.3조원의 자금을 지원하였다.

기업구조조정

2001년 8월 말 현재 총 40개 기업이 종전 채권금융기관 간 기업구조조정 협약에 의한 기업개선작업을 진행해 오다가 기촉법이 시행되면서 소급하여 채권금융기관 공동관리 대상이 되었다. 기촉법 시행 이후에는 25개사가 신규 적용을 받았고, 기촉법 시효 종료(2005년 말) 후에는 채권은행간 협약에 의해 2006년 말까지 6개사가 채권은행 공동관리를 받았다. 이로써 대기업으로서 채권금융기관 공동관리가 실시된 기업은 모두 71개사가 되었다.

이들 기업 중 2006년 12월 말까지 경영정상화, 제3자 매각 등 구조조정을 성공적으로 완료한 기업은 47개사로 66.2%의 성공률을 보였으며, 이 밖에 11개사는 채권단 관리가 중단되어 법원에서의 회생절차로 전환되었고, 13개사는 채권단에 의한 구조조정을 계속하였다.

기촉법 시행 후 신규 지정된 31개 기업에 대하여 채권금융기관은 2006년 말까지 채무조정 32.8조원, 신규 자금지원 4.8조원 등 총 37.6조원을 지원하였다. 이 중 채무조정은 출자전환 13.6조원(41.6%)과 만기연장 15.2조원(46.5%), 채무면제 1.6조원, 예대상계 등 2.4조원의 방법으로 이루어졌다.

한편 지원대상기업으로부터의 회수실적을 보면 총 37.6조원의 지원액 중 21.2조원은 출자전환주식 매각, 여신회수 등으로 이미 회수하였고, 이외에 23.3조원이 2007년 이후 추가로 회수될 것으로 보여 총 회수액은 44.4조원, 회수율은 118.3%로 예상되었다.

기촉법 시행과 더불어 정부는 2001년 2월 기업신용위험 상시평가 제도를 도입하였다. 이는 일반 채무기업의 신용위험을 상시적으로 평가하여 경영정상화의 가능성이 없는 기업은 조기 정리하고 부실징후만 있는 기업에 대하여는 워크아웃을 실시하는 제도이다. 제도 도입 이후 주채권은행은 2005년까지 모두 10차례에 걸쳐 10,930건의 상시평가(기촉법에 의한 평가 1,877건 포함)를 실시하였는데 특징적인 것은 평가대상 기업 중 대기업의 수는 매년 감소되어 왔으나 중소기업의 경우는 2003년 이후 매년 증가한 것이다.

상시평가 결과 부실징후기업으로 평가된 기업은 총 289개사이며, 이 중 104개사는 경영정상화에 성공하여 채권은행의 관리절차를 졸업하였고, 97개사는 경영실적 부진 등으로 관리절차가 중단되었다.

제3장 공적자금의 회수와 상환

부실채권의 정리

2003년 이후 자산관리공사(이하공사)의 부실채권 정리는 기업 제3자 매각(M&A) 등 기업채권 개별매각을 중점적으로 추진하고, 보유채권이 출자로 전환된 후에는 출자전환주식을 매각하는 형태로 추진하였다.

한보철강은 1997년 1월 부도 후 법정관리에 들어간 후 몇 차례 M&A를 추진하여도 성사되지 않다가 2004년 7월 현대자동차 계열의 INI-하이스코(HYSCO) 컨소시엄에 매각되었다. 공사는 1999년 이후 1.6조원을 투입하여 한보철강 채권 3.7조원을 매입하였고, 그동안 1.5조원을 회수하고 있던 중 위 매각으로 0.2조원을 추가로 지급받음으로써 매입원가를 모두 회수하였다

동아건설산업은 1998년 8월 기업개선작업 대상기업으로 선정되어 워크아웃을 진행하던 중 2000년 11월 최종부도 처리되고, 부도 후 법정관리 신청을 하였으나 2001년 5월 파산선고를 받았다. 공사는 주 채권자로서 이 회사에 계속기업 가치가 있다고 판단하고 이를 전제로 인수자를 모집한 결과 2006년 11월 프라임그룹과 매각계약을 체결하였다. 채권단은 12월 이 계약을 토대로 법원에 회생절차 개시신청을 제출하여 2007년 1월에 개시 인가를 받았다. 이로써 회사에 대한 파산절차가 중지되고 이 후 회생계획안 제출 등 회생절차가 진행되었다.

공사는 2000년 이후 2,510억원을 투입하여 동아건설 채권 7,839억원을 매입한 이후 총 2,810억원을 회수한 바 있다. 이에 추가하여 공사는 위 프라임그룹에의 매각대금 6,780억원 중 상당액을 회수하게 되었다.

대우건설은 2000년 12월 ㈜대우로부터 분할, 신설되었다. 채권단은 2004년 11월 이후 매각절차를 진행하여 2005년 11월에 금호아시아나 컨소시엄에 6.4조원에 매각하였다. 공사는 이 매각을 통하여 4.0조원을 회수하였다. 여기에 그동안 채권원리금 상환으로 지급받은 1.3조원을 합산하면 대우건설 관련 회수액은 총 5.3조원에 달하며, 이로써 공사는 매입원가 1조원 대비 4.3조원의 매각이익을 보았다. 한편 ㈜대우 회사분할에 의한 존속법인에 대하여 공사는 1.5조원의 회수손실이 발생하였다.

공사는 2006년 말까지 국제입찰을 통하여 6.1조원, ABS 발행을 통하여 8.7조원, 합작 AMC, CRC, 및 CRV 설립을 통하여 6.4조원, 채권 개별매각을 통하여 3.4조원, 담보물 경매 및 고유회계에의 매각을 통하여 8.5조원, 직접회수 등 15.8조원, 워크아웃 계획 또는 회사정리계획에 따른 변제액 8.0조원, 환매를 통하여 19.7조원 등 총 76.6조원을 정리하고 30.9조원을 회수하였다. 정리된 채권의 매입원가는 41.5조원으로 공사는 이 기간 중 10.6조원의 매각차액을 시현하였다.

위 기업매각에 의한 회수액은 워크아웃 계획 또는 회사정리계획에 따른 변제액에 포함된다. 이 밖에 공사는 8.0조원의 부실채권을 출자전환의 방법으로 정리하였다.

한편 2003년 이후 자산관리공사는 그 고유회계에서 부실채권을 매입하였는데 2006년 말까지 총 8.9조원의 부실채권을 매입하고, 그 대금으로 2.3조원을 지급하였다. 매입한 부실채권 중 공사는 4.8조원을 정리하여 2.1조원을 회수하였으며, 이 회수액에서 정리된 자산의 원가 1.6조원을 차감하면 0.5조원의 회수차익을 남긴 것이다.

피지원금융기관의 관리

예보(이하 공사)는 2003년 이후 계획기간이 만료된 10개 기관에 대하여 정상화계획을 추가(계획기간 2년 연장)하였고, 4개 기관의 MOU 목표를 수정 체결하였다. 또 조흥은행·한국투자증권·대한투자증권 등 3개 기관은 제3자 매각되어 MOU를 해지하였고, 우리종합금융과 우리신용카드는 우리은행에 합병됨으로써 MOU가 종결되었다. 이에 따라 MOU 체결 금융기관수는 2002년 말 11개에서 6개로 감소하였다.

MOU 이행실적 점검 결과 2003년 이후 대상 금융기관들은 대체로 목표 재무비율을 달성하고 비재무부문에서도 큰 지적이 없었다. 다만 2003년과 2004년 중 신용카드 사태, 회사채시장 경색 등으로 일부 보험사, 투신사, 신용카드사가 목표 재무비율을 달성하지 못하였다.

공사는 또한 파산재단 관리를 강화하여 2006년 말 현재 파산절차가 진행중인 359개 파산재단 중 323개 파산재단은 사실상 절차가 종결된 상태이며, 이 같은 방법으로 공사는 1.8조원의 중간배당을 조기에 수령하였다.

부실금융기관에 대한 책임조사는 2006년 말까지 총 492개 기관에 5,841명을 대상으로 실시하였으며, 그 결과에 따라 공사는 해당 금융기관으로 하여금 이들 재산에 대해 4,625건, 1.0조원을 가압류하고, 9,225명에 대해 1.7조원의 손해배상청구소송을 제기하도록 하였다.

지원자금의 회수

2003년 이후에도 정부(공사포함) 보유 금융기관주식의 매각이 활발하게 이루어졌다. 이 기간 중 은행권에서는 우리금융지주 주식을 블록세일하여 0.3조원, 조흥은행 주식을 신한금융지주에 매각하여 2.5조원, 제일은행주식을 스탠다드차타드은행에 매각하여 1.8조원, 서울은행 주식을 하나은행에 매각하여 1.3조원 등 총 5.9조원을 회수하였으며, 2006년 말 현재 보험, 증권사를 포함한 회수총액은 총 13.0조원에 달한다.

파산재단으로부터는 특히 저축은행과 신협에 대한 예금 대지급금 회수가 늘어났다. 공사는 2003년 이후 8.4조원의 파산배당금을 지급받음으로써 2006년 말까지 16.5조원의 회수실적을 보였다.

자산매각을 통한 회수는 2002년 말까지의 4.4조원에서 0.8조원 증가하는 데 그쳤다. 이는 기 발행하였던 한전주식 기초 교환사채가 1.1조원 상환된 데다가 자산매입 형태의 지원이 크게 줄어들었기 때문이다.

공적자금의 상환대책

예보와 자산관리공사는 금융구조조정 과정에서 각각 83.5조원과 20.5조원 등 모두 104조원의 기금채권을 발행하고, 그 중 2002년 말까지 9.0조원을 상환하였다. 따라서 양 기금에는 95조원의 기금채권 잔액이 있고, 이외에 차관자금 2조원을 가산하면 향후 총 97조원을 상환하여야 한다. 그러나 양 기금의 보유자금과 회수예상액은 총 30조원에 불과하여 이에 대한 특단의 대책이 필요하게 되었다.

정부는 숙의 끝에 다음과 같이 대책을 수립하였다.

2002년 말 현재 예금보험기금의 자산·부채를 이관하여 예보채상환기금을 설치한다. 예보채상환기금이 상환해야 할 부채는 총 82.4조원이며, 이 중에서 16.7조원은 자체 회수자금으로, 20조원은 금융기관 특별기여금으로 상환하며, 나머지 45.7조원은 재정으로부터 출연받아 상환한다.

부실채권정리기금의 부채는 총 14.8조원이며, 이 중 11.5조원은 자체 회수자금으로 상환하고, 나머지 3.3조원은 재정으로부터 출연받아 상환한다.

재정에서는 예보채상환기금과 부실채권정리기금에 출연하기 위하여 공적자금 상환기금을 설치한다. 이 기금은 공공자금 관리기금으로부터 국채발행자금을 예탁받아 이를 예보채상환기금과 부실채권정리기금에 출연함으로써 2008년까지 만기 도래하는 공적자금 중 49조원을 상환하게 한다. 이 기금은 매년 정부 일반회계로부터의 출연금과 우체국예금(통신사업특별회계) 및 우체국보험(우체국보험특별회계)의 특별기여금(예금평잔 등의 0.1%) 등을 납입받아 공공자금관리기금으로부터 예탁 받은 국채원리금을 25년 이내에 상환한다.

연도별 상환계획은 다음과 같이 하였다.

공적자금상환기금은 공공자금관리기금으로부터 국채발행자금을 예탁받아 2003년 13조원, 2004년부터 2006년까지 매년 12조원씩 총 49조원을 마련하고, 이 중 45.7조원은 예보채상환기금에, 나머지 3.3조원은 부실채권정리기금에 출연하여 기금채권을 우선 상환하도록 한다. 그 이후에 만기도래하는 기금채권은 양 기금의 회수자금 또는 금융기관 특별기여금으로 상환한다. 그 후에도 부족한 부분은 만기도래 채권을 차환발행한 후 향후 회수자금 등으로 상환한다. 부실채권정리기금의 경우는 재정이 부담해야 할 3.3조원을 2003년 중 전액 출연하여 2004년 이후부터는 재정지원 없이 자체적으로 기금채권을 상환한다

2006년 말 현재 각 기금의 상환 및 운용실적은 다음과 같다.

예보채상환기금은 2006년 말까지 예보채 원금 63.9조원과 이자 15.6조원을 포함하여 총 85.5조원의 부채를 상환하였다. 이 자금은 정부출연금 52.3조원 및 예보의 자체 회수금 20.4조원 등으로 조달하였다.

부실채권정리기금은 2003년 기금채권 원금 12.2조원과 이자 1.0조원을 상환해야 했는데, 부족 자금 중 3.5조원은 정부로부터 출연받고, 4.0조원은 정리기금채권을 차환발행하여 충당하였다. 이후 이 기금은 만기도래한 기금채권 원리금 및 차관자금을 자체 회수자금 등으로 상환 완료하였고, 2006년 말 현재에는 2003년에 차환발행한 기금채권 4.0조원 중 만기 미도래분 2.3조원의 부채가 남아 있다.

정부(공적자금상환기금)는 2006년 말까지 국채발행자금(공공자금관리기금 예탁금), 일반회계 출연금, 우체국예금·보험 출연금, 국채발행 자금 등으로 총 66.0조원의 자금을 조달하여 예보채상환기금에 52.3조원, 부실채권

정리기금에 3.5조원을 출연하고, 10.0조원 규모의 정부 예탁금을 상환하였다.

제4장 구조조정의 성과와 경제여건 변화

구조조정의 성과

외환위기 이후 금융구조조정의 개요

(단위: 조원, 개, %)

	1997년말	1999년말	2002년말	2006년말
공적자금 투입액	12.5	93.7	159.0	168.3
공적자금 회수액	–	17.4	53.8	84.5
공적자금 상환액	–	0.6	12.5	141.4
금융기관수 (개)	2,077	1,763	1,510	1,315
부실채권 규모	112	66.7	30.4	17.8
은행 BIS비율(%)	7.04	11.75	11.33	12.76

[주] 공적자금은 정부와 한국은행 등 공공자금 포함, 1997년 은행 BIS비율은 일반은행의 경우임.
[자료] 공적자금관리위원회, 금융감독위원회.

외환위기 발생 후 2006년 말까지 정부는 은행권 구조조정을 위하여 86.9조원을 지원하는 등 총 168.3조원의 공적자금(공공자금 포함)을 투입하였다. 이 중 부실금융기관 정리를 위해서는 예보와 정부에서 119.9조원, 부실채권 인수를 위해서는 자산관리공사에서 38.8조원을 사용하였다.

금융구조조정 과정에서 899개의 금융기관이 퇴출되거나 타 금융기관과 합병되고 111사가 신설되어 1997년 말 2,103개였던 금융기관의 수가 2006년 말에는 1,315개로 감소하였다. 이 중 은행은 33개에서 5개가 퇴출되고 11개가 합병하였다. 국내 금융기관의 부실채권은 2002년 말 30.4조원에서 2006년 말 17.8조원으로 감소하였다.

이 기간 중 금융기관의 수익성과 재무구조가 크게 개선되었다.

은행의 당기순이익은 2002년 중 5.0조원 규모에 불과하였으나 2006년에는 13.3조원 규모로 급증하고, 총자산순이익률은 같은 기간 0.60%에서 1.11%로 개선되었다. 이와 함께 BIS비율도 2002년 말 11.33%에서 2006년 말 12.76%로 크게 향상되었다.

한편 기업구조조정이 진행되는 가운데 국내 제조업체의 부채비율은 2002년 말 135.4%에서 2006년 말 98.9%로 100% 이하로 낮아지고, 이를 바탕으로 수익성도 개선되어 제조업체의 매출액경상이익률이 같은 기간 4.69%에서 5.69%로, 이자보상비율은 260.3%에서 439.3%로 크게 향상되었다.

경제동향

국내경제는 2003년 중 신용카드사태 등 요인으로 3.1%의 저성장을 보였으나 그 이후에는 대체로 4~5%의 성장을 지속하였다. 다만 실업자수는 2002년 평균 75만 명에서 2005년 평균 89만 명으로 지속적으로 증가하고 실업률도 3.3%에서 3.7%로 높아졌다. 2006년에는 일자리의 증가보다 비경제활동인구의 증가로 실업자수가 줄면서 실업률도 3.5%로 낮아졌다.

경상수지 흑자폭은 2002년 54억 달러에서 2004년 282억 달러로 증가하였다가 2006년에는 다시 61억 달러로 감소하였다. 이는 여행수지를 중심으로 한 서비스수지 악화에 주로 기인하였다. 서비스수지 중 여행수지는 2002년 45억 달러 적자에서 2006년 129억 달러 적자로 급증하였다.

통합재정수지는 2003년 중 공적자금 상환기금에 대한 출연(16.2조원) 등 지출이 크게 늘어 흑자폭이 7.6조원으로 줄어들었으며, 그 후의 흑자폭도 3~5조원 수준에 머물렀다. 통합재정규모는 공적자금 상환부담이 지속되는 가운데 2003년 164.3조원에서 2006년 205.9조원으로 늘어났다.

공적자금의 상환이 본격화되면서 공적자금 상환기금에의 출연을 위한 국채발행이 증가하여 국가채무가 크게 늘어났다. 2003년 말 국가채무는 158.8조원으로 전년 말 대비 32.2조원 증가하였는데 이 중에는 공적자금

원리금상환을 위한 14.4조원의 국채발행이 포함되었다. 2004년 이후에도 국가채무는 지속적으로 증가하여 2006년 말 273.2조원으로 늘어났다. 이로써 GDP에 대한 국가채무의 비중은 2002년 말 21.2%에서 2006년 말 32.2%로 급상승하였다. 다만 이 기간 중 국가의 보증채무는 양 기금채권의 상환에 따라 매년 감소하였다.

금융동향

금융산업 소유구조의 변화 추이를 살펴보면 이 기간 중 정부는 보유중인 금융기관주식을 본격적으로 매각하고 외국인은 국내 금융산업 진출을 확대하였다. 그 결과 정부의 시중은행주식 보유비율은 46.1%에서 17.4%로 낮아지고, 외국인 지분은 27.6%에서 63.8%로 높아졌다.

이 기간 중 금융권간의 업종 겸영이 활발하게 추진되었다. 은행이 보험상품을 판매하는 방카슈랑스가 2003년 이후 활성화되었으며, 2004년 1월 간접투자자산 운용업법의 시행에 따라 각 금융권이 펀드산업 관련 업무를 겸영할 수 있게 되었다. 또 그동안 은행에서만 겸영할 수 있었던 신탁업을 2005년 11월 신탁업법시행령 개정시 증권회사와 보험회사에서도 겸영할 수 있도록 하였다.

한편 금융시장의 동향을 살펴보면, 채권시장에서는 2003년 이후 공적자금상환과 외환시장 안정을 위한 국채발행으로 큰 폭의 국채 순발행이 있었다. 반면에 예보채와 KAMCO채는 공적자금 상환의 본격화로, 회사채는 대기업의 자금수요 감퇴로 순상환이 계속되었다. 주식시장에서는 2002년 말 628에 머물던 코스피지수가 2004년 말 896, 2006년 말 1,435로 급등하였다. 특히 2005년에는 적립식펀드 등 자금유입에 힘입어 연간 54%나 폭등하였다.

2003년 신용카드사태를 초래했던 가계신용은 2004년에 소폭 증가에 그쳤다가 2005년과 2006년에 증가폭이 확대되었다. 2006년 말 가계대출은 550.4조원으로 2002년 말 391.1조원 대비 40.7% 증가하였는데 이 중 은행대출은 55.9% 증가한 반면 신용카드사 등 여신전문사의 대출은 55.9% 감소하였다.

외환시장에서는 외국인의 국내투자가 지속적으로 증가하면서 2002년 말 1,214억 달러였던 외환보유고가 2006년 말 2,390억 달러로 크게 늘어나고, 원/달러 환율은 해마다 하락하여 2006년 말에는 1,000원 이하인 929.8원으로 마감하였다.

제5장 오늘의 문제

1997년 발생한 금융위기는 경상수지 악화와 경기침체로 기업이 부실화하는 가운데 단기외채의 과다로 외화유동성이 급격히 소진되면서 발생한 것으로 분석되고 있다. 그런데 오늘날에는 일부 가계와 중소기업의 부채과다에 따른 여신 부실화 가능성이 새로운 금융불안의 요소로 대두되고 있다.

외환위기 이후 금융기관은 위험도가 높은 대기업 대출을 제한하고 자금을 가계와 중소기업에 중점 운용하였으나, 일부 가계와 중소기업에 있어서는 그 여신 규모가 보유자산이나 소득 등 부채 상환능력을 크게 초과하고 있다. 이에 따라 이들 가계 또는 중소기업에 대한 여신이 급격히 부실화할 가능성이 높아지게 되었다.

또 외환위기 이후 대규모로 투입된 공적자금의 상환을 위하여 국가채무의 부담(국채발행)이 지속적으로 증가하고 있어 재정의 지속가능성에 대한 우려가 제기되고 있다. 이와 함께 2006년과 2007년 상반기에는 금융기관의 단기 외화차입이 급격하게 증가하여 향후 대외지급능력에 대한 불안이 증가되고 있다.

또 해외에서는 미국의 모기지(주택담보대출)의 부실화로 관련 금융기관의 도산과 증시불안이 빈번하게 발생하고 있고, 그동안 고속성장을 거듭해온 중국정부가 증시의 과열과 심한 인플레 및 통화팽창을 억제하기 위하여 계속적인 통화긴축정책을 펴고 있어 국제금융시장의 불안요인이 되고 있다. 또 일본의 경기회복에 따른 기준금리 인상이 시행될 경우 그동안 저금리를 바탕으로 확대되어 온 엔캐리트레이드의 청산(엔화 해외투자자의 급격한 철수)이 몰리면서 국제금융시장의 불안이 고조될 것으로 예상된다.

Abstract

Preface Part
Outbreak of the Crisis

The Korean financial crisis broke out in December 1997.

After decades of strong economic performance, economic unrest mounted in 1996 given a large deficit of current accounts and sharp deterioration of corporate profitability. In 1997, number of large enterprises went bankrupt from the beginning of the year, which had effects on financial market causing a soaring of interest rate and deep depression of stock market. In the aftermath, the mass retreat of foreign capital exhausted national holdings of foreign exchange, resulting in the outburst of the financial crisis in Korea.

In the 1990s, Korea's economy experienced a mass inflow of foreign capital as a consequence of the government's initiative to liberalize and globalize its financial sector. During this period, the financial globalization was furthered with the establishment of WTO system in 1995, as well as the government-led promotion to join the OECD. Financial institutions, encouraged by this kind of atmosphere, boldly introduced short term foreign borrowings and recklessly lent to domestic and foreign companies. Consequently, this became one of major causes of a sudden exhaustion of foreign exchange in the country.

Hanbo Group collapsed in January 1997 and many other chaebols went insolvent in succession. The Creditor financial institutions had soon undertaken Bankruptcy Deferment Measures against these conglomerates, however, their situation was only aggravating due to capital stringency. In the end, Kia Group, the 7th largest chaebol, went into default and requested for a corporate reorganization procedures to the court. This situation affected Kia's major creditor, Korea First Bank, where a mass withdrawal of savings occurred, the insecurity over Korean financial markets was rather intensifying. Moreover, Hong Kong stock market crashed on October 23, which incited foreign capitals to evacuate soon and the crisis reached its apex.

The government asked for an emergency loan to the IMF on November 21 and reached to an stand-by loan agreement on December 3. After bringing the loan, the government had to bear intervention of the IMF in diverse aspects of macro-economics, restructuring of financial and corporate sectors, as well as matters regarding flexibility of labor market and adjustment of trade barriers.

Prior to this, the government organized the Commission for Reform of Financial Sector in early 1997, and formulated the reform plans based on the Commission's report. Conforming to the reform plans, the government promoted the bills on the framework for financial sector restructuring, consolidation of financial supervisory authorities and deposit insurance system, establishment of NPL management agency, as well as revision the central bank's functions. However, some of these bills created discordances among related institutions, so that its passage through the National Assembly was delayed.

Nonetheless, these bills were later processed by the Assembly after the loan agreement with the IMF entered into. During the successive years, then made laws served as a foundation to resolve the augmented insolvent financial institutions decisively.

Origins of the Crisis

Analyses on the factors of the financial crisis were made by different sectors of the society, which could be summarized as follows.

The crisis arouse basically from accumulated deficit of the current accounts during past years. Particularly, it showed record heavy deficit of 23 billion dollars in 1996. This imbalance of international payments caused by excessive supply of major exporting products which dropped their unit prices and that was owing to excessively concentrated investment in related industries.

Long-lasting deficits of current account resulted in sudden increase of foreign debt as well, which reached USD104.7 billion by the end of 1996. Compared to USD 43.9 billion of 1993, this represented an increase of 138%, including short term debts increase of 218%. Increase of short term debt was rather remarkable in the financial sector, especially in the commercial and merchant banks.

Stagnation of the country's exports and business activities in 1996 brought on large enterprises' insolvencies such as Hanbo, Sammi, Jinro Group etc. And due to these enterprises' failing, financial institutions faced liquidity deficiency, which tightened capital market and lowered international confidence to deteriorate the foreign exchange market. At last the situation grew worse by contagion of currency crisis arose in Southeast Asian countries.

The holistic interaction among these factors incurred the 1997 financial crisis. However, these factors themselves may have been symptoms rather than causes of the crisis. Instead, its fundamental causes shall be found in the government's economic and financial policies that triggered the crisis.

Assessment of Government Policy[1)]

Since the 1990s, the government advocated the open market policy. Particularly aiming to obtain membership into the OECD, it unnecessarily revved up the opening process such as expansion of limits to foreign stock investment and locals borrowing abroad.

In the past, the Korean financial supervisory system focused on utmost mobilization of domestic capital and allocating resources for rapid economic growth, instead of warranting sound and efficient business. Given that a rational supervisory system was not properly established, financial supervising skills were underdeveloped, and this served as a background for piling up non-performing loans (NPLs) in the financial sector and insolvency of a great may financial institutions.

The management over foreign currency and foreign debt was also unskilled. In the second half of 1997, foreign creditors retrenched credit line to Korean banks due to a lowered international confidence, which pressured Won currency to its depreciation. As a counter-measure, the monetary authority strongly intervened in currency market to keep up exchange rate consummating its foreign currency reserves. These incidents certainly were direct causes of the financial crisis.

Part One
Progress of the Crisis and Financial Sector Restructuring (1997~1999)

---

1) Based on 'Cause analysis and assessment of the financial crisis in 1997' reported by the Board of Audit and Inspection, April, 1998

Chapter 1
Consolidation of Financial Restructuring System

During the crisis in 1997, the systems and methods of financial supervision were different among supervisory agencies, which were organized separately by business types, inhibited the agencies to take immediate measures in an efficient way. Critics point out that monitoring and regulation especially for the Merchant Banks was poorly conducted compared to other financial institutions.

Therefore, the government enacted the Act on the Establishment of Financial Supervisory Organizations at the end of 1997. This act aimed to establish the Financial Supervisory Commission(the FSC) as a centralized authority, and the Financial Supervisory Service(the FSS) as a subordinate organ of the FSC. The FSC started its functioning on April 1, 1998.

In addition, the government revised the Act Concerning the Structural Improvement of the Financial Industry(the Restructuring Act), empowering the FSC to take a 'timely corrective action' against ailing financial institutions. The 'Timely Corrective Action(i.e. prompt corrective action)' is to recommend, request or demand to improve the management of financial institutions whose financial state could not meet the standard.

The government also unified several deposit insurance institutions and created a single entity fully responsible for resolving failed financial institutions. In the past, the Korea Deposit Insurance Corporation(KDIC) dealt with insurance related operations for banks only. After the unification, it amplified its scope of charge to all types of financial business and expanded its operations to providing financial assistance as well as resolution of failed institutions.

The government also made a new law concerning NPL resolution. In the past, Korea Asset Management Corporation(KAMCO) has been already established with the purpose of liquidating the bank's bad loans under the consignment. However, after enactment of 'the Act on Efficient Disposal of NPLs of Financial Institutions and Reestablishment of KAMCO' (the KAMCO Act), its operative functions widely extended including activities such as purchase and resolution of NPLs.

The government created the public funds in both of KAMCO and KDIC to finance the restructuring of financial industry. The NPL Resolution Fund was established in KAMCO to purchase and resolve NPLs. The Deposit Insurance Fund was established in KDIC to subrogate savings in closed financial institutions, and for necessary capital injection, compensation or purchase of assets necessary for restructuring the ailing institutions.

Chapter 2
Restructuring of Financial Institutions

Restructuring Process and Criteria

Restructuring of financial industry, likewise a corporate restructuring, needs to be accompanied by financial and business restructuring. It also requires precautionary measures prior to the main process of restructuring.

The FSC shall recommend, request or order to failed financial institutions to improve their management depending on each institution's insolvency level. It shall further request for management normalization plan. Depending on the assessment of the plan's reasonability, the FSC can either approve or disapprove it. In case of disapproval, the FSC shall take timely corrective measures according to each institution's state. If any institution fails to comply with the measures in due course, the FSC can take precautionary measures such as suspending the business or supervising its management. The FSC can further order a merger, incorporation to a financial holding company, partial or whole transference of its business, M&A by a third party, or contract transfers.

Those institutions that received a request for management improvement shall take actions such as restriction on the receipts at exorbitantly high interest or replacement its officers and employees. They should also restructure its business through reduction in store and downsizing, restriction on opening new office and holding risky assets, cutback the organization, disposition of the properties and subsidiaries, discontinuation of part of their business, and so forth.

On the other hand, if any institution received an order for management improvement, it must follow the appropriate measures above mentioned and further meet more requirements such as merger, subordination to a financial holding company, partial or whole transfer of its business, M&A by a third party, partial or whole 'contract transfers'. Contract transfers (i.e. purchase and assumption) here means transfer of contracts pertaining to financial transactions such as deposits or loans.

For insolvent institutions, a capital injection (or equity participation) or purchase of subordinated bonds would supplement their equity capital. Likewise, a purchase of NPL would improve their financial status. Therefore, for those financial institutions, which were judged to be difficult to continue their operation due to occurrence of massive NPLs or continued withdrawal of funds, or lack of liquidity to pay deposits, the government (KDIC) would offer financial assistance through equity participation, contribution, or purchase securities it issued. KAMCO also would purchase NPLs from those institutions.

Restructuring of Banking Institutions

The most troubled institutions due to conglomerates' bankruptcy were Korea First Bank and Seoul Bank. The government offered a capital injection of 5.7 trillion won and 4.8 trillion won respectively, and promoted sales of both banks.

Korea First Bank was sold to US-based fund Newbridge Capital at the end of 1999. KDIC sold 51% share in the Bank at 500 billion won and, prior to this, collected 1.4 trillion won through capital reduction. At that time it purchased assets in the amount of 3.5 trillion won that Newbridge rejected to take over, and promised to purchase additionally or pay for remaining assets in case they become insolvent within provided period.

Meanwhile, the government's promotion to sell Seoul Bank ended in failure. Instead, it entered into an agreement with Germany-based Deutsche Bank to provide advisory services on bank management.

In June 1998, after the assessment of the banks management normalization plans, the FSC made decision of contract transfers to 5 banks, namely Dongwha Bank, Dongnam Bank, Daedong Bank, Chungchong Bank and Kyungki Bank, whose BIS ratios[1)] fell below provided standards and management improvement plan lacked feasibility, so that their assets and debts should be transferred to 5 assuming banks namely Kookmin Bank, Housing and Commercial Bank, Shinhan Bank, Hana Bank and KorAm Bank. KDIC, for the compensation of losses borne by 5 assuming banks, contributed with 3.5 trillion won and purchased subordinated bonds in the amount of 0.6 trillion won and preferred share in the amount of 1.2 trillion won.

---

1) (foot note) Debt to Equity Ratio set by the Bank for International Settlements(BIS), a barometer of the bank's financial health.

The Commercial Bank of Korea and Hanil Bank agreed to merge on August 24, 1998. In order to encourage 2 Banks' merger, KDIC contributed with 3.3 trillion won in accordance with the Restructuring Act. Prior to capital increase, both banks consolidated old stakeholders stock by 10:1 ratio, so that merged bank (namely Hanvit Bank) belonged to the Government.

Chohung Bank, Kangwon Bank and Chungbuk Bank merged together in sequence. KDIC contributed, to support their merger, 2.1 trillion won in February 1999 to Chohung Bank, 0.2 trillion won in March when it merged Chungbuk Bank, and 0.4 trillion won in September when it merged Kangwon Bank. Prior to KDIC's capital injection, Chohung Bank's capital was reduced by 4.5:1 ratio, and became a government-owned bank. Before M&A among these banks, Kangwon Bank merged with Hyundai Merchant Bank in advance, therefore, it formed a 4 institutions' merger.

Restructuring of Non-banking Sector

The government simultaneously assessed merchant banks' plans on their management normalization in 1998 and, according to the results of assessment, cancelled 14 merchant banks' business authorization. It also decided contract transfers against the closing banks to Hanareum Merchant Banking Corporation. Hanareum was set up by KDIC as a temporary bridge bank with objectives to resolve deposits and loans of closing merchant banks. KDIC lent to Hanareum 12.7 trillion won to Hanareum which had to subrogate deposits of these 14 merchant banks.

Among security companies, Koryo, Dongseo, Chang-eun, Dongbang Peregrine, Korea Industrial and Hannam Investment underwent bankruptcies consecutively during 1998~1999. KDIC paid 14.5 billion won for subrogation of these companies' savings.

In the life insurance industry, Kukje, Sun, BYC, and Koryo Life Insurance went bankrupt and the FSC decided against them the contract transfers to Samsung, Heungkuk, Kyobo and Cheil Life Insurance Companies respectively. KDIC contributed 1.2 trillion won in order to compensate assuming companies for their loss. Subsequently, other life insurance companies such as Duwon, Dong-ah, Kookmin, Chosun, Handuck and Taepyongyang went bankrupt. According to the FSC's decision, they transferred their contracts to the other life insurance companies, and KDIC contributed 2.4 trillion won to assuming companies.

In case of Daehan Life Insurance, the FSC determined as a insolvent financial institution for its occurrence of massive NPLs in the amount of 2.0 trillion won. KDIC injected capital to Daehan with the same amount, thus, Daehan also came into the government's own.

Korea Guarantee Insurance and Daehan Guarantee Insurance companies, due to the insolvencies of debtor companies during the financial crisis, reached accumulated deficit in the amount of 3.0 trillion won. The government supported the merger of these two companies with capital injection in the amount of 10.0 trillion won to supplement the loss.

Purchase of NPLs

KAMCO, soon after its reestablishment, urgently purchased NPLs from Seoul and Korea First Bank in November 26, 1997. It further purchased NPLs from 30 merchant banks in November 28, from 30 banks in December 15, and from Daehan and Korea Guarantee Insurance Company in February 19, 1998. Until then, KAMCO purchased NPLs in the amount of 30.2 trillion won (face value) and paid 12.4 trillion won in total.

After the government ended the negotiation with the IMF in April 1998 about framework for using the public funds, it reopened purchase of NPLs and assumed NPLs again from Seoul and Korea First Bank in July, and from 5 closing banks and 5 assuming banks in September. In the end of the year, KAMCO had further purchased mass NPLs from 5 specialized banks including the Korea Development Bank (KDB). In total, KAMCO has purchased massive NPLs in the amount of 30.2 trillion won and paid 12.4 trillion won during the second half of 1998.

In 1999, the first phase of financial restructuring was through as the financial institutions almost restored their normal status. KAMCO's purchase amount of NPL reached 11.9 trillion won, in this year just a third of the amount reached in 1998 and it spent 2.9 trillion won on purchase-money.

Chapter 3
Post Public Fund Injection Management and Recovery

KAMCO

KAMCO, in order to maximize the recovery of public funds, managed assumed NPLs taking appropriate measures such as extinctive prescription, managing the pledged real estates, providing financial assistance to revivable debtor company, and so forth. And it explored every proper methods of recovery for each type of NPLs.

The resolution methods adopted by KAMCO can be classified into bulk sales through international biddings, asset securitizations, and individual loan resolution.

The international bidding is to resolve NPLs by sale of assets previously selected and pooled at proper unit of magnitude to domestic and foreign investors by public tender. The asset-backed securitization, on the other hand, is to transfer the target assets to SPC and collect the price from SPC which issues asset-backed securities and sells it to the investors, all in accordance with the Asset Securitization Act. At this, SPC usually issues subordinated bonds and pay it back to KAMCO, who may collect additional proceeds later profiting from the increase in their value.

The individual loan resolution is to collect money loan by loan through foreclosure auction (in case of ordinary secured loans), direct collection (in case of ordinary unsecured loans) or repayment by court approved schedule (in case of special loans, i.e. restructured corporate loans).

To sum up, KAMCO resolved 21.4 trillion won of NPLs until the end of 1999. Among them, it disposed off 2.7 trillion won through international bidding, 1.8 trillion won through ABS issuance, 2.6 trillion won through auctions of pledged real estates, 1.9 trillion won through direct collection, and 12.4 trillion won through recourse & cancellation of loan sale agreement. Through this resolution, KAMCO collected 12.1 trillion won, while the purchase costs of resolved assets were 10.8 trillion won. So, KAMCO earned 1.3 trillion won of sales profit during this period.

KDIC

KDIC, in order to maximize the recovery of public funds, entered into Memorandum of Understanding (MOU) with recipient financial institutions on faithful fulfillment of the management normalization plan, and inspected the operational statuses of them periodically. KDIC also participated in management of bankruptcy estates of insolvent institutions and, furthermore, filed charges against the persons responsible for financial institutions' default.

KDIC also worked on implanting its employees into the inspection committee of bankrupt foundations of default institutions. As a result, KDIC could participate in important decisions of the committee. This enabled KDIC to receive early dividends, recovering the public funds in the amount of 0.9 trillion won by the end of 1999.

On the other hand, Hanareum Merchant Bank and Hanareum Mutual Savings and Finance Companies, both affiliated with KDIC, collected 5.8 trillion won by sales of assumed assets, which amounted to 60% of asset purchases (9.7 trillion won).

KDIC also investigated 86 financial institutions in order to obtain corroborative facts on individuals responsible for default and declared 764 individuals to be involved in it. Related institutions filed lawsuits for damages in the amount of 263.1 billion won and proceeded provisional seizures of assets in the amount of 2,747 billion won.

Chapter 4
Corporate Restructuring

The Office of Bank Supervision and Examination (the predecessor of the FSS) induced the major creditor banks to conclude the Agreement on the Corporate Financial Restructuring' with business groups with credit loans of over 250 billion won, which were entered into during March and April of 1998. These agreements were including annual plans for lowering debt ratio, self-rescuing to improve financial state, repayment of debt and disposition of subsidiaries, and so forth. Especially, the debt ratio was planned to bring down to 200% or below by the end of 1999.

Afterwards, the principal creditor banks assessed financial status of insolvency signed enterprises affiliated to 11 joint-financed business groups and 64 biggest business groups. In this regard, the banks determined to induce liquidation to the companies who have no possibility of restore, and to commence workout procedures for the companies in which a possibility of management normalization exists. According to the result of assessment, the banks identified 55 companies to be liquidated among 313 assessed enterprises.

Meanwhile, 8 major creditor banks selected 2 business groups per each among 64 largest groups and 10 companies per each among mid-sized enterprises as the workout targets. They concluded the Corporate Restructuring Accord(the Restructuring Accord) in June 25, 1998 to promote corporate restructuring of the target companies efficiently. Total 208 institutions, including banks, merchant banks, insurance companies, security companies, investment trust companies and specialized credit financial companies has joined this accord.

The Restructuring Accord regulated the establishment of the committee to promote the restructuring (the Corporate Restructuring Steering Committee), and provided basis for deferment of debt collection under workout plans, the target selection procedures and standards, post workout management, methods to mediate differences among creditors, and so forth. The Accord also adopted several principles, such as minimizing losses of financial institutions, equitable loss sharing among creditors and debtors (including stakeholders, administrators and employees), fair rights of creditors on their equity and sharing related information, and facilitating the restructuring procedures.

Following this principles, the corporate restructuring was promoted based on the Financial Structure Reform Agreement between major creditor bank and target companies (for the top 5 business group), either in accordance with the workout program based on the Restructuring Accord (for the remaining affiliates from 6 to 64 groups and mid-sized enterprises).

By the end of 1999, the creditor banks selected 102 enterprises as workout targets. Among them, 1 company successfully concluded the program, 8 dropped, 15 merged with other enterprises and the remaining 78 were still under the program. Out of this, workout plans for 77 companies were determined, in which, 69 companies signed the agreement on workout program.

From 77 companies, 65 companies received extension on repayment of 23.2 trillion won (out of 27.9 trillion won), whereas 12 Daewoo affiliates were excluded. The Creditors Committee further planned on supporting recapitalization of 2.2 trillion won through debt-equity swap and 2.5 trillion won through other means, and even new financing of 1.7 trillion won.

Restructuring of 5 Chaebols Business and Big Deal

When major banks declared 55 companies to be liquidated, the government also urged that the banks would stop loan provisions to 5 top chaebols unless they abided by an active restructuring policy such as big deals (business swap among the conglomerates).

According to this policy, principal creditor banks required 5 chaebols to revise Financial Structure Reform Agreement to resolve the inter-subsidiary cross guarantee until March 2003, and establish a mid-term goal to lower its debt ratio under 200%. On the other hand, they required, in regard to business restructuring, the chaebols to correct irrational internal financing practices and close the non-competitive business that undermined core business's competitiveness. To encourage the chaebols to undergo business restructuring, the government promised to provide financial support.

Among 5 Chaebols, Hyundai, Samsung, LG and SK group,

proceeded financial and business restructuring on Financial Structure Reform Agreement Daewoo, on the other hand, underwent workout procedures led by the creditor institutions, since it went insolvent rapidly from mid-year of 1999.

With the exception of Daewoo, the big 4 achieved the objective of lowering debt ratio under 200% until the end of 1999. Also the big 5 furthered with industry restructuring. During the 2 years following, they promoted industry swap (Big Deal) of refining oil, semi-conductor and energy plants, and created unified enterprises in business of railway vehicles, airplanes and naval engines. The petrochemical sector aimed at attracting foreign investments through integration of business, but investment negotiations failed and each company agreed to proceed with its own restructuring plan.

Chapter 5
Outcome of the Restructuring and Changes of Economic Situation

Outcome of the Restructuring

Since the crisis to the end of 1999, the government spent 94.8 trillion won of the public funds for financial restructuring, centered on banking sector which absorbed 67.0 trillion won. As for the fund spent, 72.0 trillion won was used for resolution of insolvent financial institutions by KDIC and 22.8 trillion won was used for purchasing NPLs by KAMCO.

Through the financial restructuring progress, 300 institutions were closed or merged, so that the number of institutions reduced to 1,781 at the end of 1999, which was 2,102 at the end of 1997. Among them, 5 out of 33 banks were liquidated and another 5 were merged, reducing the number to 23 banks. Meanwhile, as a result of KAMCO's purchase, the total amount of NPLs of the financial sector reduced to 66.7 trillion won at the end of 1999 from 110 trillion won in March 1998.

Moreover, profitability and stability of the financial industry improved a great deal. As for commercial banks, profitability, they could not overcome deficit during 1999 but their net loss reduced to 6.0 trillion won from 12.5 trillion won in 1998, so that ROA improved to -1.31% from -3.25%. The BIS ratio increased from 7.04% at the end of 1997 to 10.83% at the end of 1999 as well.

While implementing corporate restructuring programs, debt ratio of manufacturing companies improved from 396.3% at the end of 1997 to 214.7% at the end of 1999. Meanwhile, their profitability also improved to 1.68% from -0.34% in the same period.

Economic trends

The GDP growthof Korea, which shows 8% on the average in previous years, dropped to 5% in 1997 and -6.7% in 1998 after the crisis. The national per capita income which marked USD 10,312 in 1997 also drastically dropped to USD 6,744 in 1998. However, in 1999, boosted by increase in domestic consumption under cheap money policy and increase in exports due to devaluation of Korean Won, the economic growth amounted to 10.9% with national income of USD 8,595 per person.

In 1998, due to the economic stagnation, the number of unemployment increased to 1.49 million. Nonetheless, with the rapid economic recovery, the number dropped to 1 million by the end of 1999.

The balance of current account which recorded heaviest deficit in history (USD 23.0 billion) in 1996, also returned to previous level (USD 8.2 billion deficit) in 1997 and reached record-breaking surplus of USD 40.4 billion in 1998.

On the other hand, the consolidated central government balance faced 18.8 trillion won deficit in 1998 and 13.1 trillion won deficit in 1999. The deficit was caused by the introduction of sublease loans from IBRD and ADB, and the expenses spent to support unemployment and poverty.

Financial Market Status

While the restructuring of the financial and corporate sectors was strongly promoted, Korean economy and its international credibility were in recovery from the 2nd quarter of 1999. As a consequence, domestic foreign exchange market stabilized with an increase in foreign exchange holdings to USD 74.0 billion at the end of 1999 from USD 20.4 billion at the end of 1997, and the US Dollar exchange rate came down to 1,145 won from 1,415 won during the period.

In the bond market, the treasury bond and KDIC/KAMCO Bond were issued in a large amount to cover fiscal deficit and to procure the public funds respectively. The corporate bond issue, which was one of major means for corporate financing until then, rapidly decreased under the influence of the Daewoo Case in 1999. The KOSPI(Korea Composite Stock Price Index) recovered during 1999 with the average index of 806.8 from average 406.1 in 1998. Interest rates also stabilized with the expansion of financial institutions' deposit-taking and lending.

After the crisis, on the other hand, foreign investment into domestic financial industries such as banks, security/insurance companies, and trust companies were activated, drastically increasing the market share of foreign owned financial institutions. This was a result of government's efforts to entice foreign capital to reorganize the insolvent institutions, opening the financial market to foreign investors.

Part Two
Daewoo Group's Collapse and 2nd Phase Restructuring (2000~2002)

Chapter 1
Daewoo Case and Governmental Counteraction

Daewoo Case

Previous to the crisis, Daewoo Group had stated the "Global Management" motto that promoted expanding affiliated companies' business at home and abroad. But Daewoo's expansion was mere in shape and had been backed up by continuous debt financing, which resulted sharp increase in the Group's debt. At the end of 1998, Daewoo's total borrowings amounted to 44.0 trillion won, increased by 53% compared to the end of 1997. Due to augmentation of debt and financing expenses during 1998, the net loss reached 0.5 trillion won, even with sales increase.

Reflecting this insolvency problem, credibility of Daewoo Corp.(main enterprise of the Group) was lowered from B to B- (by S&P) in April 1999. This consequently influenced on Daewoo Corp's collection of export bills to be delayed and limited the new financing opportunity, which resulted in liquidity exhaustion throughout the Group.

Daewoo Group declared a 'Plan on Renovation and Restructuring of the Group', which was momentarily welcomed by financial market.

However, it came to a financial stringency again in June and July more than ever. Daewoo therefore renewed the restructuring plan, which was requesting for a new funding of 4.0 trillion won under the conditions that Chairman Kim Woo Jung steps down from management and offers collaterals with his property such as shares of subsidiaries and Kyobo Life Insurance. Kim's offered assets were worth 10 trillion won and the creditor institutions accepted his request.

However, the fear in the financial market only intensified due to mass withdrawal of capital from trust companies (request for redemption of beneficiary certificate) which held heavy amount of Daewoo bonds. The creditor banks decided to initiate corporate restructuring (workout) program for Daewoo Group on August 26, and selected 12 subsidiaries as the program target.

Repurchase of Trust Company's Beneficiary Certificates

Since the increase in fear over financial market due to the Daewoo Case, the clients of investment trust companies rushed to request to repurchase the beneficiary certificate which related to Daewoo bond in its portfolio. In its aftermath, the market faced a sudden rise in interest rate and sharp falling in stock price. On August 12, the government worked out the counter measures to repurchase Daewoo related beneficiary certificates. These measures stated that the repurchase will be fully made for the non-financial corporate and personal investors in priority. However, for the portion of unwarranted Daewoo bonds in fund portfolio, it would be paid at certain ratios beforehand, and the difference between actual proceeds and this payment would be repaid on July 1, 2000. Prioritized payments were determined to be made at a rate of 50% of its base in case the client resells it within 90 days, 80% within 180 days and 95%

over 180 days from the announcement day.

These measures resulted in a large capital demand for investment trust companies. Hence, KAMCO ended up purchasing Daewoo subsidiaries' NPLs (corporate bonds and commercial papers, here in) from 23 investment trust companies (including Korea and Daehan Investment Trust Co.) in the amount of 18.5 trillion won and paid 6.4 trillion won. This preventive measure enabled peaceful repurchase of beneficiary certificates by trust companies.

2nd Phase Reform Plan

After the Daewoo Case, the government set up the 2nd Phase Reform Plan for 4 Economic Sectors in February 2000, and established the 2nd Phase Financial Sector Restructuring Plan in September.

Through the restructuring plan, the government clarified that, in order to carry out financial restructuring, it would promote the resolution of insolvent companies and non-bank financial institutions in priority. Additionally, it planned on strengthening competitiveness of financial industry through a future-oriented reform.

Specifically, regarding the corporate restructuring, the government decided to create a system that restructuring of insolvent or insolvency signed enterprises would be facilitated at ordinary time depending on the market function. Moreover, through enhancement of managerial transparency and improvement of corporate governance, the government aimed at installing preventive mechanisms for any future insolvency.

In terms of financial restructuring, the government put more priority on resolution of non-bank financial institutions' insolvency, and encourage their management normalization through recapitalization under the responsibility of major shareholders. When such capital supplement might be non-viable, they would be subordinated to financial holding company, sold to a third party, decided on contract transfers, or liquidated.

Regarding the financial supervisory policy, the government would constantly maintain 'timely corrective measures', improve preventive supervisory function such as risk assessment system and early alarming system, and apply FLC extensively to the non-bank finance sector.

Raise of Additional Public Funds and Revamp of Management System

Daewoo Group's collapse caused huge losses to financial institutions, prompting the government to raise additional public funds for the purpose of assisting these institutions in recapitalization. Additional funds were raised in the amount of 40 trillion won, which were wholly allocated to the Deposit Insurance Fund with the consent of the National Assembly in December 2000. However, no more fund raised for the NPL Resolution Fund because the need for purchasing NPLs diminished and it can reuse the recovered capital for future expenditures.

With the additional raise of public funds, the Special Act on Public Fund Oversight (the Special Act) was made in December 2000. Based on the Special Act, the Public Fund Oversight Committee was established in February 2002. This Act also codified the definition and scope of public funds, and the principles of minimizing cost and equitable loss share. Furthermore, it ensured the post public fund injection management through conclusion of the Agreement on the Implementation of Management Normalization Plan with recipient institutions and quarterly review of implementation status and necessary measures thereby.

Overhaul of the System to Stimulate Restructuring

In order to facilitate the 2nd phase of corporate and financial restructuring, the government reequipped related statutes and financial regimes. First of all, it amended legislations on financial institutions business such as the Banking Act aiming to strengthen the management transparency, reform corporate governance, and to enhance financial soundness. Subsequently, the government enacted the Financial Holding Company Act, encouraging financial institutions to enlarge and combine their businesses through assembling themselves.

In the meantime, since Daewoo's collapse incurred many investment trust companies' insolvency, the FSC introduced 'timely corrective measures' to those institutions and enforced it in April 1, 2001. In order to facilitate the corporate restructuring, the government revised the Corporate Reorganization Act and the Restriction of Special Taxation Act, and enacted Corporate Restructuring Promotion Act to accelerate the financial and corporate restructuring delayed so far. Also it amended the Commercial Law and the Corporate Reorganization Act to allow enterprises to undertake the spin off method, which might be adopted by the companies under workout or reorganization procedures such as Daewoo Corp. Daewoo Heavy Industries and Daewoo Automobile etc.

Measures for Financial Market Stabilization

While financial unrest continued under the influence of Daewoo case, there arose another case of Hyundai[1] in March 2000, which

1) For more details about Hyndai case, refer to the main text

caused stock market to slump and capital market to starve recurrently thereafter. On such occasions, the government took measures to stabilize financial market including plans for stimulation of corporate bond issuance.

In May 2000, the government removed the limits of financial institution's holding of interrelated enterprises' bonds. And, in June, it prepared a scheme to support issuance of Primary CBO. This scheme aimed at facilitating enterprises with low credit (B~BBB class) to raise the capital easily; a security company assumes the bonds newly issued by large number of company together and securitize it to issue CBO, the credit of which enhanced much higher than individual enterprises' bonds.

The government also introduced 'Partially Guaranteed Bonds' scheme to revitalize corporate bonds issue. 'Partially Guaranteed Bonds' means the bonds guaranteed by the Korea Credit Guarantee Fund or the Seoul Guarantee Insurance Co., but they guarantee only in certain portion so that the guarantor could maximize the guaranteeing effect with limited resources and the investors would be motivated to invest in such bonds.

In December, 'the Plan for Stabilization of Financial Capital Market through Stimulation of Issuing the Corporate Bonds' was prepared in order to facilitate the conversion issue of corporate bonds expiring in 2001

After the financial crisis, enterprises financed mainly through issue of corporate bonds, which outnumbered borrowings from financial institutions. Among these corporate bonds, 65 trillion won were about to be expired in 2001. The substance of above stabilization plan was that 80% of expiring bonds might be converted to new bonds to be assumed by the KDB subject to the issuer's repayment of the balance. Out of new bonds taken over by the KDB, 70% would be transferred to the Primary CBO guaranteed by the Credit Guarantee Fund, 20 % assumed by the creditor banks, and the remaining 10% retained by the KDB.

Chapter 2
Restructuring of Financial Sector

Purchase of NPLs

As mentioned above, KAMCO purchased Daewoo subsidiaries' non-guaranteed bonds and CP in the amount of 18.5 trillion won and paid with 6.4 trillion won to finance investment trust companies that suffered losses by the Daewoo Case.

Thereafter, KAMCO also purchased Daewoo subsidiaries' CP in the amount of 3.9 trillion won and paid 3.1 trillion won during the period from October to December. Later, in December 2000 and February 2001, it assumed Daewoo Automobile's bonds of 1.9 trillion won and paid 0.8 trillion won. Moreover, in October 2000 and June 2001, it further purchased Daewoo NPLs owned by foreign financial institutions in the amount of 4.3 trillion won and paid 1.9 trillion won.

In total, KAMCO assumed NPLs, including those of Daewoo subsidiaries, in the amount of 30.9 trillion won and paid 18.4 trillion won during the year 2000. And in 2001 and 2002, it additionally purchased NPLs in the amount of 4.7 trillion won and 8.6 trillion won respectively and paid with 1.8 trillion won and 1.3 trillion won respectively.

On November 22, 2002, the purchase of NPLs by the NPL Resolution Fund finished according to the KAMCO Act which empowered the NPL Resolution Fund to undertake NPLs only in 5 years from the establishment.

Bank Restructuring

The FSC, determining Hanvit, Peace, Kwangju, Cheju, Kyongnam and Seoul Bank as insolvent financial institutions, ordered complete reduction of their capital through retirement of existing stocks without redemption, and requested KDIC to provide them with the public funds. KDIC determined the amount of required public funds to be injected would be 7.1 trillion won, out of that, KDIC assisted 3.0 trillion won by contribution to supplement the losses, and 4.1 trillion won by capital injection to uplift their BIS ratio to the standards.

Among above mentioned, Cheju Bank made agreement with Shinhan Bank on December 15, 2001 to join Shinhan Financial Group which was preparing its establishment. Under this agreement, KDIC sold 51% of share in Cheju Bank in April 2002. Also, KDIC invested its shares of Hanvit, Peace, Kwangju and Kyongnam Bank together with Hanaro Merchant Bank and established Woori Financial Group.

On the other hand, KDIC disposed its share of the Seoul Bank in the way that the Seoul Bank merged the Hana Bank first, whereby KDIC obtained the share of merged bank, and KDIC sold the share in merged bank later.

Restructuring of Non-bank Financial Institutions

The Korea Investment Trust and Daehan Investment Trust Management had suffered accumulative losses for the past years, and in 1999, a large sum of Daewoo bonds defaulted and it caused both companies heavy losses amounting to 8.5 trillion won. However, because there were no possessive shareholders in both trust companies, their autonomous recapitalization was very difficult, hence the government decided to assist them.

The government, with KDB and Industrial Bank of Korea (IBK), increased capital of Korea Trust and Daehan Trust with 2.0 trillion won and 1.0 trillion won respectively in December 1999. In 2000, the government decided to provide additional assistance on condition that each company would transform to a security company and spin off the asset operation company. Therefore, both companies transformed to investment trust security company in June. Then the FSC determined each company as an insolvent financial institution, and KDIC, by the request of the FSC, injected capital in the amount of 4.9 trillion won in consideration of its equity shortfall.

Regarding Daewoo Securities, the creditor banks agreed to take over it jointly and sell it through M&A after its management normalization. According to this agreement, the creditors paid for capital increase dated September 1998 and May 2000 and became dominant shareholders. However, since some creditor banks didn't participate in this capital increase, KDB assumed unpaid share additionally. Thereafter, KDB purchased its subordinated convertible bonds in June and converted it into share in September 2001, and became the major stakeholder (39.1%).

On the other hand, the creditors promoted M&A of Daewoo Securities after September 1999, but they could not sell it to anyone. Even after when KDB became a major stakeholder, KDB considered selling it, but sale was not practiced yet.

Nara Merchant Bank's financial state also aggravated because huge amount of Daewoo bonds in its holdings defaulted in a flash, and, there occurred mass withdrawal of savings owing to this. The FSC suspended its business by January 2000 and decided contract transfers to remove its assets and liabilities to Hanraeum Merchant Banking, a bridge bank established by KDIC, which financed Hanareum with 0.9

trillion won for payment of Nara's savings.

The FSC inspected financial status of 8 operating merchant banks as of the end of June 2000 and found that BIS ratio of 3 companies, namely Hans, Korea and Joongang, did not meet the standards. The FSC suspended 3 companies' businesses and appointed co-administrators of them. Before this, a mass withdrawal of savings occurred at Youngnam due to the insolvency of Daewoo bonds.

The FSC inspected assets and liabilities of above 4 merchant banks. The result was that all of 4 banks' liabilities were overriding assets. The FSC determined these merchant banks as insolvent institutions and ordered curtailment of their capital through retirement of existing stocks without redemption. It also ordered them to supplement the capitals to fulfill the BIS ratio at 8% and requested KDIC to provide financial assistance to them. Upon the FSC's request, KDIC injected 0.17 trillion won of capital to Youngnam. And, in November, the contracts (in connection with assets and liabilities) of Youngnam, Hans, Korea and Joongang merchant banks were transferred to Hanaro Merchant Bank, and KDIC injected 2.5 trillion won of capital to Hanaro in order to supplement the lacking capital. Hanaro was established by KDIC as well, however, it was authorized to execute permanent banking operations differently from Hanareum.

The government decided to sell Daehan Life Insurance and, therefore, KDIC selected sales advisor in may 2001 to carry out due diligence on its assets and liabilities as well as assessment of its value. Based on the assessment, KDIC injected additional public funds of 1.5 trillion won to Daehan Life and pursued its sale by public tender. It was sold to Hanwha Consortium, who purchased 51% of shares for 823.6 billion won.

Chapter 3
Post Public Fund Injection Management and Recovery

NPL Resolution

For NPL resolution, KAMCO introduced new methods such as individual corporate loan sale, in-kind investment in joint venture and in-kind investment to CRV(Corporate Restructuring Vehicle), beside existing methods such as asset securitization and international bidding.

Through asset securitization, KAMCO resolved NPL of 4.5 trillion won through 12 issuances. Based on the asset, KAMCO issued senior bonds of 3.4 trillion won and subordinated bonds of 0.7 trillion won and among these, it sold all the senior bonds and collected in cash. It is notable that KAMCO also issued foreign ABS, based on foreign currency denominated NPLs, which were offered in London in July 2000.

The individual sales methods of corporate loans were based on the going concern value of the debtor companies. M&A was one of these methods adopted in case KAMCO was major creditor of debtor company so that the purchaser of NPL could obtain the managerial rights. KAMCO resolved 62 enterprises' NPLs in the amount of 3.2 trillion won through individual loan sales and collected 1.2 trillion won during 2000 to 2003.

The joint venture method was to set-up a company jointly with foreign investor, sell NPLs to such joint venture, and let the foreign investor to manage and recover the target assets. KAMCO established 2 types of joint ventures in this regard; i.e. JV-AMC and JV-CRC.

Under JV-AMC structures, KAMCO transferred target assets to SPC and sold only 50% of its shares to foreign investor by limited bidding. And KAMCO let the co-investor to manage the assets to maximize the collection. KAMCO has established 4 JV-AMCs, sold NPLs in the amount of 2.1 trillion won to them and collected 1.0 trillion won(including 50% of JV-AMC stakes).

The structure of JV-CRC sale was similar to JV-AMC. However, target assets for JV-CRC sale were mainly the NPLs subject to corporate restructuring. Moreover, the JV-CRC should be authorized in accordance with the Industrial Development Act. KAMCO created 4 JV-CRCs and sold NPLs in the amount of KRW 1.9 trillion to them collecting 0.9 trillion won(includes 50% of shares).

As for the structure of CRV, KAMCO invested target company's NPLs to a SPC(CRV, Corporate Restructuring Vehicle) in-kind together with the other creditors. After creation of CRV, investitve creditors let CRV restructure the target company at its own discretion, and thereafter, the creditors sell the target company to collect their loans. The CRVs established according to the Act on Corporate Restructuring Investment Companies would be provided with tax shield, and able to make managerial decision more efficiently. Through setting up CRVs, KAMCO restructured Daewoo Capital and Diners Club Korea and resolved 1.8 trillion won of NPLs to collect 0.9 trillion won.

To sum up, the KAMCO resolved 64.6 trillion won of NPLs until the end of 2002, among them, it disposed off 6.1 trillion won through international bidding, 8.0 trillion won through issuing ABS, 4.9 trillion won through establishment of joint AMC, CRC and CRV, 2.6 trillion won through individual loan sales, 8.3 trillion through transfer to KAMCO's own account, 9.1 trillion won through direct collection, 6.3 trillion won through direct collection according to workout or corporate reorganization plan, and 19.3 trillion won through resale to original lenders. Through these resolutions, KAMCO collected 30.3

trillion won and obtained the sales margin of 3.8 trillion won, exceeding purchase price of 26.5 trillion won.

Post Management of Recipient Financial Institutions

The KDIC's post management has also improved a lot since 2000. KDIC strengthened its role of entering into MOU with the public funds recipients and monitoring its fulfillment status thanks to the Special Act (on Public Fund Oversight) enacted in December 2000. Previously KDIC has signed MOUs with 8 recipient institutions jointly with the FSC, however, after the Special Act entered into force, KDIC solely remade the previous MOU. Beside, it newly signed the MOUs with 6 other institutions, while 3 institutions were sold and terminated MOUs. KDIC inspected the operational status of MOU-signed institutions and took corrective measures or requested to reprimand related personnel against the institutions for non-compliance of MOUs.

With the Special Act in effect, KDIC was enabled to recommend its employees as the trustee of liquidated institutions' bankrupt foundation. Thus, KDIC sent trustees to most of the bankrupt foundation, and strengthen its management of bankruptcy estates obtaining early dividends.

In order to file charges on institutions' insolvency, KDIC investigated 3,701 people from 343 institutions and put 4,453 debtors' properties under provisional seizure for the amount of 1.2 trillion won. Furthermore, it brought lawsuits requesting indemnity of 1.3 trillion won.

Until the end of 2006, KDIC recovered 18.8 trillion won. Among them, 5.0 trillion won was collected through sales of equity stakes of recipient institutions, 8.1 trillion won through bankruptcy dividends,

1.1 trillion won through direct collection, and 4.4 trillion won through disposition of assets.

The amount of equity stake sales was including the proceeds from sale of Korea First Bank, Cheju Bank, Seoul Bank, and Daehan Life, redemption of 5 assuming banks' preferred stocks, and the price of partial sale of Shares in Woori Financial Group.

The sales of assets were carried out by the Resolution and Finance Corporation (RFC), a subsidiary of KDIC. The RFC adopted advanced methods of disposition such as issuing exchangeable bonds (collecting 1.1 trillion won), establishing JV-SPC (collecting 0.1 trillion won), and introducing the SAMDA method (collecting 395 trillion won)[1)]

Chapter 4
Corporate Restructuring

The government overhauled the related system furthermore in order to facilitate corporate restructuring.

By the end of 1999, the Corporate Reorganization Act and the Composition Act were amended to expedite the corporate restructuring proceedings, and the Commercial Law and the Corporation Reorganization Act to facilitate corporate spin-offs. In August 2001, the government enacted the Corporate Restructuring Promotion Act (the Promotion Act), systemizing the credit risk assessment for the enterprises which borrowed money in excess of 50 billion won in total. So far, the financial institutions initiated workout under the Corporate Restructuring Accord arranged themselves, however, the Promotion Act provided legal enforcement to their workout activities. On the other hand, prior to this, the government

---

1) For a more detailed report on SAMDA, refer to the main text.

expanded workout systems to general companies(with borrowings lessthan 50 billion won) in February systemizing risk credit assessment on these companies.

In order to promote third parties investment in restructuring enterprises, the government incorporated the CRC system into Industry Development Law and enacted the Corporate Restructuring Investment Companies Act (the CRV Act). Besides, the government revised related tax law and strengthened its tax assistance to restructuring enterprises.

Results of Corporate Restructuring Operation

As of the end of August 2001, just before the Promotion Act entered into force, 83 companies were under workout programs, increased by 6 from 77 at the end of 1999. Among them, 36 companies (43.4%) concluded and 12 suspended their program. The remaining companies continued the program.

Commencing the workout process, the creditors provided with new capital in the amount of 2.3 trillion won. Afterward, until the end of August 2001, the creditors collected 6.3 trillion won(3.5 trillion won of the principal and 2.8 trillion won of the interest) recording 2.8 times against newly provided capital.

Since the Promotion Act entered into force, out of 83 companies under workout program, 7 more companies reached management normalization. Thus, 55 companies concluded the program in total, while 4 more companies suspended and the remaining 12 continued with the plan.

Among the enterprises that concluded workout successfully, 1 mid-sized company and 34 mid-large companies completed in

2000, and 20 large enterprises including Daewoo subsidiaries completed in 2001. It is notable that most of 12 Daewoo subsidiaries achieved management normalization and creditors were able to sell their debt-swapped stocks at a high price. This allowed the creditors to recover most of their losses budgeted during the time of restructuring.

Restructuring of Daewoo Affiliates

The creditors entered into the Corporate Improvement Agreement with 12 Daewoo Group affiliates around January 2000. In what follows describes the outline of restructuring process of each affiliate.

As planned originally, Daewoo Corp. was split into international trade sector namely Daewoo International, and the construction sector namely Daewoo Construction. For each company, the creditors assisted with the reorganizing its financial structure, converting debt to equity, and alleviating repayment conditions. As the results, both companies successfully finished the workout in program December 2003. Among them, Daewoo Construction was sold to Kumho Asiana Group later in November 2006.

Daewoo Heavy Industries was restructured in the same way. The company was split into Daewoo Shipbuilding and Daewoo Heavy Industries & Machinery Ltd. These newly established companies successfully completed the workout procedures in August 2001. Among them, Daewoo Machinery was sold to Doosan Group in April 2005.

Daewoo Motors, on the other hand, divided its establishment (including those in foreign territories) and transferred to 4 newly established companies. Some of major establishments and overseas subsidiaries were transferred to a joint corporation between GM and KDB (GM-Daewoo), which reached management normalization under the creditors financial assistance including debt-restructuring, etc. The other new company was sold to Korean-based Youngan Hat Company, and another to Tata Group, an Indian-based enterprise.

In regard to Daewoo Electronics, its major industries were split off renaming from Daewoo Jeonja to Daewoo Electronics, and offered for sale, but not sold yet. Daewoo Communications also separated its business sections and sold it to third parties one after the other.

On the other hand, Ssangyong Motors, Kyongnam Enterprise, and Daewoo Electronic Parts were sold on whole company basis.

Diners Club Korea and the Daewoo Capital entered corporate restructuring led by KAMCO (as the major creditor) through establishment of CRV. Both successfully achieved the management normalization and the creditors concluded sales of them in September 2001 and June 2005, respectively.

The creditors also established CRV for Orion Electricity in 2002 and promoted management normalization; however, it went default in May 2003, then requested for a Court Management and carried out reorganization procedures by the court. It was sold to us-based, Matlin Patterson Fund through the court-led M&A procedures.

Chapter 5
Outcome of the Restructuring and Changes of Economic Situation

Outcome of the Restructuring

Until the end of 2002, after the financial crisis, the government(mostly KDIC) injected 159.0 trillion won of the public funds (including government funds) for financial sector restructuring, which includes 86.1 trillion won used for banking sector.

Specifically, KDIC and the government spent 119.9 trillion won to resolve insolvent financial institutions, and KAMCO spent 39.1 trillion won to purchase the NPLs.

During the restructuring process, 655 financial institutions were either liquidated or merged and 64 were newly instituted. Thus, the number of financial institutions reduced to 1,510 by the end of 2002 from 2,101 at the end of 1997.

Among banks, 5 liquidated and 10 merged out of 33. Meanwhile, owing to KAMCO's purchase, the amount of financial institutions' NPL reduced from 66.7 trillion won at the end of 1999 to 30.4 trillion won by the end of 2002.

As a result of financial restructuring, the profitability and stability of financial sector largely improved again. As for banks (including special banks), they experienced a net loss of 5.5 trillion won during 1999 but a net profit of 5.0 trillion won in 2002. Accordingly, the ROA improved from -0.83% to +0.60% during the same period. Yet, the BIS ratio declined from 11.75% to 11.33% during the same period.

The debt ratio decreased from 214.7% (1999) to 135.4% (2002). Followed by this, profitability also improved with an increase in ordinary margin from 1.68% to 4.69% during the same period. Interest coverage ratio was the most improved section, which increased from 96.1% to 260.3%

Economic Trends

Domestic economy showed high growth in both 1999 and 2000 recording 10.9% and 9.3%, respectively. In 2001, with stagnation of the world's economy, the growth rate slowed at 3.1%. However, thanks to the government's measures to expand domestic demand such as low interest rate policy, the economy managed to overcome sluggish performance of the past year and record 6.3% of economic growth in 2002. During this period, per capita income returned to the level of USD 10,000 reaching USD 10,841 in 2000,and unemployment decreased from 1,370 thousand to 710 thousand people.

The surplus balance of current account, which has recorded USD 24.5 billion in 1999, declined every year and turned USD 5.4 billion in 2002. It was mainly due to widened service account deficit owing to sharp increase in payments for overseas travel.

The consolidated central government balance turned positive due to the increase in internal revenue after 2000. The consolidated government finance of the year 2002 amounted to 136 trillion won, increased by 12.4% from the year 1999, while national income increased to 158.7 trillion won (by 47.1%) resulting in surplus of 22.7 trillion won. National tax revenue compared to GDP also augmented from 14.3% to 15.2%.

Financial Market Status

The surplus in balance of current account allowed the increase in foreign exchange reserve from USD 74 billion (at the end of 1999) to USD 121.2 billion (at the end of 2002). During 2001, the government reimbursed the borrowings to the IMF in advance, and got out of the IMF's controlling. However, the Won currency exchange rate against USD rose to 1,326 during 2000 due to instability of financial market but later in 2002 the rate dropped to 1,200.

The bond market in 2001, since the investment trust companies suffered financial difficulties, their investment in corporate bond sharply declined, so that corporate bond showed net redemption and total bond market has reduced. However, in 2001 and 2002, the bond market was activated because of enlarged issue of KDIC Bond and Bank Bond respectively. The corporate bonds yields rose in 2000, but kept a downward trend in 2001 and 2002.

In the stock market, KOSPI declined from 1,028 at the end of 1999 to average 504 in September 2001 due to the Hyundai affiliates insolvency, and so forth. Afterwards, it recovered to 894 in April 2002. The index finished the year 2002 at 628.

During the time, the government (mostly KDIC) sold its stocks of financial institutions, and foreign investment into domestic financial industry expanded. As a result, the government's share of financial institutions lowered from 55.4% to 46.1% and foreign share increased to 18.0% to 27.6%.

During this period, the business of merchant bank deteriorated while that of asset management companies (including investment trust management companies) proliferated. In April 1999, with the opening of Futures Exchange, futures companies' businesses were activated. And Being the Financial Holding Companies Act enacted in October 2000, Woori, Shinhan Financial Group could be established during this period.

Part Three
Continuation of Restructuring and the Public Funds Repayment

Chapter 1
Insolvency of Household Credit and Restructuring there of

Increase of Household Credit and its Insolvency

Household credit has increased in a great deal since 1999. It amounted to 439.1 trillion won at the end of 2002, as large as 2.4 times of that at the end of 1998. Especially, the commercial banks' lending expanded to 4.2 times centered on housing finance loans, and credit card companies' credit enlarged to 4.8 times mostly by merchandise credit and cash loan increase.

Due to such increase of households' financial debts, personal debt servicing capacity decreased continuously so that delinquency rates of lending, especially credit card related ones, suddenly rose. In case of commercial bank's credit card account, the rate rose from 7.3% at the end of 2001 to 11.8% at the end of 2002, and 15.2% at the end of March 2003. In case of specialized credit card company, it rose from 2.6% to 6.6%, and 9.4% during the same period.

Since the delinquency rates ran high, the profitability of credit card companies deteriorated showing sudden drop of net profit rate (compared to the revenue) from 22.1% in 2001 to 1.4% in 2002 and -31.0% during the first quarter of 2003.

In the midst of such circumstances, SK Global's accounting scandal came about and resulted in a sudden fall of the stock market led by SK Group subsidiaries. This incident brought about massive resale of beneficiary certificates that included SK subsidiaries' bonds in its portfolio, which led to paralysis of bonds market. Further more it generated a ripple effect on whole credit card companies. Their stock prices crushed, and financing through bond issue became practically impossible.

Restructuring of Credit Card Companies

The government regulated the card companies' indiscriminate card issuance and credit granting practices, and requested them to supplement the capital which was encroached due to heavy losses.

According to this, bank-affiliated credit card companies sought M&A with their parent banks and the independent (specialized) companies raised capital from their major stakeholders and issued subordinated bonds.[1]

However, during the second half of the year, lack of funds intensified for LG Card and KEB Card and ended up suspending cash services to card holders. This, however, only repeated the liquidity exhaustion and the financial market destabilization once again.

LG Card requested capital support of 2.0 trillion won to the creditor banks, offering the securities such as the share of LG Card and LG Investment & Securities own by the Group chairman and subsidiaries. The Creditors provided capital to normalize its business and agreed with LG Group on selling LG Card and LG I&S. In 2004, LG Card's finance yet again was experiencing trouble, so that the creditors extended capital support in the amount of 1.65 trillion won and converted that loan into equity together with previous lending of 2.0 trillion won. Prior to this, LG Card reduced 97.7% of old stakeholders' share, so, KDB became the major stockholder(26.0%) and the shares came to be mostly(99.3%) owned by the creditor banks.

Being the largest stakeholder, KDB was delegated to be in charge of the management of LG Card, which promoted sales of both LG Card and LG I&S. As a result, LG I&S was sold to Woori Financing Group in December 2004, and LG Card to Shinhan Financing Group in March 2007.

Rehabilitation Support to Bad Credit Persons

The number of bad credit person (bad debtor) reached 2.45 million

1) Capital raising through issuing subordinated bonds is regarded as a kind of recapitalization.

at the end of 2001, 2.64 million at the end of 2002, and 2.96 million in March 2003. Bad debtor should be restraint their economic activities personally, and when such person increase in number, it also shrinks the national productivity, disrupts credit order of finance sector, and gives rise to serious social problems. Therefore, the government tried to minimize further increase in the number of bad debtors, and guided the financial institutions to conduct programs, either individually or jointly with the other creditors, supporting bad debtors to settle their obligation and restore their credit.

The Credit Counseling & Recovery Service (the Committee) was established in September 2002, aiming at supporting bad debtors' redemption. The Committee was created based on agreement among 160 financial institutions including banks, insurance companies, MSB, credit card companies, and so forth. Bad debtors with a debt lower than 300 million won and income at least minimum cost of living were eligible for this program. The Committee received applications for debt restructuring from 630 thousand debtors by the end of December 2006 and concluded 600 thousand persons case.

Badbank Harmony Co. (the Company) also was established to support bad debtors' settlement of borrowings from multiple financial institutions. The Company established in May 2004 as a SPC on purpose to gather multiple creditors' loans, and was actually operated by KAMCO. The Company supported bad debtors' credit restoration in the way that; firstly the debtor repay 3% of the total debt to the Company and then the Company makes low-interest and long-term loan to the debtor to refund its obligation. When the Company makes loan to the debtor, it estimates the collectable value based on the debtor's credibility and pays the collectable portion in cash and the remaining portion in the form of security, and all the payment is made to the original lender directly. Afterwards, when the Company collects from the debtor more than cash-paid portion, it redeems the securities.

The Company approved the loan renewals and debt restructuring in the amount of 2.4 trillion won for 210 thousand applicants. Among them, approvals for some cases were cancelled and the real loan provisions were made for 180 thousand cases of 170 thousand debtors in the amount of 2.0 trillion won.

Chapter 2
Financial and Corporate Sector Restructuring

Restructuring the Financial Sector

KDIC promoted sales of Chohung Bank shares in the second half of 2002 and sold it to Shinhan Financial Group in August 2003. The share of Korea First Bank owned by Newbridge was later sold to UK-based Standard Chartered Bank, and the government participated in their sales contract and disposed off its shares.

The shares of Korea Exchange Bank, which was previously owned by German-based Commerzbank (32.5%), the Eximbank of Korea (32.5%), and the Bank of Korea (10.7%), was sold to US based Lone Star Fund in October 2003.

KDIC, which has injected the public funds into Korea Trust Securities, also promoted for the sales of it, and finally sold it to Dongwon Finacial Holdings (presently Korea Investment Holding Co.) in March 2005. Prior to sales, the company underwent whole capital reduction, and KDIC provided with 1.4 trillion won (composed of 0.9 trillion won for equity participation and 0.5 trillion won for asset purchase), necessary to reach 150% of net capital ratio and maintain NAV at the prescribed level. KDIC received 0.5 trillion won as sale-money.

KDIC also promoted the sales of Daehan T S in May 2005 and sold it to Hana Bank. KDIC also supported with 1.1 trillion won (capital injection of 0.4 trillion won, asset purchase of 0.7 trillion won), and received 0.5 trillion won as sale-money.

As for Hyundai Investment & Securities, it had losses from its investments due to Daewoo's insolvency and deficiency of equity capital in the amount of 1.2 trillion won. Since the Company had a major stakeholder (Hyundai Group), the government did not input the public funds and only arranged Management Improvement Accord between the Company and the FSS.

In February 2004, it was sold to US-based Prudential Financial, Inc. KDIC also supported with 2.6 trillion won (2.2 trillion won for capital injection, 0.3 trillion won for asset purchase), and collected 0.4 trillion won from the sales of 80% of total shares.

A large number of Mutual Savings Banks (MSB) went insolvent during 2001 and 2002, which led to the closing of their businesses or sale to third parties under the FSC's measures. After that, MSB industry stabilized during in 2003, however, later in 2004~2005, the second largest MSB Hanmaeum (in the asset scale of 1 trillion won) as well as several mid-sized MSBs such as Arim, Hannara, Hanjung, and Invest turned insolvent. Consequently, the government cancelled their business licenses and enforced liquidation. Among these insolvent MSBs, Hanmaeum and Invest underwent contract transfers to the Korea Saving Bank, while Arim and Hanjung transferred contracts to Yegaram MSB, a subsidiary of KDIC. For those closed MSBs, KDIC subrogated savings with the amount of 0.5 trillion won from 2003 to 2006, and contributed with 0.6 trillion won for loss compensation.

As for Credit Unions, massive institutions went into insolvency in 2002 so that 115 unions were suspended their businesses, and additional 14 unions were also suspended in 2003. Most of those closed unions were merged or liquidated during 2003~2006. KDIC supported with 1.3 trillion won including the amount for subrogation of deposits.

Corporate Restructuring

Until August 2001, 40 companies underwent workout based on the Corporate Restructuring Accord agreed among financial institutions. However, after the Promotion Act was effectuated and retroactively applied, these companies came to be under joint management by the creditor financial institutions. After enforcement of this Act, 25 companies newly entered to the creditors' joint management and after the expiration of the Act (in the end of 2005), the creditor banks signed a new accord, and, commenced joint management for 6 more companies until the end of 2006. Therefore, the total number of companies that were placed under join management turned 71.

Among them, 47 companies (66.2%) concluded the restructuring process due to M&A or normalization of their management. On the other hand, the joint management for 11 companies were suspended and transformed into in-court rehabilitation process. The remaining 13 companies were still under the process of restructuring as of the end of 2006.

After the Promotion Act enforce, the creditor financial institutions assisted 31 newly designated companies with 37.6 trillion won until the end of 2006, including 32.8 trillion won of debt adjustment, and 4.8 trillion won of capital injection. Debt adjustment consisted of 13.6 trillion won (41.6%) in debt-equity swap, 15.2 trillion won (46.5%) in due extension, 1.6 trillion won in waiver of obligation and 2.4 trillion won in offset by deposits.

On the other hand, the creditors retrieved, out of 37.6 trillion won of support, 21.2 trillion won through sales of debt-swaped stakes and direct loan collection until the end of 2006, and another 23.3 trillion won was expected to be additionally collected after 2007. Accordingly, total recovery would be 44.4 trillion won, showing the recovery rate of 118.3%.

Concurrently with the Promotion Act, the government adopted the 'system of pertinent assessment of corporate credit risks' in early 2001, enabling the creditor institutions to assess the soundness of general debtor companies. Depending on the result of assessment, the creditors liquidate the insolvent companies with no possibility of rehabilitation, but practice workout to the companies merely with insolvency sign. Since the establishment of this system, principal creditor banks completed 10,930 (including 1,877 assessments based on the Promotion Act) pertinent assessments until 2005. It is notable that during this time, the number of assessment for large companies has been decreasing, while that for small and mid-sized companies have otherwise increased every year since 2003.

As a result of pertinent assessment, the number of companies with symptoms of insolvency were 289. 104 of them were successful in management normalization and concluded creditor banks' management procedures. On the other hand, the procedures for 97 companies were suspended due to poor results of business

Chapter 3 Recovery and Redemption of Public Fund

NPL Resolution

Since 2003, KAMCO has resolved NPLs mainly through individual sales of corporate loans especially including M&A, and, after debt-equity swaps were practiced in earnest, KAMCO promoted sales of debt-swapped shares.

Hanbo Steel was under court receivership after being bankrupt in January 1997. KAMCO had promoted M&A of this company, and, after several unsuccessful attempts, it was sold to INI Hysco later in July 2004.

In the meantime, KAMCO has inputted 1.6 trillion won after 1999 to buy Hanbo Steel NPLs of 3.7 trillion won. KAMCO had already collected 1.5 trillion won so far from Hanbo, and further retrieved 0.2 trillion won through the stake sales so that it could recovered more than purchase costs.

Dong-A Construction was selected as a workout target in August 1998, and during the process, it went to default in November 2000. It had requested in-court reorganization procedures but was declared bankrupt in May 2001. Afterwards, it went through bankruptcy procedures, however, KAMCO(major creditor) recognized its going value and determined to file for in-court rehabilitation procedures instead. Under such conception, KAMCO promoted M&A of Dong-A, and finally concluded a sale contract with Prime Group in November 2006. KAMCO and the other creditors applied rehabilitation procedures to the court, which obtained approval in January 2007.

KAMCO has purchased Dong-A's NPLs in the amount of 784 billion won with payment of 251 billion won and already collected 281 billion won so far. Besides, KAMCO came to receive a part of sale price(678 billion won) to be paid from Prime Group.

Daewoo Construction was spun off from Daewoo Corp. in December 2000. The creditors proceeded its sales after November 2004 and in November 2005 ended up with selling to Kumho Asiana Group at 6.4 trillion won. KAMCO collected 4.0 trillion won from the sale and, later, furthermore received as a debt service in the amount of 1.3 trillion won. KAMCO recovered 5.3 trillion won in total from Daewoo Construction NPLs and realized a huge profit compared with the purchase price of 1.0 trillion won. On the other hand, Daewoo Corp., an existing entity after spin off, suffered a loss in the amount of 1.5 trillion won.

Until the end of 2006, KAMCO recovered 6.1 trillion won through international bidding, 8.7 trillion won through issuing ABS, 6.4 trillion won through establishment of JV-AMC, JV-CRC and CRV, 3.4 trillion won through individual loan sales, 8.5 trillion won through public auction of collateral securities and sale to KAMCO's original accounts, 15.8 trillion won through direct collection, 8.0 trillion won of repayment according to workout plan or reorganization plan, and 19.7 trillion won through resale to the original creditors. Thus, KAMCO resolved 76.6 trillion won of NPLs in total and collected 41.5 trillion won, making a profit of 10.6 trillion won comparing with the purchase price amounting 30.9 trillion won in this period.

The above shown repayment from workout or reorganizing enterprises includes the proceeds from sale of companies. Besides, KAMCO also obtained debt-swapped equity in the amount of 8.0 trillion won.

Since the KAMCO's undertaking of NPLs for the account of NPL Resolution Fund was over in November 2002, KAMCO purchased NPLs for its original account from 2003. It purchased NPLs with face amount of 8.9 trillion won and paid 2.3 trillion won until the end of 2006. KAMCO resolved 4.8 trillion won out of this and collected 2.1 trillion won, making a profit of 0.5 trillion won.

Post Management of Recipient Institutions

From the year 2003, KDIC extended the due date of 10 institutions' management normalization plan for two years, and ratified MOU objectives of 4 other institutions. MOUs with 3 institutions namely Chohung Bank, Korea Investment Securities and Daehan I S were cancelled as they were all sold to third parties. Moreover Woori Merchant Bank and Woori Credit Card merged into Woori Bank so that MOU with merged institutions were terminated. Accordingly, the number of MOU-signed institutions decreased to 6 by the end of 2006 from 11 at the end of 2002.

KDIC has inspected the compliance of MOU. The result showed that, from the year 2003, most of the inspected institutions achieved targeted financial ratio in general, and no particular failure pointed out even from non-financial sectors. But only in 2003 and 2004, due to the credit card disaster and tightness in corporate bond market, some of insurance, investment and credit card companies were not able to reach the targeted financial ratio.

KDIC also reinforced the management of bankrupt foundations. Until the end of 2006, KDIC participated in bankruptcy procedures of 359 foundations and pursued speedy and efficient proceedings with the result that 323 foundations' procedures were practically concluded earlier, and KDIC received early dividends of 1.8 trillion won.

KDIC continued the investigation on charging responsibilities. Until the end of 2006, it investigated into 5,841 individuals from 492 targeted institutions. As a result, KDIC requested related institutions to arrange provisional seizures on 4,625 cases in the amount of 1.0 trillion won and filed indemnity charges of 1.7 trillion won over 9,225 individuals.

Recovery of Public Funds

The sales of government-owned financial institutions' stakes went on actively even after the year 2003. Until the end of 2006, KDIC has collected 5.9 trillion won through stake sales in the banking sector; 0.3 trillion won by block-sale of shares in Woori Financing Group, 2.5 trillion won by sale of shares in Chohung Bank to Shinhan Group, 1.8 trillion won by sale of the Korea First Bank's stocks to Standard Chartered and 1.3 trillion won by sale of Seoul Bank's stock to Hana Bank. In total, including other types of financial institutions, KDIC collected 13.0 trillion won from stake sales until the end of 2006,

As for the collection from bankrupt foundations, especially the bankruptcy dividends for deposit subrogation from liquidated Saving Banks and Credit Unions has increased. KDIC received dividends in the amount of 8.4 trillion won in 2003, including this, it retrieved 16.5 trillion won in total, from 1998 to the end of 2006.

KDIC's collection through asset sales amounted to 4.4 trillion won by the end of 2002, which increased by only 0.8 trillion won by the end of 2006. It was because the amount of Exchangeable Bond issuance (1.1 trillion won) was deducted from the sum after its redemption during this period.

Redemption of Public Funds

KDIC and KAMCO issued fund bonds of 83.5 trillion won and 20.5 trillion won respectively totalling 104.0 trillion won. Out of this, both Agencies repaid 9.0 trillion won until the end of 2002 and, accordingly, 95.0 trillion won remained outstanding. Adding up the foreign loans of 2.0 trillion won, they needed to repay 97.0 trillion won in total, but both Agencies capital holdings and expected future collection were added up only to 30 trillion won. So, certain special measures had to be taken to solve this problem.

The government deliberated and decided the followings.

The Deposit Insurance Fund of KDIC transfers its assets and liabilities to KDIC Bond Repayment Fund (the KDIC Fund, in this section) as of the end of December 2002. Total liabilities of the KDIC Fund were 82.4 trillion won. Out of this, 16.7 trillion won would be repaid with its capital holdings and future collections, 20 trillion won to be reimbursed with special assessment from financial institutions, and the remaining 45.7 trillion won to be redeemed from the national finance.

Total liabilities of the NPL Resolution Fund (the KAMCO Fund, in this section) were 14.8 trillion won. Out of this, 11.5 trillion won would be repaid with its capital holdings and future collections, and the remaining 3.3 trillion won to be reimbursed from the national finance as well.

The government establishes the Public Fund Redemption Fund (the Redemption Fund) to assist the KDIC Fund and the KAMCO Fund. The Public Fund Management Fund (the Management Fund) procures the capital through treasury bonds issuance and deposits it to the Redemption Fund, which provides both the KDIC Fund and the KAMCO Fund with the capital so as to redeem public funds becoming due until the year 2008.

The Redemption Fund would be financed through the contribution from the governments general account and special contributions from the special accounts for government's communication business and postal insurance, and with this capital, it would repay the Management Fund's deposit within 25 years.

The annual redemption schedule was fixed as follows.

The Redemption Fund receives deposit from the Management Fund in the amount of 13.0 trillion won in 2003, and 12.0 trillion won in every year of 2004, 2005 and 2006; 49.0 trillion won in total. Out of this, it contributes 45.7 trillion won to the KDIC Fund and remaining

3.3 trillion won to the KAMCO Fund to repay the expiring bonds until the end of 2006. The public funds maturing afterward would be redeemed with future collection or special contributions from the financial institutions. Given that, the lacking portion would be reimbursed through conversion issue of expiring bonds.

In case of the KAMCO Fund, the government finance contributes whole amount of 3.3 trillion won in 2003, and KAMCO repays the liability by itself without fiscal assistance from 2004.

The results of each Funds' repayment and operation up to the end of 2006 were as follows.

KDIC redeemed 85.5 trillion won including 63.9 trillion won of the KDIC Bond's principal and 15.6 trillion won of interest thereof. For this, the KDIC Fund received the governmental contribution in the amount of 52.3 trillion won, and financed 20.4 trillion won by itself through collection.

The KAMCO Fund needed to repay 12.2 trillion won of KAMCO Bond's principal and 1.0 trillion won of interest thereof. To supplement the lacking capital, the government contributed 3.5 trillion won and KAMCO made conversion issuance of expiring KAMCO Bonds in the amount of 4.0 trillion won. Afterwards, the KAMCO Fund further repaid KAMCO bonds in due time with its collection. At the end of 2006, it had liabilities of 2.3 trillion won, outstanding balance of reissued KAMCO bonds.

The Redemption Fund procured 66.0 trillion won through receiving deposit from the Management Fund, contribution from general account, special contributions from Post Office, and so forth. Out of this, it contributed 52.3 trillion won to the KDIC Fund and 3.5 trillion won to the KAMCO Fund, and returned 10.0 trillion won to the Management Fund.

Chapter 5
Outcome of Restructuring and Changes of Economic Situation

Outcome of Restructuring

Financial Restructuring Indicators after the Crisis

(Unit: trillion won, %)

	1997	1999	2002	2006
Public funds injected	12.5	93.7	159.0	168.3
Public funds recovered	–	17.4	53.8	84.5
Public funds repaid	–	0.6	12.5	141.4
No of financial institutions	2,077	1,763	1,510	1,315
NPL residue	112	66.7	30.4	17.8
BIS ratio(%)	7.04	11.75	11.33	12.76

[footnote] Based on the end of year, public funds includes the funds from the Government and the Bank of Korea, BIS ratio based on that of commercial banks.

[source] Public Fund Oversight Committee, KAMCO.

After the financial crisis, the government provided with 168.3 trillion won for financial sector restructuring, including 86.9 trillion won for bank restructuring, until the end of 2006. Out of this, KDIC and the government spent 119.9 trillion won on resolution of insolvent financial institutions, while KAMCO paid 38.8 trillion won to assume NPLs from the financial institutions.

During the restructuring process, 899 institutions were reduced through liquidation or M&A, and 111 new institutions were created. By the end of 1997, there were 2,103 financial institutions; however, the number decreased to 1,315 in the end of 2006 due to abve mentioned restructuring. As to the banking sector, 5 banks liquidated and 11 banks merged among 33 banks as of the end of 1997. The amount of domestic financial institutions' NPLs declined from 30.4 trillion won (2002) to 17.8 trillion won. (2006)

During this period, profitability and financial status have greatly improved. Net profit of bank in 2002 was no more than 5.0 trillion won but in 2006 it amounted to 13.3 trillion won. Hence, ROA and BIS ratio also went up from 0.6% to 1.11%, from 11.33% to 12.76% respectively during the same period.

Meanwhile, the restructuring of corporate sector also experienced great improvement in enterprises' financial status; domestic manufacturers' debt ratio declined from 135.4% (2002) to 98.9% (2006). Under these trends, profitability also significantly improved with ordinary margin ratio rose from 4.69% to 5.69% and interest coverage ratio went up from 260.3% to 439.3%.

Economic Trends

Due to credit card affairs, domestic economic growth was sluggish during 2003 fluctuating around 3.1%, however, the growth of coming years came up to 4~5%. Meanwhile, unemployment increased from 750 thousand in 2002 to 890 thousand in 2005, and the unemployment rate rose from 3.3% to 3.7%. In 2006, it declined to 3.5% owing to mere change in population structure.

The surplus of current account increased from USD 5.4 billion (2002) to USD 28.2 billion (2004), but later in 2006, it reduced to USD 6.1 billion. It caused by deficit in service account centered on overseas travel expenses. Deficit of travel account augmented from USD 4.5 billion (2002) to USD12.9 billion (2006).

The consolidated central government balance in 2003 experienced a reduced surplus of 7.6 trillion won mainly due to the contribution of

16.2 trillion won to the Redemption Fund. Later on, the surplus remained at the level of 3~5 trillion won. The amount of consolidated government finance increased from 164.3 trillion won in 2003 to 205.9 trillion won in 2006 with continuous burden of public fund redemption.

Meanwhile the reimbursement of public fund intensified, national debt expanded due to increase of treasury bond issue with aim to support the Redemption Fund. In the end of 2003, national debt amounted to 158.8 trillion won increased by 32.2 trillion won compared to previous year. Among this, national bond issue in the amount of 14.4 trillion won was included. National debt continually increased even after 2004 and reached 273.2 trillion won at the end of 2006. The weight of national debt over GDP climbed from 21.2% (at the end of 2002) to 32.3% (at the end of 2006). During this period, surety obligation decreased each year along with the reimbursement of both KDIC Bonds and KAMCO Bonds.

Financial Market Status

During the period of the financial sector restructuring, the government owned share of financial institutions were actively sold and expanded foreigners' entrance into the domestic financial market. As a result, the government's share in commercial banks lowered from 46.1% to 17.4%, while foreign share increased from 27.6% to 63.8%.

During this period, financial institutions actively combined different types of financial business. Bancassurance, in which insurance policies may be sold in bank branches, was introduced in 2003. The 'Act on Business of Operating Indirect Investment and Assets' entered into force by January 2004 and allowed all type of financial institutions to operate fund related business. The trust business, that could be operated only in banks previously, was allowed to security companies and insurance companies by amendment of Enforcement Decree of the Trust Business Act in November 2005.

In the bond market, the government drastically increased national bond issuance from 2003 for redemption of public funds and currency stabilization. On the other hand, KDIC/KAMCO bond and corporate bond turned to net redemption due to massive repayment of the public funds and decline of large enterprises capital demand respectively. In the stock market, KOSPI progressively increased; it remained at 628 at the end of 2002, but rose to 896 at the end of 2004, and to 1,435 at the end of 2006. Especially in 2005, it rose by 54% owing to large capital inflow centered on installment funds.

Household credit increased in 2004 slightly, but largely increased in 2005 and 2006. In 2006, household loan increased to 550.4 trillion won, which represents an increase of 40.7% compared to 391.1 trillion won of the end of 2002. Out of this, the bank loan increased by 55.9% while specialized credit financial company loan declined by 55.9%

In the foreign exchange market, foreign investment continually increased. The foreign exchange reserve that was USD 121.4 billion in the end of 2002, climbed up to USD 239.0 billion by the end of 2006. The Won/Dollar exchange rate declined each year and closed at 929.8 won at the end of 2006.

부 록

1	금융시장안정 및 금융산업 구조조정을 위한 종합대책 1997. 11. 19.
2	한국－IMF 구제금융 합의의향서 및 양해각서 1997. 12. 3.
3	금융·기업구조개혁 촉진방안 1998. 4. 14.
4	한국경제의 구조조정 종합대책 1998. 5. 20.
5	미국의 금융구조조정 사례
6	2단계 4대부문 개혁 추진방향 2000. 2. 9.
7	2단계 금융구조조정 추진계획 2000. 9. 24.
8	동남아 3국의 금융구조조정 사례
9-1	대우그룹 계열사 구조조정 사례
9-2	현대그룹 계열사 구조조정 사례
9-3	쌍용그룹 계열사 구조조정 사례
10	주요국가의 공적자금 상환사례

[부록 1] 금융시장안정 및 금융산업 구조조정을 위한 종합대책

(1997년 11월 19일 재정경제원)

I. 추진배경

□ 최근 국내금융시장은 안정 기조를 회복하지 못하고 있는 가운데 국내 금융기관에 대한 외국의 신인도가 저하되어 외화자금의 수급에 어려움이 가중되었음.

- 신인도 저하 원인은 대기업의 잇단 부도 등으로 금융기관의 부실채권이 증가하여 재무구조가 악화되었고, 동남아 외환위기, 홍콩 주식폭락 등으로 아시아 국가에 대한 신인도가 저하된 가운데 우리 경제의 실상이 투명하게 공개되지 못함으로써 일부 외국 언론을 중심으로 루머가 증폭된 데 있음.

□ 이에 따라 정부는 금융산업의 구조개선과 대외신인도 제고 및 외환수급 안정을 위한 종합대책을 마련, 시행하기로 하였음.

- 종합대책의 골자는 재정자금의 투입을 통해 금융시장의 안정 기조를 회복하고, 이를 바탕으로 금융산업의 구조조정을 강력히 추진하며, 환율의 시장기능 제고와 자본시장의 확대개방을 통하여 외화자금의 수급을 안정시키는 한편, 추진 과정을 투명하게 하여 대내외의 신뢰도를 높이는 데 주력하는 것임.

□ 이번 대책으로 금융시장이 안정되고 대외신인도가 회복되면 실물부문은 건실하고, 무역수지도 크게 개선되고 있는 만큼 현재의 실물·금융간의 악순환이 선순환으로 반전되어 우리 경제가 새로운 도약의 기틀을 다질 수 있을 것으로 전망됨.

II. 기본방향

□ 금융기관 부실채권의 조속한 정리

- 부실채권정리기금을 대폭 확충하여 성업공사 발족(11.24.) 후 단시일 내에 금융기관이 희망하는 모든 부실채권을 매입, 정리함

□ 금융산업 구조조정의 강력한 추진

- 예금보험기금의 확충과 한시적인(3년간) 예금 전액 지급보장을 통하여 금융시장의 안정을 확보하고, 이를 바탕으로 은행과 종합금융회사를 중심으로 한 전 금융기관에 대한 구조조정을 강력히 실시함

□ 외환시장의 안정대책 추진

- 환율제도의 개편을 통하여 환율의 시장기능을 제고하고, 이와 동시에 채권시장의 개방을 확대하여 외화자금 수급의 안정을 도모함

□ 우리 경제의 대외신인도 제고

- 금융관련 정보를 투명하게 공개하여 대외 신인도를 제고하고, 이번 대책을 계기로 우리 정부의 금융산업 지원 의지와 정책의 신뢰도에 대한 대외홍보 활동을 강화함

III. 금융기관 부실채권의 정리

금융기관의 부실채권 문제를 조기에 근원적으로 해결함으로써 금융산업의 새로운 출발의 전기를 마련하며, 이를 위해 성업공사 부실채권정리기금의 규모를 대폭 확충함.

1. 부실채권의 규모 추이

지난 1월 이후 대기업의 잇단 부도 등으로 금융기관의 부실채권 규모가 급격히 증가하였음.

은행(일반은행+특수은행) 부실채권 규모 추이

(단위; 10억원)

	1996년 말	1997년 6월말	1997년 9월말
고 정	11,749	15,989	18,914
회수의문	2,294	4,923	8,485
추정손실	797	965	1,130
계	14,840	21,877	28,529

[주] 고정여신은 6개월 이상 연체여신으로서 담보가 있는 채권(평균 회수율 약 70%)

종합금융회사 부실채권 규모추이

(단위; 10억원)

	1996년 12월말	1997년 10월말
부실여신	1,264	3,897

[주] 부실여신은 기일경과어음+법정관리어음+대지급금+6개월 이상 연체 대출금

2. 부실채권 정리기금의 확충

□ 금융기관의 부실채권을 조기에 매입 정리할 수 있도록 성업공사의 부실채권정리기금 규모를 당초 3조 5천억원에서 10조원으로 증액하며, 이를 위하여 정부의 산업은행에 대한 현물출자 규모를 현재의 5천억원에서 2조 5천억원으로 증액하고, 기금채권의 발행 규모를 증대함.

- 기금채권 발행조건: 시장금리, 5년 이내, (현행) 3조 5천억원→(변경) 10조원
- 재정지원(산은융자방식): (현행) 5천억원→ (변경) 2조 5천억원
- 한은차입: (현행) 2조원→ (변경) 2조원
- 금융기관출연: (현행) 5천억원 → (변경) 5천억원
- 기금채권발행: (현행) 5천억원 → (변경) 5조원

3. 부실채권의 정리

□ 대상기관 : 은행, 종합금융회사

□ 부실채권 매입방법

- 부실채권의 최대 회수가능 금액을 기준으로 금융기관의 부실채권을 일괄 매입하고, 추후 성업공사와 금융기관이 사후 정산
- 성업공사 발족 후 2개월 이내에 10조원을 투입하여 전체 부실채권의 50% 이상을 매입하고 추후 1~2년 이내에 나머지 부실채권을 완전 정리(예시) 매입기준 가격
- 고정분류 채권 : 담보가액의 75%
- 회수 의문 : 채권가액의 20%
- 추정손실 : 채권가액의 3%
- 다만, 법정관리나 화의신청 중인 기업에 대한 채권은 당해기업의 순자산가치 등을 고려하여 달리 결정할 수 있음.

□ 매입대금의 지급

- 금융기관에 현금 30%, 채권 70%의 비율로 지급
- 기금채권에 대해 외국인 투자를 허용하여 채권으로의 지급에 따른 금융기관 유동성 부족을 지원

Ⅳ. 종합금융회사의 외화대책과 구조조정

1. 현황

많은 종합금융회사들이 외화자금을 단기로 조달하여 장기로 운용함으로써 최근 외화자금의 수급에 큰 애로를 겪고 있음. 이는 외환시장의 불안정과 환율상승의 한 원인이 되고 있어 이의 근원적 처방 없이는 외환시장의 안정회복이 어려움.

종합금융회사의 외화조달. 운용의 기간구조

('97. 10말 기준) (단위 : 억$, %)

	조 달	운 용
단기(1년 미만)	129 (64.4)	71 (35.6)
장기(1년 이상)	32 (16.3)	168 (83.7)
계	200 (100.0)	200 (100.0)

2. 외화조달난에 대한 대책

□ 외화조달에 어려움을 겪고 있는 종합금융회사에 대하여 1997년 12월 말까지 타금융기관과의 합병 결의 등 구조조정
 - 외화자산과 외화부채의 일괄 양도
 - 자산 담보부증권 발행(ABS) 등의 방식으로 외화수급 문제를 근원적으로 해결하도록 조치

□ 이를 이행치 못한 종합금융회사는 '98. 1월부터 외환업무의 신규영업을 정지

V. 금융산업의 구조조정

은행·증권·보험·종금 등 모든 금융기관을 대상으로 금융기관의 자율적인 합병을 최대한 지원·촉진하고, 부실금융기관에 대해서는 제3자 인수, 합병 등을 통한 구조조정을 강력히 추진함.

1. 금융기관의 자율적인 구조조정 촉진

□ '금융기관의 합병 등에 대한 인가기준 및 지원사항'을 11월 말까지 확정
 - 합병 허용 범위, 인가절차 및 기준 등을 사전에 제시함으로써 금융기관의 예측 가능성과 인가의 투명성을 높이고

- 합병금융기관에 대한 정책적인 지원사항을 최대한 확대함으로써 금융기관의 자발적인 합병을 유도

〈정부안의 주요 내용〉

○ 시중은행+시중은행 → 시중은행
  - 유상증자 특례 인정 등을 통해 Leading Bank로 육성
  - 융통어음의 발행·할인·매매·중개·인수 등의 업무 허용
  - 증권업무 중 유가증권 위탁매매를 제외한 여타 업무 허용

○ 시중은행+증권회사 → 시중은행
  - 증권업무 중 유가증권 위탁매매를 제외한 여타 업무 허용
  - 자회사로 유가증권 위탁매매업만 영위하는 증권회사 설치 허용

○ 은행+종합금융회사 → 은행
  - 종합금융회사 업무 중 어음관련 업무(융통어음의 발행·할인·매매·중개 등)를 허용

○ 증권회사+종합금융회사 → 증권회사
  - 종합금융회사의 업무 중 어음관련 업무를 제외한 업무를 허용

○ 종합금융회사+종합금융회사 → 종합금융회사
  - 기존 점포 외에 점포 신설을 허용

〈개편 후의 금융산업 구조〉

(도표 생략)

2. 부실금융기관의 조속한 정리추진

〈정리원칙〉

□ 객관적인 기준과 적법절차에 따라 강력히 추진
  - 소요 시일을 최대한 단축하고 부작용을 최소화

□ 부실금융기관의 정리는 금융기관간의 합병 또는 제3자 인수방식으로 추진

- 예금자 등의 피해를 방지하고 금융시장의 안정을 유지

□ 부실금융기관이 합병 또는 제3자 인수 후 재 부실화되지 않도록 부실금융기관의 조직·점포·인원을 대폭적으로 감축

- 부실금융기관을 합병 또는 인수하는 금융기관에 대하여는 예금보험기금 등에서 손실보전을 위한 자금을 지원

〈정리절차〉

□ 금융기관별 자산·부채를 실사

- 종합금융회사는 '98.1말, 은행은 '98.3말, 여타 금융기관은 '98.6말까지 실사 완료하되 조사의 객관성을 높이기 위해 필요하다고 인정되는 경우 외국의 전문 평가기관 활용

□ 조사 결과를 바탕으로 금융기관의 경영개선 및 정리절차를 신속히 진행

- 조사결과 자산의 건전성, 자기자본비율 등을 기준으로 금융기관을 3개 등급(A, B, C)으로 분류하고 각 등급에 적합한 조치를 시행(조기시정장치)

  * 미국은 '91년, 일본은 '96년에 도입

- 종금사는 '98.3말, 은행은 '98.6말, 여타금융기관은 '98.9말까지 조치시행

□ 단계별 조치내용

- A등급(정상) ; 통상적인 검사실시, 서면검사 위주 시행
- B등급(미달) ; 경영정상화계획서 또는 경영개선 명령, 자본금 확충, 총자산규모의 축소, 배당억제
- C등급(크게 미달) ; 합병, 제3자 인수 등 권고, 미 이행시 영업의 전부 또는 일부 정지·이관

Ⅵ. 금융산업의 구조조정을 위한 보완장치

금융산업의 구조조정은 금융시장의 불안정을 가져올 우려가 있는 만큼 강력한 금융시장 안정대책과 효율적인 감독제도, 정보의 투명성을 바탕으로 추진할 필요가 있음.

1. 예금전액보장제도의 실시

□ 예금보험기금, 신용관리기금 등에 정부 보유 우량공기업 주식 7.5조원 상당을 출연하고, 금융기관의 보험료 출연 요율을 50% 수준 인상하여 예금보험기금을 확충

- 예금보험기금잔액* : 현행 8,715억원 → 출연(인상)후 8조 3,715억원
- 연간 보험료 수입* : 현행 약 1,500억원 → 출연(인상)후 약 2,250억원

* 예금보험기금·신용관리기금·증권투자자보호기금·보험보증기금 포함

□ 동 기금을 바탕으로 은행·종금·상호신용금고·증권회사·보험회사의 예금에 대해 원리금 전액 지급을 보장함으로써 금융시장의 안정기반을 확보

- 금년 중 예금자보호법 시행령 등을 개정하여 발표일로부터 2000년 말까지 3년간 원금 및 이자전액 보장(소급시행)
- 다만 보험금 지급을 목적으로 한 불법행위 등은 철저히 색출하여 Moral Hazard를 방지

  * 현행 보험금 지급한도 : 2천만원(보험은 5천만원)

  * 일본의 경우 '96.6–2001.3.말까지 5년간 한시적으로 예금보험 전액 보상과 보험요율 인상(최고 7배) 실시

2. 조기 유동성 공급 장치의 마련

□ 금융산업의 구조조정 과정에서 일부 금융기관에 유동성 부족 사태가 나타날 경우 한국은행 및 신용관리기금을 통하여 적기에 자금을 공급함으로써 이를 조기에 진정

- 시행기간 : '98말까지
- 공급금액 : 유동성 부족금액 범위 내
- 금리 : 시장금리

3. 금융감독제도의 효율적 운용

□ 금융산업의 구조조정이 추진되면 금융기관의 업무영역이 급속히 확대

* 합병은행의 경우 은행, 증권, 종금 업무를 종합적으로 수행

- 따라서 금융감독기관도 금융기관의 구조조정을 뒷받침하고, 다양한 금융업무를 효과적으로 감시, 감독할 수 있는 체제를 구축 → 금융감독기관간 의 협조체제 구축 등 상호협력시스템을 확립하여 각종 정보교환 및 인력 지원(합동검사 등)을 활성화

4. 금융관련 정보의 투명한 공개

□ 외환보유고, 장·단기 외화부채, 은행 및 종합금융회사의 부실채권 규모 등 금융관련 정보를 투명하게 공개함으로써 국내 금융 상황에 대한 대내외의 불신을 해소하고 금융산업 구조조정 과정에서의 객관성과 신뢰성을 유지

- 특히 관심의 초점이 되고 있는 은행 부실채권 규모에 대해서는 부실여신의 분류기준을 일본, 미국 등 선진국 수준에 맞추고,
- 동 기준에 따른 1997.9. 말 기준 은행별 부실여신 상황을 은행감독원에서 즉시 발표
- 1998년부터는 개정기준에 의거 연말 및 반기 결산시 은행별로 부실여신 상황을 공개

〈은행 부실여신 분류기준의 변경〉

- 현행 : 여신 건전성을 5단계로 분류하고 이 중 "회수의문+추정손

실"을 부실여신으로 정의하여 대외 발표

- 개정 : 현재의 부실여신과 함께 무수익여신(부실여신+고정분류여신*)을 동시에 발표(일본과 같은 기준), 이와 함께 3개월 이상 연체여신(미국식)을 참고자료로 발표
  * 고정분류 여신 : 6개월 이상 연체여신으로서 담보가 있는 여신

□ 여타 금융관련 정보는 금주 내 상세 내용 공개

VII. 외환시장의 안정화

1. 환율제도 개편

□ 현재 외환시장에서의 일일 환율변동폭은 기준환율 가감 2.25%를 초과할 수 없도록 운용하고 있음.
  * 기준 환율 : 전일 외환시장의 가중평균환율

□ 10월 말 이후 동남아 금융·외환위기의 확산 등으로 외환시장 불안이 지속되는 가운데 최근 금융기관의 외화자금 사정이 어려워지면서 환율상승 압력이 크게 나타나고 있으며,

- 현재 시장 불안심리가 크기 때문에 환율상승 압력을 적절히 해소하지 않을 경우 외환시장 불안이 가중될 우려가 있음.

□ 한편, 앞으로 우리 환율제도를 자유변동환율제도로 선진화하기 위해서는 환율변동의 신축성을 보다 높여나갈 필요가 있음.

- 따라서 현재 운용하고 있는 일일 환율변동폭을 확대 조정하여 단기적인 환율상승 압력을 해소하고 시장기능을 보다 활성화함으로써 외환시장의 안정을 도모
- (현행) 기준환율 가감 2.25% → (조정) 기준환율 가감 10.0%
  * 조치사항 : 외국환관리규정 개정
  * EU가 '92-'93년 외환위기에 대응하여 ERM 환율변동폭을 2.25%에

서 15%로 확대한 바 있음('93.8.2).

2. 채권시장의 추가개방

□ 지금까지 '94년 발표한 자본자유화 일정에 맞추어 채권시장의 개방을 단계적으로 추진

□ 그러나 세계적인 자본자유화 추세가 예상보다 급속히 진행되고, 외환수급의 개선과 국내 금리의 하향 안정화에 대한 요구가 높아짐에 따라 지난 10월 대기업 무보증 장기채(5년 이상)를 당초 예정보다 1년 앞당겨 '98.1.1부터 개방하기로 발표

□ 이번에 개방 폭을 더욱 확대하여 3년 이상의 중·장기 보증 및 무보증회사채와 CB까지 개방하고 개방 시기도 최대한 앞당겨 금년 12월 중 실시

□ 이번에 추가로 개방되는 중·장기 보증회사채 등의 경우 국내 시장규모가 약 54조원에 달하고 있어 사실상 본격적인 채권시장의 개방을 의미

- 다만 국내 환율이 안정기조를 회복하지 못한 상황에서 과도한 Hot Money의 유출입 등에 따른 부작용을 방지하기 위하여 외국인의 채권투자에 대한 종목당 한도를 30%, 1인당 한도를 10%로 설정, 운용

3. 외화자금의 조달확대

□ 금융기관의 부실채권 증대에 따른 우리 금융기관의 대외신인도 하락 등에 따라 우리나라의 해외차입 여건은 크게 악화되어 있으며 외화자금 조달에 많은 어려움을 겪고 있음.

□ 이를 해소해 나가기 위하여 외국은행 국내지점이 본점으로부터 조달한 외화를 한국은행이 원화로 환매조건부 매입(SWAP)하는 한도를 확대

- 포철, 가스공사 등 우량공기업의 외화차입을 확대하고, 우량기업의 원화 장기시설자금 원리금상환용 현금차관을 연말까지 제한 없이 허용
- 원유의 연지급 수입제도를 개선하여 정유사의 수출자 신용(Shipper's

Usance) 사용을 확대하고, 항공사의 보유 항공기를 매각 후 리스방식으로 조달함으로써 외화자금을 확보

□ 이와는 별도로 정부 차원에서 세계 주요 금융기관을 대상으로 대규모 외화자금을 조달하는 방안을 적극 검토

[부록 2] 한국-IMF 구제금융 합의 의향서 및 양해각서

(1997년 12월 3일 대한민국 서울)

1. 첨부한 '경제프로그램 각서'는 한국이 앞으로 3년 동안 수행해야 할 정책들의 개요이다. 이는 한국이 현재 금융위기의 근본적인 원인을 밝히고, 시장 신뢰를 회복하고 다시 지속적인 성장의 길로 가기 위한 것이다. 한국은 이 프로그램에 동의하면서 국제통화기금(IMF)에 3년 대기성 차관으로 1백 55억 달러의 특별인출권(SDR)을 요청한다.

2. 프로그램 내용의 전부를 상술하지는 않았지만, 한국정부는 정책 과제를 수행하는 데 필요한 의지를 보이기 위하여 지금까지 강력한 사전 행동을 펼쳐왔으며, IMF 실무팀과 협력하여 부분별 상세한 프로그램이 곧 마련될 것이다. IMF 이사회는 97년 12월과 98년 1월에 각각 프로그램을 점검할 것이다. 특히 98년 1월에는 점검 범위를 확대하는 한편, 오는 98년 3월과 6월의 점검 기준을 정할 것이다. 또 벤치마크할 대상도 결정한다. 4번의 분기별 점검(98년 2월, 4월, 7월, 11월)의 주제는 그때마다 결정된다. 긴급절차에 의한 점검은 98년 1월의 점검조치와 함께 고려된다. 99년과 2000년에는 반년마다 한번씩 이행사항을 점검한다.

3. 첨부한 '경제프로그램'에 제시된 정책이 시장신뢰도를 빠르게 회복시키는 데 기여할 것으로 믿는다. 우리는 지급불능 상태에 있거나 부실한 금융기관을 처리하고, 한국경제를 더 개방시키고, 기업 지배구조를 개선하기 위한 광범위한 정책 패키지를 실행할 것이다. 신중한 통화 및 재정정책이 이러한 개혁들을 뒷받침할 것이다.

4. 우리가 기대하듯 상황이 안정되면 한국은 조건이 허용하는 대로 그 이후의 조치를 앞당겨 실시할 것을 기대한다. 더욱이 한국 당국은 지난 11월 19일 필리핀 마닐라에서 열린 아시아 재무차관 및 중앙은행 대표 정상회의에서 요청한 새로운 금융지원에 대하여 알고 있다. 이는 대기성차관을 극대화하기 위한 단기금융 지원을 말한다. 우리 국제통화기금(IMF)의 이사진들은 이러한 조치를 고려하고 있음을 안다. 회원국들이 그러한 금융제공이 가능하게 되면 한국은 대기성차관 협정을 수정해 줄 것을 요청한다. 이는 새로운 금융제공의 양식과 목적에 부합하기 위한 것이며, 또 IMF회원국이 출자 할당액을 초과해서 자금을 대여할 수 있도록 요청하기 위한 것이다.

5. 한국 정부는 첨부된 경제프로그램 각서에 있는 정책들을 굳게 지킬 것이다. 이 정책들은 구조개혁 프로그램의 목표를 이루는 데 적합하다고 확신한다. 한국 정부는 이런 목적을 달성하기 위한 어떤 다른 조치나 방법도 단호하게 이행할 것이다. 현재 IMF의 대기성차관이 집행되는 기간이나 그 후에라도 적절한 방법의 도입 등에 대해 IMF 총재에게 자문할 것이다. 이 자문은 IMF의 정책에 따라 한국 당국이나 IMF 측 누구나 먼저 요청하여 시작할 수 있다. 우리는 IMF 측이 국내 정부의 정책이나 프로그램 목적을 달성하기 위해 정보를 요청할 경우 이를 제공할 것을 약속한다.

한국은행 총재 이경식, 부총리 겸 재정경제원 장관 임창열

배경

1. 지난 수십년 간 신중한 거시경제 정책과 지속적인 구조조정 작업은 한국을 급속한 경제성장의 길로 이끌었다. 1인당 국내총생산(GDP)이 연평균 7% 가까이 증가하면서 빈곤했던 농업경제는 선진산업경제로 탈바꿈했다. 그러나 동시에 정부가 세세한 분야에까지 개입하는 정책의 한계도 확실히 드러났다. 정부의 과도한 개입정책은 금융부문을 비효율적으로 만들고, 시장원칙

을 결여한 채 기업부문에 거액의 부채를 남겼다.

2. 최근 몇 년간 한국정부는 특히 금융부문을 중심으로 여러 분야에서 구조조정 작업을 벌여왔다. 그러나 현재의 금융위기는 정치적 개입으로부터 자유롭고 동시에 규칙과 선진산업국의 관행을 따르는 보다 튼튼하고 투명한 금융시스템을 만들기 위해 포괄적이고 신속한 개혁이 필요하다는 사실을 명백히 보여줬다. 이 같은 금융시스템은 한국경제가 세계화의 도전을 이겨내는 동시에 다시 빠르고 지속적인 성장의 길로 접어드는 데 결정적으로 필요하다.

3. 현재의 금융위기가 발생하기 이전 한국의 거시경제정책의 성과는 대체로 만족할 만했다. 97년 3분기까지 실제 GDP는 약 6% 증가했으며 소비자물가상승률은 4% 수준으로 억제됐다. 올해 경상수지적자는 GDP의 3% 이하로 떨어질 것으로 보인다. 정부의 신중한 재정정책으로 97년 예산적자는 소폭에 머물 것으로 보이며, 통화량도 정부의 인플레 억제 목표에 맞춰 최소한의 증가에 머물렀다.

4. 그러나 올 초부터 사상 유례없는 대기업(재벌)의 연쇄부도 사태가 발생했다. 높은 부도율은 일부 분야에 대한 과도한 투자, 수출가격 하락과 함께 정부가 재벌 부도를 허용키로 한 데 따른 것이다. 기업도산은 금융기관의 무수익자산(부실여신)을 9월 말까지 32조원(GDP의 7%)으로 급속히 증가시켰다. 이는 96년 말 수치의 두 배 가량의 규모다.

5. 현재 한국 금융산업이 겪고 있는 어려움은 시장경제원리에 대한 금융기관의 인식 부족과 느슨한 건전성 감독의 결과다. 금융기관은 위험도에 대한 평가를 제대로 하지 못했으며, 민간기업의 과잉 투자계획을 지나치게 지원하였다. 동시에 주가 폭락으로 은행보유 주식의 가치가 하락하였다. 이로 인하여 국제 신용평가기관들이 한국 금융기관들의 신용등급을 잇따라 하향조정했으며, 해외자금 조달이 급속히 어려워졌다.

6. 한국의 해외자금 조달 상황은 홍콩 증시 폭락과 함께 스탠더드 & 푸어스사가 한국의 국가신용등급을 하향조정하면서 10월 23일 이후 급속히 악화됐다. 신규 자금조달이 거의 중단됐고, 단기차입금의 만기 연장에서도 어려움을 겪었다. 원화는 11월 30일까지 미 달러화에 대해 20% 평가절하 되었다. 주가는 하락률이 30%대에 이르면서 10년 이래 최저치를 기록했다.

정부의 외환보유고도 시중은행 해외지점에 대한 지원으로 급격히 고갈됐다. 현재의 위기에는 동남아의 사태도 일조했다. 그러나 현 위기의 규모와 속도는 상당 부분 한국의 금융 및 기업부문의 근본적인 결함에서 찾을 수 있다.

정책기조

7. 금융시장의 안정과 원화 절하를 막을 수 있도록 정부는 오늘날의 어려움을 발생시킨 근본적 원인인 구조적 취약점을 인식하고, 단호하고 신속하게 포괄적인 정책을 단행한다. 더욱 긴축적인 통화·금융정책은 포괄적이고 구조적인 개혁을 지원하는 거시경제 조건들을 제공하게 될 것이다.

8. 정부의 경제정책은 ①긴축통화정책과 재정긴축을 통해 경상수지의 적절한 조정과 함께 물가상승 압력을 막기 위한 강력한 거시경제 틀을 만들 수 있도록 하고, ②금융산업의 구조조정과 자본확충, 그리고 좀 더 투명하고 시장중심적이며, 더 잘 감독되고, 정치적인 간섭에서 자유로운 경제의사결정이 가능한 포괄적인 전략을 세워야 하며, ③기업지배구조를 개선할 수 있는 수단을 마련하고, ④자본시장의 자유화를 가속화하며, ⑤무역자유화를 더욱 추진하고, ⑥투명하고 시의적절하게 경제통계가 공개될 수 있도록 이뤄져야 한다.

9. 이 프로그램의 주요 거시경제 목표는 실질 GDP를 98년에 약 3%로 감속시키더라도 99년에는 잠재성장률 수준으로 회복시킬 수 있는 여건을 만드는 것이다. 물가상승률을 5% 이하로 안정시키고, 98년까지 2개월 이상의 수입(輸入)을 지탱할 수 있는 외환보유고를 적립한다.

거시경제정책

10. 통화정책의 주요 목표는 98년에 인플레이션을 5%로 억제하고 원화절하 압력을 줄이는 것이다. 정부가 현재의 위기를 적극 대처할 것임을 시장에 보여주면서 최근의 원화절하에 따른 물가상승 압력을 억제하고, 시장안정을 회복해야 한다. 또 즉시 긴축기조로 전환하여 최근 몇 주일간 공급된 과잉유동성을 환수하고, 현재 14～16% 수준인 시장금리는 시장안정을 위해 추가상승을 허용한다.

11. 일일 통화정책은 통화긴축 정도를 가늠할 지표인 환율과 단기금리의 움직임을 감안하여 실시한다. 신축적인 환율정책을 유지하고 시장개입은 급격한 변동을 완화하는데 국한한다. 통화와 환율정책은 IMF와 긴밀한 자문을 통해서 실행한다.

12. 금융구조조정과 급격한 경제성장률의 둔화는 화폐에 대한 수요를 줄일 것으로 예상된다. 그리고 물가안정 목표를 달성하기 위하여 정부는 총유동성(M3) 증가율을 97년 9월 말 16.4%에서 97년 12월 말에는 15.4%로 줄인다. 이 같은 통화긴축은 본원통화의 공급을 줄여 달성한다. 이 프로그램의 허용 범위 내로 통화팽창을 억제하기 위하여 공개시장조작 정책을 적절하게 구사한다.

재정정책

13. 한국의 재정정책은 전통적으로 신중하게 실행되어 왔다. 그리고 최근 몇 년간 중앙정부의 통합재정 기준 예산은 대체로 균형을 유지하였다. 정부부채는 낮았고, 정부 저축액이 GDP의 8%정도를 유지하였다. 하지만 내년에는 통화관리의 부담을 덜고 금융구조조정 비용을 조달하기 위하여 강력한 긴축재정이 유지되어야 한다. 당초 98년 예산은 통합재정수지 기준으로 소액

의 흑자(GDP의 0.25%)를 내도록 되어 있었다. 그러나 경제성장 둔화는 내년 예산수입을 GDP 대비 0.8%정도 악화시킬 전망이다. 또 금융산업의 구조조정을 위한 이자비용 부담도 GDP의 0.8%정도가 필요할 것으로 전망된다. 따라서 재정수지 균형 혹은 약간의 흑자를 달성하기 위해서는 GDP의 1.5%에 해당하는 대응조치가 마련되어야 한다.

14. 재정정책 조정을 위한 수단은 세입과 세출 측면이 모두 고려되어야 한다. 정부의 구조조정 의지가 확고하다는 것을 보여주기 위하여 교통세와 특별소비세의 인상을 포함하는 적극적인 행동이 필요하다. 세입 측면에서는 법인세와 소득세, 부가가치세의 과세기반을 확대하는 것이 필요하다. 세출 측면에서는 우선순위가 낮은 자본지출의 삭감, 민간기업 부문에 대한 지원 삭감, 경상지출의 삭감 등을 위한 프로그램이 요청된다.

금융부문 구조조정

15. 이 프로그램의 핵심은 금융부문의 광범위한 구조조정 및 개혁이다. 한국정부는 부실 금융기관의 문제점들이 고쳐지지 않으면 전체 금융시스템에 악영향을 끼치며, 한국 금융시스템의 신뢰도를 저하시킨다는 것을 알고 있다. 그러므로 정부는 부실 금융기관의 문제점을 해결하고, 금융산업의 시장개방을 위한 보다 강력하고 결정적인 행동을 취한다. 강력하고 독립적인 금융감독기관을 세우기 위한 법률 제정이 이뤄져야 한다. 이는 금융기관의 건전성 감독을 강화하고, 투명성을 제고하기 위한 것이다. 회생 가능성이 없는 금융기관을 퇴출하기 위한 실행계획과 일시적으로 취약하지만 자력갱생이 가능한 금융기관을 처리하기 위한 정책, 금융산업의 리스크 관리를 촉진시킬 대책이 필요하다.

16. 12월 대선 후에 즉시 금융개혁법안을 처리하기 위한 임시국회를 소집한다. 법안은 다음과 같다.

– 개정 한국은행법: 물가안정을 주 임무로 하는 중앙은행의 독립성 보장.

– 특수은행을 포함한 모든 은행, 증권사, 보험 등 모든 금융기관의 감독기능을 통합하는 법률. 이 기구는 운영상 예산상의 자율권을 가져야 하며, 부실금융기관을 효율적으로 처리하는 데 필요한 모든 권한을 가져야 한다.

– 기업의 결합재무제표를 작성하고 외부감사에 의해 공인받도록 해야 한다.

17. 부실 금융기관은 투명하고 잘 조정된 전략에 따라 구조조정되거나 자본확충이 이루어져야 한다. 금융기관의 퇴출정책에는 부실금융기관의 구조조정안 제출, 지급불능 금융기관의 폐쇄, 일정 기간 중 구조조정을 하지 못한 금융기관의 폐쇄 등이 포함된다. 구조조정에는 국내 및 외국 금융기관의 인수 및 합병이 포함된다. 또 주주와 채권자간 손실을 분담하기 위한 명백한 원칙이 마련되어야 한다.

모든 은행들이 BIS(국제결제은행) 자기자본비율을 낮출 수 있도록 하는 일정계획을 작성해야 한다. 무수익 여신(부실여신)의 처분은 가속화될 것이다. 성업공사와 예금보험기금 등을 포함하여 은행에 대한 모든 형태의 지원은 금융기관 경영정상화계획의 일환으로서만 주어질 것이다. 한국은행의 유동성 지원을 제외하고는 금융기관에 대한 모든 지원은 정부 회계에 투명하게 기록될 것이다. 금융기관에 대한 어떠한 지원에도 시장지향적 이행 조건들이 붙을 것이다. 이울러 현재의 예금전액 보장은 3년 내에 끝나고, 점차 제한적인 예금보험으로 대체될 것이다.

18. 9개 부실 종합금융회사의 영업활동은 예금자보호조치 하에 12월 2일자로 정지되었다. 이들 종금사의 외환업무는 다른 금융기관으로 이관될 것이다. 한국 국회가 올 연말까지 필요한 입법조치를 취하여 설립되는 통합 예금보험공사는 예금보험 의무를 충족시키기 위한 기금을 마련하는 채권을 발행할 것이다. 한국정부는 이 채권에 대해 지급보증하고 이자비용을 부담한다.

19. 한국정부는 외국 금융기관이 한국 내 금융기관의 우호적 인수합병(M&A)에 동등한 조건 하에 참여할 수 있도록 하기 위하여 대통령 선거 직후

소집될 임시국회에 관련법 개정안을 제출할 계획이라고 발표하였다. 종합금융회사의 경우 외국사의 참여는 100%까지 허용된다.

20. 한국정부는 금융부문 개혁을 위하여 다음과 같은 1단계 조치들을 취하였다.

21. 9개의 부실종합금융회사는 즉각 재경원의 통제 하에 놓였으며, 30일 내로 자구계획을 제출하도록 요구받았다. 만약 재경원이 그 자구계획을 승인하지 않으면 해당 종합금융회사는 면허가 취소된다. 자구계획의 승인 없이는 종금사들은 성업공사의 부실자산 인수 프로그램에 참여할 수 없으며, 예금보험기금으로부터도 어떤 자금지원도 받지 못한다. 자구계획안이 승인받을 때까지 새로운 대출은 중단되며, 부외(簿外)부채를 증가시키는 행동은 허용되지 않는다. 또 정부 보증채를 제외한 어떠한 증권의 매입도 금지한다. 다만 금융기관별 사정에 따라 기존 차입자에 대하여 제한된 범위 내에서 추가여신을 할 수 있다. 자구계획은 IMF와의 긴밀한 협의 하에 감시될 것이다. 만약 감독기관의 장이 이들 종금사의 자구계획이 3개월 내에 성공적으로 이루어지지 않았다고 판단하면 이들 종금사들은 면허가 취소될 수도 있다.

22. 나머지 종금사들은 올 연말까지 자본증자 및 기구축소 계획을 제출토록 요구받았다. 이 계획은 자기자본비율을 98년 3월 31일까지 적어도 4%, 98년 6월 30일까지 6%, 99년 6월까지 8%로 끌어올려야 한다. 이 비율은 일반 상업은행에 적용되는 대손충당금을 적립한 후 산정한다. 이 계획이 감독기관의 승인을 얻지 못하거나 당초 스케줄을 맞추지 못하면, 외환업무가 정지되고 더 나아가서는 면허가 취소될 수도 있다.

23. 어려움에 처해 있는 2개의 시중은행은 2개월 내에 정상화계획을 제출해야 하는데, 이 계획은 감독기관의 승인 후 4개월 내에 BIS 자기자본 기준을 충족시키도록 짜여져야 한다. 당국으로부터 계획을 승인받을 때까지 이들 은행은 당국의 철저한 감독 하에 놓이게 된다. 이러한 비율은 은행들의 구조

개선 요건을 종금사에 맞게 조정함으로써 계산된 것이다. 이 계획은 다른 금융기관과 합병이나 일부 업무의 처분을 포함시킬 수 있다. 이는 부실은행의 수익성을 용인할 만한 수준까지 올리고, 감독기관이 정한 최소 지급능력 요건을 맞출 수 있도록 하기 위한 것이다. 자구계획은 IMF와 협력 하에 면밀히 관찰될 것이다. 만약 감독기관의 장이 4개월 내에 회생이 성공적이 아니라고 판단하면 이들 은행도 문을 닫게 된다.

24. 다른 시중은행들은 98년 3월 말까지 결손자산과 증권투자 손실에 대하여 100% 충당금을 쌓아야 한다. 이 프로그램은 명확한 이행스케줄을 포함하여야 한다. 그리고 자본확충이 이루어질 때까지 이들 은행들은 배당금 지급을 중단한다. 또 경영진의 임금을 동결하고, 일정 규모 이상의 영업확대는 감독기관의 사전 승인을 받아야 한다. 또 이들 은행은 98년 6월까지 현재의 최소 자본기준을 향후 6개월~2년 내에 달성하는 이행 일정을 작성하여 감독기관과 합의해야 한다.

25. 금융기관들이 감독기관에 제출하는 자구계획은 새로운 자본의 출처와 액수, 그리고 BIS 자기자본기준을 충족시킬 분명한 추진 일정을 밝혀야 한다. 또 장차 자신이 전문화할 영업부문과 포기할 영업부문을 명시한 사업계획서를 제출하고, 비용감축 및 내부통제, 리스크 관리와 여신회수를 증진시킬 구체적인 조치를 내놓아야 한다. 이 계획이 감독기관의 승인을 받으면, 해당 금융기관은 그 이행 일정을 포함하는 관리계약 또는 양해각서를 쓰게 된다. 금융기관의 회생계획이 감독기관으로부터 적절하지 않다고 거부당하거나 약속대로 이행되지 않는 경우, 해당 금융기관은 감독기관의 엄격한 통제하에 놓이고, 결국엔 금융업무를 못하게 될 것이다.

26. 한국 정부는 IMF와 협의 하에 국제적인 관행에 맞춰 금융감독과 건전성규제를 강화하는 광범위한 행동계획을 발표할 것이다. 이 같은 행동계획을 수행하기 위하여 한국 정부는 IMF와 다른 국제금융기관들로부터 기술적 지원을 받게 될 것이다. 한국 정부는 98년 중반에 이 행동계획 이행과정에 관하

여 IMF와 협의할 것이다.

27. 특수은행과 개발기관들도 시중은행과 동일한 기준을 적용받게 되며, 이들의 재무제표는 다른 금융기관들과 마찬가지로 외부감사를 받아야 한다.

28. 정부는 금융시스템 현안뿐만 아니라 국내 금융시스템의 기초를 다지기 위한 보다 근본적인 대책의 필요성을 인식하고 있다. 이를 위하여 시장원리를 강화하고 국제기준에 맞는 규제와 효과적인 감독을 위한 인력확충 등의 노력이 이루어질 것이다. 회계기준과 공시에 관한 규정도 국제기준에 따라 강화되며, 대형 금융기관의 재무제표는 국제적으로 인정받은 회계법인의 감사를 받게 된다. 건전성 기준은 바젤 협약 수준으로 상향 조정해야 한다. 금융기관들은 건전성 기준에 입각하여 위험평가, 대출심사 등을 강화해야 한다.

29. 국내은행 해외지점의 차입 및 대출활동이 건전하게 수행되고 있는지 면밀한 감독을 받게 될 것이다. 한국은행이 시중은행과 시중은행 해외지점에 신규로 외화자금을 지원할 때는 LIBOR(런던은행간 금리)에 4%의 가산금리가 적용된다. 가산금리는 정기적으로 재조정된다. 특히 내년부터는 국내은행 해외지점에 대한 외환보유고 예탁을 더 이상 늘려서는 안 되고, 상황이 허락하는 대로 점차 줄여야 한다. 나아가 한국은행의 외환보유고 관리방식은 국제 기준에 맞도록 재검토되어야 한다.

기타 구조개혁

(무역자유화)

30. 정부는 80년대 초반 이후 실질적인 무역자유화를 실시해 왔다. 이로 인하여 많은 물품들에 대한 제한들이 제거되었고, 공산품에 대한 평균관세도 약 6%로 낮추었다. 그럼에도 불구하고 무역을 더욱 자유화하여 국내 경쟁력

을 증대시킬 것이다. WTO 양허계획에 맞추어 무역관련 보조금 폐지, 수입승인제 폐지, 수입선 다변화 제도 폐지, 수입증명 절차의 투명성 제고 등을 단계적으로 추진할 수 있는 일정을 수립한다.

(자본자유화)

31. 금융시스템의 경쟁과 능률을 향상시키기 위하여 외국인의 국내 금융시장 진입을 허가하는 스케줄을 앞당길 것이다. 외국 금융기관에 국내 금융기관들의 우호적 M&A(인수 합병)를 내국인과 동등하게 허용한다. 98년 중반까지 외국 금융기관은 은행 자회사나 증권사 현지법인을 설립할 수 있다. 외국 은행들이 자유롭게 국내 은행 주식을 매입하도록 허용한다. 이를 위한 입법조치는 OECD의 관행과 한국의 주식투자 관련제도와의 조화를 위하여 대선 후 첫 임시국회에 법안을 제출한다.

32. 정부는 현재의 자본자유화 일정을 보다 앞당긴다. 외국인의 상장주식에 대한 종목당 주식투자 한도를 현행 26%에서 97년 말까지 50%까지, 98년 말까지는 55%로 확대한다. 외국인 1인당 주식소유 한도도 현행 7%에서 97년 말까지 50%까지 끌어 올린다.(적대적 M&A는 제외) 지배적 위치의 남용과 관련된 한국의 법률제도를 여타 선진국 기준에 맞추기 위해 적대적 M&A와 관련된 법안을 첫 임시국회에 제출한다. 98년 2월 말까지 외국인의 국내 단기금융상품과 국내 회사채시장 투자를 허용하고, 외국인 직접투자 승인절차를 간소화하여 외국인 직접투자 제한조치를 대폭 축소한다.

33. 기업들이 국제 금융시장에서 직접 돈을 빌려오는 대신 국내 금융기관들이 기업대출을 위하여 국제 금융시장에서 돈을 빌려오는 전통적 정책이 금융시스템을 혼란에 빠뜨리고, 한국에 대한 국제투자가들의 심리를 동요시켰다. 더욱이 금융기관의 해외차입을 정부가 보증해 줌으로써 한국을 더욱 곤란에 빠뜨렸다. 따라서 98년 2월 말까지 민간기업의 해외차입 제한을 철폐하는 계획을 만들어야 한다.

(기업지배구조 및 기업구조)

34. 정부는 기업의 지배구조와 구조를 개선할 필요성을 인식한다. 이 목표를 위하여 기업은 독립적인 외부감사를 받고, 이를 완전히 공시하며, 기업집단의 결합재무제표를 작성한다. 일반적으로 인정된 국제 회계원칙을 적용하여 기업 재무제표의 투명성을 제고해야 한다. 은행대출의 상업성이 존중되어야 하며, 정부는 은행경영과 대출 결정에 관여해서는 안 된다(건전성 감독의 경우 예외). 관치금융(Directed Lending)은 즉시 없어져야 하며, 농업, 중소기업 등에 지원되는 정책금융은 유지하되, 이자보조금은 정부 예산에서 부담해야 한다.

35. 시장원리를 강화하기 위하여 한국 법률에 따른 파산 규정은 정부개입 없이 제대로 작동되도록 해야 한다. 정부 보조금과 세제 혜택은 개별기업 구제목적으로 제공되어서는 안 된다.

36. 금융거래의 투명성을 보장하고 부패를 줄이기 위하여 금융실명제는 일부 보완은 가능하나 기본골격은 유지한다.

37. 국제적, 지역적 다자간 금융기관의 도움을 받아 기업 재무구조를 적극적으로 개선하는 개편안을 98년 하반기까지 마련한다. 재무구조 개편안에는 기업의 높은 부채-자본비율을 낮추고, 기업 자금조달의 은행차입 비중을 축소하고, 재벌 내 계열사간 상호채무보증 관행을 변화시킬 수 있는 조치들이 포함되어 있어야 한다. 오는 18일 실시하는 첫 번째 심사에서 이 부분을 반드시 짚고 넘어갈 것이다.

38. 노동시장 유연성 확대를 위한 추가조치와 함께 인력 재배치를 용이하게 하기 위하여 새로운 고용보험 제도를 확충한다.

39. 투명성을 높이고 시장참여자가 경제발전 관련 정보를 갖고 판단할 수 있도록 중요 경제자료의 공개를 실시한다. 98년 1월 1일부터 외환보유고 및

외환보유고가 어떻게 구성되어 있는지 등 외환보유고 관련 자료는 당해 월말로부터 2주 안에 반드시 공개해야 한다. 금융기관 부실대출, 자본적정성, 소유구조 및 제휴 관계도 연 2회 공개해야 한다. 단기외채 자료는 분기마다 공개한다. 지방정부의 재정에 관한 자료를 수시로 내놓기 위한 노력을 해야 하며, 이 부분의 진행상태는 98년 중반에 점검한다. 98년 3월 말까지 한국은 국제통화기금(IMF)의 특별 자료분석 기준에 따른 통계자료를 발표한다.

40. IMF의 조정기간 중 정부는 어떤 새로운 외채를 늘리지 않고, 현재의 국제 거래를 위한 지불이나 이체에 관한 현행 규제를 강화하거나 새로운 조항을 만들지 않고, 복수통화관행을 변경하거나 새로운 제도를 도입하지 않는다. 또 국제통화기금의 협약규정 제8조에 일치하지 않는 양자간 지불협약을 체결하지 않으며, 무역수지를 이유로 현재 수입제한조치를 강화하거나 새로운 제한을 부과하지 않는다.

41. 프로그램이 잘 진행되는지를 감시하기 위하여 다음에 열거하는 분기별 실적 판단 기준을 설정한다. ① 한국은행의 순국내자산의 최고한도와, ② 한국은행의 순외환보유고의 최저한도다. 또 금융분야 지원비용을 포함, 현금기준으로 중앙정부 예산 흑자에 대한 최저한도를 설정한다. 이런 실적의 판단기준 및 정확한 수치목표, 그리고 프로그램 아래에서 감시되는 각종 변수에 대한 정확한 정의는 부속서류 A-C에 첨부한다. 다른 실적평가에 대한 정의는 부속서류 D-E에서 정의한다. 97년 12월과 98년 1월에는 매 2주마다 점검을 하며, 98년 2월, 4월, 7월, 11월에 4번 분기별 심사를 받아야 한다.

42. 효과적인 프로그램 감시를 보장하기 위하여 한국정부는 서울에 국제통화기금의 상주 대표 사무실을 열 것을 요청한다.

[부록 3] 금융·기업구조개혁 촉진방안

(1998년 4월 14일 제4차 경제정책조정회의)

I. 최근의 경제상황 진단

□ 최근 우리 경제는 외환부문의 수급 개선에도 불구하고 실물부문의 경기 침체와 금융시장의 경색이 서로 맞물려 이어지는 악순환 현상이 심화되고 있음.

○ 따라서 이러한 악순환의 고리를 끊고 경제의 선순환을 이루기 위해서는 금융과 기업의 강도 높은 개혁이 필요함.

□ 실물경제는 기업의 재무구조가 취약한 가운데 고금리와 고환율, 내수부진 등으로 채산성이 악화되어 부도업체가 증가, 금년 들어 월별 부도업체수가 '97년 월평균 대비 3배 이상 증가('98.1월: 3,323개사, 2월: 3,377개사, 3월: 2,746개)

□ 금융시장은 기업의 신용위험(credit risk) 증대와 금융기관의 BIS 비율 제고 노력으로 기업대출이 축소되어 자금경색이 심화

○ 한국은행이 통화를 확대 공급해도 금융기관의 대출 증가로 이어지지 않고 한국은행으로 다시 환수되는 실정임.

○ 일부 대기업을 제외하고는 CP, 회사채 등의 발행이 어려워 중견·중소기업이 심각한 자금난을 겪고 있으며 자금배분의 왜곡현상도 심화

* 현재의 고금리(18%대)와 고환율이 지속될 경우 제조업 경상이익률: '97년 0.27% → '98년 −4.0%(삼성경제연구소), 고금리가 10개월 이상 지속되면 월간 부도업체수 1만개(금융연구원)

□ 금융의 중개기능을 회복하고 자금흐름을 정상화하기 위해서는 기업과

금융기관의 재무구조가 개선되어야 하나

○ 최근 부도 증대로 부동산 매물이 급증하고 있는 반면 부동산 경기 침체로 수요가 적어 부동산 처분을 통한 기업의 자구노력과 금융기관의 부실채권 정리에 애로

○ 기업과 금융기관의 수익성이 악화된 가운데 고금리로 인해 주식투자 수요가 감소하여 증시를 통한 증자도 어려움.

○ 이에 따라 금융경색 현상이 장기간 지속되어 건실한 기업도 이자부담과 어음부도로 인해 점차 한계기업화

□ 구조조정이 지연됨에 따라 대외신인도 회복이 지연

○ 그간의 노력을 통해 외환보유고가 크게 확충되었으나 기업부실과 금융부실의 악순환이 차단되지 못하고 있어 국제투자가들이 한국경제의 불확실성이 아직 크다고 보고 본격적인 장기투자에 나서지 않고 있는 상황

□ 이와 같이 현재의 경제위기는 기업의 부실과 금융기관의 부실이 서로 맞물려 증폭되는 구조적 성격의 위기로서 단순한 자금공급의 확대로는 치유에 한계가 있음.

○ 따라서 금융기관과 기업의 자본을 충실히 하고 구조조정을 촉진하는 '종합적이고 체계적인 구조개혁 프로그램' 을 조속히 수립하여 추진할 필요

II. 구조조정의 종합전략

1. 구조조정의 목표와 의의

□ 금융산업 구조조정의 목표와 의의

○ 우리 경제가 필요로 하는 수준의 여신을 충분히 제공할 수 있도록 금융산업의 자본금 확충(recapitalization)

- ○ 여신심사의 결과에 따라 회생 가능성이 희박한 거래기업을 도산시켜도 스스로의 재무건전성이 크게 손상받지 않을 만큼 금융기관의 자본충실도 제고
- ○ 금융기법의 고도화와 내부경영의 효율성 제고를 통해 수익성이 양호한 금융기관만이 성장, 발전할 수 있는 적자생존적 시장경쟁질서의 확립
- ○ 이를 통해 금융기관을 고부가가치를 창출하는 영리기관으로 탈바꿈

□ 기업구조조정의 목표와 의의

- ○ 부실기업의 무분별한 자금수요를 차단함으로써 자금난과 금융경색으로 인해 한계상황으로 몰리고 있는 유망기업의 회생을 지원
- ○ 기업이 자율적으로 구조조정을 추진할 수 있도록 부동산매각 애로 등을 타개하고 외국인의 참여 촉진
- ○ 재무구조가 양호하고 기술력이 뛰어난 우량기업이 양산될 수 있는 여건을 조성하여 고용의 재창출과 경제의 지속적 성장 도모

2. 금융 및 기업 구조조정의 기본 전략

□ 신속하고 과감한 개혁으로 금융시장 조기 정상화

- ○ 현재의 구조적인 악순환을 선순환으로 반전시키려면 강도 높은 금융구조개혁을 단시일 내에 추진하여 정상적인 금융 중개기능을 조속히 복원시킬 필요
- ○ 구조조정이 지연되면 비용이 기하급수적으로 늘어날 뿐 아니라 산업기반이 와해되어 장기불황 국면에 진입할 우려

□ 자기책임 원칙을 확립하여 사태의 재발 방지

- ○ 부실한 부문은 조기에 정리하고 건실한 부문은 적극 지원
- ○ 경영진, 직원, 주주에게 합당한 책임을 추궁하고, 공적 지원은 자구노력과 연계함으로써 자발적인 구조조정을 촉진

□ 시장기능을 활성화하여 구조조정을 본격화

○ 금융기관과 기업의 재무현황을 명료하게 공개하여 투자자 및 고객의 판단을 용이하게 함으로써 시장경쟁에 의한 자율적 구조조정 촉진

○ 정부의 역할은 원활한 구조조정의 여건 조성과 금융시스템의 안정성 유지에 치중하고, 직접 지원하는 경우에도 재정부담을 최소화하는 방안을 강구하는 한편 일반의 참여를 적극 유도

□ IMF 이전 상태의 복원이 아닌 선진경제의 실현을 목표로 추구

○ 현재의 위기를 도약의 기회로 전환하는 계기로 활용

○ 한국 경제의 잠재력을 표출함으로써 국제투자가의 적극적 참여를 유발하여 대외신인도 제고

III. 금융기관 구조조정방안

〈기본 방향〉

□ 금융구조개혁은 최근의 금융시장 경색을 해소하고, 실물경제의 조속한 회복을 위하여 해결해야 할 선결 과제임.

□ 따라서 빠른 시일 내에 금융기관의 재무구조를 개선하여 국내외로부터의 자금조달 및 자금공급 능력을 확충할 수 있도록 각 금융기관의 특성에 맞는 다양한 구조조정 노력을 추진

(우량금융기관)

○ 지속적인 자구노력과 부실채권 정리를 통하여 BIS 비율을 제고하고 이를 바탕으로 자금공급 능력을 확충

○ 합병·증자·외국과의 합작 등을 통하여 규모를 대형화하고 대외신인도를 제고하여 외자도입 능력을 확충

(부실금융기관)

○ 자구노력 추진과 함께 우량 금융기관과의 합병, 능력 있는 제3자에의 매각 추진

○ 자율적인 추진이 어려운 경우 합병, 영업양도 등에 의한 조기 퇴출을 추진

□ 이러한 구조개혁은 기본적으로 시장원리를 바탕으로 추진하되

○ 구조개혁에 걸림돌이 되는 각종 제도를 재정비하고

○ 부실채권정리, 예금자보호 등 구조조정 과정에서 불가피하게 발생하는 비용을 충당하기 위하여 재정지원을 확대

○ 재정지원은 명료화된 기준에 따라 집행하여 재정부담을 최소화

1. 구조조정의 우선순위

전 금융권을 대상으로 하되 은행의 정상화를 우선 추진하여 기업 구조조정을 선도하도록 하고, 비은행 금융기관은 금융시장 상황을 감안하여 완급을 조절

2. 은행의 구조조정

□ 서울·제일은행 정부소유 주식을 IMF와 합의한 시한('98. 11. 15)에 관계없이 빠른 시일 내에 매각

○ 실무적인 매각절차는 금감위에 설치된 실무작업단에서 추진 중. 미국 회계법인 C&L사와 은행 실사를 위한 계약 체결('98. 3. 31), 매각절차를 전담할 주간사 기관으로 외국 투자은행을 선정 중('98. 4중 완료 예정)

○ 매각에 따른 손실부담 문제, 근로자 문제 등 각 장애요인들은 재경부에 설치된 서울·제일은행 민영화추진심의위원회에서 관계부처 등과 협의하여 해결

□ 은행의 경영정상화 추진

○ BIS 비율 미달 12개 은행의 경영정상화계획 평가를 당초 시한인 '98.6말보다 가급적 단축

○ 경영정상화계획 미승인시 한층 강도 높은 조치 부과 후 이행 여부에 따라 합병·인수 또는 영업양도 등 추진

○ BIS 비율 달성 은행에 대해서는 '98 상반기 가결산 후 내부통제, 위험관리 등 경영 전반에 대한 경영진단 실시

□ 국제경쟁력을 높이기 위하여 대형 우량금융기관간의 합병 유도

3. 제2금융권의 구조조정

□ 증권·보험사는 대주주 책임 하에 구조조정 추진
채무가 자산을 초과하는 회사, 지급여력 및 유동성이 부족한 회사는 증자, 합병 등을 통하여 정상화를 추진하고, 정상화가 어려운 회사는 영업양도 등을 통하여 정리

□ 투신사는 주가, 금리 등 시장상황을 예의 주시하여 적절한 시기를 선택하여 구조조정을 추진하되 그때까지 강도 높은 자구노력을 추진

□ 리스사는 모은행 주도 하에 은행 구조조정 차원에서 처리

4. 부실금융기관의 재발 방지

□ 금융기관에 대한 적기시정조치(prompt corrective action) 제도를 조기에 도입, 금융기관을 재무건전성 정도에 따라 3~5단계로 구분하고 각 단계별로 적절한 시정조치를 부과함으로써 금융기관의 부실화를 사전에 예방하고 부실 확산을 방지

□ 금융기관에 대한 건전성 규제 강화

○ 대손충당금 적립 강화, 거액 여신한도의 축소 등 금융기관 경영의 건전성을 확보하기 위한 방안을 '98.8.15까지 마련

□ 부실금융기관으로 판단된 금융기관은 객관적인 기준과 적법한 절차에 따라 처리해 나감으로써 부실 재발 소지를 근원적으로 해소

□ 현재 예금원리금 전액을 보장하는 예금보험제도를 시장규율이 원활히 작동될 수 있도록 단계적으로 조정

5. 금융기관의 자본충실화(Recapitalization)

□ 주식시장의 활성화와 외국인 직접투자의 적극적인 유치를 통하여 금융기관 자력에 의한 증자 촉진을 도모

○ 부실은행뿐만 아니라 우량은행에 대해서도 외국인 투자 유치

□ 공적자금 지원은 강력하고 철저한 자구노력으로 재무구조를 개선하는 우량한 금융기관에 대하여 선별적으로 지원

○ BIS 비율 8% 미달 금융기관이 증자를 한 경우에는 자구노력을 전제로 공공자금 관리기금 등에서 후순위채권을 매입

□ 국유재산 출연, 채권발행 확대 등을 통한 예금보험기금의 재원확충을 추진하여 향후 구조조정의 본격적 추진에 따라 정리되는 금융기관의 예금지급 소요 증가에 대비

6. 부실채권의 원활한 정리 지원

□ 현재 금융기관의 부실채권 규모는 금융기관이 감내할 수 있는 수준 이상이며 향후에도 기업 구조조정 과정에서 추가 발생될 것으로 예상되므로 이를 신속히 정리할 필요

□ 이를 위하여 부실채권정리기금의 대폭 확대를 추진, 기금채권발행과 ABS 발행 등 매입부동산의 해외매각을 통하여 추가재원을 조기에 마련하고 부족시 정부의 추가지원 추진

□ 향후 부실채권 매입은 금융기관 구조조정 추진과 연계하여 운영

7. 기타 검토 추진과제

금융기관의 합병 및 제3자 인수 등을 원활히 추진하기 위하여 은행 소유제한을 완화하는 방안을 감독 강화와 연계하여 검토

Ⅳ. 기업구조조정 촉진방안

〈기본 방향〉

□ 가능한 한 빠른 시일 내에 기업 구조조정을 완료함으로써 단기적으로는 어려움이 가중되더라도 경제가 재도약할 수 있는 기반을 구축하고 실업 문제를 근원적으로 해결

□ 5대 재벌기업에 대해서는 이미 합의된 구조조정 5대 기본과제를 자기 책임 하에 충실히 이행하도록 하고, 건실한 중소기업에 대해서는 정책적인 지원을 강화함으로써 산업기반을 유지하고 과다한 실업을 방지

□ 특히 앞으로 2년 내에 주요 기업의 부채비율(Debt/Equity ratio)을 선진국 수준으로 개선해 나가지 않으면 금융·기업 구조개혁이 불가능하다는 인식하에

- ○ 구조조정 효과가 가장 큰 증자가 원활히 이루어질 수 있는 여건을 조성하고
- ○ 단기자금의 장기전환을 통해 기업부채의 만기구조(Term-structure)를 개선하며, 부동산 등 자산처분을 통한 부채상환을 적극 유도

□ 이를 위하여 대외적으로는 외국자본의 적극유치를 통해 기업의 자본확충과 자산처분을 촉진

□ 대내적으로는 향후 자본시장이 금융시장의 중추적인 역할을 담당할 수 있도록 근본적인 발전 방안을 강구하고, 기업의 부채상환을 위한 부동산 처분이 원활히 이루어지도록 대책을 마련

1. '기업구조조정기금' 의 설립

가. 기본 구상

□ 자본시장이 활성화 될 수 있기 위해서는

- ○ 장기자금 조달 능력을 갖춘 다양한 기관투자가의 참여와 육성이 필수적이며

○ 이들 기관투자가들 주도 하에 자본시장을 수익성과 안정성을 갖춘 매력 있는 시장으로 전환시켜 나가야 함.

□ 이를 제도적으로 뒷받침하기 위하여

○ 국내외 투자가에 의한 '주식투자기금(Equity Fund)'의 자유로운 설립을 허용하여 자본시장의 수요 기반을 확충하는 한편

○ '주식투자기금'의 기업 구조조정 및 경영감시 기능을 강화하고, 투자기업의 투명성을 확보하여 자본시장의 질적 개선을 도모

○ 이와 함께 기업공개와 상장제도의 분리, 자본시장의 개방 확대를 병행 추진

□ '주식투자기금'의 기업투자를 뒷받침하기 위하여 '부채구조조정기금(Debt Restructuring Fund)'을 설립하고, 두 기금의 기능을 유기적으로 연결하여 시너지(Synergy) 효과를 최대화

'부채구조조정기금'은 '주식투자기금'에서 투자한 기업에 대하여 사전에 설정한 기준에 따라 단기부채를 장기로 전환 지원함으로써 해당 기업의 구조조정 효과를 높이고, 이를 통하여 국내외 투자가에 의한 '주식투자기금'의 신규 설립과 '주식투자기금'에 의한 기업투자를 활성화

나. 중견 및 중소기업전용 구조조정기금 설립

□ 기금의 설립 주체와 규모

○ '98.6월 중 산업은행 및 국내 금융기관 등의 출자를 통하여 1차적으로 각각 1조원 규모의 '주식투자기금'과 '부채구조조정기금'을 설립, IFC 등 국제금융기구의 출자를 적극적으로 권유하고, 공기업의 민영화에 따라 조성되는 재원의 활용도 추진

○ 하반기부터 도입 예정인 IBRD, ADB 자금 중에서 일부를 투입하고 국내외 투자가에 대한 문호개방 등을 통하여 '기금'의 규모와 숫자를 늘려나감으로써 전체 운영 규모를 10조원 이상으로 확대 추진

□ 기금의 운영

○ 투자대상기업 : 사업 전망은 좋으나 일시적으로 자금부족을 겪고 있는 중견 중소기업을 주 대상으로 함.

○ 투자기업의 구조조정 : 투자기업에 대한 경영개선 목표 제시, 사외이사의 파견, 대외공시 강화 등을 통하여 기업의 구조조정을 촉진하고 경영의 투명성을 보장할 수 있는 적절한 장치를 강구할 것을 투자조건으로 제시

○ '기금' 의 관리 : Moral Hazard를 방지할 수 있도록 '기금' 의 관리는 IFC 또는 IFC가 추천하는 외국 전문가 등으로 구성된 관리회사가 담당토록 하고, 기업 투자시 국제적인 전문회계법인에 의한 사전 실사와 기금의 신용평가 결과에 대한 감사를 의무화

다. '기업구조조정기금' 의 설립 근거 마련

□ 기업구조조정기금(주식투자기금과 부채구조조정기금)은 투자자가 주주로 참여하는 외국의 Mutual Fund 방식에 의해 설립하도 록하고 이를 위하여 관계 법률의 제·개정을 추진

○ '98.5월 말까지 입법을 완료하여 6월부터 설립 허용, 설립은 자유롭게 하되 자기책임에 의한 투자원칙을 확립

□ 산업은행 등은 법 제정 즉시 중견 및 중소기업 전용 '주식투자기금' 과 '부채구조조정기금' 의 설립을 추진

□ IFC(국제금융공사), Quantum 펀드, 해외 연금기금(Pension Fund), 국내외 금융기관 등의 '주식투자기금' 설립을 적극 유도하고 이를 촉진하기 위하여 창업투자회사와 상응하는 수준의 세제지원 방안을 강구 (도표-1 참조)

2. 기업보유 부동산 매각촉진을 통한 구조조정

〈기본방안〉

□ 기업의 재무구조를 개선하고 유동성 문제를 해결하기 위해서는 기업보유 부동산의 매각을 통한 차입금 상환이 필요

□ 그러나 최근 부동산시장의 침체로 매각이 어려운 실정이므로 부동산 수요기반을 확충하여 매각 부동산을 원활히 소화함으로써 기업구조조정을 지원

가. '부동산정보센터'의 설치 및 '부동산 박람회' 개최

□ 성업공사에 '부동산정보센터'를 설치, 운영('98.5)

○ 기업부동산 매물을 한시적으로 신고, 접수하고 신고분에 대해서는 매각주선, 세제상담 등 혜택 부여

○ 신고된 부동산은 용도 및 가치에 따라 등급화

* 등급화 과정에서 외국의 유명평가회사(S&P, 무디스 등) 참여

○ 정보센터 내에 외국인 전용 창구를 설치하여 One-Stop 서비스를 제공

□ 토지공사, 성업공사 등 부동산 보유자와 국내 진출 외국업체, 해외교포 등 부동산 수요자가 한자리에 모여 거래를 상담할 수 있도록 '부동산박람회(가칭)' 개최를 추진('98.6)

나. 외국인의 부동산 취득 전면허용 등 토지거래 규제 완화

□ 외국인에 대하여 용도, 규모에 관계없이 토지 취득을 전면 자유화('98.6)

○ 조치사항 : 외국인의 토지 취득 및 관리에 관한 법률 개정

□ 부동산 임대업·분양 공급업에 이어 토지 임대업과 개발공급업도 개방하여 부동산업과 건설업을 완전 개방('98.5)

□ 토지거래 허가구역을 전면 해제하여 토지의 원활한 거래를 지원하고 투자심리를 진작('98.4.20)

다. 부동산 신탁상품의 도입

□ 지금까지 은행(신탁계정)은 수탁자금으로 대출을 하거나 유가증권을 매입하는 금전신탁업에 한정

□ 앞으로는 은행(신탁계정)이 수익증권을 발행하여 조성한 자금으로 부동산을 매입, 개발하고, 매각·분양·임대 등을 통하여 회수된 수익을 위탁자에게 지급하는 부동산 신탁상품을 허용

□ 실제 운용과정에서는 은행의 기술인력 부족 등을 고려하여 자금조성은 은행이, 부동산 개발업무는 부동산 신탁회사가 각각 분담하여 수행토록 추진

□ 조치사항: 신탁약관 제정

라. 토지공사에 의한 부동산매입 확대

□ 토지공사의 채권 발행을 통한 기업보유 부동산 매입 확대

- ○ 매입규모 : 3조원
- ○ 매입대상 부동산 : 대기업 및 중소기업의 부채상환용 매각 부동산

□ 매입방안

- ○ 일정 기간별로 사전에 매입 규모를 결정하고, 입찰방식에 의거 감정가격 대비 낮은 가격의 부동산부터 매입
- ○ 매입대금은 토지공사 발행채권으로 지급하며, 발행조건은 5년 만기에 시중은행 prime rate로 함.
- ○ 기업은 매각대금으로 받은 채권으로 금융기관 차입금을 상환하고, 금융기관은 필요시 한국은행에 RP방식으로 채권을 매각

□ 토지공사의 수지상황 등을 고려하여 필요한 경우 추후 재정에서 출자지원

채권발행을 통한 부동산구입 기본구조

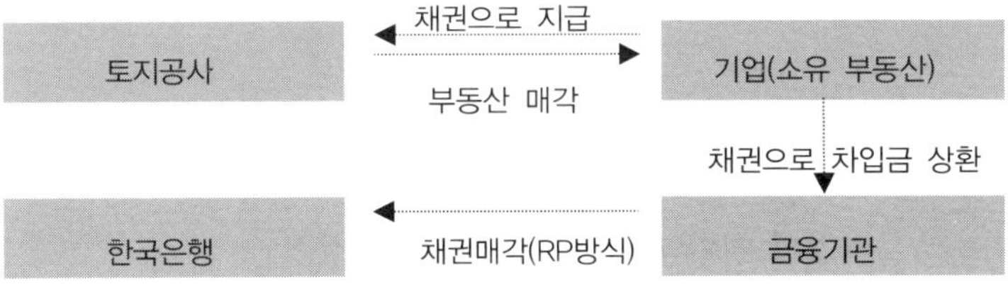

마. 기업보유부동산 매각촉진을 위한 세제 및 개발부담금 감면

□ 금융부채 상환 및 기업 구조조정을 위하여 기업이 '99년 말까지 매각하는 부동산을 대상으로 세제 지원

○ 취득세·등록세 100% 면제 및 부수되는 채권(국민주택 채권 등) 매입의무 면제

○ 업무용·비업무용 구분 폐지

○ 취득 후 5년 내에 양도하는 자에 대하여 양도세를 50% 감면

□ '99년 말까지 개발되는 토지에 대해서는 택지초과 소유부담금 및 개발부담금을 전액 면제

□ 조치사항: 조감법 등 관련세법, 택지소유상한에 관한 법률, 개발이익환수에 관한 법률 개정

바. 자산담보부 채권(ABS : Asset Backed Security)의 발행

□ 대출채권의 담보부동산으로 풀(pool)을 구성하여 펀드를 설정하고, 이를 근거로 특별목적 회사(SPC, Special Purpose Company)를 통하여 국내외 투자자들에게 채권을 발행

* 현재 성업공사에서 7월 말 ABS 발행을 목표로 외국 Investment Bank와 협의를 추진 중

□ 조치사항: ABS 발행을 위한 특별법 제정, 외국인토지법, 외국환관리규정 등 관련 법령 개정

3. 기업의 자율적인 구조조정노력 강화

가. 부실기업의 현황 파악과 선별기준의 정립

□ '98.3. 말 현재의 기업부채 및 부실화 현황을 파악하고 앞으로 일정 기간(예: 3개월) 간격으로 계속 현황 점검

□ 주요 채권은행 내에 외부인사를 포함한 '부실기업판정위원회' 를 구성하여 기업별 회생 여부를 객관성·투명성 있게 판단, 스스로 생존가능한 기업은 정상화되도록 지원하되, 사실상 파산상태에 있는 기업은 과감하게 청산 정리

□ 은행의 기업구조조정 지원노력 강화

○ 부실기업 정리실적, 일시적으로 유동성이 부족한 중소기업에 대한 지원노력 등에 대한 평가기준 마련

○ 평가 결과에 따라 후순위채권 매입, 유상증자 등에 우선권을 부여하고 해당 임직원에 대한 동기부여 방안을 강구

나. 대기업의 구조조정 노력 강화

□ 은행과의 '재무구조개선 약정' 을 통하여 구조조정을 강력히 추진

○ 은행감독원 내에 특별대책반을 구성하여 부실기업정리 등 재무구조개선을 집중 독려

○ 자산 및 계열사 매각 등으로 주력 기업을 Slim화하고 궁극적으로 계열분리를 용이하게 하기 위하여 구조조정에 큰 걸림돌이 되는 상호지급보증의 축소 방안을 구체화

다. 중소기업에 대한 지원 강화

□ '기업 애로타개 대책단' 을 재정비 강화

재경부산하 특별대책단의 금감위 이관('98.4.11)에 맞추어 기존의 각종 지원제도가 은행 일선창구에서 이행되는지의 여부를 철저히 점검할 수 있도록 대책단을 재정비 강화

□ 각 행별 행장 직속의 '중소기업 특별대책반' 설치 운영

○ 각종 애로사항은 행장 책임 하에 직접 해결

○ 각 행별로 중소기업지원 종합대책을 마련 실시

○ 정상적인 중소기업이 일시 유동성 부족을 겪을 경우 환율 인상분과 금리 인상분을 감안한 추가 여신이 지원되도록 유도

라. "기업구조조정 전문회사"의 설립을 통한 M&A 활성화

□ 구조조정 기업을 인수, 정상화한 후 매각을 통하여 수익을 추구하는 '기업구조조정 전문회사(Restructuring Company)' 의 자유로운 설립을 허용

○ 순수 민간베이스로 운영되는 상법상 주식회사로 하되 정부에 등록한 기업에 대해서는 세제 지원을 강구

○ 이의 원활한 운영을 위하여 필요한 경우 '98 상반기 중 관련 법률을 제·개정

V. 추진체계 및 추진 일정

□ 관련부처간의 긴밀한 협조체계 구축

○ 재정경제부, 금융감독위원회, 산업자원부 등 금융·기업구조조정 관련 부서간 협의체를 구성하여 긴밀한 협조 하에 추진, 월 1회 정도 회의를 개최하여 추진방향 조정 및 실적 점검

○ 재정경제부는 기본정책의 수립·조정, 법령 제·개정 업무를 담당하고, 금융감독위원회, 산업자원부 및 건설교통부는 소관 분야별로 법령 제·개정, 추진 방안의 마련과 집행 업무를 수행

□ 계획된 일정 하에 차질 없이 추진

○ '98.4월 중 IMF, IBRD 등과 사전협의를 통하여 적극적인 협조를 유도, 하반기에 계획된 IBRD 자금 50억 달러의 조기 도입 확보 노력

○ 추진 가능한 사항은 즉시 추진

- 기업 구조조정을 위한 세부계획 마련
- 금융기관별 부실규모 파악 및 구조조정 방안 마련 등

○ '98.5.말까지 입법사항 완료
- '기업 구조조정기금' 설립을 위한 법령 제·개정
- 자산담보부 채권 발행을 위한 법률 제정
- 부동산거래 촉진을 위한 관련 세법령 개정 등

"기금" 설립 및 운영

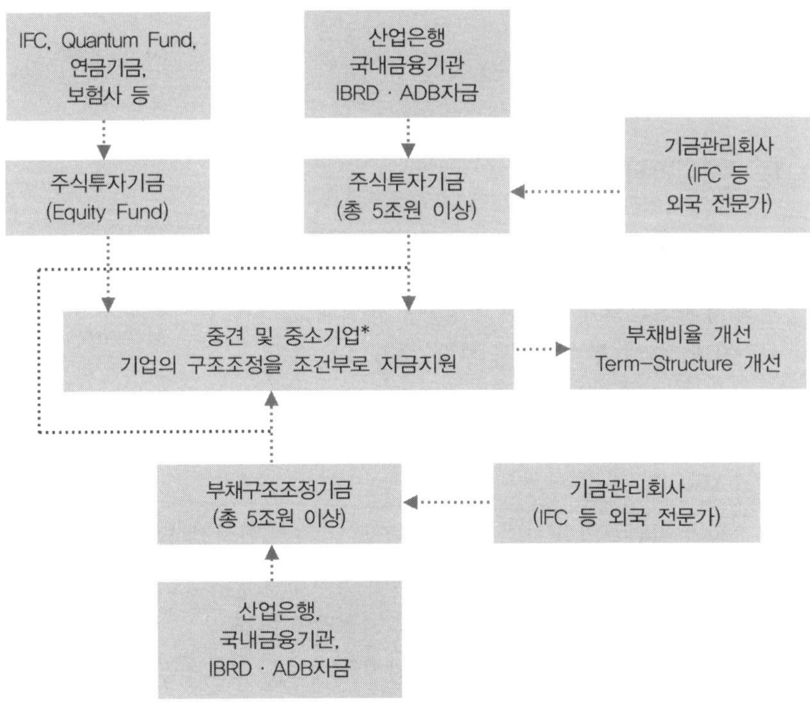

[부록 4] 한국경제의 구조조정 종합대책

(1998년 5월 20일 재정경제부)

I. 경제위기와 우리의 대응

1. 경제위기의 본질

□ 지난해 말 이후 지속되고 있는 경제위기는 그동안의 과도한 외채누적으로 대외신인도가 급격히 하락하여 촉발되었으나

* '97말 현재 총 대외지불 부담 : 1,544억 달러

□ 보다 근본적으로는 권위주의적인 관치경제의 누적된 폐단과 방향성 없는 세계화정책의 실패, 세계경제 여건 변화에 적응하여 구조조정을 하지 못한 데 기인

□ 그동안 권위주의적 관치경제를 근간으로 하는 성장전략을 추진한 결과,

- ○ 민주주의와 시장경제의 병행 발전이 지체되어 정경유착과 관치금융, 과다차입에 의한 방만한 선단식 기업경영 초래
- ○ 세계화정책이 구호에만 그쳐 지식·정보화 사회와 국경이 없어진 세계경제체제에 적합한 국제적 기준에 맞는 제도와 관행이 미정착
- ○ 시장규율에 의한 보상과 책임원칙이 제대로 지켜지지 않아 경제주체간 도덕적 해이 문제 심화

□ 이에 따라 경제 각 부문에서 시장기능이 제대로 작동되지 못하고 비효율과 비능률이 만연되어 우리 경제의 경쟁력 약화를 초래

- ○ '98년 IMD 국가경쟁력이 평가 대상 46개국 중 35위로 하락('97년 30위)하는 등 경제 각 부분의 총체적 경쟁력 저하

□ 특히 최근까지도 경제불안 현상이 지속되고 있는 것은 경제구조개혁이 본격화되지 못하고 있기 때문

○ 외국에서도 구조개혁의 체계적인 프로그램과 이에 소요되는 재원마련대책 등 종합적인 청사진의 제시가 필요하다는 시각

2. 경제위기에의 대응

□ '국민의 정부' 는 권위주의적 관치경제의 폐해를 치유하기 위한 개혁작업의 원칙으로서 민주주의와 시장경제의 병행발전이라는 기본철학을 제시하고,

○ 정부 출범 전부터 비상경제대책위원회의 설치 등을 통하여 경제위기에 적극 대처하면서 대통령의 강력한 리더쉽을 바탕으로 ASEM 회의 등 국제사회에서 대외신인도 회복에 기여

□ IMF의 긴급자금지원 등 외환유동성 확보로 당면한 외환위기를 극복하면서

○ 우리 경제의 경쟁력 강화를 위해 금융·기업 구조조정과 노동시장의 유연성 제고 등 경제구조 개혁을 강력히 추진

□ 우리가 추진 중인 경제개혁 및 개방조치는 절대로 후퇴하지 않을 것이라는 점을 대내외에 천명하고

○ IMF와 합의한 경제구조 개혁과 자본자유화 조치를 예정보다 앞당겨 시행함으로써 대외신뢰도 회복에 주력

□ 앞으로는 경제위기 극복을 위한 지금까지의 제도개선 기반을 바탕으로

○ 당면한 외환시장의 안정과 금융·기업 구조조정 등 경제구조 개혁을 보다 과감하고 신속하게 추진하는 한편

○ 노·사·정 합의, 금융경색 완화, 구조조정 재원조달 등 구조조정 추진 과정에서의 애로 해소에 주력

□ 경제개혁은 고통이 따르기 때문에 경제주체들의 강한 의지와 동참이 필요하므로 노·사·정 합의를 기초로 한 고통의 분담과 참여를 통해 개혁 추진

II. 외환시장의 안정을 위한 위기관리

□ 외환 유동성의 확보를 통하여 외환시장의 안정기반을 강화
  ○ 가용 외환보유고를 연말까지 410억 달러 이상 확보
  ○ 민간부문의 자체 신용에 의한 외환확보 촉진
□ 외국인 투자환경을 획기적으로 개선하고 외환거래 관련 법령을 국제규범에 부합하는 수준으로 선진화하여 적극적인 외자유입의 촉진

1. 지금까지의 추진실적

□ 당면한 외환위기의 해소를 위하여 외환유동성 확보에 주력
  ○ IMF 등으로부터의 공적자금 도입('98. 5. 15. 현재) : 231억 달러
  ○ 국제신용평가기관을 적극 설득하여 국가신용등급 상향 조정
    - S&P : BBB-('97. 12. 11.) → B+('97. 12. 23.) → BB+('98. 2. 17.)
  ○ 금융기관 단기외채 만기 연장의 성공적 추진('98.3.) : 217억 달러
  ○ 외화표시 국채발행('98. 4.) : 40억 달러
  ○ 금융기관 단기차입금의 만기 연장률(Rollover) 제고
    - ('97. 12.) 32.2% → ('98. 5.) 92.7%
□ 외자유입 확대를 위한 주식·채권시장의 개방 폭 확대
  ○ 외국인 주식투자 한도 확대
    * 1인당 : 7% → 50%('97. 12. 11.)
    * 종목당 : 26% → 50%('97. 12. 11.) → 55%('97. 12. 30.)
  ○ 3년 이상 현금차관 등 민간기업 해외차입에 대한 제한 철폐('97. 12. 16.)
  ○ 모든 장단기 국공채·회사채에 대한 외국인투자한도 폐지 등('97. 12. 30)
□ 외국인 투자 여건의 개선

○ 외국인투자 업종 개방 확대(30개 업종 추가 개방, 4. 1. 및 5. 8.)
○ 외국인의 모든 M&A 전면 허용(5. 15. 외국인투자법 개정)
○ 외국인투자기업 조세감면에 대한 최저한 세 적용 배제(4. 10.)
○ 외국인의 토지취득 자유화(5. 15. 외국인토지법 개정)
○ KOTRA를 중심으로 한 외국인투자가 상담 및 서비스 지원체제 강화 (4. 30.)

2. 현재의 상황

□ 긴급한 외화유동성 부족사태는 어느 정도 해소되고 외환시장도 안정
○ 가용외환 보유고: ('97. 12. 18.) 39.4억달러 → ('98. 5. 15.) 314.8억 달러
○ 환율 : ('97말) 1,695원 → ('98. 5. 19) 1,452원
○ 총외채 중 단기외채 비중 : ('96말) 63.5% → ('97말) 44.3% → ('98.3 말) 40.3%
○ 외국인직접투자(백만 달러) : ('98. 1) 130 → ('98. 4) 567

□ 향후 경제구조 개혁에 대한 불안감과 인도네시아 사태악화 가능성 등 대내외적 요인의 불확실성이 매우 크므로 외환시장이 다시 불안정해 질 가능성에 대한 대비 필요

3. 향후 추진계획

□ 연말 가용외환 보유고 목표 410억 달러를 조기에 달성
○ 수출증대를 통한 경상수지 흑자 확대
○ IMF 자금지원 계획에 따른 공적자금의 차질 없는 도입 추진
○ 기업의 해외매각, 외국인투자유치 및 민간부문의 자체 신용에 의한 외자의 최대한 확보

□ 외환 및 자본자유화의 조기 추진

○ 외국인주식 투자한도 폐지(5.25.) 및 단기금융상품 조기 개방(5월 중, 당초 IMF와 12월 개방 합의) 등 자본자유화를 조기에 확대

○ 외국인투자 제도를 근본적으로 개편하여 종합지원이 가능한 '외국인투자촉진법' 제정 추진(6월 국회 제출)

- 투자신고 등 인허가 절차를 간소화하고, KOTRA를 중심으로 One- stop 서비스체제 구축
- 조세감면, 국·공유재산 임대 활성화, 보조금·직업훈련비 등 재정지원 확대 등 선진국형 인센티브 확충
- 외국인투자가가 원하는 지역을 대상으로 지자체의 요청에 의해 외국인투자지역을 지정

○ 외국환관리법의 전면 개편(6월 국회제출 목표)

- 사전규제 위주의 '외국환관리법'을 폐지하고 대외거래 활성화와 유사시 규제를 목적으로 하는 새로운 '외국환거래법' 제정 추진

III. 4대 부문의 구조개혁 추진대책

1. 금융구조개혁

□ 금융구조개혁의 목표는 금융시스템의 안정성을 확보하고 금융기관의 건전성과 업무의 효율성을 제고하는 데 있음.

○ 현재와 같이 기업부실과 금융부실이 맞물려 이어지는 구조적인 악순환을 해소하고 금융시스템을 조속히 회복하여 산업기반을 확충하기 위해서는 금융구조개혁이 필요

○ 이를 위하여 우량 금융기관은 적극 지원하고 부실한 금융기관은 조기에 정리하여 구조조정을 촉진(restructuring)

○ 금융기관 본연의 자금중개 기능을 회복(reengineering)하고 금융기관의 신용평가·위험관리 능력을 제고(empowerment)하며, 금융감독 강화를 통하여 금융시스템의 안전성을 제고

□ 금융구조개혁은 최소의 비용으로 최대의 효과를 거둘 수 있도록 명확한 계획과 절차에 따라 추진

○ 구조조정이 지연될수록 금융기관 부실채권과 기업부실이 증가하여 경제의 부담이 가중되므로 신속하고 과감하게 추진

○ 주주·채권자 등의 적정한 손실분담(loss-sharing)을 통하여 도덕적 해이를 방지하면서

○ 구조조정 과정에서 불가피하게 발생하는 비용은 금융기관의 철저한 자구계획을 전제로 재정에서 부담하되 최소화되도록 노력

가. 지금까지의 추진실적

□ 금융산업 구조조정을 위한 제도 정비

○ 한국은행법, 주식회사의 외부감사에 관한 법률 등 금융개혁 관련 13개

○ 부실채권정리기금을 신설('97. 11.)하고 20조원 규모의 재원을 확충('97. 12.)

○ 예금보험기구를 통합하고 12조원 규모의 예금보험기금을 확충('98. 4.)

□ 금융산업 구조조정을 위한 조치 내용

○ 성업공사에서 7조 5천억 원을 투입하여 14조원의 금융기관 부실채권 매입

○ 서울·제일은행에 대한 감자, 정부출자 및 민영화를 추진

- 자산실사를 담당하는 회계법인(Coopers & Lybrand)과 매각 담당 주간사기관(Morgan Stanley) 선정('98. 4말)

○ BIS 비율 8% 미달 12개 은행의 경영개선계획 제출('98. 4말)

○ 부실 종합금융회사, 증권회사, 투자신탁회사에 대한 업무정지 또는 인가취소

- 가교종금사를 설립하여 업무 정지된 종금사의 개인 및 법인 예금을 지급

□ 금융구조개혁을 보다 가속화하기 위하여 종합적인 구조개혁 프로그램

을 확정하고 현재 체계적으로 추진 중

○ 금융감독위원회의 금융기관 부실채권 규모 파악 등

나. 향후 추진계획

□ 금융산업의 중추인 은행의 구조조정을 우선 추진하여 기업의 구조조정을 선도하도록 하고

○ 비은행 금융기관은 금융시장 상황을 감안하여 완급을 조절

○ '98. 9.말까지 제1차 구조조정 완료

□ 은행의 구조조정

○ '98. 6말까지 서울·제일은행의 자산실사 완료 후 정부보유 주식을 조기에 매각

○ BIS 비율 미달 12개 은행에 대한 경영정상화 계획 평가 및 경영진단을 '98. 6.월까지 완료

- 경영정상화 계획을 승인받지 못한 은행은 흡수합병이나 제3자 인수 또는 영업양도를 통한 퇴출을 추진

○ BIS 비율 충족 12개 은행에 대해서도 상반기 가결산 후 '98.8.월 중 경영진단을 실시하여 처리계획 마련

□ 증권, 보험, 투신, 리스 등 제2금융권은 대주주 책임 하에 경영정상화를 추진하고, 경영정상화 여부 판단을 위하여 자산실사와 경영진단을 실시하여 부실기관은 정리

□ 부실금융기관의 재발 방지 및 금융기관의 능력 배양을 위한 제도개선 추진

○ 적기시정조치(Prompt Corrective Action)의 조기 도입

○ 소유·지배구조 개선 등을 통한 책임경영체제 강화

○ 여신심사위원회의 기능 활성화와 편중여신의 규제 등을 통한 신용위험 관리 강화

2. 기업구조개혁

□ 기업구조조정은 5대 개혁원칙*을 바탕으로 '시장원리'에 따라 기업이 자율적으로 추진

* 기업경영의 투명성, 상호채무보증의 해소, 건전한 재무구조, 핵심기업의 설정 및 중소기업과의 협력 강화, 지배주주와 경영자의 책임성 강화

○ 이 과정에서 금융기관은 채권자로서 우량기업과 부실기업을 판별하여 우량기업에 대해서는 필요한 지원을 하고 부실기업은 신속한 퇴출을 유도

□ 이제 정부는 과거와 같은 기업활동에 대한 관여를 지양하고 구조조정 추진상의 애로 요인을 제거하는 데 주력

가. 지금까지의 추진실적

□ 정부는 대기업과 '구조개혁 5대과제'를 합의(1.13.)하고, 관련 법령을 개정 완료('98.2.)하여 구조조정의 제도적인 틀을 마련

○ 기업경영의 투명성을 제고하기 위하여 결합재무제표를 조기(2000년 → '99년 사업년도)에 작성토록 하고 상장법인에 대하여 '외부감사인 선임위원회'의 설치를 의무화

○ 상호채무보증을 해소하기 위하여 '98.4.1부터 신규 채무보증을 금지하고 기존 채무보증의 경우 2000.3.말까지 완전 해소

○ 재무구조개선을 유도하기 위하여 주채권은행과 주채무계열(64개) 간에 재무구조개선 약정을 체결('98.4.)하고 과다 차입금 이자에 대한 손비부인 제도를 조기 실시(2002년 → 2000년)

○ 핵심기업의 설정을 유도하기 위하여 계열사 통폐합, 사업축소, 부동산 처분 등 구조조정 계획을 재무구조개선 약정에 포함시키고 6개월마다 이행상황을 점검

○ 지배주주와 경영자의 책임성을 강화하기 위하여 대표소송(1% → 0.01%) 등 소수 주주권의 행사 요건을 대폭 완화하고 상장기업에 대하여는 사외이사의 선임을 의무화

○ 부실기업의 원활한 퇴출을 위하여 회사정리법·화의법 등 도산관련

법제를 개정

□ 이와 함께 기업구조조정의 현실적인 애로 요인을 해소하고, 구조조정을 촉진하기 위하여 '금융·기업구조개혁 촉진방안' 을 마련(4.14.)

○ 기업구조조정기금(주식투자기금과 부채구조조정기금)의 설립 추진

○ 부동산신탁상품의 도입 및 토지공사의 부동산 매입 확대(3조원 규모) 등 기업 보유 부동산의 매각 촉진

○ 부실기업판정위원회를 구성(5.9.)하여 기업별 회생 가능 여부를 객관적이고 투명하게 판단

나. 현재의 상황

□ 기업구조조정을 위한 법적, 제도적 장치가 어느 정도 갖추어짐에 따라 구체적인 기업구조조정 노력이 나타나기 시작

○ '98.3월말 현재 상장기업 505개사에서 667명의 사외이사 선임

○ '98.3월말까지 계열사간 채무보증액 10조원(30대 기업집단 채무보증액의 30%)을 해지

○ 부채비율 축소를 위한 계열사 매각 및 외자유치

- 대상그룹 : 라이신 사업부문을 독일 바스프사에 6억 달러에 매각
- 삼성중공업 : 중장비 부문을 스웨덴의 볼보사에 7.2억 달러에 매각하기로 계약 체결
- 한라그룹 : 미국 로스차일드사로부터 10억 달러 브리지론 도입 협의 중

○ 뉴코아그룹 9개사, 수산중공업, 미도파 등 주요 대기업의 화의신청이 기각

○ 기업들이 토지공사에 3,500억원의 토지 매입을 신청('98. 4. 30.－5. 18.)

다. 향후 추진계획

□ M&A를 활성화하고 기업 지배구조를 개선하기 위한 제도 보완
- ○ 기업분할제도를 도입하고 합병시 이의 제출 기간을 단축(2개월 → 1개월)하는 등 절차 간소화('98 상반기 중 상법 개정 추진)
- ○ 기업 분할시에도 합병과 동일하게 세제 지원('98년 중 세법 개정 추진)
- ○ 지배 대주주 등의 법적 책임을 명확히 하기 위하여 사실상 이사제도를 도입하고 소수주주도 이사를 선임할 수 있도록 누적투표제를 도입('98 상반기중 상법 개정 추진)
- ○ 기업경영에 대한 감시 기능을 강화하기 위하여 기관투자가의 의결권 행사를 원칙적으로 허용('98 상반기 중 증권투자신탁업법 개정 추진)
- ○ 기업의 조직 선택폭을 넓혀주기 위하여 지주회사를 제한적으로 허용('98 상반기 중 공정거래법 개정 추진)

□ 채권자인 금융기관이 기업의 회생 가능성을 조속히 판단하여 적정한 기업구조조정을 추진
- ○ 은행별 자체 기업부실 평가(5월)
- ○ 판정 결과에 따른 기업구조조정 지원계획 수립(7월)

□ '금융·기업구조개혁 촉진방안' ('98.4.14.)을 차질 없이 추진
- ○ '98.6월 중 증권투자신탁업법을 개정하여 기업구조조정기금의 법적 근거를 마련
- ○ '98.8월 초까지 5억 달러 규모의 자산담보부채권(ABS) 발행
- ○ '98.9월까지 토지공사는 3조원 규모의 부동산 매입

3. 노동시장의 구조개혁

□ 노동시장의 유연화를 통하여 임금안정과 고용안정을 도모하는 한편 인적자원의 효율적 활용을 유도

□ 취업알선망 등 노동시장의 인프라를 확충하여 노동이동의 원활화가 효과적으로 이루어질 수 있도록 뒷받침

□ 산업구조의 변화와 산업계의 요구에 부응하는 창의적인 인재를 육성하기 위하여 직업훈련의 효율성 제고

가. 지금까지의 추진실적

□ 시장여건의 변화에 따라 노동력이 자유로이 진입·퇴출할 수 있도록 고용조정제 도입('98.2 근로기준법 개정)

○ M&A를 포함하여 긴박한 경영상 필요가 있을 경우 해고 회피 노력, 공정한 대상자 선정, 근로자와의 협의를 거쳐 고용조정

□ 노동시장의 인력수급 원활화를 위하여 파견근로제 도입('98.2. 파견근로자보호 등에 관한 법률 제정)

○ 직접 생산공정 업무를 제외하고 전문지식·기술·경험을 필요로 하는 업무에 근로자 파견을 허용

□ 노동시장의 유연화가 인적자원의 신속하고 효율적인 배분으로 이어질 수 있도록 공공부문의 취업알선 기능을 강화하고 고용정보전산망을 확대하여 구인·구직을 효과적으로 연계

□ 기업의 자율적인 훈련을 유도하기 위하여 직업훈련 의무제도를 폐지하고 고용보험의 직업능력개발사업으로 일원화('97.12. 근로자직업훈련촉진법 제정, '99.1. 시행 예정)

나. 향후 추진계획

□ 노동시장의 유연화를 위하여 기 마련한 제도적 장치가 합리적으로 운영될 수 있도록 유도

○ 합리적인 고용조정 관행 정립 및 근로자 파견제 허용 업무 결정 등 파견근로제의 내용을 확정('98. 7 시행)

□ 노동시장 유연성 제고와 함께 근로자의 권익 증진을 위한 노력도 강화

○ 근로기준법과 산재보험법 적용을 5년 미만 사업장까지 확대하여 영세사업장 근로자에 대한 보호 강화

○ 중소기업 근로자의 복지증진을 위하여 근로자 주택 공급규모를 확대하고 근로자 자녀 장학기금 확충

□ 노동시장의 인프라 확충과 직업훈련의 효율성 제고
  ○ 구인·구직 정보 외에 직업훈련 등 고용관련 정보를 D/B화하는 등 통합체계 구축
  ○ 직업소개와 직업훈련을 종합적으로 수행하는 민간 종합인력개발사업의 허용을 추진
  ○ 산업계가 요구하는 직종과 능력에 부응하는 인력이 양성될 수 있도록 공급자 위주의 훈련체제에서 수요자 위주의 훈련체제로 전환
    – 훈련생에게 훈련기관 선택권을 부여하여 훈련기관간 경쟁을 촉진할 수 있는 '훈련 바우처(Voucher)' 제도 도입('98 하반기 중 시범실시)
    – 민간훈련에 대한 규제완화와 훈련기관간 경쟁 촉진

4. 재정과 공공부문 개혁

□ 공공부문의 효율성과 투명성을 강화하고 서비스개념에 충실한 수요자 중심의 경쟁체제로 전환
□ 재정과 공공부문의 시장개입을 축소하고 자율성 확대와 민영화를 통해 시장경쟁의 영역을 확대

가. 지금까지의 추진실적

□ 공공부문이 구조조정을 솔선수범
  ○ 중앙정부 및 청와대 비서실 조직을 축소 개편('98.2.)
  ○ 정부출연 연구기관 경영혁신방안 확정('98.5.)
  ○ 공무원 봉급을 삭감(10-20%)하여 실업대책 재원으로 사용('98.3.)
□ 조세감면규제법을 개정하여 비과세·감면을 축소('98.2, '98.3.)
□ 정부회계업무에 대한 업무 재설계를 실시하여 재정정보체계의 개선방안을 마련('98.4.)

나. 향후 추진계획

□ 재정지출의 효율성 제고

○ 예산운영방식을 성과 관리방식(Budgeting for Results)으로 전환

– 합법성 위주의 예산과목체계를 합목적성 위주로 개편하고 예산의 이월제도를 활성화하여 집행의 신축성 제고('98년 중)

○ 향후 5년간('98–2002)의 중기 재정계획을 수립하고, 복잡·다기화된 특별회계 및 각종 기금을 지속적으로 정비

○ 국가 종합재정정보시스템을 구축하기 위하여 '98년 중 국고업무 처리 시스템을 먼저 구축하되 향후 예산, 세정 및 지방자치단체 재정시스템과 연계

○ 정부회계에 복식부기 및 발생주의 원칙을 단계적으로 확대 도입(2000년부터)

□ 세제와 세정개혁

○ 복잡한 과세체계를 국제 기준에 맞게 간소화하고 투명성 제고

– 부가세 방식의 목적세를 본세에 흡수하고 과세의 실효성이 적은 세목을 폐지하는 등 세목 수 축소('98년 중 제도정비, 2000년부터 시행)

○ 과표 양성화와 음성·탈루 소득에 대한 과세 강화('98년 중)

○ 조세감면제도를 대폭적으로 축소 · 재검토하고 조세지출예산제도(Tax Expenditure Budget)를 도입('99년)

○ 국세행정조직을 신고·조사 등 기능별 조직으로 개편('98년 시범운영, 2000년 도입)

□ 공공부문 혁신

○ 중앙정부의 기능 분석을 통하여 국가기능의 지방이양을 확대해 나가고 '98년 하반기에 특별 지방행정기관 개편을 연계 추진

– '98년 하반기부터 지방정부조직의 감축 및 재배치를 추진

– 정부조직·인원의 정비와 함께 규제개혁을 본격 추진

○ '98년부터 책임경영행정기관(Agency)제도를 마련하고 '99년부터는

사업적 성격이 강한 집행기관 등을 대상으로 단계적 도입

○ '98년 하반기 중 552개에 이르는 정부산하단체에 대하여 민영화 및 경영혁신 방안을 마련하여 추진

– '99년 예산부터 정부산하단체 경영혁신 방안을 반영

Ⅳ. 구조개혁의 어려움과 대응

1. 노·사·정 합의를 통한 개혁의 추진

□ 구조개혁 과정에서는 실업 등 고통이 불가피하게 발생

□ 따라서 노·사·정위원회를 활성화하여 모든 경제 주체가 구조조정의 필요성과 시급성에 대한 인식을 같이 하고 고통을 공정하게 분담토록 하여 구조개혁 과정에 적극 동참을 유도

□ 구조조정의 사회적 비용을 최소화할 수 있는 사회적 안전망(social safety net) 구축

가. 지금까지의 추진실적

□ 정부는 그동안 노·사·정위원회를 통하여 사회적 합의를 도출('98.2.)하였고, 구조조정 과정에서의 사회적 비용을 최소화하기 위한 사회적 안전망 구축에 주력

○ 고용보험 기능 강화를 위한 고용보험법 개정('98.2.)

– 실업급여혜택 확충 및 임금채권보장기금제도 도입

○ 총 7.9조원 규모의 실업문제 종합대책 마련('98.3.)

□ 그러나 산업활동의 위축, 실업자 급증 등 구조개혁이 본격화되면서 노사분규가 증가 추세

	분규발생	조정신청	분규참가자	근로손실일
1998. 1 – 5. 12.	34건	238건	39천명	174일
1997. 1 – 5. 12	15건	93건	2천명	21일

○ 구조조정과정에서 불가피하게 발생하는 실업과 이로 인한 사회적 긴장에 효과적으로 대처하지 못할 경우 원활한 구조조정의 추진에 큰 걸림돌로 작용할 우려

나. 향후 추진계획

□ '국민의 정부' 의 강력한 리더십을 바탕으로 제 2기 노사정위원회를 조속히 출범시켜 각 경제주체의 요구와 주장이 대화와 타협을 통하여 해결될 수 있도록 총력을 경주

○ 정부는 공공부문의 구조개혁을 지속적으로 추진해 가는 한편 사회안전망 확충 등 실업문제 해결을 위하여 최선을 다하고

○ 기업은 스스로 약속한 5대 개혁과제를 성실히 이행하고 고용조정은 근로자의 이해와 납득을 전제로 한 최후수단으로 활용하며

○ 노동계도 제 1기 노사정위원회의 합의사항 이행 점검을 통하여 구조개혁에 대한 성실한 감시자로서의 역할을 수행하고 생산성 향상 및 노사관계 안정노력 등을 통하여 기업경쟁력 회복에 기여

□ '실업대책추진위원회' 를 중심으로 각 부처별 실업대책 추진상황을 점검, 보완함으로써 사회안전망 구축을 차질 없이 추진

○ '98.5.19 현재 7.9조원 중 6,559억원을 배정, 집행

○ 생활안정 대부사업의 효율적 추진 및 실직자 직업훈련 확대

* 생활안정 대부사업실적(5.19. 현재) : 95억원(1,643건)

* 직업훈련 : 목표인원 339천명 중 109천명 훈련 실시

○ 공공근로사업은 추진과정의 문제점을 보완하여 고용효과의 극대화 도모

* 총예산 5,419억원 중 1단계로 1,380억원 배정, 75천명에 대해 환경정비 등 20개 사업 추진 중

○ 고용안정채권의 판매촉진을 위한 홍보 강화
 * '98.3.30-5.19 현재 1,298억원 판매(목표액 1.6조원 대비 8.1%)

〈제1기 노사정위원회 합의사항 이행결과〉

□ 총 10개 분야 90개 사항 합의(정부 71개, 노사자율 17개, 국회 2개)
 ○ 정부조치사항 71개 중 36개 완료, 35개 추진 중

〈의제에 따른 주요 합의사항 및 이행결과〉

- 기업경영 투명성 확보 및 구조조정 촉진(17개)
 결합재무제표 의무화 및 소수주주의 권한강화 완료, 기업회계기준 국제화 추진 중
- 물가 안정(9개)
 물가 안정을 경제정책의 최우선과제로 추진중
- 고용안정 및 실업대책(24개)
 실업급여 요건완화, 수준 인상 완료, 실업대책 재원확보 완료(합의 5조원 → 확보 7.9조원), 임시·시간제 근로자에 대한 고용보험 적용 확대 추진 중, 근로시간 위원회를 구성하여 근로시간 단축 방안 강구 추진 중
- 사회보장제도 확충(11개)
 임금채권보장제도 도입 완료, 토지관련 세제개편 추진 중, 의료보험 통합·일원화 추진 중
- 임금안정과 노사협력 증진(8개)
 임금체계 개선을 위한 세제 지원방안 강구 추진 중
- 노동기본권 보장(6개)
 공무원 직장협의회 허용 완료, 교원노조 결성권 보장 추진 중,
- 노동시장 유연성 제고(2개)
 고용조정제 정비 완료, 파견근로자보호법 제정 완료,
- 수출증대 및 국제수지 개선(4개)
 수출촉진제도 정비, 규제완화, 수출금융 조기정상화 대책 강구 등 추

진 중

- 경제위기 극복을 위한 기타 사항(4개)

  정부조직 통·폐합 완료, 사교육비 절감대책 마련 추진 중

- 국민 대통합을 위한 건의 사항(5개)

  구속근로자 사면 완료, 노사정위원회 상설화 근거 마련 완료

2. 금융경색 완화

□ 외환위기 발생 이후 고금리, 신용위험 증가, BIS 비율 부담 등으로 금융기관의 대출이 위축되어 금융경색이 지속되고 있으며

- ○ 현재 추진되고 있는 금융·기업 구조조정과 동남아시장의 금융불안으로 금융경색은 더욱 심화

□ 금융경색은 근본적으로 구조조정을 통하여 금융중개 기능이 정상화될 때 해소 가능하나

- ○ 단기적으로 금융시장의 불안요인을 해소하여 경제를 안정시키고 구조조정이 원활히 추진될 수 있도록 금융경색 완화 대책 추진 필요

가. 지금까지의 추진실적

□ 외환시장 안정 추세에 따라 한국은행 공개시장 조작금리를 점진적으로 인하하여 시장금리의 안정을 도모하는 한편

□ 금융기관 대출 축소에 따른 중소기업의 자금난을 해소

- ○ 한국은행 총액대출한도 및 지원 대상을 확대하여 금융기관의 중소기업 대출을 활성화
- ○ 중소기업의 신용을 보완하기 위하여 신용보증기관의 보증 여력을 50조원 확대하여 보증지원을 강화
- ○ 중소기업 자금의 안정성을 확보하기 위하여 은행대출, 기업어음, 외화대출 등의 상환을 연장

□ 외화유동성 부족으로 감소된 수출입 금융지원을 활성화
 ○ 수출환어음 담보대출제도를 시행
 ○ 원자재 수입지원을 위하여 IBRD 자금 10억 달러를 지원
 ○ 수출환어음 매입 촉진을 위하여 외환보유고 3억달러를 지원

나. 향후 추진계획

□ 기업구조조정을 저해하지 않는 범위 내에서 실물경제의 원활한 활동을 지원하기 위하여 금리의 하향 안정 노력을 지속
 ○ 한국은행의 유동성 공급을 확대하고 공개시장조작 금리를 인하
 ○ 단기금융시장과 자본시장의 개방을 확대하고 금융기관의 불공정 관행을 시정
□ 대기업은 원칙적으로 자본시장과 해외시장을 통하여 자금을 조달하도록 유도하고
 ○ 이를 위하여 Mutual Fund 도입, 기업공개와 상장분리 등 제도개선 추진
□ 구조조정 과정에서 상대적으로 어려움이 큰 중소기업, 수출 부문, 주택건설업계에 대하여 금융기관을 통한 지원 강화
 ○ 중소기업 대출의 활성화를 위하여 금융기관의 대출여력 확충과 BIS 비율 부담완화, 차입기업의 신용보완을 지원
  - 한국은행의 유동성 공급을 확대하여 은행의 대출여력 확충
  - 신용보증 지원을 중소기업 신규대출과 연계 운용하여 은행의 BIS 비율 부담을 완화하고 중소기업의 신용을 보완
  - 그동안 한계 중소기업은 대부분 정리된 것으로 판단되므로 금융시장이 안정될 때까지 중소기업 대출금의 만기 연장을 추진
 ○ 수출입 금융을 정상화하기 위하여 외환보유고, 수출입은행 자체 조달자금 등을 통해 약 50억 달러를 지원
  - 수출입은행의 기능을 개편하여 수출입금융 전담 지원체제 구축

○ 미분양 주택의 누적으로 자금난을 겪고 있는 주택건설업체에 대해
- 주택은행을 통한 9,000억원 지원 등 자금지원을 확대
- IBRD 자금 2억 달러를 지원하여 주택금융 신용보증기금을 확충
- 신용보증 대상을 확대하고 현 운전자금 대출의 보증기한 연장

3. 구조조정 재원조달

□ 기업구조조정에 소요되는 비용은 원칙적으로 기업 스스로 시장원리에 따라 해결

○ 유상증자, 해외차입 및 자산매각 등을 통하여 조달

□ 금융부문 구조조정 비용은 금융기관의 자체 노력을 통하여 최소화하되, 부족분에 대해서는 외자도입 및 재정부담이 불가피

○ 기업구조조정을 통해 금융기관의 부실규모를 축소하고, 주주·채권자 등의 적절한 손실분담을 통해 재정부담을 최소화

가. 기업구조조정 소요재원 조달

□ 기업의 경영정상화를 위해서는 부채비율(Debt/Equity Ratio)을 선진국 수준으로 축소할 필요

□ 이를 위해서는 자본금을 확충하고 자산매각을 통해 부채를 감축하는 노력을 강화해 나가야 함.

○ 기업 스스로 유상증자 등 자본시장에서의 자금조달과 외국 기업과의 합작, 외국인투자 등을 통해 외자를 적극 도입하고

○ 계열기업 또는 자산의 해외매각을 추진

* 현재 5대 그룹이 향후 2~3년간 약 290억 달러(한화 41조원)의 외자도입을 추진 중

□ 정부는 회사형 투신(Equity Fund와 Debt Restructuring Fund)을 도입하고, 양 기금의 유기적 연계를 통해 중견·중소기업의 자본확충과 채

무 만기구조의 개선을 지원하며

○ 부동산시장 개방과 부동산 수요기반의 확충을 추진

나. 금융구조조정 소요재원 조달

□ 금융구조조정에 필요한 재원은 원칙적으로 금융기관 스스로 조달

○ 기업구조조정을 통해 금융기관의 부실채권 규모를 축소하고, 부실기업주에 대한 구상권 행사를 강화하는 한편

○ 부실금융기관의 주주·경영진의 손실분담을 확대하고, 인원·조직 감축 등 자구노력을 철저히 이행

□ 이러한 자구노력에도 불구하고 금융기관이 스스로 조달하지 못하는 부족재원은 금융시스템의 정상화를 위해 재정에서 불가피하게 지원

(1) 금융구조조정에 재정지원이 필요한 이유

□ 금융구조조정의 필요성

○ 금융은 경제의 혈맥과 같은 것으로서 자금중개 기능과 결제 기능을 통해 실물경제의 활동을 뒷받침하는 중요한 역할을 담당하고 있음.

○ 따라서 현재와 같이 금융부실이 기업부실과 맞물려 이어지는 구조적인 악순환을 해소하지 못하면 금융경색 현상이 장기간 지속되어 경제회복이 어려워지게 됨.

○ 이와 같이 금융부실은 단순히 금융산업만의 문제로 끝나는 것이 아니고 경제체제의 붕괴로 이어질 수 있기 때문에 금융구조조정은 시급히 추진되어야 함.

□ 금융구조조정의 추진방식

○ 금융산업의 가장 큰 문제는 부실채권의 누적으로 재무구조가 악화됨으로써 금융시스템이 제대로 작동하지 못하는 데 있음.

○ 따라서 금융구조조정은 금융기관의 건전성을 제고하는 데 중점을 두어 추진

– 회생이 가능한 금융기관은 자구노력을 전제로 '부실채권 매입'과 '증자지원'을 통해 재무구조를 충실화하고
– 회생이 불가능하다고 판단되는 금융기관은 조기에 정리하되 '예금대지급'을 통해 금융시장의 불안과 예금자 피해를 최소화해야 함.

〈과감하고 신속한 금융구조조정〉

○ 회생 가능한 금융기관

(부실채권 매입)

– 재무구조의 건실화,
– 무수익자산의 축소로 유동성 제고

(증자지원)

– BIS 비율 제고로 해외자금조달 및 기업자금 공급능력 확충
– 수익기반 구축으로 경영의 안정성 유지

○ 회생불능 금융기관

(예금 대지급)

– 금융기관 정리시 예금 대지급을 통해 예금자 피해를 최소화하고 금융시장의 안정 유지, 금융중개 능력 제고 및 금융시스템의 안정 회복

□ 재정에서 금융구조조정을 지원해야 하는 이유

○ 금융구조조정에 필요한 자금은 금융기관 스스로 조달하는 것이 원칙이나

– 금융시스템의 불안은 국민경제 전체의 위기로 이어질 가능성이 있고
– 금융시스템의 정상화에는 막대한 규모의 자금이 초기에 소요되기 때문에 재정의 뒷받침이 불가피함.

○ 특히 주식시장과 부동산시장의 침체로 증자나 자구노력에 의한 재원조달이 곤란하고 외자도입에도 한계가 있어 금융기관 스스로 대규모 재원을 조달하기 어려운 상황임.

○ 따라서 금융구조조정자금은 금융기관이 최대한의 자구노력을 통해 조달하되 부족분은 재정에서 지원하는 것이 필요함.
- 그러나 일반재정으로는 대규모 자금을 일시에 지원하기 어려우므로 공공채권 발행을 통해 필요한 자금(liquidity)을 공급하고
- 채권발행에 따른 이자비용은 재정에서 부담하는 것이 불가피함.

○ 외국에서도 금융시스템의 안정을 회복하는 데 금융기관 자체의 노력 외에 재정자금지원을 적극적으로 활용
- 주요국의 예를 보면 자금이 많이 들더라도 초기에 재정자금지원을 통해 금융부실을 근원적으로 해소한 경우에는 금융시스템이 조기에 안정되고 전체 부담이 최소화된 반면
- 단계적인 해결방안을 모색한 경우에는 금융부실이 이연, 확대되어 부담이 가중될 뿐만 아니라 경제회복도 계속 지연

금융구조조정을 위한 재정부담 사례

	미국 1990-95	핀란드 1991-93	스웨덴 1991-93	일본 1998 이후
규모 (억 달러)	4,098	96	104	2,306
GDP대비 비중 (%)	6.0	8.3	4.7	4.3

(2) 부실채권 정리를 위한 채권발행 소요규모 추정

금융기관 부실채권 규모 추정 ('98. 3월말 기준)

(단위: 조원)

	부실여신(주1)	요주의여신(주2)	불건전 여신
은행	40	46	86
비은행	28	4	32
계	68	50	118

[주 1] 추정손실+회수의문+고정여신(6개월 이상 연체로서 담보가 있는 여신)
[주 2] 3개월 이상 6개월 미만 연체여신으로서 담보가 있는 여신 등

〈정리대상 부실채권 규모 및 정리방법〉

□ '98.3말 현재 전 금융기관의 부실채권 규모는 68조원이며 향후 부실채권으로 전환될 가능성이 있는 요주의 여신까지 포함한 불건전여신은 총 118조원임.

□ 따라서 현시점에서 정리해야 할 부실채권 규모는 68조원이나

○ 요주의여신 중 상당 규모가 부실화될 가능성이 있고, 기업구조조정 과정에서 새로운 부실채권도 발생할 가능성이 있는 한편

○ 기업의 증자나 자산매각, 해외합작 등 자구노력을 통해 부실채권이 축소될 가능성도 있는 점을 종합적으로 감안하여

○ 정리해야 할 부실채권의 규모를 약 100조원으로 예상하고 있음.

* 정확한 부실채권 규모는 금융감독위원회의 실사를 거쳐 6월 말까지 파악 예정

□ 부실채권 100조원을 정리하는 과정에서 50조원은 금융기관의 손실로 나타나게 되며

○ 나머지 50조원 중 25조원은 금융기관이 자체적으로 매각정리가 가능한 부분이므로 이를 제외한 25조원은 성업공사에서 매입 정리하는 것이 불가피함.

〈부실채권 정리를 위한 성업공사의 채권발행 소요〉

□ 성업공사의 채권발행 소요금액 : 약 25조원

□ 부실채권 매입 시기 및 효과

○ 성업공사의 부실채권 매입은 금융기관의 경영개선계획(증자 등을 통한 주주부담 포함)을 금감위가 승인한 경우에 하도록 IMF와 합의

– 따라서 금융기관 정리방침이 확정된 후 금년 하반기 중 부실채권 매입 계획

○ 성업공사의 부실채권 매입이 원활히 이루어질 경우 금융기관의 총여신대비 부실채권 비율은 5%p 수준 하락

□ 부실채권 매입자금의 회수

○ 성업공사에서 부실채권을 담보로 자산담보부증권(ABS)을 발행하여 자금을 조기 회수

○ 담보물건을 최적가격에 매각하여 재정 부담을 최소화

(3) 금융기관의 증자지원을 위한 채권발행 소요규모 추정

□ 증자소요 규모 추정 : 약 39조원

○ 금융기관이 100조원의 부실채권을 정리할 경우 약 50조원의 매각손이 발생하며

– 매각손 50조원 중 대손충당적립액 15조원(기존 적립액 9조원+'98년 중 신규 적립액 6조원)을 차감한 35조원의 순손실이 발생할 것으로 예상되므로 동 금액만큼의 증자가 필요하며

○ 자기자본기준비율에 미달하는 금융기관이 기준비율을 달성하기 위해 추가로 약 4조원의 증자가 필요하므로 총 증자소요액은 39조원 수준임.

□ 증자지원을 위한 채권발행 규모 : 약 16조원

○ 증자지원은 우량 금융기관이 부실금융기관을 합병하거나 영업을 양수함에 따라 BIS 비율이 낮아지는 경우에 금융기관의 자구노력을 전제로 지원됨.

○ 따라서 금융기관이 자체 유상증자, 해외합작, 후순위채권 발행 등을 통하여 증자소요의 50%(20조원) 정도는 조달하는 것을 전제로 하여

– 나머지 19조원 정도를 출자 지원할 필요가 있는 것으로 추정

* 현재 서울·제일은행에 3조원을 출자하였으므로 신규로 필요한 자금은 16조원 수준

□ 증자자금의 회수

○ 금융기관의 증자에 투입된 자금은 금융기관의 경영이 정상화되고 수익성이 향상될 경우 증자금액 이상으로 회수 가능

(4) 예금보험공사의 예금자 보호를 위한 채권발행 소요 규모 추정 :

약 9조원

□ 부실 금융기관은 원칙적으로 정리하며 이 과정에서 예금자에 대한 예금 대지급 소요 발생 가능

○ 예금 대지급 비용을 최소화하기 위하여 부실은행의 정리는 합병 또는 계약이전 방식으로 하여 예금 대지급이 발생하지 않도록 함.

○ 현재 정리중인 종합금융회사와 앞으로 정리가 예상되는 금고·신협·증권사의 정리시 발생할 수 있는 불가피한 예금 대지급에 대비

– 약 9조원 정도면 발생 가능한 예금 대지급 소요를 충당할 수 있을 것으로 전망

* 종금사 정리시 기 지급액 : 약 5조원

□ 예금 대지급 자금의 회수

○ 예금 대지급 자금은 해당 금융기관에 대한 구상권을 행사하여 최대한 회수함으로써 재정부담을 최소화

– 부실금융기관 대출자산 회수에 철저를 기하는 한편

– 부실금융기관 경영진 및 주주의 불법행위에 대하여 손해배상, 구상권 행사 등을 철저히 하고 범법행위에 대하여는 형사고발 조치 등 엄중 처리

(5) 소요재원의 조달과 상환

〈채권발행과 상환〉

□ 금융구조조정에 소요되는 채권발행 규모는 약 50조원으로 추정되며 시기적으로는 금년 하반기 중 약 40조원, 내년 중 약 10조원이 소요됨.

○ 부실채권 매입 : 25조원

○ 증자지원 : 16조원

○ 예금 대지급 대비 : 9조원

□ 채권발행은 성업공사의 부실채권정리기금채권과 예금보험공사의 예금

보험기금채권으로 발행

○ 50조원 중 이미 정부가 지급보증하고 아직 발행하지 않은 채권이 17조원이므로 추가 발행 규모는 약 33조원임.

(단위: 조원)

	정부보증채권		추가발행	총계
	기발행	미발행		
부실채권정리기금채권	7.5	11.5	13.5	32.5
예금보험기금채권	6.5	5.5	19.5	31.5
계	14.0	17.0	33.0	64.0

□ 발행된 채권이 시장에서 원활히 소화될 수 있도록 하기 위하여

○ 채권발행시 정부가 지급보증을 하여 채권의 신인도를 높이고, 금융기관의 채권보유에 따른 BIS 부담을 축소(위험가중치 10% →0%) 시키는 한편

○ 시장금리에 의하여 채권을 발행하고

○ 성업공사의 부실채권 매입자금과 같이 금융기관에 직접 지급하는 자금은 채권으로 지급하여 금융기관의 보유를 유도함으로써 채권시장의 물량소화 부담을 최소화함.

〈재정의 실제 부담규모〉

□ 성업공사가 매입한 채권은 담보물을 처분하여 회수가 가능하고 예금보험공사가 금융기관의 증자를 위해 출자한 지분은 금융기관이 정상화된 후 매각을 통해 대부분 회수 가능하나 그 과정에서 상당한 시일이 소요되고

○ 예금보험공사가 예금을 대지급한 자금은 해당 금융기관에 대한 구상권을 행사하여 최대한 회수하더라도 그 일부는 회수가 어려울 것으로 전망됨(약 70% 회수예상).

□ 따라서 채권이자와 회수불능분에 대해서는 정리가 끝나 지원자금이 회수될 때까지 재정에서 부담하는 것이 불가피함.

□ 재정부담은 '98년 중 3.6조원, '99년 중에는 8~9조원으로 추정되며, 이후 투입된 소요자금을 조속히 회수하여 채권을 상환해 나감으로써 재정부담은 연차적으로 축소될 전망임.

○ '98년 중에는 예산에 3.6조원이 계상되어 있는데 현재 채권이 14조원 발행되어 있고 추가 채권은 하반기 중에 발행할 것이므로 연간 이자부담은 현재 책정된 예산 범위 내에서 해결 가능

○ '99년 중 재정부담 8~9조원은 예산에서 세출 축소와 세입 증대 그리고 공기업 민영화를 통해 약 4~5조원을 부담하고, 초과분은 국채발행 및 외자도입 등을 통해 충당

○ 이와 함께 예금원리금 보장의 단계적 축소, 변동금리부 기금채권 발행 등 재정부담을 최소화할 수 있는 방안을 추진

V. 한국경제의 비전

1. 경쟁력 있는 한국경제의 건설

□ 철저한 시장경제의 원리에 입각한 개방형 경제로 전환되어 세계 모든 나라들과 경쟁하고 협력하면서 상호이익과 공동번영을 추구

○ 모든 국제적인 관계에서 가장 기업하기 좋은 나라로 탈바꿈

– 기업활동에 대한 불필요한 정부간섭과 규제가 모두 철폐되어 자율과 창의가 최대한 보장

– 외국인투자에 대한 각종 규제가 철폐되고 국제적 수준으로 투자환경이 조성되어 외국인투자의 최적지로 부상

□ 국제수준의 시장경제체제 확립

– 투명하고 공정한 규칙에 따른 자유로운 경쟁을 기반으로 하는 경제

– 권한과 책임이 함께 하고 노력한 만큼 보상받는 경제

– 내외국인의 경제활동에 차별없는 경쟁이 촉진되고 국산품이건 외국상품이건 값싸고 질 좋은 상품이 환영받는 경제

○ 4대 부문 구조개혁 과제의 성공적인 추진으로 국제적 기준(global standards)에 맞는 제도와 관행이 정착되고 각 경제주체들의 의식과 행동양식이 전환

- 공공부문에 민간경영방식이 도입되어 수요자 중심의 경쟁체제로 전환
- 기업경영의 투명성이 제고되고 재무구조가 건전화되어 국제금융시장에서 기업의 신용도 제고
  이사회, 주주총회 등 내부견제장치와 금융기관.M&A 시장 등 외부통제장치가 활성화되어 경영자의 책임성이 강화되고 합리적인 의사결정, 상호채무보증의 해소 등을 통해 개별기업의 독립경영과 부실기업의 퇴출이 용이, 핵심기업을 중심으로 전문화하고 기술혁신에 주력
- 금융기관은 책임경영체제와 건전한 재무구조를 바탕으로 양질의 자금중개 서비스를 제공하고 효율적인 자원배분에 기여
- 노동시장이 유연해지고 고용형태가 다양화되어 평생직장의 시대에서 평생고용의 시대로 전환됨으로써 동태적인 고용안정을 달성

○ 중소·벤처기업을 중심축으로 지식집약적 고부가가치 산업이 주력산업으로 자리매김을 하게 되어 성장잠재력이 극대화

- 인력 및 기술개발, 정보통신 및 사회간접자본투자 등이 경제발전의 원동력을 제공

□ 구조개혁의 성과를 바탕으로 민주주의와 시장경제가 병행 발전되어 권위주의적 관치경제와 비민주적 정치체제가 가져온 경제위기를 극복하고 새로운 도약의 기틀이 마련

〈한국경제의 변화 모습〉

2. 한국경제의 전망

□ '98년 중 금융·기업구조조정 등 '구조개혁' 노력을 적극 추진

□ '99년부터는 '경제안정' 을 회복

□ 2000년부터는 이러한 안정을 바탕으로 '경제재도약' 이룩

□ '99년 상반기까지는 수출입금융의 정상화 등을 통해 경상수지 흑자 및 외환보유고를 확대

- ○ 이와 아울러 금융·기업 구조개혁을 적극 추진하여 금융시스템을 복원하고 기업의 경쟁력을 강화함으로써 내실있는 경제구조의 확립과 대외신뢰도를 회복

□ '99년 하반기 이후에는 금융·외환시장의 안정과 구조조정의 성과를 바탕으로 점진적 내수회복과 지속적인 수출증대를 통해 고용상황 개선

□ 향후 2년간의 성공적인 구조조정으로 경제가 내실화되어 2000년부터는 경쟁력 있는 새로운 경제로 전환

- ○ 구조조정의 효과가 본격적으로 가시화되면서 자원배분 및 투자의 효율성 증대, 노동력의 효과적인 배치로 경제 전체의 생산성이 증대
- ○ 중소·벤처·수출기업의 활성화 및 국제경쟁력 제고로 지속가능한 성장활력 확보.

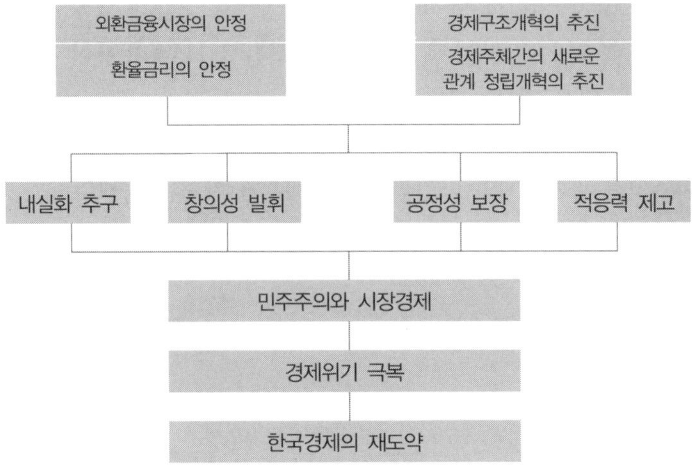

[부록 5] 미국의 금융구조조정 사례

우리나라에 앞서 미국, 북유럽 3국, 중남미를 비롯한 많은 국가에도 금융위기가 발생하였으며, 이를 해소하기 위하여 정부가 부실정리 전담기구를 설치하고 공적자금을 투입하여 금융산업의 구조조정을 실시한 바 있다.

미국의 경우 1982년 이후 저축대부조합(S&L, Savings & Loan Association)에 대량 부실이 발생하였다 이에 정부는 금융구조조정기구로서 정리신탁공사(RTC, Resolution Trust Corporation)를 설립하고, 이 공사에 정부채권 발행자금을 투입하여 부실금융기관과 부실자산을 전담 처리하도록 하였다.

또 스웨덴, 핀란드, 노르웨이 등 북유럽 3국의 경우는 1990~91년에 은행이 대량 부실화되는 사태가 발생하였다. 이에 각국 정부는 부실은행의 채무를 우선 전액 지급보증한 후 이들 은행에 대한 정상화 지원 또는 퇴출 등 구조조정을 실시하는 한편, 은행별로 부실채권정리기구를 신설하여 담보부동산 매각 등 부실자산을 효율적으로 처리하도록 하였다.(노르웨이의 경우는 은행 자체적으로 처리)

1994년에 멕시코에는 경상수지 적자로 인한 외환위기가 발생하였다. 이에 정부는 중앙은행에 설치된 예금보험기금을 통해 부실은행을 인수·관리하도록 하고, 부실징후은행에 대하여는 특별외화대출을 실시하여 경영안정을 지원하는 한편, 은행의 부실채권을 직접 인수하여 자산매각 전담기구로 하여금 처리하도록 하였다.

이상과 같은 각국의 금융구조조정 사례 중 미국의 저축대부조합 처리방법은 우리나라의 경우와 유사한 점이 많다. 예컨대 부실 저축대부조합 퇴출시 자산·부채를 우량조합에 동시에 이전하는 계약이전 결정 방식이나, 부실채권

정리시 적용한 경쟁입찰 방식, 자산유동화 및 지분매각 방식 등이 그러하다.

이하에서는 1989년 이후 미국의 저축대부조합 정리 사례를 살펴보기로 한다.

1. 저축대부은행의 대량부실화

미국은 1980년대 초부터 저축대부조합의 대량 파산으로 금융위기가 발생하였다. 저축대부조합(이하 대부조합)은 일반 대중으로부터 예금을 받아 주로 주택대출(mortgage)로 운용하는 소규모 금융기관이다. 대부조합은 1980년 말 현재 전국적으로 4,000개 정도의 많은 수가 영업을 하고 있던 중 1980년대 초 부동산가격의 폭락으로 대량 부실화되었다.

대부조합들이 대량으로 부실화되자 당시 대부조합의 예금보험기구인 FSLIC는 이들 회사의 자산 운용상의 규제를 완화하여 수익성을 향상시킴으로써 영업을 정상화시키고자 하였다. 그러나 이로 인하여 대부조합의 부실이 더욱 확대되었으며, 이에 미국정부는 1989년 8월 FIRREA(금융개혁법, Financial Institutions Reform, Recovery and Enforcement Act)을 제정하여 대부조합의 정리와 금융산업에 대한 통제를 강화하는 몇 가지 조치를 단행하였다.

구체적으로는 이 법에 의거하여 ① 금융감독청(OTS, Office of Thrift Supervision)을 설립하여 대부조합을 규제, 감독하도록 하였고, ② 예금보험기구로서 기존의 FSLIC를 해체하고 SAIF(Savings Association Insurance Fund)를 설립하여 연방예금보험공사(FDIC) 관리 하에 두게 하였으며, ③ RTC(Resolution Trust Corporation)을 설립하여 부실 대부조합들을 정리하고 필요한 경우 조합의 자산을 인수하여 관리, 처분하도록 하였다.

2. RTC의 설립과 자금조달

이 후 재무성 산하에는 OTS가 설립되어 대부조합에 대한 금융감독 업무를 담당하였으며, SAIF가 설립되어 그동안 FSLIC에서 담당하던 예금보험업무를 이관받았다. 또 1989년 8월에는 RTC가 설립되어 1989년 2월 이후 OTS로부터 파산판정을 받은 대부조합을 정리하는 업무를 수행하였다.[1)]

설립 초기에 RTC는 미연방예금보험공사(FDIC)가 운영하였다. FDIC의 이사회가 RTC의 이사회를 겸임하였고, FDIC의 이사회가 RTC의 업무방향을 결정하면 RTC감독위원회는 구체적인 전략을 수립하였다. 그러나 이러한 지배구조는 RTC에 대한 감독체계가 이중적이라는 지적에 따라 1991년에 FDIC로부터 독립기관이 되었다. RTC의 직원 수는 약 7,000명이었으며, 직원의 상당수는 해체된 감독기관 출신이었다.

RTC는 대부조합을 정리함에 있어 손실률이 높은 기관을 우선적으로 정리하고, 일률적인 방법을 지양하고 각 경우마다 비용을 최소화하는 방법을 강구하며, 매각에 있어서는 공정한 입찰방법을 적용하고 금융기관에 대한 운영처분을 가급적 민영화한다는 운영지침을 수립하였다.

RTC에는 1989년에 1차로 501억 달러의 공적자금이 조성되었고, 그 후 3차례의 추가조성을 통해 총 1,340억 달러의 공적자금이 지원되었다. 이 외에 1,580억 달러가 민간부문에서 조달되어 RTC는 총 2,920억 달러의 자금을 사용하였다. 여기서 정부부문의 공적자금은 정부재정과 연방 주택대부은행이 분담하였고, 민간부문에서의 조달은 부실자산의 매각을 통해 회수한 자금이 포함된 것이다.

3. RTC의 운영실적

RTC는 금융개혁법에 정해진 바에 따라 임무를 수행하고, 1995년 12월 해체되었다. 이 기간 중 RTC는 747건의 대부조합(총자산 4,026억 달러)을 정리하였는데, 정리방법별로는 청산의 방법으로 92건(12.3%), 제 3자 인수로 655건(87.7%) 처리되었다. 제3자 인수방식으로는 부보예금이전이 158건(21.2%), 계약이전(P&A)이 497건(66.5%) 적용되었으며, 인수기관별로는 은행이 433건, 우량 대부조합이 222건 인수하였다.

1995년 12월 말까지 RTC가 부실 대부조합 정리와 관련하여 실제 회수한

---

1) 이하 한국증권연구원 '미국정리신탁공사의 부실은행정리사례' 참고.

금액은 1,262억 달러였으며, 그 후 예상 회수액 105억 달러와 오차 조정치 21억 달러를 합할 경우 총회수금액은 1,388억 달러로 추정되었다. 그러나 이 회수금액을 모두 재사용함으로써 당초 조성된 공적자금은 모두 손실이 되었다.

한편, 이 기간 중 RTC는 부실조합의 자산 4,548억 달러(장부가격)를 처분하여 3,952억 달러를 회수함으로써 평균 86.9%의 회수율을 보였다. 처분자산 4,548억 달러 중에는 부실화된 금융기관이 보유한 우량자산까지 포함되었기 때문에 회수율이 높게 나타난 것이며, 부실채권만의 매각 회수율은 50% 수준으로 평가된다.

RTC의 자금투입 및 회수 내역

(1995년 12월 말 현재) (단위: 10억 달러)

투 입		회 수	
정리관련비용	206.0	배당 및 선순위채권	82.9
파산관재상의 추가상환	11.6	원리금 선수금	38.2
일반경비	0.3	파산재단에의 청구비용	4.6
FFB(정부은행) 이자	10.2	RTC 매입자산	0.5
기타	−1.2	예상 추가회수액	12.6
합 계	226.9	합 계	138.8

[자료] 공적자금관리백서 2001. 8. p.326

4. 부실 대부조합 정리방법

부실 대부조합에 대한 정리는 일률적으로 같은 절차를 밟은 것은 아니나 대체적으로는 경제적 파산, 정부의 법정관리, 매각 또는 청산, 관재의 순으로 이루어졌다. 또 파산상태에 처하지 않더라도 부실이 우려되는 대부조합에 대하여는 사전에 유동성을 지원하여 파산을 방지하기도 하였다.[1)]

대부조합이 지급불능상태(경제적 파산)가 되면 OTS 또는 주정부에서 법적 파산을 선언하고 법정관리를 개시한다. 이때 법정관리인은 RTC가 되어 당해 대부조합의 가치를 가능한 한 높게 유지할 책임을 진다. RTC는 법정관리인으로서 대부조합의 자산·부채를 실사하고, 당해 조합을 청산할 것인지 매각할 것인지를 판단하여 청산대상인 조합에 대하여는 그 자산을 처분하고, 매

1) 이하 한국증권연구원 '미국정리신탁공사의 부실은행정리사례' 참고.

각대상인 조합은 P&A(Purchase & Assumption, 자산매입 및 부채인수)의 방법으로 다른 금융기관에 인수시킨다.

여기서 FDIC, OTS 및 RTC의 부실우려 대부조합에 대한 지원, 부실대부조합 또는 부실조합의 자산에 대한 처리방법을 살펴보면 다음과 같다.

(1) 부실우려 대부조합에 대한 지원(OBA)

영업 중인 대부조합이 재무구조가 취약하여 부실화될 우려가 있는 경우 FDIC는 유동성을 공급하거나 부채를 인수해 줌으로써 파산을 방지하는 지원조치(OBA, Open Bank Assistance)를 취하였다. FDIC의 지원은 자금대출, 출연, 예금, 자산매입, 부채인수 등의 방법으로 이루어졌으며, 이러한 지원에는 당해 조합의 경영진 교체, 구 주주 지분의 감축, 외부자본의 유입 등이 전제가 되었다. OBA는 1980년대에 확대되어 주로 1987년과 88년에 적용되었으나, 1989년 이후에는 거의 실시되지 않았다.

(2) OTS의 부실조합 정리

경제적으로 파산한 은행은 OTS나 주정부에서 법적 파산을 선언하고 정부가 영업을 인수하여 법정관리를 하게 하였다. 이때 법정관리인은 일반적으로 RTC가 담당하였으며 조합의 일부 임직원은 해고되나 고유업무는 제한적으로나마 계속하였다. OTS는 은행이 파산되어 RTC에 이관되기 전에 다음과 같은 조치를 취했다. 이는 우리나라 금융감독 당국이 적기시정조치를 통해 다른 금융기관과의 합병을 유도한 것과 유사하다.

조기정리·지원합병(ER/AM, Early Resolution / Assisted Merger)

대부조합이 부도위기에 있을 때 이를 인수할 금융기관을 OTS가 주선하여 연결해 주고 그 감독 하에 부실은행을 흡수합병(Supervisory merger)하거나 자회사화 하도록 하였다. 연방예금보험공사(FDIC)는 부실조합 또는 인수금융기관에 자금을 지원하여 인수에 따른 손실을 보전해 주었다.

조기정리 프로그램(ARP, Accelerated Resolution Program)

시장가격을 기준으로 볼 때는 이미 파산상태이지만 장부가 기준으로는 아직 지급불능 상태가 아닌 은행을 제3자에게 인수시키는 방식으로서 인수에 따른 손실은 OST가 보전해 주었다. 이때 부채(예금)와 양질의 자산(주택담보대출)을 함께 양도하거나 예금과 자산을 분리하여 매각하기도 했다.

ARP에 의한 매각은 완전파산상태에서 매각하는 것보다 정리비용(손실보전금)을 줄일 수 있다. 인수자 물색에 실패하는 경우 이 조합은 자동적으로 RTC의 법정관리에 들어가게 된다.

(3) RTC의 부실은행정리

RTC가 파산 대부조합에 대한 법정관리를 개시하면 우선 조합의 재무상황에 대한 실사를 한 후, 조합의 가치를 가능한 한 높게 유지하면서 당해 조합을 매각하거나 청산하는 등 정리방안을 수립, 시행하게 된다.

청산(liquidation)

청산은 파산 즉시 은행의 영업을 정지하고 예금자들의 예금을 지급하는 것으로서 순수청산(pure liquidation 또는 IDP)과 부보예금 이전(IDT, Insured Deposit Transter)의 두 가지 방식이 있다.

순수청산은 예금자들에게 부보예금을 모두 지급(IDP, Insured Deposit Payoff)하고 잔여 자산을 인수, 처분하여 다른 예금자와 채권자들에게 분배하는 방식이다. 그러나 자산의 처분에는 시일이 걸리고 예금자들에게는 신속히 대지급을 해야 하므로 상당한 자금의 투입이 필요하다.

부보예금 이전이란 보험에 가입된 예금 전부를 경매방식으로 매각하고 예금액수에서 프리미엄을 차감한 금액만 예금 매수자에게 지급하는 방식이다. 이때 은행은 청산되지만 예금에 관련된 영업권은 유지되는 효과가 있다.

이러한 예금매각에 의한 프리미엄은 초기에는 예금총액의 2~3%에 불과했지만 점차 마케팅능력이 향상되어 나중에는 6~8%까지 받을 수 있었다.

기관매각(Institutional Sale)

파산은행을 기관 자체로 매각하면 당해 기관의 영업권 가치를 유지할 수 있어 RTC는 정리비용을 줄일 수 있다. 즉, 파산은행 매수자는 은행의 자산과 부채를 인수하며 자산과 부채간의 차액은 RTC가 지불하는 방식인데 주로 경매를 통하여 매수자가 결정된다. 이 방식은 자산부채 이전(Purchase and Assumption, P&A)방식이라 하며, 우리 정부의 계약이전 방식이 이에 해당한다.

RTC는 당초 은행 매수자가 은행의 부채(예금)와 함께 모든 자산을 인수하는 방식(Whole Thrift Option)을 채택하였지만 후에는 양질의 자산만 인수할 수 있는 방식(Clean Thrift Option)을 택하였다. 정상적인 금융업무만 해오던 매수자가 부실자산까지 인수하는 것은 큰 부담이 되었기 때문이다. 이 Clean Bank방식은 부실은행을 신속하게 정리하는 데는 도움을 주었지만 매수인에 대한 보상액을 증가시켜 정부 재정에 큰 부담을 주게 되었다. Clean Bank방식 매각에서 제외된 부실자산은 RTC가 직접 관리하거나 부실자산 전문투자자에게 매각되었다.

전술한 바와 같이 RTC는 설립 이후 1995년 말까지 총 747개 S&L을 정리했는데 그 중 655개 은행은 인수합병의 방법으로, 나머지 92개 은행은 순수청산의 방법으로 정리했다.

RTC의 기관정리는 1992년 말까지 거의 마무리되었다. 1993년 이후 RTC는 기관정리 과정에서 인수한 자산과 청산 대상 92개 조합의 자산 등 모두 1,040억 달러의 자산을 대상으로 자산처분 활동에 주력하게 되었다.

5. 부실금융기관의 자산처리

부실금융기관의 자산을 제3자에게 위임 매각하거나 증권화(ABS)하지 않고 직접 매각하는 방법은 1989년 이전에도 시행되어 왔다. 그러나 1990년 이후 RTC는 매각대상 자산을 보다 합리적으로 또 대규모로 집합하여 매각함으로써 회수의 극대화를 추구하게 되었다.[1)]

(1) 직접매각

RTC는 보유자산을 담보자산 종류별로, 지역별로 또는 규모별로 적절히 집합하고, 1회 매각 단위를 최소한 1~2억 달러 이상의 규모로 확대하여 공개 경쟁입찰의 방식으로 매각하였다. 또 이 입찰을 전국적으로 광고함으로써 경쟁률을 최대한 높이도록 했는데 이러한 집합매각(Structured Sale)은 주로 유가증권, 주택담보대출 또는 사업용부동산 담보대출이 대상이 되었다. RTC는 이 방법으로 모두 196억 달러의 자산을 매각하여 107억 달러를 회수하였다.

이와 함께 RTC는 1개 채무자에 대하여 여러 은행들이 채권을 보유하고 있는 경우 동 채권을 하나로 묶어 매각하는 대출전부매각(Whole Loan Sale)을 실시하였으며 대규모의 상업용 자산의 경우는 개별매각도 실시하였다. 이러한 직접매각을 촉진하기 위하여 RTC는 자산 매수자에게 일정 금액을 융자(Seller's Financing)해 주기도 하였다.

성업공사는 1998년 국내 최초로 국제경쟁입찰에 의한 부실채권 매각을 실시하였는데 이때에도 집합매각의 기법이 활용되었다.

(2) 자산관리 및 처분의 위탁

미국 금융개혁법(FIRREA)은 RTC가 인수하는 자산의 관리·처분 업무를 민간부문에 위임하도록 규정하고 있었다. 이에 따라서 RTC는 민간 자산관리업체를 선정하여 자산의 관리 · 처분에 관한 표준계약(Standard Asset Management and Disposition Agreement, SAMDA) 또는 자산관리에 관한 표준계약(Standard Asset Management Agreement, SAMA)을 체결하였다.

SAMDA 계약은 1990년 8월 개시되었는데 RTC는 자산관리 업체에게 자산관리 수수료(자산가치의 연 1% 수준), 자산처분 수수료(매각대금의 2% 수

---

1) 이하 미국 FDIC, 'FDIC and RTC Experience – Managing the Crisis' 1998 참고

준)와 일정한 인센티브를 지급하였다. 자산처분 수수료는 당초에는 매각자산의 건별로 계산되었으나 1991년 4월 이후에는 수임자산 전부를 대상으로 계산되었다. 또한 1992년 1월 이후에는 자산의 관리만 위임하는 SAMA 계약형태가 만들어졌다.

RTC는 1990년 8월 이후 199개의 SAMDA 계약을 체결하였다. 이 계약을 통해 RTC는 장부가격 485억 달러의 자산을 위임하여 233억 달러(수수료와 제 비용을 차감하면189억 달러)를 회수하였다.

(3) 증권화 매각(ABS)

1990년 10월 RTC 감독위원회는 RTC 자산처분의 한 방법으로 자산증권화(Securitization)의 방식을 활용할 것을 결의하고, RTC로 하여금 주택저당채권(mortgage loans)을 증권화하는 절차를 수립하도록 지시하였다.

당시 미국에는 정부 산하에 주택저당채권 유동화 전문기관(Fannie Mae, Freddie Mac 등)이 있었는데 이들은 금융기관이 보유하는 저당채권 중 일정한 기준에 맞는 채권을 매입하고 이를 증권화하여 투자자에게 매각하는 업무를 하고 있었다. RTC는 우선 이들 기관에게 기준에 맞는 61억 달러 상당의 저당채권을 매각하여 그 대금을 현금 또는 이들 기관이 발행하는 증권으로 받았다.

그러나 1991년 10월 이후에는 RTC가 자체적인 프로그램을 수립하여 자산증권화를 실시하였다. 대상 자산은 주로 주택저당채권 중 유동화전문기관의 기준에 부합하지 않는 채권과 상업용부동산 저당채권이 되었다. 이후 RTC는 미국에서 3번째 자산증권화 기관으로 부상하였으며, 특히 상업용 건물 유동화에 있어서는 선구적인 역할을 하였다. 성업공사가 부실채권 정리과정에서 국내 ABS발행의 선구적인 역할을 한 것과 유사하다.

ABS의 발행실적

RTC의 첫 ABS(Series 1991-1)는 4억 2,600만 달러의 주택저당채권을

담보로 발행되었는데 담보자산 중에는 일부 연체대출(30일 이상 89일 이내)도 포함되었다. 이는 미국 주택저당채권 ABS에 연체대출을 포함시킨 첫 사례가 되었다. 연체대출을 포함시킴으로 인한 신용저하를 보완하기 위하여 RTC는 SPC에 일정한 유보금을 적립하고 부분보증을 제공했으며, 이자율도 5bp정도 상향조정하였다. Series 1991-1은 모두 6종으로 이자율이 모두 미재무성채권(T-Bill등)에 연계되도록 하였다. 그러나 그 후의 발행분은 해외시장에서의 유통을 촉진시키기 위하여 런던시장(LIBOR) 금리에 연계시키기도 하였다.

Series 1991-1은 모두 4억 6,150만 달러를 발행하여 이 중 4억 2,880만 달러는 매각하고, 나머지는 RTC가 인수하였다. 이때 발행비용 350만 달러를 차감한 순수입금이 4억 2,530만 달러가 되어 채권액 4억 2,600만 달러를 거의 모두 회수한 셈이 되었다.

이를 시작으로 RTC는 사업 종료시까지 모두 52건의 주택저당채권 유동화를 실시하였다. 이 중 단독주택(Single-Family) 저당채권 유동화는 41건으로 대상 채권액은 243.3억 달러, ABS 발행액은 243.5억 달러였으며, 다가구주택(Multi-Family) 저당채권 유동화는 11건으로 대상 채권액은 44.9억 달러, ABS 발행액은 44.7억 달러였다.

또 RTC는 1992년 1월에 처음으로 상업용 건물 저당채권을 증권화하였다. 그동안 자산유동화는 주거용 건물 저당채권에 대해서만 시행되었고, 상업용 건물 담보대출은 대출기간이나 금액, 조건 등이 일정치 않아서 유동화되지 못하고 있었다. 그러나 RTC는 이들 채권을 대상으로 Series 1992-C1을 첫 발행하였는데, 이때 RTC는 4억 9,660억 달러의 상업용 저당채권을 기초로 5억 2,890억 달러의 ABS를 발행하였다. 이 중 선순위채권은 4억 4,960억 달러가 발행되었으며, 선순위채권 중 약 2/3는 고정금리로, 나머지는 LIBOR에 연계된 변동금리로 발행하였다.

이를 시작으로 RTC는 사업 종료시까지 모두 16건의 상업용 저당채권 ABS를 발행하였는데 FDIC가 발행한 2건의 ABS와 합하여 대상 채권액은 139.9억 달러, ABS 발행액은 139.3억 달러였다.

이 외에도 RTC는 주택 관련 채권을 기초로 4건의 ABS를 발행했다.

이로써 RTC는 사업 종료시까지 총 72건의 ABS를 발행하였으며, FDIC의 2건을 포함하면 모두 74건에 이른다. 이를 통하여 부실대부조합의 자산 중 총 50만개의 대출채권을 담보로 437억 달러의 ABS를 발행하였고, 이 거래를 위하여 적립된 유보금만도 83억 달러에 달했다. 이 거래에 참여한 기관은 인수·주선기관 18개, 자산관리회사(servicer) 14개, 수탁기관 4개, 신용평가기관 4개 등이며, 증권화로 매각한 자산은 RTC가 처리한 총자산의 10%에 해당한다.

ABS 발행의 성과

부실대부조합의 자산처리와 관련하여 RTC와 FDIC가 발행한 ABS의 내역은 다음과 같다.

RTC와 FDIC의 ABS 발행 실적

(단위 : 건, 100만 달러)

기초자산별	발행건수	채권수	채권액	ABS발행액
단독주택 저당채권	41	399,946	24,334	24,352
다가구주택 저당채권	11	8,385	4,486	4,472
상업용건물 저당채권	18	33,870	13,984	13,932
기타 자산	4	57,587	927	927
합계	74	499,788	43,733	43,683

[주] 기타 자산의 채권액이 분명하지 않아 ABS 발행액과 동일한 금액을 산입하였으나 큰 차이는 없을 것임.

[자료] 미국 FDIC,'FDIC and RTC Experience-Managing the Crisis' 1998.

ABS 발행을 통한 채권회수 실적

(단위 : 건, 100만 달러, %)

기초자산별 (저당채권)	채권액	발행시 수령액	발행시 유보금	발행 비용	발행시 순수입	추가 수입	수입 합계	회수율
단독주택	24,334	24,659	3,079	232	21,348	2,630	23,978	98.5
다가구 · 상업용	18,470	18,305	4,879	272	13,154	3,614	16,768	90.7
합계	42,804	42,964	7,958	504	34,502	6,244	40,746	95.2

[주 1] 추가수입은 추가 배당금과 유보금 환수액 합계액

[주 2] 기타 자산의 채권액이 분명하지 않아 ABS 발행액과 동일한 금액을 산입하였으나 큰 규모로는 차이가 없을 것임.

[자료] 미국 FDIC, 'FDIC and RTC Experience - Managing the Crisis'

또 증권화 매각을 통한 채권회수 실적은 앞의 표와 같다. 이 실적은 주택저당채권과 상업용 건물 저당채권을 담보로 발행된 ABS에 대하여 FDIC가 1997년 9월을 기준으로 분석한 결과이다.

(4) 지분매각(Equity Partnership)

자산매각 실시 후 RTC는 자산을 너무 낮은 가격에 팔았다는 비난을 받은 반면 투자자들은 인수 자산을 잘 관리, 운영하여 상당한 이익을 보고 있었다. 이에 RTC는 자산의 완전매각이 아닌 지분매각방식(Equity Partnership)을 채택하게 되었다.

즉, RTC는 매각대상 자산을 집합하여 자산의 일정 지분만 투자자에게 매각하고 나머지 지분은 RTC가 보유함으로써 자산관리의 결과 얻어지는 추가 이익에도 참여한 것이다. 이러한 거래를 위하여 RTC는 입찰을 통해 매각자산의 투자가액(DIV, Derived Investment Value)을 가장 높게 제시한 자와 함께 Partnership(공동투자회사)을 설립하고 RTC의 자산을 이 Partnership에 매각하는 절차를 밟는 것이다. 여기서 RTC는 출연자산의 일부 지분만 매각하여 현금화하고 자산관리에는 관여하지 않으며(Limited Partner), 투자자는 현금을 투자하여 Partnership의 지분을 인수하고 자산관리 및 처분을 전적으로 담당하였다(General Partner).

RTC는 1992년 12월 첫 지분매각을 실시하였는데 대상 자산은 장부가액 4억 6,000만 달러의 부실채권으로, 그 투자가액(DIV)은 2억 2,000만 달러였다. 이 후 RTC는 1995년 10월까지 72건의 지분매각을 실시하였다. 대상자산의 장부가액은 모두 214억 달러, 투자가액은 모두 38억 달러였다.

성업공사의 지분매각 방식은 미국 RTC의 Partnership 지분매각을 모델로 하였으나 RTC의 거래구조는 보다 다양했다. RTC의 지분매각 방식은 다음의 7가지 유형으로 분류된다.

① N Series(Nonperforming Loan Series)

N Series는 1992년 12월에 개발된 가장 기본적인 거래구조이며, 대상 자산은 상업시설 또는 주택을 담보로 한 부실채권 또는 준(準) 부실채권이다. 이 거래에서 투자자는 투자가액의 49%에 해당하는 금액을 지급하고 이에 해당하는 지분을 인수하였고, 자산을 매각한 RTC는 투자자가 지급한 49%는 현금으로, 나머지 51%는 Partnership의 지분으로 받았다.

이 Partnership은 자산가액의 60%에 해당하는 회사채를 발행하여 제3자에게 판매함으로써 자산매입 자금을 제3자로부터도 조달할 수 있게 했다.

② MIF Series(Multiple Investor Fund Series)

이 Series는 1993년 1월에 2건 실시되었으며, 상업용자산과 주택담보부채권 및 보유 부동산이 대상이 되었다. 매각 규모는 1건당 장부가격 10억 달러, 투자가액 4.9억 달러로 대규모였으며, 입찰시에는 자산의 상세 내역이 아닌 자산의 종류, 규모, 지역에 관한 지표만 제시하여 입찰을 실시했다. 따라서 입찰자는 자산의 개별적인 내역을 모르는 상태에서 자산을 평가하고 입찰에 응하였기 때문에 사후적으로 자산의 10%까지는 RTC에 환매할 수 있게 하였다.

투자자는 Partnership의 50~75%의 지분을 인수하였으며, 다른 Series와 달리 MIF Series에 있어서는 General Partner의 지분을 제3자에게 분산시키는 것이 가능하였기 때문에 다수의 투자자가 참여하는 매각거래가 되었다.

③ Land Funds

1993년 7월 RTC는 토지를 매각 대상으로 하는 12건의 소규모 지분매각을 실시하였다. 이 매각에는 투자자가 Partnership의 지분을 25% 내지 40% 인수하고 토지를 관리, 운용하는 권리와 의무를 갖는다. 투자자는 토지의 가공 또는 개발에 필요한 자금을 외부에서 자금을 차입할 수 있어 소액투자자의 참여가 가능했으며, RTC와 투자자가 투자 원금을 모두 회수한 이후에는 그 초과이익을 50:50으로 배분하였다. 이는 투자자가 토지를 적극적으로 개발하도록 인센티브를 주기 위한 것이다.

④ S Series(Small Investor Series)

S Series는 매각대상 자산을 소규모로 하여 소액 투자자의 참여를 가능하게 한 거래구조로서 1993년 7월에 시작되었다. 투자자는 Partnership 지분의 49%를 인수했는데 Partnership은 자산가액의 60%까지 회사채를 발행하여 이를 RTC가 인수함으로써 투자자들은 아주 소규모의 투자로도 Partnership의 지분을 인수할 수 있었다.

⑤ JDC Partnership

1993년 12월 RTC는 Judgments, Deficiencies 및 Charge-offs 등 채권회수가 매우 어려운 채권(JDC로 약칭함)을 매각하기 위한 30개의 Partnership을 설립하였다. 여기서 Judgment는 채권에 대한 확정판결은 받았으나 채무자가 재산이 없어 회수가 어려운 채권, Deficiency는 담보 부족으로 미회수한 채권, Charge-off는 회수 가능성이 없어 대손처리한 상각채권을 말한다.

이 Partnership에는 JDC채권(121억 달러 규모)뿐 아니라 건당 10만 달러 이하의 소액채권도 3억 달러 정도 포함되어 있었다. 이 JDC채권들은 그 회수가치를 정확히 산출하기가 곤란하여 우선 채권액의 1%로 평가하고 소액채권은 20%로 평가하여 Partnership에 이전하였다. 그리고 Partnership에서 회수한 금액의 10%는 유보금으로 적립하여 각종 비용지급에 충당케 했는데 이 유보금은 최소한 10만 달러 이상이 유지되도록 운영하였다. 이 유보금이 설정된 것은 7개 Partnership 유형 중 유일한 경우이다.

30개의 JDC Partnership들은 주로 채권추심 전문가들이 투자자로 참여했는데 최초에는 각 1억 달러 또는 3억 달러의 자산을 이전받았으나 그 후에는 사업실적이 양호한 업자에 한하여 추가로 자산을 이전받았다. 이 Partnership들은 해산 전 6개월 이전에는 인수채권을 제3자에게 매각하지 못하게 되어 있었다.

⑥ SN Series

1995년 8월 RTC는 N Series와 S Series를 결합한 SN Series를 출시하였

다. 이 매각에는 소규모 투자자나 대규모 투자자가 모두 참여할 수 있는 거래 구조를 설정했는데, 즉 입찰자들은 매각자산의 일부에만 입찰할 수도 있고 전부를 묶어서 입찰할 수도 있게 했던 것이다.

⑦ NP Series(Nonperforming Loan Series)

RTC가 해체되기 직전 최종적으로 취해진 매각방법으로서 주로 매각하기 힘든 악성 부실채권이나 무담보채권을 매각 대상으로 하였다. 이 채권은 소액 투자자들을 대상으로 했으며 투자자들은 30~50%, RTC는 50~70%의 지분을 인수하였다.

미국 RTC가 전개했던 Equity Partnership Series는 매각대상 자산을 출자지분(Equity) 형태의 증권으로 발행하여 현금화하고, 여기에 다시 채권 형태의 증권발행이 추가된 복합적인 자산유동화(ABS)라 할 수 있다.

Partnership 유형별 거래실적

(단위 : 100만 달러, %)

구 분	개시	건	장부가 (A)	DIV (B)	RTC회수액		회수율	
					명목가	현가(C)	C/A	C/B
N Series	92. 12	6	2,782	1,321	1,664	1,573	57	119
MIF Series119	93. 01	2	2,034	982	1,094	995	49	101
Land Funds101	93. 07	12	2,218	641	692	592	27	92
S Series	93. 9	9	1,029	466	627	571	56	123
JDC Series	93. 12	30	12,418	172	73	73	43	0.6
SN Series	95. 08	5	440	225	275	254	58	113
NP Series	95. 08	8	537	119	154	145	27	122
계		72	21,458	3,926	4,579	4,203	46	110

[주 1] DIV(Derived Investment Value)는 추정 투자가치임.
[주 2] RTC 회수액에는 FDIC로의 재산귀속 후 예상 회수액을 포함한 가액임.
[주 3] JDC Series에서의 DIV는 출자가액임.
[자료] 미국 FDIC, 'FDIC and RTC Experience – Managing the Crisis' 1998

[부록 6] 2단계 4대부문 개혁 추진방향(본문만 발췌)

(2000년 2월 9일, 재정경제부, 산업자원부, 노동부, 기획예산처, 금융감독위원회, 공정거래위원회)

I. 금융부문 개혁 추진방향

1. 기본방향

금융환경의 변화

- 인터넷 금융거래의 일상화 및 신 금융상품의 출현
- 금융개방화·자율화의 진전
- 대형화 및 겸업화(Universal Banking)의 촉진

→ 2단계 금융개혁 추진

- 금융시장의 개혁을 통한 시장중심의 금융구조로의 전환
- 금융산업을 고부가가치 지식기반 산업으로 육성
- 기 추진 중인 금융구조조정의 완결

→ 전문성과 건전성을 갖춘 금융시스템 구축

2. 세부 추진방안

가. 금융시장 및 인프라의 개혁

□ 채권시장의 획기적 발전을 통해 기업 장기자금 조달 지원

○ 국채발행 제도 개선, 채권딜러 간 매매중개회사의 설립 등을 통해 채

권 발행 및 유통시장을 활성화

○ 채권투자 상품을 다양화하고 장기 채권투자자와 외국인의 채권투자를 적극 촉진하는 등 채권 수요기반을 확충

○ 채권결제제도 개선 및 합리적 채권평가시스템 구축 등 채권시장의 인프라를 개선

□ 주식시장의 건전한 발전을 통해 기업의 자본확충 노력 지원

○ 동북아지역 내 증권시장의 전략적 제휴 및 외국기업의 원주 상장 허용 등 거래소 시장의 국제화 추진

○ 코스닥시장을 건전한 중소·벤처기업 시장으로 육성하고 불공정 증권거래에 대한 감시기능을 제고

□ 자본시장을 다변화하고 금융시장의 하부구조를 개선

○ 장외전자거래시장 도입, 제 3시장 개설 등 증권시장을 다양화

○ 부산을 중심으로 금융선물시장이 정착될 수 있도록 선물거래 활성화 방안 강구

○ 기업회계 및 외부감사 제도를 국제적인 기준으로 발전

○ 신용평가 제도를 활성화하고 신용평가의 신뢰성을 제고하는 한편 이용자 중심의 기업공시제를 정착

□ 시장자율규제를 강화하고 사이버거래 등 신금융질서 도입

○ 자율규제기관의 조직과 기능을 개편하고 자율규제 기능을 대폭 강화

○ 전자화폐거래 등 신종 전자금융거래의 도입을 촉진하고 관련제도 정비 등을 통해 전자금융거래의 안정성 제고

나. 금융산업의 경쟁력 제고 및 자율책임경영체제 구축

□ 금융기관의 기업지배구조를 개선하여 경영의 투명성을 제고하고 자율적인 책임경영체제 구축

○ 사외이사 1/2이상 선임 및 감사위원회, 준법감시인제도 등 기 도입된 제도의 차질 없는 추진

○ 생명보험회사 등 비상장 금융기관의 상장을 유도하여 소유분산을 촉진

○ 여신·인사 등 외부 간섭을 배제하되, 경영성과에 따라 경영책임을 철저히 추궁

□ 금융기관의 경영혁신 및 금융전문인력 육성에 주력

○ 선진 여신심사제도 및 통합위험관리체제 구축 등 금융권별로 국제적 모범사례를 발굴·활용

○ 성과중심의 인사 및 보수체계의 정착을 유도하고 금융연수기관의 교육프로그램 및 연수 역량을 강화

□ 금융기관 간 경쟁을 촉진하고 대형화를 유도

○ 비핵심 업무에 대한 겸업을 허용하고 합병시 겸영 범위를 폭넓게 인정하여 자율적 합병을 통한 대형화를 유도

○ 금융기관 대형화 및 금융그룹의 육성을 유도하기 위해 금융지주회사 도입을 추진하되, 산업자본의 금융지배를 차단하기 위한 방안 강구

□ 금융감독 기능의 효율성 및 전문성을 강화

○ 새로운 자산건전성 분류 기준의 정착 및 신 BIS자기자본제도 도입 등 건전성 감독기준을 국제 수준으로 정비

○ 금융그룹에 대한 연결감독 및 총신용공여 모니터링시스템 구축 등 금융기관의 신용위험에 대한 감독기능을 강화

○ 금융감독 방법과 절차를 투명화하여 자의적 권한행사를 방지하고, 금융감독 인력 및 기능의 전문성을 제고

다. 금융구조조정의 완결

□ 기 추진중인 금융구조조정을 차질 없이 마무리

○ 투신사의 조기 경영정상화, 부실생보사 매각 및 서울보증보험의 자본충실화를 적극 추진

○ 서울은행 최고경영자 선정을 조기 마무리하고 경영정상화 추진은행에 대해서는 경영개선 계획을 철저히 관리

○ 부실한 서민금융기관은 정비하되, 건전한 서민금융기관은 지역·고객밀착형 전문금융기관으로 발전

□ 자율적 구조조정을 촉진하고 공적자금을 효율적 관리

○ 금융겸업화·대형화 추세 및 대내외 경쟁에 능동적으로 대처할 수 있도록 자발적인 금융구조조정을 촉진

○ 정부출자 금융기관의 민영화를 조속히 추진하기 위하여 민영화 계획을 마련하여 체계적으로 추진

○ 부실채권 매입 및 증자 지원·예금 대지급 등에 투입된 공적자금을 효율적으로 관리·회수하여 국민부담을 최소화

II. 기업부문 개혁 추진방향

1. 기본방향

기업경영여건의 변화

– 기업구조개혁을 위한 '5+3' 원칙 실천을 위한 법과 제도는 정비되었으나 시장경제 원칙에 맞는 기업경영 관행의 정착은 아직 미흡

– 디지털 경제시대 도래 등 세계 산업재편에 맞추어 선진기업들은 기술혁신과 전략적 제휴 등을 통한 새로운 경쟁력 배양에 역점

→ 2단계 기업개혁 추진

– 선진적 금융시장 정착을 통한 기업의 재무구조개선 및 핵심역량 중심의 수익경영 유도

– 신속하고 효율적인 기업회생 및 퇴출 유도

– 선진규범에 맞는 기업지배구조 및 경영체제 정착

– 벤처, 대기업간 기술혁신 선순환구조 형성을 통한 산업의 경쟁력 확보를 위한 기반구축

→ 핵심역량 중심의 대기업과 창의성과 탄력성을 겸비한 중소·벤처기업을 우리 경제성장의 양축으로 육성

2. 기업의 구조개혁 가속화

가. 1단계 개혁을 통해 개선된 기업재무구조의 안정성 유지

□ '5+3' 원칙에 의한 1단계 기업구조개혁이 확실히 뿌리내리고 성과가 확산될 수 있도록 채권금융기관 자율의 사후점검 및 관리체제를 구축·운용

○ 성과가 미진한 기업에 대해서는 재무구조개선 약정의 철저한 이행을 통해 지속적인 구조개혁을 유도

○ 채권금융기관의 자율적 판단 아래 경영성과 측정 지표를 부채비율 중심에서 기업의 수익성 관련 지표로 확산

○ 재무구조개선 약정의 시한이 금년 말 이후까지 설정된 기업의 경우는 1단계와 동일한 방식으로 구조조정 추진

□ 새로운 자산건전성 분류기준(FLC)의 조기 정착을 통해 금융기관에 의한 기업경영상태의 상시 점검 기능을 강화

○ 새 자산건전성 분류기준을 제2금융권에도 확대 적용

- 금융기관은 감독당국이 제시한 기준에 맞추어 신용평가 모형을 개발

○ 그룹소속 계열기업의 경우 결합재무제표에 의한 재무건전성 지도 유도

○ 감독당국은 금융기관 경영평가 및 감사시 금융기관 FLC 모형의 유의성을 점검·지도

□ 상반기 중 대기업에 대한 종합적인 신용위험 모니터링 시스템을 구축

* 금융감독원의 전산시스템 개선을 통해 전 금융기관 총신용공여가 2,500억원 이상인 계열과 계열소속 기업 및 500억원 이상인 개별기업과 금융그룹을 대상으로 금융정보에 대한 종합적인 모니터링과 분석을 실시

나. 기업회생 및 퇴출 관련제도의 지속적 보완과 개선

□ 기업갱생제도로서의 워크아웃 제도의 효율성 제고

○ 금년 중 사전조정제도(pre-packaged bankruptcy)의 도입을 추진하여 워크아웃 플랜에 대해 법적 효력을 뒷받침

○ 워크아웃 기업의 도덕적 해이 가능성을 차단할 수 있도록 경영실태 점검 및 사후관리 강화

- 워크아웃 대상 기업의 선정 기준을 강화하고 경영실적 등의 성과에 따라 조기 퇴출 또는 졸업을 적극 유도

○ 기업구조조정기구(CRV)의 설립과 활성화를 통해 기업구조조정 전문기관의 참여에 의한 워크아웃 추진을 적극 유도

- 금년 중 채권금융기관이 자산관리회사 또는 기업구조조정 전문회사 형태로 CRV를 설립토록 유도하고

- CRV의 활성화를 위해 관련 법과 제도의 정비를 추진

□ 기업구조조정 전문회사의 기능 활성화

○ 기업구조조정 전문회사를 자산유동화법상 자산 보유자로 지정하는 한편, 자금지원도 확대

○ 외국과의 합작으로 한국자산관리공사가 출자한 기업구조조정펀드를 기업구조조정 전문회사 형태로 설립

□ 기업퇴출제도의 선진화

○ 부실기업의 보다 신속한 정리를 위하여 중장기적으로 도산 관련법의 정비를 추진

□ 1단계 구조개혁의 사후관리 완결 추진

○ 사업구조조정에 따라 설립된 통합법인의 경우 중복·과잉자산 매각 등 실질적인 구조조정을 추진

○ 대우계열의 구조조정은 전담조직을 설치하여 추진하고 해외채권단 관련 후속조치도 신속히 마무리

다. 선진적 기업경영체제 정착을 위한 시장규율 강화

□ '기업지배구조 모범규준'의 준수 여부를 공시토록 의무화(상장기업)함으로써 기업지배구조에 대한 시장감시 강화

○ 기업지배구조 개선성과 등 여건 변화를 감안하여 추가적인 기업지배구조 개선방안 검토

□ 결합재무제표의 차질 없는 작성 추진, 국내 회계기준의 국제기준과 조화 등을 통해 회계제도를 꾸준히 선진화

○ 부실공시에 대한 제재강화 등 공시 감독 기능도 강화

□ 실질적인 기업분석에 의한 금융기관의 여신심사를 유도하고, 기업의 자금조달시 사업설명서 등 투자자 보호제도 강화

□ 30대 그룹의 상호지급보증을 금년 3월까지 완전 해소하고, 2001.4월 시행예정인 출자총액제한제도의 보완장치를 마련

3. 기술혁신을 통한 산업의 경쟁력 강화

가. 기술 중심의 기업혁신 추진

□ 기업개혁의 성과를 산업의 국제경쟁력 강화로 연결시키기 위하여 R&D 중심의 기업구조조정과 국가기술혁신시스템의 구축을 통한 이노베이션 주도의 발전전략을 추진

○ 기술력 제고, 공정거래 정착 등을 통하여 중소기업이 보호와 지원 의존에서 벗어나 자생할 수 있는 기반을 확보

- 중소기업 「기술경쟁력향상 5개년 계획」을 수립·추진하고 산학연 공동 컨소시엄 사업을 확대

○ 벤처 열기가 지속가능토록 자본시장 발전, 기술인력 양성 등 핵심 인프라를 확충

- 민·관 공동으로 총 1조원 규모의 벤처투자자금을 조성하고 벤처기업을 발굴하여 일괄 지원하는 (주)다산벤처를 설립

○ 대기업은 핵심 역량의 집중, R&D 투자 확대 등 내부혁신을 가속화하고, 타업종에의 확장적 투자는 지양

- 이와 함께 분사화, 전략적 제휴 등을 통해 중소·벤처기업과의 협력

을 강화

□ 정보기술 관련 산업과 함께 중소기업을 포함한 기존 제조업의 지식기반화를 통하여 쌍두마차 체제의 산업구조를 형성

○ 자동차, 전자 등 기존 주력산업을 IT혁명에 접목시켜 지식기반 제조업의 도약을 촉진

– 특히, 생물산업, 신소재, 정밀화학 등 신산업분야의 획기적 발전 기반을 구축

나. 효율적인 국가기술혁신시스템의 구축

□ R&D 중심의 기업혁신을 뒷받침하기 위하여 효율적인 '국가기술혁신시스템(NIS)' 을 재구축

○ 지방자치단체와 대학의 참여를 확대하고 정부의 각종 지방지원사업 간 연계를 강화하여 지방기술혁신시스템(RIS)의 형성을 본격 추진

○ 정부의 R&D 예산을 대폭 확대하고 생명공학, 신소재 등 전략기술을 관계부처 간 유연한 협력체제로 개발

○ 기술이전·사업화를 본격화시키기 위하여 기술거래소를 가동(4월)하고 개발과 평가의 분리 등 기술평가제도를 획기적으로 개선

다. 글로벌화에 대응한 핵심기반의 구축

□ 21세기 산업경쟁력의 핵심 요소인 전자상거래를 기업간 거래 및 사이버 무역으로 확산시켜 기업 활동 전반의 일대 혁신을 도모

□ 기업 비용절감의 최대 애로인 물류시스템을 혁신하여 경쟁력 기반을 구축하고 전자상거래를 뒷받침

□ '세계적인 투자마당' 이 되기 위해 숙련된 지식근로자 양성, 외국어 구사능력 향상 등 글로벌 수준의 생산요소를 확충

○ 지속적인 규제개혁을 통하여 기업경영 관련 제도를 선진화

□ R&D 중심의 기업구조개혁을 기반으로 국제경쟁력 강화 노력을 가속화하여 안정적인 무역흑자 기반을 조기 구축

Ⅲ. 노동부문 개혁 추진방향
- 신노사문화 창출 -

1. 기본방향

◇'활력있고 따뜻한 시장경제' 기틀 마련
◇ 21세기에 걸맞는 선진 노사관계와 '일' 을 통한 생산적 복지 구현

2단계 노동부문 개혁과제 (2000년~2002년)
◇ 참여·협력의 신노사문화 정착을 위한 6대 정책과제 추진
◇ 고용안정·능력개발을 통한 생산적 복지 확충
◇ 소득분배구조 개선으로 근로자의 삶의 질 향상
◇ 평생직업시대로의 이행에 따른 노동시장의 유연성 제고

2. 세부 추진방안

가. 참여와 협력의 신노사문화 정착

◇ 신노사문화 창출은 21세기 무한경쟁시대의 생존전략이자 노사의 이익을 극대화하는 것으로 이의 실천을 위해 6대 정책과제를 추진

□ "열린 경영"의 확대
○ 정기노사협의회 개최일을 '기업경영 설명의 날' 로 운영
□ 지식근로자 육성 지원
○ '근로자 1인 2자격 갖기 사업' 전개(5천개 소, 100만 명)

□ 작업장 혁신으로 고부가가치 창출
  ○ 생산 및 관리조직 혁신 모델 개발·보급
  ○ 노사 '파트너십 협약' 체결 권장
  ○ 근로자 가치가 바르게 평가될 수 있도록 인적자원 인증제(Investors In People : IIP) 도입

□ 성과 보상을 확대하여 근로자의 사기 진작과 애사심 제고
  ○ 우리사주제, 성과배분제, 직무제안·발명제 등 활성화

□ 노사협력 인프라를 구축
  ○ 신노사문화 우수사업장에 대한 포상 및 행·재정 지원 강화
  ○ 노사협력방안에 대한 컨설팅을 위해 '21세기 노사관계연구센터' 설치(노동연구원)

□ 노사정위원회를 통해 제도 개선을 지속적으로 추진

나. 고용안정·능력개발을 통한 생산적 복지 확충

◇ 일과 인간개발 중심의 생산적 복지 구현을 위해 내실 있는 고용안정·직업훈련 대책을 추진하고 사회안전망을 확충

□ "밀착형" 고용안정서비스 체제 구축
  ○ 개인별 특성을 고려한 Total 고용서비스 제공
  ○ 고용안정 인프라를 지속적으로 확충
    * 고용안정센터 : 122개소(99년) → 142개소(2002년)

□ 노동시장 수요를 반영한 직업훈련 실시
  ○ 원격 화상훈련, 인터넷 통신훈련 등을 활용하여 지식기반산업 직업훈련 비율을 확대(2000년 13.5% → 2002년 40%)
  ○ '맞춤훈련'을 서비스·사무직종으로 확대
    * 맞춤훈련 비중 : 99년 3% → 2002년 20%
  ○ 민간자격 공인절차를 단축(6단계→4단계)하여 자격 신설 촉진

□ 노동보험제도 개편으로 사회안전망 확충

○ 고용보험관리시스템 개편(사업장별 → 개인별관리)
○ 실업급여 수급요건 완화 및 지급수준 상향 조정
○ 산재보험제도를 5인 미만 사업장 근로자 및 영세사업주에게까지 확대 적용(2000. 7.)하고, 재활사업을 획기적으로 확충
* 재활투자비(현재 연간 150억원)를 매년 20%씩 증액

다. 소득분배 구조개선으로 근로자의 삶의 질 향상

◇ IMF 외환위기 수습과정에서 나빠진 소득분배구조를 개선하고 중산층 및 서민생활 향상에 중점
○ 2000년 중 근로자복지기본법 등 관련 법령 입법 추진

□ 근로자의 재산형성 지원
○ 우리사주 제도를 비상장 법인으로 확대하는 등 활성화
– 비상장법인 우리사주의 장기보유자를 과세상 우대
– 비상장법인 우리사주의 환금성 제고를 위한 제도적 장치 마련
○ 성과 배분제 도입을 권장하고 기업의 경영이익 일부를 근로자 복지증진 사업으로 환원하는 방안 적극 강구
– 경영이익을 사내 복지기금 등에 출연시 세제 지원
○ 근로자의 직무발명·제안에 대한 보상을 제도화
□ 저소득 근로자의 생계보장 강화
○ 최저임금제도를 개선하여 근로계층의 빈곤화 방지
– 2000년 중 최저임금법 적용확대 추진(5인이상→4인이하 사업장)
○ 4인 이하 사업장 임금채권보장법 확대 적용(2000.7.)
□ 중산·서민층의 소득증대 및 복지향상 지원
○ 중산·서민층의 소득증대를 위한 세제 지원방안 강구
* '근로자우대저축제도' 개선 추진
○ 근로자 등의 주거안정 지원 강화
* 99년: 9천억원 → 2000년: 3조원

라. 노동시장의 유연성 제고

◇ 고용관행의 변화(평생직장→평생직업)와 산업구조의 소프트화·지식정보화에 부응하여 노동시장을 유연화

□ 근로자 파견제도의 조기 정착을 유도
 ○ 근로자 파견사업 직종을 산업수요와 고용구조 변화에 부응토록 조정
 ○ 파견 근로자 보호 확대 방안도 동시에 강구
  * 실태조사('99.11.) 결과를 토대로 근로조건 강화 방안 마련
□ 임시·일용직 등 근로자 보호를 강화
 ○ 일용직 근로자 고용보험적용 추진(2002년부터)
 ○ 근로자 유형별 보호지침을 마련, 시행
  – 재택근로자, 단시간 근로자 등 보호지침을 2000년 중 마련
 ○ 임시·일용근로자에게 적합한 훈련직종, 프로그램 등 개발 보급
□ 노·사·정의 의견을 폭넓게 수렴하여 근로기준제도의 합리적 개선을 추진

Ⅳ. 공공부문 개혁 추진방향

1. 기본방향

◇ 그동안 구조조정 등 하드웨어적 개혁을 추진
◇ 올해에는 21세기 지식·정보화사회에 맞게 소프트웨어적 혁신에 중점을 두어 추진

2단계 공공부문개혁 추진과제
◇ 구조조정을 차질 없이 마무리하고 일하는 방식을 혁신
◇ 국민이 피부로 느낄 수 있는 국민생활 직결 과제를 중점 추진

◇ '전자정부' 화를 앞당겨 '열린정부·투명행정' 을 구현
◇ 각 기관이 자율적 혁신을 꾸준하게 추진할 수 있는 시스템을 구축
◇ '능동적으로'. '다함께' 하는 개혁 패러다임을 정착
'Do it!' → 'Let's go together.'

2. 세부 추진방안

가. 국정운영의 협의·조정체제 강화

□ 경제·교육부총리제, 여성부 개편방안을 차질 없이 추진
□ '인적자원개발회의' 와 '복지정책관계장관회의' 운영 활성화
□ 각 부처 내부조직·업무체계의 자발적인 리엔지니어링 추진

나. '전자정부' 조기실현을 통한 '일하는 방식' 혁신

□ 정보기술을 활용하여 업무 생산성을 제고
○ 정부 내 각 담당자의 지식·정보를 체계적으로 축적하고 공유·활용할 수 있도록 '정부지식관리시스템' 을 구축
○ 전자결재·우편, 전자문서 교환(EDI) 등 정보유통 과정의 전자화로 신속·정확한 행정 구현
○ 공무원에 대한 직급별 정보화능력 기준을 마련하고 정보화교육을 대폭 강화
□ 고객위주로 업무·정보시스템을 재설계·온라인화 하여 대 국민서비스를 획기적으로 제고
○ 분야별 정부 D/B를 상호연계, 전국 어디서나 One-stop 민원처리
○ 인터넷, 무인발급기(Kiosk) 등을 활용한 24시간 Non-stop 민원서비스 확대
□ 사이버 공간을 통한 국민과의 쌍방향 대화 확대

○ 인터넷 신문고·정책토론회, 사이버국민제안대회 활용
○ 연내 일반공무원 37만 명에게 E-mail ID를 보급하고 공개

다. 공무원 처우개선과 실적·경쟁에 의한 인사운용

□ 연봉·성과급제도를 정착시키고 공무원보수가 민간과 연계·결정되도록 보수결정시스템을 개편
□ '관료형 공무원' 에서 '지식형 공직자' 로 변화
  ○ 국내외 교육훈련 기회를 대폭 확대
  ○ 공무원의 교육선택권 확대 및 정보·신지식 중심 교육 실시
  ○ 민간기관에 대한 파견 및 휴직제도 활성화

라. 재정관리제도의 혁신

□ 건전재정의 조기 회복을 위해 재정적자를 적극적으로 관리
  ○ 중기재정계획 운영을 보완, 재정적자를 체계적으로 관리
  ○ 국민세금 아껴 쓰기 10대 원칙의 내실 있는 추진으로 재정지출의 효율성을 제고
  ○ 국가채권 및 부동산을 철저히 관리하고 활용도 제고
□ 재정운영시스템을 투명하고 성과 위주로 개선
  ○ 성과주의 예산제도 시범사업(16개 기관)을 내실화
  ○ 복식부기회계제도를 지자체 시범사업을 거쳐 단계적 확대
  ○ 각종 기금운영을 체계적으로 점검·평가·공개
□ 지방재정운용의 건전성과 효율성을 제고
  ○ 자치단체의 재정 건전성을 점검, 성과 공시를 의무화
  ○ 경영혁신 노력에 따른 국고지원을 차등화하고 지방채 발행시 심사 강화 및 신용평가 제도 도입 추진

마. 국민이 피부로 느끼는 개혁 중점 추진

□ '민원 반으로 줄이기' 운동을 범부처적으로 추진
  ○ 신분증으로 확인 가능한 증명서류를 우선 감축하고, 행정기관간 확인 가능한 민원 제출서류를 근원적으로 폐지
  ○ 단순·반복성 민원을 사전에 해소, 국민의 시간과 노력을 절약
    – 질의를 유형화하여 답변을 미리 게재하는 '홈페이지 민원자료실' 을 기관별로 설치 의무화
□ 민생 관련 개혁을 국민과 함께 추진
  ○ 건축·교통 등 '핵심 민생개혁 분야' 를 집중 개선
    – 서비스 기준을 고객현장에 구체적으로 제시하고 국민이 만족도를 평가하여 서비스 개선을 촉진
□ 규제개혁의 성과를 현장에서 점검하여 지속적으로 보완
□ 서비스개선 및 부조리 근절을 위해 행정을 투명하게 공개
  ○ 민원처리 경과를 인터넷을 통해 실시간으로 알 수 있는 '민원처리 온라인 공개시스템' 을 전 민원부서에 도입
  ○ 국민 만족도를 평가하는 '행정품질지표' 를 개발하고, 측정 결과를 주기적으로 공개
□ '행정개혁 시민제안대회' 의 분기별 개최 등 시민단체와 함께 개혁과제를 선정하여 정책에 반영

바. 공기업과 산하기관의 경영혁신

□ 확정된 공기업 민영화 계획을 차질 없이 추진하고 일반 공모, 우리사주 등 국민 참여기회를 확대
□ 경영의 효율성과 투명성 제고를 위한 운영시스템 개선
  ○ 개방형 임용, 외부위탁, 독립사업단(Profit Center) 등 경쟁과 인센티브 시스템을 확대

○ 전자구매·입찰체제 구축, 감사위원회 도입, 경영공시 내실화를 통해 경영의 투명성을 획기적으로 제고

○ 경영혁신 우수공기업은 경영자율권과 인센티브를 대폭 확대

○ 정부산하기관의 자율적·지속적 경영혁신을 위한 종합적 관리시스템 구축

□ 금년을 '열린 정부·투명 행정' 구축의 원년으로 삼아 공공부문개혁이 국민 속에 뿌리를 내리도록 총력을 경주

↓

◇ 작지만 효율이 높은 정부

◇ 깨끗하고 봉사하는 공직자

◇ 편리하고 좋은 서비스를 받는 국민

◇ 민간부문이 창의와 역량을 최대한 발현할 수 있는 시스템 뒷받침

↓

국민의 신뢰를 받는 정부

국가경쟁력의 획기적 제고

[부록 7] 2단계 금융구조조정 추진계획(본문만 발췌)

(2002년 9월 24일 금융감독위원회)

1. 2단계 금융구조조정의 추진 여건 및 필요성

가. 거시경제

□ 우리 경제는 97년 말 이후의 당면한 위기를 효과적으로 극복하였으나

○ 최근 성장속도가 점차 둔화되고 있고(상반기 11.1%, 하반기 6% 수준 전망) 국제유가 급등 등 대내외 여건상 불확실한 요인이 산재하고 있음

□ 한편, 앞으로 금융구조조정이 지연될 경우 실물경제 불안과 금융불안이 복합적으로 작용하여 그동안의 구조조정 성과를 크게 훼손할 우려

○ 일부 대기업의 자금사정 악화로 촉발된 금융시장 불안이 장기화될 경우 주가하락, 신용경색, 금리상승 등을 유발하여 실물경제에 부정적인 영향*을 미칠 수 있음

* 주가하락 → 기업의 유상증자 위축, 투자분위기 냉각
신용경색 → 기업의 자금사정 악화에 따른 부도발생 가능성 증대
금리상승 → 투자위축, 기업의 금융비용 상승으로 채산성 악화

○ 실물경제가 침체 국면을 보이게 될 경우 「기업·금융 부실 확대 → 금융시장 불안 증폭 → 실물경제 위축」의 악순환이 재연될 가능성도 있을 수 있음

□ 따라서 금융구조조정을 조속히 완료하여 금융산업을 정상화하고 금융불안을 제거함으로써 경제 안정기조를 확고히 할 필요

나. 금융시장

(1) 기업자금시장의 경색

□ 투신사 등 제 2금융권 수신감소 등으로 회사채·CP의 차환발행이 어려워지는 등 직접금융을 통한 기업자금 조달이 위축되고 있는 가운데
- ○ 자금 여유가 있는 은행 등은 신용리스크 등을 우려하여 기업자금 지원에 소극적 자세 견지
- ○ 이러한 현상이 지속될 경우 수익성이 좋으나 유동성 문제로 부실화되는 사례가 발생할 가능성

□ 직접금융시장을 활성화하기 위해서는 근본적으로 구조조정을 조속히 추진하여 불확실성을 제거하는 것이 필요

(2) 자본시장 개방과 시장안정

□ 자본시장 개방시 기업과 금융부문의 건전성이 확보되어야 개방에 수반되는 위험을 효과적으로 관리 가능
- ○ 자본시장이 완전 개방된 상황에서 금융과 기업부문의 부실이 상존할 경우 대규모 자본유출입에 따른 금융교란 가능성을 근본적으로 차단하기 어려움
- ○ 내년도 제2단계 외환자유화에 대비하여 국내 금융시스템의 건전성과 금융산업의 경쟁력을 제고할 필요

□ 한편, 구조조정 추진을 통해 금융산업의 안정성장 기반이 마련되어야 자본시장의 급등락을 방지하고 안정적인 시장기조를 유지할 수 있음

(3) 예금부분보장제도 시행에 따른 자금이동

□ 예금부분보장제도는 금융기관 및 예금자들의 도덕적 해이를 방지하고

금융시장이 시장규율에 의해 작동하도록 하기 위한 구조개혁의 기초 인프라임

□ 이 제도의 시행에 따라 시장기능에 의해 구조조정이 촉진되는 효과가 예상되나 금융기관 간 자금이동에 따른 불안요인도 잠재

○ 상대적으로 신용도가 낮은 지역금융기관 등으로부터 대규모 자금이동 현상이 나타날 우려가 있으며

○ 예금자들이 BIS비율이 높은 금융기관만을 선호하게 되면 여타 금융기관의 부실화를 촉진시킬 가능성

○ 한편, 예금부분보장제도 도입시 우체국예금에 자금이 집중되어 중소지역 금융기관의 수신 기반을 약화시킬 가능성

(4) 금융감독체계의 선진화

□ 금융구조조정으로 누적된 금융부실을 해소하더라도 신규 부실을 효과적으로 방지하는 것이 중요함

□ 경제위기 이후 감독의 선진화 과제도 꾸준히 추진되어 어느 정도 발전을 이룩한 것이 사실이나 아직도 국제적 기준에 비추어보면 미흡한 실정임

○ 금융감독의 수준과 규제의 효율성 여부가 국제경쟁력을 좌우하는 매우 중요한 과제이므로 금융기관에 대한 정보수집체계와 효율적 감독기법 개발이 시급함

다. 은행경쟁력

□ 지난 2년간 금융의 건전성 제고를 위한 선진적인 제도와 틀은 마련하였으나 시장의 신뢰를 확보하는 데는 미흡하고 금융시스템 전반의 경쟁력은 금융 선진국에 비해 취약

○ 부실채권이 아직도 상당 규모 존재하여 수익구조 취약

– 2000.6월 말 현재 잠재부실 반영기준 일반은행의 무수익여신 비율(Non-Performing Loan)은 8.7%(고정이하 여신비율은 12.4%)로

서 상당히 높은 수준

* 외국 우량은행의 무수익여신 비율은 3% 수준

○ 예대 금리차가 작아 은행의 수익력 약화

– 은행의 수가 많아 과당경쟁 상태가 지속되면서 수신금리가 경쟁적으로 상승하고 이에 따라 예대 마진이 낮은 수준을 유지

* 명목순이자 마진(1993~1997년 평균)

국내은행 2.15%, 미국 3.76%, 영국 2.28%

* 국내은행의 경우 대손율이 높아 실질 순이자 마진은 크게 낮음 (2000년 상반기 : 0.52%p)

○ 수수료 부문의 수익비중이 외국 은행에 비해 낮은 수준

* 1998년 수수료수입 비중

국내은행 5.9%, HSBC 17.3%, Citi 16.8%, CMB 18.5%

○ 경비 효율성도 선진국 은행에 비해 크게 낮은 수준

* 1998년 비용/수익 비율

한국(5대은행) 104.11%, 미국(10대은행) 62.82%, 영국(5대은행) 59.90%

□ 한편, 금융기법 등 소프트웨어 측면에서도 선진적인 제도와 관행이 정착되지 못하고 있음

○ 기 도입된 경영지배구조와 리스크 관리시스템이 내실화되지 못하고 있고 신용분석에 기초한 여신 관행도 미진

○ 금융시장 참여자의 의식과 관행이 과거의 틀을 벗어나지 못하고 합병·겸업화의 시너지효과가 크지 않은 상태임

○ 금융기관이 부실기업 정리와 구조조정을 적극적으로 유도하기보다는 단기적인 자기이익에만 집착하여 오히려 부실기업을 구제하려는 도덕적 해이(Moral Hazard) 현상이 상존

□ 따라서 국내은행이 세계 유수은행들과 경쟁하면서 성장할 수 있도록 실질적인 경쟁력을 강화해 나가야 할 필요

○ 금융지주회사 방식 또는 은행간 합병에 의한 겸업화 및 대형화를 통해 은행산업의 국제경쟁력을 제고

○ 리스크관리, 조기경보시스템 등 은행경영 소프트웨어의 획기적인 개선을 통한 경영건전성 확보

라. 국제금융시장

(1) 국제금융기구의 역할과 감독 강화

□ '80년대 후반부터 금융규제 완화, 자본자유화의 진전 등에 따라 BIS, IOSCO, IAIS 등 국제금융감독기구는 글로벌 스탠다드(Global Standard)를 마련

○ '90년대 중반 이후 금융의 글로벌화 급진전 등으로 자본의 국제적 유출입이 빈번해지면서 개별국가의 건전성 규제만으로 금융시스템의 안정성을 확보하기 어렵게 됨

□ 이에 따라 국제금융감독기구들은 건전성 관련 국제기준을 마련하거나 기존 기준의 준수를 강제하는 추세

○ IMF는 각국의 제도적 취약성 및 자본이동의 변동성 증대에 따른 위험을 축소시키기 위한 방안 강구

○ 또한 국제기구는 국제기준에 대한 준수 여부에 따라 자금지원 등에 있어 차별대우를 부과할 방침

□ 따라서 앞으로는 국가나 금융의 경쟁력이 국제기준 수용 능력에 크게 영향을 받을 전망

○ 우리나라도 이에 대응하여 2001년 말부터 '신BIS 자기자본보유제도'를 도입할 예정임

(2) 금융 글로벌화 및 동조화의 급속한 진전

□ 범세계적인 금융규제 완화, 자본자유화, 정보통신기술의 발전 등으로 세계금융시장이 빠르게 통합되는 추세

○ 우리나라도 OECD 가입을 계기로 '90년대 중반부터 금융시장 개방

및 외환·자본거래 자유화가 본격 추진되면서 세계금융시장에 급속히 편입

□ 금융의 세계화에 따른 경쟁 심화로 금융회사의 대형화 및 겸업화가 크게 진전

○ 초대형 금융회사간 합병(mega-merger)으로 시장지배력 강화

○ 미국, 일본 등 분업주의를 고수하던 국가들도 금융지주회사 방식 등으로 겸업화·대형화를 본격 추진

□ 또한 금융의 글로벌화는 금융시장의 국제적 동조화를 초래하고, 금융산업의 전염위험(contagion risk)이 크게 확대

○ 외국인투자자의 시장영향력 증대 등으로 미국을 중심으로 하는 세계금융시장의 동조화 현상 심화

○ 금융시장간 상호연계성 증가와 대형화·그룹화 등으로 개별 금융회사 도산에 따른 전염위험이 증대

□ 금융의 세계화 추세에 대응하여 금융산업의 건전성과 금융시장의 효율성을 제고하지 않을 경우 대외 여건의 급변시 충격을 크게 받을 가능성이 높아짐

(3) 디지털경제의 도래와 사이버거래의 본격 확대

□ 디지털경제시대의 도래로 경제활동의 패러다임이 근본적으로 변함에 따라 금융의 역할과 기능도 완전히 달라짐

○ 디지털경제에서는 성장의 엔진이 금융 등 지식기반산업으로 전환되게 되며

○ 금융은 종래 실물경제의 성장을 지원·보조하는 수동적 역할에서 벗어나 이제 핵심 지식기반산업으로서 경제성장 및 국부 창출을 선도하는 능동적인 역할을 수행

□ 디지털경제의 급속한 진전은 사이버 금융거래와 사이버 공간 선점에서의 경쟁 등을 통하여 금융거래 방식을 크게 변화시키게 될 것임

○ 금융산업의 정보통신기술 의존도가 높아짐에 따라 금융업과 통신업

의 연계가 심화

□ 디지털·사이버거래 시대에는 금융거래 형태는 물론 금융산업이 획기적으로 변모할 것으로 예상

○ 국내 금융기관도 정보통신기술의 발달에 따른 금융환경 변화에 발맞추어 생존을 위한 변신을 서둘러야 할 상황

○ 특히, 기존의 점포·인력 관리시스템을 전면 개편할 필요

2. 2단계 금융구조조정 추진의 기본방향

◇ 당면한 금융위기 극복에 초점을 맞춘 1단계 구조조정의 성과를 바탕으로 2단계 구조조정은 다음과 같은 목표 하에 추진

– 잠재부실 요인의 조기 정리를 통한 건전성 회복

– 부실방지를 위한 제도개선과 software 개혁을 통해 시장중심의 구조조정 기반 구축

– 미래지향적으로 금융산업의 경쟁력 강화 추진

□ 2단계 구조조정은 우리 경제의 시장기능을 회복하고 이를 통하여 구조조정이 시장기능에 의해 자율적으로 추진될 수 있는 기반을 구축하는 계기가 되도록 함

○ 정부의 지원 없이도 시장에서 자율에 의한 구조조정이 이루어지려면 우선 시장기능이 작동할 수 있는 최소한의 건전성 확보와 시장규율의 확립이 필요

○ 2단계 구조조정을 통하여 1단계 구조조정 과정에서 정리되지 못한 잠재부실 요인을 조기 정리하고 소프트웨어 개혁을 추진함으로써 시장경제의 기초 인프라를 구축

□ 금융구조조정의 실효성을 확보하기 위하여 부실기업 정리와 제2금융권 부실해소를 우선 추진함으로써 은행의 부실요인을 근원적으로 해소

□ 2단계 금융구조조정 추진 방법은 잠재부실 요인을 현재화시켜 정리하고 아울러 미래지향적인 개혁을 통해 금융산업의 경쟁력을 강화

① 금융시장의 조기안정을 위하여 금년 말을 목표로 잠재부실 정리를 통한 하드웨어(Hardware) 측면의 구조조정을 신속히 추진

○ 구조조정의 실효성을 높이고 충격을 최소화하기 위해 시장이 신뢰할 수 있는 충분한 규모의 공적자금을 조성

○ 공적자금의 사용은 엄격한 기준과 원칙에 의거하여 도덕적 해이를 방지하고 국민부담을 최소화

○ 공적자금 투입 필요성이 검증된 금융기관에 대해서는 신속한 집행을 통하여 구조조정의 파급효과를 최소화

② 이와 병행하여 엄격한 시장규율을 확립하기 위해 금융감독 선진화 및 기업지배구조 개선 등 소프트웨어 개혁을 지속적으로 추진하여 경쟁력 강화를 유도

○ 금융기관의 위험관리 능력을 강화하고 기업지배구조 개선이 조기에 정착될 수 있도록 유도

③ 2단계 구조조정 이후에는 철저한 시장원리에 따라 금융기관, 예금자, 투자자 등 시장참여자가 책임을 지는 시장중심의 구조조정으로 이행

3. 부문별 추진계획

가. 기업구조조정

〈기본방향〉

◇ 기업의 부실화가 금융부실의 근본원인이 되므로 금융구조조정의 실효성을 확보하기 위해서는 기업구조조정을 신속히 추진할 필요

○ 채권금융기관에서 살릴 수 있는 기업은 확실히 지원하고 정리대상 기업은 조기 퇴출시킴으로써 금융시장의 안정을 확고히 뒷받침

– 자력에 의한 구조조정이 불가능한 부실기업 중 워크아웃 추진 중인 기업에 대해서는 연내에 처리를 마무리

– 재무 및 수익구조개선 부진기업 중 개선 가능성이 높은 기업에 대해서는 여신거래 특별약관 적용 등을 통해 기업정상화 도모

– 부실기업 및 부실징후 기업에 대한 구조조정이 시장기능에 따라 상시적으로 이루어질 수 있도록 시스템을 구축
– 기업경영의 투명성 제고, 기업지배구조의 개선을 통해 기업의 부실화를 사전에 방지할 수 있는 제도적 장치 마련

(1) 부실기업의 처리방안 조기확정

① 워크아웃 추진중인 기업

□ '97년 이후 104개 기업을 대상으로 선정하여 기업개선작업을 추진한 결과, 58개사가 조기종료 및 퇴출되고 46개사(대우계열 12개사 포함)만 잔존

□ 대우계열 12개사를 제외한 모든 기업개선 약정(MOU) 체결기업에 대한 처리를 금년 말까지 완료

○ 채권단은 11월까지 회생가능성 여부를 재점검하고 조기졸업 및 퇴출 추진

* 11월 중 하반기「기업개선작업 사후관리 실태점검」실시

□ 워크아웃 기업에 대한 도덕적 해이 방지

○ 채권금융기관이 워크아웃 기업에 대하여 반기별로 기업개선 약정 이행상황 및 경영성과를 점검 및 평가하여, 부진할 경우 FLC에 반영

② 대우계열 12개사의 처리

□ 대우계열 12개사는 10월 말 이전에 매각, 정상화 등 처리방침을 확정하고, 계열사 매각대금에 대한 채권단간 분배 및 잔여채권의 정리 등 마무리작업 추진

○ 채권금융기관 간 손실부담은 확정된 워크아웃플랜에 따라 완료하고, 일부기업은 CRV제도를 활용한 구조조정 방안 강구

③ 법정관리·화의기업에 대한 경영관리 강화

□ 회사정리계획 등 당초의 구조조정 계획에 비하여 회생이 지연되고 있는

법정관리·화의기업에 대해서는 채권금융기관으로 하여금 해당기업의 회생가능성 및 구조조정 계획을 재평가하여 회사정리절차의 지속 여부를 판단하도록 조치

□ 정리계획에 따라 정상화되어 더 이상 법정관리가 필요하지 않는 기업에 대해서는 법원과 협의하여 조기 졸업 등 정상화 도모(금년 중)

(2) 부실징후기업에 대한 관리 강화

① 사업구조조정(빅딜) 기업의 정상화

□ 사업구조조정 대상 기업 중 정상화 지연기업 등에 대해서는 주채권은행을 중심으로 연내에 정상화 방안 마련

○ 업체 측의 손실부담 규모에 상응하여 채권단도 손실을 분담하여 기업부문의 부실정리 및 정상화 가속화

○ 항공사업 등 사업구조조정 지연 기업에 대하여는 10월 말까지 최종처리방안 마련 유도

② 부실징후기업에 대한 처리방침 강구

□ 부채비율 200% 달성 30대 계열에 대해서는 10월 중 주채권은행이 자율점검 및 평가

○ 평가 결과 부진한 경우 자구계획 이행 및 손실부담을 조건으로 자체 정상화방안 강구(재무구조개선 특별약정 체결)

□ 부채비율 200% 달성 30대 이하 계열에 대해서는10월 중 주채권은행이 부채비율 유지 여부 및 신용위험을 재점검

○ 점검 결과 유동성문제 발생 가능 계열에 대해서는 자구노력 이행 조건부 금융지원 방안 강구(여신거래특별약관 적용)

□ 재무구조개선 약정 미이행 및 부채비율 200% 미달성 계열에 대해서는 10월 중 재무구조개선 약정의 적정성 여부, 유동성 및 사업성 전망 등을 재검토

○ 필요시 약정 강화 및 추가 자구노력 조건부 여신거래특별약관을 적용

하되, 약정 불이행시 엄격한 제재 및 사후관리

□ 대기업 중 단기유동성 등에 심각한 문제가 있으나 BIS비율 하락 등의 우려로 처리방침 확정이 지연되고 있는 기업에 대해서는

○ 주채권은행 중심으로10월 중 주요 채권기관의 출자전환 등 회생방안을 강구하되

○ 이러한 방식의 처리가 용이하지 않을 경우 워크아웃, 법정관리, 청산 등 공개적이고 투명한 처리절차에 의해 문제를 해결하도록 유도

③ 경쟁력 취약기업에 대한 자율적인 산업구조조정 유도

□ 사양산업 및 수익성이 낮은 일부 산업에 속하는 기업의 경우,

○ 해당 기업이 자율적으로 고부가가치 업종 및 유망업종으로 산업구조조정을 추진하도록 유도할 필요

□ 금융기관으로 하여금 M&A 등을 권유하여 경쟁력 있는 산업구조로의 재편 유도

(3) 상시적인 기업구조조정 시스템 구축

① 기업구조조정 관련 제도의 정비

□ 사전 조정제도의 도입

○ 워크아웃 과정에서 협약 외 채권자, 소액주주 등 일부 이해관계자들의 비협조로 워크아웃플랜 실행에 어려움이 있을 경우,

– 50% 이상 채권자의 합의로 법정관리 절차로 이행하되, 기존 워크아웃플랜을 「회사정리계획안」으로 대체할 수 있도록 하며

– 법정관리 개시 전 금융채권자 등이 제공한 신규자금의 변제 순위는 그대로 유지될 수 있도록 제도 개선

* 회사정리법 개정 (정기국회 제출)

□ 기업구조조정협약(워크아웃협약) 개편 유도

○ 사전 조정제도 도입과 연계하여 현행 구조조정 협약을 채권금융기관 간 자율협약으로 전환토록 유도

- 워크아웃 개시 후 일정 기간 금융채권 행사유예 조항은 유지
- 채권금융기관 간 이견조정기구인 '기업구조조정위원회'는 폐지하고, 일정 기간 내에 워크아웃플랜을 합의하지 못할 경우 자동적으로 법정관리에 회부토록 규정

□ 기업구조조정투자회사 제도(CRV) 도입

○ 워크아웃 기업의 출자전환 주식 및 대출채권 등을 인수하여 시장원칙에 따라 신속·효과적인 구조조정 및 경영정상화가 가능토록 제도적 장치 마련

※ 「기업구조조정 투자회사에 관한 법률」 제정 (국회 계류 중)

- 기업구조조정투자회사에 참여하는 기업구조조정 전문가가 경영관리를 전담하므로 기존 경영진의 도덕적 해이도 차단 가능

② 기업부실 재발방지를 위한 시장기능 강화

□ 결합재무제표를 활용한 대기업 재무건전화 지속 유도

○ 16개 대상 대기업집단의 결합재무제표에 대하여 전자공시시스템을 통해 공시

- 이 결합재무제표가 기업집단의 재무상태와 경영성과를 적절히 반영하고 있는지 감리하고 신 자산건전성분류(FLC)에 이 결과를 반영토록 금융기관 지도

□ 신용도에 따른 금리 차별화로 기업구조조정 촉진

○ 금융기관으로 하여금 신용위험에 따른 여신금리 차별화 등 위험관리제도를 강화케 함으로써 시장기능에 의한 기업구조조정 촉진

- 금융기관이 FLC기준에 따른 대손충당금에 비례한 손실을 여신금리에 적극적으로 가산할 경우
- 신용위험이 높은 부실기업은 금리상승으로 인하여 즉각적인 수익성 악화 효과가 있어 기업구조조정이 가속화되는 한편, 금융기관의 경영건전성 제고 효과도 기대 가능

○ 한편, 금융기관의 지나친 위험기피 현상으로 인하여 자금조달에 어려움을 겪을 가능성이 있는 중소·중견기업에 대하여는 신용보증제도를

통하여 지원

□ 채권금융기관 자율의 점검체제 구축

○ 30대 주채무계열에 대한 채권금융기관의「사후점검 및 관리방안」 지속 운용

– 부채비율 200% 달성 기업에 대한 지속적인 재무구조 개선을 유도하고 신용위험을 관리하기 위하여 재무구조 평가위원회를 설치

– 평가위원회 평가 결과 불량한 계열에 대해서는 재무구조개선 약정 재체결, 평가결과 공시, 해당계열 여신심사 및 여신조건 반영 등 조치

○ 계열기업의 신용공여 변동사항을 점검하는「총신용공여 모니터링시스템」 운용

– 부실징후기업을 사전에 파악하여 금융 및 기업의 동반 부실화사태를 사전에 예방

(4) 기업경영의 투명성 제고 및 기업지배구조의 개선

□ 독립·전문경영체제를 확립하고 투명한 기업지배구조가 정착될 수 있도록 추가적인 개선 과제를 적극 발굴하여 추진

○ 일정 규모 이상의 협회등록 법인에 대해서도 상장법인에 준하여 사외이사 선임 및 감사위원회 설치를 의무화하는 방안 검토

* 현재 자산규모 2조원 이상의 상장법인에 대해서는 사외이사의 선임 및 감사위원회의 설치를 의무화

○ 현재 법무부 주관의「기업지배구조 개선작업」의 일환으로 추가 과제에 대한 추진방안을 검토 중

□ 경영진의 내부자 거래, 부실 회계처리 등 도덕적 해이 방지를 위해 금감위 조사 기능을 강화하는 방안을 검토

□ 주식 장외매집을 통한 M&A시 사전신고제를 사후신고제로 전환하는 등 공개매수제도의 관련 절차를 개선

□ 개정된 기업회계기준의 정착을 위한 회계처리지침 마련 등을 통해 기업

회계 선진화 및 부실공시에 대한 제재 강화

□ 30대 기업집단 소속회사의 출자총액 한도초과액에 대해서는 경과기간 (2002.3말)내에 해소되도록 지속 관리하고

○ 출자총액규정 위반에 대한 제재도 엄정 시행

나. 제2금융권 구조조정

〈기본방향〉

◇ 제2금융권 금융부실이 궁극적으로 은행권에 이전되는 점 등을 감안하여 제2금융권 금융부실을 조기 정리

– 우선 대주주 책임 하에 증자 등 자체 경영정상화 유도

– 대주주의 증자 등이 어려운 금융기관은 금융권별 특성을 감안 금융지주회사의 자회사화, M&A, P&A 또는 청산

(1) 종합금융회사

□ 부실 종금사에 대하여는 '종금사 현황 및 대책' (2000. 6. 20.)에 따라 구조조정 추진

○ 9개사 중 공적자금이 투입된 영남종금 외에 BIS비율이 8%에 미달하여 적기시정조치가 부과(7. 21.)되고 영업정지 조치 중인 한스·한국·중앙종금에 대하여는

– 자산·부채 실사 결과 부실금융기관에 해당하는 경우 손실분담 원칙을 엄격히 적용하고 공적자금을 투입하여 예보의 자회사로 전환(10월 중)

□ 관계기관의 실무자들로 '종금사 Task Force' 를 구성(9. 8.)하여 종금업계의 중장기 발전방안 마련(10월 중)

〈예보의 자회사가 되는 종금사〉

○ 공적자금 투입 후 조속한 시일 내 정상화 추진

– 개별 매각, 합병 후 금융지주회사의 자회사 편입 또는 은행·증권사

로의 전환 등의 방안 강구(금년 말까지)

〈정상 영업 중인 5개 종금사〉

○ 회사별 특성에 따라 벤처투자, 투자자문, 단기금융 등으로 차별화하여 독자적인 영역을 구축하거나 틈새시장을 확보할 수 있도록 지원하는 방안 강구

– 코스닥 등록 업무, 주식형 신탁 업무, 채권위탁매매업 등 업무영역 확대(관련 법령 등의 개정이 완료되었으므로 신청시 허용)

– 종금업계의 신뢰 회복을 통하여 CP 인수 및 매출 등 종금사에서 경쟁력이 있는 업무를 활성화

○ 은행, 증권사와 합병·전환하는 경우에는 종금업무 취급 허용기간 및 종금업무 영위 점포수 확대 등 지원(합병·전환시 인가)

(2) 투신(운용)사

□ 투신(운용)사는 기본적으로 고객 자산인 신탁계정에 대하여 법적 보호를 하고 있으므로 큰 문제는 없으나, 기존 투신사 등은 그동안의 부실에 따른 부담을 조속히 해소시킬 필요

□ 공적자금이 투입된 한국·대한투신증권은 경영정상화 계획 이행약정(MOU)을 체결하고(9월중), 이행 실적을 분기별로 점검하여 2003.6월말*을 목표로 경영정상화 추진

* 영업용순자본비율 150% 달성

□ 현대투신증권은 경영개선 협약(6.16)에 따라 2000. 12월말까지 1.2조원의 자본확충 이행 사항을 점검

○ 불이행시 담보로 확보된 계열사 주식(1.7조원 상당)의 매각을 통하여 자본확충

□ 여타 투신사에 대해서는 고유계정 부실이 발생하는 경우 자본확충 등 자체 경영정상화를 유도

○ 필요한 경우 재무건전성기준(예: 순자산비율)을 설정하여 일정 기준에 미달하는 투신사에 대해서는 대주주 증자 등 경영정상화를 이행토

록 하는 방안을 검토(금년 중)

□ 신탁재산 운용의 건전성 제고와 임직원의 도덕적 해이 방지를 위해 도입된 내부통제장치의 운용 실태를 정기적으로 점검함으로써 건전한 자산운용관행을 정착(금년 중)

(3) 증권회사

□ 증권회사는 반기별 영업용순자본비율에 따라 적기시정조치를 통하여 구조조정 추진

○ 현재 영업 중인 40개 증권회사*는 2000. 3월 말 현재 영업용순자본비율이 기준비율(150%)을 상회하고 있어 현재로서는 건전성 유지에 문제가 없음

* 투신사에서 전환한 3개사는 적기시정조치 유예

○ 향후 반기별로 영업용순자본비율을 점검하여 기준비율에 미달할 경우 단계별 경영개선조치를 통해 구조조정 추진

(4) 보험회사

□ 보험사는 분기별 지급여력 비율에 따라 적기시정조치를 통하여 구조조정 추진

□ 2000. 6말 기준 지급여력비율 100% 미달 생보사는 총 8개사

○ 대한생명은 경영정상화 계획(MOU) 이행실적을 분기별로 점검하고 외부 컨설팅 결과에 따라 조직·인력 등 구조조정을 추진(12월 중)

– 조기 경영정상화를 위하여 공적자금을 추가 지원하고 대내외 매각도 병행하여 추진

○ 경영개선명령(8.25일)을 받은 삼신생명에 대하여는

– 11.25일까지 경영정상화계획서 승인 여부 결정

– 불승인시 부실금융기관으로 지정 후 M&A 또는 P&A 추진

○ '98.8월 말 경영개선조치에 의거 경영정상화를 이행중인 회사(신한·

럭키·한일)에 대해서는 9월 말 기준 지급여력비율에 따라 적기시정조치 부과

* 경영정상화 이행중인 회사는 경영정상화 계획서상의 자본확충을 이행하는 조건으로 2000.9월 말까지 적기시정조치 유예

○ M&A를 통하여 부실생보사를 인수·합병한 2개 회사에 대하여는 합병인가조건 등에 따라 정상화 추진

– 현대생명은 합병인가조건에 따라 증자 등이 이루어지도록 하고, 미이행시 적기시정조치 부과

* 금호생명은 후순위 차입으로 지급여력비율 기충족

○ 흥국생명은 자구계획을 검토하여 적기시정조치 부과 여부를 결정(9월말)

□ 2000.6말 기준 지급여력비율 100% 미달 손보사는 총 2개사

○ 서울보증보험은 MOU 이행실적을 분기별로 점검하고 대우 등 워크아웃업체의 회사채 대지급 소요 등을 감안하여 공적자금 지원(10월중 방안 확정)

○ 리젠트화재는 자구계획을 검토하여 적기시정조치 부과 여부 결정(9월말)

(5) 상호신용금고

□ 금고는 반기별 BIS비율에 따른 적기시정조치 및 위법행위 금고에 대한 경영관리 등을 통해 구조조정 추진

□ 2000.6월 말 기준 BIS비율에 대한 일제 점검을 통하여 구조조정 추진

○ 기 실시(2000.8월 완료)한 서면점검 결과 BIS비율이 6% 미만으로 나타난 금고에 대해서는 금감원에서 현장 점검을 실시 중(10월말까지 완료)

○ BIS비율 현장점검 결과에 따라, 12월 말까지 조치 완료

– BIS비율이 1% 미만인 금고는 공개매각을 통해 계약이전, 매각 곤란시 즉시 퇴출

– BIS비율이 1%~4% 미만인 금고는 단계별 경영개선 조치를 부과하되, 회생이 불가능할 경우 매각 추진 또는 퇴출

□ 우량금고가 '부실우려금고'를 인수하는 경우 공적자금을 지원하는 방안을 마련(10월 말)하여 인수합병을 통한 대형화 유도

* 지금까지는 우량금고가 "부실금고" 인수시 공적자금 지원

□ 경영이 건실한 금고는 지역밀착 금융기관으로 정착·발전해 나갈 수 있도록 기 발표된 「금고발전방안」(2000.5)을 차질 없이 추진

(6) 신용협동조합

□ 신협은 부실대출비율 등을 점검하여 경영관리·파산조치 등으로 구조조정을 추진해 왔으며

○ 이와 함께 그동안 영업환경의 악화로 다수 신협이 합병·해산 등을 통하여 자율적으로 구조조정을 진행

– 그 결과 '97년 말 1,666개사에서 2000.8월 말 현재 1,335개사로 감소

□ 앞으로 금융감독기관이 신협의 경영실태를 철저히 점검하여 경영정상화 또는 퇴출 등 구조조정 추진

○ 부실대출비율이 200%를 상회하는 등 경영이 극히 부실한 신협에 대하여는 조속히 퇴출 조치

○ 한편, 2000.6월부터 도입된 순자본비율*제도를 활용하여 부실우려 신협에 대하여 재무상태 개선을 적극 유도

* 신협의 적립금 등 내부유보 규모가 부실대출 규모를 충당하기에 충분한 규모인지를 파악하는 지표이며, 3년간에 걸쳐 단계적으로 적용(2000년 말: 0% 이상, 2001년 말: 1% 이상, 2002년 말: 2% 이상)

○ 신협의 재무상태 개선을 통한 경쟁력 강화를 위해 동일지역 다수 신협 등에 대해서는 합병을 적극 권고

(7) 리스회사

□ 리스사는 누적 부실의 부담, 신규설비투자 수요부진 등으로 경쟁력이 회복되지 못하고 있는 추세로

○ 수신기능이 없어 예금자보호 문제가 발생하지 않고 적기시정조치 대상이 아니므로 사적화의 등을 통해 자율적으로 구조조정을 추진 중

* '97년 이후 25개사 중 20개사가 퇴출·합병, 사적화의 결정 등으로 구조조정되고 향후 5개사의 구조조정 필요

□ 앞으로 대주주 및 채권단 주도하에 자율적으로 구조조정을 추진하되, 구조조정 지연시 모회사인 금융기관 부담이 되므로 구조조정을 조속 완료토록 유도

○ 국민리스는 채무조정을 통하여 구조조정 추진(12월 말)

○ 중부·전은·외환리스는 매각 추진(12월 말)

○ 동화리스는 대주주(썬캐피탈)가 P&A 방식으로 인수 추진(11월 말)

(8) 정리금융기관 자산의 효율적 처리

□ 금융구조조정 추진 과정에서 퇴출된 금융기관 자산은 예금보험공사가 설립한 정리금융기관(한아름종·금고·정리금융공사), 가교리스, 파산재단에서 관리·정리 중

○ 공적자금의 조기 회수를 위해서는 정리금융 기관 등의 재산을 조기에 정리할 필요가 있으나 회수 극대화 또는 관련 기업 자금사정 악화 우려 등으로 정리가 지연되고 있음

□ 향후 정리 금융기관 자산의 효율적 처리 추진

○ 자산관리의 우선 목표를 「조기 회수」로 설정

○ 한아름종금·금고 보유 워크아웃여신 등 부실채권은 금년 중 자산관리공사 등에 이관하여 통합관리 추진

– 자산관리공사는 동 기관의 인력 및 설비 일부 흡수

– 나머지 자산도 기 마련된 정리계획에 따라 금년 말까지 처분 추진

○ 가교리스 등 보유자산은 자산관리공사에 조기 매각 또는 위탁관리하는 방안 추진

다. 은행구조조정

〈기본방향〉

◇ 경영개선계획 제출 대상 은행에 대해 경영평가위원회에서 독자생존 가능 여부를 판단
- 평가 결과 자기책임 하에 부실채권을 정리하고 독자생존이 가능하다고 판단된 은행에 대해서는 스스로의 계획에 따라 정상화되도록 하고
- 그렇지 못한 은행들에 대하여는 객관적인 평가위의 결과를 바탕으로 부실을 먼저 정리한 후 철저한 자구노력과 책임분담을 전제로 BIS비율 10%를 달성할 수 있는 수준까지 공적자금을 충분히 투입하고 금융지주회사의 자회사 방식 등을 통하여 정상화를 추진

◇ 우량은행의 경우에도 합병 등 구조조정 추진시 자본 확충, 부실채권 정리 및 자회사 설립 인허가 등에 있어 인센티브를 부여하여 구조조정 촉진 유도

◇ 한편, 은행 건전성 확보와 대외신인도 회복을 위해서는 부실채권을 조속히 정리해 나가는 것이 당면과제이므로 모든 은행의 고정이하 여신비율이 선진국 수준으로 감축되도록 감독차원에서 지도 및 사후관리

(1) 경영개선계획 제출

① 경영개선계획 제출 대상은행 선정(8.31.)

◇ 경영개선계획 제출 대상 은행 선정 기준
- 잠재손실 전액 손익 반영시 2000.6월 말 기준 BIS 자기자본비율 8% 미달은행
- 공적자금이 직접 투입된 은행

□ 조흥·한빛·외환·평화·광주·제주 등 6개 은행을 경영개선계획 제출 대상 은행으로 선정하여 경영개선계획을 2000.9월 말까지 제출토록 요구

□ 제일은행은 공적자금이 직접 투입되었으나, 해외투자자 앞 매각으로 경영상태가 충분히 개선되어 별도의 조치가 필요 없다고 인정되므로 제외

□ 서울은행은 Deutsche Bank와 자문계약을 체결하여 별도의 경영정상화를 추진 중인 점을 감안하여 경영개선계획 제출 대상 은행에서 제외하되

○ 향후 경영개선계획을 제출하는 은행과 함께 구조조정 추진

② 경영개선계획 제출

□ 경영개선계획은 자본확충 계획, 부실채권정리 계획, 수익성제고 계획 및 향후 경영 및 영업전략 등 4개 부문으로 구분하여 수립(2000.6월 말~2001.12월 말)

○ 각 부문별로 자본적정성(BIS 자기자본비율), 자산건전성(고정이하 여신비율) 및 수익성(총자산이익률) 지표에 대한 분기별 목표 비율을 자체 설정하여 경영개선계획 수립

* 상기 지표에 대한 적정성 판단기준은 경영평가위원회에서 결정

(2) 경영개선계획 평가

□ 경영개선계획 평가의 투명성·객관성 제고를 위하여 정부로부터 독립된 경영평가위원회 구성·운영

○ 회계전문가, 법률전문가, 학계 전문가, 국제전문가 등을 포함하여 8인 이내로 구성(9월중)

– 위원장을 먼저 위촉한 후 위원은 위원장 추천으로 위촉

○ 경영개선계획 사전점검을 위한 회계법인 선정(9월 중)

– 사전점검 결과를 해당은행 및 경영평가위원회에 제시(10월 중순)

○ 경영평가위원회는 은행이 제출한 경영개선계획의 적정성을 평가하여 독자생존 가능 여부를 판정(10월 중)

○ 경영평가위원회의 운영은 자율결정에 의하여 운영하고 금융감독원은 경영평가위원회의 효율적 운영을 위하여 필요한 사항을 지원

(3) 경영개선계획 평가 결과에 따른 조치(10월 말)

① **자체정상화가 가능한 은행**

□ 평가 결과 자기책임 하에 부실채권을 정리하고 독자생존이 가능하다고 판단된 은행에 대해서는 스스로의 계획에 따라 정상화되도록 함(은행의 경영개선계획 승인)

□ 경영개선계획이 일부 미흡한 경우에는 추가적인 자구의무를 부과하고 이에 대한 구체적 이행계획 제출 요구(경영개선계획 조건부 승인)

□ 제출된 경영개선계획의 이행 여부를 매분기 점검

② **공적자금 지원 없이는 자체 정상화가 곤란한 은행**

□ 객관적인 평가위의 결과를 바탕으로 부실을 먼저 정리한 후 철저한 자구노력과 책임분담을 전제로 BIS비율 10%를 달성할 수 있는 수준까지 공적자금을 충분히 투입

○ 금융지주회사의 자회사 방식 등을 통하여 정상화를 추진(경영개선계획을 불승인하고 금융지주회사의 자회사 방식 등을 통한 정상화계획 이행 요구 : 은행감독규정 개정)

□ 공적자금 지원기준 마련(10월 중)

○ 공적자금 지원대상 은행별 적정 지원규모를 산정하고 지원방법, 시기·절차 등 공적자금의 지원방안 마련

(4) 추가공적자금 투입은행의 경영정상화 방안 마련

□ 독자생존이 어려울 것으로 판단되어 공적자금을 투입한 은행의 경영정상화는 정부가 주도적으로 추진

○ 금융지주회사 설립 등 대형화·겸업화를 통한 경쟁력 제고를 유도하고 예금부분보장제도의 도입에 따른 부작용을 방지

– 은행에 한정하지 않고 모든 정부출자 금융기관을 대상으로 기업가치를 높이기 위한 방안 강구

＊10월 중 금융지주회사의 유형, 설립절차 및 방법, 추진일정 등 금융지주회사 설립방안 검토

(5) 우량은행의 구조조정 촉진유도

□ 우량은행의 경우에도 향후 국제적인 경쟁력을 확보하기 위하여 금융지주회사 설립·합병 등을 통한 대형화를 추진하는 경우 적절한 지원방안 강구

○ 자본확충 및 부실채권 정리 지원, 자회사 설립, 인허가 우대 등으로 우량은행간 합병을 통한 선도은행의 조기 출현을 유도

(6) 부실채권 정리 촉진 유도

□ 은행의 부실채권 조기 정리를 유도하기 위하여 경영개선계획과는 별도로 전 은행으로부터 고정이하 여신 감축계획을 9월 중 제출토록 하고 이의 이행 유도

○ 10월 중 부실채권 정리방안에 대한 종합점검

□ 은행이 Bad Bank, 기업구조조정투자회사(CRV) 등을 통해 은행의 고정이하 여신비율을 선진국 수준으로 감축

○ 한국자산관리공사가 확보하게 될 IBRD 구조조정 차관자금(10억 달러수준)과 국내외 투자자금 등을 활용하여 은행권 부실채권 정리를 지원하는 방안 추진(금년 중)

○ 신속하고 적극적인 대손상각이 가능하도록 선진국 사례를 참고하여 대손상각제도를 개선(금년 중)

– 금융기관 대손상각에 대한 손금인정 기준을 대폭 간소화 하여

– 금융기관이 "회수의문" 또는 "추정손실"로 분류한 채권에 대하여 대손상각하는 경우 금융감독원의 사전심사 없이 전액 손금 인정하는 방안 추진

(7) 국유금융기관의 민영화

□ 투입된 공적자금의 회수를 극대화하기 위하여 책임경영체제를 구축하

여 국유금융기관의 가치를 극대화

○ 국유금융기관의 민영화를 금융기관 정상화 추이, 자본시장 여건 등을 종합적으로 감안

* IMF와의 합의 하에 2002년 하반기에 매각 개시 예정

4. 금융감독정책 방향

◇ 제2단계 금융구조개혁 과정에서는 Hardware 구조개편 외에 금융기관의 경영·위험관리, 신용분석 등 제반 질적 Software 구조개선 노력을 적극 추진

□ 금융감독정책은 시장 친화적으로 추진하여 관치금융의 오해를 불식하고 금융감독정책의 선진화를 도모

○ 부분예금보험제도의 시행 등 시장규율(market discipline)에 의한 금융기관의 자율적 구조조정을 유도

– 정부의 개입은 부실금융기관 등에 대한 적기시정조치, 공적자금 투입 및 책임규명 등에 국한

○ 금융감독정책은 투명하고 명백한 방법과 절차에 따라 추진하여 금융감독의 예측가능성 및 신뢰성 제고

○ 지속적인 규제완화와 감독규정 정비를 통해 금융의 시장기능을 활성화

□ 금융부실의 재발을 사전에 방지하고 금융시스템의 건전성과 효율성을 확보하기 위해서 금융감독시스템의 정비를 통해 금융기관에 대한 건전성 감독을 강화

○ 적기시정조치 관련 제도를 지속적으로 정비하고 리스크 평가제도 및 조기경보체제 강화 등 금융부실 예방을 위한 사전 예방적 감독기능을 제고

○ 신 자산건전성 분류제도(FLC)를 종금, 상호신용금고 등 제2금융권 금융기관에 대해 조기 도입·적용

○ 총신용공여 모니터링시스템 구축 등 금융기관의 신용위험에 대한 감독기능을 강화하고 금융기관 재무상황에 대한 상시감독 및 경영실태 평가제도 강화

□ 개방화·디지털화 추세에 대응하여 금융산업의 국제경쟁력을 강화하고 21세기 대표적 지식서비스 산업으로 육성

○ 전자금융거래의 안정성 제고 및 소비자보호 강화 등을 통해 금융산업의 디지털화 촉진

○ 금융지주회사제도 도입, 업무영역 확대, 업무제휴 활성화 등을 통해 금융기관의 겸업화·대형화를 유도

○ 국제적 모범사례에 기초하여 금융기관 경영관행의 혁신을 유도하는 소프트웨어 측면의 개혁을 적극 추진

□ 금융소비자의 다양한 요구를 파악하여 권익을 최대한 보호할 수 있도록 수요자 중심의 감독정책을 수행

○ 증권 불공정거래 조사기능 강화 및 공시제도 강화 등을 통해 투자자 보호 강화

○ 전자공시제도의 합리적 운영방안 마련 등을 통해 이용자 중심의 기업공시제도를 확립

○ 금융소비자 위주의 금융감독행정 관행 확립

5. 금융구조조정과 관련한 보완대책 추진

가. 투신사 기능 활성화

□ 하이일드펀드 및 후순위채권의 집중적 만기도래(2000.11~12월 중 5.0조원)에 대비하여 이 펀드의 유동성 확보를 위해 신규 비과세 상품을 도입(정기국회에서 세법 개정 추진)

□ 투신사가 보유하고 있는 서울보증보험 보증회사채와 한아름종금 발행어음(9.8조원)에 대해 원리금을 조속히 지급토록 지원

□ 대우와 관련한 투신사의 부담을 조기 해결

○ 투신권 보유 대우담보 CP 2.3조원(은행 포함시 3.9조원)을 자산관리공사(KAMCO)에서 조속히 매입(12월중)

○ 대우담보CP 매각에 따른 투신권 손실보전을 위해 증금채 발행금(약 3,800억원)을 우대조건으로 지원

□ MMF의 제도개선 추진(10월중)

○ Mismatch 방지를 위한 편입채권 등의 만기를 규제

○ 편입채권 등의 신용등급 하락시 가격 조정 또는 1개월 이내에 처분 의무화

– 신용등급이 복수인 경우 낮은 등급을 적용

○ 장부가와 시가 간 일정 비율(예 : 1%) 이상 괴리 발생시 보유유가증권 매각 등 적정한 조치 후 보고 의무화

○ 펀드의 순자산가치를 분기별로 확인하고 기록 제출

나. 기업부문 자금경색 완화

(1) 금융기관의 기업자금 지원 확대 유도

□ 은행이 기업의 부채비율 등만 판단하여 기업에 대한 자금지원 여부를 결정하는 관행을 지양하고 성장성 있는 기업에 대해서는 미래의 수익성을 감안하여 지원토록 유도

○ 은행이 채무상환능력이 있다고 판단한 기업에 대해 운전자금 한도를 상회하여 대출 가능토록 허용

○ 운전자금 한도 산출 기준은 은행 내규에서 규정하고 있으나 해당기업의 채무상환능력에 이상이 없다고 판단되는 경우 금융감독원 검사시 지적하지 않도록 함

□ 기 수립된 기업자금 안정대책(8.23) 중 신용대출 활성화 등 대책의 구체적 추진

○ 은행연합회를 중심으로 한 Task Force를 통해 신용대출 기준의 적정성 여부, 은행의 신속한 여신결정 방안 등 검토(9월 중)

□ 뮤추얼펀드에 대한 금융기관의 투자규제 완화
  ○ 증권투자회사(뮤츄얼펀드)는 투신사 수익증권과 동일한 금융상품이나 상법상 주식회사 형태이므로 타법인 출자제한을 받는 문제를 해소

(2) Primary CBO 발행확대 추진

□ 「기업자금 안정대책(8.23)」에 따른 Primary CBO 관련 대책을 차질없이 추진하여 중견기업의 자금경색 해소
  ○ 신용보증기금의 부분보증비율을 높이는 등 Primary CBO 발행 및 운용방안을 개선하여 기업금융 지원을 활성화
  ○ 기초자산 구성시 투기등급 채권(신용등급 BB+ 이하) 편입 비율을 1/3이상이 되도록 권고하는 등 차환발행에 어려움을 겪고 있는 중견기업 회사채 편입비율 제고 유도
□ 신용보증기금의 부분보증 없이도 은행이 기존 거래기업이 발행한 회사채에 대하여 자체 신용공여를 하는 방식으로 Primary CBO 발행을 추진하도록 유도
□ 우체국예금 등을 활용하여 채권형펀드 10조원 추가조성 추진

다. 은행의 수익성 제고

□ 은행의 차주별 신용리스크에 따른 가산금리 차등적용 체계의 조기 확립
□ 부실여신 조기 정리를 통한 실질 예대마진 제고
□ 수수료율을 현실화하여 수익기반 확보
□ FLC 제도의 조기정착을 통한 자산건전성 확보 및 효율적인 신용리스크 관리시스템 구축 지도
  ○ 은행의 내부 신용평가시스템의 개선 유도
  ○ 여신 건별 또는 여신 종류별 손실예상액에 기초한 대손충당금 적립 유도 등 대손충당금 적립시스템의 선진화

[부록 8] 동남아 3국의 금융구조조정 사례

우리나라와 거의 같은 시기에 동남아 여러 나라가 외환위기를 겪었다. 태국과 말레이시아, 인도네시아 등 3국은 그 대표적인 국가로서 외환위기를 극복하기 위한 나름대로의 거시정책을 수립하고 금융산업 구조조정을 실시하였다. 그러나 3개국의 거시정책과 금융구조조정의 방법은 매우 달랐다.

태국의 경우에는 IMF로부터 금융지원을 받고, IMF와의 협의 하에 거시경제와 금융산업정책을 운영하였으나, 말레이시아의 경우는 IMF와 관계없이 독자적인 경제정책과 금융구조조정 체계를 수립, 시행하였다. 인도네시아의 경우도 IMF의 지원을 받았으나 정치적 불안의 계속으로 경제개혁이 지연되고, 따라서 외환위기 극복에 장기간이 소요되었다.

우리나라 금융구조조정의 과정과 성과를 평가하기 위해서는 비슷한 시기의 다른 나라 사례를 비교할 필요가 있다고 보아 여기 싣는다.[1)]

태국

1. 금융위기의 발생과 정책대응

태국은 1996년부터 엔화 약세 등으로 수출이 크게 둔화되면서 경상수지

1) 윤제철 "차오프라야 강에서 한강까지" 월간 공인회계사 1999년 7월호, 윤제철 "마하티르수상의 자주경제" 월간 공인회계사 2000년 5월호, 한국자산관리공사 장선덕, "태국 부실채권시장 동향, 말레이지아 부실채권시장 동향, 인도네시아 부실채권시장 동향." 삼성경제연구소, "공적자금 투입의 성과평가" 2002. 7 등 참고.

적자폭이 확대되고 경제성장이 둔화되었다. 경상수지 악화로 외채비율이 높아지는 데다 부족한 외화자금을 단기 외화자금으로 충당하고, 단기 차입자금이 국내 부동산 등 비생산적인 곳에 투자되면서 거품이 발생하였다.

당시 태국의 통화제도는 경직적인 준고정환율제를 채택하고 있었는데, 1996년의 이 같은 외환사정으로는 바트화가 과대평가된 상태여서 환투기꾼들의 투기적 공격(태국통화 매각) 대상이 되었다. 여기에 경기침체로 도산기업이 늘고, 금융권에 부실채권이 급증하면서 금융시장의 불안이 고조되었다.

1997년 3월에는 태국의 최대 파이낸스사인 Finance One사가 파산하였으며, 상업은행들의 부실채권도 급격히 증가하였다. 그 영향으로 1997년 5월 이후 자본유출이 급격히 증가하고 자본유입은 미미하여 바트화에 대한 평가절하 압력이 가중되었다. 정부는 통화가치 하락을 방어하기 위하여 외환시장에 개입하였으며, 이로 인하여 외환보유고가 급속히 소진되었다. 이에 불안을 느낀 외국자본이 이탈하면서 주가도 폭락하여 1997년 6월 말에는 연초 대비 34.4% 하락하였다.

외환부족을 견디지 못한 태국정부는 1997년 7월 18일 IMF에 구제금융을 신청하여 8월 3일 대기성차관에 관한 협정을 체결하게 되었다. 이때 태국정부는 IMF프로그램에 의한 경제운영과 금융개혁을 약속하였다.

태국 역시 IMF협정 이후 재정 및 금융긴축, 고금리 처방 등 일련의 개혁적인 경제정책을 채택하면서 통화정책으로는 미화 1달러당 25바트로 고정되어 있던 환율을 변동환율제로 전환하였다. 긴축정책의 결과 경제성장률은 1998년 2/4분기 −12.7%, 3/4분기 −13.2% 하락하여 극도의 경기불황을 나타냈고, 변동환율제로 전환 후 환율은 1998년 1월 달러당 52.7바트까지 치솟았다. 환율폭등에도 불구하고 대외 수출은 금융위기 전 분기에 145억 달러(97년3/4분기)에서 127억 달러(99년1/4분기)로 감소되고, 외환보유고는 380억 달러에서 270억 달러 수준까지 감소되었다.

1998년 중 강력한 금융구조조정으로 대외신인도를 회복한 태국정부는 침체된 경기를 활성화시키기 위하여 1999년도에는 대대적인 경기부양책을 폈다. 그해 3월, 내수 진작과 고용창출을 주요 목적으로 35억 달러(GDP대비

2.6%) 규모의 경기부양책을 발표하고, 소비촉진을 위한 세금 인하, 저소득층의 세금감면 조치를 단행하였다. 8월에는 생산분야에 대한 투자증대를 목적으로 하는 30억 달러 규모의 경기부양책을 발표하면서 기업에 대한 자금지원을 약속하고 625개 품목에 대한 수입관세를 인하 조치했다.

정부의 이러한 조치에 힘입어 1999년 중 태국은 3.2%의 경제성장률을 기록하였고, 환율은 달러당 38바트 수준으로 안정되었으며, 4/4분기 대외수출은 155억 달러, 연말기준 외환보유고는 348억 달러 수준으로 회복되었다..

2. 금융구조조정 체계의 수립

금융부문의 개혁을 위하여 IMF는 우선 금융기관에 대한 부실채권 분류기준과 대손충당금 설정 기준을 강화하여 자기자본 확충을 유도하면서 특히 부실 파이낸스사에 대한 처리를 요청하였다. 또한 금융부문 구조조정을 전담할 금융구조조정청(FRA, Financial Sector Restructuring Authority)과 부실금융기관의 자산을 처리할 자산관리공사(AMC, Asset Management Corporation)의 설치를 요구했다.

태국정부는 곧 부실채권과 대손충당금 관련 규정을 국제기준에 맞게 수정하고, 1997년 10월 FRA와 AMC를 설립하였다. 또 예금자들의 대량인출 사태를 막기 위하여 중앙은행 산하의 금융기관개발기금(FIDF, Financial Institute Development Fund)에 예금보험기능을 공식화하였다. FIDF의 본래 기능은 금융기관들의 유동성 지원이었으나, 그 외에 예금보험 기능이 추가됨으로써 한국의 예금보험공사와 유사한 기관이 되었다.

1998년 8월 14일 정부는 금융개혁패키지를 발표했는데 그 주요 내용은 다음과 같다.

(1) 중앙은행은 6개 은행과 12개 파이낸스사에 개입하여 구주주의 주식을 소각하고 FIDF(금융기관개발기금, Financial Institutions Development Fund)를 통해 정부가 지원한 대여금을 출자전환하는 방법으로 국유화하고 자산건전성을 강화한다.

(2) 국유화된 4개 은행 중 2개 은행을 조기에 국내외 민간부문에 매각하고 나머지 은행은 자산부채 이전 또는 국유은행에 합병 등의 방법으로 구조조정 후 매각을 준비한다.

(3) 정부는 3,000억 바트 규모의 공적자금을 조성하여 금융기관의 자본확충을 지원한다. 이 자금은 금융기관들의 여건에 따라 우선주를 매입하든가 은행채를 국채와 교환해주는 방법으로 지원한다. 이 공적자금의 활용과 금융구조조정을 감독하기 위하여 금융구조조정 자문위원회(Financial Restructuring Advisory Committee)를 설치한다.

(4) 금융기관들의 (민간)자산관리회사의 설립을 허용한다. 금융기관들이 우량자산과 부실자산을 분리하여 자산관리회사로 이전시키는 데 있어 관련 세금을 면제하고 규제를 완화한다. 또한 이러한 공적자금의 조성, 은행들의 AMC설립 등 금융구조조정의 원활한 추진을 위하여 관련 법제를 정비한다.

3. 부실금융기관의 처리

태국은 1985년 중앙은행(Bank of Thailand) 산하에 금융기관개발기금(Financial Institutions Development Fund: FIDF)을 설립하여 예금자보호 및 부실금융기관의 재건과 관련 제도의 개발업무를 담당하도록 하였다. FIDF는 외환위기 이전 파이낸스사의 자금난을 덜어주기 위하여 유동성을 지원하였다.

FRA는 1997년 12월 91개의 파이낸스사 중 FIDF로부터 자금지원을 받은 56개사를 폐쇄하고, 나머지 35개사의 자본확충을 유도하였다. 이후 이들 파이낸스사의 일부는 자체적인 자본확충에 성공하였고, 7개사는 국영화하여 정상영업이 가능하게 되었으며, 나머지 중소규모 회사는 통합을 추진하였다. 이와 함께 1998년 3월 라타나신은행(Radhanasin Bank)을 설립하여 폐쇄된 56개의 파이낸스사의 우량자산을 이전, 관리하도록 하였다.

한편 은행에 대해서는 민간소유인 점을 고려하여 자체적인 자본확충을 권고하였다. 일부 소규모 은행 중에는 재무구조가 극도로 부실하여 FDIF로부터 자금지원을 받은 은행도 있었으나 이들 은행도 자체적인 자본확충을 원칙으로 하였다. 이에 따라 은행들은 독자적으로 외국의 전략적 파트너를 구했으며, 소규모 은행 중 일부는 정부의 개입 이전에 외국계에 매각되었다.

또 이미 국유화한 방콕메트로폴리탄은행과 시암씨티은행의 매각을 추진하였다. 방콕상업은행은 자산을 분리하여 우량자산은 국영 크룽타이은행(KTB)에, 부실자산은 AMC로 각각 이전시킨 후 폐쇄되었고, 퍼스트방콕씨티은행은 KTB가, 유니온방콕은행은 그룽타이다나킷트사가 각각 인수했다. 결국 태국의 상업은행은 15개에서 11개로 줄어들었다.

4. 부실채권의 처리

FRA는 56개 폐쇄 파이낸스사의 청산과정을 관리하고, 이 과정에서 8,700억 바트의 자산을 인수하였는데 이 중 영업용 핵심자산(Core Assets)은 총 6,000억 바트로 GDP의 70% 수준에 해당했다. AMC는 FRA가 인수한 자산 중에서도 가장 부실한 자산을 인수하였다.

FRA가 인수한 파이낸스사의 부실채권은 국제입찰을 통해 매각하였다. FRA는 1998~99년 중 7차에 걸쳐 국제입찰을 실시했는데 이를 통하여 총 6,145억 바트의 부실채권을 1,567억 바트에 매각하였다. 이 입찰에서 유찰된 자산은 태국 AMC가 매입하였다.

이에 비해 일반은행인 상업은행의 경우에는 개별은행 차원에서 별도의 AMC를 설립하여 부실자산을 인수하도록 하였다. 은행계 AMC로는 대형은행들이 8개의 AMC를 설립하였다. 태국 금융기관의 부실채권은 1999년 4월말 2.7조 바트(총 여신의 47.7%)로 최고치를 기록하였으나, 2001년 2월에는 1.35조 바트로 감소하였다.

2001년 들어 탁신총리가 이끄는 신정부는 태국자산관리공사(TAMC)를 설립하여 금융권의 부실채권을 인수, 정리하도록 하였다. TAMC는 그해 하반기부터 금융권의 부실채권을 인수하기 시작하여 연말까지 6,984억 바트의 부실채권을 인수하였고, 나머지 부실채권은 2002년 이후 인수하였다. 2001년 인수자산의 인수가격은 장부가격의 33.3%인 2,323억 바트(55억 달러) 정도로 추산된다.

5. 기업구조조정

태국 역시 회생 가능한 기업에 대하여는 파산에 앞서 채권금융기관과 채무기업간의 협의에 의한 채무조정 등의 지원을 통해 경영정상화를 지원했다.

민간 베이스의 기업구조조정을 지원하기 위해 정부는 태국중앙은행 산하에 기업채무조정자문위원회(CDRAC, Corporate Debt Restructuring Advisory Committee)를 두었다. CDRAC은 한국의 기업구조조정위원회와 성격이 유사하며, 기업개선작업에 있어서도 우리나라의 경우와 같이 영국식 처리방법(London Approach)을 채택하였다. 이 방식은 채무기업과 채권금융기관의 자율적인 협상에 의하여 구조조정을 추진하되 중앙은행이 적극적인 중재자로서 역할을 하는 것이다.

파산절차에 의한 부실기업 회생을 촉진시키기 위하여 정부는 1999년 2월 파산법을 개정하였다. 개정된 파산법 하에서는 채무자가 법원의 승인을 받아 재생의 기회를 가질 수 있으며, 채권자가 지급불능 상태에 빠진 기업에 대하여 추가자금을 지원할 경우에도 과거와 달리 채권회수가 가능하게 되었다. 또 파산절차의 간소화를 위하여 특별법정도 설치되었다.

이와 더불어 유질(流質, 채권자의 담보물 인수) 관련법을 개정하여 채권자가 채권회수를 신속히 할 수 있도록 하는 한편, 기업채무조정과 관련하여 자산을 매매하는 경우 관련 세금을 면제하도록 조치하였다.

말레이시아

1. 금융위기의 발생과 정책대응

1997년 태국과 인도네시아의 외환위기는 말레이시아에 파급되어 주가와 통화가치를 크게 하락시키고 물가상승과 금융기관 부실화, 외채상환 부담의 가중, 외자유출 등의 사태를 초래하게 되었다. 말레이시아 정부는 IMF에 금융지원을 요청하지 않고 신속하게 자체적인 금융 및 재정긴축에 착수하였다. 1997년 9월에는 대형 국책사업 추진을 중단하고, 12월에는 경제 긴급대책을 수립하여 1998년도 예산을 18%나 감축하는 등 IMF프로그램에 버금가는 긴축정책을 시행하였다.

재정지출과 통화증가율이 억제되자 시중금리는 5~6% 수준에서 11~12% 수준으로 상승하고, 기업의 신용경색은 곧 각 산업부문에서 생산활동을 격감시켰다. 그 결과 98년 2/4분기 경제성장률은 −6.8%를 기록하고, 주가는 지수 1000포인트에서 500포인트대로 폭락하였다.

경기침체에 불안을 느낀 정부는 1998년 6월 경제정책 기조를 긴축에서 경기부양 쪽으로 전환하여 재정지출을 당초 계획보다 19%나 확대하기로 결정하고, 7월에는 그동안 보류했던 국책 개발사업을 다시 추진하기로 하였다. 정부의 이러한 정책 전환에 대하여 미국과 IMF는 우려를 나타냈고, 외환과 주식시장에서도 부정적인 반응을 보였다. 대 미화환율이 1달러당 2.5링깃 수준에서 4.0링깃 선으로 치솟는 외환의 불안으로 물가상승, 외채부담 증가, 외자이탈 등 역작용이 나타났다.

정부는 9월 2일 환율정책을 변동환율제에서 고정환율제로(1달러=3.8링깃) 바꾸고, 링깃화(貨)의 환전과 대외거래를 제한하는 강력한 외환규제 및 자본통제 조치를 단행하였다. 이 조치에는 말레이시아 국내 증권에 투자한 외국인에 대하여 1년 이내 매도를 금지하는 파격적인 조치가 포함되었다. 이는 외국 핫머니에 의한 외환과 주식시장의 교란을 막고, 자국 통화정책에 독립성을 확보하고자 하는 정부의 의지가 반영된 것이다. 이어 9월 14일에는 은행의 지불준비율을 6%에서 4%로 조정하는 등 금리인하 정책을 발표하였고, 10월 23일에는 재정적자폭 확대와 조세감면 확대를 골자로 하는 1999년도 예산안을 편성하여 의회에 제출하였다.

정부의 이러한 조치로 1998년 3/4분기 이후 외환보유고가 증가하고 4/4분기 이후 수출이 증가하는 등 경제안정에 도움을 주었지만 경기침체는 더욱 심각해지고 있었다. 이는 자본통제조치 이후 외국인 투자가 거의 중단된 데다가 국내 은행들마저 기업부실화를 우려하여 대출을 제한하였기 때문이었다.

정부는 1999년 2월 15일 외국자본의 국외유출을 허용하는 대신 유출세를 부과하는 방식으로 자본통제를 완화하였다. 완화조치는 4월과 9월에 더욱 확대되어 외국인투자 중 상당 부문에 대하여 유출세를 물지 않고 대외로 송금할 수 있게 되었다. 정부의 이러한 시책에 힘입어 경제성장률은 1999년 2/4분기 4.1%의 흑자로 전환되었으며, 이후 대미수출의 증가와 아시아지역의 경제호전으로 1999년 평균 5.3%의 경제성장을 이룩하였다.

2. 금융구조조정

아시아지역의 금융위기가 확산되자 정부는 1998년 1월 국가경제행동평의회(National Economic Action Council, NEAC)를 구성하고 국가경제회복계획(National Economic Recovery Plan, NERP) 수립에 착수하였다. NEAC는 금융위기의 본질이 금융권이 안고 있는 거액의 부실채권에 있음을 인식하고 금융기관의 부실채권을 분리 운영할 기관과 금융기관의 취약한 자본구조를 확충해 줄 기관의 설치를 권고하게 되었다.

그해 6월 정부(재무부)는 금융기관 부실채권의 인수, 관리를 담당하는 기구로 Pengurusan Danaharta Nasional Berhard(약칭 다나하르타)를 설립하고, 이어 8월에는 금융기관의 증자 지원을 담당할 Danamodal National Berhad(약칭 다나모달)를 발족시켰다.

말레이시아의 금융기관은 대체로 은행계와 비은행계로 구분된다. 은행계 기관으로는 상업은행, 파이낸스사, 머천트뱅크와 Discount House가 있고, 비은행계로는 Money Broker, 리스회사, 벤처캐피탈, 증권사, 보험사 등이 있다. 1997년 말 현재 은행계 금융기관들의 부실채권은 총대출액 대비 4.1%였으나 금융위기가 진행된 1998년 말에는 13.4%(3개월 이상 연체기준)로 급격히 증가하였다.

당초 말레이시아 정부는 부실금융기관들의 정리를 위하여 39개인 파이낸스사를 8개로 합병하고, 22개인 상업은행도 은행간 합병할 것을 구상하였으나 별 진전이 없었다. 또 1999년 6월 말에는 국내 상업은행과 파이낸스사, 머천트뱅크를 각각 6개사로 통폐합하고, 이들을 하나씩 6개 금융그룹에 편입시키는 방안을 수립하였으나, 시행 상에 여러 가지 문제점이 대두되어 그해 10월에 철회하기도 하였다.

그 후 2000년 2월 14일에 새로운 구조조정 방안을 수립하였다. 이는 국내 54개 금융기관을 10개 앵커(주축) 은행에 통합시키는 방안이었다. 이 계획에 따라 말레이지아의 금융기관은 2001년 말까지 모두 말레이안뱅킹, RHB은행, Hong-Leong은행, 아랍말레이지안은행 등10개 은행으로 통합되었다.

한편 다나모달은 금융기관의 자본확충 기금으로 160억 링깃(4.8조원)을 정부로부터 인가받았는데 이 중 정부출자 30억 링깃, 정부보증채권발행 77억 링깃 등 107억 링깃의 자금을 조달하였다. 다나모달은 이 자금 중 75.9억 링깃을 MBf Finance사 등 10개사에 지원하고 2001년 말 현재 54.5억 링깃을 회수하였다. 미회수된 자금은 당해 금융기관의 보통주, 우선주 및 후순위채권 형태로 보유하였다.

3. 부실채권의 처리

다나하르타는 정부로부터 150억 링깃의 자금을 인가 받았으며, 그 내역은 정부의 직접출자 30억 링깃, 고용연금으로부터의 차입 20억 링깃, 정부보증채권 발행 100억 링깃 등이다. 이 자금 중 다나하르타는 90.3억 링깃을 투입하여 금융기관 부실자산 805건, 198.2억 링깃을 인수하였다.

부실자산 인수에 있어 다나하르타는 주로 부동산이나 주식을 담보로 한 500만 링깃 이상의 대출을 인수하였으며, 인수대금은 정부보증의 무이자채권으로 지급하였다. 매입가격은 담보부채권의 경우 담보물의 평가액을 지급하고, 무담보채권에 대하여는 채권액의 10%를 지급하였다.

매입방법으로 특징적인 것은 다나하르타가 부실채권을 정리하여 이익이 남는 경우 그 이익의 80%를 매각은행에 돌려주는 것이다. 한편, 평가가 곤란한 거액의 부실채권에 대하여는 채권액의 전액 또는 일부를 지급하고 사후정산을 하는 방법도 적용했다. 한국자산관리공사가 담보부채권에 대하여는 담보물 감정가액에 법원경매시 평균낙찰률을 적용하여 지급하고, 무담보채권에 대하여는 채권액의 3%를 지급하여 매입을 완결하는 것과 비교 된다.

다나하르타는 부실채권을 매입하는 외에도 Sime은행과 부미푸트라은행의 부실자산을 인수하여 대행관리하기도 하였다. 2001년 말까지 대행관리를 위하여 인수한 자산은 2,097건, 279.0억 링깃이었다.

4. 부실채권의 회수

다나하르타의 부실채권 정리는 매각 또는 처분보다는 관리에 역점을 두었다고 있다고 할 수 있다. 부실채권을 인수하면 우선 채권(채무기업)을 분석하여 회생가능성이 있으면 채무조정 등 지원을 통하여 채권의 회수가치를 높이고, 회생가능성이 없다고 판단되면 담보물을 처분하였다. 채권을 그대로 입찰, 매각하는 것은 외화표시채권에 한하였다.

채권의 회생가능성을 판단하기 위해서는 채무기업 자체의 경영능력과 당해 업종의 장래성 등 2가지 측면에서 분석하였다. 2개 측면이 모두 건전한 기업은 채무조정의 대상으로 하였고, 나머지 기업은 자산관리 대상으로 하였다. 특히 경영능력과 장래성이 모두 취약하면 바로 경매처분을 하였다.

(1) 회생가능기업에 대한 채무조정

채무조정 대상기업에 대하여는 채무상환 조건(기간, 이자율)을 완화해 주고 채무의 출자전환, 신규자금제공 등 기업회생을 지원하였다. 이때 채무상환 기간은 5년을 초과할 수 없도록 하였다. 이 기간 동안 기업주와 기업에 대하여는 재산처분을 유보하나 구주주의 주식소각과 기업에 대한 특별감독을 실시하였다. 대상 기업이 회생에 실패하는 경우 자산관리 대상으로 하였다.

(2) 특별관리인에 의한 자산관리

회생가능성이 불투명한 기업에 대하여는 특별관리인을 선임하여 경영권을 장악하고 일정기간 경영을 유지하게 하였다. 특별관리인은 이 기간 동안 당해 기업의 영업을 단계적으로 축소시키고, 보유자산의 가치를 유지시키면서 기업매각 또는 자산매각을 추진하였다. 이 과정에서 채권자의 권한은 1년간 제한되고, 특히 채권자들의 부당한 채권행사가 금지되었다.

(3) 회생 불가능한 기업의 자산처분

회생이 불가능하다고 판단되는 기업에 대하여는 즉시 담보물 처분에 들어갔다. 우리나라의 경우와 달리 다나하르타는 법원의 경매절차 없이 직접 담보물을 인수(유입)하고 처분할 수 있다. 담보물 처분은 공개경쟁입찰방식으로 실시했는데 이 입찰에는 다나하르타 자체의 부동산사업부도 참여하여 경매가격의 하락을 막았다. 다만 호텔이나 레저시설은 매각하지 않는 것을 원칙으로 하였다.

다나하르타는 2001년 말 현재 매입자산과 대행관리자산을 합하여 총 151.7억 링깃을 회수함으로써 목표액(320.3억 링깃)의 47.3%의 달성률을 보였다.

5. 기업구조조정

정부는 금융구조조정 관련 기구로서 다나하르타와 다나모달 외에 기업채무조정위원회(CDRC)를 설치하였다. 이 위원회는 1998년 7월 다나하르타와 같은 시기에 설립되어 주로 법정관리 대상 기업의 부실채무를 조정, 중재하는 업무를 수행하였다. 이 위원회는 2001년 3월까지 기업채무조정 관련 총 75건의 중재의뢰를 받아 이 중 약 300억 링깃의 부채와 관련한 46건을 처리하였고, 이 중 약 9건, 18억 링깃의 부실채권은 다나하르타에 이관하였다.

한편 이 위원회는 중소기업 구조조정을 위하여 2.9억 링깃의 기금을 조성하고, 이 중 2.4억 링깃을 일시적으로 유동성 곤란을 겪고 있는 중소기업에 지원하였다.

인도네시아

1. 금융위기의 발생

인도네시아 정부는 1970년대 이후 수하르토 대통령 주도하에 수입대체산업과 수출산업을 발전시키면서 연 6.2% 내지 7.5%의 높은 경제성장을 이룩하였다. 그러나 그동안 경제개발 과정에서 늘어난 외채가 1996년 말 1,150억 달러로 GDP 대비 51.8%에 달했으며, 1995년과 1996년에는 외국인 투자기업의 과실송금 증가 등으로 경상수지 적자폭이 각각 71억 달러와 78억 달러로 증가하였다.(1994년 28억 달러)

한편 인도네시아의 금융산업은 1988년 111개였던 은행이 1994년에는 240개로 늘어나는 등 난립하는 가운데 정부의 대출 간섭과 감독능력 부족으로 부실이 늘어났다. 또 은행의 외채관리도 허술하여 1995년 3월 현재 외화부채가 자기자본 대비 271%에 달하게 되었다.

외채규모 및 경상수지 적자가 늘어나면서 인도네시아의 루피아화(貨)는 고평가 상태가 되었다. 이러한 상황에서 1997년 중반 태국에 외환위기가 발생하여 바트화가 평가절하되자 이는 곧 인도네시아에 파급되었다. 루피아화의 대 미화환율은 7월 2일 달러당 2,435루피아에서 8월 말 2,944루피아로 급등하고, 주가지수는 730에서 494로 급락하였다.

금융위기에 직면한 정부는 대형 국책사업의 추진을 연기하고, 같은 해 10월 IMF에 금융지원을 요청하였다. IMF와의 차관협정은 10월 31일 체결되었으며, 이 협정에서 IMF를 비롯한 국제기구는 180억 달러의 자금을 지원하기로 하였고, 이 밖에도 일본, 싱가폴 등 정부가 162억 달러의 지원을 약속하였다.

IMF는 자금지원에 따른 경제프로그램을 수립하면서 정부에 대하여 금융·기업부문의 구조조정과 함께 루피아화의 안정을 위한 금융긴축, 특정 품목에 대한 독점권 폐지와 국영기업 민영화 등 산업구조조정, 예산지출의 신축적 운영과 보조금의 철폐 등을 요구하였다. 이 중 금융구조조정은 국영은행의 민영화, 부실금융기관과 부실채권의 신속한 정리와 금융기관 건전성 규제의 강화를 내용으로 하였고, 기업구조조정은 기업의 투명성 제고와 주주책임의 강화, 경영의 합리화에 중점을 두었다.

2. 금융구조조정 체계의 수립

IMF의 요구에 따라 정부는 1997년 11월 1일과 3일에 경제개혁 조치를 발표하고, 그 첫 단계로서 금융구조조정에 있어서는 16개 부실은행을 인가취소하고, 그 후속조치로서 은행 예금자에 대한 손실보상대책을 마련하였다. 이들 대책의 주요 내용은 예금자 중 소액예금자에 대하여는 원리금 전액을 보상하고, 나머지 예금자에 대하여는 해당은행의 자산을 처분하여 보상하는 것이었다.

그러나 이러한 조치들은 단기외채 문제에 대한 해결방안이 아니어서 루피아화의 투매가 계속되었다. 중앙은행은 740억 달러에 달하는 외환을 투입하여 시장개입을 하였으나 1997년 말까지 루피아화는 다시 달러당 5,400루피아로 치솟았다.

1998년 1월 정부는 금융산업의 구조조정을 추진하는 기구로서 은행구조조정청(Indonesia Bank Restructuring Agency, IBRA)을 신설하고, 부실금융기관의 자산 청산을 담당할 자산관리청(AMU)을 설립하였다. IBRA는 5년간의 한시적 기구로서 부실은행을 심사하여 회생가능성 여부에 따라 퇴출시키거나 또는 증자지원을 하고, 은행의 부실채권을 인수·정리하는 업무를 수행하도록 하였다.

IBRA는 출범과 동시에 54개 부실은행에 대한 관리에 들어갔으며, 그 해 4월에는 1차로 이들 은행 중 7개 대형은행을 정부에서 인수하고(BTO), 소형 7개 은행은 영업 정지시켜 예금을 국영은행으로 이관하도록 조치하였다. BTO은행 중 3개 은행은 8월에 영업정지되었다.

이 무렵, 그동안 경기침체와 물가상승 등 생활고에 시달리던 군중들이 수하르토토 정권의 독재에 항거하면서 반정부 시위와 폭동을 일으켰다. 이는 금융시장의 불안을 증폭시켜 은행예금 인출사태까지 초래하였다. 그해 5월 국내최대은행인 BCA에 예금인출사태가 발생하자 정부가 이를 인수하였다.

이러한 혼란으로 수하르토 대통령이 퇴진하고 부통령인 하비비가 정권을 인수하였다. 하비비 대통령은 집권 후인 9월 은행부문에 대한 종합적인 개혁방안을 수립하였다. 이 방안의 주요 내용은 국영은행에 대하여는 인도네시아 개발은행, 수출입은행 등 4개 은행을 거대은행인 Bank Mandiri로 통합하는 한편, 민간은행에 대하여는 자본적정성 비율에 따라 건전은행, 회생가능은행, 청산대상 은행 등으로 분류하고, 각각 영업 계속, 구조조정 지원 또는 정부 인수, 청산 등 여부를 결정하는 것이었다.

3. 금융기관 구조조정

이 방침에 따라 IBRA는 128개 민간은행에 대한 자산실태 조사를 실시하고 그 결과에 따른 구조조정 방안을 수립하였다. 먼저 자기자본비율이 −25% 미만으로 부실이 심한 38개 은행은 폐쇄하고, −25% 이상 4% 미만인 9개 은행에 대하여는 정부가 증자 지원하며, 자기자본비율이 4% 이상인 74개 우량은행에 대하여는 영업을 계속하도록 하되 정기적인 건전성 평가를 실시하기로 한 것이다. 나머지 7개 대형은행은 정부가 이미 인수한 바 있다.

민간은행에 대한 증자는 자기자본비율 4%가 충족되도록 하되 이에 필요한 자금의 20%는 은행이 자체적으로 조달하고, 나머지 자금은 정부(IBRA)가 지원하는 것으로 하였다. 자기자본비율 기준을 4%로 한 것은 8% 충족이 거의 불가능했기 때문이다. 또 7개 국영은행과 11개 정부인수 은행(BOT)에 대하여는 자본확충 소요금액의 100%, 12개 지방은행에 대하여는 80%를 지원하기로 하였다.

이 방안에 따른 구체적인 조치로 IBRA는 1999년 3월 민간은행 128개 중 30%에 해당하는 38개 부실은행의 폐쇄를 단행하였다. 그러나 그 후 하비비 정부는 정치·사회적인 불안으로 입지가 약화되었으며, 이 시기에 IMF의 자금지원이 중단되었다.

그해 10월에는 대통령선거를 통하여 와히드 정부가 출범하였다. 와히드정부는 그동안 수립되었던 금융개혁 방안을 본격적으로 시행하였다.

IBRA는 우선 4개 국영은행의 Bank Mandiri로의 통합을 마무리하고, 12월에는 2개의 정부인수 은행을 Danamon은행으로 합병하였다. Danamon은행은 2000년 6월 8개 정부인수 은행을 추가로 합병하였다. 또 민간은행에 있어서는 자산건전성이 악화된 2개의 민간은행을 추가로 폐쇄함으로써 폐쇄은행이 모두 66개로 늘어났다.

IBRA는 은행구조조정과 병행하여 자본확충을 실시하였다.

국영은행에 있어서는 통합은행인 Bank Mandiri의 자기자본비율 4%를 충족시키기 위하여 1999년 10월과 12월에 178조 루피아를 공급하였다. 또 BCA, Danamon 등 정부인수 은행에 대하여 70.2조 루피아를 공급하고, 자본확충 대상 민간은행에 17.8조 루피아를 지원하였다. 2000년에는 Danamon은행의 7개 정부인수 은행 합병을 위하여 29조 루피아를 투입하고, 2개 정부인수 은행의 자본확충을 위하여 15조 루피아를 지원하였다. 이로써 IBRA는 국·민영 은행의 자본확충을 위하여 총 310조 루피아를 투입하였다.

이 같은 구조조정의 결과 외환위기 이전에 238개에 달하던 상업은행이 2000년 말에는 151개로 감소하였다. 와히드정부의 이러한 개혁조치는 IMF나 선진국으로부터 긍정적인 평가를 받아 이들로부터의 자금지원이 재개되었다. 이 같은 구조조정이 진행되는 가운데 2000년에는 4.8%의 경제성장을 이룩하고, 물가상승률은 8.2%, 환율은 8,200루피아 선에서 안정되었다.

그러나 2001년에 들어와서는 경제개혁에 반발하는 구여권(군부) 세력의 책동으로 와히드정부가 퇴진하고 부통령인 메가와티가 집권하였다. 이 같은 정치불안의 영향으로 2001년 인도네시아의 경제 사정은 다시 악화되었다.

4. 부실채권과 부실은행의 정리

IBRA는 부실은행에 대한 폐쇄조치 또는 증자지원과 함께 구조조정 과정에서 취득한 자산을 관리 및 매각 처리하였다. 부실처리와 관련한 IBRA의 업무는 크게 정부인수 은행이나 자본확충 지원 은행에 대한 지분의 매각, 폐쇄은행 및 증자지원은행의 부실자산 매각, 은행 지배주주들의 위법 대출금의 회수 등으로 구성된다. 따라서 IBRA는 우리나라의 자산관리공사와 예금보험공사의 기능을 모두 가진 기관이라고 할 수 있다.

2001년 말 현재 IBRA는 은행 자본확충을 위하여 약 310조 루피아 규모의 자금을 투입하였으며, 이 가운데는 국영은행인 Mandiri은행과 정부인수 은행인 BCA 및 Danamon은행도 포함되어 있다. IBRA는 2001년 말까지 이들 지분을 매각하여 약 1조 루피아를 회수하고, 2002년 3월 BCA의 지분을 매각하여 5.6조 루피아를 회수하였다.

부실채권과 관련하여 2001년 말 현재 IBRA는 은행 부실채권의 88%에 해당하는 310.7조 루피아를 인수하였다. IBRA는 이들 부실채권을 제로(0) 가격에 인수하여 차입자(기업)에 대한 최대 채권자가 된 후 이들 채무자에게 추심하거나 부동산 또는 기업 자체를 매각하여 채권을 회수하는 것으로 하였다.

IBRA가 인수한 채권 중 21대 채무자에 대한 채권은 90.8조 루피아, 50대 채무자에 대한 채권은 138.7조에 달한다. 따라서 이들 채무자에 대한 채권을 집중적으로 회수하기 위하여 각 채무자와 MOU를 작성하여 상환일정을 조정하였다.

2001년 말 현재 IBRA의 부실채권 회수실적은 38.4조 루피아에 달한다.

이 외에 정부인수 은행의 기존 지배주주들의 위법(대출한도 초과) 대출금 회수 역시 IBRA의 중요한 업무 중의 하나이다. 2000년 말 산정된 해당자들의 대출금 상환 의무금 규모는 112.8조 루피아에 달한다.

5. 기업구조조정과 외채조정

1998년에 들어서 인도네시아정부는 통신·시멘트·항만·공항·철강·광산 등 8개 부문 12개 공기업의 민영화를 추진해 왔고, 민간기업에 대하여도 강도 높은 구조조정을 실시하였다. 그런데 이들 기업들의 구조조정을 추진하기 위해서는 막대한 규모의 채무문제가 해결되어야 하고, 이를 위해서는 법원을 통한 파산절차가 원활히 이루어져야 했다. 그러나 기존의 파산법은 과거 식민지시대에 제정되어 기업파산에는 거의 적용된 사례가 없었다. 이에 정부는 1999년 4월 정부령을 제정하여 파산을 위한 청산절차와 기업회생을 위한 채무유예 절차를 새로 도입하고, 기업의 파산사건을 전담할 특별상업법정을 설치하였다.

한편 정부는 민간기업의 800억 달러에 달하는 막대한 규모의 외채상환을 지원하기 위하여 1998년 2월 채무협상단을 구성하여 서방 채권단과 교섭하고, 협상결과에 따라 외채구조조정청(INDRA, Indonesia Debt Restructuring Authority)을 설립하였다.

정부와 채권단간의 협상에 의해 채무기업은 인도네시아 중앙은행의 주선으로 채권은행과 채무조정을 추진하게 되었고, 채무조정에 대한 합의가 이루어지는 경우 INDRA는 채무기업의 외환 구입창구 역할을 하였다. 즉, 채무기업은 채무를 매월 루피아화로 INDRA에 분할 상환하고, INDRA는 채무조정 조건에 따라 외화로 채권은행에 상환함으로써 환율변동에 따르는 기업의 손실을 면하게 하였다.

이밖에 인도네시아 정부는 채권자와 채무자가 법원에 화의를 신청하지 않고도 자발적으로 채무를 조정할 수 있는 제도(Jakarta Initiative)를 추진하였다.

3개국 구조조정의 성과

태국, 말레이시아, 인도네시아 등 3국은 약 4년간의 구조조정 결과 금융권의 부실자산이 크게 감소하였고, 경제는 마이너스 성장에서 벗어나 2000년에 비교적 높은 성장률을 보였으나 2001년 세계적인 경기후퇴로 성장이 둔화되었다.

이 기간 중 각국 금융부문의 부실은 대폭 감소하였다. 총 여신에 대한 부실채권 비율은 태국과 인도네시아의 경우 1998년 1월의 45%, 49%에서 2001

년 말에는 10%, 12%로 각각 낮아졌으며, 말레이시아의 경우는 같은 기간 13.6%에서 11.5%로 낮아졌다. 다만 인도네시아의 경우는 IBRA에서 부실채권을 인수한 후 정리 실적이 미미하여 전체적인 부실규모는 크게 줄지 않았다. 같은 기간 우리나라 금융권의 부실채권 비율은 10.4%에서 5.4%로 개선되었다.

경제성장률은 태국의 경우 1998년 -10.5%에서 2000년 4.6%로 높아졌다가 2001년 1.8%로 하락하였고, 말레이시아는 같은 기간 -7.4%에서 8.3%로 높아졌다가 0.4%로 낮아졌으며, 인도네시아의 경우는 -13.1%에서 4.9%로 높아졌다가 3.3%로 하락하였다. 우리나라 역시 1998년 -6.7% 성장에서 1999년에 10.9% 성장을 기록하였으나 2001년에는 3.0% 성장에 그쳤다.

[부록 9-1] 대우그룹 계열사 구조조정 사례

대우그룹 12개 계열사별 기업개선작업 추진내용을 살펴보면 다음과 같다.[1)]

1. (주) 대우

1999년 말 현재 (주)대우는 자산총계 12.9조원, 부채총계 30.3조원으로 17.4조원의 자본잠식 상태에 있었고, 1999년 중 22.3조원 매출에 20.2조원의 당기순손실이 발생하였다.

(주)대우 1999년도(말) 요약 재무제표

(단위: 십억원)

유동자산	9,087	유동부채	18,556	매출액	22,287
고정자산	3,778	고정부채	11,727	매출원가	22,895
		부채총계	**30,283**	매출총이익	−608
		자본금	708	영업이익	−9,091
		자본총계	−17,418	경상이익	−15,960
자산총계	12,865	**부채자본총계**	12,865	**당기순이익**	**−20,237**

(주)대우는 2000년 3월 15일 채권금융기관협의회(이하 협의회)와 기업개선약정을 체결하였다. 약정의 주요 내용은 회사의 무역부문과 건설부문을 분할하여 새로운 회사를 설립하고, 신설회사에는 양 부문의 영업용 자산과 부채를 분할·이전하며, 부채의 출자전환, 기존채무의 상환유예, 이자율 완하, 신규자금 지원 등의 지원을 통하여 경영정상화 작업을 추진하는 것이었다.

1) 이하 계열사별 기업개선작업 추진 내용은 금감원 전자공시시스템에서 공시하는 사업보고서, 감사보고서 등을 참고한 것임.

(1) 회사분할

㈜대우는 2000년 7월 22일 임시주주총회의 승인을 받아 2000년 12월 27일에 ㈜대우건설과 ㈜대우인터내셔널을 분할, 신설하였다. 분할의 방법은 다음과 같이 하였다.

① 회사 분할은 분할회사(분할 전 ㈜대우)의 주주가 신설회사의 주주가 되는 인적분할 방식으로 하며, 분할 후 신설회사는 상장법인으로 한다. 분할회사의 주주에게는 소유주식 1주당 아래의 비율로 주식을 병합하여 신주를 배정하고, 1주 미만의 단수주에 대해서는 증권거래소를 통하여 매각을 완료한 후 현금으로 지급한다.

구 분	대우인터내셔널	대우건널	계
일반주주	0.0814326	0.1565674	0.238
채권금융기관	0.0480907	0.0924622	0.1405529

② 신설회사는 별도로 정하지 않은 한 분할회사의 채무 중에서 출자한 재산에 관한 채무만을 부담하며, 신설회사로 이전되지 않은 다른 채무에 대해서는 연대하여 변제할 책임을 지지 않는다.

③ 신설회사의 자산, 부채, 자본은 다음의 순으로 결정한다.

자산에는 고유의 건전자산, 사업 무관 자산 및 자구계획 대상 자산 중 무수익자산 및 회수불능채권 등을 제외한 자산 전체로 결정한다. 자본총액은 신설회사로 이전될 자산총액에 각 신설회사별 목표 부채비율(무역회사 940%, 건설회사 500%)을 적용하여 확정한다. 부채는 자산총액에서 자본총액을 차감한 금액으로 결정하되, 사업부문별 고유 영업부채(영업 관련 차입금 포함), 협의회에서 결의한 신규 지원자금 및 비협약채권자와의 협상 결과에 따라 각 신설회사가 부담하게 될 금액 및 자산총액에서 자본총액 및 상기 부채금액을 차감한 적정차입금 해당 금액으로 한다.

④ 신설회사가 승계하는 부채는 신설회사의 대차대조표에 반영되는 것에

한한다. 다만, 2000년 2월 29일 협의회에서 결의한 이행성 보증채무 및 2000년 12월 23일 협의회에서 결의한 비협약채권자에 대한 우발채무는 승계한다.

분할 전후의 자산·부채 변동

회사의 분할은 2000년 12월 27일 실시되어 ㈜대우로부터 대우건설 및 대우인터내셔널이 분할 설립되었다. 분할에 의해 이전된 자산·부채와 분할 전후의 요약 대차대조표는 다음과 같다.

㈜대우 분할 전후 대차대조표

(단위: 백만원)

구 분	분할전 ㈜대우	대우건설	인터내셔널	분할후 ㈜대우
유동자산	6,019,781	3,565,271	1,839,749	614,761
고정자산	3,285,883	1,719,157	1,005,583	561,143
자산총계	**9,305,664**	**5,284,428**	**2,845,332**	**1,175,904**
유동부채	8,520,482	1,618,493	1,412,347	5,489,642
고정부채	13,496,636	2,785,197	1,159,395	9,552,044
부채총계	**22,017,118**	**4,403,690**	**2,571,742**	**15,041,686**
자본금	1,445,240	179,000	93,100	1,173,140
잉여금	−14,603,323	−	−	−14,603,323
자본조정	446,629	701,738	180,490	−435,599
자본총계	**−12,711,454**	**880,738**	**273,590**	**−13,865,782**
부채자본총계	**9,305,664**	**5,284,428**	**2,845,332**	**1,175,904**

(2) 채권단과의 채무약정 주요 내용 (분할 후 ㈜대우)

① 채무상환 유예

2004년 12월 31일까지 채무상환을 유예하되 그 기한은 자산처분 완료시까지로 한다. 그 이후에는 유예기간 종료 전 3개월 이내에 영업활동, 자산매각 등 현금흐름을 감안하여 협의회에서 다시 결정한다.

② 이자의 처리

경과이자(1999.8.25까지의 미수이자)는 피담보채권 상환 후 잉여 현금흐름 범위 내에서 최우선 상환한다. 발생이자(1999.8.26부터 2004.12.31까지의 이자)는 원화 담보채권은 각 은행계정 Prime Rate로, 외화 담보채권은 3개월 Libor+1.0%로 하고 무담보채권은 면제한다. 이자 납부는 상환유예기간까지 유예하되 당해 자산 매각시에는 지급한다.

③ 단기대출금 등의 중장기 대출로의 전환

미수금, L/C부도 및 기타 연체대출금을 중장기 대출금으로 전환한다.

④ 존속법인으로 이전될 지급보증 담보여신 및 회사채

지급보증담보 여신은 만기시 대출기관과 보증기관이 협의 연장한다. 파산절차 개시시 채권보유기관은 채권신고를 유보하며, 파산법인이 파산채권자에게 최종 배당하는 시점에서 보유기관이 채권 평균배당률 해당액에 대하여 조기상환 청구권을 행사한다.

⑤ D/A 매입채권, 리스채권, 경남기업 관련 산업합리화 여신 등도 만기를 연장하고 이자율을 인하 조정한다.(내용 생략)

존속법인 (주)대우는 위와 같이 2004년 말까지 채무상환 유예를 받았으나, 2004년 12월 14일 협의회의 결의에 의해 상환기간을 2006년 3월 말까지 연장 받았다. 유예기간이 종료된 후 회사는 서울지방법원에 파산을 신청하였다.

(3) 대우인터내셔널

㈜대우의 무역부문은 2000년 12월 27일 기준 인적분할을 통하여 대우인터내셔널(이하 회사)로 설립되고 2001년 3월 23일 상장되었다. 무역부문은 분할설립되기 전 협의회로부터 1차 채무조정을 받았으나 2001년 12월 29일 협의회의 결의에 의하여 2차 채무조정을 받았다.

1, 2차 채무조정 내역은 다음과 같다.

1차 채무조정(신설회사 해당분)

① 채권 상환청구의 유예

협의회에서 결의한 채권행사 유예 대상인 모든 채권(부도처리된 수출 L/C 관련 외환매입 포함)과 보증채무 이행청구권에 대하여 2003년 말까지 상환청구를 유예한다.

② 이자의 처리

원화자금 중 담보채권은 각 은행의 은행계정 Prime Rate, 무담보채권은 Prime Rate − 1.0%로 한다. 외화자금 중 담보채권은 3개월 Libor + 1.0%, 무담보채권은 3개월 Libor로 한다. 1999년 8월 26일 이후 2000년 6월 30일까지의 이자는 2000년 말까지 지급을 유예하고, 유예된 이자는 2001년 1월 1일부터 3년간 매 분기 말 균등상환하며, 2000년 7월 1일 이후 발생이자는 매 분기 말 후취한다.

③ 단기대출금 등의 중장기대출로의 전환

1999년 8월 26일 이전의 당좌대출 등 단기대출금 대지급금, 미수금, L/C 부도 및 기타 연체대출금(당좌대출은 별도로 할 수 있음)을 중장기 대출금으로 전환한다.

④ 출자전환

신설회사가 부담할 금융기관채권 중 적정채무와 개시자본금 및 자본조정을 제외한 금액(예정금액 1,274억원)을 출자로 전환한다.

⑤ 지급보증 담보여신 및 회사채

지급보증담보 여신은 만기시 대출기관과 보증기관이 상호 협의하여 만기연장하고, 보증회사채는 만기시 보유기관과 보증기관이 상호 협의하여 유예기간 범위 내에서 3년 단위로 차환발행한다.

⑥ 신규자금 지원

Local L/C 개설 4,300억원, D/A 매입 3.7억 달러, 외화지급보증 1억 달러, 수입 L/C 3.2억 달러를 신규 지원한다.

2차 채무조정

① 출자전환 등

채권 매수청구권을 행사한 금융기관의 채권 279억원을 제외한 차입금 2,548억원을 출자전환한다. 배분 기준은 2001년 9월 30일 현재 신규 지원자금과 담보채권을 제외한 무담보채권 금액의 비율로 하며, 출자전환에 앞서 먼저 의무 전환조건부 전환사채를 발행한다.

② 기존채권의 금리조정

출자전환 후 잔여 무담보채권에 대하여 출자전환 결의일로부터 2003년 12월 31일까지 금리를 조정한다. 적용금리는 원화는 각행 Prime Rate + 2%, 외화는 3M Libor + (3M Libor x 3/P)로 한다.

기업개선작업의 종료

회사의 사업은 워크아웃 개시 전인 1999년 19.5조원(무역부문)이었던 매출액이 2001년 4.3조원으로 감소하는 등 그룹해체 후 영업이 크게 위축되었으나, 기업개선계획에 의한 채권단의 채권 출자전환 등 지원에 힘입어 재무구조가 개선되고 당기손익도 흑자로 전환되었다.

이에 따라 협의회는 2002년 11월 19일 회사를 워크아웃 대상 기업에서 워크아웃 자율추진 기업으로 전환하고, 이후 회사에 파견하였던 경영관리단을 자금관리단으로 축소 운영하였으며, 2003년 12월 30일에는 기업개선작업을 종료하였다.

다만 기업개선작업이 종료된 후 특정 금융기관이 일시에 채무상환을 요구하는 경우 경영의 안정성을 저해할 수 있으므로 협의회는 잔여 채권에 대한 금융조건을 다음과 같이 조정하였다.

① 채권의 상환

채권금융기관별 분할 상환표에 의거하여 11년 분할 상환한다(단, 한국수출보험공사 차입금 등은 현행상환계획 유지). 다만 잉여 현금흐름이 있는 경우 회사는 잔여채권 분할상환 일정 이전 또는 만기 전 상환을 요청할 수 있으며, 요청받은 해당 금융기관은 중도상환수수료 등을 부과하지 않고 이에 응하기로 한다.

② 금리적용

원화차입금에 대하여는 3년제 국고채 금리+1.5%, 외화차입금에 대하여는 3M Libor + 1%를 적용하며, 이는 2005년 12월 31일까지 적용하되 개별 협의를 통해 별도 조정 또는 연장할 수 있다.

대우인터내셔널 2003년 말 요약 재무제표

(단위: 10억원)

유동자산	656	유동부채	307	매출액	4,131
고정자산	981	고정부채	508	매출원가	3,763
		부채총계	**1,115**	매출총이익	368
		자본금	473	영업이익	78
		자본총계	522	경상이익	50
자산총계	1,637	**부채자본총계**	1,637	**당기순이익**	**54**

분할설립 당시 회사의 자본금 규모는 931억원이었으나, 수차에 걸친 출자전환 등으로 기업개선작업 종료시 자본금은 4,729억원으로 크게 늘어났으며, 최대주주는 자산관리공사로 37.1%의 지분을 소유하고 있다. 2006년 말 현재 자산관리공사는 회사에 대한 매각시기를 검토 중이다.

2003년 말 재무상태는 앞의 재무제표와 같이 개선되었다.

(4) 대우건설

㈜대우의 건설부문은 2000년 12월 27일 기준 인적분할을 통하여 대우건설(이하 회사)로 설립되고, 2001년 3월 23일 증권거래소에 상장되었다.

회사는 분할 설립되기 전 채권금융기관으로부터 1차 채무조정을 받았으며, 2001년 12월 29일 협의회의 결의에 의하여 2차 채무조정을 받았다. 1, 2차 채무조정의 방법은 모두 대우인터내셔널의 경우와 유사하다.

회사는 워크아웃 개시 후 그룹 해체와 관계없이 매출이 신장되면서 수익성이 향상되었으며, 기업개선계획에 의한 채권단의 채권 출자전환 등 지원에 힘입어 재무구조가 개선되었다. 이에 따라 협의회는 2002년 11월 19일 워크아웃 대상 기업에서 워크아웃 자율추진 기업으로 전환하고, 경영관리단을 자금관리단으로 축소 운영하였으며, 2003년 12월 30일에는 기업개선작업을 종료하였다.

기업개선작업 종료와 함께 채권금융기관은 잔여채권에 대한 금융조건을 다음과 같이 조정하였다.

① 채권의 상환

7년 분할로 매년 말 상환, 다만 잉여 현금흐름에 따라 만기 전 상환을 금융기관에 요청할 수 있으며, 요청받은 금융기관은 중도상환수수료 등을 부과하지 않고 이에 응한다.

② 금리적용 및 이자수취 등

원화차입금에 대하여는 3년제 국고채 금리+1%, 외화차입금에 대하여는 3개월 Libor+1%를 적용하며, 유예이자 잔여분은 2003년 말 전액 지급한다. 이는 2005년 말까지 적용한다.

분할설립 당시 회사의 자본금 규모는 1,790억원이였으나, 수차의 출자전환 등으로 기업개선작업 종료시 1조 6,726억원으로 늘어났으며, 2003년 말 재무상태는 다음과 같이 개선되었다.

대우건설 2003년 말 요약 재무제표

(단위: 10억원)

유동자산	3,349	유동부채	1,889	매출액	4,231
고정자산	1,952	고정부채	1,509	매출원가	3,738
		부채총계	**3,398**	매출총이익	483
		자본금	1,673	영업이익	313
		자본총계	1,903	경상이익	227
자산총계	5,301	**부채자본총계**	3,301	**당기순이익**	**164**

2003년 12월 협의회는 기업개선작업 종료 결의와 함께 채권금융기관 중 1% 이상의 지분을 보유한 12개 기관이 '출자전환주식 공동매각협의회'를 구성하였다. 협의회는 최대주주(44.36%)인 자산관리공사를 간사기관으로 하여 구성원이 보유한 출자전환주식(의무전환 CB포함)은 2004년 말까지 매

각을 제한하기로 하고, 그 후 매각시에도 공동으로 매각하기로 결의하였다.

매각제한기간 종료 후 간사기관인 자산관리공사(44.36% 최대주주)는 이 회사에 대한 매각을 추진하여 2006년 11월에 금호컨소시엄에 매각하였다.

2. 대우중공업

1999년 12월 말 ㈜대우중공업은 자산총계 9.0조원, 부채총계 9.8조원으로 0.8조원의 자본잠식이 있었으며, 1999년 중 연간 매출액 5.0조원에 4.0조원의 손실이 발생하였다. 이 회사에 대한 기업개선약정은 2000년 1월 20일 체결되었으며, 이 약정 역시 회사의 분할, 금융조건의 완화 및 분할 신설회사에 대한 채권의 출자전환을 주요 내용으로 하는 것이었다. 회사는 2000년 6월 27일 임시주주총회에서 종합기계 사업부문과 조선해양 사업부문을 분리하여 대우종합기계㈜와 대우조선공업㈜을 신설하기로 결의하고, 2000년 10월 23일 분할을 완료하였다.

(1) 회사분할

대우중공업 회사 분할의 방법은 다음과 같이 하였다.

① 회사분할은 분할회사(분할 전 대우중공업)의 주주가 신설회사의 주주가 되는 인적분할 방식으로 하고, 분할 후 기존의 회사는 존속하며, 신설회사는 상장법인으로 한다. 분할 기준일은 1999년 8월 31일로 한다.

분할회사의 주주에게 소유주식 1주당 존속회사와 신설회사의 신주를 다음과 같은 비율로 차등 배정한다.

구분	존속법인	대우조선공업㈜	대우종합기계㈜
	보통주, 우선주	보통주, 우선주	보통주, 우선주
일반소액주주	각 0.6058000	각 0.2134000	각 0.1808000
대우계열사	각 0.9033158	각 0.0497341	각 0.0469501
산업은행	각 0.8066315	각 0.0994683	각 0.0939002

[주] 대우계열사는 (주)대우, 김우중 회장, 대우전자, 대우통신, 대우자판(주)

③ 신설회사들의 자산, 부채, 자본 결정 방법은 출자에 의하여 이전할 자산과 자본금을 먼저 확정한 후 신설회사가 인수할 부채 규모를 정한다.

④ 분할회사는 조선회사에 자산총액 4조 424억원, 자본금 2,458억원, 기계회사에 자산총액 3조 2,090억원, 자본금 2,135억원을 각각 이전한다. 신설회사들은 별도로 정하지 않은 한 분할회사의 채무 중에서 출자한 재산에 관한 채무만을 부담한다.

⑤ 채권금융기관은 조선회사와 기계회사의 설립과 동시에 그 보유채권을 아래와 같이 출자로 전환한다.

(단위: 백만원)

	개시자본금	출자전환	증자 후 자본금
조선회사	245,773	747,159	992,932
기계회사	213,484	627,394	840,878

(2) 대우조선공업

대우조선공업(이하 회사)은 회사 분할일인 2000년 9월 30일을 기준으로 대우중공업의 자산·부채 일부를 다음과 같이 인수하였다.

대우조선공업의 자산 · 부채

(2000. 9. 30현재, 단위: 백만원)

유동자산	1,292,462	유동부채	1,478,685
고정자산	1,785,057	고정부채	2,079,374
		부채총계	**3,558,059**
		자본금	245,773
		자본총계	△480,540
자산총계	**3,077,519**	**부채자본총계**	**3,077,519**

회사 설립 후인 12월 14일에 채권금융기관은 대출채권의 일부를 7,462억원의 출자로 전환함에 따라 자본금이 9,920억원으로 증가하였으며, 출자전환으로 인하여 산업은행은 동사의 최대주주(41.25%)가 되었다. 회사는 2001년 2월 2일에 주식을 상장하였다.

워크아웃 개시 후 사업은 매출이 크게 늘지 않는(1999년 2.7조원, 2001년

23.0조원) 등 영업 면에서의 호전은 없었으나 채권단의 채무조정 등 지원에 힘입어 재무구조가 크게 개선되었다. 협의회는 2001년 8월 23일 기업개선작업을 종료하였으며, 그 후 회사는 2002년 3월 16일 기업이미지 제고 및 해양사업 확대를 위하여 사명을 대우조선해양(주)으로 변경하였다. 기업개선작업 종료시 회사의 자본금은 9,920억원이었으며, 최대주주는 산업은행으로서 총주식의 42.1%를 보유하고 있었다.

2006년 말 현재 산업은행은 회사 매각의 시기를 검토 중이다.

2001년 말 재무상태는 다음과 같이 개선되었다.

대우조선해양 2001년 말 요약 재무제표

(단위: 10억원)

유동자산	1,233	유동부채	1,935	매출액	3,016
고정자산	2,047	고정부채	568	매출원가	2,513
		부채총계	**2,503**	매출총이익	503
		자본금	992	영업이익	292
		자본총계	777	경상이익	232
자산총계	3,280	**부채자본총계**	3,280	**당기순이익**	161

(3) 대우종합기계

대우종합기계(이하 회사)는 회사 분할일인 2000년 9월 30일을 기준으로 대우중공업의 자산·부채 일부를 다음과 같이 인수하였다.

분할일 기준 대우종합기계 자산 · 부채현황

(2000. 9. 30현재) (단위 : 백만원)

유동자산	1,203,621	유동부채	1,064,777
고정자산	1,289,957	고정부채	1,741,182
		부채총계	**2,805,959**
		자본금	213,484
		자본총계	−312,381
자산총계	2,493,578	**부채 · 자본총계**	2,493,578

12월 14일 채권금융기관이 대출채권의 일부를 6,263억원의 출자로 전환

함에 따라 자본금은 8,398억원으로 증가하였으며, 출자전환으로 인하여 자산관리공사는 최대주주(35.96%), 산업은행은 2대주주(21.91%)가 되었다. 회사는 2001년 2월 2일에 주식을 상장하였다.

워크아웃 개시 후 사업은 매출액이 오히려 감소하는 등(1999년 1.7조원, 2001년 1.5조원) 영업 면에서는 부진하였으나 기업개선계획에 의한 채권단의 출자전환 등 지원에 힘입어 수익성과 재무상태는 크게 개선되었다. 이에 협의회는 11월 30일 기업개선작업을 종료하고, 당시 시장금리를 감안하여 금융조건을 조정하였다.

2001년 말 재무상태는 다음과 같이 개선되었다.

대우종합기계 2001년 말 요약재무제표

(단위: 10억원)

유동자산	1,233	유동부채	782	매출액	1,540
고정자산	1,090	고정부채	876	매출원가	1,220
		부채총계	**1,658**	매출총이익	320
		자본금	840	영업이익	72
		자본총계	655	경상이익	80
자산총계	2,313	**부채자본총계**	2,313	**당기순이익**	**84**

2005년 4월 최대주주인 자산관리공사와 산업은행의 주식매각으로 회사는 두산그룹에 인수되었으며, 이를 계기로 회사명이 두산인프라코어㈜로 변경되었다.

3. 대우전자

대우전자(이하 회사)는 2000년 1월 26일에 기업개선작업 약정을 체결했는데, 이 약정은 회사의 부동산 매각, 계열회사 정리, 인력구조조정 등 자구계획과 금융조건의 완화를 주 내용으로 하였다.

금융조건 완화의 내용은 모든 유예대상 채무를 2004년 말까지 상환유예하고 채무의 일부를 출자전환하며, 원화대출, 외화대출, 담보대출, 무담보대출 등 종류별로 대출금 이자를 조정하고, 회사가 다른 대우계열 기업개선작업 대상기업 11개사를 위해 제공한 보증은 소멸하는 것으로 하였다.

(1) 재무 및 사업구조조정

위 약정에 따라 채권금융기관은 2001년 8월에 대출채권 4,050억원을 출자전환하고, 11월에 자본금을 7:1의 비율로 감자한 후 대출채권 3,300억원을 추가로 출자전환함으로써 자본금이 총 4,484억원이 되었다. 2차에 걸친 출자전환으로 대주주는 종전 오리온전기(주)에서 자산관리공사(12.27%)로 변경되었다.

또한 자구노력의 일환으로 2001년 7월 반도체 사업부문을 광전자(주)로 양도한 데 이어 10월에는 교통자동화 사업부문을 대우정보시스템(주)로, 12월에는 특산사업부를 (주)한화로 양도하고, 2002년 4월에는 원격검침기 부문을 서창전기통신(주)로, 7월에는 LTCC-M을 오리온전기(주)로 양도하였다.

그러나 이러한 부분적인 사업양도만으로는 재무상태가 크게 개선되지 않았다.

대우전자 2002년 6월 말 요약재무제표

(단위: 10억원)

유동자산	1,468	유동부채	1,881	매출액	1,446
고정자산	1,121	고정부채	3,950	매출원가	1,271
		부채총계	**5,831**	매출총이익	175
		자본금	448	영업이익	34
		자본총계	−3,242	경상이익	−122
자산총계	**2,589**	**부채자본총계**	**2,589**	**당기순이익**	**−122**

이에 협의회에서는 우량사업부문을 관련 채무와 함께 별도의 회사에 분리, 이전하는 방안을 추진하여 2002년 10월 25일 영상(TV), 냉장고, 에어컨 및 기타 생활기기 등 우량사업부문을 자회사인 대우모터공업에 양도하였다. 사업 양도시 1조 8,033억원의 자산과 1조 9,218억원의 부채를 함께 이전함으로써 1,185억원의 이익이 발생하였다. 대우모터공업은 2002년 10월 25일자

대우전자㈜의 주요 사업부문을 인수하고 상호를 ㈜대우일렉트로닉스로 변경하였다.

(2) 대우일렉트로닉스

대우모터공업㈜는 1987년 10월에 설립되어 가전제품용 소형 모터를 제조, 판매하는 기업으로서 규모가 매우 작으면서도 재무구조가 양호하여 대우전자의 자산·부채를 이전하기에 적합하였다. 그러나 대우일렉트로닉스(이하 회사)는 대우전자의 사업을 인수하는 과정에서 1,651억원(인수자산·부채 차액 1,185억원, 자산·부채 평가손실 466억원)의 영업권 대가를 지급함으로써 막대한 손실을 부담하게 되었다. 이를 보전하기 위하여 채권금융기관은 2002년 11월 15일 채무의 출자전환 등 금융조건의 완화를 골자로 하는 기업개선작업약정을 체결하였다.

이 약정에 따라 채권금융기관은 2002 년 11월과 12월에 총 5,193억원의 채권을 출자로 전환함으로써 자본금을 5,323억원으로 증가시켰다. 그 결과 2002년 말 부채비율은 334.11% 수준이 되어 분할 전(2002. 6월말) 대우전자의 자산대비 부채 초과(2.25배) 상태를 벗어났다.

2003년 4월 30일에는 대우전자의 카오디오 부문 등 잔존사업을 모두 양수하면서 195억원의 자산과 81억원의 부채를 이전받고, 그 차액 113억원에서 7억원의 자산·부채 평가손실을 차감한 106억원의 대금을 지급하였다.

2005년 말 현재 재무상태와 2005년 중 손익 현황은 다음과 같다.

대우일렉트로닉스 2005년 말 요약재무제표

(단위: 10억원)

유동자산	748	유동부채	523	매출액	2,157
고정자산	907	고정부채	757	매출원가	1,881
		부채총계	**1,280**	매출총이익	276
		자본금	532	영업이익	−75
		자본총계	375	경상이익	−151
자산총계	1,655	**부채자본총계**	1,655	**당기순이익**	**−94**

채권의 출자전환을 통하여 자산관리공사가 최대주주(57.4%)가 되었다. 워

크아웃이 진행 중인 가운데 워크아웃 주관은행인 우리은행과 최대 주주인 자산관리공사는 2006년 들어 회사에 대한 국내외 매각을 추진하였다. 그 결과 그해 9월 인도의 가전업체인 비디오콘을 우선협상자로 선정하였으나 가격 및 채무상환 방법에 이견이 있어 매각이 무산되었다.

4. 대우자동차

1999년 12월 말 현재 대우자동차(이하 회사)는 부채비율이 3,675%에 달하는 부실한 재무구조와 함께 1999년 중 6.1조원의 매출에 4.6조원 정도의 대규모 손실을 발생시키고 있었다.

대우자동차 1999년 말 요약재무제표

(단위: 10억원)

유동자산	6,244	유동부채	9,399	매출액	6,125
고정자산	11,913	고정부채	8,277	매출원가	5,554
		부채총계	**17,676**	매출총이익	571
		자본금	4,560	영업이익	−721
		자본총계	481	경상이익	−2,931
자산총계	**18,157**	**부채자본총계**	**18,157**	**당기순이익**	**−4,640**

채권금융기관은 경영정상화를 지원하기 위하여 2000년 1월 20일 기업개선약정을 체결하였다. 이 약정은 회사의 자구노력과 함께 채무의 출자전환, 금융조건의 완화, 신규자금의 지원, 보증채무의 해소 등을 주 내용으로 하였다.

그러나 채권단의 지원에도 불구하고 인원 감축에 대한 노조의 동의서 거부 등 자구노력의 미흡으로 경영정상화를 이루지 못하고 2000년 11월 8일 최종부도 처리되었다. 따라서 위 기업개선약정은 무효가 되었으므로 채권단은 11월 10일 즉시 법원에 법정관리를 신청하였다. 회사정리절차 개시 인가가 결정되자 2001년 8월 16일 회사정리계획안을 제출하여 2002년 5월 6일 법원인가를 받았다. 그러나 이 정리계획안은 후에 회사의 주요 사업부문을 미국 GM에 매각하기로 결정됨에 따라 정리계획 변경계획안을 제출하여 2002년 9월 30일 변경인가를 받았다.

(1) 회사 매각의 추진

주관은행인 산업은행과 채권금융기관은 2000년 1월 이후 회사 매각을 추진하여 6월 29일 미국 포드사를 우선협상 대상자로 선정하고 협상을 진행하였으나 9월 15일 포드 측의 포기로 1차 매각은 무산되었다.

그 후 1차 매각시 입찰에 참여하였던 GM이 10월 8일 인수 의사를 밝혀 옴에 따라 GM과의 매각협상을 진행하였다. GM과의 협상은 다시 해외법인의 선별 인수, 우발채무에 대한 보증 등을 둘러싼 논란으로 장기간 난항을 겪었으나, 2001년 11월 20일 타결되었다. 협상 결과를 토대로 회사와 산업은행(채권금융기관 대표)과 GM은 2002년 4월 30일 기본거래계약(MTA, Master Transaction Agreement)을 체결하였다.

합의된 매각 조건은 다소 복잡하나 주 내용은 다음과 같다.

① GM은 회사의 사업부문 중 군산 승용차공장, 창원 공장, 해외 2개 생산법인과 22개 판매법인을 인수한다. 이들 사업부문의 인수를 위하여 GM과 채권단은 각각 4억 달러(67%)와 1.97억 달러(33%)를 현금 출자하여 법인을 설립한다.

② 신설법인은 위 사업부문을 인수하고 그 대가로 회사 채무 중 금융기관 채무 12억 달러, 공익채권 및 해외채권 8.34억 달러 등 20.34억 달러를 인수한다.

③ 신설법인이 인수한 채무 중 금융기관 채무 12억 달러에 대하여는 전액 15년 만기의 상환 우선주식을 발행, 지급하여 상환에 갈음한다. 상환주식의 배당률은 연차적으로 2~7%로 하여 현금 또는 주식으로 지급한다.

한편 부평공장의 자동차 생산설비는 채권단 주도로 설립되는 별도법인에 넘기기로 하였으며, 이 신설회사는 GM과 6년간 장기공급계약을 맺고 운영한 뒤 경쟁력이 회복되면 GM이 인수할 수 있도록 하였다. 또 인수대상에서 제외된 부산의 버스공장 부문과 군산의 트럭공장 부문은 국내외 투자자들에게 사업매각 방식으로 처분하고, 해외 현지법인은 독자 생존하거나 매각, 청산 등의 방법으로 처리하기로 하였다.

(2) 회사정리계획의 변경

회사는 위 기본계약을 반영한 회사정리계획 변경계획안을 법원에 제출하여 그해 9월에 인가를 받았다. 변경계획에 의한 회사정리 방안은 다음과 같다.

자산의 양도와 신회사 설립

① 회사(대우자동차)는 군산 승용차 사업장 및 창원 사업장의 일체의 자산과 일부 해외법인 등을 GM대우자동차기술㈜(GM과 산업은행이 합작 설립한 신설법인)에 양도하고, 그 대가로 GM대우는 미화 12억 달러(금융기관 채무 상당액)에 상당하는 원화 약속어음을 교부하고, 미화 5.1억 달러 상당의 특정 채무와 660억원의 리스채무를 인수한다.

② 회사는 부평사업장을 대우인천자동차㈜(회사와 산업은행이 합작 설립한 신설법인)에, 부산 버스사업장을 대우버스㈜(회사와 산업은행이 합작 설립한 신설법인)에 각각 양도하고, 그 대가로 양수인은 소정의 약속어음을 발행, 지급함과 함께 소정의 채무를 인수한다.

회사는 위 군산, 창원, 부평, 부산 사업장의 매각대금으로 수취한 약속어음을 신탁하여 수익권 증서를 교부받고 이를 채권자에게 지급한다.

③ 회사는 군산 상용차 사업장의 자산과 함께 채무 1,317억원을 이전하여 신 회사인 대우상용차㈜를 설립한다. 신회사가 설립시 발행하는 주식 1,755만주(자본금 약 878억원)는 채권자들에게 지급한다.

채무의 조정 및 이전

채무의 권리변경 및 변제방법 등 채무조정의 주요 내용은 다음과 같다.

① 정리담보권 1조 4,886억원 중 8,562억원은 출자전환한다. 나머지채권 6,324억원 중 4,670억원은 약속어음 신탁에 의한 수익권증서로 변제하고, 315억원은 대우상용차가 채무 인수하여 9년간 분할변제하며, 260억원은 대

우상용차의 주식으로 변제하고, 955억원은 정리회사가 9년간 분할 변제한다. 경과이자 124억원은 면제한다.

② 정리채권 10조 1,484억원 중 8조 7,033억원은 출자전환하고, 14억원은 추가 출자전환한다. 나머지 채권 1조 4,436억원 중 1조 1,443억원은 약속어음 신탁에 의한 수익권증서로 변제하고, 558억원은 대우상용차가 채무 인수하여 9년간 분할변제하며, 461억원은 대우상용차의 주식으로 변제하며, 1,692억원은 정리회사가 9년간 분할 변제한다. 경과이자 283억원은 면제한다.

(나머지 리스채권, 관계회사 정리채권, 상거래채권 등에 대하여는 생략.)

(3) 회사 분할매각의 이행

위 회사정리계획에 따라 진행된 회사 분할매각의 구체적인 내용은 다음과 같다.

GM대우의 설립 및 자산매각

GM과 한국산업은행은 2002년 8월 7일 GM대우를 합작 설립하였다. 설립시 자본금은 1.2억원으로서 GM측 주주들이 20.1만주, 한국산업은행이 9.9만주(액면가 400원)를 각각 인수하였다.

기본거래계약에 따라 회사와 GM대우는 2002년 10월 17일 자산양수도 및 채무인수 계약을 체결하여 2002년 10월 16일 기준으로 군산 승용차사업장 및 창원 사업장 일체의 자산과 일부 해외생산법인 및 해외 판매법인을 매각하고, 그 대가로 동사의 일정 채무를 이전하고 약속어음을 수취하였다. 약속어음은 정리채무 변제를 위하여 전액 한국산업은행(신탁부)에 신탁하였다.

자산 매입과 동시에 GM대우는 10월에 유상증자를 실시하여 GM측 주주들이 1억 6,750만주, 채권금융기관이 8,280만주(우선주 30만주 포함)를 추가로 인수하였다. 채권단 측 증자는 회사가 GM대우에 자산을 매각한 대가로 수령한 미화 12억 달러의 약속어음을 산업은행이 신탁받아 이를 현물 출자하는 방식으로 이루어졌다.

자산 매각은 구체적으로 GM대우에 유형고정자산 1조 9,594억원, 재고자산 2,456억원, 투자유가증권 3,500억원, 기타자산 2,784억원을 양도하고, 그 대가로 퇴직급여충당금(순액) 2,168억원, 판매보증 충당금 1,698억원, 정리채무 1,951억원, 기타 부채 1,969억원을 이전하고 받을어음 1조 5,154억원을 수취하였다. 수취한 받을어음은 한국산업은행에 신탁하고 유가증권신탁계약 I 의 증서를 받아 이를 채권금융기관에 지급하는 것으로써 채무변제에 갈음하였다.

2002년도 감사보고서에 의하면, 회사는 이밖에 기본계약에 따른 자산의 추가양도 등 GM대우와의 거래와 관련하여 총 7,125억원의 매각손실이 발생하였다.

한편, 기본거래계약에서는 일정한 추가정산 기간을 정하고, 하자보증부채, 퇴직금 관련 부채, 기타 국내외 자산·부채에 대한 정산 차액이 있을 경우 GM대우의 우선주를 조정하거나 현금을 수수하기로 하였다.

대우인천자동차(주)의 설립 및 자산 매각

기본거래계약에 따라 2002년 8월 9일 회사와 한국산업은행은 각각 90%와 10%의 비율로 출자하여 대우인천자동차(주)(이하 대우인천)를 설립하였다. 대우인천 설립 후 회사는 2002년 10월 16일에 부평 사업장을 대우인천에 양도하였다.

구체적으로 회사는 대우인천에 유형고정자산 1조 6,738억원, 기타자산 54억원을 양도하고, 그 대가로 퇴직급여충당금(순액) 1,129억원, 기타부채 12억원을 이전하고 받을어음 1조 3,328억원을 수취하였다. 이 받을어음은 전액 산업은행(신탁부)에 신탁하고 유가증권신탁계약Ⅱ 증서를 받아 이를 채무자에게 지급함으로써 채무변제에 갈음하였다.

감사보고서에 의하면, 회사는 위 거래와 관련하여 총 3,291억원의 매각손실이 발생하였다.

대우버스(주)의 설립 및 자산 매각

회사정리계획 변경계획안에 따라 2002년 8월 30일 회사와 산업은행은

90%와 10%의 비율로 출자하여 대우버스자동차(주)(이하 대우버스)사를 설립하였다. 대우버스 설립 후 회사는 부산 버스사업장을 대우버스에 양도하였다.

구체적으로 회사는 대우버스에 유형고정자산 759억원, 투자유가증권 507억원, 재고자산 209억원, 기타자산 158억원을 양도하고 그 대가로 퇴직급여충당금(순액) 497억원, 기타부채 126억원을 이전하고, 받을어음 1,198억원을 수취하였다. 이 받을어음은 전액 한국산업은행(신탁부)에 신탁하고 유가증권신탁계약 III 증서를 받아 이를 채무자에게 지급함으로써 채무변제에 갈음하였다.

감사보고서에 의하면, 회사는 위 거래와 관련하여 총 327억원의 매각손실이 발생하였다.

대우자동차의 부산 버스공장은 GM측이 인수를 거부한 사업부문이다. 대우버스 설립에 앞서 산업은행을 비롯한 채권단에서는 대우버스에 대한 매각을 추진한 결과 영안모자가 중심이 된 영안컨소시엄에 매각하였다. 대우버스의 매각 총액은 1,400억원으로, 영안컨소시엄은 대우버스 사업부문의 부채 1,200억원을 인수하고, 100억원은 신설되는 버스법인의 우선주를 발행하여 지급하며, 나머지 100억원은 현금으로 지급하기로 하였다. 대우버스는 법인 설립 후 영안 측에 인수되었다.

대우상용차(주)의 설립 및 자산 매각

회사정리계획 변경계획안에 따라 회사는 2002년 11월 1일 군산상용차 사업장의 자산과 일부 채무를 이전하여 대우상용차(주)를 설립하였다.

구체적으로 회사는 대우상용차에 유형고정자산 1,615억원, 재고자산 562억원, 기타자산 282억원을 양도하고, 퇴직급여충당금(순액) 99억원, 정리채무 1,956억원, 기타부채 186억원을 이전하면서 설립 시에 발행한 주식 17,553,733주(액면금액 5,000원)를 전액 정리채권자 및 정리담보권자에게 지급하였다. 감사보고서에 의하면, 회사는 위 거래와 관련하여 총 413억원의 매각손실이 발생하였다.

이 후 대우상용차는 2004년 2월 18일 인도 타타그룹의 자회사인 타타자동차에 매각되었다. 매각대금은 1,206억원(1억 200만 달러)으로서 대우상용차는 이 자금으로 2004년 3월 29일 정리담보권 및 정리채권 943억원을 전액 현금상환하고, 액면가 약 878억원의 구주를 263억원(약 1/3)로 전부 유상감자하였다. 회사는 타타그룹에 인수된 후 법원에 회사정리절차 종결 신청을 하여 2004년 5월 6일 법정관리를 졸업하였다.

유가증권신탁계약

회사는 자산양도의 대가로 지급받은 약속어음을 직접 채무자에게 지급하지 않고 이를 신탁회사에 신탁하여 그 수익권증서를 채무자에게 교부함으로써 채무상환에 갈음하였다. 이는 회사가 자산을 양도하고 받는 대가 중 일부에 대해서는 자산양도에 따른 보상책임이 규정되어 있어 이를 직접 채권자에게 공정하게 분배하는 것이 불가능하기 때문에 이러한 신탁의 방법을 택하게 된 것이다.

GM대우가 발행한 약속어음을 수탁자산으로 하는 유가증권신탁계약 I 과 관련하여 수탁자(한국산업은행)는 기본거래계약에 따라 수탁자산을 다시 GM대우에 현물출자하고 GM대우가 발행하는 상환우선주를 취득, 보유하는 방법으로 운용하였다. 이 같은 방법으로 당초 대우자동차의 채권자들은 사실상 GM대우의 상환우선주 주주가 되어 향후 GM대우로부터의 상환배당금을 수령함으로써 채권회수에 갈음하게 되었다.

한편 대우인천 발행어음을 수탁자산으로 하는 유가증권신탁계약 II와 관련하여 수탁자는 그 자산을 다시 대우인천에 현물출자하고 대우인천이 발행하는 보통주를 취득, 보유하는 방법으로 운용하였다. 이 같은 방법으로 당초 대우자동차의 채권자들은 사실상 대우인천의 보통주 주주가 되어 향후 대우인천으로부터의 배당금을 수령함으로써 채권회수에 갈음하게 되었다. 다만, 기본거래계약에서 GM대우는 위 절차에 따라 발행된 대우인천 주식 일체를 양도받을 수 있는 옵션을 보유하고 있으므로 GM대우가 그 옵션계약을 행사하는 경우 수탁자(산업은행)는 주식의 소각에 따른 상환금을 수령하여 이를 채권단에 지급하게 된다.

또, 대우버스 발행어음을 수탁자산으로 하는 유가증권신탁계약 Ⅲ과 관련하여 수탁자는 동 약속어음상의 채무상환 일정 및 방법에 따라 대우버스가 지급하는 약속어음금을 수령하게 되었다. 한편, 대우버스는 8월 9일 영안컨소시엄에 매각하기로 MOU를 체결하였으므로 필요에 따라서는 이 약속어음을 출자로 전환할 수도 있게 되었다.

5. 대우통신

대우통신(이하 회사)은 1967년 5월 10일 설립되어 통신기기, 전자기기 및 광섬유케이블의 제조·판매와 자동차부품 등의 제조를 주된 사업으로 하여 왔으나 금융위기 이후 대손 및 금융비용의 급증 등으로 대규모 손실이 발생하여 부실기업이 되었다.

대우사태 이후인 2000년 1월 15일 채권금융기관과 기업개선약정을 체결하여 채무조정과 신규자금 대출 등 지원을 받고, 그 조건으로 사업부문의 매각 등 자구계획을 이행하기로 하였다. 약정에 따라 각 사업부문을 순차적으로 매각하였으며, 사업매각 후에는 잔여자산에 대한 관리업무만 영위하게 되었다. 특히 2002년 2월 6일에는 자동차부품 제조 부문이었던 부산공장, 보령공장, 구미공장을 분할하여 각각 대우정밀(주), 대우파워트레인(주) 및 대우프라스틱(주)로 설립하였다.

이 중 대우정밀의 경우 채권단의 출자전환으로 인하여 자산관리공사가 대주주(35.35%)가 되었다. 자산관리공사를 비롯한 출자 금융기관은 2003년 12월 이후 대우정밀에 대한 매각을 추진하여 2005년 2월에 KTB네트워크와 대우인터내셔널 컨소시엄을 최종협상 대상자로 선정하였으나 금융감독원으로부터 "채권단 관리기업인 대우인터내셔널이 대우계열사 인수자 컨소시엄에 포함되는 것은 적절치 않다"는 지적이 있어 협상을 해제하였다.

그 후 대우정밀에 대한 재매각을 추진하여 2006년 9월 S&T중공업에 매각하였다. S&T컨소시엄에의 매각과 동시에 채권금융기관 공동관리가 종결되었으며, 이 후 회사의 명칭은 S&T대우(주)로 변경되었다.

대우파워트레인은 2004년 5월 GM대우에서 인수하였다.

6. 쌍용자동차

쌍용자동차(이하 회사)는 1962년 2월 6일 설립되어 각종 자동차, 중기 및 동 부분품을 제조, 판매하여 왔으며, 1986년 11월 쌍용그룹에서 인수하였고, 1998년 3월 대우그룹에 편입되었다.

회사는 1999년 12월 말 현재 3,460억원의 자본금이 완전 잠식된 상태이고, 1999년 중 사업 면에서도 약 1.4조원 매출에 1.1조원의 순손실이 발생하였다. 이에 1999년 12월 채권금융기관 협의회와 기업개선약정을 체결하고 워크아웃을 개시하였다. 이 약정에 따라 채무의 상환유예, 출자전환 및 이자율 조정 등 채무조정이 이루어졌으며, 이 후 2000년 12월과 2001년 12월 28일 추가약정을 체결하여 추가적인 채무조정이 있었다. 2004년 1월 1일 채권단은 기업개선작업을 회사 자율추진 방식으로 전환하고, 기존 채권의 금융조건을 완화하고 신규지원자금 상환기한을 2004년 12월 31일까지 연장하였다.

이 후 협의회는 전담은행인 조흥은행을 중심으로 출자주식 매각을 추진하여 2004년 10월 중국의 상해기차공업(집단)공사와 매각계약을 체결하였다. 이 계약에 따라 출자 금융기관들은 2005년 1월 27일 회사 주식 5,909만주(지분율: 48.92%)의 매각을 완료하였으며, 같은 날 기업개선작업이 모두 종료되었다.

7. 경남기업

경남기업(이하 회사)은 1951년 8월 설립되어 도급건설 및 주택건설업 등을 영위하고 있는 기업으로 산업합리화 조치에 따라 1986년 9월 산업합리화 대상기업으로 지정되었고, 1987년 3월 대우계열로 편입되었다. 외환위기로 경기가 침체되자 영업이 크게 위축되고 재무상태가 악화되어 1999년 말 부채비율이 608%에 달하고, 영업 면에서는 4,217억원 매출에 1,380억원의 손실이 발생하는 등 부실이 심화되었다.

이에 회사는 채권금융기관 협의회에 기업개선작업을 신청하여 12월 31일 기업개선 약정을 체결하였다. 약정의 주요 내용은 회사의 자구노력과 차입금 상환의 유예, 기간 연장, 이자 및 보증료의 조정, 차입금과 예금의 상계, 출자전환 및 자본감소, 자금 부족시 100억원 이내의 신규자금 지원 등이었다. 이후 기업개선 약정을 성실히 이행하고 재무구조와 영업실적이 크게 개선됨에 따라 2002년 12월 9일 기업개선작업을 종료하였다.

기업개선작업 주관 기관인 서울보증보험(주)는 기업개선작업 종료와 함께 회사에 대한 M&A를 추진하여 2003년 8월 보유 주식을 대아건설㈜에 매각하였다.

8. 대우자동차판매

대우자동차판매(이하 회사)는 자동차 판매업, 건설업을 주된 영업으로 하는 기업으로서 1997년 1월 대우계열에 편입되었다. 회사는 대우사태 이후 계열사 투자주식에 대한 평가손실 등으로 재무상태가 악화되어 기업개선작업 대상기업에 포함되었다.

회사는 2000년 1월 19일 채권단과 기업개선 약정을 체결하여 연말까지 채무상환 유예를 받았으며, 2001년 1월과 12월에 수정약정을 체결하여 2002년 말까지 유예기한을 연장받았다. 그러나 위 채무상환기간 연장에도 불구하고 2002년 4월 3일 차입금 중 810억원을 조기 상환하였으며, 약정기간 중 기업개선계획을 충실히 이행하여 그해 11월 22일 기업개선작업을 종료하였다.

기업개선작업 개시 전인 1999년 말 현재 최대주주는 대우자동차로서 총 주식의 24.81%(우선주 포함)를 보유하고 있었으나, 2000년 중 보유주식 일부를 장내 매각하여 지분이 11.12%로 감소되었다. 잔여 주식은 대우자동차 매각을 위한 GM대우와의 자산양수도 계약에 따라 2002년 10월 19일 GM대우에 이전되었다가 그 직후인 10월 21일 아주파이프공업(주)(현 아주산업) 및 그 관계 회사에 양도되었다. 이 주식을 포함하여 2002년 말 현재 아주파이프와 그 특수관계인은 총 13.42%의 지분을 보유하게 되었다.

대우자동차판매의 경우는 다른 계열사와 달리 금융기관 채권의 출자전환과 매각이 없었기 때문에 위 사항 이외에는 소유구조상의 큰 변화가 없었다.

9. 대우전자부품

대우전자부품(이하 회사)은 1973년 10월 일본 마루콘전자(주)와 합작으로 설립되어 전해콘덴서 등을 생산하는 기업으로서 1983년 9월 대우그룹에 편입되었다. 회사는 생산제품의 대부분을 계열사인 대우전자(주), 대우통신(주), 오리온전기(주) 등에 납품하여 왔으나 대우사태 이후 매출이 줄고 유형고정자산 감액손실 등 손실이 발생하여 재무상태가 악화되었다.

이에 회사는 1999년 12월 30일 채권금융기관과 기업개선작업 약정을 체결하였다. 약정의 주요 내용은 채권만기의 연장, 기존채권의 금융조건 완화, 계열분리의 추진, 보증채무의 해소 등이었다.

대우중공업과 (주)대우는 회사의 대주주로서 전체 지분의 18.10%와 6.32%를 각각 보유하고 있었다. 기업개선약정 체결 이후 채권금융기관은 양 회사 보유지분에 대한 제3자 매각을 추진하여 2000년 11월 1일 알루코(주)와 한국기술투자(주)에 양도하였다. 주식 양수도는 2002년 4월 22일 이루어졌으며, 양수도 후 알루코(특수관계인 포함)와 한국기술투자의 지분은 그동안의 장내 매입분을 포함하여 각각 250만주(27.0%)와 81.4만주(8.8%)가 되었다. 이에 앞서 2001년 12월 29일 회사는 대우그룹이라는 이미지를 탈피하고 분위기를 쇄신하기 회사명을 파츠닉주식회사(Partsnic Co., Ltd.)로 변경하였다.

한편 금융기관의 채권 상환청구 유예기한은 당초 기업개선약정에 따라 2001년 12월 31일로 종료될 예정이었으나 채권단 결의에 따라 수차 연장되었다. 회사에 대한 기업개선작업은 2002년 10월 25일 종료되었으며, 이 때 채무 상환청구 유예기한이 2004년 6월 30일까지 연장되었다.

회사의 경우도 금융기관 채권의 출자전환이나 지분매각이 없었기 때문에 위 사항 이외에는 소유구조에 큰 변화가 없었다.

10. 다이너스카드

다이너스카드 1999년 요약재무제표

(단위: 백만원)

유동자산	71,662	유동부채	589,089	매출액	178,588
고정자산	280,634	고정부채	512,096	매출원가	670,214
금융자산	197,703	**부채총계**	**1,101,185**	(대손상각비)	(424,834)
투자유가증권	53,434	자본금	100,000	영업손실	491,626
고정자산	13,768	자본총계	-483,984	특별손실	251,787
자산총계	**617,201**	**부채자본총계**	**617,201**	**당기순손실**	**589,790**

㈜다이너스클럽코리아(다이너스카드)(이하 회사)는 신용카드사업을 영위하는 기업으로서 1984년 미국 다이너스클럽 한국지점으로 개설되었다가 1995년 6월 15일 대우그룹에 인수되었다. 1999년 말 현재 주요 주주는 (주)대우자동차판매(40.00%), 대우자동차(주)(39.95%), 대우전자(주)(8.00%) 등으로 구성되어 있었다. 대우사태 당시 회사는 계열사에 대한 1조원 규모의 어음할인 및 회사채 인수 등 여신을 제공하고 있었으나 계열사들의 동반 부실화로 대규모 대손이 발생하였으며, 이로 인하여 재무상태가 급격히 악화되었다.

기업개선약정

회사는 2000년 1월 20일에 협의회와 기업개선약정을 체결하였다. 이 약정 중 채무조정의 내용은 다음과 같다.

채권행사 유예 대상인 모든 채무원금에 대하여 2004년 말까지 상환을 유예하고, 이자율은 대우계열사로부터 수취한 대여금 이자율에 5%를 가산한 금리를 적용한다. 단, 계열사 중개자금에 대하여는 기업구조조정위원회의 직권 조정으로 2000년 3월 31일까지 원금상환을 유예하고, 당해 자금에 대하여는 (주)대우로부터 수취한 이자의 평균금리에 0.75%를 가산한 이자율을 적용한다.

위에서 계열사 중개자금이란 대한투자신탁(주) 등이 나라종합금융(주) 등을 통하여 회사에 콜자금을 공여하고 회사가 이를 다시 (주)대우 등 대우계열사에 지원한 자금을 말한다. 그런데 이 자금에 대해서는 위와 같은 방식의 자금중개가 회사(다이너스카드)의 실질적인 채권채무 관계를 성립시키는지에 대한 논란이 있었다. 따라서 협의회는 중개자금에 대하여 우선 2000년 3월 31일까지 채무상환을 유예하되 추후 중개자금에 대한 합의 내용이 변경될 경우 이에 따르기로 결정하였다. 그러나 합의가 계속 지연됨에 따라 채무상환 유예기간이 매 3개월마다 연장되고 있었다.

기업구조조정투자회사(CRV)의 설립

부실징후기업이 기업개선작업 대상으로 선정된 후 채권금융기관 간에 채무조정 방안 등에 대한 의견이 엇갈릴 경우 워크아웃의 추진이 어렵게 된다. 이와 같이 채권단 내의 합의 도출이 어려운 기업의 워크아웃을 원활히 하고, 대상 기업에 대한 제3자의 투자를 촉진하기 위하여 정부는 기업구조조정 투자회사(CRV) 제도를 도입한 바 있다.

최대 채권자인 자산관리공사는 회사 워크아웃을 효율적으로 추진하기 위해서는 CRV의 설립이 필요하다고 판단하고, 주채권은행으로부터 주관업무를 인수한 후 2001년 4월 채권금융기관협의회를 개최하여 CRV 설립에 관한 합의를 도출하였다. 채권단은 이 합의에 따라 재무자문사를 선정하고 자산부채 실사를 실시하였으며, 그 결과 청산가치는 채권액의 28.52%, 미래가치는 채권액의 33.14%로 나타났다. 채권단은 7월 23일 각 기관의 보유채권을 33.14%로 평가한 금액으로 현물 출자하여 CRV를 설립하였다.

CRV에 이전할 대상자산은 모두 다이너스카드에 대한 금융기관들의 대출채권이며 모두 무담보채권이다. 금융기관별 채권의 내역은 다음과 같았다.

(단위: 억원)

채권금융기관	일반자금	콜중개자금	계	비율
자산관리공사	5,116	0	5,116	41.3%
나라종합금융㈜	1,350	2,390	3,740	30.2%
서울투자신탁㈜	0	3,400	3,400	27.5%
국민은행외 4사	120	–	–	1.0%
계	6,586	5,790	12,376	100.0%

위 채권 중 나라종금의 중개자금에 대하여는 실질 채권채무 관계의 성립 여부 등 법적인 문제가 있어 그 상태에서는 제3자에게 매각하거나 현물출자할 수가 없었다. 다만 서울투신 중개자금의 경우는 아직 소송이 제기되지 않았기 때문에 CRV설립을 앞두고 이를 한국상사법학회에 중재 신청하였으며, 중재 결과 채권의 효력이 있다는 결정을 받았다. 이 결정은 법원의 판결과 동일한 효력이 있는 것이었다.

채권단은 나라종금의 중개자금 2,390억원을 제외한 나머지 채권 9,986억원을 CRV에 이전하기로 결의하고, 우선 CRV에 현물출자가 가능한 3개 은행과 자산관리공사가 5,226억원의 채권을 현물 출자하여 CRV(회사명: 퍼스트CRV)를 설립하였다. 이때 현물출자 가격은 회사의 미래가치로 산정된 33.14%의 비율을 적용하여 출자자(채권금융기관)에게 1,731억원의 주식을 교부했다. 관계 규정에 의해 CRV에 현물 출자할 수 없었던 서울투신과 나라종금의 채권 4,750억원은 추후 CRV에 현물출자하기로 약정하고, 현물 출자시 주식을 받을 권리, 즉 신주인수권을 취득하였다.

CRV지분의 매각

CRV는 8월 21일 자본금(신주인수권 포함)의 50%에 해당하는 1,696억원의 지분에 대해 공개경쟁입찰을 실시하였다. 매각 대상은 자산관리공사를 제외한 채권단 보유 CRV 주식과 위 신주인수권을 포함하여 총 발행주식의 50%가 되도록 하였고, 입찰최저가는 현물출자가격(채권액 대비 33.14%)으로 하였다.

입찰 결과 현대캐피탈㈜이 단독 입찰하여 액면가인 1,696억원(채권액 대비 33.14%), 즉 입찰최저가와 동일한 가격에 낙찰되었다. 현대캐피탈은 CRV 주식의 50%를 취득하는 외에 향후 회사의 경영이 정상화되면 자산관리공사 지분 중 17%의 지분을 추가로 매입할 수 있는 옵션을 확보하였다. 옵션행사시 현대캐피탈의 지분은 67%로서 상법상 주주총회 특별결의가 가능하게 된다.

낙찰자인 현대캐피탈은 9월 14일 잔여 대금을 납부하고 CRV의 주식 50%

를 인수하였다. 이때 나라종금은 채권 1,350억원(평가액 447억원)을 CRV에 양도하고 현금을 수령하였으며, 미확정 중개자금 2,390억원(평가액 792억원)은 소송확정 후 CRV 또는 현대카드에 양도하기로 하였다. 또 서울투신은 채권 3,400억원(평가액1,127억원)을 CRV에 양도하고 현금을 수령하였으며, 기타 씨티리스 및 한미캐피탈(총채권액의 0.8%) 등 채권금융기관은 CRV 설립에 참여하지는 않았으나 현대카드가 직접 동일비율(33.14%)로 채권을 변제하였다.

한편 기업구조조정 투자회사법은 CRV를 서류상 회사로 하고 그 자산관리 및 관련 업무는 자산관리회사, 자산보관회사 및 업무수탁회사에 위임하도록 규정하고 있다. 현대캐피탈 측은 7월 23일 국민은행을 자산보관 및 일반사무회사로 선임하여 위탁계약을 체결하고, 9월 27일 현대캐피탈자산관리㈜를 설립하여 자산관리를 위임하였다.

2001년 10월 회사는 현대카드로 회사명을 변경하고 현대자동차그룹에 편입되었다.

위 퍼스트CRV의 설립 구조를 도해하면 다음과 같다.

다이너스카드 CRV 설립구조

(금액단위: 억원)

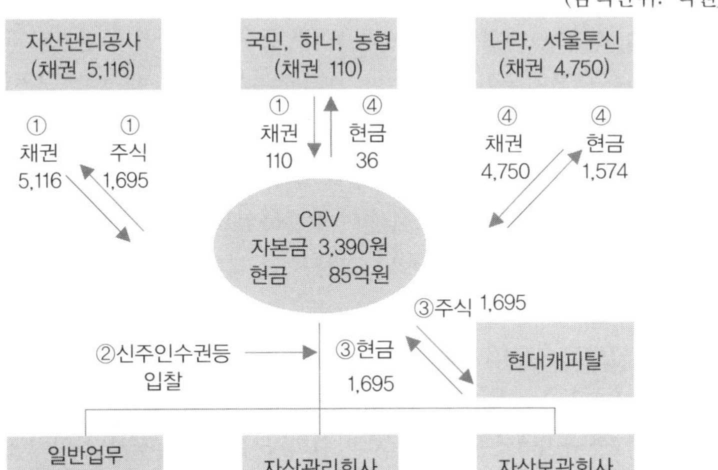

퍼스트CRV 설립 후 협의회는 2001년 12월 1일 현대카드(주)의 경영정상화를 위한 채무조정안을 의결하였다. 채무조정안의 주요 내용은 다음과 같다.

① 퍼스트 CRV가 보유하는 채권 9,976억원 중 7,544억원은 33.14%(2,500억원)으로 평가하여 출자전환하고, 나머지 채무는 면제한다.

② 퍼스트 CRV가 보유하는 나머지 채권 2,432억원과 나라종금의 중개자금 2,390억원 및 기타 채권은 채권액의 33.14%를 잔류시키고, 나머지 채무는 면제한다.

③ 잔존채무의 상환기일은 채무면제일(2001년 12월 1일)로부터 1년 후로 하며, 연 6%의 이자율을 적용하여 매 분기 말에 지급한다.

④ 퍼스트 CRV가 보유한 주식은 81:1의 비율로 감자하고, CRV 설립 전 구 주식은 전부 무상으로 감자한다.

위 채무조정안에 따라 회사는 12월 15일 감자와 유상증자(출자전환)를 실시하였으며, 협의회는 12월 28일 기업개선작업을 종료하였다.

11. 대우캐피탈

대우캐피탈(이하 회사)은 1994년 2월 설립되어 자동차 등 할부금융업, 시설 대여업, 연불 판매업무, 일반 대출업무 등을 영위하는 기업으로서, 대우자동차(40%), 대우자동차판매(37%), 대우중공업(20%), (주)다이너스클럽(3%) 등 대우계열사가 전액 출자하고 있었다. 회사는 대우사태 당시 (주)대우를 비롯한 대우계열사에 3조 5,000억원 규모의 자금을 대여하고 있었으나, 계열사들의 동반 부실화로 대규모 대손이 발생하였으며, 이로 인하여 재무상태가 급격히 악화되었다. 이에 1999년 12월 31일 기업개선약정을 체결하였다.

회사의 채권행사 유예대상 채무는 총 4조 9,197억원으로, 그 중 회사채와 장기차입금 2조 3,043억원은 기업개선 약정에 따라 2004년 말까지 상환 유예되고, 이자율도 하향 조정되었다. 그러나 나라종금 등 3개사로부터 차입된 중개자금 2조 6,154억원에 대해서는 원리금상환 및 손실분담 원칙에 대한 이견으로 최종합의에 이르지 못하고, 기업구조조정위원회의 직권에 의해 2000

년 3월 말까지 채무상환 유예되고, 이자율은 잠정적으로 연 2.24%로 조정되었다.

2000년 1월에는 자산관리공사가 투신사 보유 회사채와 기업어음을 매입하여 채권단에 변화가 있었으며, 채무상환 조건도 2000년과 2001년 중 변경되어 일부 채무의 이자율이 소폭 인하되었다. 또 나라종금 채무 등 중개자금에 대하여는 회사와 채권금융기관 간 합의가 이루어지지 않아 상환 유예기한이 3개월씩 계속 연장되었다.

회사는 기업개선작업 대상으로 선정된 후 2년이 경과하였음에도 채권단에서는 특별한 구조조정 방안을 수립하지 못하고 단순히 청산 대상으로 판단하고 있는 가운데 부실이 심화되고 있었다. 최대 채권자인 자산관리공사는 대우캐피탈에도 CRV설립 방식을 적용하는 경우 기업구조조정의 효율적 추진이 가능할 것으로 판단하고, 주채권은행으로부터 구조조정 주관 기관의 업무를 인수하여 CRV 설립을 추진하였다.

CRV 설립 및 지분매각

공사는 2002년 1월 17일 협의회를 소집하여 CRV설립에 관한 합의를 도출하고, 5월 4일 공자위에 'CRV설립을 통한 경영정상화 계획'을 보고하여 심의·가결을 받았다. 이어 9월 5일 채권금융기관들은 '대우캐피탈 기업구조조정투자회사 설립을 위한 협약'을 체결하고, 9월 9일에 보유채권을 현물 출자하여 대우캐피탈CRV를 설립하였다.

현물출자시 금융기관들은 채권 3조 5,259억원을 CRV에 양도하고 양도대가로 회사의 계속기업가치 비율(39.59%)로 양도채권을 평가하여 3,000억원의 CRV 보통주와 1조 959억원의 CRV 회사채를 인수하였다. CRV는 인수한 채권 중 6,000억원을 10월 14일에 출자전환하고, 11월 11일에 기존 자본금 3000억원과 함께 전액 무상감자하였다. 이어 11월 19일에는 인수채권 중 1조 9,800억원을 출자전환하여 4,500억원의 보통주를 인수함으로써 회사 지분 100%를 소유하게 되었다. 이로써 2002년 말 현재 CRV에 대한 회사의 차입금 잔액은 3조 5,259억원에서 9,459억원으로 감소하였다.

이 후 자산관리공사는 CRV 지분 50%에 대한 매각작업을 추진하여 11월 25일 공개경쟁입찰을 실시하였다. 그러나 그 당시 신용카드사태로 금융시장에 불안이 고조되어 입찰이 무산되었다. 다만 CRV의 설립으로 회사에 대한 구조조정 기반이 확립되었으므로 협의회는 12월 26일 기업개선약정 자율추진기업으로 전환하였다.

이 후 CRV는 12월 30일 회사의 CEO를 교체하고, 신임 CEO를 중심으로 회사의 조직, 인원 및 사업구조조정과 함께 신용위험 관리시스템을 구축하는 등 자구노력을 이행하였다. 그 결과 2003 사업연도에는 865억원의 경상이익을 실현하고(2002년 1,578억원 적자), 주주인 대우캐피탈 CRV에게 476억원을 유상감자 하였다.

협의회는 2004년 11월 이후 CRV가 보유하고 있는 회사 주식 51%에 대한 매각을 추진하여 2005년 6월 29일 신한은행+아주산업 컨소시엄과 주식양수도 계약을 체결하고 위 주식을 1,275억원에 매각하기로 하였다. 계약에 따라 CRV는 총 9,000만주의 지분 중 2,550만주(액면 1,275억원)를 신한·아주 컨소시엄에 양도하고, 8월 30일 4,000만주(액면 2,000억원)를 유상 감자함으로써 자본금은 5,000만주(2,500억원)로 감소하고, 신한+아주컨소시엄의 지분은 51%, CRV의 지분은 49%가 되었다.

인수자와 채권단은 지분 양수도 후 회사부채 9,000억원 중 1,000억원은 채권단이 투자주식을 인수, 상계하고, 4,000억원은 신한은행 대출로 갚고, 나머지 4,000억원은 5년간 분할상환하기로 합의하였다.

위 주식양수도계약 체결과 동시에 기업개선작업이 종료되었다.

12. 오리온전기

오리온전기(이하 회사)는 1965년 11월에 설립되어 TV용 및 산업용 각종 칼

라브라운관, 컴퓨터용 모니터 등을 제조·판매하는 기업으로서 1983년 5월 대우계열에 편입되었다. 제품은 대부분(1999년 65%) 계열사에 대한 납품, 또는 계열사를 통한 수출을 통하여 판매되어 왔으나, 대우사태 이후 영업의 위축과 계열사 판매대금 및 대여금의 대손 등으로 재무상태가 악화되었다.

회사는 1999년 12월 31일에 기업개선약정을 체결하였으며, 이 약정은 채무상환 유예 및 이자율 조정, 계열사에 대한 보증채무의 소멸 등을 주 내용으로 하였다.

그러나 기업개선약정 체결 이후 회사는 2000년 중 노사문제 격화로 인한 파업 사태 등 사업 여건이 악화됨에 따라 매출이 크게 감소하면서 2,744억원의 대규모 적자가 발생하였다. 이로 인하여 자본이 완전 잠식되자 협의회는 2001년 4월 16일 당초의 기업개선약정을 수정하여 이자율을 다시 인하하였다.

이어 6월 20일에 협의회는 회사를 기업구조조정투자회사(CRV) 설립 대상기업으로 선정하였고, 11월 30일에는 기업개선약정의 존속기한을 CRV의 존속기한(설립 후 5년)인 2007년 1월 20일까지 연장하였다. 또 2002년 2월 9일에는 금융기관 채권 2,353억원을 출자전환하여 서울보증보험(42.09%), 자산관리공사(19.55%) 등 금융기관이 대주주가 되었다.

채권금융기관은 2002년 1월 21일에 CRV의 법정 최저자본금인 5억원을 납입하여 오리온전기 CRV를 설립하고, 2월 4일, 4월 9일 및 5월 2일 등 3회에 걸쳐 대부분의 채권과 출자전환 주식을 CRV에 양도하였다. 그 후 회사와 CRV는 6월 20일자로 상환기간 연장, 이자율 조정 등 채무재조정에 대한 새로운 변경계약을 체결하였다.

회사정리절차로의 이행(移行)

2002년 중 경영정상화를 위한 자구노력의 일환으로 일부 생산라인 중단 등 구조조정을 진행하는 과정에서 다시 노조파업이 발생하였으며, 이후 매출거래처의 감소 및 이라크 전쟁, 2003년 초 중국 및 동남아의 사스, 화물연대 파업 등으로 영업환경이 악화되면서 유동성이 부족하게 되었다. 이로 인하여

2003년 5월 30일 최종부도가 발생하자 채권금융기관은 회사정리절차 개시신청을 하여 7월 3일 개시결정을 받았다.

회사는 2004년 1월 법원에 회사정리계획을 제출하여 4월에 인가받았다. 이 회사정리계획은 금융기관채무의 일부 감면과 장기 분할상환, 이자의 면제 또는 연 3%(정리담보권에 한함)로 인하, 임대보증금과 상거래 채무의 원리금 일부 면제를 주 내용으로 하였으며, 주주들에 대하여는 기존주식의 75%를 무상감자하도록 하였다.

이후 관할법원과 채권단은 회사에 대한 M&A를 추진하여 2005년 2월 미국계 구조조정 펀드인 매틀린패터슨에 매각하기로 결정하였다. 매각대금은 퇴직급여충당금, 세금 등 공익채권 600억원을 포함하여 총 1,200억원으로 하였으며, 이 같은 인수조건을 반영한 회사정리계획 변경계획안을 법원에 제출하여 4월에 인가 받았다.

[부록 9-2] 현대그룹 계열사 구조조정사례

1. 현대그룹의 계열분리

2000년 5월 25일 현대그룹은 정주영 명예회장이 보유하고 있던 현대중공업(11.1%), 현대건설(4.1%), 현대상선(2.7%) 지분을 매각하고 대신 현대중공업이 갖고 있던 현대자동차의 지분 6.8% 전량을 매입한 후, 앞으로 현대자동차 주식을 추가로 매입하여 지분을 9%로 늘릴 계획이라고 밝혔다. 정 명예회장이 매각한 현대중공업 지분은 정몽헌 회장이 최대주주인 현대상선이 전량 인수하여 최대주주가 되었고, 현대건설 지분은 정몽헌 회장이 개인 자격으로 매입하여 최대주주가 되었으며, 현대상선 지분은 현대건설이 인수하였다. 이로써 정몽헌 회장은 현대자동차를 제외한 현대그룹의 오너로서 그룹경영권을 완전 승계하게 되었다.

이를 계기로 현대그룹은 6월 30일 공정거래위원회에 계열분리 인정 신청을 하였다. 신청의 취지는 정주영 전 명예회장이 현대자동차를 제외한 현대건설 측 계열사에 대한 지분정리로 지배력을 상실하였으므로 현대자동차를 중심으로 한 기존의 현대 기업집단으로부터 현대건설 등 25개사를 친족 분리한다는 내용이었다. 이에 대하여 공정거래위원회는 친족분리란 동일인이 지배하는 기업집단에서 친족 계열사가 분리되는 것을 말하는데, 현대의 경우 정몽헌이 지배하는 현대 기업집단으로부터 자기가 친족 분리하는 것은 성립될 수 없다고 밝혔다.

이에 현대그룹은 현대자동차 소그룹이 모그룹으로부터 분리되는 방안을 수립하고 이를 공정거래위원회에 신청하여 8월 31일 승인받았다. 이에 앞서 현대 모그룹은 현대투신운용이 주식형 펀드에 편입하고 있던 현대차 주식

270만주를 전량 매각하여 현대자동차 보유지분을 2.99%로 낮춤으로써 계열분리 요건인 3% 미만을 충족하였다.

현대자동차그룹은 현대자동차, 기아자동차, 현대정공, 현대캐피탈, 인천제철 등 10개사로 구성되었으며, 1999년 말 기준 자산총액 34조 393억원으로 재계 5위에 해당되었다. 반면 현대(모)그룹은 계열사가 35개에서 25개로 줄고 자산규모는 54조 6,100억원으로 감소함에 따라 재계 2위가 되고 삼성그룹이 1위가 되었다.

2002년 2월 28일에는 현대중공업이 현대미포조선 등의 계열사와 함께 현대그룹에서 계열분리되었다. 분리된 계열사는 현대중공업을 비롯한 현대미포조선 등 5개 회사이며 지배구조는 정몽준 고문이 현대중공업 지분 11.0%를 보유하고 있고, 현대중공업이 나머지 계열사들을 지배하고 있었다.

계열분리 후 현대중공업 그룹은 2001년 말 기준 자산총액 10조 5,013억원으로 재계 서열 12위에 해당하였다. 한편 현대자동차 그룹은 자산총액 36조 1,360억원으로 재계서열 5위를 기록한 반면 정몽헌 회장의 현대그룹은 계열사가 17개에서 12개로 줄어들어 10위권 밖으로 밀려나게 되었다.

이로써 2000년 3월 '왕자의 난' 으로 촉발된 현대가(家)의 그룹 분열은 2000년 9월 현대자동차그룹의 분리와 2002년 3월 현대중공업그룹의 분리를 통하여 종결되었다.

2. 현대건설 경영정상화 작업

2001년 3월 현대건설(이하 회사)에 대한 외부감사 결과가 발표되면서 회사는 2000년 중 2조 9,000억원의 손실로 자본을 전액 잠식하고, 자산 대비 9,000억원의 부채 초과 상태임이 밝혀졌다. 채권금융기관들은 회사에 대한 워크아웃 또는 법정관리 등 처리문제를 논의한 끝에 부채의 출자전환을 통한 회생의 기회를 주는 것으로 방침을 정했다. 특히 현대건설은 국내 최대의 건설회사로서 회사가 법정관리에 들어갈 경우 하청업체들의 연쇄부도 가능성은 물론 한국경제의 대외신인도에 타격이 크고 해외공사수주 등 영업활동이 위축되어 상황이 더욱 악화될 수 있다는 점이 감안되었다.

1998년 8월 정부가 기업구조조정 방안을 수립할 때 5대 계열그룹은 자체적인 구조조정 능력을 보유하고 있다고 보아 출자전환 등 기업개선작업을 배제하고 주채권은행과의 재무구조개선 약정을 통해 구조조정을 추진하기로 한 바 있다. 그러나 1999년 대우사태 이후 대우계열 12개사를 기업개선작업 대상으로 지정하였으며, 2000년에 들어와서는 현대계열사에 대하여도 워크아웃 방식을 적용하게 되었다.

출자전환

채권금융기관협의회(이하 협의회)는 2001년 3월 회사에 대하여 구 주주 주식의 완전감자를 전제로 2조 1,500억원의 출자 전환과 7,500억원의 전환사채(CB) 발행 등 총 2조 9,000억원의 채무조정을 하기로 결의하였다. 이 같은 채무조정의 결과 현대그룹의 모기업인 회사는 채권단 소유의 기업이 되었으며, 8월 1일 현대엔지니어링(주)과 함께 공정거래위원회가 지정하는 기업집단 '현대'에서 계열분리되었다.

출자전환 후 협의회는 채권금융기관이 보유하고 있는 잔여 채권에 대하여 2001년 12월 31일까지 만기를 연장하고, 이에 대한 이자율은 각 해당은행의 은행계정 일반 prime rate(비은행 금융기관의 경우는 주채권은행인 외환은행의 일반 prime rate)를 적용하기로 결정하였다. 또 출자전환에 참여할 수 없는 기관에 대하여는 보유채권에 대한 3년간 만기연장, 신규 회사채 인수 및 이자율 인하 등의 방법으로 지원하기로 하였다.

2001년 9월 15일 기업구조조정촉진법(기촉법)이 시행되자 채권단은 회사에 대하여 기촉법에 의한 채권금융기관 공동관리절차(종전 기업개선작업)를 실시할 것을 결정하고, 채무에 대한 채권행사 유예, 협의회 및 운영위원회의 구성과 운영에 관한 사항을 결의하였다. 이어 협의회는 기촉법의 적용을 받는 27개 금융기관의 2,478억원의 채권에 대하여 96.96% 이상의 출자전환을 의결하였다.

이에 앞서 2001년 4월 20일 회사는 자사주 4,102만주(12.57%)를 외환은행에, 960만주(2.94%)를 산업은행에 무상 양도하여 외환은행이 최대주주가 되었으며, 그 후 채권단의 출자전환으로 2002년 말 자본금은 2조 4,443억원으로 늘어나고, 주주 구성은 외환은행(12.0%, 최대주주), 산업은행(11.0%), 국민은행(10.6%), 한빛은행, 조흥은행 등 금융기관이 대주주로 되어 있다.

그 후 2003년 말에는 재무구조개선을 위하여 2조 2,524억원의 무상감자를 실시하였다.

경영정상화계획 이행약정

회사는 2004년 3월 10일 채권단과 경영정상화계획의 이행을 위한 약정을 체결하였는데 이 약정은 기업경영정상화계획의 이행 사항과 경영에 관한 사항 및 기타 사항으로 이루어졌다. 이 약정의 이행기간은 2004년 3월 10일부터 2006년 12월 31일까지로 하였다.

채권단 공동관리절차 개시 후 회사의 매출은 별로 늘지 않았으나 채무조정에 의한 이자비용 감소 등으로 당기순이익이 크게 늘고 재무상태도 개선되었다. 이에 따라 채권단은 2006년 5월 공동관리절차를 해제하였다. 절차 해제와 함께 채권단은 채권단 보유 회사주식(총 66.1%)의 매각을 제한해 오던 것을 일부(15.7%) 해제하였으며, 이후 외환은행이 보유주식의 일부를 처분함에 따라 산업은행이 최대주주가 되었다.

2003년 이후 자본금 감소와 채권단의 추가 출자전환으로 2006년 말 현재 자본금은 5,537억원, 주주구성은 산업은행(14.7%), 외환은행(14.4%), 외환은행(12.5%), 국민은행, 신한은행 등이 대주주로 되어있다.

3. 현대전자 경영정상화 작업

현대전자산업(이하 회사)은 2000년 중 매출이 8.9조원으로 1999년의 6.0조원에 비해 크게 신장하였음에도 불구하고 과다한 투자손실 등의 발생으로

2.5조원의 당기순손실을 냈다. 그런데다가 1998년 중 발행하여 2001년 중 만기도래하는 회사채 등 5.7조원의 상환부담으로 유동성 부족의 어려움을 겪게 되었다. 이에 회사는 2000년 12월 씨티은행을 비롯한 국내은행으로부터 8,000억원 규모의 신디케이트론을 차입하였고, 2001년에 들어와서는 산업은행의 회사채 신속인수제도 및 3월 10일자 협의회의 결정 등에 의한 금융지원을 받게 되었다.

이후 2001년 3월 29일 정기주주총회를 통하여 이사회 중심의 경영을 표방하면서 상호를 주식회사 하이닉스반도체로 변경하였다.

하이닉스반도체는 현대 측 대주주 지분 및 경영권의 해외매각 방침을 수립하는 한편 2001년 5월에는 15억 달러 이내의 해외주식 예탁증서(GDR) 발행을 통한 외자유치를 추진하였다. GDR의 성공적인 발행을 위하여 협의회에 일부 차입금의 만기연장 등 지원을 요청하였으며, 협의회는 2001년 5월 총 1.9조원 규모의 국내외 차입금에 대한 만기연장과 2002년 상반기에 만기도래하는 회사채 상환을 위하여 1.0조원의 전환사채 인수를 승인하였다. 이후 외자유치를 추진하여 6월 중 미화 12.5억 달러 규모의 GDR 발행에 성공하였으며, 이를 위한 원주 5.2억 주(액면 5,000원, 발행가 3,100원)를 발행함에 따라 자본금이 5.1조원으로 늘어났다.

한편 대주주인 현대상선㈜, 현대엘리베이터㈜ 및 정몽헌 개인 등은 회사를 현대그룹으로부터 계열분리하기 위하여 2001년 5월 경영권 및 의결권 포기확인서 및 주식처분 위임장을 주채권은행(외환은행)에 제출하고, 7월에 보유주식을 외환은행에 보관하였다. 같은 달 회사는 보유하는 현대투신증권 주식 9천만 주를 외환은행에 보관시키고, 이에 대한 의결권 행사 및 매각을 위임하였다.

이 조치로 회사는 8월 1일 현대그룹으로부터 계열분리되었으며, 이때 (주)현대큐리텔, 현대네트웍스(주), 이미지퀘스트(주), (주)현대유니콘스, 스페이스브로드밴드(주) 등 계열사가 함께 이 회사 계열로 분리되었다.

한편 회사는 자구계획의 일환으로 반도체 부문을 제외한 기타의 사업부문의 분사를 추진하였으며, 그 결과 LCD 사업부문과 통신시스템 사업부문을 포함한 8개 사업부문을 ㈜현대디스플레이테크놀러지와 (주)현대시스콤 등에 양도하고, 관련 사업부문의 자산, 부채, 종업원 및 계약상의 지위 등을 이전하였다. 양도가액은 총 1.2조원이었다.

기촉법 적용

2001년 10월 4일 협의회는 회사에 기촉법을 적용하여 채권금융기관 공동관리절차를 개시하기로 결의하였다. 또 2001년 10월에는 채무조정안 및 신규 자금지원안을 가결하였으며, 2001년 12월 회사 및 (주)한국외환은행과 경영정상화 이행약정을 체결하였다.

이 약정 중 채무조정 및 신규자금지원 방안의 주요 내용은 다음과 같다.

① 은행권 채무조정 (총 6조 1,029억원)

채권은행은 신규자금을 지원하거나 채무를 면제하거나 채권매수권을 행사하는 방법으로 채무조정에 참여한다.

신규자금 지원에 참여하는 은행은 기존 어음매입(D/A) 한도 중 7,931억원을 중장기 일반대출로 전환해 주고, 2001년 9월 25일 현재 보유하는 전환사채 및 무담보채권 중 2조 4,828억원을 의무전환조건부 전환사채로 전환한다. 출자전환 후 잔여 채권은 만기연장하고, 원화채권의 이자율을 연 6.5%로 일괄 하향조정한다. 한도성 여신은 2004년 말까지 회전운용한다.

채무면제 방식으로 참여하는 은행은 2001년 9월 25일 현재 보유채권 중 청산가치 상당액(담보채권의 100%, 무담보채권의 28.46%)을 출자전환, 또는 의무전환조건부 전환사채로 전환하고, 잔여채권은 면제한다.

채권매수청구권을 행사하는 은행은 2001년 9월 25일 현재 보유채권 중 청산가치 상당액(담보채권의 100%, 무담보채권의 25.46%)을 5년 만기 무이자부 회사채로 대체하고, 잔여채권은 면제한다.

② 투자신탁운용사 채무조정 (총 1조 6,257억원)

2001년 9월 25일 현재 미상환 회사채에 대하여 만기 3년인 회사채로 차환인수하고, 모든 미수이자 및 만기 후 이자에 대하여 연 6.5%의 이자율을 적용한다. 다만 당초 금리가 더 낮은 경우에는 당초 금리를 적용한다.

③ 기타 채권금융기관 채무조정 (총 1조 2,469억원)

운용리스 및 금융리스에 대하여는 2001년 9월 25일 현재 원금 잔액에 대하여 2001년 7월 1일부터 2003년까지 도래하는 만기를 각 1.5년씩 순연하여 상환하며, 원화채권의 적용금리를 6.5%로 일괄 하향조정한다. 회사채에 대하여는 투자신탁운용사의 경우와 동일하게 적용한다. 기타 금융기관의 보유 채권에 대하여는 만기연장하고, 원화채권의 이자율을 연 6.5%로 일괄 하향조정한다.

④ 비채권 금융기관(일반) 보유 회사채 (총 1,482억원)

원금 및 미수이자를 2002년까지 전액 상환한다.

⑤ 신규자금지원

외환은행 외 5개 은행은 총 6,579억원의 신규자금을 지원한다.

추가 채무조정

회사는 2002년에도 협의회와 협의하여 2002년 말 추가적인 채무조정을 승인받았다. 이 채무조정은 1조 8,568억원의 추가 출자전환, 잔여여신 2조 5,070억원의 만기연장(2006년 말까지), 한도성 여신 7,862억원의 회전운영 기간 연장(2006년 말까지), 이자율의 조정 등을 주 내용으로 하였다.

채무조정 후 2003년 1월 3일 협의회와 경영정상화계획의 이행을 위한 약정을 체결하였다. 약정 기간은 2006년 12월 말까지이며, 약정 내용에는 경영정상화계획의 수립, 출자전환 및 감자, 주요 경영사항의 사전통지 의무, 자구계획의 이행, 인력 및 사업구조조정, 채권금융기관의 자금관리단 파견, 경영평가의 실시, 약정 불이행시 조치, 공동관리절차의 중단, MOU의 조기 종료 등에 관한 사항이 포함되었다.

경영정상화계획에 따른 채권금융기관의 출자전환과 전환사채에 대한 전환권행사, 재무구조개선을 위한 무상감자 등을 통하여 2004년 말 현재 자본금은 2조 2,243억원이 되었으며, 외환은행(최대주주, 13.8%), 조흥은행(10.2%), 우리은행(9.4%), 산업은행(7.3%) 등 금융기관이 대주주가 되었다.

이 기간 중 2002년 11월 자회사인 ㈜현대디스플레이테크놀로지의 일부 사업부문을 중국 기업에 3.8억 달러의 가격으로 매각하였고, 2004년 10월에는 일부 사업부문을 외국계 국내 신설회사에 양도하여 4,461억원의 처분이익을 얻었다. 이 같은 적극적인 구조조정과 반도체 가격 상승으로 2004년 이후 흑자로 전환되었다.

공동관리의 종료

2005년 4월 21일 협의회는 채권단이 보유하고 있는 출자전환주식(전체주식의 81.4%) 중 장외 매각할 수 있는 30%를 국내외에 공동매각하기로 하고 매각 가격과 시기, 방법 등은 향후 출자전환주식 공동관리협의회(주식관리협의회)를 구성하여 협의하기로 하였다. 또 나머지 51.4%에 대해서는 매각 제한기간을 2007년 12월 31일까지로 1년 연장하되, 기한 전이라도 주식관리협의회의 결의를 얻으면 공동매각할 수 있도록 하였다.

그 후 금융기관 채무를 조기 상환하기 위하여 2조원 규모의 신규차입(refinancing)을 추진하였다. 그 결과 2005년 6월 외환은행과 산업은행, 우리은행 등 5개 국내은행으로부터 13억 달러를 조달하고, 미국 뉴욕에서 해외채권 5억 달러를 발행하여 리파이낸싱 자금의 납입을 완료하였다. 이에 따라 협의회는 2005년 7월 12일 기촉법에 의한 공동관리를 종료하였다.

10월 6일 주식관리협의회는 출자 금융기관이 보유하고 있는 출자전환주식 중 장외매각 허용주식(23.4%)에 대하여 GDR 발행 및 국내 일괄매각(block trading) 방식을 통한 공동매각을 결정하고 10월 말일 주식매각을 완료하였다. 이 매각으로 채권금융기관 보유 주식수는 매각 전 3억 3,000만주(73.8%)에서 2억 2,670만주(50.6%)로 감소하였으며, 대주주의 지분은 외환은행 9.6%, 우리은행 9.3%, 산업은행 7.2%, 조흥은행 7.1%로 변경되었다.

4. 현대석유화학 경영정상화작업

2000년 중 현대석유화학(이하 회사)은 2.2조원의 매출을 올려 1999년 1.6조원에 비하여 외형이 크게 신장하였으나 고유가와 환율급등으로 인한 원료가 상승으로 수익성이 악화됨에 따라 3,780억원의 손실을 보았다. 2001년 중에는 회사채 3,800억원을 포함하여 1.1조원의 차입금을 상환하여야 하나 이는 연간 매출액의 50%에 해당하는 금액이어서 심한 자금난을 겪고 있었다.

2001년 2월 이후 회사가 회사채 신속인수대상 기업의 하나로 지원받게 되자 주채권은행(한빛은행)은 회사 기업가치를 실사하여 회생 가능성을 확인하였다. 그 결과 자산이 2.8조원, 부채가 2.6조원으로 자산이 부채보다 많아 단기 유동성만 해소되면 회생할 수 있는 것으로 평가되었다. 실사를 담당했던 회계법인은 원활한 구조조정 방안으로 2002년 말까지 만기 도래하는 은행시설차입금 및 리스차입금 총 7,000억원에 대한 만기 연장, 회사채 6,000억원에 대한 채권단의 차환발행 인수 및 회사 측의 자산담보부채권(ABS) 발행, 원료 구매를 위한 채권단의 유산스 한도(2억 5,000만 달러) 제공, 주주들이 보유한 1,500억원 규모 전환사채(CB)의 주식전환 등을 제시했다.

이에 채권금융기관은 대주주가 스스로 유상증자 등을 통하여 자금을 조달하지 못하고 대출금의 만기연장이나 출자전환 등 채권단의 지원을 필요로 하는 경우에는 대주주의 감자와 경영진의 퇴진이 전제되어야 한다고 밝혔다. 비상장회사인 이 회사의 자본금은 7,081억원이며 대주주는 현대중공업(49.9%), 현대자동차(15.0%), 현대건설(11.6%), 현대산업개발(9.5%), 현대종합상사(7.0%) 등 현대계열사이다.

대주주들은 고심 끝에 채권금융기관의 요구에 따라 완전감자에 동의하였으며, 채권금융기관은 6월 29일 회사에 대하여 850억원의 신규자금 지원, 기존 대출금 2,121억원에 대한 만기 연장(10월 말까지), 수입신용장 개설한도 2.5억 달러 증액(10월 말까지) 등 총 6,221억원의 유동성 지원방안을 확정하였다. 채권단의 이 같은 결정이 있자 현대중공업, 현대건설, 현대종합상사, 현대미포조선(3.0%) 하이닉스반도체(1.6%) 등 주주계열사는 경영권 포기각서와 주주권행사 위임장, 주식포기각서를 채권단에 제출하고, 회사의 경영진들은 채권단에 일괄사표를 제출하였다. 노동조합도 대의원대회에서 회사 정상화가 우선이라는 결론을 내리고 구조조정 동의서를 함께 제출하였다.

경영정상화작업 약정

2001년 7월 채권단은 3명의 자금관리단을 회사에 파견하여 향후 채무조정, 출자전환 등 경영정상화 절차와 제3자 매각 절차를 주관하도록 하였다. 9월에 채권금융기관은 회사에 기촉법을 적용하기로 하고 협의회의 구성과 향후 회사에 대한 재무지원 방안을 협의하였다. 협의회는 10월 회사와 기업경영정상화작업 약정을 체결하였으며, 이어 12월 말에는 추가약정을 체결하였다. 추가약정은 구 주주 주식의 완전감자, 현 경영진 일괄사임, 구조조정에 대한 노조(무쟁의)동의서 제출 등 자구계획을 전제로 한 출자전환 및 기존채권의 금융조건 완화 등 채무조정 방안을 골자로 하고 있었다.

채무조정 방안의 주요 내용은 다음과 같다.

① 현대중공업 등 구 주주의 주식 1억 628만주를 무상 감자한다.

② 채권금융기관이 보유하는 채권 중 3,000억원을 출자전환한다. 약정 체결일부터 출자전환일 전일까지의 이자는 면제한다.

③ 출자전환에 참여하지 않는 금융기관의 채권 1조 8,484억원은 2004년 말까지 만기를 연장한다. 약정체결일 전까지 발생한 이자는 연체 여부에 불구하고 당초 약정금리를 적용하여 약정 체결일의 익일에 지급한다. 약정체결일 이후에 발생하는 이자는 출자전환 참여 금융기관에 대하여는 연 10.0%, 나머지 금융기관에 대하여는 연 7.0%의 이자율을 적용하여 매 분기말에 지급한다. 본 약정에 동의하지 않는 금융기관의 차입금 1,213억원에 대해서는 기촉법에 따라 협의회 등에서 결정되는 가액으로 매입한다.

④ 관계회사 채무 중 2,114억원은 2004년 말까지 만기를 연장하며, 850억원은 2002년부터 2003년까지 2년간 매 반기 말에 균등분할하여 상환한다. 채무액에 대하여 약정체결일 전까지 발생한 이자는 연체 여부에 불구하고 당초 약정금리를 적용하여 이 약정체결일의 익일에 지급하며, 그 이후의

이자는 연 6.5%를 적용하여 매 분기말에 지급한다.

이 약정에 의하여 12월 17일 현대중공업 등 구주주의 보유주식은 1만 주(상법상 최저자본금)을 제외한 나머지 전액을 무상감자하고, 이어 18일에는 금융기관 채권 2,165억원이 출자 전환되어 자본금은 총 2,166억원이 되었다. 약정서상 당초 출자전환 예정액은 3,000억원이었으나 일부 금융기관은 참여하지 않았다. 출자전환으로 인하여 산업은행(최대주주, 27.8%), 한빛은행(15.8%), 국민은행(9.3%), 신한캐피탈(5.3%) 등이 회사의 대주주가 되었다.

현대계열 구주주의 주식포기에 따라 회사는 11월 5일 현대그룹에서 계열분리되었다.

금융기관 보유지분의 매각

2002년 6월 이후 협의회는 채권단 출자전환 주식의 매각을 추진하여 9월에 제한경쟁입찰을 실시하였다. 그 결과 국내외에서 5곳이 인수 제안서를 제출하였고, 제안서 심사 및 협상을 거쳐 2003년 1월 본계약을 체결하였다.

매각조건은 채권금융기관이 보유하는 동사 주식과 대출채권을 총 1조 7,400억원에 매각하는 것이며, 대금의 지급방법은 회사의 기존주식(액면금액 2,166억원)의 인수 대가로 1,352억원, 회사발행신주 인수대금으로 4,648억원, 매수인 책임 하에 신규자금을 차입하여 2,303억원을 각각 지급하는 것이다. 또 채무인수 방법은 종전 관계회사 채무 1,746억원 및 기존 유산스자금 미화 3억 3,000만 달러(3,951억원)를 인수하고, 기존 채무 중 3,058억원을 5년 만기 차환발행하며, 종전 관계회사 채무 342억원을 이연지급하고, 나머지 채무는 면제하는 것으로 하였다.

이에 따라 호남석유화학과 LG화학은 2003년 6월 27일 50:50의 비율로 구주 2,166억원을 1,352억원(매입율: 62.43%)에 매입하였으며, 회사가 발행하는 신주 31,337천 주(자본금 1,567억원)를 4,648억원에 인수하였다. 이로서 현대석유화학은 롯데그룹의 호남석유화학과 LG그룹의 LG화학이 각 50%씩의 지분을 갖게 되면서 8월 1일 롯데계열과 LG계열에 동시에 편입되었다.

회사분할

한편 호남석유화학과 LG화학은 현대석유화학 인수에 앞서 공정거래위원회에 기업결합 승인신청을 하였는데, 공정위는 이에 대하여 양측의 분할인수를 조건으로 승인하였다. 분할인수의 방법은 양측이 회사의 사업부문을 인수일로부터 1년 6개월 이내에 분할하여 인수하되, 해당 부문의 영업은 인수일로부터 6개월 이내에 실질적으로 분리·운영하는 것이었다. 이에 따라 회사는 2003년 10월 15일 사업을 분리하여 양 주주회사에 양도하였으며, 2005년 1월 3일 회사의 사업부문을 분할하여 2개의 새로운 회사를 설립하였다.

회사분할은 구체적으로 관련 사업 일체를 제1단지, 제2단지 및 공통부문으로 구분하고 이를 인적분할 방식으로 분할하여 제1단지는 자본금 1,700억원의 (주)LG대산유화를 신설 이전하고, 제2단지는 동액 자본금의 (주)롯데대산유화를 신설 이전하고, 공통부문은 자본금 333억원으로 존속회사에 잔류시켰다. 존속회사의 주요 사업은 열병합발전소 등을 운영하여 분할 신설회사에 Utility를 공급하고, 공통시설을 사용하게 하는 것으로 하였다. 존속회사는 분할과 동시에 상호를 현대석유화학(주)에서 (주)씨텍으로 변경하였으며, 회사분할에 의한 자산·부채의 이전 내용은 다음과 같다.

현대석유화학 분할의 개요

(단위: 10억원)

구분	분할 전	분 할 후		
		(주)씨텍	LG대산유화	롯데대산유화
자 산	3,406	630	1,280	1,496
부 채	1,212	345	183	684
자 본	2,194	285	1,097	812
자 본 금	373	33	170	170

이후 2005년 4월 30일 호남석유화학이 보유하고 있는 LG대산유화 지분 50%와 LG화학이 보유하고 있는 롯데대산유화 지분 50%를 교환하였다. 이에 따라 롯데대산유화는 호남석유화학이 100% 지분을 보유하여 롯데계열에 전속하고, LG대산유화는 LG화학이 100% 지분을 보유하여 LG계열에 전속

하게 되었다.

계열전속 후 LG대산유화는 2006년 1월 LG화학에 합병되었다.

5. 고려산업개발의 법정관리

고려산업개발(이하 회사)은 1976년 4월 항만 및 하천 준설업, 임항지 및 간척지 매립사업 등을 목적으로 설립된 후 종합건설회사로 발전하였으며, 1997년 말 현재 현대건설, 현대산업개발, 현대중공업 등이 60.8%(1997년 말 기준)의 지분을 보유하고 있었다. 회사는 1998년 8월에 현대계열의 현대알미늄과 ㈜신대방을 흡수 합병하고, 12월에는 가구제조업체인 현대리바트를 흡수 합병하였다. 현대리바트㈜ 합병시 회사에는 부채 총액이 8,639억원에서 1조 1,840억원으로 늘어나고, 부채비율이 236.0%에서 502.2%로 급격히 높아졌다. 이어 1999년 7월에는 다시 가구사업 부문을 분할하여 ㈜리바트를 신설 독립시켰다.

계열사 합병 후인 1999년에 회사의 매출은 전년의 6,010억원에서 8,532억원으로 증가하였으나 경상이익은 512억원에서 481억원으로 감소하고, 당기순손익은 23억원의 흑자에서 289억원의 적자로 전환되었다. 이는 1998년 중 그룹 내 3개사 합병으로 차입금이 크게 증가하여 이자비용 부담이 가중된 것이 큰 요인으로 작용하였다.

또 2000년에는 매출이 9,078억원으로 늘어났으나 경상손익은 1,327억원의 적자, 당기순손익은 3,301억원의 적자로 대규모의 손실이 발생하였다. 이는 계속적인 이자비용의 발생과 함께 현대리바트 합병 이후 대규모의 영업권 상각, 매출채권 상각이 수반되고, 보유주식과 출자금 관련 손실이 발생한 데 주로 기인하였다. 여기에 2000년 이후 현대그룹의 대외신인도 하락으로 자금사정이 더욱 악화되어 2001년 3월 2일에 부도가 발생하였다.

회사는 3월 20일 회사정리절차 개시 신청을 하여 11월 22일 법원으로부터 회사정리계획안을 인가받았다. 회사정리계획에는 비핵심 자산의 매각 등 자구계획과 채무상환기간의 연장, 이자율의 조정과 분할상환, 채무의 출자전환 등 채무조정계획이 포함되어 있었다.

회사정리절차의 진행

인가된 회사정리계획에 따라 12월에 대주주 주식의 완전 소각, 기타주주 주식의 15:1 감자를 실시하여 자본금을 4,180억원에서 168억원으로 감소시키고, 채권금융기관의 대출을 출자전환하여 자본금을 585억원으로 증자하였다. 이로 인하여 최대주주는 현대중공업에서 평화은행(10.9%)과 서울보증보험(10.6%)으로 바뀌었다.

2001년 중에는 건설경기 침체와 아파트사업의 부진으로 매출이 4,027억원으로 줄고, 막대한 이자비용, 자산평가 및 투자손실, 대손 등 손실로 4,439억원의 경상손실이 발생하였다. 다만 채무조정에 다른 채무면제이익 등 4,950억원의 특별이익이 발생하여 당기순손익은 소폭의 흑자를 보였다. 그러나 2002년에는 건설경기의 회복과 아파트분양의 호조로 매출액이 7,135억원으로 늘고, 경상손익도 96억원의 흑자로 전환되어 당기순손익이 120억원의 흑자를 기록하게 되었다.

관할 법원의 권고에 따라 회사는 2003년 초부터 제3자 매각을 본격적으로 추진하였다. 그 결과 그해 10월에 두산건설 컨소시엄과 투자계약을 체결하고, 이 투자계약을 반영한 회사정리계획 변경계획안을 제출하여 12월 19일 법원으로부터 인가결정을 받았다.

투자계약에 따라 두산건설 컨소시엄은 12월 20일 유상증자 2,198억원, 회사채인수 1,166억원 등 총 3,364억원을 납입하였고, 회사는 이 자금 중 2,159억원으로 금융기관 채무를 상환하였다. 증자 후 자본금은 2,782억원이 되었으며, 이 증자로 두산건설(40.2%), 두산중공업(38.8%) 등 두산그룹 계열사가 회사의 최대주주가 되었다. 회사는 회사정리절차를 이행하고 2004년 1월 10일 법원으로부터 회사정리절차 종결의 결정을 받았다.

두산계열에의 편입

회사는 2001년 8월 현대계열에서 분리된 후 2년 6개월 만인 2004년 2월에 두산계열에 편입되었으며, 그해 5월에는 계열사인 두산건설㈜을 흡수합병하고 상호를 두산산업개발㈜로 변경하였다. 이어 10월에는 당초 두산건설의 자회사인 두산기업㈜을 흡수 합병하였다.

한편 회사의 영업실적을 보면, 2003년에는 법정관리 기업으로서의 영업상 제약으로 매출액이 4,669억원으로 감소하였으나, 경상이익은 대손충당금환입 등 영업외수익 증가로 303억원으로 늘어나고, 당기순손익도 75억원의 흑자를 나타냈다. 두산건설을 흡수 합병한 2004년에는 매출액 1조 4,230억원에 경상이익 및 당기순이익 297억원 규모의 기업으로 발전하였다.

한편 합병 전 두산건설은 그동안 외환위기 이후의 건설경기 침체로 매출액이 2000년에 9,269억원에서 2001년에 9,097억원으로 감소하였다가 2002년에 최초로 1조원을 돌파(1조 366억원)하고, 2003년에는 1조 1,531억원으로 신장하는 영업실적을 보였다. 이 기간 중 당기순이익은 2000년에 53억원 흑자에서 2001년에 243억원 적자로 전환되었고, 2002년에는 적자폭이 1,543억원으로 급증하였다가 2003년에 91억원의 흑자로 전환되었다. 2002년 중 대규모 적자의 발생은 지분법 평가손실의 급증, 미수채권에 대한 적극적인 대손충당금 설정 등 영업외적인 요인에 기인한 것이었다.

고려산업개발과 합병 후인 2004년에 두산건설은 매출액 1조 4,230억원, 2005년에 1조 7,124억원으로 증가하고, 당기순이익도 2004년에 297억원, 2005년에 401억원으로 증가하였다.

[부록 9-3] 쌍용그룹 계열사 구조조정

1. 쌍용자동차

쌍용자동차(이하 회사)는 1986년 11월 동아자동차를 쌍용그룹이 인수하여 그룹 주력회사의 하나가 되었다. 회사는 동아자동차 인수 직후 지프차 코란도 패밀리를 출시하여 성공하면서 4륜구동 및 승합차 전문업체로 성장하였다. 그 후 무쏘, 뉴 코란도, 체어맨 생산라인 등 신규 생산시설을 도입하면서 부채가 3.4조원으로 늘어나고, 이로 인한 금융비용의 부담으로 매년 수천억원 규모의 적자가 발생하였다.

1997년 외환위기가 발생하자 자동차산업도 내수가 급격히 줄어들고 출혈경쟁으로 수익성도 악화되었다. 이에 따라 쌍용그룹은 인력감축 등 자구노력과 함께 회사의 국내외 매각을 추진하였는데, 그 당시 정부에서 국내 8대 중요산업에 대한 사업구조조정(빅딜)을 추진함에 따라 1998년 1월 대우그룹에서 이를 인수하기로 합의하였다.

쌍용그룹은 쌍용양회를 비롯한 8개 계열사가 보유하고 있는 회사 주식 51.98%(약 3,600만주)를 대우자동차(주)와 대우중공업(주)에 642억원에 매각하기로 계약을 체결하였다. 또 채권금융기관과 쌍용그룹은 '쌍용자동차(주) 인수에 따른 금융조건 합의서'를 작성하여 회사의 금융부채 중 1조 7,000억원을 제외한 잔액 1조 7,666억원을 쌍용계열사가 인수하며, 금융조건은 각 채권은행 우대금리에 1~2%를 가산한 이자율을 적용하여, 5년 거치 5년간 균등 분할 상환하는 것으로 하였다.

양 그룹은 2월 20일 이 계약을 수정하여 회사 주식을 무상으로 매각하는 것으로 하였다. 이에 따라 사우디와의 합작회사인 쌍용정유와 금융기관인 쌍용화재의 경우는 매각손실을 면하기 위하여 보유주식을 사전에 쌍용양회에 매각하기로 하고, 매각 주체를 6개 계열사로 변경하였다. 이 계약에 따라 회사 주식은 1998년 3월 30일 대우그룹에 무상 이전되고, 금융채무 중 1조 7,666억원은 같은 날 쌍용양회(8,465억원)를 비롯한 각 계열사에 이전되었다.

그러나 회사는 1조 7천여억 원의 채무면제(부채 이전)에도 불구하고 1998년에 4,998억원의 당기순손실을 기록함으로써 1997년 3,133억원에 이어 큰 폭의 적자를 기록하였다. 더구나 1999년 하반기 대우사태의 발생으로 대우그룹의 다른 계열사로부터의 지원도 기대할 수 없게 되자 채권금융기관들은 이 회사를 워크아웃 대상에 포함시켜 1999년 12월 21일 기업개선 약정을 체결하였다. 이 약정의 주요 내용은 2000년 12월 31일까지 채무상환 유예, 우대금리 적용 및 단기여신의 중장기대출 전환, 신규여신의 지원, 자본금 감소를 전제로 차입금 1,300억원의 출자전환, 채권금융기관의 경영관리단 파견 등이었다.

이후 기업개선작업의 진행 과정과 매각 과정에 대하여는 앞에 대우계열사 구조조정에서 살펴 본 바와 같다.

2. 쌍용양회공업

1998년 초 쌍용그룹이 쌍용자동차를 대우그룹에 매각하기로 결정함에 따라 쌍용양회공업(이하 회사)은 3월 30일 보유 중인 쌍용자동차 주식 2,283만주(33%)를 무상 양도하고 686억원의 주식처분 손실을 보았다. 또 쌍용자동차 채무액 1조 7,666억원 중 8,465억원과 이에 대한 이자 및 환율정산액 등을 포함한 9,501억원을 대위변제함으로써 1998년 중 1조 2,133억원의 순손실을 기록하였다. 이 밖에 미국현지법인인 쌍용시멘트(패시픽)을 청산하여 518억원의 처분이익을 내고, 쌍용투자증권㈜, 쌍용템플턴투자신탁운용㈜ 등 계열사 주식을 매각하여 441억원의 처분손실을 보았다.

1999년 중에는 11월에 쌍용정유 지분을 쌍용정유에 자사주로 매각하였다. 이 매각으로 5,211억원의 특별이익이 발생하였으나 1999년 중 과다한 금융비용(5,198억원) 부담으로 이미 4,409억원의 경상손실이 발생하였기 때문에 재무상태는 크게 개선되지 않았다.

2000년 중에는 사업부문 및 보유주식의 매각과 외자유치 등 사업구조조정과 자구노력에 주력하였다. 2월에는 ㈜용평리조트를 신설하여 용평 리조트 사업을 분리 · 이전하고, 6월에는 쌍용머테리얼을 신설하여 페라이트 및 세라믹사업을 분리 · 이전하였으며, 12월에는 보유 중인 쌍용중공업 주식을 한누리투자증권에 매각하였다. 이 같은 사업부문 및 보유주식의 매각으로 1,200여억 원의 매각손실이 발생하였다. 또 10월 31일에는 일본 태평양시멘트사와 공동경영 계약을 체결하고, 동사로부터 임원 파견과 함께 3,649억원의 출자를 받았다. 이로서 회사의 대주주는 태평양시멘트사로 변경되었다.

이러한 구조조정의 노력에도 불구하고 회사는 2000년 중 막대한 금융비용(5,882억원)과 자산처분손실의 부담 등으로 9,858억원의 순손실을 보았다.

경영정상화 약정

재무상태가 악화되자 채권단은 그동안의 자구노력을 감안하여 2001년 1월 3일 회사 발행 전환사채를 인수하는 형태로 1.1조원의 채무를 해소하여 주기로 하였다. 이에 따라 4월부터 6월까지 총 1.65조원의 전환사채를 발행하여 이를 조흥은행 등 채권금융기관이 1.35조원, 일본 태평양시멘트사가 0.3조원 인수하였다. 전환사채 발행규모가 늘어난 것은 일본 태평양시멘트사가 전환사채 인수에 참여하면서 금융기관 인수규모 확대를 요구함에 따라 서울보증보험이 전환사채 인수에 합류하였기 때문이다.

이어 채권단은 협의회에서 회사에 대한 공동관리의 개시와 경영정상화 추진을 의결하여, 채무상환을 2003년 9월 말까지 유예하고, 전환사채의 출자전환 1.7조원, 신규자금지원 0.2조원(이자율 8%), 기존대출금의 금리 인하 등 채무조정을 하기로 하였다. 이에 따라 2001년 11월 20일 주관은행인 조흥은행 및 대주주와 경영정상화 약정(MOU)을 체결하고, 11월 22일에 전환사채 1.65조원에 대하여 만기 전 의무전환을 조건으로 하는 출자전환 약정을 체결하는 한편, 1,562억원의 전환사채를 추가로 발행하여 은행권의 일반대출을 대환하였다.

이 같은 채무조정이 진행되는 동안 회사 사업구조조정과 자산매각이 활발하게 진행되었다. 2001년 8월에는 보유 중인 쌍용정공㈜ 주식을 처분하고 (처분손실 139억원), 9월에는 (주)쌍용 주식을 매각하였다.(처분손실 3.6억원) 5월에는 대주주로부터 쌍용화재보험 주식 124만주를 무상 증여받아 이를 2002년 2월 처분함으로써 124억원의 이익이 발생하였다.

이 같은 계열사 주식 처분에 따라 2001년 중에는 쌍용중공업(주), 쌍용엔지니어링(주), (주)텍스텍, (주)쌍용정공, (주)오산에너지, 용인개발(주) 등 계열사가 기업집단 '쌍용'에서 제외되었고, 2002년에는 오주개발(주), 쌍용화재해상보험(주)이 계열에서 제외되었다.

2001년과 2002년에 회사는 각각 1조 1,351억원과 1,567억원의 경상손실을 보았으나 출자전환 및 이자율 조정에 따른 채무감면 이익으로 손실의 일부를 보전하였다.

공동관리 졸업

2003년 2월에는 보유 중인 용평리조트 지분의 일부를 공모매각하고 매각잔여분을 세계일보에 3년 이내에 매각하기로 계약을 체결하였으며, 3월에는 쌍용캐피탈 지분을 (주)골든브릿지에 매각하였다.

8월에는 채권단과 경영정상화 추가약정(MOU)을 체결하여 채무상환 유예기간의 연장(2005년 말까지), 1,500억원의 신규자금 지원(금리 7%), 5,726억원의 출자 전환, 대출금의 금리인하 등 채무조정을 받았다. 이와 함께 채권단과의 경영정상화 계획에 의한 출자전환이 이행되어 자본금이 1조 8,108억원으로 증가하였다.

이 같은 구조조정과 자구노력에 힘입어 회사는 2003년 하반기부터 경상손익이 흑자로 전환되었으나 2005년 중에는 국내 건설경기의 위축으로 412억원의 적자를 냈으며, 이러한 상황은 2006년에도 계속되었다.

한편 동사의 재무구조조정을 위하여 전환사채를 인수하고 출자전환 약정을 체결하였던 금융기관들은 2003년에 출자전환하지 않은 잔여분에 대하여 2005년 중 모두 출자전환을 완료하였다. 이로써 채권금융기관들의 출자지분은 46%를 상회하게 되었다.

2005년 11월 30일 협의회는 워크아웃(채권단 공동관리)을 종료하고, 동시에 채권단은 '출자전환주식 매각협의회' 를 구성하여 회사 지분에 대한 제3자 매각을 추진하기로 하였다. 2005년 말 현재 주주구성은 일본 태평양시멘트가 27.5%(최대주주), 채권금융기관 지분은 산업은행 13.8%, 신한은행 12.5%, 서울보증보험 10.5%, 자산관리공사 9.3% 등이다. 2006년 말 현재 채권금융기관들은 보유지분에 대한 구체적인 매각계획이 없는 상태이다.

한편 1998년 말 현재 기업집단 '쌍용' 에는 상장기업 8개사를 비롯한 26개사가 소속되어 있었으나 점차 감소하여 2005년 말에는 상장기업 3개사를 포함한 8개사로 줄어들었으며, 2006년 4월 14일자 기업집단 지정 시에는 쌍용양회공업, 쌍용해운, 쌍용정보통신, 쌍용자원개발, 쌍용머티리얼, 쌍용정보기술 등 6개사만 잔류하게 되었고, 기업집단의 명칭도 '쌍용양회' 로 변경되었다.

3. ㈜쌍용

㈜쌍용(이하 회사)은 쌍용그룹의 종합무역상사로서 1997년 말 현재 쌍용양회(13.6%)와 김석원 회장 일가 등이 총 25.1%의 지분을 보유하고 있었다.

1998년 쌍용그룹이 쌍용자동차를 대우그룹에 무상 양도하기로 결정함에 따라 회사도 1998년 3월에 쌍용자동차 주식 337만주(약 4.9%)를 양도하였다. 주식 처분으로 252억원의 처분손실이 발생하였고, 쌍용자동차㈜의 채무원금 387억원과 미지급이자 199억원을 인수함으로써 총 586억원의 특별손실이 발생하였다.

이 밖에도 회사의 영업은 매출액이 1997년 8.4조원에서 1998년 7.7조원으로 감소하는 등 영업이 위축되어 경상손익이 413억원의 적자로 전환되고, 여기에 그룹 구조조정으로 인한 특별손실이 가중되어 재무상태가 크게 악화되었다. 이어 1999년에는 매출액이 다시 6.6조원으로 감소하고, 16억원의 당기순손실이 발생하였으며, 2000년에는 매출액이 2.5조원으로 급격히 줄고 대손상각비 등 영업외비용이 증가하여 적자폭이 558억원으로 늘어났다. 또 2001년에는 매출액이 1.7조원으로 감소하고, 관계회사주식 평가손실 등 거액의 영업외비용이 발생하여 손실 규모가 1,007억원으로 확대되었으며, 이로 인한 자본잠식으로 자산 대비 부채 규모가 585억원 초과하게 되었다.

재무상태가 악화되자 회사는 2001년 12월 500억원의 전환사채를 발행하여 최대주주인 쌍용양회가 전액 인수하고, 의무전환 약정을 체결하였다.

쌍용그룹 내의 자구노력과 함께 채권단은 2002년 2월 협의회에서 채무조정을 결의하였다. 결의의 주요 내용은 무담보채권액 중 2,100억원을 전환사채로 전환하되 전환사채는 만기 5년, 금리 0%, 전환가격 5,000원으로 한다; 대주주의 지분은 전액 무상감자하고, 기타 주주의 지분은 보통주 5주를 1주로 병합한다; 채권금융기관의 모든 채권은 2005년 12월 31일까지 유예한다; 금리는 원화의 경우 연 8% 이상인 대출은 8%로 조정하고, 외화여신의 경우 LIBOUR + 1%로 조정한다는 것이었다.

이 같은 채무조정 방안을 토대로 2002년 2월 회사는 채권단과 경영정상화 약정을 체결하고 그 이행에 들어갔다. 또 7월과 12월에는 금융기관 채권 198억원을 출자로 전환하고, 12월에는 쌍용양회 등 계열사가 150억원을 유상증자하였다.

경영정상화 추가약정과 매각

경영정상화 약정이 이행되고 있던 중 9월에 회사 부산지점에서 금전사고가 발생하였다. 지난 수년간 회사 직원들이 은행직원들과 짜고 무역관련 서류를 위조하는 방법으로 총 1,137억원의 자금을 유용해 온 사실이 들어난 것이며, 이에 따라 회사의 부채가 이 금액만큼 일시에 늘어났다.

협의회는 논의 끝에 부산지점 외환 사고액을 출자전환 채무로 전환하기로 결의하였다. 이에 회사는 12월 31일 채권금융기관들과 경영정상화 추가약정을 체결하였다. 추가약정의 내용은 조흥은행 등 6개 금융기관이 보유한 사고액 1,080억원을 일반대출로 처리하여 이자율을 연 0.1%로 하고 대출기간은 1년 단위로 운영한다; 이 대출액 중 950억원을 출자로 전환한다; 자구노력의 일환으로 ㈜쌍용은 보유 중인 쌍용화재와 진방철강 주식을 매각하고, 인천소재 물류센터와 베트남 광구지분을 처분한다; 2003년부터 2005년까지 매출액과 영업이익을 소정의 목표대로 달성한다는 것이었다.

이 밖에 2003년 10월 24일에는 1,214억원의 채권 출자전환을 주 내용으로 하는 제 2차 추가약정을 체결하였다.

이상의 추가약정에 따라 2002년 이후 회사에는 수차례의 출자전환과 감자가 이루어졌으며, 그 결과 2005년 말 현재 자본금은 1,693억원, 주주구성은 조흥은행 70.2%(최대주주), 우리은행 8.4%, 수출보험공사 6.0% 등 금융기관이 대주주가 되었다. 이 같은 소유구조의 변화에 따라 회사는 2005년 4월 1일에 기업집단 '쌍용' 에서 제외되었다.

채권금융기관의 채무조정 지원에 따라 총부채는 2002년 말 3,310억원에서 2005년 말에는 1,447억원으로 줄고, 자기자본은 같은 기간에 148억원에서 505억원으로 증가하였으며, 이로써 부채비율은 2,236%에서 286%로 크게 개선되었다. 또 사업수지 면에서는 2003년까지 관계회사 지분 평가손실 등으로 큰 폭의 적자를 보여 왔으나 2004년 이후에는 영업외적인 손실 요인이 대폭 제거되어 흑자로 전환되었다.

이 같은 재무구조 개선을 바탕으로 출자금융기관은 보유 지분에 대한 매각을 추진하였다. 그 결과 회사는 2006년 4월 26일 모건스탠리(MSPE)에 매각되었고, 매각과 동시에 채권금융기관은 공동관리절차를 종료하였다. 이 매각으로 회사의 최대주주는 모건스탠리(69.6%, 특수관계인 포함 72.5%)가 되었으며, 신한은행의 지분은 9.3%로 감소되고, 쌍용양회의 지분은 4.4%로 변동이 없다.

4. 쌍용건설

1998년 초 쌍용그룹이 쌍용자동차를 대우그룹에 양도하기로 결정함에 따라 쌍용건설(이하회사)은 보유 중인 쌍용자동차 지분706만주(10.2%)를 처분하고 250억원의 처분손실을 계상하였다. 또 쌍용자동차 채무1,583억원을 인수하고 이를 특별손실로 처리하였다.

이 밖에도 1997년 외환위기 이후 건설경기 침체로 인한 공사수입의 급감, 대규모 대손상각, 시중금리 상승에 따른 이자비용의 급증 등으로 1998년 중 9,523억원의 적자를 내고, 자산 대비 6,796억원의 부채 초과가 발생하였다. 이에 채권금융기관은 1999년 3월 2일 회사를 기업개선작업 대상 기업으로 결정하였고, 회사는 3월 29일 채권단과 기업개선약정을 체결하였다.

약정의 주요 내용은 다음과 같다.

– 기존채무의 상환기간을 2002년 12월 말까지 연장하고, 이자율은 각 은행의 우대금리로 하되 당초 약정금리가 낮은 경우에는 약정금리로, 우대금리가 10% 이하로 내려가는 경우는 10%로 한다.

– 채권액 중 5,000억원을 출자전환하고, 신규자금 856억원을 지원한다.

– 출자전환에 앞서 기존주식은 9.05:1 정도로 감소하고 대주주인 쌍용양회가 1,728억원을 출자한다.

그동안 회사 주식은 쌍용양회(37.0%)를 비롯한 계열사와 김석원 회장 일가가 총 54.5%를 보유하고 있었으나, 기업개선약정에 따른 유상증자와 감자로 쌍용양회의 지분은 25.9%(특수관계인 포함 26.6%)로 낮아지고, 채권단 지분은 72.9%로 높아졌다. 이 같은 채무조정의 도움으로 1999년 금융비용이 크게 경감되고 채무면제 이익이 발생하였으며, 이에 따라 22억원의 당기순이익을 내고 자기자본도 흑자로 전환되었다.

그러나 외환위기 이후의 건설경기 불황이 2000년에까지 계속되자 회사 역시 국내외 공사수입이 줄고, 대손이 급증하는 등 사업수지가 다시 악화되었다. 그 결과 2000년 중 총 2,307억원의 당기순손실을 내고 자기자본도 다시 마이너스(負) 2,530억원을 기록하였다.

이에 채권금융기관은 2001년 6월 추가적인 채무조정을 승인하였다. 채무조정의 주요 내용은 기존채무의 이자율을 각 채권은행 P/rate 5%로 인하하고, 4,302억원의 채무를 전환사채(의무전환조건)로 전환하는 것이었다.

2001년 중에도 건설업은 관급공사 발주의 감축, 경기침체, 업계 신인도 하락 등으로 경기악화 요인이 있었으나, 정부의 각종 경기부양책, 금리인하, 경기회복에 대한 기대감 등으로 하반기 이후 회복 추세를 나타내었다. 회사는 경기 여건의 호전과 추가적인 채무조정에 힘입어 공사수입이 소폭 증가하고 손익 면에서는 670억원의 흑자를 기록하였다.

소유구조의 변동

2001년 발행된 전환사채는 2002년 9월부터 2003년 12월까지 모두 출자로 전환되었다. 이에 앞서 2002년 5월 1일에는 기존 주식을 10:1로 병합하여 감자하였고, 2003년 2월에는 기존 주식을 다시 3:1로 병합하여 소각하였다.

한편 채권단은 1999년 3월 29일자 기업개선약정에 따른 채무상환 유예기간이 임박하였음에도 동사의 채무상환 능력이 회복되지 않자 2002년 11월 20일 제3차 협의회를 개최하고 기업개선계획을 변경하기로 결의하였다. 이 변경안은 2003년 1월 14일 체결된 경영정상화 계획의 이행을 위한 추가 약정서(MOU)에 반영되었으며, 주요 내용은 다음과 같다.

– 기존 채무의 상환청구 유예기간을 2004년 12월 말까지로 한다.

– 회사의 채무 중 1,937억원에 대하여 40%의 할인변제를 허용하며, 할인변제가 불가능한 금융기관의 경우는 출자로 전환하되 이론적 시가에 할인 변제율을 적용한 가액을 전환가액으로 한다. 출자전환주식은 2004년 12월 말까지 처분을 제한한다.

– 출자전환으로 발생한 가용자금은 남광토건(주) 인수차입금의 조기상환(40% 할인변제) 재원에 충당하여 쌍용건설(주)의 재무구조가 개선되도록 한다.

– 서울보증보험은 쌍용건설(주)의 원활한 공사이행을 위하여 5,000억원의 보증여신을 지원한다.

– 종전에 출자전환된 주식에 대하여 3:1로 무상감자한다.

이 기간 중인 2001년과 2002년에 회사는 건설경기의 부진으로 매출액이 감소하면서 경상이익이 1,138억원과 483억원의 적자를 보았다. 이에 회사는 2003년 3월 임직원 배정방식으로 320억원을 유상증자를 실시하여 자본을 확충하였다. 이 증자는 회사의 재무상태가 매우 부실한 상태임에도 액면가(주당 5,000원) 전액을 납입하는 것이어서 채권단은 향후 금융기관 보유주식 처분 시 그 절반 정도(총주식의 24.72%)를 매입할 수 있는 권리(우선매수청구권)를 출자 임직원에게 부여하였다. 참고로 증자 당시 회사의 주가는 주당 1,000원 안팎이었다.

이로써 2003년 말 현재 주주구성은 채권자인 자산관리공사가 최대주주로 38.8%, 우리사주조합이 20.1%로 늘어났으며, 쌍용양회의 지분은 6.1%로 감소하였다.

2003년 중 회사는 계열사인 남광토건 주식 557만주(21.9%)를 294억원에 처분하여 16억원의 주식처분 이익을 취하였다. 이와 함께 매출이 늘어나면서 경상이익이 흑자로 전환되었다.

기업개선작업의 종료

수익구조가 개선되고 재무안정성 및 유동성이 크게 개선되자 채권단은 2004년 10월 18일 협의회에서 기업개선작업을 종료하기로 결의하였다. 이 결의와 함께 잔여채권의 상환을 2004년 12월 말까지 유예하고 대출금리는 각 은행의 소정금리로 하는 등 금융조건을 확정하였다. 동시에 채권단은 보유 출자전환주식에 대한 매각 방안 수립을 위하여 공동매각협의회를 구성하고, 매각업무는 최대주주인 자산관리공사가 주관하기로 하였다.

이후 추가적인 채무조정이나 출자전환 또는 자본금 변동은 없었으며, 2006년 4월 14일 기업집단 '쌍용양회' 에서 제외되었다.

2007년에 들어 주관기관인 자산관리공사는 회사 주식의 매각을 추진하였다. 이 매각에서 우리사주조합은 임직원이 보유하는 주식우선매수청구권을 적극 행사할 것으로 예상된다.

5. 쌍용화재해상보험

쌍용화재해상보험(이하 회사)은 1998년 초 당시 쌍용자동차 주식을 약 2.5% 보유하고 있어 대우그룹으로의 무상매각 대상에 포함되어 있었다. 그러나 매각대상 주식을 미리(2월 26일) 쌍용양회에 유상 매각함으로써 처분손실을 최소화하고 쌍용자동차 채무 인수를 면하였다.

2001년 3월 31일 현재 회사의 자본금은 559억원으로서 김석원 그룹회장(12.1%)과 ㈜쌍용 등 특수관계인이 총 14.1%의 주식을 보유하고 있었다. 외환위기 시기인 1998사업연도(1998.4.1.-1999.3.31.)에 41억원의 당기순이익을 내고, 지급여력비율도 196.2%(경영지도 비율 100%)를 나타냈으며, 1999 사업연도에는 당기순이익 111억원, 지급여력비율 209.5%를 나타내는 등 양호한 영업실적과 재무구조를 보여 왔다. 그러나 2000사업연도에는 자동차보험부문의 손해율 상승과 대우사태로 인한 유가증권투자손실 등으로 788억원의 적자를 나타내고, 지급여력비율도 109.8%로 낮아졌다.

2001년 5월 7일에는 그룹회장이 보유하는 회사 주식 124만주를 쌍용양회에 무상증여하였는데 쌍용양회는 2002년 2월 이 주식을 아이비벤처캐피탈과 중앙제지 컨소시엄에 매각함으로써 쌍용그룹과의 계열관계가 소멸되고 아이비와 중앙제지가 대주주가 되었다. 이어 3월 12일에 100억원의 유상증자를 실시하면서 발행 신주를 아이비와 중앙제지에 배정함으로써 양사의 지분은 각각 14.36%와 13.22%로 늘어났다.

이에 따라 회사는 2002년 4월 1일 기업집단 지정 시 '쌍용' 계열에서 제외되었다.

적기시정조치와 매각

2002년 중 사업은 자동차보험부문의 사업비 증가와 주가 급락으로 인한 투자이익 감소로 234억원의 당기순손실이 발생하였으며, 2003년 3월 말 기준 지급여력비율도 66.2%로 하락하였다. 이에 따라 7월에 금감위로부터 경영개선 요구조치를 받고, 지급여력비율 100% 이상 충족 및 경영실태평가 종합 3등급 이상 유지계획이 포함된 경영개선계획서를 제출하여 승인을 받도록 조치되었다.

회사는 9월에 외부에서 250억원의 후순위차입을 조달하고, 10월에 2.4:1 비율의 무상감자를 실시하여 자본금을 659억원에서 301억원으로 감소시킨 후, 12월에 제3자 배정방식으로 182억원의 유상증자를 실시하였다. 12월 말 이러한 자본확충의 결과를 바탕으로 한 경영개선계획을 제출하여 2004년 1월 30일 금감위의 승인을 받았다.

2004년 들어서도 68억원을 추가로 증자하고, 상반기(4~9월)중에는 131억원의 당기순이익을 올려 9월 말 기준 지급여력비율 130% 이상 및 경영실태 종합평가 3등급을 달성하였다. 이에 따라 금감위는 12월 24일 적기시정조치를 종료하였다.

회사는 이후에도 2004년 10월과 12월에 총 211억원의 후순위전환사채를 발행하여 자본을 확충하였다. 그러나 이러한 증자 과정에서 쌍용화재에는 세청화학, 현대금속, 중앙제지 등 다수의 대주주가 존재하게 되었고, 2005년 중반에는 이들 대주주 간에 경영권분쟁이 발생하게 되었다. 이로 인하여 경영진의 경영관리 능력이 저하되고, 영업실적이 저조해짐에 따라 2005년 6월 말 기준 금융감독원 경영실태평가 결과가 종합평가등급 4등급으로 나타났다.

9월 30일 금감위는 경영개선요구를 통하여 11월 15일까지 인력 및 조직운영의 개선, 전문경영인 체제구축, 합병·제3자 인수·영업의 양도 등을 통한 재무건전성 제고 등을 포함하는 경영개선계획서를 제출하도록 조치하였다.

이후 대주주는 보유지분에 대한 제3자 매각을 추진하였으며, 그 결과 2006년 1월 태광산업이 이를 인수하기로 결정하였다. 회사는 1월 10일 제3자(태광산업) 배정방식으로 900만주(450억원)의 유상증자를 결의하고, 금감위에 태광산업에 대한 지배주주 승인을 신청하여 승인 받았다.

태광산업은 1월 24일 유상증자에 참여하여 450억원을 출자하고, 이어 구주주인 세청화학 등으로부터 210만주의 지분을 매입하여 지배주주(52.1%)가 되었다. 그 후 회사는 지배주주 변경사항을 반영하여 1월 31일 금융감독원장에게 새로운 경영개선계획을 제출하고 승인 받았다.

회사의 자본금은 태광산업의 유상증자와 2004년 발행된 전환사채의 출자전환으로 2006년 3월 말 현재 1,066억원으로 늘어났다. 태광그룹은 6월 15일 회사의 상호를 흥국쌍용화재해상보험(주)로 변경하였다.

6. 쌍용정유

쌍용정유(이하 회사)는 1976년 1월 쌍용양회공업(주)과 이란국영석유공사(NIOC) 간 합작계약에 의거 한국·이란석유주식회사 라는 이름으로 설립 되었다가 1980년 6월 합작선(NIOC)이 철수함에 따라 상호를 쌍용정유(주)로 변경하였다. 1991년 5월 15일 사우디 아람코사와 원유 구매계약과 함께 합작계약을 체결하고, 8월 17일 아람코사에 35%의 신주(395백만 달러)를 발행, 교부함으로써 다시 합작법인이 되었다.

1998년 초 쌍용그룹이 쌍용자동차를 대우그룹에 무상 매각하기로 결정함에 따라 회사 보유주식도 매각대상이 되었다. 당시 회사는 쌍용자동차 주식 1,999만주(28.9%)를 보유하고 있었는데 아람코사와의 합작기업인 회사는 이 주식을 사전에 쌍용양회에 유상 매각함으로써 손실을 최소화하였다. 이 매각에 따라 회사는 492억원의 주식매각 손실을 보았으나 쌍용자동차 채무의 인수로 인한 손실은 없었다.

이 밖에도 그해 12월에는 직영대리점인 범아석유의 청산으로 인하여 620억원의 특별손실이 발생하였으나 1998년 중 정유제품의 영업이 호조를 보여 당기순이익이 전년보다 188% 증가(2,714억원)하는 실적을 보였다. 또 1999년 중에는 환율의 하락으로 매출액은 다소 감소하였으나 당기순이익이 전년대비 6.1% 증가하는 호황을 누렸다.

한편 모회사인 쌍용양회는 재무구조개선을 위하여 1999년 12월 쌍용정유 주식 1,599만주(보통주의 28.4%)를 매각하고, 회사는 이를 3,400억원에 매입하여 자사주로 취득하였다. 이에 따라 주주는 사우디 아람코가 최대주주(35%), 자사주가 2대주주(30.1%)가 되었다. 또 쌍용그룹의 보유 지분이 전부 매각됨에 따라 공정거래위원회는 2000년 1월 3일 회사를 기업집단 '쌍용'에서 제외하였으며 이후 회사는 회사명을 S-Oil로 변경하고 독자적인 경영체제로 전환하였다.

2000년 중 회사는 국내 석유수요의 감소와 정유사간 경쟁의 심화로 영업수지가 악화되고, 연말 환율상승으로 거액의 환차손이 발생함에 따라 당기순이익이 큰 폭으로 감소하였다. 그러나 2001년 이후에는 매출이 꾸준히 증가하고 수익성도 호전되었으며, 특히 2003년 하반기 이후 중국을 비롯한 역내 수요팽창으로 매출이 급신장하여 2005년에는 매출액 12.2조원, 당기순이익 6,549억원을 기록하였다.

2005년 이후 최대주주인 아람코사는 S-Oil의 자사주 매각을 통한 국내사업파트너 확보를 추진하였다. 그 결과 2007년 3월 자사주 3,198만주를 한진그룹에 매각하였는데 매각가격은 2조 4,000억원으로 주당 74,979원이 된다. 매입 주체는 대한항공(82.5%), 한진해운(14.6%) 및 한국공항(2.9%)이 공동출자한 한진에너지이며, 이후 S-Oil은 아람코사와 한진그룹의 공동경영체제 하에 들어갔다.

7. 쌍용중공업

쌍용중공업(이하 회사)은 1976년 12월 설립되어 디젤엔진 및 산업기계 등의 제조 및 판매를 주된 사업으로 하여 왔다. 1997년 말 현재자본금은 595억원으로써 쌍용양회(34.3%), ㈜쌍용(7.1%) 등 쌍용그룹에서 51.5%를 소유하고 있었다.

1998년 초 쌍용그룹이 쌍용자동차 주식을 대우그룹에 매각하기로 함에 따라 회사도 그 보유 지분 204만주(2.9%)를 처분하여 200억원의 자산처분손실이 발생하였다. 또 쌍용그룹이 인수하기로 한 쌍용자동차 채무(1조 7,666억원) 중 330억원을 인수하여 채무인수 손실이 발생하고, 이 외에 외환위기 이후 설비투자의 급감에 따른 영업부진과 인수 채무에 대한 이자비용의 증가로 1998년 중 874억원의 당기순손실이 발생하였다.

이에 회사는 1999년 7월 23일 구주주 배정 방식으로 50%의 유상증자와 15%의 무상증자를 실시하여 자본금을 983억원으로 증가시켰다. 1999년 중에는 설비투자의 회복과 더불어 수익성이 크게 호전된 데다가 유상증자로 인한 금융비용의 감축으로 3억원의 흑자로 전환되었다. 이어 2000년에는 저리의 해외채권발행(엔화표시채권 85억 엔, 평균금리 연 1.83%) 등 재무관리에 주력하여 33억원의 흑자를 나타냈다.

회사는 2000년 말 대구 섬유기계사업부문을 분할하여 ㈜텍스텍을 설립하였다. 분할의 방법은 분할신설회사의 주식 100%를 분할회사(쌍용중공업)가 소유하는 물적 분할로 하였으며, 신설회사의 자본금은 50억원으로 하였다.

매각 및 계열변경

2000년 12월 28일에는 최대주주인 쌍용양회가 회사주식 678만 주(34.5%)를 한누리증권컨소시엄에 매각함에 따라 대주주가 한누리컨소시엄으로 변경되었다. 이로 인하여 회사는 2001년 1월 2일자로 대규모 기업집단 '쌍용' 에서 제외되었으며, 그해 5월 1일 상호를 ㈜ STX로 변경하였다.

한누리컨소시엄이 대주주가 된 후 2001년 6월 15일에는 경남 창원 소재 디젤엔진 소재사업부문을 분할하여 ㈜엔파코를 설립하였다. 분할의 방법은 ㈜텍스텍의 경우와 같은 물적 분할로 하였으며, 분할 신설회사의 자본금은 50억원으로 하였다.

또 10월 24일에는 대동조선의 유상증자에 참여하여 지분 97.66%를 인수함으로써 조선업을 수직계열화하였다. 이 증자에서 회사는 1,027억원을 납입하고 2,000만주를 취득하였으며, 이로써 대동조선의 자본금은 24억원에서 1,024억원으로 증가하였다. 대동조선의 상호는 후에 STX조선㈜으로 변경되었다.

회사는 2002년 5월 STX조선의 주식 581만주를 공개매각하여 697억원을 회수하고, 2003년 6월에는 동 주식 307만 주를 해외매각하여 399억원의 외자를 유치하였으며, 그해 10월에는 증권거래소에 주식을 상장하면서 250만주를 공개모집하고, 355억원을 조달하였다.

한편 2002년 11월 23일에는 503억원을 출자하여 산단 열병합발전㈜의 주식 35%를 인수하였다. 이 회사의 상호는 2003년 9월 STX에너지㈜로 변경되었다. 또 2003년 12월에는 자회사인 ㈜엔파코의 재무구조개선을 위하여 100억원을 추가 출자하고, 184억원을 투자하여 STX에너지의 주식 116만주(11.7%)를 추가로 매입하였으며, STX에너지도 자회사인 서해에너지에 추가 출자하였다.

이러한 회사분할과 계열기업 인수가 진행되는 가운데 2001년 매출액 3,037억원, 당기순이익 50억원, 2002년 매출액 3,761억원, 당기순이익 390억원, 2003년 매출액 4,666억원 당기순이익 66억원의 사업실적을 올렸다.

2004년 4월에는 조선, 방위산업 및 발전플랜트사업 부문을 분할하여 STX엔진㈜를 설립하였다. 회사분할은 인적분할의 방식을 택하고, 분할비율은 존속 부문 54%, 신설 부문 46%로 하였다. 존속회사인 ㈜ STX는 투자, 무역서비스업을 주 사업으로 하면서 STX 계열사의 지주회사로 전환되었다. 이 지주회사는 STX조선(지주비율 37.5%), STX엔진(30.0%), STX에너지(46.7%)등을 자회사로 하고, 진해정공(STX조선 자회사)과 STX엔파코(STX엔진 자회사)를 손자회사로 하였다.

신설회사인 STX엔진은 2004년 6월 자회사인 STX레이다시스와 STX의 자매회사인 ㈜ 텔콤, 엔토스정보통신을 각각 계열에 추가하였고, 9월에는 STX의 자매회사인 포스인터내셔날, 11월에는 STX조선엔진에너지 3사가 공동출자한 STX Pan Ocean 및 그 계열사를 각각 계열에 추가하였다.

이에 따라 ㈜ STX를 비롯한 계열사들은 2005년 4월 1일 공정거래위원회로부터 상호출자제한 기업집단으로 신규 지정받았다. 이 기업집단에는 지주회사 ㈜ STX와 그 자회사, 손자회사를 비롯한 14개 계열사가 포함되었다. 이로써 쌍용중공업은 소유주의 변동으로 쌍용그룹에서 분리된 지 4년만에 독자적인 기업군을 형성하였다. 기업집단 '쌍용'으로부터 독립된 지 4년여 만의 일이다.

한편 2005년 10월 지주회사 ㈜ STX는 자회사 주식가액 합계액의 비중이 지주회사의 요건(자산총액의 50% 이상)에 미달하여 지주회사 적용이 배제되었다.

8. 그 밖의 계열사

쌍용해운

1998년 초 쌍용그룹이 쌍용자동차 주식을 대우그룹에 매각하기로 함에 따라 쌍용해운도 쌍용자동차 주식 67만주(1%)를 무상양도하고, 이 회사 채무 중 1,282억원을 인수하였다. 이로 인하여 쌍용해운의 재무상태가 악화되자 모회사인 쌍용화재가 쌍용해운에 증자 지원하여 잠식된 자본을 보전하였다.

이 밖에 쌍용해운에 대하여는 별도의 구조조정이 실시되지 않고 쌍용양회의 계열사로 존속하였다.

남광토건

남광토건은 외환위기 이후 건설경기의 침체로 매출액이 51%나 감소하여 경상손익 1,192억원의 적자를 나타냈으며, 여기에 쌍용자동차의 채무원리금 570억원을 부담함에 따라 재무상태가 급격히 악화되었다.

이 회사의 최대주주(33.7%)인 쌍용건설(주)은 채권금융기관에 기업개선작업을 신청하여 1999년 3월 29일에 기업개선약정을 체결하였다. 이후 채권단의 출자전환 등 채무조정으로 재무상태가 개선되고, 건설경기 호조에 따른 영업신장으로 경영정상화에 성공하였다.

최대주주인 쌍용건설(21.9%)과 2대 주주인인 하나은행(10.1%)은 공동으로 이 회사 주식의 매각을 추진하여 2003년 7월 골든에셋 플래닝에 매각하였다.

쌍용정공

쌍용정공은 자동차부품 및 기계류 제조업체로서 1998년 초 쌍용그룹의 쌍용자동차 매각과 관련하여 쌍용자동차 채무 150억원을 인수하였으며, 이로 인한 특별손실로 1998년 중 141억원의 당기순손실이 발생하였다. 쌍용정공은 이 결손금을 보전하기 위하여 1999년 12월 유상증자를 실시하여 쌍용양회를 비롯한 쌍용계열사로부터 197억원의 증자지원을 받았다. 이로써 쌍용양회 그룹의 지분이 22.4%에서 60.3%로 증가되었다.

쌍용계열사들은 2001년 6월부터 8월에 걸쳐 쌍용정공 지분을 모두 우리에셋투자(10.9%)와 우리에셋 구조조정조합(50.5%)에 매각하였다. 대주주 변동을 계기로 상호를 ㈜ SIMPAC으로 변경한 후 11월 1일자로 쌍용계열에서 제외되었다.

[부록 10] 주요국가의 공적자금 상환사례[1)]

가. 미국

(1) 공적자금지원

1980~87년 사이에 총 500여개의 저축대부조합이 파산하였으며, 이의 정리과정에서 기금이 고갈된 연방저축대부조합 보험공사(Federal Savings and Loan Insurance Corporation : FSLIC)도 1986년 말에 파산하였다.

이에 따라 의회는 1987년에 금융공사(Financing Corporation : FICO)를 설립하여 장기채권발행으로 FSLIC에 자금을 공급하고, 1989년에는 파산 저축은행 정리를 위해 정리신탁공사(Resolution Trust Corporation : RTC)에 500억 달러를 제공토록 하였다. 이 중 300억 달러는 정리자금조달공사(Resolution Funding Corporation : REFCORP)가 조달하였고, 나머지 200억 달러는 미국 재무성 등이 조달하였다. 이후 이 자금으로는 부족하여 의회는 재 입법을 통하여 총 1,050억 달러의 재원을 마련하였다.

(2) 공적자금 상환

FSLIC의 부실화와 관련하여 총 655억 달러가 투입되었으나 잔여자산 25억 달러는 공공자산으로 귀속되어 총 손실은 630억 달러였으며, 이 중 공공부문이 410억 달러, 민간부문인 저축은행들이 220억 달러를 부담하였다.

RTC는 747개 저축은행을 구제하면서 총 901억 달러가 지원되었고, 이 중

---

1) 공적자금관리백서 2003. 8 pp.176-181 원문 인용

45억 달러는 잔여자산으로 정부에 귀속됨에 따라 총 827억 달러의 손실을 기록하였는데 이 중 91%인 756억 달러는 공공부문이 부담하고, 나머지 9%인 71억 달러는 민간부문이 부담하였다.

결국 FSLIC와 RTC의 구제를 위하여 소요된 직접비용 1,457억 달러에 조세감면 등 간접비용까지 합할 경우 총 구제비용은 1,529억 달러에 달하며, 이 중 81%인 1,238억 달러를 공공부문이 부담하고, 저축은행들이 나머지 19%인 291억 달러를 부담하였다.

나. 스웨덴

(1) 공적자금지원

스웨덴 정부는 1991~93년 중 총 653.1억 크로나(1993년 GDP의 4.7%)를 위기해소 비용으로 지원하였으며, 1994년 이후에는 공식 지원이 없었다. 이 중 62.9%인 410.5억 크로나가 금융기관 출자 및 출연에 사용되었으며, 보증으로 232.3억 크로나(35.6%), 이자보전으로 10.3억 크로나(1.6%)가 지급되었다.

(2) 공적자금상환

스웨덴 정부는 공적자금이 모두 정부예산으로 지원되어 납세자 부담으로 돌아올 것이므로 장기적으로 많은 부분을 회수하여야 한다는 기본입장을 가지고 있었다. 공적자금의 회수 방법은 국가소유 은행(Nord) 주식의 매각, 부실채권정리전담회사(Securum과 Retriva: 1992년 중 Nord은행 및 Gota은행을 전면 국유화하고, 이 은행의 부실채권정리 전담회사인 Securum(Nord은행)과 Retriva(Gota은행)를 설립하였으며, 1993년 Nord은행과 Gota은행을 합병하였음) 자산의 운영과 매각을 통한 손실회수, 그리고 예금보험료 등이었다.

스웨덴은 금융부실의 규모가 상대적으로 작고 금융부실 이후 즉각 경기가 회복되었으며, 부실채권 처리은행을 잘 운영하여 성공적으로 금융위기를 극복하였다. 즉, 금융위기 극복을 위한 공적자금 투입 이후 곧바로 경기가 회복되어 은행 수익성 개선으로 부실문제가 자연스럽게 해결되고 공적자금도 거의 전액 회수되었다.

또한 부실채권 처리를 위한 은행(bad bank)에서 부실채권을 모두 떠맡아 처리함으로써 기존의 은행은 부실채권 처리에 신경 쓰지 않고 정상적인 경영을 할 수 있었다. 이에 따라 당초 투입자금 회수를 통한 금융위기 극복에 15년을 계획하였으나 5년 만에 투입자금의 대부분을 회수하면서 금융위기를 극복하였다. 한편 스웨덴에서는 금융기관이 파산한 경우가 없어 예금대지급이 일어나지 않아 정부의 공적자금은 모두 대출이나 출자의 형식으로 지급됨으로써 손실이 거의 없었던 것으로 보인다.

다. 노르웨이

(1) 공적자금지원

노르웨이의 경우 은행의 부실화가 심화되자 정부는 재정부담으로 1991년 3월 정부은행보험기금(Government Bank Insurance Fund), 동년 11월 정부은행투자기금(Government Bank Investment Fund)을 설립하였다. 정부은행보험기금은 부실화한 은행에 대하여 우선주 출자자금 대출, 은행에 대한 직접 출자 및 보증 등을 통하여 지원하였는데, 지원 시 자산규모의 감축, 부실채권의 상각, 관련 내용의 보고의무 등을 부대조건으로 부과하였다. 정부은행투자기금은 파산상태에 이르지는 않았으나 자본이 부족한 은행에 대하여 상업적 차원에서 출자를 통하여 지원하였다.

이와 같은 구조조정으로 총 241.6억 크로나의 구제비용이 소요되었는데 이 보증기금 경유의 자본유입이 30억 크로나, 직접출자가 160.6억 크로나, 주식인수가 6억 크로나 그리고 융자가 35억 크로나 등이었다.

(2) 공적자금상환

파산한 금융기관이 없고 노르웨이 정부의 부실금융기관에 대한 지원이 모두 출자 형식으로 이루어진 데다 금융위기 이후 곧바로 경제가 회복되어 출자금을 회수함으로써 공적자금 투입에 따른 손실이 거의 없었다. 또한 노르웨이 정부의 공적자금 투입액은 정부 예산규모에 비하여 매우 작아 부담이 없었으며, 자금조달도 특별국채의 발행 없이 모두 일반적인 국채발행액 중 일부로 충당하였다.

다만 부실금융기관에 대한 정부출자 시 철저하게 기존 주주의 주식을 100% 감자함으로써 부실금융기관 주주의 책임을 물었다.

라. 핀란드

(1) 공적자금지원

핀란드 정부는 1992년 정부보증기금(Government Guarantee Fund)을 설립하고 정부재정을 출연하여 부실은행의 주식인수, 신규출자, 대출, 지급보증 등의 업무를 수행하였다. 한편, 핀란드 정부는 부실채권 정리를 위하여 Arsenal사 등 부실채권정리기구(bad banks)를 설립하였는데 이들 부실채권정리기구는 정부보증기금이 출자한 자회사로서 관련 손실은 최종적으로 정부에서 부담하였다.

이런 방식으로 투입된 핀란드의 총 금융기관 구제비용은 430.3억 마르카(보증제외)로 GDP의 9% 수준이고, 이 중 융자가 15.6억 마르카(3.6%), 출자가 414.7억 마르카(96.4%)이다. 핀란드의 경우 스웨덴, 노르웨이에 비하여 정부의 금융지원 규모가 컸는데, 이는 전반적인 경제회복 지연으로 담보부동산 매각이 부진하여 조기 수습이 이루어지지 못한 데에 기인한 것으로 보인다.

(2) 공적자금상환

핀란드는 공적자금 지원 이후 1992년 변동환율제 도입 등으로 수출이 빠르게 회복되면서 경제가 회복되고, 이에 따라 은행경영도 정상화되면서 정부는 은행에 대한 투입자본을 대부분 회수할 수 있게 되었다.

다만, 스웨덴, 노르웨이와는 달리 공적자금 지원 시 부실은행의 기존주주 보유 주식에 대한 완전감자 없이 소유권이나 가치를 상실하지 않은 상태에서 정부지원이 이루어졌다. 결과적으로 지원된 자본 전액이 회수되고 금융시스템은 안정을 찾아 소기의 목적을 달성하였으나, 이러한 관대한 정책이 스웨덴이나 노르웨이 등 다른 북구 국가들에 비하여 핀란드가 금융위기를 극복하는데 더 오랜 시간이 걸린 한 이유가 된 것으로 보인다.

마. 일본

(1) 공적자금지원

예금보험기구는 중앙은행 또는 일반금융기관으로부터의 차입, 정부보증채권 발행, 정부교부국채 등으로 공적자금을 조달하였다. 1998년 2월 30조엔의 공적자금을 조성한 이후 1998년 10월 60조엔, 2000년 5월에는 70조엔으로 한도를 확대하였으며, 2002년 3월 말 현재 총 공적자금 투입액은 39조 5,129억엔에 달한다. 이 중 우선주, 후순위채 매입 등 자기자본 확충에 9조 6,843억엔, 대출, 자산매입, 채무인수 등 자금원조에 14조 3,707억엔, 특정공적관리은행(일본장기신용은행, 일본채권신용은행)의 자본 증강 지원에 15조 4,579억엔을 투입하였으며, 예금 대지급을 위한 자금지원은 한 건도 없었다.

(2) 공적자금 회수 및 상환

공적자금의 회수업무는 예금보험기구의 자회사인 정리회수기구의 부실채권 매각과 예금보험기구의 후순위채·우선주 출자금 회수로 이루어진다.

정리회수기구는 2002년 3월 말 현재 공적자금으로 금융기관으로부터 5조 55억엔의 부실채권을 매입하였으며, 이 중 3조 4,835억엔을 회수하여 회수율 64.2%를 나타내고 있다. 예금보험기구가 우선주출자 및 후순위채 매입의 형태로 지원한 자금과 특별공적관리 은행에 투입한 자금은 아직 금융기관 경영이 완전히 정상화되지 않아 적극적인 회수보다는 금융기관의 자체 변제에 의존하고 있다.

2002년 3월 말 현재 후순위채 변제 및 우선주 매각과 특별공적관리은행으로부터의 대출금 변제 및 해외매각을 통해 4조 6,647억엔을 회수하여 회수율 19.4%를 나타내고 있다. 2002년 3월 말 현재 정리회수기구와 예금보험기구의 총지원자금 대비 회수율은 20.6%이다.

또한, 우리나라의 경우처럼 대주주와 경영자뿐만 아니라 채무자 등에 대한 재산조사(재산조사권), 민·형사상의 책임추궁 등에 대한 법적 근거를 마련하여 부실책임 추궁체계를 갖추고 있다

바. 멕시코

(1) 공적자금지원 및 손실규모

멕시코 정부는 1994년 12월 IMF의 정책권고에 따라 금융구조조정을 추진하면서 중앙은행 자금과 중앙은행 내에 설치된 예금보호(Fordo Bancario de Proteccion al Ahorro : FOBAPROA)의 채권발행자금으로 1998년 말까지 650억 달러(GDP의 14.4%)를 지원하였다.

이후 멕시코 정부는 FOBAPROA가 부실화되어 지원 잔액 650억 달러 중 500억 달러 이상의 회수가 어려울 것으로 예상됨에 따라 FOBAPROA의 손실을 부담하기 위하여 1999년 5월 새로운 예금보험기구(Instituto Para la

Proteccion al Ahorro Bancario : IPAB)를 설립하고, IPAB은 FOBAPROA의 자산·부채를 이전받고, FOBAPROA 발행 채권을 정부가 보증하는 IPAB 발행채권으로 교환하였다. 2002년 말 현재 채권 규모는 2,118.6억 페소에 이른다.

(2) 공적자금 상환

멕시코 중앙은행은 회생가능성이 있는 은행에 대한 지원 시 자체 상환을 유도할 수 있는 조항을 포함함으로써 손실 발생을 방지하였다. 특별외화대출프로그램의 경우 외화대출에 대하여 25%의 높은 범칙금리를 부과하여 조기상환을 유도하였으며, 임시자본금 확충프로그램의 경우 5년 후 자기자본비율이 2%에 미달할 경우 후순위채를 자본금으로 전환할 수 있도록 하였다.

정부는 부실자산 매입 시 해당 금융기관과 손실분담(loss sharing) 협약을 체결하여 FOBAPROA가 인수한 자산에 손실이 발생할 경우 동 협약에 따라 손실액 중 25%는 은행이, 75%는 정부가 분담토록 하였다

또한 손실분 보전에 있어서 손실분담 주체인 정부는 부채의 실질가치를 유지하면서 GDP 대비 부채비율을 축소해 나갔다. 이에 따라 IPAB와 재무성은 기금채권의 이자만을 상환하고 있으며, 정부는 이자지불을 위하여 회수한 자산 외에 예금보험료 수입의 75%를 사용하고 있고 차액은 연방정부예산 교부금으로 충당하고 있다. IPAB는 금융기관 총예금의 0.4%를 예금보험료로 부과하고 있으며, 매달 보험료를 징수하고 있다.

참 고 문 헌

간행물, 보고서, 논문

국회

2006 국정감사 정책현안; 재정경제위원회, 2006. 10

2006~2010 국가재정운영계획 분석; 예산정책처, 2006. 11

재정부(원), 금감위(원), 공자위

2007 금융리스크분석

경제백서, 1997~2000, 2005

공적자금(관리)백서, 2000~2006

금융정책연보 1997

감사원

1997년 외환위기의 원인분석과 평가, 1998. 4

한국외환은행 매각 추진실태, 2007. 3

예금보험공사

금융위기관리와 구조조정 성과, 2002. 11

미국 FDIC와 RTC의 민간회사와의 합작투자에 의한 채권회수, 1999. 1

미국 RTC에 의한 저축대부조합 정리, 1999. 4

연차보고서, 1997 ~ 2006

한국자산관리공사

금융구조조정의 추진체계; 윤제철, 2003. 12

기업구조조정의 추진체계; 윤제철, 2004. 6

기업구조조정투자회사(CRV)의 설립구조; 윤제철, 2003. 12

말레이시아 부실채권시장 동향; 장선덕, 2001. 6

부실채권정리백서, 2000, 2001, 2004

인도네시아 부실채권시장 동향; 장선덕, 2001. 7

태국 부실채권시장 동향; 장선덕, 2001. 4

KAMCO Experience NPA Management & Resolution, 2000. 10

RTC 집중분석, 2002. 11

한국은행

1997 외환위기의 상황과 경과, 1999. 1

1997년중 금융·외환시장 동향과 향후 정책과제, 1998. 1

가계신용동향, 각년도

개인채무자 구제제도, 2004. 7

경제위기: 원인과 발생과정; 이종규, 2000. 11

국제수지동향, 각년도

금융구조조정의 주요내용, 각년도

금융안정보고서 2002, 2004, 2006, 2007

금융외환시장 동향, 각년도

기업경영분석, 각년도

연차보고서 1996~2006

외국인 증권투자동향, 각년도

외국인직접투자의 현황 및 과제; 정종인, 박장호, 2007. 1

외국인투자가 국내경제에 미치는 영향, 2000. 5

외국자본의 국내금융업 진출 확대의 영향과 향후 정책과제; 오호일, 권영선, 2001. 3

외국자본의 진입이 국내금융산업에 미친 영향; 강종구, 김현의, 2005. 8

외환위기 이후 금융 및 기업구조조정에 대한 평가와 향후 과제; 허재성, 유혜미, 2001. 2

외환위기 이후 금융시스템의 변화와 향후 과제, 2005. 8

외환위기 이후 우리나라 대외채무 및 대외채권 구조변화와 최근동향; 송은영, 2007. 1

자금순환동향, 각년도 각분기

자본자유화의 진전과 자본수지 구조변화, 1998. 1

최근 가계의 금융부채현황 및 상환능력, 2001. 2
최근 우리나라의 총외채 및 대외채권 현황, 1999. 2
최근의 주택담보대출금리 동향, 2007. 5
태국 및 인도네시아의 외환위기 대응과정, 1998. 1

한국개발연구원
신용불량자 증가의 원인분석과 대응방향, 2003. 8
위험요인을 고려한 재정의 지속가능성; 이론과 실증분석, 2006. 12
재정적자와 국민경제, 2000. 12
한국경제 반세기 – 역사적 평가와 21세기 비전, 1995. 12
한국경제 반세기 – 정책자료집, 1995. 12

한국금융연구원
가계금융부실 억제 필요성과 방안, 2006. 12
가계신용증가의 경제적 영향, 2004. 6
신용불량자 급증의 원인과 대책, 2004. 4
외국자본의 국내금융업진출에 따른 영향 및 대응방안; 강종만 외, 2003. 11
최근 가계금융부채의 현황과 시사점, 2002. 6
최근 단기외채 급증의 성격과 대응방향, 2007. 5
한국 금융산업의 발전과제; 최흥식 외, 2003. 9

한국증권연구원
구조조정시장; 자본시장의 프론티어, 2001. 2
미국정리신탁공사의 부실은행정리사례, 1998. 10

대외경제정책연구원
외환위기 이후 한국의 금융국제화 진전과 향후과제, 2004. 12
인도네시아 경제구조조정의 현황과 성과; 권율 외, 2000. 5
인도네시아 메가와티 신정부의 출범과 정국 전망; 정인교, 2001. 7

한국조세연구원
우리나라 국가부채의 지속가능성, 2006. 12

삼성경제연구소
가계부채의 위험도 진단, 2007. 4

공적자금투입의 성과 평가, 2002. 7
2007년 하반기 경제전망, 2007. 5. 31

윤원배

금융자유화, 금융위험 및 금융제도 안전장치, 1996

미국 FDIC

Managing the Crisis; FDIC and RTC Experience 1980–1994, 1998. 8

호주 외교통상부

Korea Rebuilds, from Crisis to Opportunity, 1999. 4

기업구조조정위원회

기업개선작업 해설, 1999. 8

보도자료

재정경제부(원) 외

2단계 4대부문개혁 추진방향, 2000. 2
가계대출 증가에 대한 인식과 대응방향, 2002. 3
경제동향과 정책대응(개혁조치의 성과 및 추진방향), 2003. 3
공적자금운용현황, 각년도
공적자금으로 취득한 자산의 관리현황, 2006. 3
금융시장 안정 및 금융산업구조조정을 위한 종합대책, 1997. 11
기업 인수합병(M&A) 활성화방안, 1997. 10
방카슈랑스 도입방안, 2003. 1
부실채권정리기금 실사보고, 2006. 11
생계형 금융채무불이행자(신용불량자) 신용회복지원방안, 2005. 3
소비자금융 활성화방안, 1998. 9
신용불량자 등록제도 폐지, 2005. 4
신용불량자 신용회복지원 지원현황, 2004. 7
신용불량자 현황 및 대응방향, 2004. 3
신용카드 이용 활성화를 위한 가맹점가입 확대 및 관리대책(국

세청), 1999. 3
신용카드영수증 복권제 시행 6개월(국세청), 2000. 7
자금시장 안정을 위한 회사채발행 원활화 방안, 2000. 12
정부결산, 각년도
최근의 경제동향과 정책대응방향, 2002. 10
통합재정수지, 각년도
투신사 수익증권 환매대책 추진상황
회사채발행 활성화를 위한 부분보증(보험)제도 도입, 2000. 6
회사채시장의 안정을 위한 P-CBO제도 개선방안, 2001. 10

금융감독위원회, 금융감독원

06년 말 현재 대기업 구조조정 실적 및 매각추진현황, 2007. 3
2001.12월말 현재 개인신용불량자 현황, 2002. 2
2006년 중 은행권의 중소기업대출 동향, 2007.1
4대그룹의 99년 중 구조조정 추진현황, 2000. 4
5대그룹 구조조정 방안확정을 위한 합동간담회, 1998. 10
99년도 2차 신용카드가맹점 가입 확대 추진계획, 1999. 9
가계대출 및 신용불량자 대책, 2003. 1
가계여신에 대한 건전성감독 강화, 2001. 11
경영평가위원회 운영관련 지침제정, 2002. 4
국내은행의 중소기업 워크아웃 추진실적, 각년도
국내은행의 BIS비율 현황, 각반기
금융기관의 회사채 보유한도제 폐지, 2000. 5
금융·기업구조조정 추진현황과 향후과제, 1999. 8
금융산업발전과 금융개혁 추진방향(안), 2000. 7
기업개선작업 추진방향 제시, 1998. 8
기업개선작업 추진상황 점검결과 및 조치사항, 2001. 5
기업개선작업 현황, 각년도
기업신용위험 상시평가 추진현황, 각반기별
기업신용위험 상시평가시스템 본격 가동, 2001. 2
기업신용위험 상시평가시스템 운용방안, 2001. 1

다중채무자에 대한 개인신용회복지원제도 도입방안, 2002. 7
대우그룹 워크아웃 추진현황 및 향후계획, 1999. 11
보험사 경영실적 분석결과, 각년도
부실금융기관 대주주의 경제적 책임 부담기준 제정, 2004. 1
상호금융기관 경영실적 분석결과, 각년도
선물시장 거래 동향 및 선물회사 거래실적, 2001. 12
신용불량자 관리제도 개선방안, 2002. 2
신용불량자 현황과 대응방향, 2003. 8
신용카드 가맹점 공동이용제도 시행, 1999. 5
신용카드 수수료 인하유도 및 영업질서 유도방안, 2001. 10
워크아웃 추진성과 종합, 2003. 1
은행 경영실적 분석결과, 각년도
은행 부실채권현황, 각년도
은행구조조정 및 채권시가평가제 추진방향, 2000. 6
은행권의 가계대출 확대에 대응한 건전성 감독방안, 2002. 2
잠재부실기업에 대한 신용위험 평가 실시, 2000. 10
저축은행 경영실적 분석결과, 각년도
제2단계 금융구조조정 추진계획, 2000. 9
주택담보대출 리스크 관리 강화 보완 대책 시행, 2007. 1
증권사 경영실적 분석결과, 각년도
채권단의 워크아웃기업 추진방안, 2001. 8
채권시장안정기금 설치방안 마련, 1999. 9
최근 금융산업 발전의 현황 및 특징, 2002. 3
최근 주택담보대출 동향 및 향후 감독방향, 2006. 12
카드사 경영실적 분석결과, 각년도
투신운용사 자본확충계획, 2001. 1
ABS 발행현황, 각년도

산업자원부

기업재무구조 개선방안, 1997. 5 (통상산업부)
외국인 직접투자 동향, 각년도

철도차량·항공기 통합법인 경영정상화방안 확정 및 사업구조조정 완료, 2000. 12

한국자산관리공사

공동추심 신용회복 프로그램 '희망모아' 가동 1년, 2006. 5

㈜대우건설 주식매매계약 체결(안) 공자위 의결, 2006. 11

신용회복지원위원회

2006년 신용회복지원위원회 활동실적, 2007. 1